신명기 강해집

축.복.이. 펼.쳐.진
하.나.님.의. 계.획

축복의 디자인

신명기 강해집
축복의 디자인

초판 발행 2007년 5월 3일
초판 3쇄발행 2013년 10일 28일

지은이 | 김서택
펴낸이 | 박영호
펴낸곳 | 도서출판 솔로몬

주소 | 서울시 동작구 사당 3동 207-3 신주빌딩 1층
전화 | 599-1482
팩스 | 592-2104
직영서점 | 596-5225

등록일 | 1990년 7월 31일
등록번호 | 제 16-24호

ISBN 978-89-8255-400-1 03230

• 정가는 뒷표지에 있습니다.
• 잘못되거나 파손된 책은 구입하신 서점에서 교환하여 드립니다.

신명기 강해집

축.복.이. 펼.쳐.진
하.나.님.의. 계.획

축복의 디자인

김서택 지음

솔로몬

차례

책을 펴내며

사람이 떡으로만 살 것이 아니요

신명기는 모세가 가나안 땅에 들어가기 직전에 모압 평지에서 이스라엘 백성들에게 전한 하나님의 말씀입니다. 하나님께서는 이스라엘 백성들이 가나안 땅에 들어가기 전부터 미리 그들이 받을 복을 설계해 놓으셨습니다. 또한 광산에서 보석을 캐내듯 그분의 말씀 안에서 무진장한 보물을 찾을 수 있도록 하셨습니다. 그리고 축복의 설계도이며 보물지도였던 신명기를 이스라엘 백성들이 들을 수 있도록 전하게 하셨습니다.

그런데 이스라엘 백성들은 이것을 깨닫지 못했습니다. 그런 까닭에 하나님의 축복을 소중히 여기지 않았습니다. 비록 그들이 하나님의 은혜로 가나안 땅에 들어갔지만, 이 축복의 설계도대로 살지 않았기 때문에 하나님의 복을 받지 못했습니다. 결국 그들은 하나님의 말씀의 가치를 믿지 못했기 때문에, 어마어마한 가치가 숨겨져 있는 보물 지도를 곁에 두고도 거들떠보지도 않고 세상만을 좇다가 망하고 말았습니다.

오늘 우리의 문제도 이스라엘 백성들의 문제와 비슷한 것을 볼 수 있습니다. 우리나라의 교회도 하나님을 믿지 못하고 하나님의 축복의 설계도대로 살지 않는 것을 보게 됩니다. 하나님의 말씀에서 보물을 찾고 그 가치를 인정하기보다 세상의 방식을 좇아 인간적인 방법으로 교회를 경영합니다. 이렇게 할 때 잠시 사람들이 모여 들어서 교회 건물을 더 키워야 할 때도 있겠지만, 그것은 물거품과도 같습니다.

우리나라가 하나님의 축복을 누리기 위해서는 교회가 먼저 하나님의 말씀의 가치를 인정하고 말씀에서 보물을 캐야 합니다. 하나님이 우리 백성들에게 전해 주시는 축복의 설계도와 보물지도를 받아서 모세처럼 전해야 합니다. 그것이 우리 한국 교회의 사명입니다.

이 신명기 말씀은 대구 동부 교회에서 설교하면서 얻어진 것입니다. 그리고 함께 축복을 받은 말씀입니다. 이 말씀에 동참해 준 교인들에게 감사를 드립니다.

저는 지금이라도 우리나라 교회의 목회자들이나 성도들이 신명기의 말씀 속으로 뛰어 들어가서 그 안에 있는 무궁무진한 보화를 캐내어 함께 이 놀라운 축복을 누릴 수 있기를 바랍니다.

마지막으로 이 책을 출간할 수 있도록 기쁜 마음으로 도와주신 솔로몬 출판사 대표 박영호 집사님과 편집부 직원들에게 감사를 드립니다. 그리고 하나님을 사랑하고 신뢰하며 하나님의 말씀을 통해 용기와 힘을 얻는 모든 독자들에게 감사를 드립니다.

대구 수성교 옆에서

김서택 목사

축복의 디자인

1부

과거를 돌아봄

01

| 신 1:1-18 | 약속의 땅을 앞에 두고

요즘 우리나라도 먹고 살기가 점점 더 힘들어지고 있다는 하소연을 자주 듣게 됩니다. 장사꾼들이나 택시 운전사들의 말을 들어보면 지금이 과거에 IMF가 터졌을 때보다도 몇 배나 더 힘들다고 말들을 하고 있습니다. 이런 현상은 우리 믿는 사람들에게도 마찬가지입니다. 많은 믿음의 형제자매들이 일자리를 찾지 못해서 어려움을 겪고 때로는 일자리를 찾아서 지방 등으로 이동하고 있는 실정입니다.

이때 우리가 잘 이해하지 못하면 하나님 앞에서 예배드리고 설교 말씀으로 은혜 받는 것은 참 좋은데, 이 세상에서 사는 것은 너무 힘들고 싫다고 생각하기 쉽습니다. 바로 이러한 때 우리는 '신명기'의 놀라운 하나님의 말씀을 들어야 합니다. 우리가 이 세상을 사는 것이 힘들 때 낙심하여 인생의 존재 의미를 상실할 때가 있습니다. 하지만 우리가 결코 잊지 말아야 할 사실은 하나님께서는 우리가 이 땅에 살면서 행복을 맛보며 이곳에서 젖과 꿀이 흐르는 축복을 누리게 하신다는 점입니다. 모든 사람들이 살기 힘들다고 아우성을 치는 이 현실이 우리들에게는 약속의 땅인 것입니다.

이스라엘 백성들은 모세의 인도를 따라서 애굽에서 종살이 하던 생활을 청산하고 광야로 나왔습니다. 이스라엘 백성들이 종살이를 청산하는데 필요했던 것은 무려 열 가지의 재앙과 홍해가 갈라지는 기적이었습니다. 이것은 마치 제2차 세계대전 때 미국이 일본의 항복을 받아내기 위하여 히로시마와 나가사키에 원자폭탄을 터트린 것보다 더 강력한 하나님의 능력이었습니다.

그러나 이스라엘 백성들에게는 그들이 애굽을 나왔다고 해서 모든 것이 다 해결된 것은 아니었습니다. 그들은 무려 40년 동안이나 광야를 돌아다닌 후에야 비로소 가나안 땅에 들어가기 위해 요단 동편 모압 땅에 올 수 있었던 것입니다.

가나안을 정복하기 위해 필요한 말씀, 신명기

오늘날 이동 수단으로 비행기보다 더 빠른 것은 없을 것입니다. 그러나 비행기가 아무리 빠르다고 해서 하늘에 떠 있기만 해서는 안 됩니다. 반드시 땅에 안전하게 착륙해서 비행기에 탔던 사람들이 그들의 발을 땅에 디딜 수 있게 해야 합니다.

마찬가지로 이스라엘 백성들은 광야에서 하나님의 보호를 받으며 필요한 것들을 공급받았지만, 영원히 광야를 돌아다닐 수만은 없었습니다. 그들은 반드시 이 세상 어디엔가 정착을 해서 살아야 했습니다. 하나님이 그들에게 정착하라고 주신 땅이 바로 '젖과 꿀이 흐르는 가나안 땅' 이었습니다. '젖과 꿀이 흐르는 땅' 은 유목민들에게는 가장 이상적인 축복이었습니다. 소나 양을 치는 목축업자들이었던 이스라엘 자손들에게 젖과 꿀은 하나님이 주시는 최고의 복이었습니다.

사실 가나안 땅은 '젖과 꿀이 흐르는 땅' 이라기보다는 '포도나무와 무화과나무가 무성한 땅' 이었습니다. 실제로 '젖과 꿀' 에 비해서 '포도나무와 무화과나무' 의 축복은 비교할 수 없을 정도로 좋은 것이었습니다.

예를 들어서 옛날에 우리나라에서 가장 큰 복은 '하얀 쌀밥에 고깃국' 을 실컷 먹는 것입니다. 제가 어렸을 때만 해도 그것은 복 중의 복이었습니다. 그러나 요즘 청소년들에게 있어서 더 이상 '하얀 쌀밥과 고깃국' 은 복이 아닙니다. 요즘 아이들은 피자나 스테이크를 좋아합니다. 저희 교회 옆에도 '스테이크' 집이 있는데 결코 싼 가격이 아닌 데도 점심 때 가 보면 자리가 없어서 기다려야 할 정도로 사람들이 많은 것을 볼 수 있습니다.

하나님께서 이스라엘 백성들에게 가나안을 '젖과 꿀이 흐르는 땅' 이라고 소개하신 것은 목축업자들 수준에서 알아듣게 말씀하신 것입니다. 실제로 가나안 땅은 이스라엘 백성들이 생각하는 '젖과 꿀' 보다 훨씬 더 좋은 땅이었습니다. 하나님께서는 이스라엘 백성들에게 이 좋은 땅을 그들의 소유로 주려고 작정하셨습니다.

그러나 가나안 땅은 주인 없는 땅이 아니었습니다. 이미 장대한 사람들이 차지하고 있었을 뿐만 아니라 튼튼한 성을 쌓고 좋은 무기와 군대로 지키고 있는 땅이었습니다. 그런 도시 국가들이 서른 개가 넘었습니다. 그런 땅을 하나님께서는 광야 생활을 하던 이스라엘 자손들에게 차지하라고 주셨습니다.

이것이 하나님 나라의 특징입니다. 하나님의 나라는 그냥 우리가 죽어서 사는 영혼의 나라만을 의미하지 않습니다. 현재는 죄와 시험이 우글거리고 있지만 우리가 정복해서 젖과 꿀의 땅으로 바꾸는 것이 하나님 나라의 일인 것입니다.

이스라엘 백성들이 가나안 땅을 차지하기 위해서 필요한 것이 무엇이 있겠습니까? 아마도 성을 공격할 수 있는 무기나 전략 같은 것이 필요할 것입니다. 혹은 가나안 사람들과 경쟁해서 이길 수 있는 악착같은 정신 자세도 필요할 것입니다.

그러나 하나님께서는 이스라엘 백성들에게 다른 것은 아무것도 주지 않으시고 다시 한 번 율법의 말씀을 주셨습니다. 하나님께서는 이스라엘 백성들이 가나안 땅으로 들어가기 전에 모압 광야에서 모세를 통하여 다시 한 번 율법의 말씀을 주셨습니다. 그것이 바로 '신명기' 입니다. 신명기는 영어로 'Deutronomy' 인데, 이것은 '두 번째 법' 이라는 뜻입니다. 이 신명기는 모세가 시내산에서 선포한 율법과 비교하면 두 번째 법인 것입니다.

그런데 어떤 학자는 신명기 17장 18절에 나오는 '이 율법서를 등사하여' 가 헬라 성경에서는 'Deutronomion' 즉 '두 번 쓰라' 로 번역했는데 여기서 '신명기' 라는 이름이 나왔다고 주장하기도 합니다. 그러나 오랫동안 신명기가 'Deutronomy' 라고 불린 것을 보면, 대부분의 사람들이 시내산 율법에 이은 두 번째 율법이라는 생각을 가졌던 것 같습니다.

시내산 율법이나 신명기는 같은 하나님의 율법의 말씀입니다. 하지만 차이가 있다면, 신명기는 이미 이스라엘 백성들이 가나안 땅에 들어간 것을 전제로 해서 그들이 가나안 땅에서 어떻게 하나님을 섬길 것인지를 명령하고 있는 것으로 보면 좋을 것 같습니다. 어떤 의미에서 시내산 율법이 원론이라면 신명기는 그 율법을 가나안 땅에 구체적으로 적용한 말씀이라고 볼 수 있을 것입니다.

전쟁을 해서 가나안 땅을 차지해야 할 이스라엘 백성들에게 하나님께서는 놀랍게도 전쟁에 대해서는 아무것도 가르쳐 주지 않으시고 오직 하나님의 말씀만 가르쳐 주신 것입니다. 하나님께서 그렇게 하신 이유는 가나인 땅을 차지하는 것은 하나님께서 해 주실 것이니까 오직 이스라엘 백성들은 말씀을 지켜 행하기만 하면 된다는 뜻입니다.

우리가 알아야 하는 것은, 이스라엘 백성들에게 왜 이 강력한 신명기의 말씀이 필요했느냐 하는 것입니다. 그 이유는, 가나안 땅은 죄가 들끓는 곳이었기 때문입니다. 이스라엘 백성들은 마음속에 부패한 본성을 가지고 있었기 때문에 가나안 땅에 들어가면 죄에 빠질 수밖에 없습니다. 그래서 하나님께서는 이스라엘 백성들이 가나안 땅에서 죄를 이길 수 있도록 강력한 백신 주사를 주신 것입니다.

아프리카나 열대 지방을 여행하려면 말라리아나 다른 전염병에 대한 예방 주사를 맞고 가야 하는 것과 마찬가지로, 신명기의 말씀은 이스라엘 백성들이 가나안 땅의 우상과 음란을 이길 수 있는 강력한 예방 주사였습니다. 이스라엘 백성들은 가나안의 죄에만 빠지지 않는다면 얼마든지 '젖과 꿀'이 흐르는 축복을 두고두고 누릴 수 있었던 것입니다.

이것은 오늘날 크리스천들에게도 큰 축복의 약속이 됩니다. 우리들이 이 세상에서 직장을 가지거나 사업을 하려고 할 때 세상 사람들에 비해 기술도 없고 배경도 없는 경우가 많이 있습니다. 그러나 하나님께서 더 중요하게 생각하시는 것은 죄를 이길 수 있는 강력한 말씀의 주사를 맞으라는 것입니다. 그러면 하나님께서 알아서 우리에게 복을 주겠다고 약속해 주시는 것입니다.

모압 광야에 오기까지의 역사

모세는 먼저 이스라엘 백성들이 모압 광야에 오기까지의 과거를 회상하고 있습니다.

> 신명기 1장 1-3절
>
> 이는 모세가 요단 저편 숲 맞은편의 아라바 광야 곧 바란과 도벨과 라반과 하세롯과 디사합 사이에서 이스라엘 무리에게 선포한 말씀이니라 호렙산에서 세일산을 지나 가데스 바네아에까지 열하룻길이었더라 제 사십 년 십일 월 그 달 초일일에 모세가 이스라엘 자손에게 여호와께서 그들을 위하여 자기에게 주신 명령을 다 고하였으니.

이스라엘 백성들은 긴 광야 생활을 청산하고 이제는 본격적으로 가나안 땅으로 들어가기 위해 가나안 땅의 입구인 요단 건너편에 모였습니다. 이제부터 이스라엘 백성들에게는 본격적인 영적 전투가 시작되는 것입니다.

그런데 원래 하나님께서 이스라엘 백성들에게 주셨던 계획은 시내산에서 가데스 바네아 곧 남쪽으로 진격해 들어가는 것이었습니다. 만약 이스라엘 백성들이 하나님의 이 계획대로 했더라면 시내산에서 가나안 땅까지 11일이 걸렸을 것입니다. 그 길을 무려 40년이 걸려서 오게 되었던 것입니다.

11일과 40년은 얼마나 엄청난 차이가 있습니까? 왜 그렇게 걸려서 와야만 했을까요? 그것은 이스라엘 백성들이 하나님의 말씀의 능력을 믿지 못했기 때문입니다. 즉 하나님께서 40년 전에 이스라엘의 대표들을 뽑아서 가나안 땅을 정탐하라고 하셨는데 정탐꾼들은 모두 가나안 땅을 정복할 수 없다고 하면서 이스라엘 백성들을 도로 애굽으로 데리고 가려고 했던 것입니다.

그때 하나님께서는 이스라엘 백성들에게 정탐한 40일의 하루를 1년으로 쳐서 40년 동안 광야에서 돌게 될 것이라고 하셨습니다. 그 40년 동안 출애굽을 했던 사람들은 모두 죽어 버렸고, 지금 남아 있는 사람들은 광야에서 태어난 2세들이었습니다. 이들은 출애굽 당시의 열 가지 재앙을 경험하지 못했습니다. 또 홍해가 웅장하게 갈라지면서 뒤에서 추격하던 애굽 군인들이 모두 물에 빠져 죽는 것도 목격하지 못했습니다. 심지어 이들은 광야에서 태어났기 때문에 할례도 받지 못했습니다.

그러나 그런 멋진 경험을 하나도 하지 못했지만 그들은 하나님의 말씀을 믿었습니다. 그래서 하나님께서는 이 광야에서 태어난 2세들을 무척 사랑하셨습니다. 하나님께서는 지금 이 사람들을 다시 한 번 하나님의 말씀으로 무장시켜서 가나안 땅을 정복하게 하시는 것입니다. 우리가 살면서 역시 기적을 체험하는 것은 대단히 좋은 일입니다. 그러나 하나님께서는 기적을 체험하는 것보다 그런 것 없이도 하나님의 말씀만 듣고 믿는 자들을 더 좋아하십니다.

나중에 여리고 성을 공격할 때, 이스라엘 백성들은 하나님의 명령에 따라 침묵 행진을 합니다. 사실 이스라엘 백성들은 광야에서 하나님의 인도하심을 받으면서 너무나도 말이 많았고 원망이 많았습니다. 조금만 자기들의 생각과 맞지 않으면 '모세야! 우리를 광야에서 죽이려 하느냐?' 하면서 소리를 질러대곤 했습니다. 그런 이스라엘 백성들의 입이 다물어지는데 무려 40년의 기간이 걸렸습니다. 40년 동안 광야에서 제자리걸음을 한 후에야 '하나님이 우리보다 똑똑하시며 능력이 많으시다' 는 것을 인정했습니다.

우리가 하나님의 말씀이 없으면 한 걸음도 앞으로 나갈 수 없다는 것을 알아야 합니다. 아무리 잘살아 보려고 몸부림을 쳐도 언제나 제자리걸음을 할 수밖에 없습니다. 우리에게 가장 중요한 것은 하나님의 말씀을 그대로 믿는 것입니다. 그러면 이 어려운 현실을 가나안 땅으로 바꿀 수 있을 것이며 여기서 젖과 꿀의 복을 받게 될 것입니다.

아모리 왕 시혼과 바산 왕 옥을 죽인 사건

하나님께서 이스라엘 백성들에게 정복하라고 명령하신 대상은 가나안 족속들이었습니다. 그 가나안 족속들 중에서 아모리 족속이 가장 숫자가 많았는데 이들은 요단 동편에서 여러 나라를 이루어 살고 있었습니다. 그 대표적인 두 나라의 왕이 헤스본 왕 시혼과 바산 왕 옥이었습니다.

신명기 1장 4절

때는 모세가 헤스본에 거하는 아모리 왕 시혼을 쳐 죽이고 에드레이에서 아스다롯에 거하는 바산 왕 옥을 쳐 죽인 후라.

하나님께서는 가나안 일곱 족속을 멸망의 대상으로 선포하셨습니다. 그래서 이스라엘 자손이 아니라 하더라도 누구든지 그 족속들을 믿음으로 쳐부수기만 하면 그들의 땅을 차지할 수 있었습니다. 그렇게 했던 족속으로는 에돔 족속과 모압 족속이 있었습니다. 그래서 하나님께서는 모세에게 에돔 족속이나 모압 족속을 치지 말라고 하셨습니다.

이스라엘 백성들은 가나안 땅에 들어가기 전에 이미 요단 땅 동편에서 멸망의 대상이었던 아모리 족속의 두 나라를 쳐부쉈습니다. 이것은 하나님께서 이스라엘 백성들에게 미리 '샘플'을 보여 주신 것이었습니다. 즉 아무리 적이 강하고 이스라엘 백성들이 약해도 하나님께서는 그들에게 승리를 주시겠다는 것입니다.

이것은 오늘날도 마찬가지입니다. 경쟁이 치열한 이 세상에 내가 차지할 만한 땅이 없어 보여도, 하나님의 말씀에 순종하여 죄와 씨름하면서 거룩하게 살면 차지할 영역이 있는 것입니다. 우리가 이 세상 현실을 두려워하면서 벌벌 떨고 있으면 우리는 오도 가도 못하는 신세가 되고 맙니다. 불의가 들끓는 세상 속으로 들어가서 죄를 이길 때 우리의 기업이 생기고 우리의 땅이 생깁니다.

그런데 우리가 이길 수 있는 방법은 오직 기도밖에 없습니다. 적을 이기기 위해 우리가 하는 기도는 적어도 이 세상의 죄 이상으로는 강해야 합니다. 그래야 죄를 이길 수가 있습니다.

하나님께서는 이스라엘 자손들이 헤스본 왕과 바산 왕을 정복하는 과정에서 두 가지 원칙을 보여 주셨습니다. 그 하나는 이 사람들을 불쌍히 여기지 말라는 것입니다. 이스라엘 백성들은 가나안 땅을 철저하게 정복을 해야만 했습니다.

그런데 그것을 막는 것 중 하나가 가나안 사람들을 살려놓을 때 얻는 유익이었습니다. 가나안 사람들은 이미 가나안 땅에서 오랫동안 농사를 지어왔지만, 이스라엘 사람들은 목축만 해 왔기 때문에 농사에는 완전 문외한이었던 것입니다. 그러니까 굳이 이스라엘 백성들이 농사를 밑바닥에서부터 다시 시작하는 것보다는 가나안 사람들이 축적해 놓은 노-하우를 배워서 사용하는 것이 좋겠다고 생각한 것입니다.

그러나 하나님은 그것을 하지 못하게 하셨습니다. 왜냐하면 결국 그렇게 하다가 가나안 풍습에 물들어가기 때문입니다. 하나님께서 이스라엘 백성들에게 요구하신 것은 가나안 땅에서 철저하게 밑바닥에서부터 다시 출발하라는 것이었습니다. 즉 아무리 시간이 오래 걸리고 시행착오를 하더라도 가나안 사람들의 도움을 받지 말고 완전히 새 출발을 하라는 것이었습니다. 그래서 하나님께서는 이스라엘 백성들에게 아예 가나안 땅에서 3년 동안은 농사를 지어도 그 식물을 먹지 말라고 하셨습니다. 즉 3년 정도는 망칠 생각을 하라는 뜻이었습니다.

또한 하나님께서는 이스라엘 백성들이 죄에 대해 단호하기를 원하셨습니다. 하나님께서 가나안 족속들을 모두 멸하라고 하신 것은 그냥 한순간에 나온 말씀이 아닙니다. 아브라함 때부터 인내하시면서 무려 400년이 넘는 시간을 주셨지만 이들은 죄에서 떠나지 않았습니다. 그래서 이미 이들은 돌이킬 수 있는 사람들이 아니기 때문에 하나님께서 죽이고 몰아내라고 하신 것입니다.

물론 이것을 우리가 오늘날 다른 사람에게 함부로 적용할 수는 없습니다. 왜냐하면 우리가 보기에는 절대로 믿지 않을 것 같지만 나중에 회개하고 예수를 믿는 사람들이 얼마든지 있기 때문입니다. 그럼에도 불구하고 우리는 죄에 대해 철저하게 단호해야 하는 것을 알 수 있습니다. 누군가 식구 중에서 좋지 않은 직업이나 습관을 가지고 있다든지 미신을 믿는다든지 음란을 행한다든지 마약 같은 것을 한다든지 할 때에는 단호해야 합니다. 그래야 그 사람을 살릴 수 있다는 것을 우리는 알아야 합니다.

하나님의 축복의 약속

하나님께서는 40년이 지난 후에 드디어 이스라엘 자손들에게 가나안 땅으로 들어가서 하나님께서 400년 전에 아브라함에게 약속하셨던 축복의 땅을 차지하라고 명령하셨습니다.

신명기 1장 6-8절

우리 하나님 여호와께서 호렙산에서 우리에게 말씀하여 이르시기를 너희가 이 산에 거한지 오래니 방향을 돌려 진행하여 아모리 족속의 산지로 가고 그 근지 곳곳으로 가고 아라바와 산지와 평지와 남방과 해변과 가나안 족속의 땅과 레바논과 큰 강 유브라데까지 가라 하셨나니 여호와께서 너희의 열조 아브라함과 이삭과 야곱에게 맹세하사 그들과 그 후손에게 주리라 하신 땅이 너희 앞에 있으니 들어가서 얻을지니라.

사람들은 무슨 약속을 했다가도 시간이 오래 지나면 흐지부지해지는 경우가 많이 있습니다. 우리나라 법에는 '시효'라는 것이 있어서 외상

값이나 부채도 어느 시간이 지나면 갚지 않아도 되고 심지어는 살인을 했다 하더라도 시효가 지나면 처벌을 할 수 없습니다. 그러나 하나님 앞에서는 시효라는 것이 없습니다. 누구든지 하나님의 말씀을 믿고 순종하기만 하면 하나님의 능력은 나타나는 것입니다.

사실 이스라엘 백성들의 입장에서 볼 때, 자신들의 처지가 너무나도 막연했습니다. 그들은 무려 40년 동안 집과 땅도 없이 광야만 돌아다니고 있었습니다. 아마 지구상에서 광야를 돌아다니는 이스라엘 자손들보다 더 무모하고 더 대책이 서지 않는 사람들은 없었을 것입니다.

그러나 이스라엘 백성들에게는 위대한 약속이 있었습니다. 그것은 가나안 땅에서 가장 좋고 중요한 부분을 하나님께서 아브라함의 자손들에게 주시겠다는 약속이었습니다. 그래서 이스라엘 자손들은 겉으로 보기에는 이 세상에서 가장 불쌍하고 가난한 자들이었지만 실제로는 가장 부요하고 축복받은 민족이었습니다.

이것은 오늘 우리들에게도 마찬가지입니다. 많은 사람들이 정말 대책이 서지 않을 정도로 힘들게 하루하루를 살아갑니다. 그러나 우리에게는 무지무지한 축복의 약속이 있습니다. 그것은 우리가 하나님의 말씀을 믿기만 하면 하늘에서 한없는 복을 주시겠다는 것입니다. 이것이 바로 하나님께서 우리에게 약속하신 원초적인 축복입니다. 우리가 축복하는 대로 다른 사람들에게 축복이 임하고 우리가 저주하는 대로 저주가 임하는 것입니다. 그러나 다른 사람들을 저주하지 않기 바랍니다. 왜냐하면 우리가 다른 사람들을 축복해야지 우리에게 오병이어의 기적이 일어나기 때문입니다. 우리가 다른 사람들을 축복하면 그 부스러기만 모아도 열두 광주리에 가득 차게 될 것입니다.

그래서 우리가 먼저 하나님의 말씀을 붙들어야 합니다. 하나님의 말씀을 붙든다는 것은 다른 것을 포기하는 것을 의미합니다. 이 세상에서 자랑할 수 있고 뽐낼 수 있는 모든 것을 다 포기하고 하나님의 말씀 가운데 온전히 자신을 바보처럼 드릴 때 우리에게 하늘의 축복의 열쇠가 주어지게 될 것입니다.

그 축복의 열쇠를 받은 이스라엘 민족들은 번성하게 되었습니다. 하나님께서 이스라엘 자손들을 얼마나 많게 하셨는지 모세 혼자서는 도저히 감당할 수가 없을 정도가 되었습니다. 결국 모세는 그와 함께 이스라엘 자손들을 재판할 수 있는 많은 일꾼들을 세우게 됩니다.

신명기 1장 9-13절

그때에 내가 너희에게 말하여 이르기를 나는 홀로 너희 짐을 질 수 없도다 너희 하나님 여호와께서 너희를 번성케 하셨으므로 너희가 오늘날 하늘의 별같이 많거니와 너희 열조의 하나님 여호와께서 너희를 현재보다 천 배나 많게 하시며 너희에게 허락하신 것과 같이 너희에게 복 주시기를 원하노라 그런즉 나 홀로 어찌 능히 너희의 괴로운 것과 너희의 무거운 짐과 너희의 다툼을 담당할 수 있으랴 너희의 각 지파에서 지혜와 지식이 있는 유명한 자를 택하라 내가 그들을 세워 너희 두령을 삼으리라 한즉.

하나님께서 이스라엘 백성에게 주신 축복은 미래의 축복이었습니다. 미래의 축복이라고 하는 것은 훌륭한 자녀들이 많이 생기는 것이었습니다. 이스라엘 백성들이 출애굽하기 전에 하나님께서 얼마나 이스라엘 백성들을 많이 축복을 하셨는지 인구가 기하급수적으로 늘어나게 되었습니다. 그래서 처음 애굽에 들어갈 때 야곱의 가족은 모두 70명이었는데, 400년 뒤에는 약 이백만 명으로 늘어났습니다.

족보를 중요하게 생각하는 우리나라에도 400년 후에 몇 천 명이나 몇 만 명으로 늘어난 가문이 있을 것입니다. 그러나 이백만 명까지 되는 집안은 상상할 수 없습니다. 그런 복을 이스라엘 백성들은 받았습니다. 특히 출애굽하기 직전에 인구가 폭발적으로 불어났던 것 같습니다.

모세와 함께 출애굽했던 많은 이스라엘 자손들은 아직 다듬어지지 않은 잡석들이었습니다. 모세는 이 잡석들을 광야에서 40년 동안 하나님의 말씀으로 다듬어서 보석이 되게 했습니다. 우리가 인간적으로 생각해 보면 모세는 광야에서 인생을 허비한 것 같지만 실제로 모세는 가장 수지가 맞는 일을 하고 있었던 것입니다. 모세는 이백만 개의 잡석을 이백만 개의 다이아몬드로 바꾸는 일을 성공적으로 해 냈습니다.

오늘도 우리에게 축복의 미래가 있으려고 하면 보석과 같은 젊은이들을 만들어 내야 합니다. 이것은 다른 것으로는 할 수가 없고 오직 하나님의 말씀만이 할 수 있는 것입니다. 그런 의미에서 저는 교회를 보석 상자로 생각합니다. 처음에는 잡석으로 들어왔지만 하나님의 말씀의 용광로에서 모두 보석으로 변화되는 것입니다.

그런데 모세가 이 일을 혼자 감당할 수 없어서 많은 동역자들을 세웠다고 합니다. 이 사람들은 모두 모세와 함께 이스라엘 백성들을 진리로 다듬는 일을 했던 것입니다. 물론 그들 중에는 자기 자신이 진리로 훈련되지 못해서 보석을 망치는 사람들도 있었지만 그들은 모두 모세의 동역자들이었습니다.

왜 하나님의 말씀을 가지고 이스라엘을 다듬는데 이렇게 많은 사람들이 필요했을까요? 그것은 하나님의 진리는 단순하지만 그것을 실생활에 적용을 하는 것은 너무나도 다양하고 복잡하기 때문입니다. 여기서 '재판을 한다' 고 했는데 이것은 처벌을 하기 위한 재판의 의미보다는 하나님의 말씀을 구체적인 상황에 적용해서 잘잘못을 가리는 신앙 상담에 가까운 것이었습니다.

그런데 오늘 우리들에게는 이렇게 많은 사람이 필요하지는 않습니다. 왜냐하면 우리에게는 가장 능력 있는 상담자이신 성령님이 계시기 때문입니다. 성령님께서는 우리의 사정이 아무리 복잡하고 다양해도 하나님의 말씀으로 가르쳐서 바른 축복의 길로 인도해 주십니다.

일단 하나님의 손에 붙들린 이상 최고의 보석이 될 수밖에 없다는 것을 인성해야 합니다. 그리고 하나님의 손에 붙들리는 것을 너무 두려워해서는 안 됩니다.

하나님께서는 이스라엘 백성들이 가나안 땅으로 진격하기 전에 다시 한 번 그들을 진리로 무장을 시켜 주셨습니다. 우리가 하나님의 진리로 무장하면 마귀의 어떤 시험도 이길 수 있습니다. 그리고 이 척박한 세상을 젖과 꿀이 흐르는 축복의 땅으로 바꿀 수 있습니다.

이처럼 바로 지금 다시 한 번 하나님의 위대한 약속의 말씀을 붙들기를 바랍니다. 더 이상 이 세상에서 패배자가 아니라 승리자로 나타날 수 있기를 바랍니다.

02

| 신 1:19-46 | 현실의 벽을 실감하고

하나님의 생각과 세상 사람들의 생각에는 큰 차이가 있습니다. 하나님께 중요한 것과 세상 사람들에게 중요한 것은 다릅니다. 하나님 앞에서 가장 중요한 것은 믿음입니다. 하나님께서는 우리들에게 다른 것은 아무것도 요구하지 않으시고 오직 하나님 한 분만 믿기를 요구하십니다. 반면 이 세상에서는 현실적인 능력이나 인간적인 수완 같은 것을 믿습니다.

크리스천이 이러한 차이를 잘 이해하지 못하고 무작정 덤벼들 때, 크게 실패할 수 있습니다. 즉 하나님께서 이 세상 모든 것을 지배하고 다스리시니까 오직 믿음으로 나가기만 하면 된다고 하는 것입니다. 하지만 우리가 싸워야 하는 세상은 하나님보다 인간적인 것을 더 좋아한다는 사실을 분명히 인식해야 합니다.

예를 들어 어느 교회에 신앙이 아주 좋은 어떤 젊은이가 있었습니다. 그래서 하나님을 의지하는 믿음으로 세상에 뛰어들면 얼마든지 세상을 뒤집을 수 있고 모든 것을 움켜쥘 수 있을 것이라고 생각하고 덤벼들었습니다. 하지만 이 세상에서 취직을 하거나 사업을 하는 것이 결코 쉬운 일이 아니라는 것을 곧 알게 되었습니다.

학생의 경우도 마찬가지입니다. 단순히 믿음이 좋다고 해서 당장 성적이 좋아지거나 저절로 가고 싶은 대학에 들어갈 수 있는 것이 아닙니다. 이 세상은 믿음이 좋은 것을 전혀 인정해 주지 않습니다. 이 세상이 우리에게 요구하는 것은 오직 실력이나 인간적인 수완입니다. 그래서 이 세상에서 믿음 하나로 덤벼들었다가 크게 실패하고 난 후, 자신감을 다 잃어버리고 아무것도 할 수 없다는 패배주의적인 생각에 빠지기 쉽습니다.

세상의 수많은 머리 좋고 유능한 사람들은 세상일에 거의 목숨을 걸다시피 하고 덤벼들기 때문에 오직 자기가 원하는 그 일에만 집중합니다. 그러나 하나님의 백성들은 믿음을 가진다고 해서 당장 머리가 좋아지는 것도 아니고 없던 실력이 생기는 것도 아닙니다. 게다가 하나님도 믿고 세상일도 해야 하니까 힘을 집중시킬 수가 없습니다. 그렇기 때문에 결국 경쟁이 치열한 현실에서 실패할 수밖에 없는 것입니다.

한때 많은 고학력자들이 현실에 적응하지 못했습니다. 이들은 자신의 학벌로 무엇이든지 할 수 있을 것이라고 생각했는데, 막상 부딪쳐 본 세상은 학벌이나 자존심만으로는 마음먹은 대로 돌아가지 않았던 것입니다. 심지어 그들은 자존심 때문에 성에 차지 않는 일은 아예 거들떠보지도 않았습니다. 그 결과 이들은 자존심 때문에 부인이나 자식들을 실컷 고생시키고 무기력한 삶을 살게 되는 것입니다.

예수 믿는 사람들도 자칫 잘못하면 이렇게 될 가능성이 많습니다. 우리는 하나님의 자녀들이기 때문에 너무나도 고상한 은혜를 체험합니다. 우리가 하나님의 말씀을 듣고 찬양과 기도로 하나님 앞에 나아갈 때 이 세상 어느 누구도 우리보다 더 높을 수 없습니다. 사장도 부럽지 않고 장관도 부럽지 않습니다. 그러나 이 세상 현실에 부딪쳤을 때에는 은혜 받은 것이 아무 소용이 없게 됩니다. 사람들은 오직 눈에 보이는 현실적인 능력이나 인간관계만 가지고 인정을 하기 때문에 믿음이 좋은 사람이 세상 사람들의 눈에는 아무것도 없는 것으로 보이는 것입니다.

이스라엘 백성들은 하나님의 놀라운 능력으로 애굽을 탈출했습니다. 당시 세상 어디에도 이스라엘 백성들보다 더 당당하고 더 높은 백성들은 없었습니다. 이스라엘 백성들은 홍해 바다를 갈라서 육지처럼 건넜고 추격하던 애굽 왕과 군대는 다 바다에 빠져 죽었습니다. 그들은 시내산에서 하나님의 말씀을 받았고, 불타는 광야를 지나 가나안 입구까지 오게 되었습니다.

그러나 막상 이스라엘 백성들이 정탐한 가나안의 현실은 그들의 생각과는 너무나도 달랐습니다. 가나안 사람들은 모두 체격이 컸고 성은 튼튼했으며 성벽도 아주 높았습니다. 또한 거기에는 거인족인 아낙 자손들도 있었습니다. 이스라엘 백성들은 이 현실 앞에 갑자기 자신감을 잃어버렸고, 가나안 땅을 차지하기 위해 앞으로 나아가지 못하고 뒤로 물러서고 말았습니다. 이스라엘 백성들은 열 가지 재앙으로 애굽을 이겼고 홍해 바다를 갈랐고 불타는 광야를 건넜지만, 가나안이라는 벽을 보고 좌절하여 넘지 못하고 말았습니다.

결국 하나님께서는 이 믿음이 없는 이스라엘 백성들이 가나안 땅을 차지하지 못할 것이라고 말씀하셨습니다. 그리고 60만 명이나 되는 출애굽한 이스라엘 백성들 중에서 가나안 땅을 밟을 수 있는 사람은 여호수아와 갈렙 이 두 사람 밖에 없을 것이라고 하셨습니다. 이것을 볼 때 이스라엘 백성들에게는, 열 가지 재앙으로 애굽에서 나온 것 외에 또 다른 것이 필요하다는 것을 알게 됩니다. 그것은 바로, 믿음으로 가나안 땅을 차지하는 것입니다.

이스라엘 백성들이 자기들의 힘으로는 가나안 땅을 차지할 수 없다고 한 것은 인간적으로는 바른 판단이었습니다. 그러나 그들에게 필요한 것은 믿음이었고, 그들은 믿음이 없기 때문에 이 벽을 넘지 못해서 모두 가나안의 축복을 놓쳐 버리고 말았습니다. 그래서 사도 바울은 "오직 의인은 믿음으로 말미암아 살리라"(롬 1:17)고 말했습니다. 우리가 믿음으로 의롭다 함을 받았으면 모든 것을 내 생각이나 세상적인 판단대로가 아니라 믿음으로 해야 최후의 승리를 얻을 수 있는 것입니다.

가나안 입구까지 온 이스라엘

신명기 1장 19절

우리 하나님 여호와께서 우리에게 명하신 대로 우리가 호렙산에서 발행하여 너희의 본 바 크고 두려운 광야를 지나 아모리 족속의 산지 길로 가데스 바네아에 이른 때에.

이스라엘 백성들이 가나안 땅의 입구인 가데스 바네아까지 아무 어려움 없는 편안한 길로 온 것이 아니었습니다. 일단 이스라엘 백성들은 애굽을 떠난 후 시내산으로 와서 하나님의 말씀을 받았습니다. 그리고 시내산에서 1년 정도 체류하다가 열하루 길을 걸어서 가데스 바네아까지 오게 된 것입니다. 여기서 이스라엘 백성들은 아주 중요한 체험을 하게 됩니다.

그 하나가 바로 시내산에서 하나님의 율법을 받고 하나님의 백성이 된 것입니다. 이때 이스라엘 백성들은 살아계신 하나님의 음성을 듣게 되는데 이 하나님의 음성이 얼마나 크고 두려운지 시내산 전체가 진동을 하는 것을 체험했습니다. 하나님의 말씀은 다이너마이트 수백 개나 수천 개보다 더 위력이 있었습니다. 하나님의 말씀은 원자폭탄보다 더 큰 위력이 있습니다.

하나님께서는 이스라엘 백성들에게 "사람이 떡으로만 사는 것이 아니요 여호와의 입에서 나오는 모든 말씀으로 사는"(신 8:3) 것이라고 하셨는데 실제로 이스라엘 백성들은 전혀 농사도 짓지 않고 월급도 받지 않고 하나님의 말씀으로만 살았습니다.

이스라엘 백성들은 모두 '크고 두려운 광야'를 통과했습니다. 이 광야는 물도 없고 너무나도 거칠기 때문에 아무도 건너려고 하지 않는 곳이었습니다. 그런데 이스라엘 백성들은 한 사람도 죽지 않고 모두 무사히 이 광야를 건넜습니다. 이것이 의미하는 것이 무엇입니까? 이스라엘 백성들에게는 하나님의 능력이 있기 때문에 앞으로 닥칠 어떤 일도 두려워하지 말라는 것입니다. 아무도 건너지 못하는 저 두려운 광야를 통과한 사람들이 무엇을 두려워하겠습니까? 광야에서 1년 동안 하나님이 주시는 힘으로 산 사람들이 무엇 때문에 가나안의 일을 두려워하겠습니까? 그러나 이스라엘 백성들은 가나안을 '저 두려운 광야'보다 더 무서워했습니다.

사실 이스라엘 백성들이 아무 어려움 없이 가나안 땅을 차지하지는 않을 것입니다. 또 그들 앞에 어떤 어려움과 역경이 기다리고 있을지 아무도 알지 못합니다. 그러나 이스라엘 백성들은 하나님께서 지금까지 지켜 주셨듯이 앞으로도 지켜 주신다는 것을 믿어야 했습니다.

우리가 이 세상을 믿음으로 살아간다고 해서 전혀 어려움이 없다는 뜻은 아닙니다. 그러나 하나님께서 함께하시면 우리 앞에 직면한 어려움을 능히 이길 수 있다는 확신을 갖고 있어야 합니다.

모세는 가나안 입구까지 온 이스라엘 백성들을 다시 하나님의 말씀으로 격려했습니다.

신명기 1장 20-21절

내가 너희에게 이르기를 우리 하나님 여호와께서 우리에게 주신 아모리 족속의 산지에 너희가 이르렀나니 너희 하나님 여호와께서 이 땅을 너희 앞에 두셨은즉 너희 열조의 하나님 여호와께서 너희에게 이르신 대로 올라가서 얻으라 두려워하지 말라 주저하지 말라 한즉.

여기에 보면 '너희 하나님 여호와께서 이 땅을 너희 앞에 두셨다' 고 말씀하고 있습니다. 여기서 '두셨다' 는 것은 '준비해 놓으셨다' 혹은 '차려 놓으셨다' 라는 의미입니다. 즉 하나님께서 준비해 놓으신 잔치니까 마음껏 그 축복을 가지라는 뜻입니다.

이 결정적인 순간에 이스라엘 백성들은 주춤해 버립니다. 그 이유가 무엇입니까? 가만히 있어도 저절로 받는 것이 하나님의 축복이라고 생각했기 때문입니다. 그러나 가나안 정탐을 통해 그 축복이 공짜가 아니고 최선을 다해 노력해서 전쟁을 해야 하며 실패할 위험도 있다는 것을 알게 되었습니다.

사실 전쟁이라고 하는 것은 100% 이긴다는 보장이 없는 것입니다. 그리고 우리 측의 손실이 전혀 없을 수 없습니다. 우리 편에도 희생자가 생기고 적에게도 희생자가 생기겠지만, 끝까지 승리를 위해 싸울 때 이길 수 있는 것이 전쟁입니다. 하나님께서는 이스라엘 백성들에게 전혀 위험도 없고 손실도 없는 그런 땅을 주신 것이 아니라, 위험도 있고 실패할 수도 있지만 인내하며 싸우면 승리하여 얻을 수 있는 가나안 땅을 주셨습니다.

그런데 이스라엘 백성들은 결정적으로 하나님에 대한 확신이 없었습니다. 그렇기 때문에 흔들릴 수밖에 없었습니다. 이것이 결국 애굽을 잘 떠나서 두려움을 주는 광야를 건넌 후 가나안 입구까지 온 이스라엘 백성들을 주저앉게 만들었습니다.

우리가 신앙생활을 하다 보면 어려움이 올 때도 있고 사고가 생길 때도 있습니다. 그때 우리는 하나님께서 우리와 함께 계시는데 왜 이런 어려움을 겪어야 하는지 이해를 못합니다. 게다가 우리 앞에 전쟁이 있는 경우, 전투 중에 우리 쪽에 희생과 손실이 생깁니다. 그래도 우리는 그럴 수도 있다고 생각하고 더 철저하게 하나님을 의지해야 합니다.

결국 승패를 가르는 것은 다른 데 있지 않습니다. 그 사람의 기획 능력이 뛰어난가, 작전이 훌륭했는가, 무장이 잘 되어 있었는가 하는 것이 아니라 하나님의 말씀의 능력을 믿고 있는가가 승리를 좌우합니다. 우리 인간의 머리로는 해결할 수 없고 오직 하나님의 능력만이 하실 수 있는 것이 있습니다. 이때 우리에게는 하나님의 능력을 끌고 올 수 있는 것이 결정적으로 중요합니다. 그것은 하나님의 말씀에 대한 믿음입니다. 하나님의 말씀의 능력을 믿지 못하면 거의 끝까지 다 온 후에 결정적인 순간에 머뭇거리다가 실패하게 될 것입니다.

믿음 없음을 드러낸 가나안 땅 정탐

이스라엘 백성들은 가나안 땅에 바로 들어가기보다는 일단 가나안 땅을 한번 알아보고 난 후에 들어가는 것이 좋겠다고 생각했습니다.

신명기 1장 22-25절

너희가 다 내 앞으로 나아와 말하기를 우리가 사람을 우리 앞서 보내어 우리를 위하여 그 땅을 정탐하고 어느 길로 올라가야 할 것과 어느 성읍으로 들어가야 할 것을 우리에게 회보케 하자 하기에 내가 그 말을 선하게 여겨 너희 중에서 매 지파에 한 사람씩 열둘을 택하매 그들이 앞으로 가서 산지에 올라 에스골 골짜기에 이르러 그곳을 정탐하고 그 땅의 과실을 손에 가지고 우리에게로 돌아와서 우리에게 회보하여 이르되 우리의 하나님 여호와께서 우리에게 주시는 땅이 좋더라 하였느니라.

이스라엘 백성들은 무턱대고 가나안 땅을 진격하기보다 길도 좀 알아보고 성도 좀 알아보자고 했습니다. 이것을 반드시 나쁘다고 할 수 없습니다. 어떻게 보면 무모하게 덤벼드는 것보다 객관적인 사정을 살핀 후 행동에 옮기는 것이 지혜롭다고 볼 수 있습니다. 그러나 이스라엘 백성들은 이렇게 가나안 땅을 정탐했기 때문에 큰 시험에 들게 되었습니다. 그 이유가 어디에 있을까요? 그것은 그들의 신앙이 너무나도 어렸기 때문입니다.

사실 우리가 어떤 일을 겪을 때 알고 부딪치는 것이 나을 때가 있고 전혀 모르는 가운데 부딪치는 것이 나을 때가 있습니다. 예를 들어서 어느 정도 성숙한 신앙을 가진 사람은 전혀 모르는 것보다는 좀 알고 부딪치는 것이 나을 수 있습니다. 왜냐하면 어떤 사정을 안다고 해서 믿음이 흔들리지는 않기 때문입니다.

그러나 신앙이 너무 어린 사람에게는 무엇을 안다고 하는 것이 큰 시험이 될 수 있습니다. 왜냐하면 그 어려움이 너무 크게 보여서 하나님이 전혀 보이지 않는 상황에 빠질 수 있기 때문입니다. 그래서 우리들의 신앙이 너무 어릴 때 하나님께서는 모든 것을 다 가르쳐 주지 않으시고 무작정 끌고 가실 때가 있습니다. 이때 정신없이 부딪치다 나중에 정신을 차리고 보니까 결국 시험을 다 통과한 것을 알게 되는 것입니다.

이스라엘 백성들은 정탐하지 않는 것이 더 나은 신앙 수준이었습니다. 가나안 사정을 알아서가 아니라, 하나님께서 가나안을 깨뜨리셔야 이스라엘 백성들은 가나안 땅으로 진격할 수가 있었습니다. 그런데 이스라엘 백성들은 가나안 땅을 정탐했기 때문에 더 하나님을 의지한 것이 아니라 완전히 자신감을 상실하고 말았습니다.

모세가 이스라엘의 열두 지파에서 한 사람씩 뽑아 가나안 땅으로 정탐을 보낸 사람들은 이스라엘 백성들의 눈이었습니다. 그들은 본 것을 그대로 알려 주기만 하면 되었습니다. 그리고 결정은 하나님이 하시는 것입니다. 그러나 이 대표들은 이미 자신들이 결론을 가지고 돌아왔고 이스라엘을 선동했습니다.

우선 이들은 에스골 골짜기의 포도 한 송이를 가져 왔습니다. 에스골 골짜기의 포도 한 송이가 얼마나 큰지 이들은 두 사람이 작대기에 이 포도 한 송이를 꿰어가지고 들고 왔습니다. 그리고 그들은 가나안의 형편을 보고했습니다.

신명기 1장 28절

우리가 어디로 갈꼬 우리의 형제들이 우리로 낙심케 하여 말하기를 그 백성은 우리보다 장대하며 그 성읍은 크고 성곽은 하늘에 닿았으며 우리가 또 거기서 아낙 자손을 보았노라 하는도다 하기로.

사실 가나안 땅의 정탐꾼들이 본 것은 사실이었습니다. 실제로 가나안 사람들은 이스라엘 사람들보다 덩치가 컸고 성을 튼튼하게 지었으며 거인족도 살고 있었습니다. 그러나 결론이 중요했습니다. 적어도 이스라엘 대표들이라면 사실은 이러하지만 우리는 하나님의 말씀을 믿어야 한다고 보고했어야 합니다.

'형제들이여. 가나안 땅은 좋지만 가나안을 차지하는 것은 결코 쉬워 보이지 않습니다. 어쩌면 우리에게 손실이 생길 수도 있으며, 사실 우리 힘으로는 불가능할지도 모르겠습니다. 그러나 우리는 한번 끝까지 하나님을 믿어 봅시다' 라고 말했어야 하는 것입니다.

어떤 의미에서 오늘날도 현실을 분석하고 판단하는 것은 신앙 없는 사람들이 훨씬 더 정확하게 잘할 수 있습니다. 그러나 중요한 것은 현실을 파악하고 분석하는 것이 아니라 결론입니다. 결국 어떻게 하겠느냐 하는 것입니다.

사실 예수 믿는 사람들에게는 현실을 현실로 제대로 인정하지 않고 자기 혼자 생각에 도취되어 모든 일을 하려고 덤벼드는 것이 위험합니다. 그러면 그 사람은 반드시 실패할 수밖에 없습니다. 그러므로 할 수 있는 한 현실을 객관적으로 이해하는 것이 중요합니다. 그러나 그보다 더 중요한 것은 그 현실이나 현실적인 판단이 모든 것이 아니라는 사실입니다. 하나님의 말씀 한마디가 더 중요합니다.

우리가 현실적인 어려움에 부딪치면 마음속에 신앙적인 생각과 불신앙적인 생각이 함께 일어나게 됩니다. 그때 우리는 생각이 떠오르는 대로 이리 휘청 저리 휘청해서는 안 됩니다. 믿음의 생각으로 불신앙의 생각을 눌러야 하는 것입니다. 그래서 야보고 사도는 바람에 밀려 요동하는 바다 물결같이 흔들리는 사람은 아무것도 얻지 못한다고 했습니다(약 1:6).

우리의 믿음은 무엇인가 대단한 것을 해내는 것이 아닙니다. 우리 마음에 일어나는 불신앙적인 생각을 누르고 하나님의 판단을 믿는 것입니다. 그런데 이스라엘 백성들에게는 고질적인 병이 하나 있었습니다. 그것은 무엇인가 어려운 일이 하나라도 생기면 하나님께서 여기서 죽이려 하신다고 의심하는 것이었습니다.

신명기 1장 27절

장막 중에서 원망하여 이르기를 여호와께서 우리를 미워하시는 고로 아모리 족속의 손에 붙여 멸하시려고 우리를 애굽 땅에서 인도하여 내셨도다.

사실 상식적으로 생각할 때, 하나님께서 그들을 죽이려 하신다면 무엇 때문에 이 고생을 하시면서 이 먼 곳까지 데리고 오셨겠습니까? 우리는 언제나 정반대로 생각하는 것입니다. 하나님께서 우리를 온갖 산전수전을 겪게 하시면서 여기까지 데리고 오신 것은 큰 축복을 주시기 위해서인 것입니다. 그러나 이스라엘 백성들은 자신들의 상태가 좋지 못하니까 하나님도 자기들과 같은 줄로 생각을 했습니다.

또 이스라엘 백성들은 자신들이 무턱대고 하나님을 믿을 정도로 어리석지 않다는 것을 드러내려 했습니다. 하나님께 이런 식으로 따지고 공격하는 것을 똑똑하게 보았습니다. 무조건 하나님의 말씀을 믿고 그 분이 하라는 내로 하는 사람을 미련하고 어리석다고 생각했던 것입니다.

그런데 하나님은 우리들이 하는 말을 모두 듣는 분이십니다. 우리 믿는 사람들의 입에서 불신앙적인 원망이 터져 나올 때 하나님은 마음에 깊은 상처를 입으십니다. 그리고 우리들에 대해 다시 한 번 좌절감을 겪으시는 것입니다. 우리는 하나님이 감정이 없는 분이라고 생각해서는 안 됩니다. 오히려 우리들보다 훨씬 예민한 감정을 가진 분이십니다. 하나님은 우리 입에서 믿음의 말이 흘러나올 때 정말 기뻐하십니다.

어려움 가운데 처했을 때, '하나님은 절대로 우리를 망하게 하시려고 여기까지 끌고 오신 것이 아니야. 하나님은 애굽에서 능력을 행하셨듯이 여기서도 행하실 수 있어.' 하는 소리가 우리 입에서 나와야 합니다. 이러한 모세의 말은 믿음의 말이었습니다. 즉 하나님은 애굽에서 행하셨던 가나안 땅에서도 행하실 수 있다는 것입니다. 그리고 하나님께서는 광야에서 그들을 안아서 데려 오셨고 앞으로도 그렇게 하신다는 것입니다.

하나님은 과거에만 우리를 인도하신 분이 아니십니다. 하나님은 한 번 우리를 도우시고 그 다음에는 귀찮다고 해서 팽개치시는 분이 아니십니다. 하나님은 반복적으로 기적을 행하시고 끝까지 우리를 책임지시는 분이십니다. 우리는 하나님을 전적으로 의지해야 이 복을 받을 수가 있습니다. 우리가 하나님 앞에서 연약한 자로 남아 있는 이상 하나님은 절대로 우리를 버리지 않으십니다. 연약한 자가 도움을 받을 수 있습니다. 강하고 잘났다고 하면 도움을 받을 수 없습니다. 하나님은 어리석은 자의 목자가 되어 주시지 하나님보다 더 똑똑한 사람의 목자가 되어 주지 않으십니다.

특히 하나님께서는 이스라엘 백성들이 적어도 광야를 통과했다면 가나안에서도 하나님을 의지할 정도의 신앙은 되어야 한다고 생각하신 것 같습니다. 그런데 이스라엘 백성들은 이 시험에서 불합격하고 말았습니다.

이스라엘의 실패

하나님께서는 아무리 귀한 축복을 준비하셨더라도 믿음으로 받아들이지 않는 사람에게 억지로 주지 않으십니다. 하나님께서는 자기가 잘났다고 생각해서 하나님의 축복을 팽개치는 자들에게서 그 축복을 빼앗으십니다. 그리고 그들보다 훨씬 못한 자들에게 주셔서 하나님께 감사하게 하십니다. 하나님은 절대로 원망 불평하는 자들을 기뻐하지 않으십니다.

하나님께서는 출애굽의 기적을 체험했고 시내산에서 말씀의 복을 받았으며 가나안 땅 입구까지 온 이스라엘 백성들을 모두 버리기로 결정하셨습니다. 그리고 출애굽의 기적도 모르고 시내산의 능력도 모르는 유치한 어린아이들에게 가나안 정복의 복을 주겠다고 약속하셨습니다.

신명기 1장 34-36절

여호와께서 너희의 말소리를 들으시고 노하사 맹세하여 가라사대 이 악한 세대 사람들 중에는 내가 그들의 열조에게 주기로 맹세한 좋은 땅을 볼 사가 하나도 없으리라 오직 여분네의 아들 갈렙은 온선히 여호와를 순종하였은즉 그는 그것을 볼 것이요 그가 밟는 땅을 내가 그와 그 자손에게 주리라 하시고.

원래 정식 이스라엘은 바로 이 출애굽한 세대를 말합니다. 그들은 모두 할례를 받은 자들이고 열 가지 기적을 체험했으며 홍해를 걸어서 건넜습니다. 그리고 모두 시내산에서 하나님의 율법의 의식을 체험했습니다. 이들은 이스라엘로서 모든 자격을 갖추었습니다. 그러나 이들에게 딱 한 가지 부족한 것이 있었는데 그것은 위기 가운데 하나님께 감사하지 않고 원망하고 불평한 것입니다. 하나님께서는 아무리 훌륭하고 자격을 잘 갖춘 자라 하더라도 원망하고 불평하는 자에게는 은혜를 주지 않으십니다.

이스라엘 백성들이 출애굽할 때 20세 이상 된 남자들 60만 명이 나왔는데 그 중에서 가나안 땅을 밟을 수 있는 사람은 단 두 사람이었습니다. 특히 가나안의 현실을 두려워하지 않고 다른 동료들의 불평에도 흔들리지 않고 끝까지 하나님을 의지했던 갈렙은 그가 밟은 땅을 모두 차지하는 복을 받게 됩니다. 믿음이 얼마나 좋은 것입니까? 발로 밟기만 하면 하나님께서 다 주십니다. 그러나 원망하고 불평하면 밟기는 실컷 밟아도 자기가 차지할 수 없고, 다른 사람이 차지하게 됩니다.

하나님께서는 이 불신앙의 정탐꾼들이 가나안 땅을 정탐한 기간이 40일이었는데 하루를 1년으로 쳐서 40년을 광야에서 돌 것이라고 말씀하셨습니다. 결국 하나님을 끝까지 의지하지 않던 세대는 모두 광야에서 다 죽었습니다. 그리고 너무 어려서 가나안 땅에서 포로가 될 것이라고 걱정했던 아이들이 자라서 가나안 땅을 차지하게 되는 것입니다.

여기서 모세와 여호수아의 운명이 갈라지게 됩니다. 모세는 이 불신의 세대를 애굽에서 가나안 입구까지 데려오는 사명을 가졌습니다. 그리고 가나안 땅에 들어가서 가나안 족속들과 싸우는 것은 여호수아의 사명이었습니다. 우리는 아무것도 하지 않고 있다가 갑자기 죽어서 천국에 들어가는 것이 아닙니다. 하나님의 나라는 우리가 이 세상에서 믿음으로 사는 것입니다. 이것은 모세의 율법이 아니라 오직 예수님만이 하실 수 있는 일입니다.

하나님께서 모세에게 이스라엘 백성들을 돌려서 다시 광야로 데리고 가라고 하셨을 때 이스라엘 백성들의 마음이 갑자기 변하면서 다시 가나안 땅에 올라가서 싸우겠다고 했습니다.

신명기 1장 40-42절

너희는 회정하여 홍해 길로 하여 광야로 들어갈지니라 하시매 너희가 대답하여 내게 이르기를 우리가 여호와께 범죄하였사오니 우리 하나님께서 우리에게 명하신 대로 우리가 올라가서 싸우리이다 하고 너희가 각각 병기를 띠고 경솔히 산지로 올라가려 할 때에 여호와께서 내게 이르시되 너는 그들에게 이르기를 너희는 올라가지 말라 싸우지도 말라 내가 너희 중에 있지 아니하니 너희가 대적에게 패할까 하노라 하셨다 하라 하시기로.

이스라엘 백성들은 완전히 하나님의 말씀에 반대되는 것만 하려고 했습니다. 이렇게 하는 것을 '청개구리' 라고 합니다. 어떻게 보면 이스라엘 백성들이 늦게나마 회개하고 하나님의 말씀에 순종하려고 하는 것으로 생각할지도 모르겠습니다. 그러나 이것은 회개가 아닙니다. 이스라엘 백성들의 마음이 비뚤어져 있어서 하나님이 하라고 하시는 말씀에 언제나 반대로 하고 싶은 것뿐입니다.

실제로 이스라엘 백성들은 하나님의 말씀이 아니고서는 갈 데도 없는 사람들이었습니다. 그런데 이들은 하나님이 가나안으로 가라고 하시면 광야로 가겠다고 하고 광야로 가라고 하면 가나안 땅으로 들어가겠다고 부득부득 고집을 부리면서 진격을 했다가 아모리 족속들의 벌떼 같은 공격을 받고 완전히 패배하고 말았습니다. 그들이 패배하고 하나님 앞에 아무리 통곡하고 울어도 하나님은 위로하지 않으셨고 듣지도 않으셨습니다.

우리는 오늘날에도 죄와 미신으로부터 벗어나 구원받고 예수 믿는 것이 출애굽인 것을 기억해야 합니다. 우리의 신앙생활은 광야와 같습니다. 우리는 반드시 이 세상에서 여러 가지 어려움과 시험을 만나게 되는데, 그때 믿음으로 하나님을 의지해야 합니다. 아무리 내 생각과 다른 현상이 일어나고 내 판단이 옳아 보여도 우리가 하나님보다 더 똑똑하다고 생각해서는 안 됩니다. 이 세상 현실의 어려움을 알아도 하나님의 판단을 믿어야 합니다.

물론 우리가 이 세상에서 믿음으로 나간다고 해서 모든 것이 다 저절로 잘되는 것은 아닙니다. 위기도 있고 손해도 있고 도저히 살 수 없는 어려움도 올 것입니다. 그러나 끝까지 하나님의 능력을 믿어야 합니다. 그러면 하나님께서 우리를 훈련시키시든지 아니면 기적으로 힘을 주시든지 알아서 하실 것입니다.

만약 이스라엘 백성들이 가나안 땅을 믿음으로 진격해도 실패할 수도 있었을 것입니다. 그러나 적어도 가나안 땅을 40년 동안이나 뺑뺑이 돌지는 않았을 것입니다. 특히 이스라엘 백성들이 가나안 족속들과 싸울 때마다 하나님이 지혜를 주셔서 나중에는 이스라엘 백성들의 지혜가 아주 커지게 되었을 것입니다.

하나님께서 우리에게 원하시는 것은 감사하는 마음입니다. 하나님께서는 아무리 체험이 많고 능력이 많더라도 원망하고 불평하는 사람은 축복하지 않으십니다. 우리는 어려운 위기를 닥치면 이것이 시험이라는 것을 깨닫고 우리 입을 조심해서 원망의 말이나 불평의 말이 우리 입에서 나오지 않게 해야 합니다. 무조건 감사하고 무조건 믿어야 합니다. 하나님께서는 한번 도와주신 후 우리를 팽개치시는 분이 아니십니다. 하나님께서 우리를 죽이려고 이곳까지 인도하신 것이 아닙니다. 하나님께서는 우리에게 우리가 생각하지도 못한 놀라운 축복을 주시려고 여기까지 데리고 오신 것입니다.

우리 앞의 이 세상 현실은 가나안 땅입니다. 사람들은 크고 성은 튼튼합니다. 또 무지막지한 아낙 사람들도 있습니다. 그러나 너무나도 비옥한 곳이어서 포도 한 송이를 두 사람이 들어야 할 정도입니다. 이제 어떻게 해야 하겠습니까? 우리는 모든 것을 알지 못하지만 오직 믿음으로 하루에 한걸음씩 나아갈 뿐입니다. 그러면 하나님께서는 갈렙처럼 우리가 밟은 땅을 다 우리에게 주실 것입니다.

03

| 신 2:1-37 | 큰 밑그림을 보라

화가가 그림을 그리는데 있어서 가장 중요한 것은 훌륭한 밑그림입니다. 밑그림이 분명치 않으면 그림을 그리는 중간에 여기저기 손을 대야 해서 나중에는 엉망이 되든지 포기해 버리게 됩니다. 그러나 밑그림이 훌륭하면 중간에 덜 중요한 부분에 집착하려고 하다가도 밑그림에 충실하게 따라가서 결국 최종적으로 아주 훌륭한 작품이 되는 것입니다. 그래서 화가들은 이 밑그림을 먼저 완전하게 만들기 위해 얼마나 많은 시간 스케치를 하고 또 하는지 모릅니다. 그리고 만족스럽고 확신이 들 때 그 밑그림을 가지고 작품에 덤벼들게 되는 것입니다.

이것은 우리가 인생에도 동일하게 적용할 수 있습니다. 우리 인간들의 능력은 어느 정도 한정되어 있기 때문에 모든 일을 다 잘할 수가 없습니다. 그래서 어떤 사람은 욕심이 많지만 큰 것을 보지 못해서 모든 것을 다 가지려고 하다가 결국 큰 것을 놓치고 맙니다. 우리가 이 세상에서 살 수 있는 시간은 제한되어 있습니다. 많은 사람들이 처음에는 모두 대단한 일을 할 것처럼 요란을 부리는데 나중에 보면 제대로 한 것이 아무것도 없고 오히려 그가 저지른 일들을 그 다음 사람이 뒤치다꺼리를 하느라 고생하는 것을 볼 때가 많습니다.

예수님께서 산상설교에서 말씀하시기를 "온유한 자는 복이 있나니 저희가 땅을 기업으로 받을 것임이요"(마 5:5)라고 말씀하셨습니다. 여기서 '온유한 자'는 단순히 성격이 착하고 순한 사람이 아니라, 하나님 앞에서 어떤 일이 큰 것이며 어떤 일이 작은 것인지 아는 사람입니다. 그래서 이런 사람들은 사소한 것을 차지하기 위해 목숨을 걸지 않습니다. 오히려 정반대로 다른 사람들이 덜 중요한 것들을 차지하도록 내버려 둡니다. 그래서 바보처럼 보이기도 하고 순한 것처럼 보이지만 이들은 가장 중요한 것을 철저하게 붙드는 것입니다. 이런 사람들이 하나님 앞에서 가장 중요한 것을 차지하게 됩니다.

본문은 이스라엘 백성들에게 가나안 땅으로 진격하라고 하면서 에돔 사람들의 땅과 모압과 암몬 사람들의 땅은 차지하지 말라고 하시는 하나님의 말씀입니다. 하나님께서는 이스라엘 백성들에게 아무리 그 땅이 탐이 나도, 또는 사람들이 공짜로 가지라고 해도 손도 대지 말라고 말씀하십니다. 왜냐하면 그 땅들은 이스라엘 백성들의 목표가 아니기 때문입니다. 대신에 가나안 족속들의 땅은 요단 동편에서부터 철저하게 공격해서 차지하라고 하십니다.

좋은 일이라고 해서 이 일 저 일 마구 벌이는 사람은 크리스천이라 해도 아직 자신의 바른 목표를 모르는 사람입니다. 사실 우리가 하나님께서 나에게 주시고 교회에 주시는 바른 목표를 찾는 것이 얼마나 어렵고 힘든지 모릅니다. 그러나 우리는 그것을 성경 가운데서 찾아야 하고 그것을 찾은 후에는 아무리 주위에서 반대가 심하고 결과가 금방 나타나지 않고 모든 사람들이 비웃고 조롱한다 하더라도 끝까지 붙들어야 하는 것입니다.

저는 자주 산길을 가는 사람의 비유를 들곤 합니다. 산에서 길을 모르는 사람은 이 길 저 길 비슷하게 보이는 곳을 찾아 여긴가 저긴가 하면서 돌아다닙니다. 그는 부지런히 길을 찾는 것 같지만 실제로는 길을 잃고 헤매는 것입니다. 그러나 길을 아는 사람은 꾸준히 나아갑니다. 길을 알기 때문에 이 길 저 길을 돌아다닐 필요가 없고 누가 뭐라 하더라도 흔들리지 않을 수 있습니다.

우리가 어떤 일을 성공적으로 해내려면 성경적인 바른 목표가 있어야 합니다. 이 목표가 없으면 주위 사람들의 말이나 순간적인 충동이나 자신의 욕심에 이끌려 이 일 저 일을 건드리다가 결국 자기 작품을 완성하지 못합니다. 우리의 인생 밑그림은 성경 안에 있습니다. 우리는 이 그림을 찾아야 합니다.

광야로 회정한 후

신명기 2장 1절

우리가 회정하여 여호와께서 내게 명하신 대로 홍해 길로 광야에 들어가서 여러 날 동안 세일산을 두루 행하더니.

본문은 이스라엘 백성들에게는 너무나 끔찍한 단어로 시작하고 있습니다. 바로 '회정'(回程)이라는 단어입니다.

원래 하나님의 계획에 의하면 이스라엘 백성들은 출애굽한지 한 달 안에 가나안 땅으로 들어갈 수 있었습니다. 그런데 그들은 좀 더 잘 알고 가나안 땅으로 들어가겠다며 정보를 수집했는데, 이것이 문제가 되었습니다. 그들은 가나안 땅을 정탐한 후 자신들의 힘으로는 그 땅을 차지하는 것이 절대 불가능하다는 것을 알고 뒤로 나자빠진 것입니다. 이 한 번의 불신앙으로 이스라엘 자손들은 무려 40년 동안 대가를 지불해야만 했습니다.

예를 들어서 경범죄를 저질러서 40일 동안 감옥에서 구류를 살게 된 어떤 사람이 그 기간을 참지 못해서 탈출을 하다가 붙들리는 바람에 형량이 40년으로 늘어나게 되었다면 얼마나 절망스럽겠습니까? 이스라엘 자손들이 '회정' 했다는 것이 바로 이런 뜻입니다. 40일이면 광야 생활을 마치고 가나안 땅에 들어가서 무한한 자유의 생활을 할 수 있는데 끝판에 불신앙으로 나가는 바람에 40년을 광야에서 더 살게 된 것입니다.

그러면 이 40년의 광야 생활이 과연 이스라엘 백성들에게 지옥 같은 40년이었을까요? 놀랍게도 그것은 아니었습니다. 하나님과 함께하는 40년의 광야 생활은 크리스천들이 수련회를 하는 것과 같은 시간이었습니다.

교회에서는 수련회를 할 때, 일부러 대도시를 벗어나 광야나 깊은 산속으로 찾아갑니다. 어떤 때는 도시에서 몇 시간 동안 차를 타고 가야 하는 곳으로 가고, 또 어떤 때는 주위에 인가라고는 전혀 없는 그야말로 황량한 곳으로 가기도 합니다. 그러나 그런 외딴 곳에서 찬송을 부르고 말씀을 듣고 기도하는 가운데 얼마나 큰 은혜를 받는지 모릅니다.

왜냐하면 하나님께서 우리와 함께하시기 때문입니다. 그래서 우리가 인간적으로 생각하면 이스라엘 백성들이 회정해서 광야로 도로 돌아간 것이 끔찍한 감옥 생활을 더 하는 것처럼 보일 수 있지만 실제로 그것이 아니었습니다.

이스라엘 백성들이 40일 동안 광야에서 은혜 받고 가나안 땅으로 들어가려고 하는데, 하나님이 보시기에 너무나도 은혜가 부족하고 준비가 덜 되어 있으니까 버스를 돌이켜서 40년 수련회를 무료로 시켜 주신 것입니다. 물론 이 40년 동안 하나님의 기적은 계속되었습니다. 그리고 아무리 크게 기도를 하고 아무리 크게 찬송을 드려도 시끄럽다고 찾아와서 항의하는 사람도 없었고 방해하는 사람들도 없었습니다. 수련회에 가서 먹고 자고 하면서 기도하고 말씀을 듣는 일에만 열중할 수 있는 것이 믿는 사람들에게는 얼마나 큰 복인지 모릅니다.

이스라엘 백성들은 이 40년 동안 세상이 어떻게 돌아가는지 전혀 알 수 없었고 알 필요도 없었습니다. 왜냐하면 신문도 없었고 텔레비전도 없었기 때문입니다. 제가 옛날에 청년들 수련회를 많이 다닐 때 보면 일주일에 한 번씩 세상에 나와서 신문을 보면 세상이 변해 있었습니다. 일주일 동안 홍수가 나 있기도 했고 큰 사고가 나서 사람들이 많이 다치거나 죽는 일도 있었습니다.

그러나 수련회하는 동안 청년들은 그런 것은 신경 쓰지도 않고 오로지 말씀만 듣고 기도하는 일에만 열중합니다. 그런데 그리고 나서 세상에 나와 보면 어려운 일들이 하나씩 저절로 해결될 때가 많았습니다. 왜냐하면 우리는 은혜 받는 동안에 하나님께서 우리를 대신해서 많은 일을 해 놓으시기 때문입니다. 그래서 이스라엘 백성들이 광야로 회정한 것은 반드시 나쁜 것은 아니었습니다. 오히려 하나님께서 그들을 너무 사랑하셔서 바로 세상으로 보내지 않으시고 은혜로 붙들어 놓으신 것이었습니다.

예수님은 이 땅에서 사역하시면서 세 제자들과 높은 산으로 올라가셨습니다. 그 산은 춥고 황량해서 무엇을 기대할 수 없는 곳이었습니다. 그러나 갑자기 예수님의 얼굴과 온몸에서 빛이 나면서 제자들에게 하나님의 은혜가 부어지기 시작했습니다. 그리고 모세와 엘리야까지 그곳에 나타났습니다. 그때 제자들은 두려워하면서도 황홀경에 빠졌고, 베드로는 예수님께 그곳에 초막 셋을 짓고 계속 살자고 하면서도 자기가 무슨 말 하는지 몰랐다고 성경은 말씀하고 있습니다.

예수님께서는 요한에게 세례를 받으신 후에 광야로 가셨습니다. 거기서 하나님을 만나는 깊은 은혜의 시간을 가졌던 것입니다. 얼마나 은혜롭든지 들짐승들도 와서 함께 있었고 하늘의 천사들도 내려와서 예수님 옆에 있었다고 말씀하고 있습니다.

이스라엘 백성들이 광야에 있었던 40년은 마치 노아의 가족과 많은 짐승들이 노아의 배 안에 있었던 것에 비유할 수 있습니다. 노아의 배 안에는 많은 맹수들과 들짐승들이 있었습니다. 그러나 그 배 안에서는 어느 맹수도 다른 짐승들을 물거나 잡아먹지 않았습니다. 그야말로 사자가 어린 양과 함께 뛰놀고 어린아이들이 독사 굴에 손을 넣어도 물리지 않는 상태가 1년 가까이 유지되었던 것입니다. 노아의 배 밖에서는 물이 온 세상을 덮고 있었습니다. 많은 사람들이 홍수를 피하여 높은 곳으로 도망을 치다가 결국 다 물에 빠져 죽었습니다. 바로 고대의 쓰나미였던 것입니다. 여기저기 사람들과 짐승들의 시체가 떠돌아다니며 뒤섞였습니다. 그러나 노아의 배 안에는 은혜가 있었고 축복이 있었고 평화가 있었습니다.

그래서 하나님의 백성들은 어느 곳에 가더라도 하나님의 은혜를 충만하게 받습니다. 병원에 입원해도, 입대하여 전방에서 철책 근무를 서도, 사업에 실패해서 남의 집 지하에 세 들어 살아도 주님은 찾아오십니다. 우리가 이스라엘의 광야 40년에서 깨닫게 되는 것은, 세상에 얼마나 더 빨리 나가느냐 하는 것보다 얼마나 충분히 하나님을 알고 영적으로 무장되어 나가느냐 하는 것이 더 중요하다는 것입니다.

우리는 하나님의 때를 기다려야 합니다. 그런데 무슨 재주로 끝까지 기다릴 수 있을까요? 그것은 광야에서 하나님의 말씀으로 은혜 받는 방법입니다. 우리가 말씀에 따라 울고 웃는 동안에 우리 안에 있는 교만이나 거짓이나 욕심이 다 빠져 나가고 외부적인 여건도 준비될 때가 많습니다.

이스라엘 백성들은 40년 동안 은혜를 받고 세상 속으로 들어갔지만 그것도 사실 너무나도 짧다는 생각이 들었을 것입니다. 왜냐하면 이스라엘 자손들은 모압 광야를 지나가다가 모압 여인들이 몸을 많이 드러내고 춤을 추며 우상 숭배하는 것을 보고 달려가서 간음을 하고 우상의 제물을 먹다가 많은 사람들이 염병에 걸려 죽었기 때문입니다.

오늘 세상 사람들은 어떻게 하면 다른 사람들보다 한발 먼저 이 세상에 뛰어 들어가서 무엇인가 큰 것을 하나 건질까 하고 생각합니다. 그러나 하나님께서는 우리에게 세상에 뛰어 들어가는 것을 그렇게 조급하게 생각하지 말라고 하십니다. 하나님 앞에서 충분히 은혜 받고, 충분히 준비하고, 충분히 밑그림을 그려 가지고 세상으로 나가라고 하십니다. 그렇게 하는 것이 결코 늦는 것이 아니며, 그렇게 해도 얼마든지 세상에서 성공할 수 있다고 말씀하시는 것입니다.

싸움을 피해야 할 대상

이스라엘 백성들이 가나안 땅으로 진격하면서 첫 번째 만난 걸림돌이 에돔 족속이었습니다. 만약 에돔 족속이 조금만 양보를 해서 이스라엘 백성들을 통과시켜 주었더라면 몇 주 내지는 몇 달의 시간을 절약할 수 있었습니다. 그러나 에돔 족속이 길을 막는 바람에 이스라엘 백성들은 먼 길을 돌아서 요단강까지 가야만 했습니다.

그러나 하나님은 에돔 족속과 싸우지 말라고 말씀하셨습니다.

신명기 2장 4-5절

너는 또 백성에게 또 명하여 이르기를 너희는 세일에 거하는 너희 동족 에서의 자손의 지경으로 지날진대 그들이 너희를 두려워하리니 너희는 깊이 스스로 삼가고 그들과 다투지 말라 그들의 땅은 한 발자국도 너희에게 주지 아니하리니 이는 내가 세일산을 에서에게 기업으로 주었음이로라.

우리는 이스라엘 백성들이 에돔 족속과 너무나도 싸우고 싶었을 것이라고 생각할 수 있습니다. 왜냐하면 일단 40년 동안 전쟁을 기다리며 훈련받아 왔기 때문에 사기가 충천해 있는 상태였습니다. 그리고 이스라엘 백성들에게 적대적인 에돔 족속이 자꾸 싸우고 싶어서 몸이 근질근질한 이스라엘 백성들의 화를 돋우고 있습니다. 게다가 이스라엘 백성들이 에돔을 피하여 세일산을 돌아간다면 시간적으로도 엄청난 낭비일 뿐 아니라 앞으로 다른 족속들이 우습게 여길 것입니다. 또한 첫 상대부터 철저하게 정복해야 하나님의 일도 더 잘하는 것 같았습니다.

그러나 하나님께서는 이스라엘 자손들에게 에돔 자손들은 그들이 싸워야 할 대상이 아니라는 것을 분명히 하셨습니다. 이처럼 다른 사람들이 나에게 적대적이고 나를 힘들게 한다고 해서 모두 나의 적이라고 생각해서는 안 됩니다.

하나님께서는 이스라엘 백성들에게 에돔 사람들의 땅은 한 발자국도 이스라엘 백성들에게 주지 않으셨기 때문에 거저 준다 하더라도 받아서는 안 된다고 말씀하십니다. 그 이유가 무엇입니까? 에돔 땅이 당장 보기에는 크고 유리하게 보일지 몰라도 하나님의 큰 그림에 의하면 전혀 필요 없는 곳이기 때문입니다. 오히려 이스라엘 자손들이 에돔 땅을 가지게 되면 하나님의 그림이 망쳐지게 되기 때문에 하나님은 절대로 에돔 사람들과 싸우거나 그들의 땅이나 물건을 탈취하지 말라고 하셨습니다.

만일 이때 에돔 사람들이 억지로 나와서 이스라엘 자손들과 싸우려 하면 어떻게 해야 합니까? 이럴 때는 비겁하게라도 도망쳐야 합니다. 하나님께서 싸우지 말라고 하는 대상은 싸우지 않는 것은 물론이고 오히려 지는 것이 이기는 것입니다. 우리는 많은 경우에 내가 좀 더 겸손하게 해서 이해를 구하고 나의 친구로 만들어야 할 사람들을 사소한 욕심 때문에 적으로 만드는 경우가 많이 있습니다. 그러면 적은 것을 얻을 수 있을지 모르지만 결국 큰 것을 놓치게 됩니다.

지형적으로 보면 에돔은 돌산에 구멍을 뚫어서 성을 만들었습니다. 영화 '인디아나 존스' 중에 붉은 돌로 된 산에 성을 만든 것이 나오는데 그것이 바로 에돔의 성입니다. 이스라엘 백성들이 에돔을 공격하더라도 그것들을 차지하는 것이 생각만큼 쉽지가 않고 또 차지한다 하더라도 별로 실익이 없었습니다. 더욱이 에돔을 차지한다고 힘을 탕진했을 때 가나안 땅은 또 다음 세대로 넘어가야 하는 것입니다. 그래서 하나님께서는 에돔 사람들이 아무리 싸움을 걸고 이스라엘 백성들에게 불친절하게 하더라도 절대로 싸우지 말고 오히려 통과를 허락하지 않으면 먼 길을 돌아가라고 하신 것입니다. 이것은 가나안 정복에 대한 하나님의 밑그림이 있기 때문입니다.

우리가 신앙생활을 하는 것은 마치 하나님의 모자이크 그림을 완성하는 것과 같습니다. 우리 눈에는 하나님의 밑그림이 보이지 않습니다. 그러나 때로는 우리 머리로 이해되지 않고, 때로는 시간을 허비하는 것 같더라도 매 순간을 하나님의 말씀에 순종해서 자꾸 채워 나가면 나중에 거대한 하나님의 그림이 완성되는 것입니다. 하나님께서는 이스라엘 백성들에게 적은 손해에 집착하지 말라고 주의를 주셨습니다.

신명기 2장 6-7절

너희는 돈으로 그들에게서 양식을 사서 먹으며 돈으로 그들에게서 물을 사서 마시라 네 하나님 여호와가 너의 하는 모든 일에 네게 복을 주고 네가 이 큰 광야에 두루 행함을 알고 네 하나님 여호와가 이 사십 년 동안을 너와 함께하였으므로 네게 부족함이 없었느니라 하셨다 하라 하시기로,

이스라엘 백성들은 애굽을 나올 때 애굽 사람들로부터 많은 금은과 의복을 받아 가지고 나왔습니다. 그러나 광야 생활을 하다 보니까 돈 쓸 일이 없었습니다. 광야에는 백화점도 없고 슈퍼마켓도 없기 때문입니다. 이스라엘 백성들은 광야 생활하는 동안에 사치할 일이 없었습니

다. 매일 보는 사람이 그 사람이고 그 사람인데 화장을 할 필요도 없었고 화려한 옷을 살 필요도 없었고 먹는 것도 모두 만나였습니다. 그러니까 이스라엘 백성들은 돈 쓸 일이 없었습니다.

그러나 에돔 땅에서는 돈을 쓰라고 하셨습니다. 에돔 사람들에게 돈을 주고 양식을 사고 심지어는 물을 마실 때에도 돈을 주고 물을 마시라고 말씀하셨습니다. 우리 생각에 양식을 돈을 주고 사는 것은 이해가 되지만 물까지 돈을 주고 사는 것은 너무 심하다는 생각이 들 것입니다. 그러나 하나님께서는 에돔 족속들과 돈 문제를 가지고 다투지 말고 후하게 값을 쳐주라고 하셨습니다.

왜냐하면 이스라엘 백성들은 이미 40년 동안 하나님으로부터 공짜로 양식과 물을 제공받았기 때문에 그 정도 돈을 쓴다고 해서 결코 손해 보는 것이 아니기 때문입니다. 이스라엘 백성들이 작은 일에 손해를 보면 하나님께서는 그들이 생각하지 못하는 엄청나게 큰 것을 주실 것입니다. 그것이 바로 젖과 꿀이 흐르는 가나안 땅입니다.

때로는 우리 예수 믿는 사람들이 너무 정확하게 하려고 하거나 손해를 보지 않으려는 인색한 마음으로 작은 것 때문에 다투거나 양보하지 않을 때가 있습니다. 또 어떤 경우에는 인심을 잃고 신뢰를 잃을 때도 있습니다. 그러나 우리 크리스천들은 적은 일에는 손해를 보는 것이 좋습니다. 왜냐하면 우리는 하나님 앞에서 어마어마한 복을 이미 받았고 상상할 수 없는 복을 앞으로는 더 받을 사람들이기 때문입니다.

이스라엘 백성들이 광야에서 받은 하나님의 도움은 돈으로 환산할 수 없습니다. 특히 그들이 말씀으로 은혜 받은 영적인 축복은 이 세상 어느 누구도 누려 보지 못한 복 중의 최고의 복이었습니다. 그런데 만일 이스라엘 백성들이 에돔 사람들에게 돈을 주고 양식을 사고 물 값을 좀 비싸게 달라고 한다고 해서 양식을 훔치거나 강제로 물을 마시면 하나님의 은혜를 받을 수 없습니다. 크리스천들은 하나님의 축복을 잃지 않기 위해서 금전 관계를 너무 철저하게 하지 말고 손해를 보는 길을 택하기 바랍니다.

그리고 하나님께서는 우리 믿는 사람들이 하나님을 믿지 않는 사람들의 행복이나 공헌을 인정하는 것을 원하십니다. 하나님께서는 이스라엘 백성들에게 에서의 자손 외에도 모압이나 암몬이나 블레셋 자손들과도 싸우지 말라고 말씀하십니다. 그 중요한 이유는 이스라엘이 오기 전에 가나안 족속들을 몰아내고 그 땅을 차지한 공이 있기 때문입니다.

신명기 2장 10-12절

옛적에 엠 사람이 거기 거하여 강하고 많고 아낙 자손과 같이 키가 크므로 그들을 아낙 자손과 같이 르바임이라 칭하였으나 모압 사람은 그들을 에밈이라 칭하였으며 호리 사람도 세일에 거하였더니 에서의 자손이 그들을 멸하고 대신하여 그 땅에 거하였으니 이스라엘이 여호와의 주신 기업의 땅에서 행한 것과 일반이었느니라.

가나안 족속을 몰아내고 가나안 땅을 차지하라는 명령을 하나님께서 이스라엘 자손에게만 주신 것이 아니었습니다. 하나님은 이 명령을 에돔 자손에게도 주시고 모압 자손에게도 주시고 심지어는 블레셋 자손들에게도 주셨던 것입니다. '갑돌에서 나온 갑돌 사람이 가사까지 각촌에 거하는 아위 사람을 멸하고 그들을 대신하여 거기 거하였다' 는 23절 말씀의 '갑돌 사람' 은 크레타 섬 출신인 블레셋 사람들을 말하는 것입니다.

그러니까 이들은 자신들도 모르는 가운데 가나안 족속을 심판하시는 하나님의 명령에 연합군으로 동원되어 각각 자기 임무를 완수한 것입니다. 예를 들어서 제2차 세계대전 때 연합군이 일본군이나 독일군과 싸우면서, 미군은 어디로 진격하고 소련군은 어디로 진격하고 영국군은 어디로 진격하라고 했을 때 할당한 곳은 각 나라의 군대가 우선권을 차지하는 것과 같습니다.

그래서 겉으로 보기에는 강한 나라들이 모든 것을 다 차지하는 것 같지만 실제로 하나님의 밑그림에 따라서 나라들마다 차지할 수 있는 한계가 다 있습니다. 하나님은 이스라엘 백성들에게 이것을 인정하라고 말씀하십니다. 크리스천이 다른 사람들의 공도 인정할 것은 인정하고 그들의 재산과 행복을 귀하게 생각해 줄 때 이 땅에 하나님의 뜻이 더 드러나게 됩니다.

이스라엘의 전쟁 대상

이스라엘 백성들이 원래대로 하면 남쪽 가데스 바네아에서 진격을 해야 하는데 하나님은 전략을 바꾸셨습니다. 그래서 남쪽에서 세일산을 빙 돌아 요단 동쪽으로 와서 거기에서 가나안 땅을 침공하게 하셨습니다. 하나님께서 그렇게 하신 이유는 주위에 있던 에돔이나 모압이나 블레셋을 피하여 전쟁이 불필요하게 확대되는 것을 막으려고 하신 것 같습니다.

대개 전략이 없는 사람들의 특징은 일을 닥치는 대로 하는 것입니다.

그러나 모든 일을 닥치는 대로 하면 힘은 힘대로 엄청나게 들지만 나중에 결과가 보잘 것이 없습니다. 사람들의 능력은 한계가 있기 때문에 결국 모든 일을 잘 하려고 하면 가장 중요한 것을 제대로 해 낼 수 없게 됩니다. 하나님께서는 이스라엘 자손들에게 오직 가나안 족속들만 대상으로 싸우되 가나안 족속에 대해서는 인정사정을 보지 말고 철저하게 심판하라고 하셨습니다. 그 첫 번째 대상이 가나안 땅에 들어가기 전에 요단 동편에 있는 헤스본 왕 시혼이었습니다.

신명기 2장 24절

너희는 일어나 진행하여 아르논 골짜기를 건너라 내가 헤스본 왕 아모리 사람 시혼과 그 땅을 네 손에 붙였은즉 비로소 더불어 싸워서 그 땅을 얻으라.

이 헤스본은 모압과 암몬 사이에 있는 요단 동편의 땅입니다. 상당히 비옥한 땅인데 워낙 가나안 족속들이 강하니까 아무도 차지하지 못하고 있었습니다. 하나님께서는 이스라엘 자손들에게 바로 여기부터 그들의 전쟁이 시작된다고 말씀하셨습니다. 하나님께서는 남들이 다 빼앗아 놓은 곳에 이스라엘 자손들이 늦게 가서 차지하는 것을 원하지 않으셨습니다.

사람들 중에는 남이 열심히 일할 때는 가만히 놀고 있다가 다해 놓으면 슬쩍 자기 것으로 만드는 사람들이 있는데 요즘은 이런 사람들이 쉽게 성공하는 것 같습니다. 그러나 우리가 알아야 할 것은 결국 쉽게 성공하는 사람은 쉽게 망할 수밖에 없다는 사실입니다. 우리는 다른 사람들이 쉽게 해내지 못하는 것을 해냈을 때 나의 일이 오래 간다는 것을 알아야 합니다. 그래서 우리 믿는 사람들은 좌우간 이 세상을 쉽게 살려고 하는 생각을 버려야 합니다. 아주 어렵게 하나씩 정복해서 자기 것으로 만들어 가야 하는 것입니다.

그런데 하나님께서 헤스본 왕을 공격하는 방법이 보통 나라들이 쓰는 것과 비슷한 방법을 쓰시는 것처럼 보입니다. 하나님께서는 헤스본 왕에게 길을 통과할 테니까 허락해 달라고 부탁하라고 모세에게 말씀하십니다. 그리고 지나가면서 밭이나 다른 땅에는 일체 들어가지 않고 양식이나 물은 꼭 돈을 주고 사 먹겠다고 말하게 하십니다. 대개 어느 왕도 이렇게 많은 사람들을 자기 땅에 통과시키는 법이 없습니다. 왜냐하면 일단 들어오고 난 후에 공격하면 꼼짝 못하고 당하기 때문입니다.

여기서 우리가 알아야 할 것이 있습니다. 그것은 일단 이스라엘 백성들이 헤스본을 통과하겠다는 것 자체가 하나님의 심판의 말씀이라는 것입니다. 이때 헤스본 왕이 살 수 있는 길은 그야말로 지금까지 지은 죄를 회개하고 이스라엘 백성들을 맞이해서 그들의 종이 되는 것입니다. 그러나 이상하게도 교만한 사람들은 하나님의 백성들의 말만 들어도 화를 내면서 욕을 하고 공격적이 됩니다. 왜냐하면, 이미 그들은 마귀의 종이기 때문에 하나님의 백성들이 무조건 미운 것입니다.

하나님께서 헤스본 왕에게 통과하겠다고 말하게 하신 것은 마지막으로 한번 살 수 있는 기회를 주신 것이었습니다. 그러나 헤스본 왕은 자기가 이 세상에서 가장 잘난 것으로 알기 때문에 이스라엘에 굴복할 리가 없었습니다. 결국 헤스본은 이스라엘 백성들에 의해서 첫 번째로 멸망한 가나안 족속이 되었습니다.

이제 우리는 기억해야 합니다. 하나님의 백성들은 모든 것을 다 잘하려고 해서는 안 됩니다. 우리는 하나님의 밑그림을 알아야 합니다. 하나님이 나에게 하라고 하시는 일을 먼저 찾아야 합니다. 그리고 난 후에는 누가 뭐라고 하든지 아무리 다른 사람들이 좋은 것을 다 차지하더라도 끝까지 나의 길을 가야 합니다. 그리고 하나님께서 하라고 하시는 것은 아무리 힘들고 어렵게 보인다 하더라도 철저하게 해야 합니다. 모세와 이스라엘 백성들은 헤스본 땅에 있는 성 중에서 차지하지 못한 것이 하나도 없었습니다.

하나님은 우리 인생의 가장 아름다운 밑그림을 가지고 계십니다. 그런데 우리가 작은 욕심에 빠져서 그것을 망쳐서는 안 됩니다. 성경에 보면 하나님의 밑그림을 망친 사람들이 너무나도 많이 있습니다. 그들은 모두 작은 욕심에 집착하느라 눈이 어두워져서 하나님의 큰 축복을 보지 못했습니다. 결국 우리가 이 세상에서 가장 복된 삶을 사는 비결은 욕심을 죽이고 하나님의 신뢰를 얻는 것입니다. 하나님께서 한번 우리의 믿음을 인정하시면 모든 것을 다 주실 것입니다. 오늘 하나님께서 우리에게 넓은 마음을 주셔서 사소한 일에 집착하지 않고 하나님의 큰 그림을 보며 나아갈 수 있기를 바랍니다.

04

| 신 3:1-29 | 하나님의 축복의 맛보기

우리나라에는 세계적인 규모의 대기업들이 있습니다. 그런데 얼마 전에 그 대기업의 한 최고 경영자가 "우리는 언제든지 망할 수 있다는 위기의식을 가지고 있습니다" 하고 말했습니다. 이처럼 이 시대를 살아가는 사람들은 대부분 미래에 닥칠 위기에 대해 막연한 두려움을 갖고 있습니다. 우리는 처음에 대단히 성공적으로 어떤 일을 시작하지만 얼마 지나지 않아 밑바닥으로 추락하는 사람을 많이 보아 왔습니다. 그래서 사업가들은 단순히 오늘까지 좋았다고 해서 절대로 안심하지 못합니다. 왜냐하면 미래에 어떤 위기가 발생할지 전혀 예측할 수 없기 때문입니다.

이런 의미에서 본다면 신명기 3장은 우리가 이 시대를 어떤 정신으로 살아가야 할지를 보여 주는 아주 중요한 말씀으로 볼 수 있습니다.

우선 하나님께서는 이스라엘 백성들로 하여금 가나안 땅을 모두 정복하게 하지 않으시고 먼저 요단강 동편에 있는 두 나라를 정복하게 하셨습니다. 그 한 나라가 헤스본이고 다른 한 나라가 바산 왕국이었습니다.

그리고 하나님께서는 앞으로 가나안 땅도 이런 식으로 모두 정복하게 될 것이므로 미래에 대해 두려워하지 말고 앞으로도 지금까지 해 온 방식대로 계속 나가기만 하면 된다고 말씀하셨습니다. 이것이 바로 하나님의 맛보기인 것입니다. 예를 들어서 주부들이 시장 같은 곳에 가서 반찬이나 음식을 살 때 전부 먹어보고 사시 않습니다. 난시 일부만 먹어 보아도 그 전체의 맛이 어떤지 알 수 있고 대개 조금 먹어보고 전체를 살 것인지 말 것인지 결정하게 되는 것입니다.

이것은 오늘 이 시대를 살아가는 우리들에게도 마찬가지입니다. 우리는 우리에게 주어진 삶을 다 살아본 후에야 '아, 하나님께서 나와 함께하셨구나' 또는 '하나님께서 나를 축복하셨구나' 하지 않습니다. 우리가 현재 바른 믿음의 길을 걸어가고 바른 축복의 길을 걸어가고 있다면 이미 하나님의 축복들이 나타나고 있을 것입니다. 이 작은 하나님의 축복들이 우리에게 의미하는 것은 무엇입니까? 하나님께서 앞으로도 이런 식으로 우리를 계속 축복하셔서 끝까지 함께하신다는 약속일 것입니다.

하나님께서는 한 번만 우리를 돕고 포기하는 분이 아니십니다. 두 번, 세 번 아니면 열 번, 백 번이라도 우리가 바른 믿음으로 나가기만 하면 능히 우리를 돕고 축복하는 분이십니다. 하나님께서는 홍해만 가르신 것이 아니라 요단강도 가르셨습니다. 예수님께서는 보리떡 다섯 개로 오천 명을 먹이셨을 뿐 아니라 보리떡 일곱 개로 사천 명을 먹이는 기적도 행하셨습니다.

여기서 우리는 하나님의 작은 축복을 보고 우리들의 태도가 많이 갈라진다는 사실을 알 수 있습니다. 어떤 사람들은 작은 축복만 붙들고 이것이 전부라고 생각해서 앞으로 더 나가지 않으려고 주저앉아 버립니다. 어떤 사람들은 하나님의 축복을 전혀 믿지 못합니다. 어떤 사람들은 이번 축복은 우연히 이루어진 것이고 앞으로는 하나님께서 도와주지 않으실지 모른다는 두려움 속에서 계속 불안해합니다. 이런 사람들은 하나님의 능력을 단회적이라고 생각하는 것입니다. 하나님께서 한 번은 우리를 도우셨지만 두 번 세 번 도우신다는 보장이 없다는 것입니다.

거기에 비해서 지금의 작은 축복을 하나님의 은혜의 맛보기로 생각해서 앞으로도 하나님이 능히 이런 식으로 우리를 도우신다는 믿음을 가지고 변함없이 미래를 행하여 나아가는 사람들이 있습니다. 하나님께서 오늘 우리들에게 원하시는 것은 바로 이런 신앙입니다. 우리가 일단 바른 믿음의 길로 들어가면 이미 하나님의 축복이 나타나기 시작합니다. 이것을 앞으로 하나님께서 우리를 이런 식으로 계속 도우실 것이라는 약속으로 알고 모든 미래에 대한 불안과 두려움을 뿌리치고 한결같은 믿음으로 앞으로 나아가야 합니다.

오늘 많은 사람들은 자꾸 이것도 해 보았다가 저것도 해 보았다가 변화를 일으키는 것을 좋아합니다. 그러나 이런 것은 길을 찾지 못했을 때 길을 찾기 위해서 하는 시행착오입니다. 바른 길을 찾고 하나님의 응답이 나타나고 있을 때에는 누가 뭐라고 하든지 흔들리지 말고 동일한 믿음으로 계속 나아가야 하는 것입니다.

이스라엘을 대적한 자들의 멸망

신명기 3장 1절

우리가 돌이켜 바산으로 올라가매 바산 왕 옥이 그 모든 백성을 거느리고 나와서 우리를 대적하여 에드레이에서 싸우는지라.

처음 가나안 땅으로 이스라엘 백성들을 인도하셨을 때 하나님께서는 남쪽에서 위로 쳐 올라오는 식으로 공격하게 하셨습니다. 그러나 이스라엘 백성들은 하나님을 의심했고, 무려 40년이라는 시간을 광야에서 빙빙 돌아야 했습니다. 그리고 이제 두 번째로 가나안 땅에 들어오려고 하는데, 이때는 남쪽이 아니라 요단 동쪽에서부터 중간을 갈라서 가나안 땅으로 들어왔습니다. 이것은 마치 한국 전쟁 때 맥아더 장군이 인천 상륙 작전을 성공하며 허리를 자르고 들어온 것과 같습니다. 하나님께서 이렇게 하신 이유는 그동안 이스라엘 자손들이 광야에서 많은 신앙적 훈련을 받았으므로 더 이상 시간을 낭비할 필요가 없었기 때문입니다.

우리는 신앙적으로 훈련받는 기간이 결코 시간 낭비가 아니라는 것을 알아야 합니다. 만일 이스라엘 백성들이 40년 전에 정탐꾼들의 말을 듣고 흔들리지 않았다 하더라도 그때의 신앙 상태로는 남쪽에서 가나안 족속들과 밀고 당기면서 오히려 더 많은 시간을 낭비했을 것입니다. 그것보다는 차라리 광야에서 40년 동안 화끈하게 하나님의 말씀으로 훈련받고 이제 하나님의 말씀에 죽기도 하고 살기도 하는 사람들이 되자, 하나님께서는 그들을 가장 빠른 길로 인도하셨습니다. 그래서 이스라엘 백성들이 생각하기에 너무나도 시간을 낭비하는 것 같았지만 실제로는 이렇게 돌아가는 것이 가장 빠른 지름길이었던 것입니다.

우리는 하나님께서 직장도 주지 않으시고 결혼도 늦게 하게 하실 때 '나는 이 세상에서 너무나도 뒤진 인생을 살겠구나!' 하는 생각을 가지게 됩니다. 그러나 막상 하나님의 훈련을 받고 세상에 다시 돌아왔을 때 다른 사람들에 비해서 결코 그렇게 뒤진 것이 아니라는 것을 발견하게 될 것입니다. 내 생각에는 너무나도 헤매고 돌아온 것 같은데 실제로는 그 바람에 많은 신앙적인 무장을 하게 되었고 사실은 제대로 길을 걸어온 것을 알게 될 것입니다.

이제 이스라엘 백성들이 요단 동편에서 가나안 땅으로 진격하기 위해서는 반드시 극복해야만 하는 두 나라가 있었습니다. 헤스본 왕국과 바산 왕국이었습니다. 특히 헤스본 왕국은 이스라엘 자손들이 가야 하는 길목에 있었기 때문에 돌아갈 수도 없어서, 싸우든지 아니면 그들이 길을 양보하든지 해야 했습니다. 그런데 헤스본 왕이 마음을 강퍅하게 하는 바람에 결국 전쟁을 하게 되었고 이스라엘 자손들이 그 땅을 차지하게 되었습니다.

문제는 바산 왕국이었습니다. 바산 왕국은 헤스본 북쪽에 있기 때문에 그냥 통과할 수도 있었습니다. 그러나 적을 가까이에 두고 그냥 통과한다는 것은 훗날에 큰 시험거리가 될 수 있었습니다. 왜냐하면 모세는 요단 동편 땅을 이스라엘 세 지파에게 주고 그들이 먼저 가나안 땅을 건너가서 자기 동족을 위해서 싸우게 했는데, 이때 바산 왕국이 남아 있는 이스라엘의 여자들과 아이들을 칠 가능성이 아주 높았습니다. 그래서 이스라엘 백성들이 안심하고 가나안 전쟁을 하려고 하면 바산 왕국도 극복을 해야만 했습니다. 그런데 바산 왕국이 먼저 나와서 이스라엘과 싸우겠다고 했습니다. 이때 하나님께서 이스라엘에게 위대한 약속을 해 주십니다.

신명기 3장 2절

여호와께서 내게 이르시되 그를 두려워 말라 내가 그와 그 모든 백성과 그 땅을 네 손에 붙였으니 네가 헤스본에 거하던 아모리 족속의 왕 시혼에게 행한 것과 같이 그에게도 행할 것이니라 하시고.

이스라엘 백성들이 가나안 땅으로 들어가는 것은 마치 크리스천들이 은혜 받은 후 다시 현실 세상으로 들어가는 것과 같습니다. 그러나 이미 알다시피 신앙을 가지고 하나님을 붙드는 과정에서 우리는 이미 이 세상과의 관계가 한 번 단절이 됩니다. 어떤 사람은 병으로 몇 년간 병원에 입원해서 몇 차례 큰 수술을 받기도 하고 어떤 사람은 사업에 실패해서 실직자로 몇 년을 지내기도 하고 어떤 사람은 앞길이 열리지 않아서 현실 부적응아로 몇 년간 지내기도 합니다.

이런 어려운 과정을 통해서 우리는 하나님을 붙들고 진정한 신앙을 가지게 되지만, 세상은 그동안 우리를 기다려 주지 않고 너무나도 멀리 가버리는 것입니다. 그래서 우리가 다시 정신을 차리고 이 세상 현실로 돌아오려고 할 때 아무도 우리를 알아주거나 받아 주지 않을 뿐더러 때로는 적대적이기까지 합니다.

그때 많은 경우 우리 믿는 사람들은 현실을 포기하려고 합니다. 즉 '나는 이제 도저히 이 세상에서는 정상적인 삶을 살 수가 없을 것 같다. 하나님만 붙들고 신앙생활이나 열심히 하자' 라는 생각을 하게 되는 것입니다. 그러나 하나님께서 우리를 다시 세상에 보내셔서 빛과 소금이 되게 하실 때 우리는 현실 속으로 돌아와야 합니다.

이때 우리에게 아주 큰 장애물이 있습니다. 그것은 우리가 하나님만 알지 이 세상에서 요구하는 자격 같은 것이 아무것도 없는 것입니다. 교사 자격증도 없고 학력도 없고 사회가 요구하는 능력이나 경험이 아무것도 없습니다. 그러나 우리는 현실에 적응하기 위해 준비하고 재교육 받는 것을 두려워하지 말아야 합니다.

물론 이 세상이 요구하는 것들은 이미 우리가 예수님을 믿으면서 오래 전에 쓰레기통에 다 버렸던 것들입니다. 사도 바울은 "내 주 그리스도 예수를 아는 지식이 가장 고상함을 인함이라 내가 그를 위하여 모든 것을 잃어버리고 배설물로 여김은 그리스도를 얻고"(빌 3:8)라고 했습니다. 그러나 세상이 알아주는 것은 바로 쓰레기통에 들어있는 그런 것들이어서 우리는 때로 그것을 도로 주워 와서 써야 할 때도 있는 것입니다. 그때 자신의 신앙이 타락할까봐 두려워 할 필요가 없습니다. 하나님께서도 이스라엘 백성들이 영원히 광야에서 빙빙 도는 것만이 거룩한 것이라고 말씀하지 않으셨습니다. 하나님은 가나안 땅으로 진격하라고 하셨고 바산 왕과 싸워서 그 땅을 빼앗으라고 말씀하신 것입니다.

그런데 하나님께서 모세와 이스라엘 백성들에게 두려워하지 말라고 하시면서 오직 말씀만 주셨습니다. 많은 첨단 무기를 주시거나 다른 나라의 군대를 보내 주지도 않으셨습니다. 오직 하나님께서 이스라엘 자손들에게 주신 것은 '함께하시겠다' 는 말씀밖에 없습니다. 그런데 이스라엘 백성들의 신앙이 얼마나 성숙했는가 하면 이 말씀만 붙들고 나가서 헤스본 왕과 바산 왕을 이겼던 것입니다.

하나님께서 오늘 우리들에게 요구하시는 것도 바로 이런 신앙입니다. 지금 우리가 이 세상에서 믿음으로 살아가려고 하면 너무나도 엄청난 현실의 벽들이 있습니다. 이런 상황에서 하나님께서 우리에게 주시는 것은 오직 하나님의 말씀 하나 밖에 없습니다. 그런데 하나님의 말씀 하나 붙들고 나가니까 되더라는 것입니다.

하나님을 믿는 자에게 주어지는 승리

이스라엘 백성들이 '함께하시겠다' 는 하나님의 약속의 말씀을 붙들고 나가서 싸웠을 때 정말 자신들의 눈으로는 믿을 수 없는 엄청난 결과를 얻게 되었습니다.

신명기 3장 3-5절

우리 하나님 여호와께서 바산 왕 옥과 그 모든 백성을 우리 손에 붙이시매 우리가 그들을 쳐서 한 사람도 남기지 아니하였느니라 그때에 우리가 그들에게서 빼앗지 아니한 성읍이 하나도 없이 다 빼앗았는데 그 성읍이 육십이니 곧 아르곱 온 지방이요 바산에 있는 옥의 나라이라 그 모든 성읍에 높은 성벽이 둘러 있고 문과 빗장이 있어 견고하며 그 외에 성벽 없는 고을이 심히 많았느니라.

성경 말씀에서는 모세와 이스라엘 백성들이 구체적으로 어떻게 바산 왕의 군대와 싸웠는지 설명하고 있지 않지만, 그들이 마치 식은 죽 먹듯 쉽게 전쟁했을 것이라고 생각해서는 안 됩니다. 하나님의 일 중에는 쉬운 것이라고는 하나도 없습니다. 하나님의 일 하나 하나가 너무 어렵고 힘들어서 도저히 감당할 수 없을 것 같습니다. 그래서 포기하고 싶고 중간에 주저앉고 싶을 때가 많이 있습니다.

그러나 온 힘을 다하면 한 가지를 겨우 해낼 수 있습니다. 사실 이 한 가지를 해냈다는 것도 엄청난 것입니다. 그런데 하나님은 그 다음 일도 할 수 있는 힘을 주십니다. 그래서 또 젖 먹던 힘까지 내서 죽도록 수고하면 그 다음 일도 겨우 마칠 수 있게 됩니다. 그런 식으로 하나씩 해나갔는데 결과적으로 무려 60개나 되는 바산의 성읍들을 모두 정복하게 되었습니다. 그 성들은 모두 성벽이 높고 튼튼했는데 어떻게 다 정복했는지 도무지 이해가 되지 않을 정도로 놀라운 성과였습니다.

특히 이스라엘 백성들의 승리는 완벽했습니다. 하나님의 말씀대로 그 성에서 단 한 사람도 놓치지 않고 모든 사람들을 죽였으며, 또 엄청난 전리품을 얻었습니다. 우리가 이럴 때 쓰는 말이 '자고 나니까 유명해졌더라' 하는 말일 것입니다. 이스라엘 백성들의 실력으로는 도저히 바산의 군대를 이길 수 없었고 그 성들을 함락시킬 수 없었습니다. 그런데 모든 이스라엘 백성들이 하나님께서 함께하신다는 말씀만 믿고 최선을 다해서 공격했더니 자신들도 도저히 믿을 수 없을 정도로 승리를 거두었습니다.

이것이 바로 우리가 하나님의 일을 하는 원리입니다. 하나님의 일을 한꺼번에 다해내려고 덤벼들면 반드시 실패할 수밖에 없습니다. 하나님의 일은 도저히 우리의 힘으로는 해낼 수가 없는 것들입니다. 우리가 할 수 있는 것은 지금 나에게 맡겨진 작은 일을 최선을 다해서 하는 것입니다. 중간에 주저앉고 싶고 때려치우고 싶어도 끝까지 참고 꾸준하게 해 나가는 것입니다.

이렇게 끝까지 인내해내는 것이 우리에게 가장 어려운 일입니다. 오늘 많은 사람들은 바른 길을 찾지도 못할 뿐 아니라 끝까지 가지를 못합니다. 이것 조금 해 보다가 결과가 금방 나타나지 않으면 금방 길을 바꾸어서 다른 길을 갑니다. 그 역시 결과가 시원찮을 것인데 그러면 다른 사람이 하는 말을 듣고 금방 또 길을 바꿉니다. 그러니까 결국 처음부터 끝까지 이 성과 저 성 사이에서 방황하다가 제대로 해내는 것이 하나도 없게 되는 것입니다.

이스라엘 백성들이 바산의 60개의 성을 완전히 정복했던 원리는 두 가지였습니다. 하나는 눈에 보이지 않는 하나님의 말씀을 붙들었습니다. '내가 너와 함께하리라' 하는 하나님의 말씀을 눈에 보이는 무기나 말이나 군인들이나 튼튼한 성보다 더 믿었던 것입니다. 이것이 바른 길을 찾은 지혜입니다. 그 어느 하나 쉬운 성이 없었지만 끝까지 인내심을 가지고 좌로나 우로나 치우치지 않고 나갔습니다. 그렇게 했더니 결국 바산의 모든 성들이 다 무너졌던 것입니다. 그런데 이스라엘 백성들은 이 똑같은 원리를 가지고 가나안 땅 전부를 다 차지하게 되는 것입니다.

저는 우리가 이미 바른 길을 찾았다고 믿습니다. 우리는 눈에 보이지 않는 하나님의 말씀을 생명처럼 붙들고 있는 것입니다. 이제 우리는 죽으나 사나 이 말씀을 붙들고 나가야 합니다.

이스라엘 백성들은 광야 40년 훈련을 통해서 하나님의 말씀이 없으면 한걸음도 앞으로 갈 수 없다는 것을 배웠습니다. 이스라엘 백성들은 자기 머리로 광야를 벗어나 보려고 아무리 몸부림을 쳐도 도무지 광야를 벗어날 수가 없었습니다. 그러나 이제 하나님의 말씀으로 광야를 벗어나서 사람이 사는 동네로 들어가 보려고 합니다. 이때 이스라엘 백성들은 어떻게 되든지 철저하게 하나님의 말씀대로 최선을 다해 보자고 했을 때 어마어마한 전과를 올리게 된 것입니다.

우리가 하나님의 일을 하는 것은 높은 산을 올라가는 것과 같습니다. 처음 산 밑에서 높은 산을 쳐다보면 너무 높아서 도저히 올라갈 자신이 없습니다. 그러나 앞만 보고 한걸음씩 꾸준히 올라가다 보면 나중에 산 밑이 저 아래에 보일 정도로 많이 올라가게 되는 것입니다. 그러니까 부딪쳐 보기도 전에 너무 겁을 집어 먹지 않기를 바랍니다. 그리고 한꺼번에 하나님의 일을 다 하려고 덤벼들거나 혹은 너무 많은 것을 한꺼번에 하려고 하지 말고 주어진 일을 최선을 다해서 하시기 바랍니다.

사실 바산 왕 옥은 장대한 거인이었습니다.

신명기 3장 11절

르바임 족속의 남은 자는 바산 왕 옥 뿐이었으며 그의 침상은 철 침상이라 지금 오히려 암몬 족속의 랍바에 있지 아니하냐 그것을 사람의 보통 규빗으로 재면 그 장이 아홉 규빗이요 광이 네 규빗이니라.

바산 왕 옥이 얼마나 거구였는가 하면 나무 침대로는 도저히 감당이 되지 않아서 철 침대를 만들어 썼습니다. 그런데 그 철 침대의 크기가 세로 4m, 가로 2m 나 되었습니다. 이 사람은 마지막 남은 거인족이었습니다.

40년 전 이스라엘 지도자들은 가나안의 성이나 거인들만 보고 미리 겁을 집어 먹어서 약속의 땅을 포기하고 말았습니다. 그러나 똑같은 조건에서 그 후손들은 해내더라는 것입니다. 바로 이것이 하나님의 일이 겉보기와 실제의 차이입니다. 우리가 이 세상에서 하나님의 말씀대로 사는 것은 불가능할 수밖에 없습니다. 그러나 우리가 너무 두려워하지 않고 믿음으로 나가면 살 수 있습니다. 오히려 불가능하다고 생각했던 것들도 다해 낼 수 있게 됩니다.

하나님의 맛보기 축복

하나님께서는 요단 동편의 헤스본 나라와 바산 나라를 이스라엘 세 지파에서 나누어 주셨습니다. 그 지파가 르우벤 지파와 갓 지파와 므낫세 반 지파였습니다.

> **신명기 3장 12-13절**
>
> 그때에 우리가 이 땅을 얻으매 아르논 골짜기 곁에 아로엘에서부터 길르앗 산지 절반과 그 성읍들을 내가 르우벤 자손과 갓 자손에게 주었고 길르앗의 남은 땅과 옥의 나라이었던 아르곱 온 지방 곧 온 바산으로는 내가 므낫세 반 지파에게 주었노라.

우리가 생각하기에 온 이스라엘 백성들이 힘을 합쳐서 길르앗과 바산 땅을 차지했으면 공평하게 열두 토막으로 나눠 열두 지파가 골고루 차지하는 것이 옳을 것 같습니다. 그러나 하나님께서는 가나안 동쪽 땅을 두 지파와 므낫세 반 지파에게 주시고 나머지 지파에게는 전혀 주지 않으셨습니다. 하나님께서 그렇게 하신 이유가 어디에 있을까요? 그것은 이스라엘 백성들이 보지 못하는 하나님의 큰 그림이 있기 때문입니다. 하나님의 머릿속에는 이스라엘 각 지파들이 차지할 땅들의 그림이 다 그려져 있었습니다. 그래서 눈앞에 보이는 것만 가지고 서로 차지하려고 싸울 필요가 전혀 없는 것입니다. 단지 두 지파 반은 먼저 땅을 차지했을 뿐이며 다른 지파에게는 더 좋은 땅이 기다리고 있었습니다.

그러니까 이스라엘 사람들은 다른 사람들이 먼저 성공하고 안정되는 것을 시기하거나 질투할 필요가 없습니다. 또 먼저 땅을 차지하고 안정되었다고 해서 자만할 이유도 없습니다. 하나님께서는 먼저 땅을 차지한 두 지파 반 사람들에게 먼저 가나안 땅을 건너가서 가나안 족속들과 싸워서 다른 지파가 땅을 차지하는 것을 도와주라고 하셨습니다. 여기서 이 두 지파 반 사람들이 안심하고 요단강을 건너가서 수년 동안 싸울 수 있었던 것은 역시 바산 왕을 먼저 정복했기 때문에 가능한 것이었습니다.

오늘 우리가 알아야 할 것은 하나님께서는 나의 삶에 대해서도 거대한 그림을 가지고 계신다는 사실입니다. 우리는 하나님의 모자이크 그림을 완성시켜 나가는 사람들입니다. 처음에는 왜 하나님께서 나에게 이런 것을 안 주시는지 이해가 되지 않지만 시간이 지나고 나면 더 좋은 것을 주시기 위해서 그렇게 하신 것을 알게 될 것입니다.

그런데 중요한 것은 바산과 길르앗 땅이 하나님의 축복의 맛보기라는 사실입니다. 즉 하나님께서는 이스라엘 백성들이 이런 식으로 하나님의 말씀을 믿고 끝까지 인내하면 바산 왕국을 정복했듯이 가나안 땅 전체도 차지하게 된다고 약속하셨습니다.

신명기 3장 21-22절

그때에 내가 여호수아에게 명하여 이르기를 너희 하나님 여호와께서 이 두 왕에게 행하신 모든 일을 네가 목도하였거니와 네가 가는 모든 나라에도 여호와께서 이같이 행하시리니 너희는 그들을 두려워하지 말라 너희 하나님 여호와 그가 너희를 위하여 싸우시리라 하였노라.

이스라엘 자손들이 헤스본 왕국과 바산 왕국을 차지한 것은 하나님의 축복의 전부가 아니었습니다. 그런데 어떤 사람들은 너무 염세적이어서 지금까지는 우연히 일이 잘 되었지만 앞으로도 잘 된다는 보장이 없다고 하며 두려움에 벌벌 떨면서 앞으로 나가지 못했습니다. 어떤 의미에서 이것은 사실입니다. 이스라엘 백성들이 헤스본이나 바산을 이긴 것은 그들의 힘이 아니었습니다. 사실 스스로도 어떻게 해서 이길 수 있었는지 이해가 되지 않았을 것입니다.

그러나 하나님께서는 우리를 한번만 돕고 그 후에는 비참하게 망하도록 버리시는 분이 아니십니다. 하나님께서 우리에게 축복의 맛보기를 주셨다면 나머지 일들도 그렇게 해 주실 것을 믿어야 하는 것입니다. 즉 이스라엘 백성들이 바산에서 했던 방식대로 하기만 하면 가나안 땅에서도 얼마든지 성공하고 축복받을 수 있다는 것을 믿어야 합니다.

크리스천들은 믿음의 연단을 받으면서 얻은 원리를 성공했을 때에도 그대로 적용해야 합니다. 이스라엘 백성들이 광야에서 붙들었던 하나님을 가나안 땅에 들어간 후에도 계속 붙들었더라면 그들은 절대로 실패할 수가 없었습니다. 그러나 많은 사람들은 성공한 후에는 믿음의 연단 속에서 얻은 원리를 더 세련된 것으로 바꾸어야 한다고 생각합니다. 이스라엘 백성들은 가나안 땅에 들어간 후에 광야의 하나님을 창피하게 여기고 더 세련되어 보이는 바알 신으로 바꾸었다가 망했습니다.

물론 우리 앞에는 우리가 예상하지 못하는 많은 질병이나 어려움이 도사리고 있습니다. 그러나 우리가 이런 것들을 늘 염려하면서 아무것도 하지 못한다면 결코 약속의 땅을 차지하지 못할 것입니다. 우리를 노리는 많은 위험과 어려움이 있지만 바산에서 했던 대로 하면 모든 시험을 다 이기고 이제는 맛보기가 아니라 음식 전체를 먹게 된다는 것을 믿어야 합니다. 우리는 지금도 하나님의 축복을 맛보고 있습니다. 이 축복들은 우리가 믿음대로 나가면 된다는 하나님의 약속입니다. 우리는 이 신앙의 원리를 바꿔야 할 이유가 없습니다. 우리는 지금까지 해온 방법 그대로 나가기만 하면 됩니다.

그러나 본문에서 우리는 모세의 안타까운 간구를 보게 됩니다. 모세는 가나안 땅을 눈앞에 두고 제발 이 약속의 땅에 들어가서 아름다운 땅과 산을 볼 수 있게 해 달라고 하나님 앞에 간절하게 기도를 드립니다. 그러나 하나님께서는 모세의 기도를 듣지 않으시고 '그만해도 족하니 이 일로 다시 기도하지 말라' 고 하시면서 모세가 가나안 땅에 들어가는 것을 허락지 않으셨습니다.

왜 하나님께서는 모세가 그렇게 사모하고 원하던 약속의 땅에 들어가는 것을 허락지 않으셨을까요? 물론 므리바 반석에서 백성들이 모세와 하나님을 너무 불신하니까 모세가 화가 나서 반석을 두 번 쳐서 하나님의 영광을 가린 일이 있습니다. 그러나 더 중요한 것은 가나안 땅을 차지하는 것은 모세의 일이 아니라는 것입니다. 이것은 여호수아가 할 일이었고, 이제 이스라엘 백성들은 모세가 아니라 눈에 보이지 않는 여호와의 사자를 믿고 싸워야 했습니다.

사실 모세에게는 하나님의 영광이 있었고 능력의 지팡이가 있었고 카리스마가 있었습니다. 그래서 모세가 가나안 땅에 가면 이스라엘 백성들은 모세를 다 쳐다보게 되어 있습니다. 그러나 하나님이 원하신 것은 이제는 눈에 보이는 모세도 없이 순전하게 하나님의 사자의 말만 믿고 가나안 땅을 다 정복하는 것이었습니다. 그래서 모세는 개인적으로는 가나안 땅에 가고 싶어도, 이스라엘 백성들에게 그는 더 이상 도움이 되지 않았습니다. 그래서 모세는 헤스본과 바산을 정복하는 것까지만 하고 비스가 산에 올라가서 죽게 되는 것입니다.

내가 원하는 것이 반드시 하나님께서 기뻐하시는 온전한 뜻은 아닙니다. 때로는 나 자신이 다른 사람들에게 걸림돌이 될 수도 있습니다. 하나님께서 우리에게 원하시는 것은 우리가 믿음의 주님이신 예수 그리스도를 바라보고 자기에게 주어진 믿음의 싸움을 잘 싸우는 것입니다. 이제 더 이상 사람을 의지하거나 붙잡지 맙시다. 그리고 앞에 계시는 주님을 붙들고 자신에게 주어진 싸움을 잘 감당해서 이 세상에 빛이 되고 소금이 되시기를 바랍니다.

축복의 디자인

2부

위대한 연설

05

| 신 4:1-9 | 이스라엘이 사는 길

로마의 역사를 연구하는 사람들이 가장 놀라는 것은 로마는 결코 큰 나라가 아닌데 어떻게 한때 전 세계를 지배할 수 있었느냐 하는 것입니다. 로마는 경제적으로 페니키아보다 부자 나라가 아니었습니다. 로마는 학문적으로 그리스보다 뛰어난 나라가 아니었습니다. 그래서 로마는 한시도 그리스에 대한 학문적 열등감을 떨쳐버리지 못했습니다. 로마는 카르타고에 비해 군사력이 뛰어난 나라가 아니었습니다. 그런데 어떻게 로마는 전 세계를 정복하고 지배할 수 있었을까요?

이것을 연구하기 시작한 사람들은 아이러니하게도 로마인들이 아니었습니다. 로마의 역사를 최초로 연구한 사람들은 그리스 사람들이었습니다. 그리스 지식인들은 뛰어난 지식을 가졌던 그리스가 망하고 어떻게 작은 로마가 전 세계를 정복하고 지배할 수 있었는지를 연구하기 시작했습니다. 그리고 두 가지의 결론을 내릴 수 있었습니다.

로마가 세계를 정복할 수 있었던 이유는, 통치자의 명령보다 법의 권위를 확립했기 때문입니다. 당시 아무리 큰 나라라 하더라도 최고 통치자의 생각과 기분에 따라서 모든 것이 결정이 되었습니다. 하지만 로마는 그런 개인의 사사로운 감정의 개입을 막고 법의 지배를 확립했습니다. 예를 들면, 카르타고 같은 나라는 아무리 뛰어난 장군이라 하더라도 전쟁에 패배하면 왕의 명령에 의해 비참하게 처형했지만, 로마는 한번 패전했던 장수라 하더라도 다음에 또 기회를 주었습니다.

로마가 세계를 정복할 수 있었던 또 다른 이유는, 다른 나라 사람들이나 문화를 흡수하는데 천재적이었기 때문입니다. 요즘 이런 것을 '벤치마킹' 이라고 하는데, 로마는 다른 민족일지라도 시민권을 주어서 로마 사람으로 흡수를 했고 그리스의 문화도 놀라울 정도로 베끼며 흡수해서 자신의 것으로 만들어갔습니다. 물론 로마가 하루아침에 만들어지지 않았다는 말도 있지만, 이런 이유로 인해서 로마는 빠른 시일 안에 커질 수 있었습니다.

그러나 로마는 결국 몰락했는데, 그 시작은 로마의 정신이 해이해지는 것에서 시작했습니다. 줄리어스 시저가 황제가 되면서 그 후에 황제들의 인적 통치가 법치주의를 무력화시켜 버립니다. 거기서부터 독선과 아집이 지배를 하게 되고 배우고 흡수하려는 정신이 사라지고 오직 무력을 쓰며 물질적으로 부강하게 살려고 하게 되면서 이미 로마는 망하고 있었던 것입니다. 그래서 어떤 나라나 어떤 개인에게 있어서 정신이 살아 있다는 것이 얼마나 중요한지 모릅니다. 정신이 죽으면 그 나라나 개인은 이미 죽은 것입니다.

경쟁적인 세상에서 어떤 나라가 망하지 않으려면 어떻게 해야 한다고 생각합니까? 대개 부국강병책을 생각할 것입니다. 나라를 경제적으로 부강하게 하고 군사력을 키우면 주변국들이 함부로 침략하지 못한다는 것입니다. 그래서 우리나라 사람들은 율곡 이이 선생을 좋아합니다. 이이는 임진왜란이 일어나기 전에 '십만 양병설'을 주장했습니다. 즉 왜군들의 침략에 대비해 십만의 군인을 키우자는 것입니다. 그러나 당시 우리나라는 극심한 당파 싸움에 빠져 있었기 때문에 그 주장은 실현되지 못했습니다.

그러나 이스라엘이라는 나라는 아주 특이한 나라였습니다. 당시 이스라엘은 전혀 나라를 이루지 못한 처지였습니다. 나라가 되려면 우선 땅이 있어야 하는데 땅 자체가 없었습니다. 군사력도, 경제력도 없었습니다. 그런데 모세는 이스라엘이 가나안 땅을 차지하고 잘살 수 있는 길은 오직 하나님의 말씀을 지키고 그대로 순종해서 사는 것이라고 했습니다. 그러면 이스라엘 백성들이 이 험한 세상에서 망하지 않을 뿐 아니라 아주 큰 축복의 나라가 될 것이라고 약속했습니다. 즉 이스라엘의 축복은 수평적으로 다른 나라와 열심히 교류해서 힘을 키워 나가는 데 있는 것이 아니라 수직적으로 하나님의 말씀을 붙들고 그대로 사는 데 있다는 것입니다.

이스라엘이 사는 길이 바로 오늘 우리들이 사는 길입니다. 우리가 이 세상을 바라보면 잘만 하면 얼마든지 성공할 기회가 있을 것 같습니다. 또 그런 식으로 찬스를 잘 잡아서 성공한 사람들도 주위에 많이 있을 것입니다. 그러나 하나님의 백성들은 잘 되든지 못되든지 가야 할 길이 있고, 모든 축복이 하나님의 말씀 안에 있다는 것이 특징입니다. 그래서 만일 세상에서 하나님 없이 성공하고 출세한 사람의 길을 따라간다면 그것이 바로 망하는 길이라는 것을 알아야 합니다.

이스라엘이 사는 길

신명기 4장 1절

이스라엘아 이제 내가 너희에게 가르치는 규례와 법도를 듣고 준행하라 그리하면 너희가 살 것이요 너희의 열조의 하나님 여호와께서 너희에게 주시는 땅에 들어가서 그것을 얻게 되리라.

모세는 이스라엘 백성들이 이 세상에서 망하지 않고 사는 길을 너무나도 분명하게 제시하고 있습니다. "이제 내가 너희에게 가르치는 규례와 법도를 듣고 준행하라 그리하면 너희가 살 것이요." 지금 이스라엘 백성들의 형편은 땅을 한 평도 소유하지 못한 상태였습니다. 그리고 무기가 있는 것도, 그렇다고 해서 돈이 많은 것도 아니었습니다. 즉 이스라엘 백성들은 어떤 의미에서 거의 맨 몸으로 도망쳐 나온 피난민들과 같은 처지였고 이 세상 어느 곳에서도 환영받지 못했습니다.

우리 같으면 광야에서나마 천막으로 학교를 세워서 아이들에게 한글을 가르치고 또 젊은이들을 모아 군사 훈련을 시켜서 가나안 땅에 진격할 준비를 할 것입니다. 그러나 하나님은 그런 말씀을 하지 않으시고, 오직 그분의 말씀대로만 살면 모든 것을 책임져 주시고 이 세상에서 가장 복된 삶을 살게 하겠다고 약속하셨습니다. 가나안 땅도 차지하게 해 주시고 다른 나라의 공격에서도 지켜 주시겠다는 것입니다. 우리가 생각하기에 이스라엘 백성들에게 이보다 더 쉬운 방법이 어디에 있겠습니까? 그러나 이것이 생각보다 결코 쉽거나 간단한 것이 아니었습니다.

하나님의 말씀을 붙드는 것이 어려운 이유는 이것이 그냥 손으로 붙든다고 해서 되는 것이 아니기 때문입니다. 우리가 하나님의 말씀을 붙들면 하나님의 말씀이 우리 속을 관통하게 되는데 그때 죄라는 죄는 다 드러나게 됩니다. 그리고 욕심이라는 욕심을 다 버리게 되는 대수술이 이루어집니다. 그래서 하나님의 말씀을 붙드는 것은 그냥 형식적으로 가지고 있으라는 뜻이 아니고 하나님의 말씀으로 대수술을 받아서 완전히 하나님만 의지하는 새 사람이 되라는 뜻이었습니다.

여기서 이스라엘 백성들이 이해하기 어려운 것이 하나 있었습니다. 가나안 땅은 하늘에서 감이 입에 떨어지듯 저절로 그들의 것이 되지 않았습니다. 어차피 이스라엘 백성들은 가나안 땅을 차지하기 위해 전쟁을 해야 했습니다. 그런데 그 전쟁이 결코 쉬운 것이 아니어서, 그들이 젖 먹던 힘까지 다 쏟아 부어도 불가능한 일이었습니다. 그런데 하나님께서는 현실적인 모든 훈련이나 준비를 도외시하고 오직 말씀만 지키라고 하시는데 이스라엘이 이것을 쉽게 받아들일 수 없었습니다.

하지만 이스라엘 백성들에게 하나님의 말씀을 듣고 준행하라는 것이 현실적인 준비를 전혀 하지 말라는 뜻은 아닙니다. 우리가 어차피 이 세상에서 살려고 하면 이 세상 사람들이 요구하는 조건을 갖추어야 합니다. 만일 이런 것들을 하나도 하지 않고 기도만 하고 성경만 본다고 해서 저절로 되는 것은 아닌 것입니다.

우리는 무엇보다도 하나님께서 우리에게 요구하시는 가장 중요한 것이 무엇인지를 생각해야 합니다. 하나님의 백성들에게는 눈에 보이는 것보다는 눈에 보이지 않는 것이 훨씬 더 중요합니다. 우리 눈에 보이는 것은 인간적인 여러 조건들을 말합니다. 우리는 이런 것들이 이 세상에서 성공하는데 아주 중요하다는 것을 압니다. 그러나 하나님께서는 그런 것보다는 우리의 중심을 보시며 우리의 믿음을 보십니다. 하나님께서는 우리의 중심이 하나님 앞에 정직하며 하나님을 절대적으로 의지할 때 이 세상의 것들을 더 주십니다.

그래서 다른 사람들은 세상의 조건만 가지려고 몸부림을 치는데 비하여 우리는 하나님 앞에 우리의 믿음을 준비하는데 몸부림을 칩니다. 우리의 믿음이 준비되었을 때 비록 우리가 다른 사람보다 늦을지라도 하나님께서는 놀라운 방법으로 이 세상에서 능력을 나타내게 하시는 것입니다.

즉, 세상에서 사람들의 능력은 어떻게 하면 이 세상에 있는 것들을 많이 모을 수 있느냐 하는데 달려 있습니다. 돈을 모으며 지식을 모으며 표를 모을 수 있는 것이 능력입니다. 그러나 하나님의 백성들에게 중요한 것은 하나님과의 막혀 있는 관계를 뚫어서 하나님의 복이 나를 통하여 이 세상에 쏟아지게 하는 것입니다. 그러면 이 세상에 있는 복들도 진정으로 가치 있는 복으로 변하게 됩니다.

그래서 우리는 두 가지를 다 해야 하는데 두 가지 모두 똑같은 비중을 주어서는 안 됩니다. 가장 중요한 믿음을 준비하는 것이 비록 어렵지만, 믿음이 준비되었을 때 우리가 이 세상을 살아갈 수 있는 현실적인 방법들도 하나님께서 준비시켜 주실 것을 믿어야 합니다.

오늘 우리가 살고 있는 이 세상은 과거에 비하면 모든 것이 너무나도 풍족합니다. 먹을 것도 많고 옷도 많고 집들도 많습니다. 그리고 얼마나 많은 사람들이 과거와 비교했을 때 고등 교육의 혜택을 받았는지 모릅니다. 또 유학을 다녀온 사람들도 많이 있습니다. 거리에는 차도 얼마나 많은지 모릅니다. 그러나 놀라운 것은 사람들이 전혀 행복해하지 않는다는 것입니다. 오히려 못살겠다고 불평하는 사람들이 더 많고 미래에 대해 불안해하는 사람들은 더 많습니다. 그 이유가 어디에 있을까요? 그것은 우리나라 사람들이 이 땅에 있는 복들은 끌어 모으는데 성공했지만 진정한 하늘의 복을 가져오는데 실패를 했기 때문입니다. 하나님의 복을 받지 못하면 아무리 돈이 많고 공부를 많이 해도 전혀 행복하지가 않습니다.

우리들이 행복하게 살려면 어떻게 해야 합니까? 그것은 하늘의 복을 이 세상에 부어지게 하는 것입니다. 하나님의 복이 부어지게 할 수 있는 것은 말씀과 믿음 밖에 없습니다. 이 땅에 하나님의 사랑이 부어지고 하나님의 은혜와 축복이 부어질 때 사람들은 진정으로 착해지고 정직해지며 감사할 줄 알게 됩니다. 이것이 우리가 사는 길인 것입니다.

하나님은 땅을 한 평도 소유하지 못한 이스라엘 백성들에게 뭐라고 말씀을 하십니까? 하나님의 말씀을 지켜 행하면 젖과 꿀이 흐르는 가나안 땅을 다 차지하게 된다고 하셨습니다.

하나님의 말씀을 붙들 때 알아야 하는 주의 사항

하나님께서는 이스라엘 백성들에게 세 가지를 당부하셨는데, 그 첫째는 하나님의 말씀을 가감하지 말라는 것입니다.

신명기 4장 2절

내가 너희에게 명하는 말을 너희는 가감하지 말고 내가 너희에게 명하는 너희 하나님 여호와의 명령을 지키라.

이스라엘 백성들은 절대로 하나님의 말씀을 가감해서는 안 됩니다.

여기서 가감한다는 것은 하나님의 말씀에 자기 생각을 집어넣거나 하나님의 말씀을 취사선택하는 것을 말합니다.

특히 이스라엘 백성들은 하나님의 말씀에 꿈이라든지 환상이라든지 자신의 생각 같은 것을 집어넣어서 희석시켜서는 안 됩니다. 하나님의 말씀을 희석시키면 능력도 희석되어 버립니다. 희석된 말씀을 듣고 만들어진 믿음은 바른 믿음이 아니기 때문에 하나님을 향하여 바로 나아가게 하지 못하고 이상한 방향으로 비뚤어지게 하기 때문에 아무리 애를 쓰고 몸부림을 쳐도 하나님의 축복이 오지 않게 됩니다.

그러나 전혀 오염되지 않은 순수한 하나님의 말씀은 한마디만으로도 기적을 불러일으키며 죽은 영혼을 살려 내고 죄에 빠져서 소망이 없는 사람을 회개하게 만듭니다. 또한 아주 강력한 페니실린과 같아서 단 한 번만 들어도 죽어가던 사람이 힘을 얻고 살아나게 됩니다.

그런데 아무리 기적이 일어나더라도 하나님의 말씀이 아닌 것으로 일어나는 것이라면 그것을 믿거나 따라가서는 안 됩니다. 왜냐하면 그것은 우리의 믿음을 흔들기 위해 사탄이 쓰는 시험이기 때문입니다.

특히 이스라엘 백성들은 하나님의 말씀에서 좋은 부분만 취사선택해서 들으려고 해서는 안 됩니다. 만일 사람들이 하나님의 말씀 중 듣기 좋은 축복의 말씀만 듣고 책망하는 저주의 말씀을 듣지 않으면 신앙이 자라지 않게 됩니다. 사실 쓴 약이 몸에 좋듯, 능력 있는 말씀들은 모두 저주나 책망의 말씀 속에 들어 있을 때가 많이 있습니다.

오늘 우리나라 교인들의 문제도 바로 여기에 있습니다. 하나님의 말씀에 대한 편식이 너무 심한 것입니다. 그래서 죄를 지적하고 책망하는 말씀은 절대로 들으려고 하지 않습니다. 그러니까 설교도 여기서 조금 저기서 조금 은혜로운 부분만 골라서 들으니까 신앙이 자라지 않고 조금만 시험이 와도 다 넘어지고 마는 것입니다. 우리는 성경에 다른 것을 집어넣을 생각을 해서는 안 됩니다. 그리고 가능하면 성경을 편식하지 말고 자꾸 통째로 먹을 생각을 해야 합니다. 그러면 우리는 신앙이 장성한 사람이 될 것입니다. 이런 사람들은 웬만한 시험이 와도 거뜬히 이길 수 있습니다.

하나님께서 이스라엘 백성들에게 당부하셨던 세 가지 중 두 번째는 바알브올을 조심하라는 것입니다.

> **신명기 4장 3절**
>
> 여호와께서 바알브올의 일을 인하여 행하신 바를 너희가 목도하였거니와 바알브올을 좇은 모든 사람을 너의 하나님 여호와께서 너의 중에서 진멸하셨으되.

이스라엘이 받는 가장 무서운 유혹은, 하나님만 섬기지 못하고 우상을 하나님과 같이 섬기려는 것이었습니다. 그러나 만일 아무리 시시한 우상이라도 이스라엘 백성들이 받아들이게 되면 그들은 하나님으로부터 끊어지게 되고 하나님의 능력은 떠나게 되고 맙니다.

바알브올 사건이라고 하는 것은 이스라엘 백성들의 광야 생활 끝 무렵에 일어난 일입니다. 모압 왕은 발람이라는 선지자에게 이스라엘 백성들을 저주하도록 청했습니다. 그런데 하나님은 이스라엘을 저주하려는 발람의 입을 막으시고 오히려 축복하는 말을 하게 하셨습니다. 그러자 발람은 모압 왕에게 미인계라는 꾀를 냈습니다. 즉 모압의 미인들이 길가에서 우상에게 제사를 하면서 유혹하게 했는데 이때 많은 이스라엘 백성들이 우상의 제물을 먹고 여자들과 성 관계를 맺었던 것입니다. 그래서 하나님께서 치셔서 이만사천 명이 죽었습니다.

이 사건은 우리 인간의 잠재되어 있는 욕망이 얼마나 집요하고 강한지 보여 주는 것입니다. 이스라엘 백성들은 무려 40년 동안 모세의 신앙 훈련을 받았는데 모압 여자를 본 순간 40년 훈련이 다 허물어졌습니다. 결국 하나님은 바알에게 절하고 모압 여자와 관계한 사람을 다 죽게 하셨는데 이것은 영적인 사망을 보여 주시기 위한 것입니다. 이 일로 이스라엘 백성들은 전쟁을 하지 않았는데도 이만 명이 넘는 사람들이 단번에 죽어 버렸습니다. 하나님의 백성들의 전쟁은 눈에 보이지 않는 것입니다. 즉 하나님의 백성들은 다른 우상에게 머리를 숙이고 죄를 짓는 순간 영적으로 사망이라는 것을 깨닫게 하신 것입니다. 하나님의 백성들은 절대로 다른 것에 절을 하거나 머리를 숙여서는 안 됩니다. 그렇게 하면 한순간 우리의 가치는 없어지고 하나님의 축복은 끊어지게 됩니다.

하나님께서 이스라엘 백성들에게 하셨던 당부 중 세 번째는 이스라엘 백성들이 끝까지 하나님께 붙어서 떨어지지 말아야 한다는 것입니다.

신명기 4장 4절

오직 너희의 하나님 여호와께 붙어 떠나지 않은 너희는 오늘까지 생존하였느니라.

여기서 '붙어 떠나지 않은' 이라는 말이 무엇입니까? 아무리 떼어 놓기 위하여 흔들고 몸부림쳐도 떨어지지 않을 정도로 사생결단하고 붙어 있는 것입니다.

몇 년 전에 서남아시아에 큰 쓰나미가 닥쳤을 때 큰 나무를 결사적으로 붙들었던 사람들은 살았습니다. 마찬가지로 이 세상에는 우리를 하나님으로부터 떼어 놓으려고 하는 것이 너무나도 많습니다. 할 수만 있으면 우리로 하여금 하나님으로부터 느슨하게 붙어 있게 해서 기회가 되면 떼어 버리려고 합니다. 이때 우리는 하나님으로부터 쉽게 떨어지려고 해서는 안 됩니다. 아예 목숨을 걸고 하나님을 붙잡아야 합니다. 그러면 이상하게 죽지 않고 살게 됩니다.

마귀는 예수님을 시험하면서 그분이 하나님의 아들이시지만 할 수 있는 대로 하나님으로부터 떼어 놓으려고 했습니다. 그러나 예수님은 결사적으로 하나님의 말씀을 붙들고 모든 시험을 이기셨습니다. 마찬가지로 우리와 하나님 사이에 어떤 틈이라도 있으면 안 됩니다.

저는 결혼하는 신랑과 신부에게 이런 권면을 합니다. '부부 사이에는 어떤 틈이라도 있으면 안 됩니다. 부부 사이에는 친구나 다른 식구나 취미 생활이나 스포츠나 다른 어떤 것도 끼어들어서는 안 됩니다.' 또한 신혼 때 신부는 신랑이 돌아오기만을 기다립니다. 그러다가 조금이라도 늦으면 비상이 걸리게 되고 찾아 나서게 됩니다.

하나님과 우리 사이가 이렇게 되어야 합니다. 우리는 하나님을 열렬히 사랑해야 합니다. 마치 연인들이 서로 한창 사랑할 때 하루라도 보지 않으면 못살 것 같고 한순간이라도 목소리를 듣지 못하면 죽을 것 같은 심정으로 하나님을 뜨겁게 사랑해야 합니다.

만일 우리가 하나님보다 다른 것을 더 사랑하고 신경을 쓴다면 이것은 이미 하나님께 꼭 붙어 있는 것이 아닙니다. 더욱이 하나님과의 관계가 느슨해지면 마귀는 기회를 노리고 우리의 믿음을 강하게 흔들 것입니다. 그러면 우리의 믿음은 쉽게 무너지고 말 것입니다.

하나님의 말씀을 붙들 때 얻는 유익

하나님께서는 그분의 말씀을 꼭 붙들고 그대로 지키는 이스라엘 백성들에게 축복을 주실 것을 약속하셨습니다.

하나님의 말씀을 지키는 사람들에게 주어지는 첫 번째 축복은 가나안 땅에서도 형통하게 되는 것입니다.

신명기 4장 5절

내가 나의 하나님 여호와의 명하신 대로 규례와 법도를 너희에게 가르쳤나니 이는 너희로 들어가서 기업으로 얻을 땅에서 그대로 행하게 하려 함인즉.

지금 광야에 있는 이스라엘 백성들에게 가나안 땅을 차지한다는 것은 상상할 수도 없는 일이었습니다. 그러나 하나님께서 가르쳐 주신 말씀대로만 살면 어느 곳에 가든지 형통할 수 있습니다. 이스라엘 백성들은 광야에서 형통했듯이 가나안 땅에서도 형통하게 될 것입니다. 그 이유는 하나님의 축복을 받는 원리는 동일하기 때문입니다.

하나님께서는 이스라엘 백성들이 가나안 땅에 들어가서 그 땅을 차지한다는 것을 말씀해 주시면서, 동시에 그들이 가나안 땅에 들어간 후에도 이 광야에서 들은 말씀대로 살아야 한다고 하셨던 것입니다.

이스라엘 백성들은 그들이 가나안 땅을 차지하는 자세한 과정을 알지 못했지만 언젠가는 그 땅을 차지할 것이라는 결과는 알고 있었습니다. 오늘 이 세상을 살아가는 믿지 않는 사람들을 보면, 문제를 푸는 방법을 잘 아는 듯해도 답을 알지 못합니다. 그러나 우리는 풀이 과정을 잘 모를지라도 답을 알고 있습니다. 세상 사람들은 그때그때 일을 잘 해결하는데 결국 궁극적인 하나님의 축복을 받지 못합니다. 그러나 우리는 분명히 하나님이 축복하시며 귀하게 사용하실 때가 오지만 그것이 언제인지는 모릅니다. 이때 우리는 끝까지 하나님의 말씀을 따라가면 됩니다. 왜냐하면 그 안에 풀이도 있고 답도 있기 때문입니다.

그런데 중요한 것은 가나안 땅에 들어간 후에도 광야에서 들은 말씀대로 살아야 한다는 것입니다. 즉 이스라엘 백성들이 가나안 땅에 들어갈 때까지만 붙들고 그 후에는 버려도 되는 일회용이 아니라 가나안 땅에 들어간 후에도 붙들어야 하는 것입니다. 그러나 이것이 얼마나 어려운 일인지 모릅니다. 왜냐하면 가나안 사람들은 이스라엘 백성들에 비해 문화나 생활수준이 아주 높았기 때문입니다. 이스라엘 백성들도 그 수준에 맞추어서 살아야 할 텐데, 유월절과 초막절과 오순절을 지키며 모든 것을 광야에서 배운 말씀대로 살라고 하시는 것입니다.

이것은 세상 사람들이 보기에는 너무나도 시대에 뒤떨어진 것이었으므로 창피할 수 있습니다. 그러나 이스라엘 백성들은 광야의 하나님이나 광야의 체험들을 부끄러워해서는 안 됩니다. 아무리 시대에 뒤떨어진 신앙이라 하더라도 기쁜 마음으로 지킬 때 순수한 신앙을 유지할 수 있습니다.

이스라엘에게 가장 위험한 것은 성공하고 난 후에 그리고 유명지고 난 후에 하나님 앞에서 교만해지는 것입니다. 이스라엘이 교만해지면 하나님의 축복이 다시 닫히게 됩니다. 이무리 유능하고 똑똑하고 능력이 많아도 교만해지면 부스러기 축복밖에 받을 수 없고 하늘의 신령한 은혜와 축복을 빼앗기게 되는 것입니다. 이 세상에서 아무리 좋은 것을 많이 가지고 아무리 유명해져도 하나님 앞에서 가난하고 겸손한 마음을 잃어버리면 영적으로 부도를 만나게 됩니다. 이것은 껍데기는 화려하고 대단해 보일지 몰라도 그 안에 생명과 능력이 없습니다.

하나님의 말씀을 지키는 사람들에게 주어지는 두 번째 축복은 하나님의 말씀을 지켜 행하면 다른 모든 나라 사람들이 인정하는 큰 나라 백성이 되는 것입니다.

신명기 4장 6절

너희는 지켜 행하라 그리함은 열국 앞에 너희의 지혜요 너희의 지식이라 그들이 이 모든 규례를 듣고 이르기를 이 큰 나라 사람은 과연 지혜와 지식이 있는 백성이로다 하리라.

이스라엘 백성들이 하나님의 말씀을 지켜 행하면 하나님께서는 그들에게 세상의 모든 것을 능가하는 지혜와 지식을 주십니다. 그래서 이방 사람들은 자기들의 머리로는 도저히 따라갈 수 없는 이스라엘의 지혜와 지식을 보고 인정할 수밖에 없게 됩니다. 바로 이것이 하나님을 아는 지식의 축복입니다. 우리가 하나님을 알게 될 때 모든 것의 본질을 알게 됩니다. 다른 지식들은 모두 수박 겉핥기이거나 장님이 코끼리 만지는 식이지만 하나님의 백성들의 지식은 하나님의 지혜로 세상을 보기 때문에 모든 것을 너무나도 정확하고 정밀하게 봅니다.

우리는 성경만 알고 끝나면 안 됩니다. 성경을 가지고 이 세상의 모든 지식이나 제도를 볼 때 말도 되지 않는 엉터리, 미신과 억압이 오랜 관행으로 너무나도 당연하게 받아들여지고 있는 알게 됩니다. 믿는 사람들은 이런 말도 되지 않는 관행이나 제도들을 단번에 바로잡을 수 있도록 힘을 길러야 합니다.

이스라엘은 바르면서도 큰 나라입니다. 즉 힘과 능력이 있었습니다. 물론 이스라엘보다 더 큰 나라들은 얼마든지 많이 있었지만, 이스라엘의 모든 것은 하나님의 축복이었으며 나라 전체에 하나님의 능력이 충만했습니다. 그래서 이렇게 말할 수 있게 됩니다.

신명기 4장 8절

오늘 내가 너희에게 선포하는 이 율법과 같이 그 규례와 법도가 공의로운 큰 나라가 어디 있느냐.

이스라엘의 특징은 정의로우면서도 복 받은 나라라는 것입니다. 사실 모든 사람들의 마음속에는 의를 사모하는 마음이 있어서 누구나 정의에 목말라하고 있습니다. 그러나 이스라엘에는 정의가 흘러넘쳤습니다. 예루살렘에서는 외국인이라고 해서 차별당하는 법이 없었고 여인이나 어린이라고 해서 무시를 당하거나 밤거리를 가다가 봉변을 당하는 법이 없었습니다. 사람들이 예루살렘을 한번 방문하고 나면 감탄을 하는 것이 바로 이 놀라운 정의였습니다.

오늘날 예루살렘은 교회입니다. 교회는 정의가 강물처럼 흘러야 합니다. 그래서 어느 누구도 상처받지 않고 억울한 일 당하지 않고 마음껏 하나님 앞에 나아갈 수 있어야 합니다. 이것이 바로 지상 천국인 것입니다. 이때 하나님께서는 우리에게 복을 넘치도록 부어 주실 것입니다.

하나님의 말씀을 지키는 사람들에게 주어지는 세 번째 축복은 하나님을 가까이할 수 있다는 것입니다.

신명기 4장 7절

우리 하나님 여호와께서 우리가 그에게 기도할 때마다 우리에게 가까이하심과 같이 그 신의 가까이함을 얻은 나라가 어디 있느냐?

우리가 하나님의 말씀을 붙들고 기도할 때 하나님은 바로 우리 곁에 찾아오십니다. 그래서 우리의 모든 신음 소리를 다 들으시고 우리 눈에서 눈물을 다 닦아 주시는 것입니다. 아이들은 엄마나 아빠가 없으면 얼마나 불쌍한지 모릅니다. 제가 아이를 키워 보니까 '이런 일은 꼭 아빠(엄마)가 있어야 되겠구나' 하는 때가 많이 있었습니다. 그러니 부모가 없으면 아이들은 그런 사랑을 하나도 받지 못하고 오히려 학대나 천대를 받으면서 살 수밖에 없습니다. 엄마가 아이들만 두고 멀리 가서 며칠 집을 비우면 아이들은 불안하게 되고 밥도 챙겨 먹지 못하고 밤마다 두려워하게 됩니다. 그러나 엄마의 목소리가 들리는 순간 아이들의 모든 걱정과 두려움은 없어지게 되고 엄마의 사랑에 모든 것을 다 맡깁니다.

짐승들 중에서 양은 목자가 없으면 도저히 살 수 없는 짐승입니다. 목자가 없으면 양은 굶기도 하고 때로는 매를 맞기도 하고 무서운 짐승에게 쫓기기도 합니다. 그러나 목자의 소리가 들리는 순간 양은 모든 두려움과 공포에서 해방됩니다. 이처럼 하나님의 말씀은 우리에게 찾아오시고 목자처럼 우리 곁에 계시며 우리를 지켜 주십니다. 목자가 우리의 모든 상처를 치료해 주실 것이요 우리의 주린 배를 채워 주실 것입니다.

우리가 하나님의 말씀을 들을 때 하나님은 바로 우리 옆에 서 계십니다. 우리의 얼굴을 살피시고 우리의 다친 부분을 보고 계신 것입니다.

우리가 하나님의 말씀을 가지고 기도하면 하나님은 반드시 우리에게 가까이 오셔서 우리의 모든 기도를 다 들어 주십니다.

하나님께서는 이스라엘 백성들이 너무나도 쉽게 하나님의 은혜를 잊어버리고 세상에 동화되는 것을 우려하셨습니다. 그래서 이스라엘 자손들에게 돈이나 명예를 지키는 것보다 마음을 지켜서 하나님의 은혜를 잊지 말라고 하셨습니다.

신명기 4장 9절

오직 너는 스스로 삼가며 네 마음을 힘써 지키라 두렵건대 네가 그 목도한 일을 잊어버릴까 하노라 두렵건대 네 생존하는 날 동안에 그 일들이 네 마음에서 떠날까 하노라.

우리는 은혜를 받는 것도 중요하지만 은혜를 지키는 것이 더 어렵고 중요합니다. 왜냐하면 사람이 어려울 때는 간절한 마음으로 은혜를 사모하고 하나님을 붙들지만, 편안해지거나 물질적으로 복을 많이 받게 되면 마음이 방심해져서 눈앞에 있는 것에 만족하기 때문입니다.

이것은 어쩔 수 없는 사람의 본성인 것 같습니다. 우리가 하나님의 은혜를 계속 붙잡으려면 긴장을 유지해야 하는데 사람은 계속 긴장할 수가 없습니다. 게다가 우리는 하나님 앞에서 까다로운 존재입니다. 하나님께서 믿음의 연단을 주시면 죽는다고 소리를 지르다가도 하나님께서 물질적인 복을 부어 주시면 마음이 교만해져서 하나님의 은혜를 다 잊어버리고 슬슬 거짓말도 하고 죄도 지으면서 살게 되는 것입니다.

우리의 복은 이 세상의 것을 많이 긁어모으는 것이 아니고 하늘의 복이 막히지 않게 하는 것임을 알아야 합니다. 하늘의 복이 막히지 않으려면 우리 자신을 하나님의 말씀에 잡아매고 여기에 목숨을 걸어야 합니다. 그리고 다른 복들은 있으면 좋고 없으면 할 수 없는 이차적인 것으로 생각해야 끝까지 하늘의 복을 지킬 수가 있습니다.

특히 하나님께서 축복을 부어 주실 때 더욱 조심해야 합니다. 이때는 문화적인 차원에서 활동하는 것으로 만족하고, 하나님의 축복을 세상의 욕심으로 합리화시키며 말씀에 무관심해지기 쉽기 때문에 정신을 차려야 합니다.

또한 모든 이스라엘 자녀들이 저절로 하나님의 백성들이 되는 것이 아닙니다. 이들이 태어날 때에는 모두 신앙이 없는 자로 태어나게 됩니다. 그래서 이스라엘의 사활은 자녀들의 신앙 교육에 달려 있는 것입니다.

신명기 4장 9-10절

너는 그 일들을 네 아들들과 네 손자들에게 알게 하라 네가 호렙산에서 네 하나님 여호와 앞에 섰던 날에 여호와께서 네게 이르시기를 나를 위하여 백성을 모으라 내가 그들에게 내 말을 들려서 그들로 세상에 사는 날 동안 나 경외함을 배우게 하며 그 자녀에게 가르치게 하려 하노라 하시매.

누구든지 이 세상에 태어날 때에는 모두 돌과 같은 상태에서 태어나게 됩니다. 하나님도 모르고 하나님에 대한 감각도 없습니다. 그러나 하나님의 말씀은 이 돌들을 보석으로 만들어 놓습니다. 그래서 이 세상에서 가장 큰 복은 한 사람 한 사람이 말씀으로 변화되는 것입니다. 그러면 그들이 모두 복의 통로가 되기 때문에 무한정의 복이 이 땅에 부어지게 됩니다. 아무리 이스라엘 사람이어도 그가 무조건 하나님을 잘 믿을 것이라고 생각하지 말고 진리로 열심히 가르쳐야 합니다. 그렇지 않으면 겉으로는 살아있는 것 같아도 실제로 그 안에는 전혀 변하지 않는 돌이 들어 있기 때문에 하나님의 축복이 임하지 않게 됩니다.

오늘 우리나라가 이토록 불안해지고 더 행복해지지 않게 된 이유가 어디에 있을까요? 그것은 세상의 복을 많이 끌어 모았어도 믿음이 사라져서 하늘의 복이 막혀 버렸기 때문입니다. 우리가 하나님의 말씀을 붙들고 부르짖을 때 하나님께서 이른 비와 늦은 비와 같이 이 땅에 하나님의 복을 부어 주실 것입니다.

우리는 아무리 이 세상에 좋은 것이 많고 또 하나님께서 우리에게 많은 복을 부어 주셨다 하더라도 교만하면 안 됩니다. 더 하나님의 은혜에 주리고 목마른 자들이 되어서 더 하나님의 말씀을 사모해야 합니다. 특히 우리 자신을 하나님께 잡아매서 아무리 흔들고 아무리 하나님으로부터 떼어 놓으려고 해도 떨어지지 말아야 합니다. 그래서 한 사람도 실족하지 않고 끝까지 다 살아남기를 바랍니다.

06

| 신 4:10-22 | 은혜를 경험한 이스라엘의 책임

최근까지 우리나라의 많은 사람들은 민주 사회로 나아가기 위해서 독재 체제만 해결하면 되는 줄 알았습니다. 그러나 그것보다 더 어려운 문제가 있다는 것을 이제 우리는 발견하고 있습니다. 그것은 우리 한 사람 한 사람이 모두 자진해서 법을 지키고 스스로 자기에게 주어진 사회적 책임을 다하는 성숙한 시민 의식을 가지는 것입니다.

우리나라 농민 운동가들이 얼마 전에 WTO가 열리는 홍콩에 가서 항의 시위를 한 적이 있습니다. 시위대는 처음에는 평화적으로 시위를 진행했지만 어느 순간에 폭력적으로 변하면서 국내외적으로 많은 비판을 받게 되었습니다. 특히 시위에 호의적인 반응을 보이던 홍콩 시민들은 폭력적인 시위에 큰 충격을 받았고 한국에 대해서도 부정적인 인상을 갖게 되었습니다. 언론 보도에 의하면, 홍콩 사람들은 시위대가 발길질만 해도 큰 충격을 받더라고 전했습니다. 그 이유는 민주 사회라고 하는 것은 쇠파이프를 휘두르거나 발길질을 한다고 해서 되는 것이 아니고, 한 사람 한 사람이 법을 지키고 질서를 지킬 때 가능하기 때문입니다. 즉 민주주의는 독재가 사라진다고 해서 자동적으로 이뤄지는 것이 아니라 반드시 시민 한 사람 한 사람이 법을 지키고 주어진 책임을 다하는 성숙한 시민 의식을 보일 때 이뤄지는 것입니다.

서구 시민 사회에서는 법을 어겨 가면서 자기주장을 하는 것을 상상할 수 없습니다. 법은 모든 사람에게 평등하기 때문에 대통령이나 장관이라도 법을 어기거나 세금을 내지 않으면 처벌을 면치 못합니다. 그러나 우리나라는 독재와 투쟁하던 버릇이 남아서 민주주의가 무조건 권위를 부정하고 기존 질서를 부수고 떼를 쓰면서 자기주장을 관철시키면 되는 것으로 생각하고 있습니다. 이것은 민주주의로 가는 것이 아니라 자기 아집과 독선으로 가는 것입니다. 결국 이런 사회는 더 후진적이며 더 비능률적이며 더 타락할 수밖에 없다는 것을 우리는 경험을 통해 알 수 있습니다.

우리는 이 원리가 신앙의 영역에 있어서도 마찬가지로 적용된다는 것을 알아야 합니다. 이스라엘 민족은 하나님으로부터 엄청난 은혜와 축복을 받았습니다. 그들은 하나님께서 그들을 애굽의 노예에서 해방시키시기 위해 행하신 열 가지 기적과, 바다가 갈라지게 하시는 기적을 체험했습니다. 그리고 시내산에서 하나님의 놀라운 임재를 경험했고, 하늘의 떡 만나와 반석에서 난 물을 먹고 사는 기적의 삶을 체험했습니다.

이스라엘 백성들이 이런 놀라운 은혜를 체험한 데는 하나님의 특별한 뜻이 있었습니다. 그것은 '너희들은 다른 민족들과는 다르게 살아야 한다' 는 책임을 주시는 것이었습니다. 즉 하나님의 은혜와 기적을 체험한 사람들은 그렇지 않은 사람들과 사는 목적이나 원리가 달라야 한다는 것을 요구하셨던 것입니다.

이스라엘 백성들이 하나님의 놀라운 은혜를 체험하고도 실패했던 가장 중요한 원인은 하나님의 은혜와 축복을 책임으로 생각하지 못했던 것입니다. 즉 은혜 체험은 체험이고 기적은 기적일 뿐, 자기들이 다른 민족과 어떻게 다른 신앙과 가치관을 가져야 하는지에 대해서는 생각하지 않았습니다. 우리는 이런 것을 '정신적인 미성숙' 이라고 표현할 수 있습니다. 즉 정신적으로 조금이라도 성숙한 사람들은 하나님의 놀라운 은혜와 기적을 체험했을 때 이것이 자기에게 의미하는 것이 무엇이며 자기가 다른 사람들과 어떻게 달라야 하는지를 마땅히 생각하는 것입니다.

하나님께서는 기적을 체험하고 은혜를 체험한 이스라엘 백성들이 다른 민족과는 달리 하나님의 말씀만 붙들고 살기를 원하셨습니다. 이것이 은혜를 체험한 백성들이 하나님 앞에서 가져야만 했던 성숙한 자의 책임의식이었습니다. 그러나 이스라엘 백성들은 '우리가 무엇 때문에 다른 민족과 다르게 살아야 되나?' 하며 투정하고 떼를 부렸고 그들은 결국 하나님으로부터 버림받을 수밖에 없었습니다.

이것은 오늘 우리에게도 마찬가지입니다. 우리가 다른 사람들에 비해 더 깊이 있는 말씀과 더 놀라운 기도의 응답을 체험한다면 그것은 이제 과거 어린아이의 자기중심적인 자세를 버리고 더 성숙한 신앙의 자리로 나아가라는 뜻입니다. 그렇게 할 때 하나님께서 더 풍성한 은혜와 능력을 우리에게 내려 주실 것입니다. 그러나 하나님의 놀라운 말씀과 기도 응답을 체험하고서도 여전히 신앙이 없는 세상 사람들과 똑같은 자세로 욕심을 부리고 떼를 쓰고 불평불만을 할 때 하나님으로부터 버림받을 수밖에 없습니다.

함께 모일 때 경험할 수 있는 하나님의 임재

출애굽한 이스라엘 백성들이 경험한 기적은 대략 네 가지로 요약할 수 있습니다. 첫 번째는 애굽에 임했던 열 가지 재앙이었고, 두 번째는 홍해가 갈라지면서 이스라엘을 추격하던 애굽 군대는 모두 물에 빠져 죽고 이스라엘은 무사히 애굽을 탈출한 일이었고, 세 번째는 광야에서 물과 하늘의 양식을 먹은 것이었고, 네 번째는 시내산에서 율법을 받은 것입니다.

이스라엘 백성들에게 이 네 가지 기적은 그 중 어느 하나도 덜 중요하다고 할 수 있는 것이 없었습니다. 이스라엘 백성들의 생사로 볼 때 열 가지 재앙이나 홍해가 갈라지는 것은 과거에 중요한 기적이었습니다. 그리고 만나와 생수의 기적이 현재 중요한 기적입니다. 그러나 이스라엘 백성들의 미래는 시내산에서 말씀을 받는 기적에 있다는 것을 알아야 합니다.

이스라엘 백성들은 시내산에서 하나님의 말씀을 받을 때 특별한 기적을 체험을 했습니다. 신명기 4장 10절은 "네가 호렙산에서 네 하나님 여호와 앞에 섰던 날에 여호와께서 내게 이르시기를 나를 위하여 백성을 모으라 내가 그들에게 내 말을 들려서 그들로 세상에 사는 날 동안 나 경외함을 배우게 하며"라고 했습니다.

여기서 중요한 것은 하나님께서 은밀하게 아무도 모르는 가운데 모세나 특정 몇몇 사람들에게 하나님의 말씀을 주신 것이 아니라는 사실입니다. 하나님은 그분의 말씀을 이스라엘 백성들이 모였을 때 주셨습니다. 이것은 앞으로 오는 시대에서도 동일하며 하나님의 말씀을 받는 가장 중요한 방법입니다. 하나님께서는 주의 백성들이 모인 가운데 말씀으로 임재하시는 것을 가장 좋아하시며 가장 중요하게 생각하십니다. 왜냐하면 하나님의 백성들은 하나님의 말씀을 담는 그릇이기 때문입니다.

예수님께서도 십자가를 지시기 전에 제자들에게 "너희도 서로 사랑하라"(요 15:12)고 말씀하시면서 사랑으로 하나 될 것을 강조하셨습니다. 왜냐하면 주님의 백성들이 모였을 때 하나님이 우리 가운데 말씀으로 임재 하셔서 진리를 가르쳐 주시며 우리의 기도를 들으시며 우리에게 능력을 부어 주시기 때문입니다. 그래서 우리가 말씀을 중심으로 모일 때 우리 가운데 또 다른 전능하신 분이 함께 계신다는 것을 알아야 합니다.

하나님께서는 모세에게 이스라엘 백성들을 모으라고 하신 후에 그들이 하나님을 경외하는 법을 배우게 하라고 하셨습니다. 여기서 하나님을 경외한다는 것은 하나님의 살아계심을 인식한다는 뜻입니다. 이스라엘 백성들에게 하나님의 살아계심을 인식하는 것보다 더 중요한 것은 없습니다. 왜냐하면 사람은 누군가가 보고 있을 때와 아무도 보는 사람이 없을 때 행동이 완전히 달라지기 때문입니다. 이것이 사람의 놀라운 면입니다.

누군가가 보고 있을 때에는 아주 점잖고 예의 바른 사람이 아무도 보는 사람이 없거나 혹은 자기 신분이 드러나지 않는 캄캄한 밤에는 완전히 다른 사람이 됩니다. 잠재의식 속에 죄를 짓고자 하는 충동을 가진 인간은 환한 대낮에는 다른 사람들이 자기 행동을 다 보고 있기 때문에 감히 죄를 짓지 못합니다. 그러다가 아무도 보는 사람이 없을 때에는 도둑이 될 수도 있고 간음하는 자가 될 수도 있고 방탕한 짓을 하는 사람이 될 수도 있는 것입니다.

이런 죄에 대한 욕망을 막을 수 있는 것은 하나님께서 나의 모든 것을 보고 계신다는 인식입니다. 죄를 짓고 싶은 생각이 들어도 하나님 때문에 죄를 짓지 못하게 되어야 합니다.

그런데 이스라엘 백성들이 하나님을 가장 강하게 인식할 수 있는 시간은 함께 모여서 예배드릴 때입니다. 예배 때 들려지는 말씀을 통해서 살아계신 하나님을 체험하게 됩니다. 우리가 하나님의 말씀을 듣는 그 시간에, 하나님께서는 바로 내 옆에서 말씀해 주시는 것입니다. 만약 이스라엘 백성들이 하나님을 인식하지 않는다면 하나님을 믿지 않는 자들과 다를 바가 아무것도 없게 됩니다. 그래서 하나님의 말씀을 듣는 것이 그렇게 중요한 것입니다. 이스라엘 백성들은 하나님의 말씀을 들을 때 아주 특별한 체험을 했습니다.

신명기 4장 11-12절

너희가 가까이 나아와서 산 아래 서니 그 산에 불이 붙어 화염이 충천하고 유암과 구름과 흑암이 덮였는데 여호와께서 화염 중에서 너희에게 말씀하시되 음성뿐이므로 너희가 그 말소리만 듣고 형상은 보지 못하였느니라.

하나님께서 모세와 이스라엘 백성들에게 말씀하실 때 그냥 평범한 언어로 말씀하신 것이 아니라 불과 연기 가운데서 아주 뚜렷한 언어로 말씀을 하셨습니다. 이스라엘 백성들은 하나님의 얼굴은 보지 못했지만 하나님의 말소리는 들었습니다. 이것은 이스라엘 백성들에게 아주 중요한 교훈을 줍니다. 즉 하나님께서는 이스라엘 백성들에게 하나님의 음성만 듣게 하심으로 이스라엘 백성들이 하나님의 말씀을 듣는 것이 하나님의 얼굴을 보는 것이라는 것을 깨닫게 하신 것입니다.

이스라엘 백성들의 최고의 축복은 하나님의 형상을 보거나 다른 어떤 신비로운 체험을 하는 것이 아니라 하나님의 음성을 듣는 것입니다. 하나님의 음성을 들을 때 그들은 이미 하나님을 만나고 하나님의 인도를 깨닫고 하나님의 능력을 받는 것입니다. 그래서 우리가 하나님 앞에서 하나님의 말씀을 듣는 것 이상을 기대하는 것은 우상 숭배에서 나온 교만하고 타락한 마음이라는 것을 알아야 합니다.

그리고 하나님의 말씀은 불이었습니다. 본문에 나오는 '유암'이라고 하는 것은 깊은 어두움을 말합니다. 아마도 하나님의 말씀이 없는 곳은 아주 캄캄했던 것 같습니다. 그런데 하나님의 말씀은 환한 불이 되어서 산을 밝혔을 뿐 아니라 산 밑에 있는 이스라엘 백성들의 얼굴도 밝혔고 이스라엘 백성들의 진도 밝혔습니다. 다윗이 시편에서 말했듯이 "주의 말씀은 내 발에 등이요 내 길에 빛"(시 119:105)이신 것입니다.

우리가 캄캄한 밤에 길을 모를 때 얼마나 방황을 하게 됩니까? 사실 길을 모를 때에는 방황을 하면서 점점 더 위험한 곳으로 가게 됩니다. 그러나 하나님의 말씀이 있을 때는 모든 것이 대낮처럼 환하기 때문에 걸려 넘어지지도 않고 웅덩이나 골짜기에 빠지지도 않고 안전하게 길을 갈 수 있습니다. 결국 우리 인생길이 바른 목표를 향하여 나아가기 위해서는 하나님의 말씀밖에 없습니다. 그 외에 다른 것으로는 우리가 한 발자국도 앞으로 나아갈 수가 없습니다. 아무리 기를 쓰고 돌아다녀도 결국 같은 자리를 계속 맴돌거나 아니면 더 위험한 곳으로 들어갈 뿐입니다. 마찬가지로 우리나라 사람들이 20년 이상 앞으로 나가지 못하고 제자리에서 계속 맴돌고 있는 것은 하나님의 말씀을 붙잡지 않아서 그런 것입니다.

그리고 하나님의 말씀이 불이었다는 것은 생명과 능력이 있는 것을 의미합니다. 불이 붙으면 모든 것이 다 타 죽게 되어 있습니다. 그러나 하나님의 말씀은 생명이기 때문에 불 가운데도 모세는 죽지 않았습니다. 오히려 모세는 40일 동안이나 음식을 먹지 않고 물을 마시지 않았는데도 살았습니다. 예수님께서는 사람이 떡으로만 살 것이 아니고 하나님의 말씀으로 살 것이라고 하셨습니다. 아무리 이 세상에 기근이 심하고 불이 붙어도 하나님의 말씀이 있으면 우리는 살게 되어 있습니다.

이스라엘 백성들은 불붙는 사막을 40년 동안 돌아다녔지만 아무도 굶어 죽지 않았습니다. 왜냐하면 하나님의 말씀은 생명이기 때문입니다. 하나님의 말씀은 죽은 생명을 살려 내고 사탄의 세력을 쳐부수는 능력이 있습니다. 들판에서 맹수들이 덤벼들려고 할 때 불을 밝혀 놓으면 맹수들이 겁이 나서 덤벼들지 못하는 것처럼 하나님의 말씀이 있는 곳에서는 사탄이 힘을 쓰지 못합니다.

이스라엘이 빠지기 쉬운 함정

하나님께서는 우리가 신앙의 어린아이 상태에서 벗어나서 신앙이 없는 사람들과 다르게 살아가라는 의미로 우리에게 큰 은혜나 체험을 주십니다. 이스라엘 백성들은 기적을 여러 번 체험했기 때문에 하나님께서는 이만큼 살아계신 하나님을 체험했으니까 다른 가나안 족속들이 하나님을 믿지 않고 아무리 부자로 떵떵거리며 살더라도 그런 것을 조금도 부러워하지 말고 오직 하나님의 말씀 하나 붙들고 살라고 하시는 것입니다.

오늘 하나님께서 우리에게 죄 씻음의 은혜를 주시고 성령의 감동을 주시는 것은 이제 다른 사람들과는 다른 목적과 가치관을 가지고 살라는 뜻입니다. 즉 세상 사람들이 아무리 이 세상에 있는 것으로 자랑하고 풍족하게 살아도 우리는 오직 하나님의 말씀과 임재로 만족하는 더 성숙한 자리로 나아가야 하는 것입니다.

그런데 하나님께서는 이스라엘 백성들이 두 가지 큰 함정에 빠질 것을 우려하셨습니다.

우선 첫 번째 함정은 이스라엘 백성들이 하나님의 말씀만으로 만족하지 못하고 어떤 형상을 만들어서 하나님을 섬기는 위험입니다. 사실 이것은 모든 인간들이 본능적으로 다 빠지게 되는 함정입니다.

신명기 4장 15-18절

여호와께서 호렙산 화염 중에서 너희에게 말씀하시던 날에 너희가 아무 형상도 보지 못하였은즉 너희는 깊이 삼가라. 두렵건대 스스로 부패하여 자기를 위하여 아무 형상대로든지 우상을 새겨 만들되 남자의 형상이라든지, 여자의 형상이라든지, 땅 위에 있는 아무 짐승의 형상이라든지, 하늘에 나는 아무 새의 형상이라든지, 땅 위에 기는 아무 곤충의 형상이라든지, 땅 아래 물속에 있는 아무 어족의 형상이라든지 만들까 하노라.

여기서 우리가 주의해서 봐야 할 것들이 있습니다. 먼저 왜 인간들은 자꾸 이런 형상들을 만들려고 할까 하는 것입니다. 우상 숭배를 위해 만든 형상들은 분명히 돌이고 나무이고 쇳덩이인데 왜 그런 것에 절을 할까 하는 것입니다. 그것은 모든 인간의 마음속에 종교심이 있기 때문입니다.

사실 사람들이 가장 기분이 좋을 때가 언제인가 하면 누군가가 자기 기분을 알아주거나 혹은 대신 표현을 해 줄 때입니다. 한때 청소년들이 서태지라는 가수를 열광적으로 좋아하고 추종을 했는데 그 이유는 그가 학교생활에 환멸을 느끼고 있는 아이들의 기분을 노래와 춤으로 표현해 주었기 때문입니다. 사람들은 자신의 다른 부분은 다 불순하다 하더라도 자기 안에 있는 종교적 감정이나 정성은 순수하다고 믿습니다. 그러나 하나님은 바로 그런 종교성이 가장 타락해 있다고 하십니다. 인간의 종교성은 하나님의 말씀을 듣고 믿음이 생길 때에만 가장 바르게 반응을 하게 됩니다.

그런데 왜 이스라엘 백성들이 하나님의 말씀을 듣는 것보다는 이런 자기표현이나 자기 정성을 더 좋아할까요? 가장 중요한 이유는 하나님의 말씀은 불이기 때문에 일단 우리 속에 들어오면 우리의 모든 죄를 다 밝히고 다 태우고 모든 더러운 것을 다 없애야 하기 때문입니다. 이것은 마치 사람들이 자기 몸에 병이 있는 줄 알면서도 할 수 있으면 병원에 가지 않으려고 하는 심정과 같다고 볼 수 있습니다. 사람들은 자기 안에 있는 죄가 드러나고 심판받는 것보다는 타락한 정성으로 축복받기를 원하는 것입니다. 우리의 종교적인 감정이나 눈물에도 죄가 스며들어 있다는 것을 알아야 합니다. 그래서 언제나 말씀을 듣고 믿음으로 반응하는 것이 가장 순수한 것입니다.

또한 사람들이 남자나 여자나 짐승이나 하늘의 별이나 태양을 가지고 형상을 만들려고 하는 것을 볼 때 이런 것들이 참으로 잘 만들어졌다는 것을 알 수 있습니다. 대개 조각 작품을 보면, 남자보다는 여자가 대상인 경우가 많습니다. 성경에서는 인간이 벌거벗는 것은 아무래도 수치스러운 것으로 말씀을 하는데 그리스 사람들은 인간의 몸은 벗을수록 더 자연스럽다는 식으로 생각했습니다.

인간들이 이런 피조물을 가지고 어떤 상을 만들려고 한 것을 보면 이 세상에 있는 모든 것들이 하나하나마다 다 자기 나름대로 개성이 있고 특징이 있는 것을 알 수 있습니다. 심지어는 보잘것없는 곤충까지도 놀라운 구조와 생김새를 가지고 있는 것을 보게 됩니다. 그러나 이것은 사실 우리 인간의 죄로 인하여 파괴되고 남은 흔적인 것입니다.

아마 인간이 타락하기 전에는 다른 피조물들도 지금 우리가 보는 것보다는 훨씬 더 나았을 것입니다. 예를 들면 야생동물들은 대개 사납고 못생긴 것이 많은데 타락하기 전에는 좀 더 잘생겼을 것입니다. 이것에 대하여 피조물들은 원래 자기 모습을 돌려 달라고 탄식하고 있는 것입니다. 우리 인간들은 이것에 대하여 책임을 져야지 상으로 만들어서 영구 보존을 하면 안 될 것입니다.

하나님께서 이스라엘 백성들이 빠지게 될 것을 염려한 두 번째 함정은 그들이 다른 이방 종교를 따라가는 것입니다. 사실 이것은 이스라엘 백성들이 고립을 견디지 못해서 빠지게 되는 함정입니다. 이스라엘 백성들은 이방 종교를 믿는 타민족들이 자기들의 기준으로 보면 다 망해야 하는데 우상을 섬기고도 잘사는 것을 이해할 수 없었습니다. 이것이 이스라엘 백성들에게 가장 큰 유혹이었습니다. 이스라엘 백성들이 섬기는 여호와 하나님은 최고의 신일 뿐 아니라 유일하신 하나님이십니다. 그러면 다른 엉터리 신을 믿는 타민족은 망해야 하고 이스라엘 백성들보다 못살아야 하는데 실제로는 우상을 섬기는 자들이 더 잘사는 것은 어떻게 된 것일까요?

바로 여기서 이스라엘 백성들의 성숙한 자세가 요구되는 것이었습니다. 타민족이 아무리 우상을 섬겨서 잘 산다 하더라도 이스라엘 백성들이 하나님을 믿는 것에 비하면 아무것도 아닙니다. 그래서 이스라엘 백성들은 타민족이 우상으로 아무리 복을 받고 잘살아도 그것을 부러워하지 말고 하나님께서 주신 복으로 만족하고 더 성숙한 자세로 살아가야 하는 것입니다.

특히 고대에는 국제 교류를 하거나 외교 관계를 맺으려면 서로의 신을 교환해야 했습니다. 하나님께서는 외국과 교류를 할 수는 있지만 신은 교환하지 말라고 하셨습니다. 이것은 다른 말로 표현하면 외교 관계 같은 것은 바른 신앙보다 중요하지 않다는 뜻입니다. 그러나 그 당시 현실을 보면 외교적으로나 무역에 있어서 고립되어서는 생존할 수가 없었습니다. 하나님의 은혜를 체험한 백성들은 이 정도의 어려움을 감수하는 것이 성숙한 신앙의 자세인 것입니다.

많은 사람들이 '우상은 그냥 인간의 생각을 표현한 것이 아닙니까?' 하고 질문할 것입니다. 그래서 많은 이스라엘 백성들이 우상을 '대수롭지 않은 것!' 이라고 생각했습니다. 그러나 우상은 아무것도 아닌 것이 아니었습니다. 우상은 하나님이 가장 싫어하시는 것이었고 이것은 이스라엘로부터 하나님의 능력을 빨아먹는 영적인 거머리였습니다. 우상이 이스라엘 안에 있으면 이스라엘에서의 하나님의 능력은 마비가 될 수밖에 없는 것을 기억해야 합니다.

이스라엘의 믿음을 위한 모세의 낙오

모세는 이제 요단강을 건너서 가나안 땅으로 진격하는 이스라엘 백성들에게 가장 비장한 말을 남깁니다.

> **신명기 4장 20-22절**
>
> 여호와께서 너희를 택하시고 너희를 쇠 풀무 곧 애굽에서 인도하여 내사 자기 기업의 백성을 삼으신 것이 오늘과 같아도 여호와께서 너희로 인하여 내게 진노하사 나로 요단을 건너지 못하며 네 하나님 여호와께서 네게 기업으로 주신 그 아름다운 땅에 들어가지 못하게 하리라고 맹세하셨은즉 나는 이 땅에서 죽고 요단을 건너지 못하려니와 너희는 건너가서 그 아름다운 땅을 얻으리니.

여기서 모세는 하나님이 이스라엘 백성들을 쇠 풀무에서 끌어 내셨다고 말씀하고 있습니다. 하나님께서 애굽을 '쇠 풀무'라고 말씀하신 것은 이스라엘 백성들이 애굽에서 무지하게 고생했다는 의미가 있습니다. 쇠도 녹일 정도의 고난이니까 도대체 거기에 무엇이 남겠습니까? 그럼에도 불구하고 이스라엘 백성들은 살아남았습니다. 그 이유가 어디에 있을까요? 그것은 하나님의 언약의 말씀이 그들을 지켜 주었기 때문입니다. 그러니까 하나님의 백성들이 하나님의 말씀만 붙들면 불에 들어가도 살고 물에 들어가도 살 수 있는 것입니다.

다른 민족들 같으면 이 정도의 핍박이나 연단을 받으면 다 없어졌을 것입니다. 그러나 이스라엘 백성들은 더 순수해지고 더 하나가 되었습니다. 그리고 쇠 풀무라는 말에는 쇠를 녹여서 무엇인가 만든다는 뜻이 있습니다. 쇠를 풀무에 넣어서 녹이면 빨건 쇳물이 됩니다. 대장장이는 그 빨건 쇳물을 틀에 부어서 쟁기도 만들고 괭이도 만들고 칼도 만드는 것입니다. 즉 하나님께서 이스라엘 백성들에게 이런 고생을 하게 하신 것은 하나님의 유익한 도구로 만드시기 위한 것이었습니다.

그런데 하나님께서는 모세에게 '너는 결코 가나안 땅에 들어가지 못한다.' 고 말씀하셨습니다. 그래서 모세는 결국 광야에 혼자 낙오를 하게 되는 것입니다. 왜 모세는 끝까지 가나안 땅에 들어가지 못하고 광야에 남아야만 했을까요? 물론 모세가 므리바 반석에서 물을 낼 때 하나님의 말씀에 전적으로 순종하지 못하고 화를 내면서 반석을 두 번 친 것이 가장 중요한 이유일 것입니다. 그러나 하나님은 원하신다면 그런 것도 용서하실 수 있는 분이십니다.

그렇다면 왜 끝까지 모세에게 가나안 땅에 들어갈 수 없다고 하셨을까요? 그것은 가나안 땅에 들어가는 사람들은 지금 광야보다 더 나은 신앙 자세로 나아가야 하기 때문입니다. 모세는 인식하지 못해도 그는 얼마든지 하나님의 말씀을 가리는 벽이 될 수 있었습니다. 그의 지팡이라든지 얼굴에서 나는 빛이라든지 그가 광야에서 세운 놋 뱀 같은 것들이 하나님의 말씀을 가릴 수 있었던 것입니다.

하나님께서는 광야를 걸어온 세대는 너무나도 믿음이 없고 불순종했기 때문에 모세의 지팡이나 빛나는 얼굴이 있어야 할지 모르지만, 적어도 가나안 땅으로 들어가는 신세대는 그것조차도 없는 상태에서 오직 여호수아의 말씀과 눈에 보이지 않는 하나님의 사자를 믿도록 하셨습니다. 모세가 아무리 들어가고 싶어 할지라도 하나님께서는 모세의 후광 없이 오직 하나님의 말씀을 순수하게 믿는 성숙한 신앙을 요구하신 것입니다.

오늘 우리 민족에게도 하나님께서는 성숙한 시민 의식을 요구하고 계십니다. 만약 우리가 이런 하나님의 요구를 외면하고 끝까지 고집을 부리고 떼를 쓰면서 분열을 거듭한다면 우리나라는 더 후진국이 될 것이며 하나님의 징계와 심판을 면치 못할 것입니다. 하나님께서는 우리들에게 시민 의식 정도가 아니라 광야 세대보다 훨씬 더 높은 가나안 세대의 신앙을 요구하십니다. 아무리 다른 사람들이 이 세상에서 성공하고 출세해도 그것을 부러워한다면 못난 신앙이 되는 것입니다.

하나님께서 우리에게 요구하시는 것은 더 성숙한 신앙의 자세임을 기억해야 합니다. 하나님의 말씀으로 만족하고 하나님의 말씀이 나의 양식이 되며 세상에서 아무리 가진 것이 없다 하더라도 만족하고 감사하며 다른 사람들을 축복하는 위대한 신앙의 사람들이 다 되시기를 바랍니다.

07

| 신 4:23-40 | 이스라엘의 위기

요즘 미국이 국제적으로 가장 신경을 쓰는 것은 핵무기 문제입니다. 이란과 북한과 같이 미국에게 적대적인 나라가 개발한 핵무기가 테러 집단을 통해서 미국을 공격하게 되는 것을 가장 두려워하고 있습니다. 핵무기는 그렇게 크지는 않지만 가공스러운 파괴력을 가지고 있기 때문에 일단 한번 폭발하게 되면 도시 하나는 능히 쑥대밭으로 만들어 버리게 됩니다.

얼마 전에 인류는 핵무기보다 훨씬 더 무서운 쓰나미라는 해일을 경험했습니다. 쓰나미는 바다 속에 있는 지층이 움직여서 발생하는 해일을 말하는데, 당시에 발생했던 쓰나미는 히로시마에 터트렸던 핵무기의 백만 배에 해당하는 위력을 가진 것으로 발표가 되었습니다.

그런데 이스라엘 백성들은 핵무기나 쓰나미보다 더 무서운 위력을 가진 것을 경험하게 되었습니다. 그것은 바로 하나님, 즉 하나님의 말씀이었습니다. 하나님께서 애굽 땅에서 진노하셨을 때 능히 온 애굽 땅을 황폐하게 할 수 있는 능력이 여러 번 나타났습니다. 어떤 때에는 개구리 재앙으로, 어떤 때에는 파리 재앙으로, 어떤 때에는 우박이나 흑암의 재앙으로 나타났습니다.

그런데 애굽 땅에 나타났던 하나님의 재앙들은 모두 거의 매가톤급의 핵폭발과 같았습니다. 하지만 이스라엘 백성들이나 애굽 사람들이 놀랐던 이유는 이런 재앙들이 전부 하나님의 말씀의 통제를 받았다는 사실입니다. 대개 우리 인간들은 자연 재앙에 대해 그야말로 '속수무책' 입니다. 대개 재앙들은 갑자기 나타나며 한번 터지면 인간으로서는 감히 손을 쓸 수 없습니다. 그러나 애굽에 나타난 재앙들은 모두 정확하게 모세의 말과 기도에 통제가 되었습니다.

당시 하나님의 능력의 절정은 역시 홍해가 갈라지는 것이었습니다. 지난 번 쓰나미에서 사람들은 '물벽' 이라는 말을 썼습니다. 거대한 물벽이 밀려오면서 인도네시아나 주위 여러 나라의 해변을 덮어버렸던 것입니다. 그러나 출애굽 당시에는 물벽이 세워져서 이스라엘 백성들이 강을 다 건너갈 때까지 갈라놓고 서 있었습니다. 이렇게 되려면 얼마나 대단한 위력이 필요한지 모릅니다.

이스라엘 백성들이 더 놀랐던 것은 시내산에서 하나님께서 임재를 하시는데 온 산이 불붙은 가운데 진동이 있었고 그 중에 하나님께서 말씀하셨다는 것입니다. 그것도 거의 메가톤급의 핵 위력인 것입니다. 그러나 이스라엘 백성들은 이런 위력 가운데서도 아무도 죽지 않고 하나님의 말씀을 받았습니다.

여기서 이스라엘 백성들은 놀라운 사실을 깨달았어야만 합니다. 즉 하나님이 핵무기와 같은 위력을 가지신 분이시라는 사실입니다. 또한 하나님께서 이스라엘 백성들에게 말씀으로 찾아오실 때에는 이 핵무기가 재앙이 아니라 축복으로 변하게 된다는 사실입니다.

지금 세계의 많은 나라들은 자기 나라를 지키기 위해서는 핵무기를 가져야 한다고 생각을 합니다. 한때 우리나라도 핵무기를 가지려고 은밀하게 연구를 추진하다가 미국의 압력으로 중단했다는 말이 있습니다. 이것이 사람들이 흔히 말하는 '무궁화 꽃이 피었습니다' 입니다. 그러나 우리에게는 핵무기보다 더 위력 있는 것이 있습니다. 그것은 바로 하나님이며 하나님의 말씀입니다.

본문 말씀은 만일 이스라엘 백성들이 하나님의 축복을 받은 후에 하나님의 말씀을 저버리고 우상을 만들거나 다른 신을 섬길 때 어떻게 될 것인지에 대한 경고입니다. 이스라엘 백성들이 하나님의 말씀을 놓치게 되고 마음과 뜻과 정성을 다하여 하나님을 섬기지 않으면 결국 이 축복이 핵무기로 변하여 이스라엘 백성들은 아주 단 시간 안에 초토화가 되고 망하여 전 세계에 흩어지게 될 것이라는 내용입니다.

이것을 보면 우리가 축복을 받고 은혜를 받는 것도 중요하지만 이 축복과 은혜를 어떻게 오래 지키고 간수하느냐 하는 것이 더 중요하다는 것을 알게 됩니다.

인간의 거룩한 숙명

우리는 가끔 어떤 사람에 대하여, "이 일은 저 사람의 '숙명'(宿命)이다"라는 말을 쓸 때가 있습니다. 이것은 결국 그 사람이 원초부터 가지고 있던 어떤 문제를 영구적으로 벗어나지 못하고 묶이는 것을 말합니다. 예를 들어서 어떤 사람은 부모님의 가난이 숙명이 되어서 결국 한평생을 가난에 매여서 불행하게 삽니다. 어떤 사람은 선천적인 병이 한계가 되어서 다른 것은 아무것도 하지 못하고 매이는 경우도 있습니다. 어떤 사람은 태어난 나라가, 어떤 사람은 피부색이 숙명이 되기도 합니다. 전술한 내용은 우리가 이 세상에서 공통적으로 느끼는 숙명일 수 있습니다.

그러나 본문 말씀은 우리 인간의 진정한 숙명이 어떤 것인지 분명하게 보여 주고 있습니다. 아마도 우리 인간의 모든 불행이나 고통은 바로 이 두 구절의 말씀 속에 다 들어 있다고 해도 과언이 아닐 것입니다. 우리 인간들의 숙명은 가난이나 질병이나 피부색이나 심지어는 배우지 못한 무지도 아닙니다. 우리 인간들의 불행이나 행복은 우리가 생각하는 것보다 훨씬 더 본질적인데 있습니다. 그것은 바로 하나님과 우리 인간의 관계입니다. 본문 말씀은 하나님과 이스라엘의 관계로 설명하고 있지만 실제로는 모든 인간의 문제인 것입니다. 우리의 모든 문제는 하나님이 우리를 어떻게 생각하시느냐 하는 것에 다 달려 있습니다.

신명기 4장 23-24절

너희는 스스로 삼가서 너희 하나님 여호와께서 너희와 세우신 언약을 잊어버려서 네 하나님 여호와께서 금하신 아무 형상의 우상이든지 조각하지 말라 네 하나님 여호와는 소멸하는 불이시요 질투하는 하나님이시니라.

인간의 첫 번째 숙명은 하나님께서 '소멸하는 불'이시라는 것입니다. '소멸하는 불' 이라고 하는 것은 다른 어떤 것의 접근도 불허하는 하나님의 완전한 거룩을 의미합니다. 옛날에 이스라엘 백성들은 죄가 있는 사람이 하나님 앞에 서면 불이 나와서 그 사람을 즉시 태워 죽인다고 생각했습니다. 그리고 실제로 그런 일들이 있기도 했습니다.

하나님의 가장 중요한 성품은 우리 인간의 죄를 용납하실 수 없으신 것입니다. 여기서 인간의 죄라고 하는 것은 인간이 피조물이면서 창조자이신 하나님을 인정하지 않고 자기 멋대로 사는 교만을 말합니다. 그래서 인간의 일차적인 문제가 바로 이런 영적인 교만입니다. 하나님께서는 인간의 이런 교반에 대하여 자동적으로 불이 나오게 되어 있습니다. 여기서 불이라고 하는 것은 인간의 죄에 대한 하나님의 거부와 진노의 심판을 의미합니다.

하나님은 마치 원자폭탄과 같은 분이십니다. 아니, 원자폭탄보다 수천만 배 더 강한 분이십니다. 왜냐하면 태양의 열기가 원자폭탄보다 수천만 배, 수억만 배나 더 강한데 그 태양을 만드신 분이 하나님이시기 때문입니다. 그래서 우리 인간들은 하나님 앞에 서기만 하면 멸망할 수밖에 없지만, 오늘까지 멸망하지 않고 살 수 있었던 것은 하나님께서 스스로 숨으셨기 때문입니다. 그런데 우리 인간들은 마치 하나님이 안 계신 것처럼 더 교만하고 악하게 살아오고 있습니다.

인간의 두 번째 숙명은 하나님께서 우리를 사랑하시며 결코 우리를 포기하지 않으신다는 것입니다. 본문에 보면 '질투하는 하나님이시니라' 고 말씀하고 있습니다. 여기서 사용되는 '질투' 라고 하는 말은 아주 특별하게 연인들이나 부부 사이에서 사용되는 말입니다. 즉 상대방을 너무나도 사랑하기 때문에 절대로 그 관심까지도 다른 사람에게 빼앗기지 않겠다는 것입니다. 하나님께서 우리 인간들을 시시하게 생각하셔서 일찌감치 포기를 하셨더라면 우리 인간의 문제는 오히려 더 간단할 수도 있었을 것입니다. 왜냐하면 사랑하지 않고 소중하게 여기지 않으면 포기해 버리면 그것으로 끝이기 때문입니다. 그러나 하나님은 한편으로는 우리의 죄에 대해 너무나도 진노하시지만 다른 한편으로는 우리 인간을 너무나도 사랑하셔서 한 사람도 잊지 않으시고 모두 기억하시며 절대로 포기하지 않으시는 것입니다.

우리 인간들이 하나님에 대해 가지고 있는 생각은 어떤 의미에서 간단한 것입니다. 즉 내가 하나님을 인정하지 않기 때문에 하나님도 나를 잊어버리시라는 것입니다. 그리고 내가 실컷 죄를 짓고 못된 짓을 많이 했기 때문에 하나님께서는 '나 같은 존재'는 생각도 하지 않으실 것이라고 생각합니다. 그러나 그것이 바로 우리 인간들이 가지고 있는 가장 큰 오산입니다. 하나님께서는 우리를 너무 사랑하셔서 어떤 죄인도 포기하거나 잊지 않으시고 절대로 그냥 내버려 두지 않으시는 것입니다. 그래서 진노하시는데 포기하지 않으시니까 끝까지 좇아오셔서 심판하실 수밖에 없는 것입니다.

하나님께서는 처음 이방인들에 대해서는 이 사실을 분명하게 드러내지 않으셨습니다. 왜냐하면 이방인들은 이 사실을 안다면 더욱 절망할 수밖에 없기 때문입니다. 다시 말해서 죄는 해결이 안 되는데 하나님께서 자기들을 포기하지 않으신다는 것을 알면 결국 죽으라는 소리밖에 되지 않기 때문입니다. 그러나 이스라엘 백성들에게는 이 사실을 알려주셨습니다. 왜냐하면 이스라엘 백성들은 죄를 해결할 수 있는 길을 알기 때문입니다. 즉 다른 모든 것을 포기하고 오직 하나님의 말씀대로만 순종하면 하나님은 이스라엘의 하나님이 되어 주시며, 진노의 하나님이 아니라 축복의 하나님이 되어 주십니다. 즉 '소멸하는 불이신 하나님' 이 이스라엘을 축복하시는 능력과 기적의 하나님이 되시는 것입니다. 그리고 이스라엘 백성들이 목숨을 걸고 하나님의 말씀을 붙들 때 이 말씀은 모세가 했던 것처럼 재앙을 통제할 수 있는 능력의 말씀이 됩니다.

이스라엘 자손들이 발견했던 놀라운 사실은 그들이 하나님의 심판을 축복으로 바꾸는 능력을 가지고 있다는 것이었습니다. 소멸하는 불이신 하나님께서 애굽 땅에는 무려 열 가지 재앙을 내리셨지만 이스라엘 백성들에게는 생명과 구원의 능력으로 나타나셨습니다. 이스라엘 백성들에게는 재앙 대신에 홍해를 가르는 능력으로 나타나셨고 바위를 치니까 생수가 터져 나왔습니다. 아침마다 하늘에서 만나를 내리게 하시고 모든 질병으로부터 이스라엘 백성들을 치료하는 능력으로 나타나셨던 것입니다.

그래서 핵무기를 해체해서 전력을 만들어 내는 발전소로 바꾸는 것으로 이스라엘 백성들을 비유할 수 있습니다. 핵무기가 터지면 한순간에 수만 명 내지는 수십만 명이 죽게 됩니다. 그러나 이것을 가지고 전기를 만들고 암을 치료하는데 쓰니까 얼마나 많은 사람들이 도움을 받게 되는지 모릅니다.

모든 사람들은 이스라엘을 통해서 하나님을 만날 때 소멸하는 불이신 하나님 대신에 사랑의 하나님을 만날 수 있습니다. 질투로 진노하시는 하나님 대신에 사랑으로 치료해 주시는 하나님을 만나게 되는 것입니다.

이스라엘의 위험

본문은 이스라엘 백성들이 일으킬 수 있는 위험에 대해 말씀하고 있습니다. 그것은 이스라엘 백성들이 하나님의 백성의 책임을 저버리고 세상 사람들과 같아지려고 하는 것입니다.

신명기 4장 25-26절

네가 그 땅에서 아들을 낳고 손자를 얻으며 오래 살 때에 만일 스스로 부패하여 무슨 형상의 우상이든지 조각하여 네 하나님 여호와 앞에 악을 행함으로 그의 노를 격발하면 내가 오늘날 천지를 불러 증거를 삼노니 너희가 요단을 건너가서 얻는 땅에서 속히 망할 것이라 너희가 거기서 너희 날이 길지 못하고 전멸될 것이니라.

수년 전에 러시아의 체르노빌에 있는 원자력 발전소에서 방사능이 누출되는 사고가 발생했습니다. 그때 한순간에 그 주변에 있는 많은 사람들과 식물들과 동물들이 죽었으며, 살아남았던 사람들도 나중에 암이나 다른 질병이 생겨 고통을 받다가 죽었고, 아이들도 기형으로 태어나게 되었습니다.

이처럼 만약 이스라엘 백성들이 하나님과 사람들 앞에서 가지고 있는 사명을 잊어버리면, 핵이 노출되는 것과 같은 위험한 일이 생깁니다. 이스라엘 백성들의 사명은 하나님 앞에서 자신들과 다른 나라들과 다른 민족들의 죄를 놓고 계속 제사를 드리고 기도하는 것입니다. 그런데 그들이 가나안 땅에서 편안하고 행복하게 살면서 이 사명을 잊어버리게 되면 안 됩니다.

하나님께서는 이스라엘 백성들이 가나안 땅에서 아들을 낳고 손자를 얻고 오래 살 때 어떻게 될 가능성이 있는지 말씀을 하십니다. 이스라엘 백성들도 처음에는 애굽의 기적과 광야의 체험이 있기 때문에 정신을 차리고 열심히 하나님을 섬기려고 할 것입니다. 그러나 오랫동안 평안하게 잘살게 되면 사람들은 누구나 긴장이 풀어지게 되어 있습니다.

사람들은 이상하게도, 어려운 환난이 밀어 닥치고 고통이 계속되면 하나님 앞에서 마음이 가난해지면서 간절하게 기도하고 하나님의 은혜를 사모합니다. 그러나 전혀 어려움 없이 오래 잘살게 되면 그때부터는 고생스럽게 기도하고 말씀을 듣는 것보다는 자꾸 삶을 즐기려는 방향으로 생각이 변하게 됩니다. 어떤 사람이 돈을 많이 벌면 이제 그 돈을 쓰면서 인생을 즐겨야 할 것 아닙니까? 그런데 하나님을 찾는 데는 돈 쓰는 것이나 인생을 즐기는 것과는 상관이 없습니다. 돈이 있으나 없으나 기도하는 데는 아무런 차이가 없습니다.

그러나 세상 사람들은 결코 그렇지 않습니다. 일단 돈이 있는 사람을 알아주고 또 돈 쓰는데 따라서 철저하게 서비스를 해 주게 됩니다. 그러니까 돈이 있고 잘살게 되면 계속 하나님 앞에서 가난한 마음을 가지고 기도하고 긴장한다는 것은 참으로 어려운 일입니다. 아니, 세상으로 나가면 그 돈과 명예를 가지고 얼마든지 인정과 높임을 받으면서 재미있게 살 수 있는데 무엇 때문에 구질구질하게 가난한 사람들과 재미없이 예배만 드리면서 살겠습니까?

이스라엘 백성들이 가나안 땅에서 하나님으로부터 많은 물질적인 축복을 받으면서 살 때 찾아오는 위험이 있습니다. 그것은 사람이 어느 정도 성공하고 나면 하나님의 말씀에 별로 재미가 없어지는 것입니다. 왜 축복을 받은 사람들에게 하나님의 말씀이 재미가 없어질까요? 그 이유는 하나님의 말씀을 들어보면 알게 됩니다. 하나님의 말씀은 세상의 아첨하는 말이 아닙니다. 하나님의 말씀은 반석을 쳐서 부수는 불방망이와 같습니다. 그러니까 하나님의 말씀을 들으면 하나님의 불이 내 속에 들어와서 나의 모든 욕심과 교만과 자랑과 더러운 야망을 다 태워 버립니다. 결국 하나님의 말씀을 들으면 욕심이나 죄나 자랑을 다 버려야 하는 것입니다. 아무리 이 세상에서 성공하고 유명해도 하나님 앞에서는 어린아이에 불과하고 한 죄인에 불과한데 그것이 싫은 것입니다.

그래서 신앙을 버리지 않으면서 하나님의 강한 불을 막기 위해 금송아지를 만들어서 예배를 드립니다. 일단 금송아지 신앙은 설교라는 것이 없고 모든 것이 찬양과 축복으로 되어 있으니까 그야말로 신앙 생활하는 것이 그렇게 즐거울 수가 없는 것입니다. 게다가 이방인들을 보면, 하나님을 믿지 않고 우상을 섬기기 때문에 멸망을 당해야 함에도 불구하고 망하지 않고 더 복을 받고 잘살고 출세하는 것입니다. 이스라엘 백성들은 이것을 볼 때 혼동을 느꼈습니다. 그러면서 마음속으로 '혹시 우리가 하나님을 섬기지 않아도 망하지 않는 것이 아닐까?' 하는 유혹이 생겼습니다. 그리고 '우리도 일단 세상적인 방법으로 성공해 놓고 보자' 고 하게 됩니다.

즉, 이스라엘 백성들의 마음이 부패하게 되는 가장 중요한 이유는 이방인들의 성공과 축복을 부러워하는 것입니다. 그런데 우리가 알아야 할 것은 하나님께서는 이방인들도 사랑하신다는 사실입니다. 하나님께서는 굳이 하나님을 믿지 않는다고 해서 그들이 이 세상에 살면서 비참하게 고통을 받아야 한다고 생각하지 않으십니다. 하나님께서는 악한 자나 선한 자 모두에게 비를 주시고 햇빛을 주시는 분이십니다. 오히려 우리 믿는 자들 때문에 더 믿지 않는 자들이 세상에서 복을 받고 편안하게 살면 얼마나 좋습니까? 세상 사람들이 세상에서 아무리 좋은 것을 다 가진다 하더라도 우리보다 더 부자일 수는 없습니다. 왜냐하면 우리는 하나님을 가지고 있기 때문입니다.

그래서 하나님을 믿는 자들이 세상 사람들의 출세나 성공을 부러워하면 안 됩니다. 우리는 오히려 그런 것을 기뻐해 주고 축복해 주는 넓은 아량이 있어야 하는 것입니다.

또한 하나님의 백성들은 이방인들이 받지 않는 많은 믿음의 연단을 받습니다. 이것은 우리로 하여금 하나님 앞에서 더 정직하고 겸손하며 믿음으로 사는 자가 되게 하기 위한 것이지 하나님이 우리를 사랑하시지 않거나 혹은 능력이 없으셔서 그런 것이 결코 아닙니다. 그러나 사람들은 일단 눈에 보이는 결과만 가지고 판단하기 때문에 예수 믿는 사람이 복을 못 받고 무능하다고 생각하기 쉽니다.

특히 이스라엘의 길이라고 하는 것은 눈에 보이는 것을 믿는 것이 아니라 눈에 보이지 않는 하나님과 하나님의 말씀의 능력을 믿는 것이기 때문에 언제나 불안합니다. 세상 사람들은 눈에 보이는 것을 붙들고 살아가기 때문에 적어도 미래를 어느 정도 예측할 수 있다고 생각하고 하나님만 의지하는 것보다는 덜 불안하다고 합니다. 우리가 이런 것을 보면 끝까지 믿음으로 살아간다고 하는 것이 얼마나 어려운지 알 수 있습니다. 결국 우리가 끝까지 하나님의 백성의 사명을 다하려고 하면 하나님의 말씀에 미치는 수밖에 없습니다. 그리고 하나님의 사랑에 미치는 것입니다. 그러면 돈이 있든지 없든지 불안하든지 불안하지 않든지 비교적 덜 영향을 받고 끝까지 하나님 앞에 우리의 책임을 감당할 수 있게 되는 것입니다.

하나님께서는 이스라엘 백성들이 사명을 잃게 되면 놀라울 정도로 빨리 망하게 될 것이라고 말씀하십니다. 그 이유가 어디에 있습니까? 거짓된 신앙과 위선적인 예배로는 소멸하는 불이신 하나님의 진노를 막을 수가 없기 때문입니다. 이스라엘 자손들이 하나님 앞에서 바른 신앙을 버리면 하나님으로부터 진노의 심판이 흘러나오게 되면서 그들이 먼저 큰 피해를 입게 됩니다. 그것은 지금까지 그들이 하나님을 모시고 축복을 받아왔기 때문에 이제는 모든 축복이 재앙으로 변하는 것입니다.

신명기 4장 27-28절

여호와께서 너희를 열국 중에 흩으실 것이요 여호와께서 너희를 쫓아 보내실 그 열국 중에 너희의 남은 수가 많지 못할 것이며 너희는 거기서 사람의 손으로 만든 바 보지도 못하며 듣지도 못하며 먹지도 못하며 냄새도 맡지 못하는 목석의 신들을 섬기리라.

이스라엘 백성들이 가나안 땅에서 받는 모든 축복은 조건이 있는 축복이었습니다. 즉 이스라엘 백성들이 하나님만 섬기고 형제들을 사랑하는 조건으로 가나안의 복이 주어진 것입니다. 그러나 이스라엘 백성들이 하나님을 섬기지 않고 형제나 자매들을 학대할 때에는 하나님께서 그냥 포기하시는 것이 아니라 그동안 주셨던 모든 복을 도로 찾아가시게 됩니다. 그러면 이스라엘의 모든 복은 하나님이 주신 것이니까 이스라엘은 알거지가 되어서 쫓겨날 수밖에 없게 됩니다.

이것은 오늘 우리 믿는 자들에게도 그대로 적용이 됩니다. 현대인들은 갑작스런 지진이나 해일이나 테러 공격을 두려워하며 불안하게 살고 있습니다. 그러나 이 세상은 만들어진 시스템 자체가 죄가 어느 정도 쌓이면 자동적으로 하나님의 재앙이 터지도록 설계되어 있습니다. 그래서 전혀 예상치 못한 순간에 큰 재앙이 터지는 것입니다. 이것을 막을 수 있는 것이 우리의 예배와 기도입니다. 물론 우리가 이 세상에서 나름대로 성공도 하고 물질적인 복도 받아야겠지만 우리에게는 더 큰 사명이 있습니다. 그것은 하나님의 진노를 축복으로 바꾸는 이스라엘의 책임입니다. 만일 우리가 물질적으로 복을 받고 출세를 했는데 전쟁이 터지거나 지진이 일어나면 우리 자신도 그 피해를 면할 수 없고 어떤 의미에서는 우리 자신이 그 피해를 가장 먼저 입을 것입니다.

오늘 우리 수위에는 나름대로 공부를 잘하고 좋은 직장을 가지고 또 사업에 성공해서 잘살고 있지만 전혀 행복을 누리지 못하고 불안하게 살아가는 사람들이 많이 있습니다. 결국 이것이 바로 이방인들이 누리는 복인 것입니다.

크리스천들에게는 아주 특별한 사명이 있고 책임이 있다는 것을 인정해야 합니다. 이전에 믿지 않는 사람들이 IMF의 충격을 받으니까 믿는 자들도 많은 피해나 고통을 경험했습니다. 그래서 우리는 이 세상에 임할 심판과 재앙을 축복으로 바꿔야 합니다. 그것을 위해서 우리는 하나님의 말씀에 미쳐야 하고 하나님의 사랑에 미쳐야 합니다. 그리고 믿지 않는 자들이 잘살고 복을 받는 것을 가지고 전혀 흔들리지 말아야 합니다. 그리고 오히려 그런 것을 더 좋아해야 합니다.

하나님께서는 이스라엘 백성들이 이방 땅에 가면 그곳에 있는 우상을 강제로 섬기게 될 것이라고 하셨습니다. '보지도 못하고 듣지도 못하며 먹지도 못하고 냄새도 못 맡는 목석을 섬기게 될 것' 이라고 하셨습니다. 그 말씀 그대로 이스라엘 백성들은 처음에는 호기심으로 우상을 섬겼습니다. 그리고 다른 사람들과의 관계를 좀 더 원만하게 하기 위해서 우상을 받아들였습니다. 그러나 결국 그들은 이 우상들의 노예가 되어 강제로 믿게 됩니다. 그 이유가 어디에 있습니까? 하나님의 백성의 높은 직분을 버렸기 때문입니다. 소금이 맛을 잃으면 인생 밑바닥으로 내려가서 말도 못하는 것들의 지배를 받아야 하는 것입니다. 우리는 함부로 호기심을 가져서는 안 됩니다. 그리고 다른 사람들과의 관계를 하나님의 말씀보다 더 우선하면 망하게 됩니다.

하나님은 우리에게 제사장의 사명을 주셨습니다. 왕 같은 제사장의 사명입니다. 즉 이 세상을 축복할 수 있는 특권을 주신 것입니다. 이것은 우리가 하나님 앞에서 스스로의 욕심을 십자가에 못 박고 희생할 때 이루어질 수 있습니다.

이스라엘의 기적적 회복

이스라엘 백성들에게 놀라운 것은 언제나 기적의 가능성이 있다는 것입니다. 이스라엘 백성들은 아무리 망해서 인생 밑바닥까지 내려가 있어도 거기서 하나님을 사랑하고 하나님의 말씀을 붙들면 다시 기적으로 살아나게 됩니다.

신명기 4장 29-31절

그러나 네가 거기서 네 하나님 여호와를 구하게 되리니 만일 마음을 다하고 성품을 다하여 그를 구하면 만나리라 이 모든 일이 네게 임하여 환난을 당하다가 끝날에 네가 네 하나님 여호와께로 돌아와서 그 말씀을 청종하리니 네 하나님 여호와는 자비하신 하나님이심이라 그가 너를 버리지 아니하시며 네 열조에게 맹세하신 언약을 잊지 아니하시리라.

여기서 가장 놀라운 단어가 '자비' 입니다. 우리는 보통 성경에서 말하는 '자비' 라는 단어의 위력을 잘 알지 못할 것입니다. 그러나 한번 죄를 짓고 망했던 사람들에게 하나님이 '자비의 하나님' 이신 것은 말로 표현할 수 없는 축복이고 능력입니다.

하나님은 어떤 하나님이십니까? 누구든지 하나님 앞에서 자기가 죄를 지었다는 것을 인정하고 겸손한 마음으로 나아오면 그 죄를 다 용서해 주시고 회복시켜 주시는 하나님이십니다. 그래서 누구든지 죄를 지었던 자가 어떤 절망 가운데 있다 하더라도 하나님 붙들고 나오면 은혜를 내려 주십니다.

그런데 참으로 이해가 되지 않는 것은 사람이 죄를 짓거나 망하게 되면 마음이 더 굳어지고 강퍅해져서 도저히 하나님께 나오지 않게 되는 것입니다. 특히 하나님은 소멸하는 불이시며 불꽃같은 눈으로 살피는 분이신데 어떻게 인생 밑바닥까지 떨어진 망한 사람들이 하나님 앞에 나아갈 수 있겠습니까?

그러나 강퍅한 마음과 강한 자존심을 녹이는 더 강한 것이 있습니다. 그것은 바로 언약의 말씀입니다. 이스라엘 백성들에게 있어서 하나님의 언약이라고 하는 것은 완전히 노다지와 같은 것이었습니다. 하나님의 진노의 심판으로 망하고 흩어져서 전혀 소망이 없는 자들에게 하나님의 말씀이 되살아나는 것은 사랑의 하나님께서 그들을 찾아오신 것입니다. 그 하나님의 말씀을 들으면 그렇게 사랑이 흘러넘칠 수가 없습니다. 그때 만나게 되는 분이 바로 자비의 하나님이십니다. 자비의 하나님은 회개하는 자에게 너무나도 관대하십니다. 회개하지 않고 끝까지 고집을 부리는 자들에게는 '국물' 도 없으신 하나님께서 일단 자기 죄를 뉘우치고 나아오면 한없이 부드러우시며 한없이 은혜를 베푸십니다.

그래서 하나님 앞에서 가장 좋지 못한 것이 자존심이고, 끝까지 내 생각대로 해 보겠다는 고집입니다. 하나님께서는 이렇게 고집스러운 사람들에게 심판을 멈추지 않으시고 전혀 긍휼을 보이지 않으십니다. 그러나 일단 하나님 앞에 울며 회개하는 자에게는 그 상처를 싸매어 주시고 위로해 주시며 가장 좋은 것으로 채워 주시는 하나님이십니다.

기억해야 할 것은, 이스라엘의 소망은 바로 하나님의 자비이며 언약의 말씀입니다. 이 두 가지가 있기 때문에 이스라엘은 멸망 가운데서도 소망이 있었습니다. 그러나 이렇게 망한 후에 두 손 두 발 들고 하나님 앞에 나아오는 것보다는 역시 망하기 전에 깨닫는 것이 훨씬 더 좋습니다. 인생 밑바닥에 떨어지기 전에 하나님께로 돌아오면 그만한 시간과 돈과 노력을 절약할 수 있기 때문입니다.

하나님께서는 이스라엘 백성들이 가진 엄청난 재산을 소개해 주셨습니다. 이것은 세상의 어떤 강한 군대나 무기나 돈과도 비교가 되지 않는 것입니다.

신명기 4장 32-33절

네가 있기 전 하나님이 사람을 세상에 창조하신 날부터 지금까지 지나간 날을 상고하여 보라 하늘 이 끝에서 저 끝까지 이런 큰 일이 있었느냐 이런 일을 들은 적이 있었느냐 어떤 국민이 불 가운데서 말씀하시는 하나님의 음성을 너처럼 듣고 생존하였었느냐.

이스라엘의 가장 큰 재산은 하나님의 말씀이었습니다. 그래서 일부러 하나님께서는 시내산에서 불 가운데서 말씀하시는 하나님의 음성을 들려 주셨습니다. 이스라엘 백성들이 시내산에서 들은 하나님의 음성은 수천만 개의 폭탄보다 더 엄청난 소리였고 수만 개의 대포보다 더 위력 있는 말씀이었습니다. 그런데 이스라엘 백성들은 그 무서운 말씀을 듣고서도 모두 죽지 않고 살았습니다. 바로 이것이 이스라엘의 위력인 것입니다.

사실 이스라엘의 말할 수 없는 재산은 출애굽의 체험이었습니다.

신명기 4장 34절

어떤 신이 와서 시험과 이적과 기사와 전쟁과 강한 손과 편 팔과 크게 두려운 일로 한 민족을 다른 민족에게서 인도하여 낸 일이 있느냐 이는 다 너희 하나님 여호와께서 애굽에서 너희를 위하여 너희의 목전에서 행하신 일이라.

이스라엘 백성들은 하나님이 그분을 믿지 않는 애굽 사람들에게는 원자폭탄 같은 분이신 것을 보았습니다. 하나님의 말씀 한마디 한마디에 애굽 사람의 힘으로는 도저히 감당하기 어려운 재앙들이 터지기 시작했습니다. 그들은 그 놀라운 재앙들이 모세의 기도에 철저하게 복종하는 것도 보았습니다. 그리고 이스라엘 백성들에게 나타나신 하나님은 먹을 것을 주시는 여호와 이레의 하나님이셨고 병든 자를 치료하시는 라파의 하나님이셨고 적과 싸우시는 닛시의 하나님이셨습니다.

이스라엘 백성들의 재산은 눈에 보이는 많은 돈이나 사회적인 지위가 아니라 하나님 자신이었고 하나님의 말씀이었습니다. 이것은 도저히 이 세상의 그 어떤 돈이나 지식으로도 환산할 수 없는 재산입니다.

신명기 4장 40절

오늘 내가 네게 명하는 여호와의 규례와 명령을 지키라 너와 네 후손이 복을 받아 네 하나님 여호와께서 네게 주시는 땅에서 한없이 오래 살리라.

우리가 하나님의 말씀을 붙들면 다른 것을 잡을 수가 없습니다. 그래서 주위에 있는 사람들은 우리가 무식하며 융통성이 없고 독선적이라고 비난할 것입니다. 사실 우리는 아무도 알아주지 않는 말씀과 예배를 포기하고 세상에서 다른 사람들처럼 능력을 발휘해서 유명해지고 인기를 끌 수도 있습니다. 그러나 그렇게 되면 가장 심각하게 다가오는 일은 하나님의 진노를 막을 수가 없다는 것입니다. 자동적으로 이 땅에 터지게 되어 있는 하나님의 진노의 심판을 아무도 막을 수가 없게 됩니다.

지금 전방에 있는 군인들이 춥고 외롭다고 해서 모두 그곳을 버리고 떠난다면 누가 우리나라를 지키겠습니까? 그럴 경우, 아무리 열심히 장사를 하고 공부를 해도 아무 소용이 없을 것입니다. 마찬가지로 우리가 하나님의 말씀만 붙드느라 세상에서 성공하지 못하고 무시를 당하고 미래가 불안해도 하나님의 말씀을 지켜야 합니다. 하나님의 말씀은 무한한 능력이 있기 때문에 그 모든 불안과 공격과 비난을 이기고 우리를 한없이 축복받게 할 것입니다.

이스라엘 백성들이 가나안 땅에서 하나님의 말씀만 붙들면 국방력도 약할 것이며 농사도 늦을 것이며 무역도 제대로 안될 것입니다. 그러나 놀라운 것은 하나님께서는 이스라엘 백성들이 하나님을 사랑하고 말씀을 붙들 때 가장 부강하게 하시고 가장 풍성하게 하셨습니다.

모든 크리스천들은 하나님의 말씀을 확고히 붙들고, 이 세상 어떤 것보다 하나님을 더 사랑해야 합니다. 그러면 우리들의 머리로는 도저히 이해할 수 없는 축복들을 넘치게 받을 것입니다. 여러분들 모두에게 이런 일들이 있기를 바랍니다.

08

| 신 5:1-15 | 하나님만 섬기는 자가 받는 언약

요즘 우리나라 사람들이 열광하는 하인즈 워드라는 미식축구 선수가 있습니다. 그는 미국인 아버지와 한국인 어머니 사이에서 태어난 혼혈아로, 우리나라로 치면 가장 비천한 출생을 했습니다. 그의 어머니는 동두천에서 호스티스를 하다가 흑인 병사와 만나서 결혼하고 미국에 건너가게 되었지만 남편으로부터 버림받고 아들 하인즈 워드의 양육권도 빼앗겼습니다. 하지만 절망을 이기고 열심히 일을 해서 돈을 모아 아들을 도로 데려오고 그 아들을 위해서 모든 것을 희생했습니다. 그런데 그 아들이 성공해서 미국의 가장 유명한 미식축구 선수가 된 것입니다.

저는 처음 하인즈 워드의 이야기를 들을 때 너무나도 감동이 되어서 눈물이 다 나왔습니다. 부모의 과거에 매이지 않고 열심히 공부하고 운동해서 자신의 불행한 운명을 너무나도 훌륭하게 바꿨기 때문입니다. 사실 만약 그가 한국에서 자랐더라면 혼혈아라고 해서 멸시 천대를 당하고 아무것도 되지 못했을 것입니다. 이것을 볼 때 미국이 가지는 위대한 힘이 무엇인지 생각해 보게 됩니다. 미국이라는 사회는 이민 사회로 구성되어 있기 때문에 이민 오기 전의 출신은 크게 문제 삼지 않습니다. 철저하게 현재 중심의 사회인 것입니다. 즉 부모나 조상들이 어떤 사람이었고 과거에 얼마나 가난하고 비참했는가 보다는 지금 실력이 있는지를 보고 얼마든지 박수갈채를 보내고 대접해 줍니다. 능력이 있는 만큼 성공할 수 있습니다.

이런 원리가 우리 신앙의 세계에도 그대로 적용됩니다. 신앙이라고 하는 것은 철저하게 현재적입니다. 우리의 신앙은 부모나 조상들이 얼마나 큰일을 했나, 또는 과거에 내가 얼마나 잘 믿고 놀라운 체험을 했나가 중요하지 않습니다. 바로 지금 하나님을 잘 믿지 않고 말씀을 버리고 타락한 생활을 따라가고 있다면 그 사람은 하나님의 축복을 받을 수 없습니다.

그러나 바로 지금 내가 결사적으로 하나님을 의지하고 하나님의 말씀을 붙들면, 과거에 아무리 비참하게 살았다 하더라도 우리의 삶을 최고로 위대한 삶으로 만들 수가 있는 것입니다. 이것이 우리 신앙이 가지는 가장 위대한 힘입니다.

본문은 모세가 모압 평지에서 출애굽 이후에 태어난 2세들에게 전하는 하나님의 말씀입니다. 그 내용은 과거에 모세가 시내산에서 전했던 것과 거의 같은 내용입니다. 그런데 말씀이 선포되는 분위기는 시내산 때와는 비교가 되지 않을 정도로 평범했습니다. 즉 모세가 십계명의 말씀을 선포할 때에는 시내산 전체가 진동하며 불이 붙었지만, 모압 평지에서는 그런 영광이나 능력이 나타나지 않았습니다.

그래서 '아, 하나님께서 40년 전에 하셨던 말씀을 또 하시는구나' 라고 쉽게 생각하고 넘어가기가 쉽습니다. 그러나 이 말씀을 주시기 전에 하나님께서는 모세를 통해서 '이 말씀은 너희 조상에게 주는 것이 아니요 오늘 여기에 있는 너희들에게 주시는 말씀이다' 라고 분명히 하십니다. 즉 하나님께서는 출애굽 2세들에게 '너희 조상들이 얼마나 대단한 신앙 체험을 했고 결과적으로 어떻게 되었느냐' 하는 것은 결정적으로 중요한 것이 아니라는 것입니다. 그들에게는 얼마나 하나님을 신뢰하며 하나님의 말씀을 전적으로 붙드느냐 하는 것이 중요했습니다. 그것에 따라서 그들의 미래는 위대하게 될 수도, 조상들보다 더 비참하게 될 수도 있는 것입니다.

이스라엘의 출애굽 세대는 처음은 대단했지만 끝은 비참했습니다. 이들이 출애굽할 때에는 하나님의 열 가지 기적을 체험하였고 그 결과 주위의 모든 민족들이 이들 앞에 벌벌 떨었습니다. 애굽 사람들은 이스라엘 사람들을 얼마나 두려워했는지 그들이 나가면서 달라고 하는 대로 모든 금과 은과 물건들을 주었습니다. 또한 얼마나 권세가 있었는지 홍해를 가르고 그 위를 걸어서 건넜습니다. 이런 체험을 할 수 있었던 사람들은 전 세계에서 오직 이들 밖에 없었습니다. 시내산에서 하나님의 말씀을 받을 때는 온 산에 불이 붙었고 진동했습니다. 그러나 그들은 한 사람씩 두 사람씩 모두 광야에서 죽어야 했습니다. 여호수아와 갈렙 외에는 아무도 요단강을 건너서 약속의 땅으로 가지 못했습니다. 이들은 끝이 아주 비참했습니다. 그 이유는 하나님의 말씀을 붙잡지 않았기 때문입니다.

그런데 지금 모세의 설교를 듣고 있는 출애굽 2세들은 정반대였습니다. 이들의 시작은 미미했지만 나중이 아주 위대했습니다. 이들은 광야에서 태어났고 위대한 체험도 없었습니다. 애굽의 좋은 문화를 구경도 못했습니다. 그들은 마치 피난을 가다가 낳은 아이들처럼, 할례도 받지 못했고 제대로 된 학교 교육이나 가정교육을 받아 본 적도 없습니다. 그러나 이들은 결사적으로 하나님의 말씀을 붙들었고 그 결과 요단강을 걸어서 건넜으며 여리고성을 손도 대지 않고 무너뜨렸고 나중에는 태양도 머물게 하는 능력을 체험하고 가나안 땅을 모두 차지했습니다.

오늘 우리 젊은이들은 어떤 의미에서 출애굽 2세와 비슷하다고 볼 수 있습니다. 이들은 불행하게도 우리나라의 경기가 아주 어려울 때 청년이 되었고 국가의 미래가 아주 불안할 때 무엇인가를 해야 하는 입장에 있습니다. 옛날에는 대학만 나오면 지금처럼 취직이 어렵지 않아서 어느 정도 안정된 삶을 살 수 있었고 교사가 되는 것도 그렇게 힘들지 않았습니다. 그러나 지금은 미래가 보장된 것이 아무것도 없습니다.

이런 때, 우리는 위대한 하나님의 말씀이 우리에게 있음을 기억해야 합니다. 우리가 이 능력의 말씀을 결사적으로 붙잡고 절대로 세상을 따라가지 않으면 우리의 운명을 바꾸는 위대한 축복을 받게 될 것입니다. 부모님들의 불행도 다 갚을 것이며 전무후무한 기적과 능력을 체험하게 될 것입니다.

하나님의 말씀의 현재성

신명기 5장 1-3절

모세가 온 이스라엘을 불러 그들에게 이르되 이스라엘아 오늘 내가 너희 귀에 말하는 규례와 법도를 듣고 그것을 배우며 지켜 행하라 우리 하나님 여호와께서 호렙산에서 우리와 언약을 세우셨나니 이 언약은 여호와께서 우리 열조와 세우신 것이 아니요 오늘날 여기 살아 있는 우리 곧 우리와 세우신 것이라.

모세는 40년 전에 했던 선포를, 광야에서 자란 세대들에게 다시 들려주고 있습니다. 그러나 이것이 과거의 말씀이 아니라 현재의 말씀이라는 것이 하나님의 놀라운 점입니다. 모세가 지금 40년 전에 했던 십계명을 그대로 선포하지만 이 말씀은 반복이 아니라 새로운 것입니다. 사람들의 잘못된 습관 중 하나가 과거와 비슷한 말씀이 선포되면 '아, 이 말씀은 옛날에 한번 들었던 그 말씀이야' 라고 하면서 대수롭지 않게 넘어갑니다. 그러나 하나님의 말씀은 항상 새롭습니다. 다시 선포되는 말씀이라도 듣는 사람이 그 말씀의 대상이 되는 것이고 그 축복의 대상이 되는 것입니다. 누구든지 그 말씀을 듣고 믿으면 그 말씀의 당사자가 됩니다. 그래서 모세는 '이 언약은 여호와께서 우리 열조와 세우는 것이 아니요 오늘 여기 살아있는 우리들에게 세우는 것이라' 고 다시 확인하고 있습니다.

하나님의 말씀은 그냥 우리 듣기 좋으라고 하시는 위로가 아니라 계약을 체결하는 것입니다. 그리고 계약의 조건은 '모든 것' 입니다. 우리가 하나님의 말씀을 듣고 내 생각과 모든 욕심을 다 버리고 이 말씀만 붙들고 지키면 하나님께서도 나의 모든 것을 지켜 주시고 축복해 주십니다.

우리가 이 세상에 살면서 가장 하지 말아야 할 것이 '도박' 입니다. '도박' 은 열심히 일해서 살려고 생각하지 않고 한꺼번에 모든 것을 투자하는 것입니다. 그리고 큰 돈을 벌든지 아니면 망하게 됩니다. 우리나라의 강원도 도박장에 이런 식으로 신세를 망치는 사람들이 수도 없이 많다고 합니다.

사실 도박을 하듯이 내 모든 것을 다 걸어야 하고 바쳐야 하는 것이 있습니다. 그것이 바로 신앙입니다. 그래서 예수님께서는 우리가 천국에 가려면 '거듭나야 한다' 라고 말씀하셨습니다. 여기서 '거듭나야 한다' 는 것은 이 세상에 대해서는 완전히 죽고 신앙 안에서 다시 태어나는 것을 말합니다. 크리스천들은 세상에 대해서는 이미 죽었기 때문에 나가서 설칠 수도 없고 다른 사람들처럼 욕심을 부릴 수도 없습니다. 오직 하나님께서 내게 주시는 대로 살 수밖에 없는 것입니다.

세상에 대해 죽고 믿음으로 살아가기 위해서 우리는 두 가지 문제에 대해 갈등하는 어려움을 겪게 됩니다. 첫 번째 갈등은 세상이 성경이 말하는 정도로 썩어 보이거나 소망이 없어 보이지 않는다는 것입니다. 우리가 생각하기에 세상에도 좋은 것이 많이 있고 하나님께도 좋은 것이 많이 있는데 어느 한쪽만 택하려고 하니까 너무나도 아쉽습니다. 예를 들어서 결혼을 하고 싶은 처녀에게는 청혼을 하는 사람이 없는 것도 고민이지만 너무나도 좋은 두 사람이 똑같이 결혼을 하겠다고 청혼할 때 한 사람을 택하는 것은 보통으로 어려운 문제가 아닙니다.

우리에게 세상은 현실적으로 너무나도 필요한 곳입니다. 그러나 신앙은 정신적인 가치와 내세의 복을 받는데 너무나도 중요합니다. 그런데 둘 중 하나를 택해야 하니 얼마나 힘들고 답답한 노릇입니까? 하나님께서는 모든 사람들에게 자신의 모든 것을 다 주지 않으십니다. 오로지 하나님께 자신의 생명과 미래와 모든 것을 다 맡긴 사람에게만 어느 누구도 가지지 못하는 능력을 주십니다.

이스라엘 백성들은 이 세상을 선택했기 때문에 실패했습니다. 복의 근원이신 하나님을 붙잡으면 이 세상의 복도 자연적으로 오게 되어 있는데 그것을 믿지 못했던 것입니다. 우리가 하나님이 주시는 최고 좋은 능력을 받으려면 그만큼 희생하는 것이 있어야 합니다. 그것이 바로 세상을 향한 모든 욕심과 야망입니다. 그것을 포기하고 하나님 한 분과 그분이 주시는 것만으로 만족하는 것입니다.

우리가 하나님을 믿기 때문에 희생한다고 하지만 실제로 이것은 큰 희생도 아닙니다. 단지 자기 욕심이나 야망대로 살지 못하는 것밖에 없습니다. 그러나 나중에 하나님께서 옳다고 인정하고 복을 주실 때 내가 희생했다고 하는 것과는 비교할 수 없는 엄청난 복을 받게 됩니다. 많은 젊은이들은 모든 욕심과 야망을 포기하고 하나님의 말씀을 붙든 것이 자기 욕심과 야망을 향하여 달려간 사람에 비하여 얼마나 존귀하며 얼마나 풍성한지 보아야 합니다. 그래야 하나님의 말씀을 붙들고 하나님으로 만족하는 것이 얼마나 엄청난 복인지 알게 되는 것입니다.

두 번째 갈등은 과연 하나님을 전적으로 붙든다고 해서 완전한 신앙생활을 할 수 있느냐 하는 것입니다. 사실 이것은 우리에게 불가능한 일입니다. 우리가 아무리 하나님을 믿고 말씀에 순종한다고 하더라도 완전하게 믿음으로 살 수 없습니다.

하나님을 사랑하고 말씀대로 살려고 해도 불순종하게 되는데 그때는 회개하면서 계속 믿음 생활을 해 나가면 변함없는 하나님의 사랑을 알게 될 것입니다. 또한 우리가 아무리 믿음이 부족하고 연약하더라도 위선적으로만 행하지 않으면 하나님은 절대로 우리를 버리지 못하십니다. 그래서 우리에게 필요한 것은 하나님 앞에서 완전한 것이 아니라 정직과 솔직함입니다. 우리는 하나님 앞에서 절대로 자존심을 내세울 필요가 없습니다. 어린아이같이 솔직하고 정직하게 나가기만 하면 하나님께서 우리의 과거와 현재와 미래의 모든 것을 다 책임지십니다.

우리에게 중요한 것은 과거가 아니라, 바로 오늘 하나님의 말씀만 붙잡기로 하는 것입니다. 그러면 하나님께서는 하나님의 모든 귀한 것을 맡겨 주십니다. 그리고 기도가 응답되고 성령과 부흥의 역사가 나타납니다. 하나님의 말씀의 기이한 것을 계속 보여 주십니다. 또한 세상에서도 존귀하게 하시고 하나님의 큰 구원과 능력이 나타나게 됩니다. 어려운 고비가 왔을 때는 아주 작은 소리로 지혜를 주셔서 피할 길을 주십니다. 결국 하나님의 말씀을 붙드는 사람이 얼마나 위대해지는지 모릅니다. 왜냐하면 하나님의 말씀이 그만큼 위대하고 하나님이 그만큼 위대하시기 때문입니다. 그러나 거의 대부분의 사람들은 눈에 보이는 이 세상의 욕심 때문에 그런 결단을 내리지 못합니다.

불 가운데 말씀하심

신명기 5장 4-5절

여호와께서 산 위 불 가운데서 너희와 대면하여 말씀하시매 그때에 너희가 불을 두려워하여 산에 오르지 못하므로 내가 여호와와 너희 중간에 서서 여호와의 말씀을 너희에게 전하였노라.

모세는 이스라엘 자손들에게 이 십계명을 다시 전하면서 40년 전 처음 이 십계명을 선포할 때의 기억을 생생하게 다시 되살려 주었습니다. 당시 시내산은 아무도 다가갈 수 없을 정도로 전체가 불덩어리였습니다. 그런데 돌산이기 때문에 나무 한 그루 없는 시내산이 어떻게 불덩이가 될 수 있었을까요? 그것은 바로 하나님의 영광의 불이었습니다. 하나님께서 시내산에 임재하셨는데 얼마나 뜨거운지 산 전체가 불붙었고 폭발할 듯 진동했습니다. 하나님께서 이런 불 가운데서 십계명의 말씀을 주신 이유가 어디에 있을까요? 우리는 두 가지 정도로 그 이유를 생각해 볼 수 있습니다.

불 가운데서 십계명을 주신 첫 번째 이유는, 말씀으로 하나님을 만나는 것이 얼마나 안전한가 하는 것을 보여 주시는 것입니다. 이스라엘 백성들이 체험했던 하나님은 불이시기 때문에 그 어떤 것으로도 가까이 갈 수가 없었습니다. 아무리 이스라엘 백성들이 열심이 있고 신앙의 체험이 있다고 한들 불에는 가까이 갈 수가 없었습니다. 이스라엘 백성들이 아무리 하나님을 만나기 원하고 복을 받기 원한다 하더라도 하나님은 엄청난 불 가운데 계시기 때문에 다른 어떤 것으로도 하나님께 접근하는 것이 불가능했습니다.

그러나 하나님께서는 이스라엘 자손들이 얼마든지 하나님을 만나며 얼마든지 하나님을 가까이 할 수 있는 아주 쉬운 방법을 가르쳐 주셨습니다. 그것은 모세가 전하는 하나님의 말씀을 듣는 것입니다. 그것은 아주 난해한 철학적인 말씀도 아니고 어려운 외국어를 공부해야 깨달을 수 있는 말씀도 아니었습니다. 모든 이스라엘 백성들이 일상적으로 사용하는 평범한 언어였습니다. 그리고 모세는 말을 하는 것이 유창하지도 않고 어눌했으며 설교도 그렇게 세련되지 않았을 것입니다. 그러나 놀라운 것은 그 평범하고 쉬운 말씀 속에 불을 통과해서 하나님께 나아갈 수 있는 길이 있는 것입니다.

오늘 어떤 의미에서 우리가 참으로 쉽게 신앙생활을 할 수 있는 방법은 하나님의 말씀을 듣는 것입니다. 무슨 어려운 철학이나 문학적인 소양이 필요한 것도 아니고 낯선 라틴어나 히브리어나 헬라어를 능숙하게 잘 해야 하는 것도 아닙니다. 또 한번씩 죽었다가 다시 살아나는 체험이 있어야 하는 것도 아니고 몇 십 일씩 금식하면서 은혜를 사모해야 하는 것도 아닙니다. 단지 평범한 우리 언어로 하는 설교를 들으면 됩니다. 바로 그것이 불이신 하나님께 가까이 나아가는 유일한 길입니다. 그런데 사람들은 그것이 너무 평범한 방법이니까 시시하다고 생각해서 하나님께 나아가려고 하지 않습니다.

게다가 이스라엘 백성들은 모세를 많이 미워하고 시기했습니다. 고라 같은 족장은 모세에게 '왜 너만 리더십을 독점하느냐?' 고 대적하다가 땅이 갈라져서 죽었고, 심지어 모세의 누이 미리암은 모세를 흉보다가 나병에 걸려서 진 밖으로 쫓겨나기도 했습니다. 왜 그들은 모세를 시기하고 미워했을까요? 바로 말씀의 능력 때문입니다. 모세가 전하는 하나님의 말씀은 어려운 학적인 말씀도 아니고, 다른 사람이 흉내 낼 수 없는 고행이나 수양에서 나온 것도 아닙니다. 너무 쉽고 평범해서 대수롭지 않게 보이기까지 합니다. 그런데 그 말씀에서 능력이 나타났습니다. 게다가 하나님께서는 오직 모세만을 인정하셨습니다.

오늘도 많은 사람들이 아주 어렵고 수준 높은 지식이나 대단한 영적인 체험이 있어야 하나님께 가까이 갈 수 있다고 생각하는데 그렇게 나아가다가는 불에 타 죽을 것입니다. 아주 평범하고 쉬운 말씀 속에 하나님께로 나아가는 유일한 길이 있습니다.

하나님께서 불 가운데서 십계명을 주신 두 번째 이유는, 바로 이 말씀이 불이라는 것을 가르쳐 주시기 위해서입니다. 하나님의 능력의 불이 말씀 속에 들어 있습니다. 죄인들이 그냥 하나님께 나아가려고 하면 그 불에 타서 죽게 되지만 말씀 속에 들어 있는 불은 살리는 불이요 치료하는 불이요 죄를 회개하게 하는 불이요 능력을 주는 불인 것입니다.

사람은 자기가 하나님 앞에 죄인이라는 것을 인정하기가 가장 어렵습니다. 그러나 하나님의 말씀을 듣는 사람은 하나님의 말씀이 불로써 양심을 태우기 때문에 회개하지 않을 수 없습니다. 하나님의 말씀은 우리 안에 죄가 남긴 모든 병과 좋지 못한 후유증들을 모두 태웁니다. 하나님의 말씀은 우리에게 능력을 주시기 때문에 주저앉은 자리에서 일어나게 하고 불가능한 것을 해내게 합니다. 하나님의 말씀은 우리 안에 뜨거운 불같은 사랑을 주셔서 하나님을 사랑하게 하시고 하나님의 모든 은혜와 축복을 감당하게 하십니다. 그래서 예레미야는 유다 백성들에게 "나 여호와가 말하노라 내 말이 불 같지 아니하냐 반석을 쳐서 부스러뜨리는 방망이 같지 아니하냐?"(렘 23:29)라는 하나님의 말씀을 소리친 적이 있습니다. 하나님의 말씀은 불입니다. 그러나 심판의 불이 아니고 능력을 주는 불이며 치료하는 불이며 사랑하게 하는 불입니다.

하나님만 섬기라

신명기 5장 6-10절

나는 너를 애굽 땅에서 종 되었던 집에서 인도하여 낸 너희 하나님 여호와로라 나 외에는 위하는 신들을 네게 있게 말지니라 너는 자기를 위하여 새긴 우상을 만들지 말고 위로 하늘에 있는 것이나 아래로 땅에 있는 것이나 땅 밑 물속에 있는 것의 아무 형상이든지 만들지 말며 그것들에게 절하지 말며 그것들을 섬기지 말라 나 여호와 너의 하나님은 질투하는 하나님인즉 나를 미워하는 자의 죄를 갚되 아비로부터 아들에게로 삼사 대까지 이르게 하거니와 나를 사랑하고 내 계명을 지키는 자에게는 천 대까지 은혜를 베푸느니라.

하나님께서는 이스라엘 백성들에게 가장 먼저 이스라엘 백성들의 존재 목적에 대해 언급하셨습니다. 이스라엘 백성들이 이 세상에 존재하는 것은 자신들의 행복을 위해서가 아닙니다. 물론 하나님께서는 믿는 사람들을 축복하시고 모든 삶을 아름답고 풍성하게 하십니다. 그러나 그것이 그들이 존재하는 일차적인 목적은 아닙니다.

이스라엘 백성들이 이 세상에 존재하는 가장 중요한 목적은 '하나님이 살아계신다' 는 것을 나타내는 것입니다. 그래서 이스라엘 백성들은 1계명 때문에 존재하는 사람들이라는 것을 알아야 합니다. 즉 하나님이 이 세상의 모든 것을 창조하셨고 우리 인간들을 만드셨으며 하나님만이 우리 모든 인간들이나 피조물들로부터 영광을 받아야 할 분이시라는 것을 나타내기 위해서 존재하는 것입니다. 만약 이스라엘 백성들이 하나님의 존재를 나타내지 않고 자기들의 행복만을 추구한다면 이스라엘 자손들은 더 이상 하나님 앞에서 존재해야 할 이유가 없습니다. 그들은 망해야 하고 없어져야 하고 천하에 쓸모없는 자가 됩니다.

그러나 이스라엘 백성들이 하나님의 살아계심을 나타내는 것이 결코 쉬운 일은 아니었습니다. 왜냐하면 이스라엘은 강하고 큰 나라가 아니었기 때문입니다. 만약 강대국인 바벨론이나 앗수르라면 믿지 않는 자들을 잡아서 다 죽이면 되었을 것입니다. 하지만 이스라엘은 그렇게 크고 강한 나라가 아니었습니다. 또한 이스라엘은 부자 나라가 아니었습니다. 만일 이스라엘이 아주 부강했다면 주위의 모든 나라들에게 '봐

라. 우리는 하나님을 믿으니까 이렇게 부자 나라가 되었다' 하고 자랑할 수 있었을 것입니다.

그러면 큰 나라도 아니고 부자 나라도 아닌데 무엇을 가지고 하나님을 나타내겠습니까? 그것은 그들의 변화된 모습이었습니다. 이스라엘 백성들은 애굽에서 가장 비참한 생활을 하던 자들이었지만 하나님의 말씀을 들었고 말씀의 능력을 체험했으며 변해서 새 사람이 되었습니다. 그래서 이 세상에서 어려움 당하고 고난당하는 자들은 언제든지 이스라엘이 만났던 그 하나님을 찾으면 되는 것입니다. 이 세상에서 실패하고 망하고 억압당할 때 말씀으로 찾아오셨던 그 하나님이 나를 만드신 하나님이요 온 세상을 주장하는 살아계신 하나님이신 것입니다.

이스라엘 백성들은 애굽에서 비참한 노예로 있다가 100% 하나님의 은혜와 도우심으로 복을 받았습니다. 그래서 이스라엘 백성들에게 그들의 것이라고는 존재하지 않습니다. 모든 것이 하나님의 은혜요 하나님의 복입니다. 그들은 또한 앞으로도 하나님의 도우심만으로 살아가야 합니다. 다른 민족들이 하나님 없이 자기 힘이나 우상의 힘으로 아무리 복을 받고 잘살아도 그런 것을 부러워하면 안 됩니다. 우리들의 복은 따로 준비되어 있습니다. 그래서 하나님께서는 이스라엘 백성들에게 하나님을 나타내는 것이 어떤 것인지 구체적으로 설명해 주셨습니다.

십계명의 1계명에서 4계명까지가 하나님에 대한 계명인데 그것을 다시 1계명과 2계명, 3계명과 4계명으로 나눌 수 있습니다.

1계명과 2계명은 어떤 이유에서도 다른 신을 인정하거나 또 그런 우상을 만들지 말라는 것입니다. '다른 신을 네게 두지 말라'는 것은 하나님 외에는 일체 신이 없다는 뜻으로, 마귀나 천사는 신이 아니고 우리와 같은 피조물인데 몸이 우리와 다를 뿐입니다. 그리고 다른 모든 신들은 사람들의 상상이 만들어 낸 것입니다. 그러므로 우리에게는 하나님의 침묵이 가장 어려운 문제입니다. 참 신이신 하나님이 계속 침묵하고 계시기 때문에 인간들은 하나님이 없다고 하며 자신들의 생각으로 만들어 낸 것을 신으로 부르고 숭배합니다.

그럼에도 불구하고 하나님께서 가만히 계신 것은 우리 인간들의 인격을 끝까지 존중하시기 때문입니다. 즉 우리 인간은 강압적인 힘에 의해 하나님을 아는 것이 아니라 자신의 지각을 사용해서 인격적으로 하나님을 찾고 만나야 합니다. 정상적인 모든 인간들은 이렇게 하나님을 찾게 되어 있습니다. 마치 자녀가 부모를 모르면 인생이 풀리지 않는 것처럼 우리는 하나님을 만나지 않으면 인생 전체가 의문 부호이고 풀리는 것이 아무것도 없게 됩니다. 우리가 하나님을 인격적으로 만나지 못하면 마음속에 죽을 때까지 풀리지 않는 공허함이 있게 됩니다. 바로 이것이 인간 자신이 하나님을 찾지 않는 벌입니다.

그리고 다른 어떤 것으로도 하나님의 형상을 만들지 말라고 하셨습니다. 공중의 새나 땅의 짐승이나 물 속의 물고기들은 그 하나하나가 독특한 개성을 가지고 있어서 만들거나 표현하고 싶은 충동을 줍니다. 즉, 인간의 마음에는 자기 마음이나 감정을 표현하고 싶은 욕망이 있는데, 이것이 표현되고 채워질 때 가장 고상한 만족감을 느끼는 것입니다. 그래서 사람들은 종교를 찾고 거기에 헌신하지만 이것은 단지 자신의 감정에 만족하는 것밖에 되지 않습니다. 결국 자기 자신의 감정에 감동하고 자기 열정에 만족하는 자기만족에 불과한 것입니다.

하나님은 자신을 '질투하는 하나님' 이라고 말씀하고 있습니다. 질투하시는 이유는 대등한 위치에서 서로 사랑하고 만나기를 원하시기 때문입니다. 사실 이렇게 할 수 있는 것은 하나님의 말씀밖에 없습니다. 남녀 간에 우상 숭배하듯이 사랑할 수 있습니다. 그것은 자기 혼자 사랑의 대상을 미화시켜서 숭고한 사랑을 하는 것입니다.

옛날 독일 시인 중에 횔덜린(Friedrich Hölderlin)이라는 사람이 있었는데 그 사람의 책에 보면 히페리온이라는 청년이 디오티마라는 처녀를 그런 식으로 사랑합니다. 자기 혼자 '나의 디오티마여' 하면서 시도 쓰고 공상도 해서 너무나도 숭고한 사랑을 만들어 내는 것입니다. 그런데 전쟁에 참전했던 히페리온이 큰 부상을 입고 살아서 돌아오지만 디오티마는 자살해 버립니다. 디오티마 자신이 아니라 상상 속의 다른 여자를 만들어서 사랑했던 히페리온을 만나는 것이 두려웠기 때문입니다. 이런 것이 바로 우상 숭배자들의 사랑입니다.

그러나 하나님은 지극히 현실적이십니다. 본문에 나오는 '하나님을 미워하는 자' 는 이런 식으로 상상해서 하나님을 표현하는 사람인데, 그가 아무리 아름답게 하나님을 묘사해도 그것은 실제 하시는 하나님이 아니고 자기 자신이기 때문입니다. 그런데 무서운 것은 그런 자의 죄를 자식 삼사 대까지 갚겠다고 하신 것입니다. 이것은 이런 자기도취나 자기중심적인 신앙의 자세가 얼마나 퍼지기 쉽고 설득력이 있는지 자손 삼사 대까지 바른 신앙으로 돌아오기가 어렵다는 뜻입니다. 그래서 한번 바른 말씀에서 떠나서 자기 욕망을 향하면 금방 돌아오는 것이 너무나도 어렵습니다. 왜냐하면 바른 신앙으로 돌아오려고 하면 그 모든 환상과 망상과 엉뚱한 생각들을 다 버리고 철저하게 현실을 현실로 인정하는 벌거벗는 자세로 돌아와야 하기 때문입니다.

그러나 하나님을 사랑하고 그 계명을 지키는 자는 자손 천 대까지 복을 주겠다고 하셨습니다. 하나님을 사랑하는 것과 그 계명을 지키는 것은 같은 것입니다. 하나님을 사랑하면 그분의 말씀을 사랑하고 지키게 됩니다. 그러면 자손 천 대까지 복을 주십니다. 즉 부모가 말씀을 사랑하고 목사가 말씀을 사랑하면 그들도 모르게 자녀와 성도들이 그런 신앙을 배우게 되고 천 대까지 부흥의 불길이 이어지게 됩니다. 그래서 자식을 복 받게 하는 방법은 고액 과외를 시키거나 유학을 보내는 것이 아니라 부모 자신이 하나님의 말씀을 사랑하는 것입니다. 그러면 설사 자식들이 세상으로 나갔다가도 돌아오게 되어 있고 복을 받게 되는 것입니다. 우리는 복이 임하는 곳에 있는 것이 아주 중요합니다. 복이 오지 않는 곳에 있으면서 복이 오게 해 달라고 아무리 외쳐도 소용이 없습니다. 하나님의 말씀이 있는 곳에는 복이 있고 부흥이 계속 이어지게 됩니다.

하나님은 구체적인 명령 두 가지를 더 주셨습니다. 첫 번째 명령은 하나님의 이름을 망령되게 사용하지 말라는 것입니다. 이것은 헛맹세를 하지 않는 것을 말합니다. 왜냐하면 이스라엘 백성들은 맹세할 때 하나님의 이름을 걸었기 때문입니다. 그러나 우리는 하나님의 이름으로 맹세하며 자신의 의욕을 과시하기보다 하나님의 통치에 복종하고 하나님의 때를 기다려야 합니다. 마음에 원하는 것이나 소원이 있을지라도 하나님보다 앞서서 자기 욕망을 실현하려고 하면 헛맹세를 하고 죄를 짓게 됩니다. 사도 바울은 "내게 능력 주시는 자 안에서 내가 모든 것을 할 수 있느니라"(빌 4:13)고 했습니다. 하나님께서 주시는 범위 안에서 하는 것이 하나님을 인정하는 것입니다. 세상 사람들은 자신이 할 수 없는 것을 과시하고 약속할 때 열광하지만 그것은 하나님의 영광을 빼앗는 것입니다.

하나님이 주신 구체적인 명령의 두 번째는 안식일을 거룩하게 지키라는 것입니다. 왜 하나님께서는 이스라엘 백성들에게 안식일을 강제 명령으로 주셨을까요? 그것은 노예는 안식이라는 것이 없기 때문입니다. 노예는 죽도록 일해야 덜 매를 맞았습니다. 병들거나 일할 수 없는 장애를 입으면 팔리든지 죽임을 당했기 때문에 노예는 죽도록 일을 하는 범위 안에서 살 수 있었습니다.

하나님께서는 이스라엘 백성들에게 자유를 주신 후에 6일 동안 힘써 자신의 일을 하고 안식일에는 이 모든 일에서 쉬도록 하셨습니다. 그러나 인간들은 어떤 일을 하면 욕심이 생기게 됩니다. 그래서 일을 조금 더 하면 얼마의 이익이 생기고 얼마나 인정받는다는 것을 생각하며 욕심으로 일에 매입니다. 이것은 하나님께서 주신 자유를 욕심 때문에 잃는 것입니다. 돈은 좀 더 벌고 다른 사람의 인정은 더 받겠지만 더 큰 것, 즉 자신이 존재하는 목적을 잃게 됩니다.

오늘 사람들에게 가장 무서운 것은 중독입니다. 일에 중독 되고 술에 중독 되고 습관에 중독 되는데 자기 의지로 해결되지 않습니다. 자기 생각에는 결심만 하면 얼마든지 이런 것에서 벗어나서 멋지게 살 수 있을 것 같은데 절대로 되지 않습니다.

결국 우리에게는 하나님의 은혜가 필요합니다. 하나님의 은혜가 있어야 우리를 잡아매는 이런 죄와 욕망에서 벗어나서 바른 내 모습을 찾을 수 있고 하나님 앞에서 바른 길을 갈 수 있습니다. 오늘 현대인들은 작은 것을 많이 챙겼는데 가장 중요한 것을 잃어버렸습니다. 그것은 바로 하나님 앞에서 너무나도 소중한 자기 자신입니다.

하나님께서는 우리를 죄에서 자유롭게 하시고 그분의 백성 삼아 주셨습니다. 이제 우리의 과거는 그렇게 중요하지 않습니다. 모든 것을 다 바쳐서 하나님을 붙들고 하나님의 말씀을 사랑하고 하나님만 나타내는 것을 내 삶의 목적으로 삼을 때 하나님의 말씀은 내 마음에 오셔서 불이 되어 주십니다. 하나님께서는 어느 누구도 가지지 못하는 신기한 능력과 축복을 우리에게 주실 것입니다.

09

| 신 5:16-33 | 이스라엘의 한계

얼마 전 뉴스에서 서울 도심에 야생 멧돼지가 나타나서 소동을 일으키다가 죽은 소식을 전했습니다. 이 멧돼지는 서울 인근 야산에서 나온 것 같은데 시내에 들어와서 길 가던 사람을 들이받아 중상을 입히고 심지어는 지하 술집에 들어가서 술 먹는 사람의 허벅지를 물어뜯고 나중에 한강을 헤엄쳐 건넌 후에 사냥꾼의 칼에 죽었다고 합니다. 우리 생각으로는 길을 잘못 찾은 멧돼지를 마취총 같은 것으로 기절시켜서 산에 도로 풀어 주면 좋을 것 같은데 그렇게 되지 않는 것 같습니다. 야생동물들은 야생의 기질이 강해서 밧줄로 묶는다든지 철장에 가두든지 하면 자기 성질을 이기지 못해서 죽어 버리는 것입니다.

결국 야생동물들이 인간들과 공존하려면 야생의 습성을 버리는 훈련을 받든지 아니면 자신의 한계를 지켜서 산에만 살든지 해야 합니다.

그런데 산을 벗어나서 도심으로 뛰어 들거나 혹은 농가에 들어가거나 밭에서 농사지은 것을 다 파먹어 버리면 사냥감이 될 수밖에 없습니다.

사람들은 아주 옛날부터 어린아이들이 태어나면 예절 교육을 시킵니다. 또한 긴 시간에 걸쳐서 교육이나 훈련을 받습니다. 학교 교육 제도가 잘 되어 있는 나라에서 대부분의 부모들은 할 수 있는 대로 자녀들이 최고 수준의 교육을 받게 하려고 애씁니다.

그런데 우리 인간들이 아무리 오랜 시간 동안 아무리 좋은 교육을 받는다 하더라도 결코 바꿀 수 없는 것이 있습니다. 바로 그 사람 속에 들어 있는 인간성입니다. 사람 속에 있는 근본적인 욕망이나 성욕 같은 것은 교육을 많이 받으면 더 고상하게 표현할 수 있을지는 모르지만 결코 이것이 없어지지는 않습니다. 그러나 우리가 하나님 앞에서 축복을 받는데 가장 중요한 것은 바로 우리 속 깊은 곳에 있는 욕망과 정욕과 더러운 인간성이 변하는 것입니다. 만일 이것만 변할 수 있다면 하나님 앞에서 축복을 받지 못할 이유가 없습니다.

이것을 위해서 하나님께서는 이스라엘 백성들에게 그분의 말씀을 주셨습니다. 이 세상에서 사람의 본성을 바꿀 수 있는 유일한 것이 바로 하나님의 말씀입니다. 누구든지 하나님의 말씀으로 원래 가지고 있던 교만하고 부패한 본성을 바꿀 수만 있으면 하나님의 축복의 자녀가 되는 것입니다.

우리를 하나님께 이끄는 말씀의 멍에

하나님께서는 이스라엘 백성들을 애굽의 노예 상태에서 건져 내셔서 노예의 멍에를 풀어 주셨습니다. 그러나 이스라엘 백성들로 하여금 풀어 놓은 망아지처럼 마음대로 살게 하신 것이 아니라 새로운 멍에를 매어 주셨습니다. 그것은 바로 하나님의 말씀을 지켜야 하는 하나님의 말씀의 멍에였습니다. 하나님의 말씀의 멍에를 자세히 보면 거의 멍에라고 볼 수도 없습니다. '네 부모를 공경하라, 살인하지 말라, 간음하지 말라, 도적질하지 말라' 등 우리가 너무나도 당연히 지켜야 할 것들이기 때문입니다.

이것은 다른 말로 표현하면 '네 이웃을 사랑하라'는 것이었습니다. 모든 이스라엘 백성들에게 동족 이스라엘 사람들은 모두 부모요 자식이요 형제요 누이였습니다. 누가 자기 형이나 동생이 잘 되기를 바라지 죽이려고 하겠으며, 누가 자기 누이를 술집 여자를 대하듯 음란의 대상으로 생각하겠습니까?

하나님께서는 이스라엘 백성들이 이 말씀의 멍에를 메는 것을 절대적으로 중요하게 보셨습니다. 즉 이스라엘 백성들이 즐겨 하나님의 말씀의 멍에를 매면 그들은 계속 하나님의 백성으로 축복의 삶을 살 것입니다. 그러나 그들이 하나님의 말씀의 멍에를 싫어하고 자기 욕망을 따라서 살 때에는 다시 노예의 멍에를 매어야만 했습니다. 즉 이스라엘 백성들이 지속적으로 하나님의 축복을 받기 위해서는 그들의 욕망을 하나님의 말씀으로 묶는 것이 중요했습니다.

신명기 5장 16-20절

너는 너의 하나님 여호와의 명한 대로 네 부모를 공경하라 그리하면 너의 하나님 여호와가 네게 준 땅에서 네가 생명이 길고 복을 누리리라 살인하지 말지니라 간음하지도 말지니라 도적질하지 말지니라 네 이웃에 대하여 거짓 증거하지 말지니라.

가장 먼저, 하나님께서는 그분을 나타내기 위해 존재하는 사람들이었던 이스라엘 백성들에게 일체 우상을 섬겨서는 안 된다고 말씀하셨습니다. 만일 이스라엘 자손들이 하나님 외에 다른 신의 존재를 인정하면 그들은 존재할 이유가 없기 때문입니다. 그래서 이스라엘 백성들에게 가장 무서운 원수는 우상이었습니다. 우상은 이스라엘 백성들로부터 하나님의 모든 능력을 뺏는 흡혈귀였습니다.

그런데 사람은 자기가 하나님의 은혜를 받았나고 하면서 다른 사람들을 거들떠보지도 않습니다. 그리고 자기 혼자 열광해서 잘 믿는다고 흥분합니다. 그래서 하나님께서는 신앙이라고 하는 것은 그런 식으로 혼자 미쳐서 날뛰는 것이 아니라는 것을 깨닫도록 사람에 대한 윤리 계명을 주셨습니다.

그 윤리 계명으로 하나님께서 이스라엘 백성들에게 가장 먼저 가르치신 것은 "네 부모를 공경하라"였습니다. 우리는 아무리 똑똑하고 배운 것이 많다 하더라도 모두 어린아이 상태에서 부모의 보호와 양육을 받으며 자랐습니다. 만약 혼자서 멋대로 자랐더라면 도무지 오늘같이 되지 못했을 것이며 모두 야생동물처럼 괴상한 사람이 되고 말았을 것입니다. 우리 안의 길들여지지 않은 타락한 본성은 제대로 은혜를 받았을 때 변하게 되는 것입니다.

우리가 하나님을 섬기는 것은 이상하게 소리를 지르고 광신적이 되는 것이 아니라 집에서 부모의 말씀을 잘 듣고 잘 자라는 것이라는 뜻입니다. 그런데 하나님께서는 우리가 그렇게 하기만 해도 엄청난 복을 받게 될 것이라고 약속하셨습니다. "그리하면 너의 하나님 여호와가 네게 준 땅에서 네가 생명이 길고 복을 누리리라" 이스라엘 백성들이 가나안 땅에서 오래오래 복을 누리고 귀한 하나님의 백성으로 살 수 있는 길은 더 똑똑해지고 더 능력 있는 사람이 되는 것이 아니라 하나님의 말씀으로 자기 자신 속에 있는 탐심이나 정욕을 죽여서 하나님의 말씀에 순종하는 자가 되는 것입니다.

이것은 세상과 정반대입니다. 세상에서는 똑똑하고 유능한 사람이 부모의 말씀만 순종하고 붙드는 사람이 아니라 세상으로 뛰쳐나가서 자신의 능력을 발휘하고 인정받는 사람입니다. 오로지 하나님의 말씀만 믿고 사는 사람들은 그야말로 평범한 사람밖에 되지 못하는 것처럼 보입니다. 하나님의 말씀만 붙드는 것은 소극적이고 무능한 것처럼 보이기 쉽습니다. 그래서 이스라엘 백성들도 이것을 믿지 못했습니다. 그러나 나타난 결과는 하나님의 말씀대로였습니다.

하나님의 말씀대로 살아갈 때 얻는 유익은 망하지 않을 뿐만 아니라 인간의 힘으로는 도저히 감당할 수 없는 어려움을 당할 때 능히 감당할 힘을 얻는 것입니다. 하나님의 말씀 앞에 자신을 복종시킬 때 욕심이나 기질대로 살지 못하는 것은 사실입니다. 또한 하나님의 말씀 없이 자기 정욕대로 살면서 훨씬 더 잘살고 성공하는 사람들을 쉽게 볼 수 있습니다. 하지만 그들은 인생의 가장 중요한 고비를 이겨 내지 못하고 망합니다.

하나님은 그분의 말씀을 순종하는 사람들 앞에 놓인 위기를 막아 주시고 어려움 가운데서 보호하고 이기게 하십니다. 우리가 이 세상에서 편안하게 사는 길은 내가 모든 것을 완전하게 다 잘하는 것이 아닙니다. 우리가 모르는 가운데 많은 것을 하나님께서 지켜 주시고 도와주셔야 하는 것입니다. 그렇게 하기 위해서는 평소에 하나님의 말씀을 의지하고 내 기분이나 욕심대로 살지 않아야 합니다. 하나님 앞에서 욕심이 변화되고 온유하고 겸손하게 되는 모든 사람은 하나님으로부터 반드시 복을 받게 됩니다. 하나님께서는 우리에게 자기 욕심이나 정욕으로 인하여 다른 사람을 해치지 말라고 명하셨습니다.

우리 인간에게는 두 가지 불이 있습니다. 하나는 분노의 불이고 다른 하나는 정욕의 불입니다. 분노의 불과 정욕의 불은 우리로 하여금 어떻게 해서든지 원하는 것을 하도록 만들고야 맙니다.

분노의 불은 무엇입니까? 누군가를 극단적으로 미워하고 싫어하며 결국 그 사람을 죽이는 자리까지 가게 하는 것입니다. 우리가 어떤 사람이 너무나도 밉고 싫게 되면 그 사람과는 도저히 공존을 할 수가 없게 됩니다. 그 사람을 생각만 해도 싫어지기 때문에 죽기를 바라게 되고 어떤 때에는 실제로 그것을 행동에 옮겨서 죽이게 됩니다.

그러나 사람의 생명을 만드신 분은 하나님이시기 때문에 하나님 외에는 어느 누구도 다른 사람의 생명을 취할 수가 없습니다. 모든 사람은 하나님이 살게 하신 동안은 좋든지 싫든지 이 세상에서 살아야 하는 것입니다.

예수님께서는 여기서 한걸음 더 나아가서 다른 사람에 대하여 분노의 말을 하는 것조차도 살인하는 것이라고 말씀하셨습니다. 누군가가 화내며 하는 말을 들은 사람은 그때부터 속이 병들기 시작합니다. 왜냐하면 화가 나서 한 말이 그 사람의 마음을 갉아먹기 때문입니다. 결국 하나님께서 우리 인간들에게 주신 최고의 선물이 다른 사람을 용서하는 것입니다. 하나님의 백성들은 다른 사람의 잘못을 용서해 줄 책임이 있습니다. 내가 화난다고 해서 사람이 죽거나 불행해지기를 바라는 것은 우리가 절대로 해서는 안 되는 것입니다.

또 사람은 누구나 마음속에 이성에 대한 사랑의 감정이 있고 육체적인 정욕이 있습니다. 우리가 아름답고 멋있는 이성에 대해 좋은 감정을 느끼거나 가지고 싶은 욕망이 생기는 자체는 죄라고 볼 수 없습니다. 그러나 나의 사랑의 감정이 중요하듯이 다른 사람의 정조나 사랑의 감정도 중요하다는 것을 알아야 합니다. 아무리 누군가를 사랑하는 감정이 있다 하더라도 그 감정은 정상적인 결혼 안에서 나눠야 합니다. 하나님께서는 그분의 존귀한 형상을 남자와 여자에게 주셨습니다. 부끄럽지 않은 멋있고 귀한 남자와 여자가 되는 것은 서로 한평생을 책임지는 관계 안에서 누릴 수 있습니다.

오늘 하나님을 믿는 사람들과 믿지 않는 사람들 사이에서 극단적으로 다른 부분이 바로 남녀 관계입니다. 하나님을 믿지 않는 사람들은 육체가 자기 것이기 때문에 자기 마음대로 얼마든지 할 수 있으며 자기 감정이 가장 중요하다고 생각합니다. 그래서 사랑의 감정만 있으면 얼마든지 성관계를 가질 수 있다는 생각을 가지고 있습니다. 그러나 믿는 사람들은 사랑의 감정도 중요하지만 헌신을 더 중요하게 생각합니다.

하나님께서는 도적질하지 말라고 하셨습니다. 이것은 다른 사람의 재산이나 소유를 소중하게 생각하라는 뜻입니다. 많은 사람들은 자기 행복만 중요하게 생각해서 자기 행복을 위해서라면 다른 사람의 행복을 파괴시키는 것은 아무것도 아닌 것처럼 생각합니다. 그러나 하나님의 백성들은 자기 행복이 중요한 것처럼 다른 사람의 행복도 중요하게 여겨야 합니다. 남이 번 재산을 쉽게 차지하려고 하지 말고 반드시 수고하고 땀을 흘려서 자기 행복을 만들어 가야 합니다.

행복할 권리가 없는 사람은 한 사람도 없습니다. 모두가 하나밖에 없는 생명을 가지고 있고 단 한번밖에 없는 인생을 살아가고 있습니다.

우리는 이것을 소중하게 생각해 주어야 합니다. 진정한 기독교 사랑은 자기 행복을 추구하는 것이 아닙니다. 다른 사람의 행복을 귀하게 여기고 그것을 무너뜨리지 않고 인정해 주는 것이 출발점입니다. 그리고 한 걸음 더 나아가 다른 사람의 행복을 위해서 자기 옥합을 깨트려서 그들이 하나님의 더 귀한 축복을 받게 하는 것입니다.

또 하나님께서는 이웃을 위하여 거짓 증거 하지 말라고 하셨습니다. 이것은 단순히 거짓말을 하느냐 하지 않느냐를 떠나서 법정에서 아주 중요한 문제가 있을 때 아무리 내가 좋아하지 않는 사람이라 하더라도 신실을 왜곡되게 신술해서 불행하게 해서는 안 된다는 것입니다. 왜냐하면 하나님의 백성들은 내가 좋아하거나 싫어하거나를 떠나서 사실을 사실대로 밝혀서 억울하게 피해를 입는 사람이 없도록 해야 할 책임이 있습니다.

요즘 우리나라 사람들은 너무나도 공적인 위치에서 거짓말을 많이 합니다. 누군가가 '나는 하늘을 향하여 한 점 부끄러움이 없다'는 말을 하면 일단 거짓말하고 있다는 뜻으로 받아들이면 될 것입니다. 우리나라가 축복을 받지 못하는 가장 큰 이유는 다른 사람을 사랑하는 것을 배우지 못했기 때문입니다. 거짓말을 많이 하면서 자기 행복을 위해 다른 사람들의 행복을 너무 쉽게 파괴시킬 때, 이성에 대한 감정과 욕망을 채우기 위해 사랑의 헌신과 책임을 지키지 않을 때, 하나님이 축복을 거두어 가시는 것입니다.

하나님께서는 이 모든 것이 탐욕에 있다고 말씀하십니다.

신명기 5장 21절

네 이웃의 아내를 탐내지도 말지니라 네 이웃의 집이나 그의 밭이나 그의 남종이나 그의 소나 그의 나귀나 무릇 네 이웃의 소유를 탐내지 도 말지니라.

모든 죄의 원인은 이미 자기에게 있는 것으로 만족하거나 감사하지 못하고 다른 사람이 가지고 있는 것을 빼앗고 차지하려는 탐욕에 있습니다. 사람들은 탐욕을 좋게 생각합니다. 그래도 탐욕이 있어야 의욕을 가지고 발전할 수 있다고 합니다. 그러나 그것은 타락한 발전입니다. 오히려 감사하고 사랑할 때 더 크고 아름답고 유익한 발전이 있습니다.

탐욕을 누르는 방법은 법으로 강제로 지키게 하든지 아니면 사랑으로 탐욕을 이기게 하는 것입니다. 구약 시대에는 아직 사람들이 그 정도로 성숙하지 못했기 때문에 법으로 지키게 할 수밖에 없었습니다. 그러나 신약시대에는 성령께서 우리 마음속에 사랑을 부어 주셔서 탐욕이 죄라는 것을 깨닫게 하시고 다른 사람의 인격과 신체와 모든 것을 귀하게 생각하게 하십니다.

그래서 하나님께서는 이스라엘 백성들에게 모두 형제요 자매라고 하셨습니다. 누구든지 나이 든 사람은 자기 부모요 형이요 누이라면 어떻게 형이나 아버지를 때릴 수 있으며 돈을 갈취할 수 있겠습니까? 그리고 자기 누이나 딸을 성적으로 부끄럽게 할 수 있겠습니까? 이것은 불가능한 일입니다. 그래서 하나님께서는 이스라엘 백성들을 축복하시면서 그들이 이방 우상의 길을 걷지 않는 것 외에 자기 욕심을 위해서 형제나 자매의 행복을 다치지 않게 하는 사랑의 책임을 주셨습니다.

사실 하나님의 말씀의 멍에나 사랑의 멍에는 무거운 것이 아니었습니다. 예수님께서도 "수고하고 무거운 짐진 자들아 다 내게로 오라 내가 너희를 쉬게 하리라"(마 11:28)고 하면서 '나는 마음이 온유하고 겸손하니 나의 멍에를 매고 내게 배우라…이는 내 멍에는 쉽고 내 짐은 가벼움이라'(마 11:29-30)고 하셨습니다. 하나님의 말씀의 멍에와 사랑의 멍에는 노예의 멍에에 비해 결코 무거운 것이 아닙니다. 내 욕심이나 야망대로 살지 않는 멍에입니다.

이스라엘 백성들은 이 두 멍에 중에 하나는 반드시 져야만 했습니다. 즉 말씀의 멍에가 아니면 노예의 멍에였습니다. 그러나 그들은 둘 다 지지 않으려고 했습니다. 즉 하나님의 말씀의 멍에도 지지 않고 노예도 되지 않으려고 했습니다. 그렇게 하다가 멸망당하고 말았습니다. 우리가 오래 하나님의 축복을 누릴 수 있는 방법은 예수님의 멍에를 매고 예수님과 걸음걸이를 맞추는 것입니다. 사도 바울은 예수님의 걸음걸이를 두 가지로 표현을 했습니다. 하나는 자족하는 신앙입니다. 나에게 주신 것에 만족하는 것입니다. 그리고 또 하나는 "내게 능력 주시는 자 안에서 내가 모든 것을 할 수 있느니라"(빌 4:13) 하는 적극적인 자세였습니다. 그렇게 했을 때 사도 바울은 어느 누구도 해내지 못한 순결하면서도 능력 있는 위대한 삶을 살 수 있었습니다.

이스라엘 백성들의 어려움

이스라엘 백성들은 하나님의 말씀을 듣기가 어려웠습니다. 그래서 견디다 못해 모세에게 '우리는 도저히 직접 하나님의 말씀을 들을 수가 없으니 당신이 중간에서 하나님의 말씀을 듣고 전해 달라' 고 부탁했습니다.

신명기 5장 22-25절

여호와께서 이 모든 말씀을 산 위 불 가운데, 구름 가운데, 흑암 가운데서 큰 음성으로 너희 총회에 이르신 후에 더 말씀하지 아니하시고 그것을 두 돌 판에 써서 내게 주셨느니라 산이 불에 타며 캄캄한 가운데서 나오는 그 소리를 너희가 듣고 너희 지파의 두령과 장로들이 내게 나아와 말하되 우리 하나님 여호와께서 그 영광과 위엄을 우리에게 보이시매 불 가운데서 나오는 음성을 우리가 들었고 하나님이 사람과 말씀하시되 그 사람이 생존하는 것을 우리가 보았나이다 이제 우리가 죽을 까닭이 무엇이니이까 이 큰 불이 우리를 삼킬 것이요 우리가 우리 하나님 여호와의 음성을 다시 들으면 죽을 것이라.

이스라엘 백성들은 하나님의 말씀을 들으면서 너무나도 두려워했습니다. 왜냐하면 하나님도 불이시고 하나님의 말씀도 불이었기 때문입니다. 그런데 모세는 그 불 속에 들어가서 하나님과 대화를 나누었습니다.

이스라엘 백성들은 이 불을 보면서 하나님은 살아계시며 하나님의 말씀이 불덩어리같이 능력이 있다는 것을 알게 되었습니다. 그들을 더욱 두렵게 한 것은 하나님의 말씀이 하나씩 선포될 때마다 그들의 마음속에 불덩어리가 떨어지는 것처럼 죄와 심판의 공포가 생기는 것이었습니다. 즉 하나님께서 십계명 하나하나를 선포하실 때마다 이스라엘 백성들은 과거에 지었던 죄들이 하나씩 정죄되면서 거의 죽을 것 같은 공포와 두려움을 느꼈던 것입니다.

사실 이것이 하나님의 말씀이 바르게 선포될 때 일어나는 현상입니다. 또한 이것이 바로 은혜를 받는 것입니다. 하나님의 말씀을 들을 때에는 너무나도 뜨겁고 하나님의 진노가 느껴져서 죽을 것 같지만 그 후에 조금 있으면 하나님의 잔잔한 은혜가 임하면서 상처를 다 치료해 주시고 위로해 주시는 것입니다. 그러나 이스라엘 백성들은 위로하고 치료하시는 말씀보다는 불같이 치시는 말씀에 더 충격을 받았습니다. 그래서 모세에게 우리가 다시는 이런 말씀을 듣지 못하겠다고 부탁한 것입니다.

이것을 보면 이스라엘 백성들이 은혜를 받기는 제대로 받은 것 같습니다. 왜냐하면 우리 인간의 마음속에 있는 욕망을 이길 수 있는 것은 하나님의 말씀의 불밖에 없기 때문입니다. 미움, 성적인 유혹, 출세욕, 다른 사람에게 인정받고 싶은 마음은 너무나도 집요하고 강해서 이스라엘 백성들은 시내산에서 받은 그런 강력한 말씀에 그들의 마음을 태워야 겨우 이길 수 있었습니다. 우리의 죄의 욕망은 이 세상의 다른 어떤 것으로도 절대로 누그러뜨릴 수 없습니다. 책을 봐도 안 되고 텔레비전을 봐도 안 되고 다른 어떤 것으로도 지워지지 않습니다. 그러나 아주 강력한 하나님의 말씀으로 은혜를 받으면 욕망이 시들해지는데 이때 우리가 욕망을 두들겨 잡을 수가 있습니다.

그러나 이스라엘 백성들은 하나님께서 계속 말씀하시면 불에 타서 죽을 수밖에 없다고 말했습니다. 왜냐하면 하나님께서 '다른 신을 두지 말라' 든지 '살인하지 말라' 고 하실 때 온 산이 하나님의 진노로 불붙는 것 같았고 이스라엘 백성들 한 사람 한 사람의 마음도 하나님의 진노의 불길로 타 죽을 것처럼 뜨거웠기 때문입니다.

사실 이것은 이스라엘 백성들이 은혜를 받은 것이었습니다. 이런 뜨거운 말씀을 들어야 우상 숭배할 마음도 없어지고 살인할 마음도 녹고 간음할 욕망도 사라지기 때문입니다. 결국 이 세상에서 우리 인간들의 타락한 본성을 고칠 수 있는 것은 뜨거운 하나님의 말씀밖에 없습니다. 이스라엘 백성들이 막상 이 말씀을 들으면서 느낀 것은 우리 속에 있는 욕망도 없어지지 않고 하나님의 말씀의 불길도 없어지지 않으면 자기들은 이 두 개의 불에 다 타서 죽어버린다는 것입니다. 사실 사람에게 가장 고통스러운 것이 욕망은 죽어지지 않는데 계속 불같이 책망하는 말씀만 듣는 것입니다.

그래서 이스라엘 백성들은 하나님께 말씀에서 불을 좀 빼달라고 부탁한 것입니다. 즉 하나님이 직접 말씀하지 마시고 모세를 통해서 해주시면 자기들이 훨씬 살겠다는 것입니다. 하나님께서는 그들의 말이 일리가 있다고 인정하셨습니다. 왜냐하면 이스라엘 백성들이 아직 어리므로 아무리 옳은 말씀이라 하더라도 당장 그 자리에서 결단을 내리는 것이 쉽지 않기 때문입니다.

하나님의 말씀이 불로 임하는 것은 당장 그 자리에서 결단을 내리지 않으면 죽는다는 뜻입니다. 그러나 우리가 우리 자신을 돌아보아도 당장 결단을 내리는 것이 쉽지가 않고 좀 시간을 두고 천천히 자기 자신을 설득할 필요가 있습니다. 하나님께서는 이미 오래 기다려 주셨지만 이스라엘 백성들의 말을 인정해 주셔서 모세를 통해서 대신 말씀하게 하시고 40년 광야 생활을 통해서 기다려 주시고 설득하셨습니다.

신명기 5장 28-29절

여호와께서 너희가 내게 말할 때에 너희의 말하는 소리를 들으신지라 여호와께서 내게 이르시되 이 백성이 네게 말하는 그 말소리를 내가 들은 즉 그 말이 다 옳도다 다만 그들이 항상 이 같은 마음을 품어 나를 경외하며 나의 모든 명령을 지켜서 그들과 그 자손이 영원히 복 받기를 원하노라.

사실 우리 인간들은 모두 죄인이기 때문에 늘 죄를 회개하라는 설교만 듣고는 신앙생활을 할 수가 없습니다. 때로는 위로의 말씀도 필요하고 치료하는 말씀도 필요하고 축복하는 말씀도 필요합니다. 그런데 현대인들은 죄를 책망하는 설교는 아예 하지 말아달라고 하는 경향이 있습니다. 이것은 결국 저주받은 자고 버려 달라는 것과 같기 때문에 불가능한 일입니다. 죄인들을 늘 책망하고 저주만 할 것이 아니라 달래기도 하고 기다려 주기도 하고 설득하기도 할 때 모두 조금씩 마음이 움직여질 것입니다.

우리 인간들은 너무나도 고집이 세서 아무리 자기가 틀려도 바로 대놓고 틀렸다고 하면 잘 받아들이려고 하지 않습니다. 그리고 잘못된 것을 고칠 때에도 한꺼번에 잘 되지 않고 조금씩 기다려 주고 이끌어 주어야 고쳐질 때가 많이 있습니다. 그래서 이스라엘 백성들에게는 모세와 같은 목자가 필요했습니다. 모세는 이스라엘 백성들이 알아들을 수 있도록 설득을 했고 또 그들이 조금씩 변할 때까지 40년을 기다려 주었습니다.

이스라엘 백성의 한계

하나님께서 불 가운데서 이스라엘 백성들에게 말씀하신 것은 십계명이었습니다. 하나님께서는 이 말씀을 선포하신 후에 이스라엘 백성들을 다 자기 처소로 돌려보내고 모세만 남게 하셨습니다.

신명기 5장 30-31절

가서 그들에게 각기 장막으로 돌아가라 이르고 너는 여기 내 곁에 섰으라 내가 모든 명령과 규례와 법도를 네게 이르리니 너는 그것을 그들에게 가르쳐서 내가 그들에게 기업으로 주는 땅에서 그들로 이를 행하게 하라 하셨나니.

하나님께서 모세를 남으라고 하신 것은 십계명을 돌 판에 새겨 주시고 또 십계명 외에 다른 율법의 말씀을 가르쳐 주시기 위한 것으로 보입니다. 사실 모세는 이 돌 판과 율법의 말씀을 받기 위해 먹을 것도 없고 마실 것도 없는 시내산 꼭대기에서 40일을 금식하면서 하나님의 말씀을 기다렸습니다. 이것은 하나님의 말씀이 이만큼 가치가 있다는 것을 보여 주는 것입니다. 하나님의 말씀은 모세가 40일을 굶으면서 기다렸던 것처럼 사모할 가치가 있으며 우리가 목숨을 걸고 추구해야 할 것입니다.

그러나 바로 이때 산 밑에 있는 이스라엘 백성들이 큰 문제를 일으켰습니다. 모세가 하나님과 불 가운데서 말하면서 죽지 않는 것을 보았으면서도 그가 죽었을 것이라고 하면서 금송아지를 만들어 놓고 먹고 마시고 뛰놀았던 것입니다.

이스라엘 백성들은 하나님의 말씀 하나하나가 불인 줄 알았고 이 말씀을 지키지 않으면 불에 타 죽을 수도 있다는 것을 체험을 했으면서도 왜 하나님의 말씀을 버리고 다른 길을 택했을까요? 가장 중요한 것이 바로 이것입니다. 왜 불같은 하나님의 말씀 하나하나에 가슴이 불붙는 것 같은 은혜를 체험했던 이스라엘 백성들이 말씀을 버렸는가 하는 것입니다.

가장 큰 이유는 자신이 없었던 것 같습니다. 이스라엘 백성들이 당장은 은혜를 받았지만 앞으로도 계속 욕심을 버리고 하나님의 말씀에만 순종해서 살기에는 너무나도 욕망이 좋아서 그것을 버리기가 싫었던 것입니다. 그래서 우리 인간의 욕망은 '고래 심줄 보다 더 질기다' 고 말해야 할 것입니다. 누가 아무리 옳은 소리를 하고 아무리 바른 하나님의 말씀을 전한다고 해도 이미 한번 욕망에 사로잡혀 버리면 앞뒤가 보이지 않는 것입니다.

신약 성경에 나오는 헤롯은, 그가 자기 동생 빌립의 아내인 헤로디아를 자기 아내로 만들었습니다. 그리고 이 일을 죄라고 책망하는 세례 요한의 말이 옳은 줄 알면서도 그를 감옥에 가두고, 결국 자신의 생일날에 헤로디아의 딸의 춤 값으로 세례 요한의 머리를 베게 됩니다.

또한 이스라엘 백성들은 하나님의 말씀이 너무 무서웠습니다. 물론 하나님께서 더 이상 시내산의 불로 말씀하시지 않고 모세를 통해서 말씀하신다고 하셨지만 역시 그 말씀이 그 말씀이지 않겠습니까? 이스라엘 백성들은 너무 옳은 말씀이라도 듣기가 싫었습니다. 이스라엘 백성들이 원했던 것은 자기들이 하고 싶은 대로 실컷 하도록 내버려 두는 것이었습니다. 그러니까 자연스럽게 하나님의 말씀 대신 아무 말을 하지 않고 웃는 얼굴로 쳐다보기만 하는 금송아지가 더 좋았던 것입니다. 결국 이스라엘 백성들이 원했던 신앙은 너무 정확하고 바른 십계명의 말씀보다는 실컷 자기감정을 표출하고 자기감정에 도취되는 신앙을 원했습니다.

그러나 우리의 신앙생활에 이것이 전혀 없는 것은 아닙니다. 하나님께서도 우리가 로봇같이 제 자리에 앉아서 아무 반응 없이 있는 것을 원하지 않으셨습니다. 그러나 우리가 먼저 하나님의 말씀을 듣는 것이 중요합니다. 우리가 하나님의 말씀을 들으면 우리 마음이 뜨거워지고, 우리 속에서 하나님을 향하여 부르짖고 싶은 마음이 가득해지고, 하나님을 사랑하는 마음으로 충만해지게 되는 것입니다.

사실 아무리 하나님의 말씀이 불같다 하더라도 '하지 말라'는 말씀만 가지고는 죄를 버릴 수가 없습니다. 하나님의 더 큰 사랑이 우리를 설득해야 하는 것입니다. 이스라엘 백성들은 하나님의 말씀에 불 같은 것만 생각하고 그 안에 들어 있는 말할 수 없는 달콤한 사랑은 생각하지 않았습니다. 그러나 하나님의 말씀이 우리 속을 태울 때 이 말씀은 우리에게 송이 꿀보다 더 달콤한 사랑의 노래가 됩니다.

하나님께서는 모세에게 이렇게 말씀하셨습니다.

신명기 5장 32-33절

그런즉 너희 하나님 여호와께서 너희에게 명령하신 대로 너희는 삼가 행하여 좌로나 우로나 치우치지 말고 너희 하나님께서 너희에게 명하신 모든 도를 행하라 그리하면 너희가 삶을 얻고 복을 얻어서 너희의 얻은 땅에서 너희의 날이 장구하리라.

하나님께서 말씀하신 것은 사람들은 나름대로 모두 길을 가고 있다는 것입니다. 이 세상 모든 사람들은 다른 사람들이 가는 넓은 길을 가고 있는데 그 길은 욕망의 길입니다. 그러나 또 다른 길이 있습니다. 그것은 이 세상에 살면서 하나님의 말씀을 지키며 하나님께서 하라고 하시는 일을 하면서 사는 것입니다. 이 세상을 따라가면 목표가 있고 또 목표를 성취하지만 하나님의 말씀을 지키고 그대로 하는 것에는 목표가 없는 것 같습니다.

그러나 하나님의 말씀을 지키면 하나님이 우리의 목표가 되어 주시며 우리에게 천사와 같은 삶이 이루어지게 됩니다. 왜냐하면 천사의 삶이 바로 이런 것이기 때문입니다. 그러나 우리는 몸을 가진 천사이기 때문에 더 위대하고 더 놀라운 삶을 살 수가 있습니다.

하나님께서는 말씀 안에 길이 있다고 하셨습니다. 이 길이 바로 홍해 속에 있는 길이요 광야에서 40년 동안 굶어 죽지 않은 길이요 또한 가나안 땅을 정복한 기적의 길입니다. 하나님께서는 우리에게 약속을 하셨습니다. 우리가 하나님의 말씀을 붙들고 교만하거나 죄를 짓지 않으면 모두 가나안 땅으로 인도하셔서 오래오래 복을 받게 하겠다고 하셨습니다.

그러나 하나님께서는 이 길이 좌로나 우로나 치우치기 쉽다고 말씀하셨습니다. 왜냐하면 겉으로 보기에는 길도 아닌 것 같고 또 다른 사람들이 자꾸 우로나 좌로나 당기기 때문입니다. 그래서 우리에게는 고집이 필요합니다. 우리는 이미 그리스도와 함께 십자가 위에서 죽은 몸이기 때문에 오직 하나님 한 분만 바로 믿는 것으로 이 길을 끝까지 가야 합니다.

우리가 인간이기 때문에 어쩔 수 없이 짓는 많은 죄들은 불같은 하나님의 말씀이 흔적도 없이 다 태워 버려 깨끗하게 해 주실 것입니다. 오늘도 우리 마음에 하나님의 말씀이 불이 되어서 모든 욕망과 과거의 죄를 다 태우고 천사와 같은 깨끗한 마음을 주시기를 바랍니다.

10

| 신 6:1-25 | 이스라엘이 복 받는 길

아마 이 세상에 사는 사람들 중에서 복 받는 것을 원치 않은 사람들은 아무도 없을 것입니다. 그래서 우리나라 사람들은 봄이 오면 대문에 크게 한 자로 '입춘대길' 이라고 적어 놓습니다. 어렸을 때 먹던 사기 밥그릇을 보면 그릇 밑바닥에도 한자로 '복' 이라고 새겨져 있었고 옛날 여자들의 저고리 옷고름에도 '복' 이라는 한자가 새겨져 있었습니다. 그러나 복이라고 하는 것은 이상하게도 모든 사람들에게 골고루 찾아오는 것 같지 않습니다. 어떤 사람들은 그야말로 복을 많이 받아서 부자도 되고 자식들도 다 성공하는가 하면 어떤 사람들은 복을 많이 받지 못해서 여전히 가난하고 자식들도 별로 성공하지 못하는 경우도 많이 있는 것입니다.

제2차 세계대전이 끝난 후에 세계에서 가장 복 받은 나라는 미국이었습니다. 미국 사람들은 전 세계에서 가장 많은 자유를 누리고 가장 물질적으로도 풍성하고 가장 안전한 나라로 생각이 되었습니다. 그래서 전 세계 사람들이 미국 사람이 되려고 미국에 이민을 갔고 또 그래서 성공한 사람들이 많았습니다. 한때 정치나 교육이나 기술이나 모든 면에서 미국이 세계 최고였던 때가 있었고 '메이드 인 유에스에이'(Made in USA)가 세계 최고의 대명사로 여겨지는 때도 있었습니다. 그러나 미국에 있는 흑인들은 자신들이 별로 복을 많이 받았다고 생각하지 않는 것 같습니다. 지난번에 뉴올리언스에 허리케인이 덮쳐서 많은 흑인들이 죽었을 때 미국이 자기들을 버렸다고 분통을 터트렸던 것입니다.

그런데 구약 성경을 보면 이 세상에서 가장 하나님의 복을 많이 받은 백성들이 있었는데 그들이 바로 이스라엘 사람들이었습니다. 그런데 이 이스라엘 사람들이 받았던 복은 오늘 우리들에게도 아주 중요합니다.

우선 우리가 이 세상을 살아가면서 가장 혼동을 겪는 것 중 하나가 하나님이 주시는 복이 두 가지 종류가 있다는 것을 늘 잊어버리는 것입니다. 하나는 눈에 보이는 복이고 다른 하나는 눈에 보이지 않는 복입니다. 물론 하나님을 모르는 사람들은 눈에 보이는 복이 전부인 줄 알고 있지만 이 복은 진짜 복이 아닙니다. 그러나 우리가 세상에 살 때에는 눈에 보이는 복이 중요하고 눈에 보이는 이 복을 많이 가져야 복받은 자라고 인정을 받을 수 있습니다. 그러나 눈에 보이는 이 복은 진짜 복이 아닙니다. 하나님께서 이스라엘 백성들에게 주셨던 복은 눈에 보이지 않는 복이었습니다. 그러면 눈에 보이지 않는 진짜 복이 무엇입니까? 그것은 바로 하나님 자신과 하나님의 말씀입니다. 이 세상에 진짜 복은 바로 하나님 자신과 하나님의 말씀을 가지는 것입니다. 그리고 이 세상에 우리가 복으로 알고 있는 다른 모든 것들은 하나님께서 무작위로 이 세상 사람들에게 뿌려주신 것입니다. 왜냐하면 우리 인간들은 이런 것이 있어야 먹고 살아남을 수 있기 때문입니다.

예를 들어서 어떤 사람들이 산에서 조난을 당했을 때 그들의 진정한 복은 살아서 집으로 돌아가는 것입니다. 그런데 누군가가 살아서 돌아가는 법을 알고 있다면 그 사람을 붙잡는 것이 복입니다. 그러나 집에까지 살아서 돌아가려면 비상식량도 있어야 합니다. 오늘 사람들이 가지고 있는 권력이나 지식이나 재물들은 하나님을 찾아가는 비상식량과 같습니다. 그러나 누군가가 비상식량을 많이 가지고 있다고 해서 집에 살아서 돌아갈 수 있는 것은 아닐 것입니다. 단지 이 세상에서 굶어 죽지 않고 사는 시간을 연장시켜주는 것밖에 되지 않습니다. 그래서 이 세상 최고의 복은 하나님을 알고 하나님의 말씀을 믿는 것입니다. 그러면 우리가 이 세상에 사는 날 동안만이 아니라 영원히 하나님의 복을 잃지 않을 것이라고 약속하셨습니다.

하나님의 축복의 조건

오늘 말씀은 하나님께서 먼저 이스라엘 백성들에게 그들이 하나님의 말씀을 얼마나 중요하게 생각해야 하며 그들이 그렇게 할 때 어떤 복을 주실지 결과부터 먼저 말씀을 하시는 내용으로 시작하고 있습니다.

신명기 6장 1-3절

이는 곧 너희 하나님 여호와께서 너희에게 가르치라 명하신 바 명령과 규례와 법도라 너희가 건너가서 얻을 땅에서 행할 것이니 곧 너와 네 아들과 네 손자로 평생에 네 하나님 여호와를 경외하며 내가 너희에게 명한 그 모든 규례와 명령을 지키게 하기 위한 것이며 또 네 날을 장구케 하기 위한 것이라 이스라엘아 듣고 삼가 그것을 행하라 그리하면 네가 복을 얻고 네 열조의 하나님 여호와께서 네게 허락하심 같이 젖과 꿀이 흐르는 땅에서 너의 수효가 심히 번성하리라.

오늘 우리에게 중요한 것은 도대체 어떻게 해서 이스라엘 백성들이 이런 복을 얻게 되었느냐 하는 것입니다. 그것은 이스라엘 백성들도 잘 몰랐습니다. 단지 아주 옛날 그들의 조상이 하나님을 믿었는데 그 후에 하나님께서 그들에게 말씀으로 찾아오신 것입니다. 가장 중요한 것은 바로 이것입니다. 누구든지 자기가 왜 하나님의 백성이 되었는지 잘 알지 못합니다. 그러나 하나님의 놀라운 계획 속에 그 사람이 복을 받기로 작정이 되어 있는 것입니다. 그것이 어떻게 나타났는가 하면 하나님께서 말씀으로 찾아오신 것입니다. 그래서 오늘날도 누구든지 하나님께서 말씀을 듣고 찾아오셨는데 그 말씀을 믿고 받아들이면 이스라엘이 되는 것입니다.

모세는 이스라엘 백성들이 가나안 땅을 차지하게 될 것을 이미 정해진 일로 이야기하고 있습니다. 어떻게 모세는 땅이라고는 한 평도 소유하지 못하고 40년 째 황무지를 방황하고 있는 이스라엘 백성들에게 모든 사람들이 그렇게 가지고 싶어했지만 가지지 못했던 가나안 땅을 차지할 것이라고 장담을 할 수 있습니까? 그것은 하나님께서 약속을 하셨기 때문입니다.

오늘 말씀을 보면 하나님의 말씀에 대하여 '명령과 규례와 법도'라고 세분화해서 말씀하고 있습니다. 물론 율법의 말씀을 보면 '이렇게 하라'는 명령도 있고 의식도 있고 생활 습관이나 규칙도 있습니다. 그러나 중요한 것은 하나님께서 이스라엘 백성들에게 하나님을 섬기는 이상으로 하나님의 말씀을 지키는 것을 강조하고 있는 것입니다. 이스라엘 백성들이 하나님만 제대로 섬기면 되는 것이지 왜 이렇게 지켜야 할 것들이 많은 것일까요? 그 이유는 우리 인간이 절대로 하나님을 제대로 섬길 수 없기 때문입니다. 일단 우리 인간들은 하나님을 아는데도 제한이 있을 뿐 아니라 생각이나 감정이 지속적이지 않습니다. 물론 우리의 영적인 상태가 좋고 성령 충만할 때에는 하나님이 나의 하나님이시며 하나님께서 나를 사랑하시는 줄 믿지만 상태가 좀 좋지 못하거나 죄에 빠졌을 때에는 절대로 하나님의 사랑이 믿어지지 않습니다. 아무리 예배를 드려도 소용이 없는 것 같고 하나님이 나를 사랑하시지 않는 것 같고 하나님이 나를 버리신 것 같은 느낌이 드는 것입니다. 그래서 하나님께서 우리에게 주신 것이 하나님의 말씀을 붙잡으라는 것입니다.

가끔 높은데서 일을 하는 분들은 반드시 허리에 밧줄을 감고 일을 합니다. 평소에는 그런 안전대가 소용이 없는 것 같지만 사고가 나서 떨어지게 되면 결국 그 밧줄 때문에 살게 되고 그 밧줄을 붙잡고 올라오게 되는 것입니다.

그래서 우리 생각으로는 우리가 미친 듯이 하나님을 사랑하고 하나님을 위해서 내 생명까지라도 바치겠다고 결심하지만 그런 상태가 오래 가지 않습니다. 얼마 있지 않으면 나의 신앙이 의심스럽고 하나님도 나를 버리신 것 같은 생각이 들면서 절망의 늪에 빠지게 됩니다. 그때 우리를 건져줄 수 있는 것은 하나님의 말씀밖에 없는 것입니다. 그래서 하나님의 말씀은 높은 데서 뛰어내리는 사람들 붙잡아 주는 밧줄과 같습니다.

우리는 절대로 하나님을 다 알 수 없고 우리의 신앙은 절대로 일관되지 않습니다. 그러나 우리가 끝까지 하나님의 사랑 안에 있고 하나님의 은혜와 축복을 붙잡을 수 있는 길은 나의 신앙을 믿지 않고 하나님의 말씀을 붙잡는 것입니다. 그래서 우리가 설사 죄를 지었을 때에도 내 생각을 믿지 말고 하나님의 말씀을 믿어야 하고 내가 침체되고 질망의 늪에 빠졌을 때에도 내가 한 행동을 생각하지 말고 무조건 하나님의 말씀을 잡아야 하는 것입니다.

하나님께서 우리에게 말씀을 주신 것은 우리가 도무지 하나님을 바로 알 수 없고 믿을 수 없는 것을 너무나도 잘 알고 주신 것입니다. 우리의 지각으로는 절대로 하나님을 다 알 수 없습니다. 또 우리가 아무리 하나님을 잘 섬긴다 하더라도 그 순간에도 의심은 틈타고 죄는 틈을 탑니다. 그래서 하나님께서 우리가 가장 안전하게 하나님을 붙잡을 수 있도록 주신 것이 하나님의 말씀입니다. 즉 내 생각이나 내 감정을 믿지 않고 성경이 말씀하고 있는 대로만 믿으면 하나님의 뜻이 이루어지고 하나님의 축복이 이루어지게 되어 있습니다.

하나님께서는 이스라엘 백성들이 복을 받는 조건이 다른 데 있지 않고 오직 하나님의 말씀을 지키는 데 있다고 말씀을 하십니다. 우리는 흔히 세상적인 복을 많이 받으려면 운이 좋아야 한다든지 혹은 실력이 있어야 한다든지 아니면 기회를 잘 포착해야 한다고 말합니다. 하지만 하나님께서는 이스라엘 백성들이 복 받는 데는 그런 것은 다 필요가 없고 오직 하나님의 말씀만 잘 붙들면 된다고 말씀을 하시는 것입니다. 그러면 하나님은 우리의 모든 부족한 것을 하나님께서 다 책임을 져주시는 것입니다.

하나님의 존재

가장 중요한 것은 왜 이스라엘 백성들이 복을 받은 민족이냐 하는 것입니다. 그것은 그들이 바로 하나님을 나타내기 위하여 선택된 민족이기 때문입니다.

신명기 6장 4절

이스라엘아 들으라 우리 하나님 여호와는 오직 하나인 여호와시니.

여기서 '하나이신 여호와' 라는 말은 온 세상을 창조하신 하나님은 한 분 밖에 없다는 뜻입니다. 이 세상에 있는 많은 사람들이 생각하는 신은 참 신이 아니고 사람들이 상상으로 만들어낸 것이든지 아니면 다른 피조물을 잘못 오해해서 신으로 생각하는 것입니다. 예를 들어서 우리는 천사나 마귀를 보지 못했지만 천사나 마귀도 신은 아닙니다. 단지 우리와 똑같은 피조물인데 존재하는 양식이 달라서 신처럼 느껴지는 것입니다. 그래서 우리는 마귀나 천사도 신처럼 생각해서는 안 됩니다. 다른 돼지나 고양이나 마찬가지로 피조물 중의 일종인 뿐입니다.

이스라엘에 나타나신 하나님은 온 세상을 창조하신 유일하신 하나님이십니다. 그래서 우리가 하나님을 믿는 것은 우리를 만드신 하나님을 찾는 것이기 때문에 너무나도 당연한 것입니다.

그러나 하나님께서는 우리를 창조하셨을 뿐 아니라 우리를 죄에서 구원하신 하나님이십니다. 이스라엘 백성들이 애굽에서 수십 년 내지는 수백 년 동안 종살이를 하고 있을 때 하나님께서는 능력으로 찾아오셔서 이스라엘 자손들을 건져내셨습니다. 하나님께서 이스라엘 백성들을 애굽에서 건져 내시기 위하여 하신 것은 전 세계 어느 민족도 경험하지 못한 특별한 하나님의 능력이었습니다. 사실 하나님의 능력이 더 크게 나타난 것은 창조 때보다도 이스라엘 백성들을 구원하실 때였습니다.

그리고 하나님께서는 이스라엘 백성들에게 많은 복을 주셨습니다. 다른 사람들이 가나안 땅에서 살려면 죽으라고 일을 해야 했고 죽으라고 자기 자신을 지켜야만 했습니다. 그러나 하나님께서는 이스라엘 백성들에게 어느 누구고 생각하지 못한 복을 쉽게 주셨습니다. 그것은 이제부터는 하나님을 믿는 믿음으로 위대한 삶을 살라는 축복을 주신 것입니다.

이스라엘 백성들에게 가장 이해가 되지 않았던 것이 바로 이 부분이었습니다. 이 세상에 많고 많은 민족들이 있고 인종이 있는데 왜 그 엄청난 하나님께서 우리 민족에게 나타나셔서 자신을 알 수 있는 모든 지식을 다 맡기셨느냐 하는 것입니다. 특히 이스라엘 민족이 큰 민족도 아니고 이스라엘 민족이 문명이 발달한 민족도 아니었습니다. 그런데 왜 온 세상을 만드신 하나님께서 '하나님을 아는 지식'을 자기들에게 맡기셨을까요? 이스라엘 백성들이 그것을 이해를 하려고 하면 안 됩니다. 이스라엘 백성들이 이것을 이해하려고 하면 불신앙에 빠질 수밖에 없습니다. 왜냐하면 자기들은 하나님을 차지할만한 아무런 자격이 없었기 때문입니다.

바로 이 점에 있어서 아브라함의 신앙이 놀라운 것입니다. 아브라함은 지금으로 치면 이라크가 있는 우르라는 곳에서 우상을 섬기던 자였습니다. 그런데 하나님께서 그에게 나타나셔서 바로 이런 복을 약속하셨습니다. 그때 아브라함은 왜 하나님께서 나 같은 우상 숭배자에게 나타나셨는지 왜 나같이 보잘 것 없는 사람에게 이런 엄청난 약속을 하시는지 이해하려고 하지 않습니다. 아브라함은 오로지 하나님의 이 말씀을 믿었습니다. 그리고 그 후에는 모든 것을 이 하나님의 말씀에 걸었습니다. 하나님의 말씀이 본토와 친척과 아비 집을 떠나라고 하면 떠났습니다. 애굽에서 가나안 땅으로 올라오라고 하면 올라왔습니다. 이스마엘을 내보내라고 하면 내어보내었습니다. 이삭을 바치라고 하면 바쳤습니다. 하나님께서는 아브라함의 이 믿음을 보시고 그를 의롭다고 인정하셨습니다.

이것은 오늘 우리들에게도 마찬가지입니다. 왜 하나님께서는 하나님을 아는 엄청난 지식을 우리에게 맡기실까요? 도대체 내가 어떻게 해서 이 놀라운 하나님을 믿게 되었을까요? 우리는 그것을 내 머리로 이해를 하려고 해서는 안 됩니다. 가장 중요한 것은 하나님께서 말씀으로 나를 찾아오셨고 지금 나는 하나님을 믿는 사람이 되었다는 것입니다.

우리가 믿는 하나님은 온 세상을 창조하신 하나님이시며 우리를 영원한 멸망에서 구원하시는 하나님이시며 지금 모든 인류의 생사화복을 다 결정하시는 하나님이신 것입니다.

하나님께서는 이스라엘 백성들에게 두 가지를 요구하셨습니다.

하나는 하나님을 온 마음을 다하여 사랑하는 것입니다. 그리고 또 하나는 하나님을 이렇게 사랑하기 위해서 우리가 일상생활 가운데서 실천해야 할 것들입니다.

우선 하나님께서는 이스라엘 백성들에게 이렇게 요구하셨습니다.

신명기 6장 5절

너는 마음을 다하고 성품을 다하고 힘을 다하여 네 하나님 여호와를 사랑하라.

우리는 자라면서 이성을 사랑하게 될 때 이런 사랑을 느낄 때가 있을 것입니다. 어떤 남자가 사랑하는 여인이 있을 때 한순간이라도 그 여인을 생각하지 않을 때가 없고 너무나도 그 목소리를 듣고 싶으며 단 하루라도 만나지 않으면 견디지 못하는 이런 순간이 있습니다. 이때 우리는 그가 '사랑의 열병에 걸린 것 같다' 고 말합니다. 사실 사람이 사랑을 할 때는 이상해집니다. 평소에는 몸 안에 200볼트의 전류가 흐르면서 모든 것이 정상적으로 생활하게 되는데 갑자기 강렬한 이성의 사랑이 생기게 되면 몸 안에 만 볼트의 전류가 흐르는 것 같습니다. 그때는 생각도 정상적인 생각을 하지 못하고 감정도 격렬하며 몸도 도저히 자기 자신이 통제할 수 없는 통제 불능의 상태에 빠져버리게 되는 것입니다. 그리고 잘못하면 속이 홀랑 다 타버리는 경우가 생기게 됩니다.

우리는 정상적으로 하나님을 이렇게 사랑할 수가 없습니다. 왜냐하면 하나님과 우리는 너무나도 차원이 다르고 또 우리는 하나님을 잘 모를 뿐 아니라 하나님을 보지도 못했기 때문입니다. 그래서 우상 숭배자들이 자꾸 신의 형상을 만드는 이유는 하나님은 보지 못하는데 사랑을 하려고 하니까 자기 상상의 신을 만들어서 사랑을 하려고 하는 것입니다. 그러나 이런 사랑은 모두 타락한 자기 사랑에 불과합니다.

우리는 정상적으로 마음을 다하고 성품을 다하고 힘을 다하여 하나님을 사랑할 수가 없습니다. 왜냐하면 우리는 하나님을 알지도 못하고 하나님을 보지도 못했고 우리의 종교적인 감정이라고 해봐야 타락한 감정이기 때문입니다. 그러나 하나님의 말씀이 우리에게 전해질 때 우리 안에 들어 오면 놀라운 일이 일어나게 됩니다. 그것은 하나님의 말씀이 우리 안에 들어 오면 하나님의 사랑을 느끼게 되고 하나님을 사랑하는 마음이 자동적으로 생기기 때문입니다. 우리가 자꾸 하나님을 알아갈 때에 어느 정도로 우리 마음이 하나님께로 끌리게 되는가 하면 연인을 사랑하는 이상으로 우리 안에 하나님을 사랑하는 마음으로 가득 차게 됩니다.

그래서 '마음을 다하고 성품을 다하고 힘을 다하여 네 하나님 여호와를 사랑하라' (신 6:5)는 말씀은 전혀 하나님의 말씀도 듣지 못하고 은혜도 받지 못한 상태에서 심판을 받지 않으려고 혼자 사랑하려고 몸부림을 치라는 뜻이 아닙니다. 이 말씀은 우리 마음에 하나님의 말씀이 은혜롭게 비춘 것을 전제로 합니다. 하나님의 은혜가 우리에게 비춰야만 우리는 이것이 진실한 감정이며 하나님께서 나에게 주시는 사랑의 표지인 줄 믿고 모든 의심과 염려를 버리고 하나님만 의지하며 하나님과 나 사이에 어떤 더러운 탐욕이나 의심이 들어오지 못하도록 자기 마음을 지키는 것입니다.

우리가 정상적으로 은혜를 받으면, 오직 하나님 한 분 만으로 만족하며 다른 어떤 것도 필요 없게 됩니다. 그러나 시간이 지나면 해결해야 할 문제들이 닥치면서 하나님만으로 만족할 수 없을 것 같은 상황들이 밀려오기 시작합니다. 그런데 그때에도 우리는 하나님께서 능히 나를 도우실 수 있는 것을 믿고 더욱 하나님을 의지해야 합니다.

우리가 하나님을 끝까지 의지하는데 가장 중요한 것은 내 자신의 연약함을 철저하게 깨닫는 것입니다. 만일 내가 하나님보다 더 능력이 있고 하나님보다 더 똑똑하다면 절대로 끝까지 하나님만 의지하지 못할 것입니다. 내가 철저하게 무능하다는 것을 깨달아야 하나님 외에는 다른 길이 없으므로 끝까지 하나님을 의지하게 됩니다. 그래서 하나님께서는 사랑하시는 자들에게 그가 아무것도 아니라는 것을 체험하게 하십니다. 하나님께서 한번 큰 병을 주시거나 어떤 큰 실패를 하게 하시는 것입니다. 그러면 그때는 자신이 아무것도 아니라는 것을 인정하게 됩니다.

하나님을 사랑하는 것은 억지로 되는 것이 아닙니다. 우리가 진정으로 하나님을 알아가게 될 때 하나님이 얼마나 영광스럽고 자비롭고 놀라운 분이신가 하는 것을 체험하게 됩니다. 그래서 하나님을 아는 지식 안에는 하나님에 대한 사랑의 감정이 함께 들어 있습니다. 그리고 나중에는 하나님의 사랑에 완전히 압도되어 하나님이 내 안에 계시고 내가 하나님 안에서 하나가 됩니다. 하나님께서는 이것이 진정한 이스라엘의 복이라고 하셨습니다. 왜냐하면 하나님 안에 모든 복이 다 들어 있기 때문입니다. "은도 내 것이요 금도 내 것이니라"(학 2:8)고 하신 하나님이 솔로몬에게 부귀와 영화와 지혜와 장수를 주셨습니다.

하나님께서는 이스라엘 백성들에게 하나님을 사랑하기 위해 노력하라고 하셨습니다. 그것은 신비적인 행동이나 고행이 아니라, 오직 하나님의 말씀을 가까이하는 노력을 말합니다.

신명기 6장 6-9절

오늘날 내가 네게 명하는 이 말씀을 너는 마음에 새기고 네 자녀에게 부지런히 가르치며 집에 앉았을 때에든지 길에 행할 때에든지 누웠을 때에든지 일어날 때에든지 이 말씀을 강론할 것이며 너는 또 그것을 네 손목에 매어 기호를 삼으며 네 미간에 붙여 표를 삼고 또 네 집 문설주와 바깥문에 기록할지니라.

이스라엘 백성들은 이 말씀을 문자적으로 받아들이고 율법의 말씀을 종이에 적어서 이마에 붙이기도 하고 집에 들어가는 입구에 넣기도 하고 때로는 옷소매에 새기기도 했습니다.

사실 본문 말씀에는 두 가지 의미가 있는데 그 하나는 언제 어디서나 하나님의 말씀을 가까이하는 훈련을 하라는 것입니다. 왜냐하면 하나님의 말씀은 무궁무진한 축복이 들어 있는 밭과 같기 때문입니다. 그러나 밭에 씨를 뿌리지 않으면 아무 소용이 없습니다. 예를 들어서 옛날에 어떤 아버지가 게으른 자식들에게 밭에 큰 보물이 들어 있다는 유언을 하고 죽었습니다. 그래서 자식들은 보물을 캐내기 위해 온 밭을 다 파헤쳤지만 찾지 못했습니다. 그러나 그의 자식들로서는 땅을 파느라고 근육이 튼튼해진 것이 보물이었다고 합니다.

성경 말씀이 아무리 엄청난 복이 들어 있는 밭이라 하더라도 그것을 파헤치지 않고 그냥 두면 아무 소용이 없습니다. 시간이 나는 대로 기회가 있는 대로 자꾸 말씀을 읽고 연구해야 하나님의 복이 쏟아집니다. 그래서 하나님께서 이스라엘 백성들에게 요구하신 것은 성경을 그냥 두지 말라는 것입니다. 성경을 자꾸 파헤쳐서 그 안에 들어 있는 축복을 꺼내서 자기 것으로 만들라고 하십니다.

본문의 또 다른 의미는 그렇게 할 때마다 하나님의 복이 임한다는 것입니다. 하나님의 복은 성전뿐만 아니라 언제 어디서나 나타납니다. 즉 장사를 하거나 공부를 하거나 농사를 짓거나 무슨 일을 하든지 하나님의 축복이 나타나는데 그럴 때 30배, 60배, 100배의 결실이 나타나게 됩니다. 그래서 누구든지 최고의 복을 받은 사람은 하나님의 말씀을 가장 많이 가진 사람입니다. 하나님의 말씀을 가장 많이 연구해서 가장 많이 아는 사람이 최고로 복을 받은 사람입니다.

저희들이 옛날에 공부할 때 정말 누워서도 책을 외우고 밥을 먹으면서도 공부한 것을 암기했습니다. 우리나라 교육은 거의 암기식이기 때문에 많이 외우는 것이 최고였습니다. 그래서 쉬는 시간에도 외웠습니다. 우리나라에서는 암기를 잘 하는 사람이 복된 사람인 것입니다. 그러나 하나님 앞에서는 성경을 가장 많이 연구해서 자기 것으로 가지고 있는 사람이 최고 부자입니다. 그러나 우리는 그렇게 잘 되지 않습니다. 왜냐하면 세상 공부는 외운 결과가 나타나지만, 성경 공부는 그 결과가 잘 나타나지 않기 때문입니다. 그래서 지속적으로 성경을 배우는 것이 중요하고 교회에서 체계적으로 하나님의 말씀을 가르치는 것이 중요합니다. 그러면 우리 모두가 최고로 복 받는 사람이 되는 것입니다.

이스라엘이 받을 복

이스라엘이 받을 복 중에서 가장 귀한 것은 하나님을 아는 것입니다. 그러나 이스라엘 백성들은 그것이 얼마나 큰 복인지 알지 못했습니다. 그래서 하나님께서는 이스라엘 백성들이 가시적으로 느낄 수 있는 복을 주십니다. 그것은 바로 가나안 땅이었습니다.

신명기 6장 10-11절

네 하나님 여호와께서 네 열조 아브라함과 이삭과 야곱을 향하여 네게 주리라 맹세하신 땅으로 너로 들어가게 하시고 네가 건축하지 아니한 크고 아름다운 성읍을 얻게 하시며 네가 채우지 아니한 아름다운 물건이 가득한 집을 얻게 하시며 네가 파지 아니한 우물을 얻게 하시며 네가 심지 아니한 포도원과 감람나무를 얻게 하사 너로 배불리 먹게 하실 때에.

사실 가나안 땅은 모든 민족이 차지하고 싶어하는 노른자위 땅이었습니다. 그 땅을 애굽이나 블레셋도 차지하지 못했고 암몬이나 모압이나 에돔도 차지하지 못했습니다. 하지만 오직 이스라엘 백성들이 30개가 넘는 도시 국가로 존재하던 가나안 족속들을 쫓아냈습니다. 그리고 이스라엘 나라를 세웠습니다.

그러면 이 가나안 땅은 이스라엘이 버리고 온 애굽과는 무엇이 달랐을까요? 가나안도 젖과 꿀이 흐르는 곳이었지만, 문명이 발달한 애굽도 비옥했습니다. 그러나 애굽은 버려야 하는 땅이었고, 가나안은 다 파괴한 후 새로 시작해야 하는 곳이었습니다. 즉 이스라엘 백성들이 하나님으로부터 믿음으로 살 수 있는 새로운 기회를 얻는 땅이었습니다. '사람이 떡으로만 사는 것이 아니요 여호와의 입에서 나오는 모든 말씀으로 사는 줄을 너로 알게 하려 하심이니라' (신 8:3)는 진리를 실천할 수 있는 곳이었습니다. 우리가 하나님의 말씀으로 살 때 하나님께서 우리를 얼마나 존귀하게 하시며 얼마나 능력 있게 하시는지 체험하는 곳이었습니다. 그래서 우리는 이 세상을 가나안으로 만들어야 합니다. 가나안으로 만들 때 가장 먼저 우리 발에서 신을 벗어야 합니다.

하나님께서는 이스라엘 백성들이 그렇게 할 때 가나안 족속들이 만든 모든 좋은 것을 다 차지할 것이라고 하셨습니다. 즉 수고하지 않고도 성을 차지하고 우물을 파지 않아도 물을 먹게 되고 나무를 심지 않아도 과일을 먹게 될 것입니다. 이것이 얌체 짓이나 도둑질 같습니까? 사실 하나님의 뜻은 다른 사람의 것을 공짜로 가지는 것을 좋아하라는 것이 아닙니다.

사람들은 이 세상에서 살면서 마음과 뜻과 정성을 다 바쳐야 합니다. 튼튼한 성에 살며 물을 마시기 위해 우물을 파고 먹고 살기 위해 재물을 채우려고 죽을 각오를 하며 삽니다. 그러나 하나님의 백성들은 그렇게 하지 않아도 하나님께서 채워 주십니다. 집을 만들어 주시고 우물을 준비해 주시고 성을 마련해 주십니다. 물론 믿지 않는 사람들의 기술의 도움을 받기도 하고 그런 사람들이 지은 아파트에서 살기도 합니다. 하지만 그때 우리의 마음이 하나님을 떠나서는 안 된다는 것이 가장 중요합니다.

신명기 6장 12-15절

너는 조심하여 너를 애굽 땅 종 되었던 집에서 인도하여 내신 여호와를 잊지 말고 네 하나님 여호와를 경외하며 섬기며 그 이름으로 맹세할 것이라 너희는 다른 신들 곧 네 사면에 있는 백성의 신들을 좇지 말라 너희 중에 계신 너희 하나님 여호와는 질투하시는 하나님이신즉 너희 하나님 여호와께서 네게 진노하사 너를 지면에서 멸절시키실까 두려워하노라.

가나안 땅에서 살다 보면 이스라엘 백성들은 진리와 현실이 다르다는 것을 발견하게 될 수밖에 없는데, 이때 자칫 시험에 빠질 수 있습니다.

첫째, 이스라엘 백성들이 하나님만 섬기면서 살 수가 없습니다. 왜냐하면 우리가 이 세상에 살려고 하면 농사를 짓든지 장사를 하든지 기술을 배워야 하기 때문입니다. 우리가 하나님만 믿는다고 하면서 가만히 찬송만 부르고 있는데 갑자기 돈이 생기거나 집이 생기는 것은 아닙니다. 마찬가지로 이스라엘 백성들도 가나안 땅에서 전쟁도 해야 했고 농사도 지어야 했고 집도 지어야 했습니다. 그러니까 하나님만 온 마음으로 사랑할 수가 없었던 것입니다.

둘째, 가나안 족속들에게도 배울 만한 것이 참으로 많았습니다. 또한 하나님을 믿지 않는 우상 숭배자들 중에서 진정으로 복을 받고 잘사는 사람들이 많았습니다. 오히려 이스라엘 백성들만 뒤떨어졌고 무식했습니다.

셋째, 다른 민족의 우상을 인정하지 않으면 모든 교류를 끊고 고립되어야만 했습니다. 고대 사회에서는 조약을 체결하는 것이 일종의 보험과 같은 것이었습니다. 어려운 일이 있으면 서로 돕기로 하는 것이기 때문입니다. 그런데 그들의 우상을 인정하지 않으면 고립을 면할 수가 없었습니다.

이때 하나님께서 이스라엘 백성들에게 요구하신 것은 그래도 절대로 하나님 우선으로 살라는 것입니다. 전쟁도 하고 장사도 하고 농사도 짓고 집도 지어야 하지만 하나님을 먼저 사랑하면서 하라는 것입니다. 그리고 다른 민족들에게 배울 것이 있어도 너무 그것을 흉내 내지 말고 자신의 것을 개발하라는 것입니다. 특히 고립되는 한이 있어도 우상을 받아들이지 말라고 하셨습니다. 하나님의 백성들에게는 이런 고집이나 결단은 있어야 합니다. 다른 사람에게 잘해 주지 못하고 대인 관계에 어려움이 있어도 가장 중요한 것을 절대 양보하지 않는 고집이 있어야 합니다.

그렇게 할 때 하나님께서는 지속적으로 복을 주겠다고 약속하셨습니다. 우선 2절에 "네 날이 장구할 것이라"고 하셨습니다. 우리가 하나님의 말씀을 붙들면 약해질 수밖에 없습니다. 기질도 약해지고 인간적인 방법도 쓸 수가 없습니다. 그러나 하나님은 결코 우리가 하나님의 복을 잃지 않을 것이라고 하셨습니다. 특히 하나님께서는 우리에게 하나님의 사랑을 의심하지 말라고 하셨습니다.

신명기 6장 16절

너희가 맛사에서 시험한 것같이 너희의 하나님 여호와를 시험하지 말고.

이스라엘 백성들이 자신들의 처지를 생각할 때 하나님의 사랑이 의심되는 것이 당연했습니다. 그래서 그들은 므리바에서 물이 없을 때 하나님께서 자신들을 계속 책임지실 이유가 없다고 하며 애굽으로 돌아가자고 했는데, 이때 하나님께서 크게 진노하셨습니다. 중요한 것은 우리 자신을 볼 때에는 하나님의 사랑을 받을 자격이 손톱만큼도 없지만 하나님은 계속해서 우리를 사랑하고 계시다는 것입니다. 그 사랑을 의심하는 것이 우리가 하나님을 시험하는 것입니다.

가끔 부부 사이에 서로의 사랑의 의심이 될 때 '당신 정말 나를 사랑하느냐?' 고 물어봅니다. 물론 이것은 자꾸 사랑의 표현을 하자는 뜻일 것입니다. 그러나 아무리 사랑을 해도 의심하는 표정으로 '당신 정말 나를 사랑하느냐? 딴 사람 사랑하는 것이 아니냐?' 고 하면 마음이 너무나도 아플 것입니다.

예수님께서는 마귀가 시험할 때 이 말씀으로 이기셨습니다. 즉 "주 너의 하나님을 시험치 말라"(마 4:7)는 말씀입니다. 마귀는 예수님에게 아무래도 하나님의 사랑이 의심스러우니까 높은 데서 뛰어내려 한번 증명해 보자고 했던 것입니다. 어떤 아이는 집을 가출한 뒤에 부모님이 얼마나 슬퍼하는지 보려고 하는 아이도 있을 것입니다. 그러나 예수님은 하나님을 시험하지 말라고 하셨습니다. 하나님은 우리가 그분의 사랑을 의심하는 것을 가장 가슴아파하십니다. 그 대신 우리는 그냥 믿고 누리면 됩니다. 아무 자격 없는 우리에게 좋은 직책도 주시고 좋은 명예도 주시고 많은 돈도 주실 때 그냥 감사하면서 누리면 되는 것입니다.

특히 하나님께서는 우리에게 완전한 것을 기대하시지 않습니다. 우리는 허물도 많고 실수도 많습니다. 그러나 하나님 앞에서 정직하기만 하면 하나님은 모든 허물을 다 책임져 주십니다.

신명기 6장 18-19절

여호와의 보시기에 정직하고 선량한 일을 행하라 그리하면 네가 복을 얻고 여호와께서 네 열조에게 맹세하사 네 대적을 몰수히 네 앞에서 쫓아내리라 하신 아름다운 땅을 들어가서 얻으리니 여호와의 말씀과 같으리라.

아무리 대적이 많아도 우리가 하나님 앞에서 정직하기만 하면 그들이 우리의 머리털 하나도 건드리지 못하도록 지켜 주시고 모두 쫓아내실 것입니다. 오늘 우리는 하나님의 백성이 되었습니다. 우리가 원했든지 원하지 않았든지 하나님께서 복을 들고 찾아오셨습니다. 하나님 그분이 우리의 복입니다. 우리는 하나님을 완전히 섬길 수 없습니다. 그러나 내 생각이나 감정을 의지하지 않고 말씀을 붙들고 나아갈 때에 하나님은 우리에게 위대한 가나안의 새로운 삶을 펼쳐 주실 것입니다.

우리가 이제는 오직 믿음만으로 완전히 새로운 축복의 삶을 한번 살아봅시다. 다른 사람들은 죽도록 공부하고 죽도록 수고해서 얻는 축복을 우리는 하나님을 믿는 믿음으로 이루어 냅시다. 그리고 아무리 다른 사람들이 많은 돈과 명예를 싸가지고 와서 우리에게 주려고 한다 하더라도 하나님만으로 만족하는 크리스천들이 되기를 바랍니다.

11

| 신 7:1-26 | 가나안의 정복 원리

제가 살고 있던 아파트 앞에 아주 오래되고 낡은 목욕탕이 하나 있었습니다. 그 목욕탕이 얼마나 낡았는지 과연 누가 저 목욕탕에 가서 목욕을 할까 싶을 정도였습니다. 그런데 어느 날부터인지 그 목욕탕을 공사하기 시작했는데, 완전히 부수지 않고 골조만 남겨 놓고 리모델링을 하기 시작했습니다. 그리고 몇 달이 지난 후에 최신식 양장점과 커피숍으로 변했고 그 후에는 주위에 있는 집들도 하나씩 변하기 시작하면서 이제는 완전히 패션거리가 되었습니다.

하나님께서는 이스라엘 백성들을 애굽에서 나오게 하신 후에 가나안 땅으로 들어가게 하셨습니다. 결국 이스라엘 백성들은 세 종류의 땅을 밟아 본 셈이 되는 것입니다. 첫째는 모든 것이 풍요롭고 지적인 수준이 높은 애굽 땅이었습니다. 이스라엘 백성들이 애굽을 떠날 수 있었던 것은 오직 하나님의 능력 때문이었습니다. 둘째는 그들이 40년 동안 돌면서 말씀으로 훈련을 받았던 광야였습니다. 이스라엘 백성들이 광야에서 죽지 않고 살아남은 것은 기적이었습니다. 그리고 셋째는 이제 들어가서 살아야 할 가나안 땅이었습니다.

하나님께서 이스라엘 백성들로 하여금 그냥 애굽 땅에서 살게 하지 않으시고 가나안 땅에서 살게 하신 이유가 무엇일까요? 그것은 그들에게 새로운 믿음의 기회를 주시기 위해서입니다. 즉 이 세상에 있는 출세의 길이나 성공의 길을 따라가지 않고 하나님의 말씀대로 "사람이 떡으로만 사는 것이 아니요 여호와의 입에서 나오는 모든 말씀으로 사는"(신 8:3) 것을 실제로 실천해 보는 기회였습니다.

오늘 우리들에게도 애굽 땅과 가나안 땅은 같이 있는 셈입니다. 예수님을 믿기 전에 우리에게 이 세상은 애굽 땅입니다. 『천로역정』에 나오는 대로 '장망성'(장차 망할 성)인 것입니다. 그러나 우리가 예수를 믿고 난 후에는 이 세상이 가나안 땅으로 변하는데, 여기서 우리는 믿음의 원리에 따라서 살아야 합니다.

본문은 장차 이스라엘 백성들이 가나안 땅에 들어갔을 때 어떻게 살아야 한다는 삶의 원리를 하나님께서 가르쳐 주신 것입니다. 그 원리는 철저하게 믿음으로 새로 시작하라는 것이었습니다. 즉 가나안의 원리를 배우지도 말고 따라가지도 말고 처음부터 철저하게 하나님의 말씀으로 시작해서 가나안 사람들을 모두 가나안 땅에서 몰아내라고 하시는 것이었습니다. 만일 이스라엘 백성들이 하나님을 의지하고 하나님의 원리대로 살면 하나님께서 도와주실 것을 약속하셨지만, 마음이 약해져서 가나안 사람들을 용납하고 따라가면 결국 그것이 올무가 되어서 멸망하고 말 것이라고 하셨습니다.

우리는 이 세상을 살아가면서 절대로 올무에 걸릴 짓을 하지 말아야 합니다. 사람과 친하게 지낸다 하더라도 올무에 걸릴 정도로 친해서는 안 됩니다. 또한 다른 사람의 연약한 것을 받아들인다 하더라도 내가 올무에 걸릴 정도로 받아들여서는 안 됩니다. 가장 어리석은 사람은 다른 사람을 도와주면서 결국 자기 자신이 올무에 걸려들어 망하게 되는 사람입니다. 그래서 하나님의 백성들은 끝까지 신앙적인 원리로 성공하고 축복받는 것이 중요합니다. 그래야 하나님의 능력과 살아계심이 나타나고 특히 죄의 문화와 사탄의 세력을 이길 수 있기 때문입니다.

가나안의 기회

신명기 7장 1-4절

네 하나님 여호와께서 너를 인도하사 네가 가서 얻을 땅으로 들이시고 네 앞에서 여러 민족 헷 족속과 기르가스 족속과 아모리 족속과 가나안 족속과 브리스 족속과 히위 족속과 여부스 족속 곧 너보다 많고 힘이 있는 일곱 족속을 쫓아내실 때에 네 하나님 여호와께서 그들을 네게 붙여 너로 치게 하시리니 그때에 너는 그들을 진멸할 것이라 그들과 무슨 언약도 말 것이요 그들을 불쌍히 여기지도 말 것이며 또 그들과 혼인하지도 말지니 네 딸을 그 아들에게 주지 말 것이요 그 딸로 네 며느리를 삼지 말 것은 그가 네 아들을 유혹하여 그로 여호와를 떠나고 다른 신들을 섬기게 하므로 여호와께서 너희에게 진노하사 갑자기 너희를 멸하실 것임이니라.

하나님께서는 애굽 땅에서 구원하신 이스라엘 백성들을 광야에서 훈련시키신 후에 새롭게 믿음으로 살 수 있는 기회를 주시기 위해 가나안 땅이라고 하는 새로운 곳으로 데리고 들어가셨습니다. 이스라엘 백성들이 광야에서 배운 것은 "사람이 떡으로만 사는 것이 아니요 여호와의 입에서 나오는 모든 말씀으로 사는"(신 8:3) 것이었습니다. 그 말씀 그대로 이스라엘 백성들은 하나님의 말씀과 함께 사는 광야 40년 동안 굶어 죽지 않고 살아남았습니다. 물론 이스라엘 백성들이 광야에서 넉넉하게 잘 먹고 잘산 것은 아니었습니다. 어떤 의미에서는 굶어 죽지 않을 정도로 힘들게 살았습니다. 그럼에도 불구하고 이스라엘 백성들이 하나님의 말씀으로 광야에서 살아남은 것은 사실이었습니다. 이 체험은 앞으로 이스라엘 백성들이 이 세상 어느 곳에 가더라도 하나님의 말씀대로 살기만 하면 절대로 망하지 않는다는 아주 소중한 체험이었습니다.

그런데 이스라엘 백성들이 하나님의 인도하심을 따라 들어가 본 가나안 땅은 그들이 생각했던 것처럼 깨끗한 곳이 아니었습니다. 오히려 가나안 땅에는 죄와 우상, 그리고 악한 방법으로 성공한 사람들이 가득 차 있었습니다. 예를 들면 하나님께서 우리에게 새로운 집을 주셨는데 들어가 보니까 온갖 쓰레기와 더러운 물건들이 즐비하고 이상한 사람들이 잔뜩 웅크리고 있다면 얼마나 기가 막히겠습니까? 사실 가나안 땅은 그런 곳이었습니다.

결국 하나님께서는 이스라엘 백성들에게 죄와 우상이 가득한 가나안 땅을 철저하게 리모델링해서 최고로 멋진 집으로 만들어 살라고 하는 지시를 내리신 것입니다. 이스라엘 백성들이 가나안 땅에서 사는 것은 하나의 새로운 기회인 동시에 하나님의 시험이었습니다. 즉 이스라엘 백성들이 가나안 땅에서 해야 할 일은 광야에서 배운 것을 철저하게 적용하는 것입니다. 즉 광야에서 떡이 아니라 하나님의 말씀으로 살아야 했다면 가나안 땅에서도 그렇게 살아야 하는 것입니다. 쓰레기가 가득하고 악한 사람들이 있는 가나안 땅에서 이스라엘 백성들은 무엇보다 분명한 가치관을 가지는 것이 중요합니다. 그래서 설계에 맞는 것은 그냥 둬도 되지만 맞지 않는 것은 철저하게 부수고 바꿔서 새로운 집으로 만들어야 했던 것입니다.

하나님께서 이스라엘 백성들을 가나안 땅에 살게 하신 목적은 아무리 가나안 땅이 좋아 보이고 거기에 사는 사람들이 강해 보여도 그곳을 리모델링하는 것입니다. 이 세상의 죄악 쓰레기 속에서 아무리 성공해서 잘 먹고 잘살아도 그것은 성공이 아닙니다. 분명한 믿음의 원리를 가지고 끝까지 나가는 이스라엘 백성들은 잘 먹고 잘살 뿐 아니라 이 세상을 고치는 사람이 됩니다. 그래서 하나님의 백성들에게 중요한 것은 당장 세상에서 성공했느냐 못했느냐 또는 다른 사람들에게 칭찬받느냐 욕을 얻어먹느냐가 아니라, 광야에서 배웠던 성경적인 원리를 가지고 그 원리에 따라 살고 있느냐 하는 것입니다. 그런 사람을 하나님께서는 분명히 성공하게 하실 것입니다. 그러나 그렇게 하지 않고 대충대충 가나안 사람들과 타협해서 살면 당장은 가나안 땅에서 성공하고 잘살겠지만 결국 하나님의 진노를 사서 망하게 되고 실패하게 됩니다. 그래서 하나님은 이스라엘 백성들에게 무엇보다 이것을 분명히 하라고 하셨습니다.

신명기 7장 5절

오직 너희가 그들에게 행할 것은 이러하니 그들의 단을 헐며 주상을 깨트리며 아세라 목상을 찍으며 조각한 우상들을 불사를 것이니라.

이스라엘 백성들이 가나안 땅에서 가장 먼저 해야 할 것은 가나안을 가득 채우고 있는 모든 우상들을 다 부수고 불태우는 것입니다. 이것은 가나안의 정신을 인정하지 않으며 모든 것을 철저하게 하나님을 믿는 신앙으로만 하겠다는 것을 공포하는 것입니다.

사실 이스라엘 백성들은 강한 민족이 아닙니다. 그리고 가나안의 농사 기술에 대해서는 아는 것이 하나도 없습니다. 그럼에도 불구하고 가나안의 모든 우상을 다 불태워 버리고 가나안 사람들의 협력을 거부했는데 나중에 도움 받을 일이 생기면 어떻게 합니까? 사람은 살다보면 언젠가는 주위 사람들에게 손을 벌리고 도움을 청하고 서로 도우면서 살게 되어 있습니다. 그래서 사람들은 우상을 없애버리면 완전히 그 사회에 고립되기 때문에 우상을 없애고 싶어도 없애지 못했습니다.

그러나 이스라엘 백성들은 얼마든지 고립되어도 괜찮습니다. 왜냐하면 그들은 원래부터 늘 고립되었던 사람들이기 때문입니다. 아무도 도와주지 않는 광야에서 40년을 살았던 이스라엘 백성들은 다른 사람들이 왕따 시켜도 그것보다 훨씬 더 절망적인 상황에서도 살아남은 체험이 있기 때문에 별로 겁을 내지 않습니다.

우리가 이 세상에 사는 것은 잘살고 성공하기 위해서가 아니라 믿음으로 살기 위해서입니다. 그래서 우리는 이 세상에서 세상적인 방법으로 성공하고 출세한 사람들을 부러워하거나 두려워해서는 안 됩니다. 우리는 그들과 차원이 다른 삶을 살아야 할 이유가 있기 때문입니다. 그것은 처음부터 철저하게 성경적인 원리에 따라서 모든 어려움을 이기고 살아남아서 모든 악의 문화와 불신의 문화와 죄의 문화를 리모델링하는 것입니다.

여기에 보면 가나안 남자를 사위로 삼지도 말고 가나안 여자를 며느리로 맞아들이지도 말라고 하셨습니다. 가나안 여자들은 대부분 아름다웠고 가나안 남자들 역시 잘 생기고 성격 좋고 돈도 많았습니다. 그러나 이스라엘이 기억해야 할 것은 아무리 이 세상의 좋은 것이라 하더라도 나를 하나님으로부터 떠나게 하는 것은 전부 버려야 한다는 것입니다. 누가 좋은 것을 한 보따리 갖다 준다 하더라도 내 신앙에 도움이 되지 않는 것은 과감하게 '싫어요!' 하고 거부해야 합니다. 그렇게 해야 순수하게 끝까지 믿음으로 갈 수가 있습니다. 중간에 다른 사람이 좋다고 하는 것을 따라가면 결국 휘청하면서 믿음의 길에서 벗어나고 변질되는 것입니다.

이스라엘의 정체성

결국 가장 중요한 것은 이스라엘 백성들이 자기 자신들이 어떤 사람인지 분명히 아는 것입니다.

신명기 7장 6-10절

너는 여호와 네 하나님의 성민이라 네 하나님 여호와께서 지상 만민 중에서 너를 자기 기업의 백성으로 택하셨나니 여호와께서 너희를 기뻐하시고 너희를 택하심은 너희가 다른 민족보다 수효가 많은 연고가 아니라 너희는 모든 민족 중에 가장 적으니라 여호와께서 다만 너희를 사랑하심을 인하여, 또는 너희 열조에게 하신 맹세를 지키려 하심을 인하여 자기의 권능의 손으로 너희를 인도하여 내시되 너희를 그 종 되었던 집에서 애굽 왕 바로의 손에서 속량하셨나니 그런 즉 너는 알라 오직 네 하나님 여호와는 하나님이시요 신실하신 하나님이시라 그를 사랑하고 그 계명을 지키는 자에게는 천 대까지 그 언약을 이행하시며 인애를 베푸시되 그를 미워하는 자에게는 당장에 보응하여 멸하시나니 여호와는 자기를 미워하는 자에게 지체하지 아니하시고 당장에 그에게 보응하시느니라.

이스라엘의 위대함은 인구수가 많거나 문화적으로 뛰어나거나 군사력의 월등함이 아니라, 하나님을 바로 알게 되었기 때문입니다. 인간이 이 세상에 살면서 '하나님을 바로 알았다' 는 것은 인간으로서의 목적을 다 달성한 것입니다. 인간들에게 풀리지 않는 어려움과 문제가 많은 것은 모두 하나님을 몰라서 그런 것입니다. 그래서 이 세상에 살면서 하나님을 알게 되었다는 것은 인생을 사는 목적이 다 이루어진 것입니다.

장사하는 사람을 비유로 들어서 설명하면, 이미 장사 밑천을 다 찾은 것과 같습니다. 사람들이 아무리 열심히 돈을 벌고 유명해져도 아직 그들은 밑지는 장사를 하고 있습니다. 왜냐하면 그런 것으로는 자기 영혼을 구원할 수 없기 때문입니다. 오직 하나님을 알 때 자기 영혼을 살리게 되고 인생을 사는 목적을 다 달성하게 됩니다. 그래서 나머지 인생 동안 무엇을 하든지 남는 장사입니다.

하나님께서 우리 믿는 사람들에게 이 세상에서 지나치게 돈이나 명예를 욕심내지 말라고 하시는 이유는, 우리가 이미 가장 중요한 것을 다 해결 받았기 때문입니다. 우리는 무엇을 하든지 부족한 것이 없는 사람들입니다. 그래서 예수 믿는 사람들에게 가장 중요한 것은 바른 하나님을 알고 바른 신앙을 가지는 것입니다. 그러면 이 세상에서 어떤 어려운 지경에 처해 있어도 복이 넘치게 됩니다. 우리의 정체성은 하나님을 알고 하나님을 믿는 신앙을 가진 사람들이라는 것입니다.

또한 본문에서는 하나님께서 그들의 조상에게 하신 맹세를 지키려고 하셨다고 합니다. 이스라엘 백성들은 조상들로부터 위대한 유산을 받았던 것입니다. 조상들로부터 땅 한 평 얻지 못하고 애굽에서 종살이하다가 겨우 빠져 나왔던 그들에게는 이 말씀이 이해가 되지 않았습니다. 도대체 그들이 받은 유산이 무엇입니까? 바로 하나님을 믿는 신앙입니다. 하나님께서 이미 그들의 조상들에게 주신 말씀들이 전부 복덩어리였습니다. 그런데 오늘 우리들에게는 더 많은 말씀들이 있습니다. 하나님의 말씀은 전부 보물 지도와 같습니다. 또한 하나님께서 그분의 모든 것을 우리에게 맡기신 약속어음과 같습니다. 우리는 단지 성경에 나온 사람들처럼 믿기만 하면 복을 받을 수가 있습니다.

하나님께서 뭐라고 말씀하셨습니까? 그분을 사랑하고 언약을 지키는 자들에게 자손 천 대까지 복을 주겠다고 하셨습니다. 우리가 어떻게 하나님을 사랑할 수 있습니까? 우리는 하나님을 제대로 사랑할 수가 없습니다. 하나님은 눈에 보이지도 않고 우리는 또 감정적으로도 하나님과 상대가 되지 않습니다. 그러나 하나님의 말씀을 사랑하면 그것이 바로 하나님을 사랑하는 것입니다. 그런데 하나님의 이 위대한 축복에는 하나님의 무서운 저주도 함께 있습니다. 그것은 만일 이스라엘 백성들이 이 위대한 신앙을 버리면 하나님으로부터 받은 모든 축복을 반납하고 망해야 하는 것입니다.

신명기 7장 10절

그를 미워하는 자에게는 당장에 보응하여 멸하시나니 여호와는 자기를 미워하는 자에게 지체하지 아니하시고 당장에 그에게 보응하시느니라.

하나님의 백성들이 신앙을 버리면 이방 민족과 다르게 망하게 됩니다. 이방 민족들은 하나님이 허락하신 기간 동안 복을 받으며 살다가 그냥 망하지만, 하나님의 백성들은 하나님으로부터 받은 모든 복을 아주 신속하게 모두 반납하고 망하게 됩니다. 그래서 절대로 이방인들과 비교해서는 안 됩니다. 이방인들이 괜찮다고 해서 '나도 괜찮겠지' 라고 생각해서는 안 됩니다. 이방인들에게는 괜찮아도 하나님의 백성들에게는 용납이 되지 않는 것들이 많이 있습니다. 그래서 이스라엘 백성들은 자신들이 이방인들과 모든 것이 다르다는 것을 중요하게 생각해야 합니다.

가나안의 정복 원리

이스라엘 백성들은 생전 살아 본 적도 없는 새로운 땅에 던져진 것과 같았습니다. 게다가 그 곳은 죄와 우상이 가득하고 악하게 성공하고 부자가 된 사람들이 가득한 곳입니다. 이런 가나안 땅에서 이스라엘 백성들이 성공할 수 있는 비결이 무엇일까요? 그것은 힘이나 기술이 아니라 광야에서 배운 말씀의 원리대로 나가는 것입니다.

신명기 7장 12-14절

너희가 이 모든 법도를 듣고 지켜 행하면 네 하나님 여호와께서 네 열조에게 맹세하신 언약을 지켜 네게 인애를 베푸실 것이라 곧 너를 사랑하시고 복을 주사 너로 번성케 하시되 네게 주리라고 맹세하신 땅에서 네 소생에게 은혜를 베푸시며 네 토지소산과 곡식과 포도주와 기름을 풍성케 하시고 네 소와 양을 번식케 하시리니 네가 복을 받음이 만민보다 우승하며 너희 중의 남녀와 너희 짐승의 암수에 생육하지 못함이 없을 것이며.

우리가 알아야 할 것은 도저히 우리 힘으로는 이 세상에 들어갈 수도 없고 악한 자들과 경쟁해서 이길 수도 없고 산더미같이 쌓인 악을 청산할 수도 없다는 것입니다. 다만 우리가 해야 할 것은 철저히 모든 것을 성경적인 원리에 따라서 하는 것입니다. 그렇게 할 때 다른 사람들로부터 많은 견제를 받기도 하고 미움과 따돌림과 공격을 받기도 합니다. 그러나 우리가 할 수 있는 것은 모든 것을 하나님의 말씀대로 하는 것뿐입니다. 우리가 하나님의 말씀대로만 하면 하나님께서 우리를 쓰기 시작하십니다. 그래서 우리의 부족한 삶을 통해서 하나님의 능력이 나타나기 시작합니다.

우리가 악의 세력을 이기려면 우리에게 하나님의 능력 즉 신의 능력이 나타나야 합니다. 물론 처음 우리에게 나타나는 하나님의 능력은 참으로 미약한 것 같습니다. 그러나 얼마 있지 않아서 모든 사람들이 주목하게 되는데 그 이유는 모든 것이 너무나도 신선하기 때문입니다. 세상 사람들은 모두 유명해지고 돈을 벌어도 다 죄 짓는 방법으로 성공하기 때문에 진부합니다. 그러나 하나님의 백성들의 성공은 너무나도 참

신하고 신선하고 아름답습니다. 그래서 처음에는 구박하고 미워하던 사람들도 결국에는 좋아하게 됩니다. 더 놀라운 것은 하나님의 말씀대로만 할 뿐인데 하나님의 축복이 자꾸 나타나는 것입니다. 그래서 나중에는 그 복이 모든 사람들보다 "우승"(신 7:14)하게 됩니다. 게다가 하나님의 말씀을 지키는 자에게는 재앙이 오지 못합니다.

신명기 7장 15절

여호와께서 또 모든 질병을 네게서 멀리하사 너희가 아는 바 그 애굽의 악질이 네게 임하지 않게 하시고 너를 미워하는 모든 자에게 임하게 하실 것이라.

하나님께서는 악한 질병이나 재앙으로 이 세상을 심판하시기도 합니다. 예를 들면 하나님께서 애굽 사람들을 치신 재앙 중에 악질이 있었습니다. 그러나 하나님의 말씀을 지키는 자들은 이런 재앙들보다 급수가 높아서 세상은 하나님의 백성들 때문에 이런 질병이나 재앙으로부터 보호받을 수 있게 됩니다. 믿는 자들 때문에 전쟁이나 지진이나 태풍이 비켜가는 것입니다. 우리는 돈이나 먹을 것을 주는 방법으로 세상을 도와줄 수도 있지만 우리 신앙을 잘 지키는 것이 근본적으로 돕는 방법인 것을 알아야 합니다.

그리고 우리가 하나님의 말씀을 지키는 것이 얼마나 높아지는 길인지 알아야 합니다. 그렇게 할 때 이 세상에서도 존경을 받으며 하나님 앞에서도 존귀하며 마귀도 두려워합니다. 마귀도 죄를 지어서 성공한 사람은 아주 우습게 알고 함부로 대합니다. 왜냐하면 다 자기 부하이고 자기 졸개이기 때문입니다. 그러나 하나님의 말씀을 지키는 자는 마귀조차도 함부로 대하지 못합니다. 결국 우리가 이 세상에서 승리하는 유일한 방법은 철저하게 하나님을 신뢰하는 것입니다. 그러면 가나안 땅에서 살아남을 뿐 아니라 정복하게 됩니다.

이때 하나님께서는 이스라엘 백성들에게 몇 가지 주의와 약속을 주셨는데, 특히 가나안 사람들을 동정하거나 두려워하지 말라고 하셨습니다.

신명기 7장 16-18절

네 하나님 여호와께서 네게 붙이신 모든 민족을 네 눈이 긍휼히 보지 말고 진멸하고 그 신을 섬기지 말라 그것이 네게 올무가 되리라 네가 혹시 심중에 이르기를 이 민족들이 나보다 많으니 내가 어찌 그를 쫓아낼 수 있으리요 하리라마는 그들을 두려워 말고 네 하나님 여호와께서 바로와 온 애굽에 행하신 것을 잘 기억하되.

가나안 사람들을 두려워하면 안 됩니다. 가나안 사람들은 악한 방법에는 도가 통한 사람들이었습니다. 게다가 힘도 있고 기술도 있고 머리도 좋았습니다. 이들이 앙심을 품고 이스라엘 백성들을 멸망시키려고 끝까지 덤벼들면 어떻게 합니까? 그런데 하나님께서는 악한 사람의 미움을 받는 것을 두려워하지 말고 애굽의 기적을 생각하라고 하셨습니다. 악한 자들은 하나님의 백성들을 미워해서 소리도 지르고 입에서 거품도 흘리지만 이상하게 건드리지는 못합니다. 그 이유는 하나님께서 눈에 보이지 않는 밧줄로 묶어서 뒤에서 당기시기 때문입니다. 그들은 아무리 괴성을 질러도 우리의 머리털 하나 상하게 하지 못할 것입니다.

대신 하나님께서는 가나안 사람들에게 "왕벌"(신 7:20)을 보낼 것이라고 하셨습니다. 이 왕벌이라고 하는 것은 가나안 원주민들에게는 아주 무서운 것이었습니다. 일단 왕벌이 공격하면 숨을 곳도 없고 한번 쏘기 시작하면 끝까지 따라와서 공격하는데 많이 쏘인 사람들은 죽기도 한 것 같습니다. 게다가 하나님의 왕벌은 눈에 보이지도 않습니다. 그 왕벌이 갑자기 나타나서 가나안 사람들을 공포에 빠뜨릴 것입니다. 하나님께서 어떤 소문을 퍼트리시든지 아니면 그들이 두려워하는 무슨 징조를 나타내셔서 그들이 두려움에 빠져 꼼짝 못하게 하시는 것입니다. 그래서 악한 자들은 언제나 '하나님의 왕벌' 을 신경 쓰게 됩니다. 즉 악한 사들의 천적인 것입니다.

제2차 세계대전 때 일본을 굴복시킨 왕벌은 '원자폭탄' 이었습니다. 왕벌 두 개가 떨어지니까 끝까지 목숨 걸고 싸우려고 했던 일본이 갑자기 항복을 해버렸습니다. 그런데 하나님께는 이런 왕벌이 많이 준비되어 있습니다. 그래서 우리는 악한 자들을 너무 두려워하지 말아야 합니다.

또한 악한 자들을 동정해서도 안 됩니다. 일단 하나님의 백성들이 성공하게 되면 가나안 사람들이 갑자기 친해지려고 합니다. 그래서 선물을 들고 찾아오기도 하고 음식을 차려 초청하기도 합니다. 그러나 그들과 친해지려면 성경적인 원리를 약화시키든지 포기해야 합니다. 우리가 세상 사람들과 친해지기 위해서 성경적인 원리를 바꾸는 것은 같이 망하는 것밖에 되지 않습니다. 소금이 맛을 잃으면 소금도 버리지만 이 세상도 버려지게 됩니다. 이 세상 사람들은 하나님의 백성들이 하나님을 잘 믿도록 내버려 둬야 살 수 있습니다. 또한 하나님의 백성들은 하나님을 잘 믿어야 그들의 짠 맛으로 세상 사람들을 맛있게 도울 수 있습니다. 우리가 다른 사람을 도울 수 있는 가장 좋은 길은 우리 자신이 반석이신 그리스도 위에 든든히 서는 것입니다.

그래서 어려운 사람을 상담해 주거나 도울 때에도 내가 올무에 걸리지 않는 범위 안에서 해야 합니다. 사실 그들 스스로 일어서게 하는 것이 가장 좋은 방법입니다. 그렇게 하기 위해서는 언제나 기본 원칙을 잘 지켜야 하고 그 점에 있어서 냉정해야 합니다.

신명기 7장 22절

네 하나님 여호와께서 이 민족들을 네 앞에서 점점 쫓아내시리니 너는 그들을 급히 멸하지 말라 두렵건대 들짐승이 번성하여 너를 해할까 하노라.

하나님께서 언제는 가나안 족속들을 인정사정 보지 말고 다 몰아내라고 하시더니 여기서는 급히 멸하지 말고 서서히 쫓아내라고 하십니다.

이것은 이방인들이 두 종류가 있는 것을 의미합니다. 우선 아주 악해서 처음부터 대적하는 이방인들이 있습니다. 이들은 인정사정 볼 것 없이 몰아내야 합니다. 그러나 아주 협조적이고 이스라엘 백성들에게 잘 복종하는 이방인들은 처음부터 몰아낼 필요가 없습니다. 시간을 두고 서서히 그들 안에 있는 우상적 요소들을 고쳐야 하고, 만약 고쳐지지 않으면 결국은 몰아내라는 것입니다. 이것을 보면 우리의 가나안 정복은 아주 긴 세월이 걸리는 것을 알 수 있습니다. 어떤 때에는 신속하게 그러면서 어떤 때에는 소리도 내지 않고 지구전으로 이루어지는 것을 보게 됩니다.

하나님께서 우리를 이 세상에 살게 하신 것은 믿음으로 살 수 있는 기회를 주신 것입니다. 이스라엘 백성들이 광야에서 하나님의 말씀으로 살아남았다면 같은 원리로 가나안 땅에서도 분명히 살아남을 수 있습니다. 가나안 땅에서 가장 중요한 것은 성경대로 사는 것입니다. 가나안 땅을 아무것도 없는 광야라고 치고 기도와 말씀으로 하나씩 일구어 나가는 것입니다. 이때 성경적인 원리와 정신이 중요합니다. 우리는 이 쓰레기 같은 세상을 대강 치우고 사는 것이 아니라 철저하게 리모델링해야 합니다. 어떤 때에는 리모델링하는 것이 더 골치 아프고 혼란스럽지만 하나님께서 그렇게 하라고 하셨습니다. 우리는 다른 것은 다 양보해도 절대로 신앙적인 원리만은 양보할 수 없습니다.

그래서 우리는 결코 썩어서는 안 됩니다. 우리는 늘 신선해야 하고 다른 사람들에게 새로운 충격을 줄 수 있어야 합니다. 그리고 아무리 기득권을 가진 사람들이 으르렁거리고 큰소리를 쳐도 두려워할 필요가 없습니다. 왜냐하면 하나님은 우리 편이시기 때문입니다.

결코 돈을 사랑하거나 돈 때문에 우리의 믿음을 더럽혀서는 안 됩니다. 우리가 돈이 아니라 하나님의 이름을 드높일 때 놀랍게도 세상의 그 더러운 것들이 무너지면서 완전히 새롭게 변하는 것을 보게 될 것입니다. 모든 크리스천들이 끝까지 믿음의 길을 가면서 이 기적을 체험할 수 있기를 바랍니다.

12

| 신 8:1-20 | 광야를 통과하는 이유

저는 어렸을 때부터 성격이 특이해서 남들이 다 하는 평범한 길을 가는 것을 아주 싫어했습니다. 그래서 어려서 친척 집에 다녀오면서 새로운 길을 따라갔다가 길을 잃어버리기도 했습니다. 등산하면서도 길이 없는 곳을 고집스럽게 가다가 고생만 실컷 하고 돌아온 적도 한두 번이 아니었습니다. 중고등학교도 남들이 하는 식으로 평범하게 다니지 않고 나중에 검정고시를 쳤습니다. 사실 가정 형편이 어려워서 정상적인 학교생활을 하지 못한 것이지만 또한 체제 속에 들어가는 것을 너무나도 싫어하는 제 성격 탓도 분명히 있었습니다.

저는 어릴 때에는 가난해서 고생을 많이 했고 또 학교를 제대로 다니지 못하면서는 마음고생도 많이 했습니다. 그런데 하나님께서는 그것도 부족하셨는지 결혼한 후에도 무지무지한 연단을 주셨습니다. 물론 이것은 어떤 의미에서는 제가 선택한 길이기도 했습니다.

저는 무엇을 먹을까 입을까 염려하지 말라는 말씀만 믿고 직장에 사표를 내고 대학생들과 청소년들에게 성경을 가르치는 일을 했습니다. 그 일을 한 7년 정도 하면서 경제적으로도 힘들었지만, 갈 바를 알지 못해서 마음고생을 많이 했습니다. 전혀 대책도 서지 않는 생활을 하면서 때로는 살 소망이 없어지기도 했습니다. 그때는 학벌도 소용없고 제 능력도 소용없었습니다. 오직 하나님의 도우심으로 하루하루 생존하는 훈련이었습니다.

저는 나중에 왜 제가 이렇게 많은 고생과 연단을 받으면서 살아야 했는지를 생각해 보았습니다. 그 이유는 물론 제가 잘 다듬어지지도 않아서 그런 것도 있고 성격이 괴팍하고 교만해서 그런 것도 있지만, 궁극적으로 중요한 것은 하나님께서 저를 쓰시려고 하는 귀한 계획이 있어서 그렇다는 것을 알게 되었습니다. 제 능력 부족이나 부모님의 가난을 탓할 것도 아니고, 제가 주어진 기회를 잘 포착하지 못했던 것도 아니고, 오직 하나님께서 저를 사랑하셔서 붙잡아 쓰시기 위해 이 모든 일을 계획하셨다는 것을 분명히 알게 되었습니다. 그러자 제 모든 과거의 상처나 열등감이 치료되었고 더 하나님을 의지할 수 있게 되었습니다.

그때 저는 분명하게 배운 것이 있습니다. 그 하나가 하나님께서는 겸손한 사람을 가장 좋아하신다는 것입니다. 하나님 앞에서 가장 큰 사람은 잘나고 똑똑한 사람이 아니고 무지무지하게 겸손한 사람입니다. 그래서 큰 복을 받는 것보다 끝까지 겸손을 유지하는 것이 더 중요합니다. 그리고 또 하나는 하나님의 백성들은 다른 것이 아니라 하나님의 말씀으로 산다는 것입니다. 하나님의 말씀은 우리를 살리기도 하고 치료하기도 하고 축복이 오게 하기도 하고 부흥을 일으키기도 한다는 것이었습니다.

본문은 이스라엘 백성들이 왜 광야를 통과해야 했는지 하나님께서 그 이유를 설명하시는 내용입니다. 하나님께서는 말을 듣지 않는 그들을 그냥 혼내 주려고 하셨던 것이 아니라 최고의 축복을 주기 위해 훈련시키려고 광야로 데려가셨습니다. 하나님께서는 이스라엘 백성들이 광야에서 훈련받은 대로 하기만 하면 가나안 땅도 차지하고 이 세상에서 복을 받지 못할 것이 없다고 약속하셨습니다.

오늘 많은 크리스천 형제자매들이 여러 가지로 많은 어려움들을 겪고 있습니다. 이것이 그들에게는 광야의 훈련인 것입니다. 우리가 알아야 할 것은 하나님의 백성들이 최고의 복을 받으려면 반드시 광야의 훈련을 받아야 한다는 것입니다. 그런데 광야에서 그냥 고생만 죽도록 해서는 안 됩니다. 거기서 반드시 배워야 할 것이 있습니다. 그것을 배워서 끝까지 하나님의 손에 붙들리고 축복받는 믿음의 사람들이 되시기를 바랍니다.

하나님과 동행하는 백성

이스라엘 백성들이 애굽을 나와서 가나안 땅으로 가려고 하면 광야 같이 그렇게 구불구불 돌아서 고생하지 않고 직선으로 편하게 갈 수 있는 좋은 길이 있었습니다. 그 길은 바로 지중해 해변을 따라 난 길이었습니다. 그런데 하나님께서는 이스라엘 백성들을 그 좋은 길로 인도하지 않고 전혀 길도 없는 광야로 몰아넣으셔서 무지무지하게 고생을 하게 하셨습니다. 이것은 이스라엘 백성들로서는 도저히 이해를 할 수 없는 일이었습니다.

사람들 중에는 자랄 때 부모나 세상에 대한 반항심으로 집을 뛰쳐나가서 실컷 고생을 하다가 나중에 정신을 차리고 돌아와서 열심히 사는 사람들이 있습니다. 그런데 이스라엘의 경우는 하나님께서 일부러 고생길로 집어 넣으셔서 실컷 고생을 시키셨습니다. 왜 하나님께서는 이스라엘 백성들을 일부러 이렇게 심한 고생을 시키셨을까요?

그 첫 번째 이유가 하나님과 함께 행하도록 하기 위해서였습니다.

신명기 8장 1절

내가 오늘날 명하는 모든 명령을 너희는 지켜 행하라 그리하면 너희가 살고 번성하고 여호와께서 너희 열조에게 맹세하신 땅에 들어가서 그것을 얻으리라.

우리가 생각하기에 하나님께서 이스라엘 백성들에게 이상한 말씀을 하십니다. 그것은 이스라엘 백성들이 하나님의 말씀을 지키면 가나안 땅을 차지하게 될 것이고 가나안 땅에서 많은 축복을 누리게 된다는 것입니다.

우리는 가나안 땅이 주인 없이 빈 땅이 아님을 알고 있습니다. 가나안 땅에는 군대와 무기를 가진 강한 족속들이 많이 살고 있었습니다. 그런데 어떻게 이스라엘 백성들이 하나님의 말씀만 지켜서 그 강한 군인들과 무기들을 다 물리치고 가나안 땅을 차지할 수 있을까요? 그것은 하나님의 말씀을 지키는 것이 하나님께서 함께하시는 가장 중요한 방법이기 때문입니다. 그래서 하나님께서는 그분과 함께하는 백성들이 되게 하기 위해서 그들을 광야로 데리고 들어가셨습니다.

사람이 참으로 이상한 것은 편안할 때에는 하나님을 필사적으로 붙들게 되지 않습니다. 왜냐하면 하나님의 도움 없이 내 힘만으로도 얼마든지 모든 것을 다 잘할 수 있기 때문입니다. 내가 똑똑하고 내가 능력이 있는데 내 힘으로 해결하지 못할 것이 뭐가 있겠습니까? 그러나 사람이 아주 큰 어려움을 한번 당해 보면 인간의 힘이라고 하는 것이 얼마나 보잘것없는가 하는 것을 깨닫게 됩니다. 그리고 지금까지 하나님을 인정하지 않고 자기 마음대로 산 교만에 대해 진심으로 회개하게 됩니다. 이때 하나님께서 우리를 치료해 주시고 은혜를 베풀어 주시는데 이때 비로소 하나님과의 진정한 인격적인 관계가 생기는 것입니다. 이런 것을 하나님과의 첫사랑이라고 말합니다.

사람들이 살아계신 하나님을 체험하는 것은 세상에서 성공하고 잘나갈 때가 아닙니다. 그럴 때는 오히려 하나님이 자기 일에 방해가 될까봐 걱정합니다. 그러나 죽을병에 걸리든지 개인적으로 큰 어려움에 빠지게 되면 자신의 머리나 능력은 정말 아무것도 아니라는 것을 깨닫고 진심으로 하나님께 매달리게 됩니다. 그때 하나님께서 기도를 들어주셔서 기적적으로 병을 낫게 해 주시고 어려움을 해결해 주시면 하나님이 살아계신 것과 하나님이 자신을 사랑하시는 것을 믿게 되는 것입니다. 이스라엘 백성들은 모두 광야에서 극단적인 가난과 위기를 겪으면서 살아계신 하나님을 체험했습니다. 이것이 바로 이스라엘의 부흥이었습니다.

그러나 우리는 인간인데 어떻게 그 크신 하나님을 제대로 사랑할 수 있겠습니까? 우리가 어려울 때 하나님의 사랑을 체험할 수 있다고 해서 늘 병에 걸려 있을 수도 없고 늘 망해 있을 수도 없습니다. 그래서 하나님께서 주신 것이 하나님의 말씀입니다. 우리가 아무리 부족하고 연약하다 하더라도 하나님의 말씀을 사랑하고 붙들면 하나님은 우리의 모든 부족한 것을 다 책임지시고 우리가 하나님을 사랑하는 것으로 믿으시는 것입니다. 그래서 하나님께서는 아예 시내산에서 이스라엘 백성들에게 나타나셨습니다. 이 엄청난 체험이 그들에게는 가나안 땅보다 더 중요한 것이었습니다.

우리나라 남자들은 결혼반지를 잘 끼지 않습니다. 물론 한 축구 선수는 경기 중에도 반지를 끼고 골을 넣은 후 그 반지에 키스하기도 했지만 보통은 반지 끼는 것을 귀찮아합니다. 그런데 이것을 서양 사람들은 잘 이해하지 못합니다. 그들에게는 반지를 빼는 것은 곧 부부 관계가 끝나는 것을 의미하기 때문입니다. 마찬가지로 하나님의 사랑과 생각과 감정과 지혜는 우리의 그것들과 너무나도 엄청난 차이가 있습니다. 마치 하나님께서 천재 남편이라면 우리는 백치 부인과 같습니다. 그러나 우리가 성경을 사랑하면 우리의 손과 하나님의 손에 반지가 끼워져 있는 것과 같기 때문에 어느 누구도 하나님과 우리 사이를 갈라놓을 수가 없고 하나님의 사랑에서 우리를 끊을 수가 없습니다.

하나님께서 이스라엘 백성들을 광야로 데리고 가신 것은 이스라엘 백성들에게 하나님을 체험하게 하시고 영원히 그들과 동행하시기 위해서입니다. 물론 이스라엘 백성들의 힘만으로는 아무리 하나님의 말씀을 가져도 절대로 가나안 사람들을 이길 수 없고 가나안의 축복을 누릴 수 없습니다. 그러나 그들이 하나님의 말씀을 사랑할 때 하나님의 신적인 능력이 이스라엘에 임하면서 아무리 강한 가나안 사람도 이기고 가나안의 무기도 이기고 가나안의 성벽도 뚫고 승리하게 되는 것입니다.

절대로 인간의 노력이나 힘만으로는 이 세상에서 어려움을 이기고 시험을 이길 수 없습니다. 신적인 능력이 우리에게 와야 하고 신적인 지혜와 신적인 은혜가 와야 하는 것입니다. 우리 사회의 복잡한 문제들도 사람의 힘만으로는 절대로 해결되지 않습니다. 우리들의 문제는 너무나도 복잡하게 꼬여 있기 때문에 인간의 전략이나 힘으로는 해결이 불가능합니다. 오직 하나님의 능력이 우리 속에 임해야 하는 것입니다. 다른 걱정을 할 필요가 없습니다. 단지 나 한 사람이 은혜를 받으면 지금까지 풀리지 않던 많은 일들이 풀리게 될 것입니다.

말씀으로 사는 사람들

하나님께서 이스라엘 백성들로 하여금 가나안 땅을 통과하게 하신 두 번째 이유가 3절에 나오고 있습니다.

신명기 8장 3절

너를 낮추시며 너로 주리게 하시며 또 너도 알지 못하며 네 열조도 알지 못하던 만나를 네게 먹이신 것은 사람이 떡으로만 사는 것이 아니요 여호와의 입에서 나오는 모든 말씀으로 사는 줄을 너로 알게 하려 하심이니라.

우리의 생존에 가장 중요한 것은 의식주 문제입니다. 만일 의식주 문제가 해결이 되지 않으면 이 세상에서 도저히 살아남을 수가 없게 됩니다. 그래서 직업과 정기적인 수입을 갖는 것이 얼마나 중요한지 모릅니다. 그래야 굶지 않을 수 있고, 집도 장만하고 옷도 사고 자녀 교육도

시킬 수가 있는 것입니다. 이것이 되어야 취미 생활도 하고 예술 활동도 하고 또 더 나은 수준을 위해서 공부나 다른 것도 생각해 볼 수 있는 것입니다. 특히 직업도 도움 받을 곳도 없이 부양가족만 잔뜩 있다면 도대체 어떻게 살아야 할지 앞길이 막막할 것입니다. 결국 가난한 사람이 할 수 있는 것은 빚을 내는 수밖에 없습니다. 가만히 앉아서 굶어 죽을 수는 없기 때문입니다. 그래서 빚이 빚을 낳고 엄청난 이자를 감당하지 못해서 파산하게 됩니다.

그러나 하나님께서는 광야의 이스라엘 백성들에게 또 다른 삶의 원리를 가르쳐 주셨습니다. 그것은 떡으로 사는 섯이 아니라 하나님의 말씀으로 사는 원리입니다. "사람이 떡으로만 사는 것이 아니요"라는 말씀에서 '사람'은 세상의 모든 사람들이 아니라 오직 하나님의 백성들만 말하는 것입니다. 세상 사람들은 여전히 떡으로 살아야 합니다. 이 세상에 직장이 있어야 하고 입에 먹을 것이 들어가야 합니다. 그래서 어떤 의미에서 세상 사람들은 굶어 죽지 않기 위해서 죽으라고 돈을 벌면서 살아야 하는 것입니다.

그러나 하나님의 백성들은 떡으로 살지 않고 하나님의 말씀으로 삽니다. 그들은 이것을 실제로 체험했습니다. 이스라엘 백성들은 광야에 있으면서 농사를 지은 것도 아니고 장사를 한 것도 아니고 일체 경제적인 수입이 없었습니다. 그럼에도 불구하고 무려 40년 동안이나 굶어죽지 않고 살 수 있었습니다. 바로 하나님의 말씀이 그들에게 있었기 때문입니다.

이것은 거의 혁명적인 개념이 아닐 수 없습니다. 하나님의 백성들이 살고 죽는 것은 양식이나 수입이나 재산에 달린 것이 아니라 하나님의 말씀을 듣는 것에 달렸습니다. 하나님의 백성들에게는 하나님의 말씀이 양식입니다. 우리는 하나님의 말씀을 들으면 힘을 내게 되어 있고 정신적 육체적 병들이 치료가 됩니다. 그런데 우리가 하나님의 말씀을 들어도 일정한 수입이 없으면 굶어 죽지 않을까요? 그러나 하나님께서는 그것을 직접 책임지시겠다고 약속하셨습니다.

물론 하나님께서 먹는 문제를 책임지신다고 해서 언제나 잘 먹고 잘 살 수 있는 것은 아닙니다. 어쩌면 겨우 굶어 죽지 않을 정도로만 먹을 수도 있습니다. 그러나 이것은 결코 비참한 것이 아닙니다. 왜냐하면 하나님 앞에서 나의 의식주 문제를 완전히 맡겨 버리는 엄청난 체험을 하는 중이기 때문입니다. 이런 훈련은 아무나 할 수 있는 것이 아닙니다. 하나님의 만나로 살아남은 사람의 특징은 일단 돈 문제에 있어서는 더 이상 매이지 않고 완전히 자유로울 수 있게 됩니다. 사도 바울은 "내가 비천에 처할 줄도 알고 풍부에 처할 줄도 알아 모든 일에 배부르며 배고픔과 풍부와 궁핍에도 일체의 비결을 배웠노라"(빌 4:12)고 했는데 이것은 광야의 체험이 있었기 때문에 가능한 것입니다.

하나님께서 우리에게 광야의 체험을 주시는 이유는 하나님의 말씀에 모든 능력과 축복이 있다는 것을 깨닫게 하시기 위해서입니다. 하나님께서는 온 세상을 말씀으로 창조하셨습니다. 하나님의 말씀은 우리를 살게 하고 치료하고 아무것도 없는 중에 모든 것을 있게 하십니다. 그러나 거의 대부분의 사람들은 먹고 사는 문제에 매여서 하나님의 말씀을 그렇게 목숨 걸고 사랑하지 않습니다.

우리 크리스천들에게는 하나님의 말씀이 아파트를 사는 것보다 직장에서 봉급을 받는 것보다 병원에서 치료를 받는 것보다 더 엄청나게 중요합니다. 우리는 하나님의 말씀을 잃어버리면 모든 것을 다 잃어버리는 것입니다. 만약 예수님을 믿는 사람이 정기적으로 하나님의 말씀을 듣지 못하면 힘을 잃고 침체되게 됩니다. 크리스천들의 영적 침체는 하나님의 말씀을 제대로 먹지 못한 데서 오는 것입니다.

만약 더 오래 하나님의 말씀을 먹지 못하면 육신적으로 정신적으로 병이 들게 됩니다. 그런데 이것은 다른 것으로는 낫지가 않습니다. 그리고 병들었기 때문에 너무나도 비판적이고 냉소적인 신앙을 가지게 되는데 이것은 영적으로 죽어가고 있는 것입니다. 이런 병을 살리려면 다른 생각을 다 내려놓고 오직 하나님의 말씀을 찾아서 전적으로 그 말씀만 붙들어야 합니다.

그런 사람들이 말씀을 들으면 감격해서 울게 됩니다. 그동안 너무나도 바보같이 시간을 낭비한 것에 대해 후회하게 됩니다. 또한 하나님의 사랑이 자신을 찾아온 것을 생각할 때 울 수밖에 없습니다. 그리고 하나님의 말씀이 그 사람의 구석구석 병든 부분을 다 치료하게 됩니다. 그러면 웃게 되고 다른 사람을 보면 먼저 인사하게 되고 다시 열정적으로 주님을 섬길 수 있는 사람이 되는 것입니다.

하나님께서는 이런 의식주 훈련을 통해서 돈 문제나 먹고 사는 문제를 완전히 하나님께 맡기게 하십니다. 우리는 믿노라고 하면서도 가장 중요한 문제는 하나님께 맡기지 못합니다. 예를 들면, 결혼을 하나님께 맡겼는데 못생긴 사람과 결혼하게 할까봐 걱정이 되는 것입니다. 장래 문제를 하나님께 맡기면 괜히 선교사로 가라고 하실까봐 두려운 것입니다. 그러나 의식주 문제를 맡기면 결국 모든 것을 다 맡길 수밖에 없습니다. 왜냐하면 돈이 없는데 어떻게 결혼하고 유학가고 진학할 수 있겠습니까? 결국 아무것도 없으니까 나중에는 하나님의 뜻대로 하겠다는 고백이 나오게 되는 것입니다.

하나님께서는 40년 동안 이스라엘 백성들에게 두 가지를 통해 함께

하시는 것을 보여 주셨습니다. 하나는 너무나도 작은 것이어서 이스라엘 백성들이 잘 깨닫지도 못하는 것이었습니다.

신명기 8장 4절

이 사십 년 동안에 네 의복이 해어지지 아니하였고 네 발이 부릍지 아니하였느니라.

이스라엘 백성들은 옷 한 벌을 40년 동안 입었습니다. 왜냐하면 도무지 해어지지 않았기 때문입니다. 또 신발도 닳지 않았고 아무리 걸어도 발에 물집이 생기지 않았습니다. 어떤 면에서 이것은 사람들에게 너무나도 끔찍한 일이었을 것입니다. 제가 어렸을 때 신발은 모두 까만 고무신이었습니다. 이 까만 고무신은 자동차 타이어 재료로 만들었다고 하는데 아무리 신어도 떨어지지 않았습니다. 어떤 아이는 그 까만 고무신이 너무 지겨워서 빨리 떨어트리려고 시멘트에 대고 갈다가 부모님에게 들켜서 매를 맞은 아이도 있었습니다.

어쨌든 우리는 하나님께서 무슨 놀라운 기적이 일어나야 믿으려고 하는데 신발이 잘 떨어지지 않는 것도 하나님의 기적이고 입 안이 잘 헐지 않는 것도 기적이고 자주 일어나는 두통이 없어진 것도 기적인 것입니다. 오늘 우리에게는 너무나도 많은 기적이 일어나고 있습니다. 이 모든 것을 우리는 아무렇지도 않게 받아들이지만 사실은 하나님의 놀라운 기적입니다. 그래서 하나님의 백성들은 별 것이 아닐지라도 하나님이 함께하시는 기적을 볼 수 있는 섬세한 감각을 가져야 합니다.

하나님께서는 또한 만나와 생수로 40년 동안 이스라엘 백성들에게 함께하시는 것을 보여 주셨습니다. 이스라엘 백성들이 놀랐던 것은 그들이 가는 곳마다 반석을 때리면 물이 나왔던 것입니다. 어떻게 보면 물이 나는 반석을 이스라엘 백성들이 찾아간 것 같기도 하고 반석이 이스라엘 백성들을 따라온 것 같기도 했습니다. 한번만 반석에서 물이 나와도 큰 기적인데 이스라엘 백성들에게는 이 기적이 40년 동안 계속되었습니다. 우리가 하나님의 말씀을 붙들면 절대로 굶어죽지 않습니다. 물론 우리가 늘 먹고 살 일을 걱정할 정도로 가난하고, 다른 사람들과 어울려서 어떤 일을 하거나 미래 계획을 전혀 세울 수가 없습니다. 그러나 하나님은 그분의 말씀을 붙드는 자들을 너무나도 사랑하십니다.

끝까지 하나님을 의지하는 사람들

하나님께서 이스라엘 백성들의 기를 죽여서 버릇을 고쳐 놓으시려고 광야로 인도하신 것이 절대 아니었습니다. 하나님께서는 이스라엘 백성들을 향한 분명한 축복의 청사진을 가지고 계셨습니다. 하나님은 이스라엘 백성들을 축복하시는데 주먹구구식으로 하지 않고 최고의 코치답게 분명한 계획을 가지고 하셨습니다. 하나님께서 이스라엘 백성들에게 주려고 하신 것은 가나안 땅의 엄청난 복이었습니다. 그러나 하나님께서는 이스라엘 백성들이 제대로 훈련되지 못했을 때 금방 그 축복을 잃어버릴 수 있다는 것을 아셨습니다. 그래서 아무리 오랜 세월이 흘러도 축복을 잃지 않도록 하기 위해 광야로 인도하신 것입니다.

신명기 8장 7-9절

네 하나님 여호와께서 너로 아름다운 땅에 이르게 하시나니 그곳은 골짜기에든지 산지에든지 시내와 분천과 샘이 흐르고 밀과 보리의 소산지요 포도와 무화과와 석류와 감람들의 나무와 꿀의 소산지라 너의 먹는 식물의 결핍함이 없고 네게 아무 부족함이 없는 땅이며 그 땅의 돌은 철이요 산에서는 동을 캘 것이라.

아마 이스라엘 백성들 중에서 이 말씀을 듣고 입을 벌리면서 좋아하지 않을 사람은 아무도 없을 것입니다. 한마디 한마디가 이스라엘 백성들에게는 꿈만 같은 축복이었습니다. 이 당시 사람들이 농사를 짓거나 목축을 하는데 가장 중요한 것은 물이었습니다. 그런데 가나안 땅은 일체 물 걱정은 없는 곳이었습니다. 골짜기나 산지까지 시내와 샘이 있었습니다. 그리고 가나안 땅에서 나오는 곡식과 과일은 너무나도 좋은 것들이었습니다. 거기에서 한걸음 더 나가서 철이나 동까지 생산되는 곳이었습니다. 가나안 땅은 이집트와 앗수르 사이에 있는 땅 중에서 최고의 땅이었고 그곳을 차지하는 사람들은 최고로 복 받은 사람임이 틀림없었습니다.

특히 이스라엘 백성들은 조상 대대로 유목민이었기 때문에 자기 땅도 없었고 성도 없었고 밭이나 논도 없는 야만족들이었습니다. 그런데 그들이 그 당시에 최고로 잘사는 사람들이 된다는 것은 얼마나 신나는 일입니까? 비록 이스라엘 백성들이 40년 동안 광야에서 고생한다 하더라도 영구적으로 가나안 땅만 차지할 수 있으면 그 정도의 고생은 아무것도 아니라고 할 수 있었습니다. 마찬가지로 하나님께서 오늘날도 주의 백성들을 고생하게 하시는 것은 언제까지나 그렇게 고생시키시겠다는 뜻이 아닙니다. 하나님의 때가 되면 상상할 수 없는 최고의 복을 주시려는 것입니다.

그런데 이스라엘 백성들이 가나안 땅에서 복을 받을 때 가장 위험한 함정이 있었습니다. 바로 하나님을 잊어버리는 것이었습니다. 이스라엘 백성들이 광야에서 어려울 때는 하나님의 도움이 없으면 당장 죽을 수밖에 없으니까 하나님만 붙들게 됩니다. 사람은 큰 병에 걸리거나 먹고 살 길이 없을 때에는 죽으라고 하나님을 붙듭니다.

하지만 사회적으로 성공하게 되면 하나님을 붙들지 않아도 사회적인 지위나 성공한 사업 때문에 저절로 잘살게 됩니다. 가나안 땅에서도 하나님의 도움 없이 얼마든지 잘살 수가 있는 것입니다. 오히려 공이 저절로 굴러가듯이 복을 받게 될 것입니다. 결국 가나안 땅에서 이스라엘 백성들에게 가장 무서운 것은 하나님을 붙들지 않아도 가나안 땅 자체가 주는 복 때문에 얼마든지 잘살 수 있게 되는 것입니다. 그리고 가장 무서운 그 일이 현실이 되었습니다.

하나님께서는 광야에서 이스라엘 백성들에게 만나를 먹이시고 반석에서 생수를 나게 하셨던 그분이 가나안 땅의 좋은 곡식과 포도주를 주셨다는 것을 말씀하셨습니다. 그래서 이스라엘 백성들은 가나안 땅에서도 광야에서 하나님을 믿는 그 정신으로 살라고 하신 것입니다.

신명기 8장 14-16절

두렵건대 네 마음이 교만하여 네 하나님 여호와를 잊어버릴까 하노라 여호와는 너를 애굽 땅 종 되었던 집에서 이끌어 내시고 너를 인도하여 그 광대하고 위험한 광야 곧 불 뱀과 전갈이 있고 물이 없는 간조한 땅을 지나게 하셨으며 또 너를 위하여 물을 굳은 반석에서 내셨으며 네 열조도 알지 못하던 만나를 광야에서 네게 먹이셨나니 이는 다 너를 낮추시며 너를 시험하사 마침내 네게 복을 주려 하심이었느니라.

이스라엘 백성들은 분명히 하나님의 복을 받게 될 것입니다. 그러나 그들의 진정한 복은 가나안의 복이 아니라 하나님이었습니다. 하나님의 말씀을 양식으로 삼아서 사는 것이 복입니다. 그런데 가나안 땅에서 잘살게 되면 더 이상 옛날처럼 간절하게 하나님을 붙들지 않아도 얼마든지 잘살 수 있고 또 그만큼 잘살게 되면 만나야 할 사람들도 많아지고 배워야 할 것도 많아지게 될 것입니다. 그러면 광야 시절처럼 구질구질하게 하나님을 찾는 것은 격에도 어울리지 않는다고 생각할 것입니다. 이렇게 이스라엘이 변하는 것은 참으로 두려운 일이었습니다.

이스라엘 백성들이 가나안에 들어가 보니까 가나안 사람들이 너무나도 잘살고 있었습니다. 너무나도 문화적인 수준이 높았습니다. 가나안 사람들에게 없는 것이라고는 딱 한 가지, 하나님뿐이었습니다. 그것을 본 이스라엘 백성들은 구질구질하게 하나님을 찾는 것보다 하나님을 대충 믿으면서 가나안 사람들처럼 품위 있고 세련되게 살아보자는 식이 되었습니다.

이스라엘 백성들의 힘은 광야에서 살듯이 죽을 힘을 다해 하나님을 붙잡는 것입니다. 물에 빠진 사람이 땅 위에 있는 사람의 손을 붙잡듯이, 죽을병에 걸린 사람이 의사의 손을 붙잡듯이, 굶어 죽어가는 사람이 양식을 주는 사람의 손을 잡고 놓지 않듯이 하나님을 붙잡는 것이 이스라엘의 힘이었습니다. 그러나 가나안 땅에서는 하나님을 붙잡지 않아도 얼마든지 먹고살 수 있어 보이기 때문에 그렇게 잡지 않게 됩니다. 오히려 이 세상에서 세련되고 부족함 없이 모든 것을 다 갖추어 놓고 삶을 즐기면서 살려고 하게 된다는 것입니다.

그러나 진정으로 광야를 통과한 사람은 어떻습니까? 가나안의 편한 생활이 자기의 신앙을 무디게 만들고 하나님 앞에서 가난하지 못하게 만든다는 것을 알고 더 두려워하게 됩니다. 지혜로운 사람은 유명하게 되고 부자가 되어도 그 유명세와 부가 주는 위험을 알고 주의합니다. 그것은 마치 마약에 취하는 것처럼 자기도 모르게 교만하게 만들고 자신을 믿게 만듭니다. 그래서 믿음이 있는 사람은 성공하고 부자가 되었을 때 옛날의 가난했던 마음을 잃지 않기 위해서 몸부림치고 발광하면서라도 하나님 앞에 겸손한 마음을 잃지 않으려고 하는 것입니다. 더 유명해지려는 것도 다 끊어버리고 더 높아질 수 있는 것도 다 포기해버리고 오히려 사람들에게 욕을 먹고 인정을 받지 못할 때 더 기뻐하고 감사하게 되는 것입니다.

하나님께서는 이스라엘 백성들을 이중으로 시험하셨습니다. 하나는 광야에 밀어 넣음으로 극한적인 어려움 가운데서 하나님을 의지하게 하셨습니다. 이스라엘 백성들 중에서 하나님을 믿지 못하는 사람은 원망하고 불평하다가 모두 죽었습니다. 그러나 하나님은 다시 한 번 이스라엘 백성들을 가나안에서 시험하셨습니다. 그것은 이스라엘 백성들이 가나안의 모든 축복을 다 누리면서도 하나님 앞에서 가난한 마음을 잃지 않는 것이었습니다. 그런데 불행하게도 이스라엘 백성들에게는 가나안의 복이 더 무서운 시험이었습니다. 이스라엘 백성들은 조금씩 하나님의 손을 놓다가 나중에는 완전히 우상 숭배에 빠져서 모두 멸망하고 말았습니다.

우리는 부하든지 가난하든지 성공하든지 실패하든지 하나님과 하나님의 말씀을 최고의 복으로 알고 이것을 놓치지 않아야 합니다. 그리고 다른 것들은 있어도 되고 없어도 되는 것으로 생각해야 합니다. 이스라엘 백성들이 우상을 받아들이는 것은 영적인 사망을 스스로 인정하는 것이었습니다. 물론 명색으로는 다른 나라와의 교류를 확장하는 것이었지만 결국 하나님의 복은 완전히 끊어지고 물질적인 복만 남게 되었습니다.

하나님의 백성들이 영적인 복을 잃고 그들에게 물질적인 복만 남게 되는 것은 마치 대형 빌딩에서 철근 기둥을 다 빼는 것과 같습니다. 처음에는 철근 기둥을 빼면 공간도 더 넓어지고 시야를 가리는 것도 없기 때문에 더 멋있는 것 같습니다. 그러나 얼마 가지 않아서 그 건물 전체가 무너지면서 사람들이 다 깔려 죽고 말 것입니다.

하나님께서 오늘 우리에게 원하시는 것은 하나님의 훈련을 받으라는 것입니다. 무섭고 거친 광야를 통과해서 살아남는 훈련을 받으라는 것입니다. 우리의 능력은 하나님이 함께하시는 것입니다. 아무리 백치 신부라 하더라도 그가 하나님의 말씀을 붙잡으면 하나님은 사랑하십니다.

그리고 우리는 떡으로 살지 않습니다. 하나님의 말씀이 우리의 양식입니다. 우리는 끝까지 광야의 정신을 버려서는 안 됩니다. 이 세상의 세련된 사람들 따라가려고 해서는 안 됩니다. 우리에게는 하나님이 진짜 복이고 다른 것들은 모두 따라오는 것이기 때문에 주된 복과 부수적인 복을 바꾸면 모든 것이 다 무너지게 됩니다. 그래서 하나님이 아무리 복을 주셔도 절대로 변질되지 않고 교만하지 않고 끝까지 복을 누리는 크리스천들이 되기를 바랍니다.

13

| 신 9:1-29 | 이스라엘에게 주신 기회

어떤 선수가 우리나라 국가 대표로 뽑혀서 세계적인 대회에 출전하게 되면 그 선수 개인에게는 말할 수 없는 엄청난 명예가 될 것입니다. 그러나 더 중요한 것은 그 큰 경기에서 충분히 자신의 실력을 발휘해서 이기는 것입니다. 어떤 선수는 대표로 뽑혀서 기대 이상으로 충분히 자기 몫을 해내고 큰 승리를 거두는가 하면, 어떤 선수는 실수만 하는 바람에 두고두고 욕을 얻어먹기도 합니다. 그래서 누구에게나 중요한 것은 일단 자기에게 좋은 기회가 주어졌을 때 죽을 각오로 최선을 다하는 것입니다. 그러면 평소 실력 이상을 발휘하며 좋은 기회를 얻을 수도 있고, 또 평소에 무시하고 업신여기던 사람들도 성실함과 최선을 다하는 모습을 보고 박수갈채를 보내게 되는 것입니다.

신명기 9장은 우리가 이 세상에서 도저히 이길 수 없는 강팀을 만났을 때 온 힘을 다해 싸워서 이기는 것이 신앙생활이라고 말씀하고 있습니다. 즉 이스라엘 백성들은 가나안 족속들을 정상적으로는 도저히 이길 수가 없습니다. 그러나 그들이 하나님을 의지하고 최선을 다할 때 도저히 이길 수 없는 그들을 물리치고 가나안의 축복을 차지하게 되는 것입니다. 이스라엘 백성들에게 있어서 가나안 땅을 정복하는 것은 하나님께서 믿음으로 승리할 수 있는 기회를 주신 것입니다. 하나님께서 기회를 주셨을 때 다른 것은 보지도 말고 오직 하나님의 능력만 의지하고 죽을힘을 다하면 반드시 이기게 됩니다.

이 세상에서의 우리의 삶은 하나님께서 주시는 기회입니다. 우리가 이 세상에서 상대하게 되는 것들은 모두 가나안 족속들과 같습니다. 들어갈 수 있는 문은 너무나도 좁고 경쟁해야 하는 사람들은 너무나도 강합니다. 그러나 중요한 것은 하나님께서 우리에게 믿음으로 살 수 있는 기회를 주셨다는 것입니다. 그래서 우리 크리스천들에게 있어서 너무 쉽게 잘사는 것은 좋은 것이 아닙니다. 가장 어려운 상황에서 가장 어려운 일을 믿음으로 죽기를 각오하고 하면 반드시 이기게 되어 있고 가나안 땅의 축복을 소유할 수가 있습니다. 그러나 가나안 사람들을 두려워하면 또 다시 광야로 돌아가 40년을 살아야 하는 것입니다.

본문 말씀에서 하나님께서는 이스라엘 백성들이 절대로 의롭거나 자격이 있어서 가나안 땅을 정복하는 것이 아니라고 말씀하셨습니다. 비록 이스라엘 백성들도 악하고 교만하지만 하나님께서 이스라엘 백성들을 믿고 기회를 주셔서 가나안 땅을 차지하게 하셨다는 것입니다. 하나님께서 한번 믿고 기회를 주셨을 때 우리는 다른 것은 생각하지 말고 오직 하나님의 기대에 맞도록 최선을 다해야 할 것입니다. 그러면 지속적으로 축복이 임하게 되어 있습니다.

정복 불가능한 가나안 땅

신명기 9장 1-3절

이스라엘아 들으라 네가 오늘 요단을 건너 너보다 강대한 나라들로 들어가서 그것을 얻으리니 그 성읍들은 크고 성벽은 하늘에 닿았으며 그 백성은 네가 아는 바 장대한 아낙 자손이라 그에게 대한 말을 네가 들었나니 이르기를 누가 아낙 자손을 능히 당하리요 하거니와 오늘날 너는 알라 네 하나님 여호와께서 맹렬한 불과 같이 네 앞에 나아가신즉 여호와께서 그들을 파하사 네 앞에 엎드러지게 하시리니 여호와께서 네게 말씀하신 것같이 너는 그들을 쫓아내며 속히 멸할 것이라.

하나님께서 이스라엘 백성들을 애굽에서 나오게 하시고 새로이 가나안 땅에 진격하게 하신 것은 우리로 하여금 과연 진정한 신앙이 어떤 것인지 생각하게 합니다. 신앙이 내면적으로 하나님을 믿는 것이라면 하나님께서는 이스라엘 백성들을 애굽 땅에서 하나님을 믿으면서 살게 하실 수도 있었을 것입니다. 그러나 하나님께서는 애굽 땅을 거의 초토화시키다시피 하시면서 이스라엘 백성들을 이끌어 내신 후 다시 가나안 땅으로 진격하여 그 땅을 차지하게 하셨습니다. 그리고 하나님께서는 이스라엘 백성들로 하여금 시내산이나 광야에서 수도원을 차리고 거기서 금욕적인 생활을 하도록 하지 않으셨습니다.

오히려 세상 속으로 깊숙이 들어오게 하셨는데 즉 이스라엘 백성들보다 월등하게 강한 가나안 족속들을 몰아내고 그들의 땅을 차지하게 하신 것입니다. 이것이 의미하는 것이 무엇입니까? 신앙이라고 하는 것은 단순히 우상이나 미신을 버리고 내면적으로만 하나님을 믿는 것이 아니라는 것입니다. 하나님께서는 이스라엘 백성들에게 엄청난 숙제를 주셨습니다. 그 숙제는 이 세상에서 믿음으로 살 수 있는 기회를 주신 것입니다. 그 상대가 누구인가 하면 이스라엘 백성 자신들의 힘으로는 도저히 이길 수 없는 가나안 족속들이었습니다.

본문을 보면 가나안 족속들을 몰아내는 것이 얼마나 불가능한 일인지 알 수 있습니다. "너보다 강대한 나라들로 들어가서 그것을 얻으리니 그 성읍들은 크고 성벽은 하늘에 닿았으며" 그 땅에 사는 사람들은 아낙 자손들인데 힘이 장사인 거인들이었습니다. 이 말씀을 들으면 요즘 예수 믿는 청년들이 세상을 어떻게 느끼는지 실감할 수 있습니다. 어떤 청년들은 대기업에 취직하기가 하늘의 별따기라고 말합니다. 취업의 벽이 얼마나 높은지 하늘까지 닿았다고도 합니다. 그리고 경쟁 상대들의 출신이나 실력이 모두 대단하여 마치 거인족과 같다고 이야기합니다.

우리가 예수님을 믿는 것은 단순히 마음속으로 믿는 것만을 의미하지 않습니다. 우리가 믿음으로 살아야 하는 이 세상은 도저히 우리의 믿음으로 상대할 수 없고 그런 것을 알아주지도 않는 엄청난 불신앙의 직장이고 불신앙적인 현실입니다. 이것은 마치 적지에 혼자 상륙 작전을 펼친 것과 같습니다. 기관총과 대포로 무장한 적들이 우글거리고 있는 해안에 혼자 있으니 이제 어떻게 해야 합니까? 뒤로 돌아가려고 해도 바다이고 앞으로 가려고 해도 기관총을 앞세운 적들이 있습니다. 시간은 자꾸 흘러가서 곧 날이 훤하게 밝으려고 하는데 그 전에 적진을 뚫고 가지 못하면 그대로 죽을 수밖에 없는 상황입니다. 이때 우리가 할 것은 오직 하나님을 의지하는 믿음으로 앞으로 돌격하는 것입니다. 하나님께서는 이렇게 약속하셨습니다.

신명기 9장 3절

오늘날 너는 알라 네 하나님 여호와께서 맹렬한 불과 같이 네 앞에 나아가신즉 여호와께서 그들을 파하사 네 앞에 엎드러지게 하시리니 여호와께서 네게 말씀하신 것같이 너는 그들을 쫓아내며 속히 멸할 것이라.

이스라엘 백성들의 힘만으로는 절대로 가나안 땅을 정복하지 못합니다. 그런데 하나님께서는 이스라엘 백성들이 공격할 때 맹렬한 불이 되셔서 먼저 가나안 사람들을 태우시겠다고 하셨습니다. 군인들이 전쟁할 때 미리 적진을 대포로 공격한 후에 진군하면 훨씬 쉬울 것입니다. 적들이 참호 안에 숨어 있다가 열기를 견디지 못해서 뛰쳐나오기도 할 것이고 화재로 인해 우왕좌왕할 것입니다. 이때가 이길 수 있는 기회입니다. 그러나 아무리 하나님이 화염 방사기로 공격하셔도 이스라엘 백성들이 두려워서 숨어 있으면 가나안 족속들은 얼른 불을 꺼버리고 다시 전열을 가다듬어서 공격해 오게 됩니다.

우리가 알아야 할 것은 하나님께서 함께하시면 반드시 이스라엘 백성들이 이길 수 있다는 것입니다. 그러나 하나님께서는 쉽게 이길 수 있다고는 말씀하지 않으셨습니다. 아무리 하나님께서 함께하신다고 해도 이스라엘 백성들은 온 힘을 다해서 죽을 각오를 하고 밀어 붙여야 가까스로 이길 수 있습니다.

모든 면에서 이스라엘 백성들이 가나안 사람들을 이기는 것은 불가능해 보입니다. 이스라엘 백성들이 전쟁 중에 다 죽을 것 같습니다. 남자들이 다 죽으면 남은 자식들과 여자들은 다 노예가 될 것입니다. 그러나 오직 하나님만 믿고 죽을힘을 다해서 싸우면 죽지도 않고 노예도 되지 않고 오히려 기적적으로 이기게 됩니다. 그래서 우리가 알아야 할 것은 우리가 이 세상에서 사는 것이 절대로 쉬운 일이 아니라는 것입니다. 우리는 하나님께서 나에게 하라고 하신 일에 목숨을 걸고 죽을힘을 다해서 끝까지 최선을 다해야 겨우 어려움을 이겨낼 수가 있는 것입니다.

그래서 이스라엘 백성들의 가나안 정복에서 가장 중요한 싸움은 자기 자신과의 싸움입니다. 가나안 사람들과의 싸움을 피하고 싶고 포기하고 싶고 도망치고 싶은 마음을 붙들어서 결사적으로 물고 늘어지게 해야 하는 것입니다. 이스라엘 백성들의 가장 큰 어려움은 바로 이런 두려움 그리고 도망쳐서 전쟁을 피하고 싶은 마음과의 싸움입니다.

왜 하나님께서는 이스라엘 백성들로 하여금 여유를 가지고 이길 수 있도록 넉넉하게 힘을 주지 않으시고 이런 식으로 죽을 둥 살 둥 몸부림치게 하실까요? 그것은 우리로 하여금 자기 자신을 의지하지 못하게 하시려는 것입니다. 우리와 하나님 사이에는 틈이 생겨서는 안 됩니다. 우리는 완전히 하나님의 팔다리처럼 움직여져야 기적을 체험할 수 있고 하나님의 능력을 공급받을 수 있습니다. 그렇게 하려면 우리에게 힘이 넉넉해서는 안 됩니다. 우리에게 힘이 있고 여유가 있으면 우리는 절대로 하나님 앞에서 간절해지지가 않습니다. 하나님의 최고의 능력은 우리가 목숨 걸고 하나님께 부르짖으며 기도하고 몸부림칠 때 임하게 되는 것입니다. 그래서 하나님께서는 우리에게 여유를 안 주시는 것입니다.

우리 믿는 사람들이 이 세상에 사는 것은 믿음으로 살 수 있는 엄청난 기회를 얻는 것입니다. 그러나 이 죄악의 세상에서 믿음으로 축복을 받고 승리한다는 것은 절대로 쉬운 일이 아닙니다. 우리에게 찬스가 주어졌을 때 목숨을 걸고 몸부림칠 때 겨우 극복할 수 있는 것입니다. 그러나 우리가 믿음으로 최선을 다하면 절대로 죽지도 않고 망하지도 않고 이 세상에서 쫓겨나지도 않습니다. 그리고 인간적인 생각으로는 도저히 기회가 없는데 한순간 기회가 생길 때가 있습니다. 그것이 바로 하나님의 화염 방사기가 발사된 때입니다. 아무리 가나안 족속들이 철통같이 지키고 공격을 하더라도 하나님의 화염 방사기가 발사되면 전열이 한순간에 흐트러지고 무너지게 되는데 그때를 놓치지 말고 공격해야 합니다. 하나님께서는 이스라엘 백성들에게 이렇게 말씀하셨습니다.

신명기 9장 4절

네 하나님 여호와께서 그들을 네 앞에서 쫓아내신 후에 네가 심중에 이르기를 나의 의로움을 인하여 여호와께서 나를 이 땅으로 인도하여 들여서 그것을 얻게 하셨다 하지 말라 실상은 이 민족들이 악함을 인하여 여호와께서 그들을 네 앞에서 쫓아내심이라.

하나님께서는 모세에게 이스라엘 백성들이 기적으로 가나안 사람들을 이기고 가나안 땅을 차지한 것은 그들의 '의로움' 때문이 결코 아니라고 말씀하십니다. 이것은 이스라엘 백성들이 가나안 땅을 차지할 자격이나 실력이 있어서가 아니라는 말씀입니다. 그러면 도대체 어떻게 해서 이스라엘 백성들이 이 엄청난 하나님의 기적과 축복을 소유할 수 있었을까요? 그것은 단지 하나님께서 그들에게 그럴 수 있는 기회를 주신 것뿐이었습니다. 즉 하나님께서는 아무 자격도 없고 실력도 없는 이스라엘 백성들에게 믿음의 기회를 주셔서 가나안을 이기게 하신 것입니다. 이것은 다른 말로 표현하면 하나님께서는 굳이 이스라엘 백성이 아니라 하더라도 누구를 사용하셔도 얼마든지 이런 일을 해 낼 수 있으시다는 뜻입니다.

그러면 이스라엘 백성들이 과연 어떤 자세로 모든 일에 임해야 할까요? '우리는 아무 자격도 없고 실력도 없지만 하나님께서 우리에게 가나안 땅을 정복하게 하셨습니다. 지금 하나님께서 우리를 사용하고 계시며 우리에게 기회를 주신 것을 믿습니다'라는 자세여야 합니다. 우리의 실력을 따지고 자격을 따지면 우리는 절대로 이 세상에서 믿음으로 승리할 수가 없습니다. 중요한 것은 그런 것이 아니고 하나님께서 나에게 다시 기회를 주시며 내가 지금이라도 최선을 다하면 반드시 가나안을 이기게 하신다는 약속을 주셨다는 것입니다. 과거에 내가 잘났든지 못났든지 그런 것은 중요하지 않습니다. 하나님께서 나를 믿으시고 기회를 주셨을 때 그 기회를 살리면 축복을 받는 것입니다.

그래서 우리가 이 험하고 죄악 많은 세상에서 축복을 받으려면 다른 여러 가지를 생각하는 것이 아니라 다음의 두 가지 사실만을 기억해야 합니다. 우리가 생각해야 할 첫째는 하나님은 나에게 믿음으로 살 기회를 주셨다는 것입니다. 이것보다 더 중요한 것은 없습니다. 하나님은 얼마든지 다른 사람을 쓰실 수도 있지만 일단 나에게 기회를 주셨습니다. 그리고 우리가 생각해야 할 둘째는 도저히 승리가 불가능해 보이는 이 현실에서 도피하고 싶어도 겁을 먹지 않고 죽을힘을 다해서 싸우면 가까스로 이기게 된다는 것입니다. 비록 가까스로 이긴다 해도 그것이 얼마나 대단한 것입니까? 10대 1로 이기는 것도 이기는 것이지만 2대 1로 이기는 것도 분명히 이기는 것입니다.

우리에게 가장 힘든 것은 바로 여기에 있습니다. 힘이 우리에게 있지 않고 하나님께 있기 때문에 끊임없이 하나님께 부르짖어야 하고 하나님께 매달려고 하고 하나님의 도우심을 받아야 하는 것입니다. 그러나 이것도 생각하기 나름입니다. 우리가 하나님의 도움을 받아서 불가능한 일들을 하나씩 모두 해결해 나간다는 것이 얼마나 긴장감 있고 신나는 일이겠습니까? 굳이 내가 그런 많은 능력을 가지고 있을 필요가 어디에 있습니까? 나는 아무 능력이 없지만 필요한 순간마다 하나님의 능력을 끌어 올 수만 있다면 그것보다 더 멋있고 아름다운 일은 없을 것입니다.

모든 믿음의 사람들은 이런 식으로 살았습니다. 자기들은 아무 힘도 없고 능력도 없지만 매 순간 믿음과 기도로 하나님의 무한정의 능력을 빌려왔습니다. 그런데 하나님의 능력을 빌려 오는 것이 자기가 능력을 가진 것보다 수십만 배 더 능력이 있었습니다.

모세의 역할

이스라엘 백성들이 원래 얼마나 믿음이 없는 자들이었는가 하면 하나님 앞에서 최고의 축복된 순간에 멸망할 짓을 해서 모두 버림받을 뻔했던 자들이었습니다.

신명기 9장 6-8절

그러므로 네가 알 것은 네 하나님 여호와께서 네게 이 아름다운 땅을 기업으로 주신 것은 네 의로움을 인함이 아니니라 너는 목이 곧은 백성이니라 너는 광야에서 네 하나님 여호와를 격노케 하던 일을 잊지 말고 기억하라 네가 애굽 땅에서 나오던 날부터 이곳에 이르기까지 늘 여호와를 거역하였으되 호렙산에서 여호와를 격노케 하였으므로 여호와께서 진노하사 너희를 멸하려 하셨느니라.

하나님께서는 이스라엘 백성들에 대해 '목이 곧은 백성' 이라고 말씀하십니다. 여기서 '목이 곧다' 고 하는 것은 소에서 나온 표현입니다. 소가 한번 고집을 부릴 때 보면 옆에서 당겨도 돌아보지 않고 뒤에서 당겨도 뒤로 가지 않고 자기가 가고 싶은 대로 고집스럽게 가는데 이것을 가리키는 것입니다. 아마 어떤 사람은 목이 다쳐서 목에 깁스를 하게 되면 고개를 숙여서 인사하는 것도 안 되고 옆에서 누가 불러도 고개가 돌아가지 않으니까 눈만 돌아갈 것입니다. 이스라엘 백성들이 하나님 앞에서 얼마나 골치 아프고 고집스러운 사람들이었는가 하면 하나님께서 이스라엘 백성들은 아예 가능성이 없다고 판단하셔서 광야에서 그냥 죽이려고 하셨던 사람들이었습니다. 그런데 이 사람들이 이런 위기를 몇 번씩이나 넘기고 드디어 가나안 땅을 공격하는 기회를 얻을 수 있었던 것은 오직 지도자 모세 한 사람의 기도 덕분이었습니다.

여기서 우리가 알게 되는 것은 지도자 한 사람의 신앙과 기도가 많은 사람들의 생사를 결정한다는 사실입니다. 광야에 나온 이스라엘 백성들의 수가 이백만 명쯤 되었는데 하나님께서 보시기에 이들은 아무 가능성이 없었습니다. 이스라엘 백성들이 하는 짓을 보면 광야에서 죽이는 것이 오히려 속이 편할 정도였습니다. 그러나 하나님이 보시기에는 모세 한 사람에게 가능성이 있었습니다. 그런데 이 모세가 이스라엘 백성들을 포기하지 않고 한번 이들을 변화시켜보겠다고 하는데 어떻게 하나님께서 이스라엘 백성들을 멸망시키실 수가 있겠습니까?

이스라엘 백성들이 죄를 짓고 난 후 모세와 대화하시면서 하나님께서는 이 가능성 없는 백성들을 질질 끌고 다닐 것이 아니라 다 포기해 버리고 오직 모세 한 사람을 통해 다시 시작하겠다고 말씀하십니다. 그러자 모세는 자신의 이름을 생명책에서 지우는 한이 있더라도 백성들을 용서해 주시고 다시 기회를 달라고 간구합니다. 하나님이 믿는 모세가 포기하지 않는데 어떻게 하나님께서 포기하실 수 있으시겠습니까? 그래서 우리 믿는 사람들은 어떤 사람이든지 쉽게 포기하지 않는 것이 중요합니다. 만일 우리가 어떤 친척이나 친구가 가능성이 없다고 해서 포기해 버리면 하나님도 포기해 버리실 것입니다. 그러나 우리가 그들을 결사적으로 붙들고 하나님께 매달리면 하나님도 포기하지 않으시고 살려 주실 뿐 아니라 멋지게 믿음으로 승리할 수 있는 기회까지 주십니다.

그래서 우리는 믿음으로 살지 않는 다른 사람을 원망해서는 안 됩니다. 왜냐하면 나 한 사람이라도 바른 신앙을 붙들고 있을 때 나 한 사람 때문에 다른 사람들이 얼마든지 살 수 있기 때문입니다. 모세는 이스라엘 백성들을 위해서 40일 금식 기도를 적어도 두 번 합니다. 여기서 적어도 두 번이라고 하는 것은 더 했을 수도 있다는 뜻입니다.

우선 모세는 하나님 앞에서 처음 돌 판을 받으러 갔을 때 40주야를 떡도 먹지 않고 물도 마시지 않고 기다렸습니다. 모세가 하나님의 말씀을 받기 위해서 40일을 이런 식으로 먹지도 않고 자지도 않고 기다린 것은 하나님의 말씀의 가치를 보여 주는 것입니다. 하나님의 말씀은 우리가 목숨을 걸고 내 모든 생명을 다 바쳐서 받을 가치가 있는 것입니다. 예를 들어서 우리나라에 무서운 전염병이 퍼져서 많은 사람들이 죽어가고 있는데 내가 그 치료약을 받을 수 있다면 굶어가면서 혹은 죽음의 위험을 무릅쓰고 그것을 받아내려고 할 것입니다.

옛날에는 이런 사신들이 많이 있었습니다. 자기 나라에 쳐들어 온 적군을 몰아내 달라는 왕의 밀서를 가진 사신은 목숨을 걸고 길을 떠나서 강대국의 왕을 만나야 하는 것입니다. 모세는 하나님의 율법의 말씀이 이스라엘을 살릴 뿐 아니라 온 세상 사람들을 살린다는 것을 믿었기 때문에 40일을 금식해 가면서 하나님의 율법의 말씀을 받아가지고 내려왔습니다. 오늘 우리도 하나님의 말씀을 받을 때에 내가 목숨을 걸고 받아야 할 말씀이라고 생각해야 합니다. 왜냐하면 우리가 이 말씀 붙들고 기도할 때 죽을 수 있는 많은 사람들이 살게 되기 때문입니다.

또한 모세는 이스라엘 백성들이 금송아지를 만들어서 하나님을 대적했을 때 하나님께 그들을 용서해 달라고 기도하며 40일 동안 금식했습니다.

신명기 9장 25-26절

그때에 여호와께서 너희를 멸하겠다 하셨으므로 내가 여전히 사십 주야를 여호와 앞에서 엎드리고 여호와께 간구하여 가로되 주 여호와여 주께서 큰 위엄으로 속하시고 강한 손으로 애굽에서 인도하여 내신 주의 백성 곧 주의 기업을 멸하지 마옵소서.

모세는 이스라엘 백성들을 위해 대충 기도하고 만 것이 아니라 자기 목숨을 걸고 기도를 드렸습니다. 모세는 정말 이스라엘 백성들을 위해서 죽을 수도 있다고 생각했습니다. 사실 하나님께서 이스라엘 백성들을 다 멸하겠다고 하신 것은 어떤 의미에서 모세의 믿음을 시험해 보신 것입니다. 모세가 이스라엘 백성들을 포기하면 이스라엘 백성들은 가능성이 없는 것이고 모세가 목숨을 걸고 매달리면 이스라엘 백성들은 가능성이 있는 것입니다. 그런데 모세는 죽을 각오를 하고 하나님께 매달려서 멸망으로 가는 이스라엘을 돌이켜 살게 했습니다. 이것을 볼 때 우리 믿음을 가진 사람들이 주위에 있는 사람들이나 민족을 생각하는 것이 아주 중요합니다. 우리가 혼자만 편하게 살려고 하고 슬슬 주위에 있는 사람들을 포기하면 그들은 소망이 없는 것입니다. 그러나 우리가 절대로 포기하지 않는 사람은 하나님도 절대로 포기하지 않고 기회를 주십니다.

이스라엘의 반역의 역사

이스라엘 백성들이 출애굽한 후에 광야에서 얼마나 하나님의 마음을 많이 아프게 했든지 그들이 하나님의 마음을 아프게 한 곳을 지도로 그릴 수가 있을 정도입니다. 그러니까 이스라엘 백성들의 광야 지도는 하나님을 대적한 지도이고 불신앙의 지도였습니다. 하나님께서는 우리에게 믿음을 요구하는 하나님이십니다. 그런데 하나님은 아무 근거 없이 무턱대고 믿으라고 하는 분이 아니십니다. 하나님께서는 이스라엘 백성들에게 기적과 능력을 행하셨고 거기에 맞는 믿음을 요구하셨습니다.

이스라엘 백성들은 애굽에 있으면서 하나님의 열 가지 재앙을 경험했습니다. 그러면 이제는 어떤 어려운 일이 생겨도 하나님의 능력을 믿어야 합니다. 그러나 그들의 믿음은 홍해 앞에서 들통이 나고 말았습니다. 이스라엘 백성들은 앞에는 바다가 있고 뒤에는 애굽의 병거가 쳐들어오자 거기서 죽는다고 모세에게 소리를 질렀습니다. 우리가 알아야 할 것은 모세라고 해서 전지전능한 사람은 아니라는 것입니다. 모세도 이스라엘 백성들과 똑같이 절망하고 똑같이 두려움이 생겼습니다. 그러나 모세는 열 가지 재앙을 생각했고 그 일을 행하신 하나님께서 이 홍해 앞에서 자신들을 구원 못하실 리가 없다고 생각했습니다. 그래서 모세는 울부짖는 이스라엘 백성들에게 조용히 하라고 하면서 오늘 하나님께서 행하시는 놀라운 일을 우리가 한번 보자고 설득했습니다. 그리고 홍해 바다가 갈라졌습니다.

은혜나 기적을 체험한 후 그것을 잊어버리면 불신앙에 빠지게 됩니다. 우리는 하나님께서 특별히 나의 기도를 들어 주시고 어려움에서 건져 주시며 기적을 베푸셨을 때 더 큰 믿음으로 나아가서 그 뒤에는 어떤 어려움이 오더라도 믿음에 굳게 서서 흔들리지 말아야 합니다.

하나님께서 이스라엘 백성들에게 주신 가장 큰 기적은 시내산에서 말씀을 주신 것이었습니다. 이것은 하나님께서 이스라엘 백성들에게 그분을 온전히 드러내시고 모든 것을 주신 것이나 마찬가지였습니다. 하나님께서는 그것을 이스라엘 백성들이 깨닫도록 하기 위해서 불붙는 가운데 하나님의 음성을 듣게 하셨고 시내산이 진동하게 하셨습니다. 특히 이스라엘에게는 애굽에서의 열 가지 재앙이나 홍해가 갈라지면서 마른 땅을 건넌 것보다 수십 배 수백 배 더 중요한 은혜가 시내산에서 하나님의 말씀을 받은 것입니다.

하나님께서 이스라엘 백성들에게 말씀을 주셨다는 것은 천국의 열쇠를 다 맡긴 것과 같습니다. 우리가 어떤 사람에게 집 열쇠를 맡기면 우리 집에 있는 것을 당신에게 다 맡긴다는 것과 같습니다. 하나님께서 이스라엘 백성들에게 천국의 모든 축복을 다 맡기셨다면 이때부터 이스라엘 백성들은 죽도록 하나님의 말씀을 붙들어야 합니다. 이 세상의 다른 어떤 것이 하나님의 말씀보다 더 좋아 보인다 할지라도 하나님의 말씀 때문에 어떤 어려움이나 고통이 온다 하더라도 믿음으로 다 이겨야 하는 것입니다.

그러나 이스라엘 백성들은 모세가 시내산에서 돌 판을 받아가지고 내려올 때 금송아지를 만들어서 춤을 추며 우상 숭배를 하고 있었습니다. 하나님께서 말씀을 주실 정도로 이스라엘 백성들을 믿었다면 그들도 세상의 어떤 유혹이나 환난이 오더라도 하나님을 믿고 말씀에 순종했어야 합니다. 하나님께서는 그것을 기대하셨습니다.

그런데 왜 이스라엘 백성들은 금송아지를 만들었을까요? 사실 이런 일이 그들에게는 처음이 아니었습니다. 이미 애굽에서 금송아지 신앙을 가지고 있었던 것입니다. 이스라엘 백성들은 하나님의 말씀을 듣는 것을 모세가 잘난 체하는 것으로 생각했고 하나님께서 자기들에게 잔소리하시는 것이라고 생각했습니다. 이스라엘 백성들은 그런 하나님 중심의 종교가 아니라 하나님은 가만히 계시고 자기들이 떠들고 소리 지르고 즐기는 종교를 원했던 것입니다.

사실 하나님께서 이스라엘 백성들에게 기대하신 것이 모세의 말과 같았습니다. 열 가지 재앙을 보고 바다가 갈라진 길을 걷고 하나님께서 불 가운데서 말씀하시는 것을 들었다면 이제는 모든 옛 생활을 청산하라는 것입니다.

예수님께서는 베드로에게 '내가 천국 열쇠를 네게 주리니' (마 16:19) 라고 말씀하셨습니다. 이것은 베드로와 우리 믿는 자들에게 천국의 복음을 맡기시는 것을 의미합니다. 하나님께서 우리에게 말씀을 맡기신 것은 하나님의 전 재산을 우리에게 다 맡겨 주신 것입니다. 이것은 사람의 영원한 운명을 결정하는 말씀이며 사람의 생사를 결정하는 말씀입니다. 그럼에도 불구하고 우리가 하나님의 말씀을 제쳐놓고 자기 생각대로 믿으려고 하는 것은 목이 곧은 것입니다.

"너희가 다베라와 맛사와 기브롯 핫다아와에서도 여호와를 격노케 하였느니라"(신 9:22)는 말씀에 나오는 장소들은 모두 이스라엘 백성들이 물이 없고 고기가 없고 불편하다고 해서 하나님을 원망했던 장소들입니다. 이스라엘 백성들이 이제 먹는 것이나 입는 것이나 집 문제 같은 것을 하나님께 다 맡기고 더 나은 믿음으로 나아가기 원하시는 하나님의 뜻과 달리, 그들은 세상적인 기준을 가지고 남들보다 조금이라도 못하다는 생각이 들면 하나님을 원망하고 대적하여 하나님의 마음을 아프시게 해드렸습니다. 우리가 죄를 짓고 영적으로 침체되거나 원망과 불평을 하면 하나님도 마음에 깊은 상처를 받으십니다.

본문을 보면 이스라엘 백성들이 금송아지 사건 다음으로 하나님께 크게 반역했던 것은 가데스 바네아에서 가나안 땅을 정탐한 후에 하나님의 명령에 등을 돌린 일이었습니다.

신명기 9장 23절

여호와께서 너희를 가데스 바네아에서 떠나게 하실 때에 이르시기를 너희는 올라가서 내가 너희에게 준 땅을 얻으라 하시되 너희가 너희 하나님 여호와의 명령을 거역하여 믿지 아니하고 그 말씀을 듣지 아니하였나니.

하나님께서는 광야에서 이스라엘 백성들에게 놀랍게 먹을 것과 마실 것을 주셨습니다. 광야에는 그 많은 이스라엘 백성들이 마실 물이 없었고 먹을 양식이 없었습니다. 그런데 모세가 반석을 치니까 이백만 명이 먹을 물이 터져 나왔습니다. 그리고 밤에 자고 아침에 일어나면 온 들판에 모든 백성들이 먹을 수 있을 정도로 충분하게 만나라고 하는 음식이 내렸습니다. 이런 체험을 했던 이스라엘 백성들이라면 가나안 땅도 믿음으로 진격을 했어야 하는 것입니다.

물론 이스라엘 백성들의 힘으로는 절대로 가나안 사람들을 이길 수 없고 가나안 땅을 차지할 수 없습니다. 그것은 객관적인 전력을 비교해 보면 틀림이 없습니다. 그러나 중요한 것은 지금까지 이스라엘 백성들이 했던 체험입니다. 이것은 이스라엘 백성들의 무기요 실력이었습니다. 이 세상에서 바다를 건넌 백성이 어디에 있으며, 이 세상에 불타는 산에서 하나님의 말씀을 들은 백성이 어디에 있으며, 반석을 쳐서 거기서 나오는 물을 마신 백성이 어디에 있습니까? 우리가 받은 이런 은혜는 이 세상 어느 곳에서도 구경하거나 맛볼 수 없는 것들입니다. 하나님의 은혜를 체험하면 이 세상에서 어떤 어려운 일도 믿음으로 이겨 낼 수 있고 어떤 난관도 믿음으로 해낼 수 있다는 것을 믿어야 합니다. 믿는 자에게 능치 못할 것이 없습니다.

하나님께서 모세에게 가나안 땅을 차지하기 전에 이스라엘 백성들의 반역의 역사를 다 말씀하시는 이유가 무엇일까요? 이것은 너희가 원래 이런 자들이었는데 하나님께서 한없는 자비로 참으시고 오늘까지 오셔서 다시 한 번 가나안 땅을 믿음으로 정복할 수 있는 기회를 주신다는 것입니다. 이제 이스라엘 백성들이 취해야 할 자세가 무엇이겠습니까? 만약 그들이 가나안 사람들에게 겁을 집어 먹고 뒤로 물러선다면 또 다시 하나님을 원망하고 불평해서 불 뱀에 물리고 땅이 갈라져서 죽고 40년 동안 광야를 돌아다니던 때로 돌아가는 것밖에 되지 않습니다. 이스라엘 백성들은 아무리 가나안 사람들이 겁이 나고 무서워도 광야 40년보다는 무섭지 않을 것입니다. 그렇다면 이스라엘 백성들이 선택할 수 있는 길은 믿음을 가지고 앞으로 나가는 것밖에 없습니다.

그런데 유감스럽게도 이스라엘 백성들에게 하신 말씀은 전부 우리에게 하시는 말씀입니다. 하나님께서는 우리로 하여금 마음속으로만 예수를 믿고 수도원 생활을 하든지 세상과 타협하라고 하지 않으시고 이 세상에서 믿음으로 살 기회를 주셨습니다. 우리에게 이 귀한 믿음과 말씀과 성령의 감동을 주신 것은 하나님께서 모든 것을 우리에게 다 맡겨 주신 것입니다. 이제 우리는 절대로 신앙이 없던 과거로 돌아가려고 해서는 안 됩니다. 그것은 금송아지를 만드는 것밖에 되지 않습니다.

모세는 이스라엘 백성들이 금송아지를 다시 꺼내지 못하도록 불로 태워서 가루로 만들어서 물에 타서 먹게 했습니다. 앞으로 금송아지가 어디 있느냐고 물으면 네 뱃속에서 배설물이 되어서 다 나갔다고 하려는 것입니다. 우리는 절대로 이 세상을 부러워해서도 안 되고 두려워해서도 안 됩니다.

사실 우리의 과거도 이스라엘 백성 못지않게 결코 만만치 않을 것입니다. 적어도 저는 그렇습니다. 저도 하나님의 마음을 아프게 한 곳으로 지도를 그릴 수 있습니다. 그러나 하나님께서는 저에게도 믿음으로 살 기회를 주셨습니다.

우리가 할 수 있는 것은 무조건 물러서지 않고 하나하나마다 사력을 다해서 싸우는 것입니다. 그러면 결국 우리는 모든 것을 다 이기고 축복의 고지를 차지하게 될 것입니다. 이것을 믿음으로 받아들이시기 바랍니다. 우리는 다시 과거로 돌아갈 수 없습니다. 과거에 우리가 머물던 곳은 불 뱀과 전갈이 있는 뜨거운 사막입니다. 우리를 믿고 기회를 주신 하나님을 위해서 어떤 어려움에도 굴복하지 않고 젖 먹던 힘까지 다해서 충성하는 크리스천 군사들이 되기를 바랍니다.

14

| 신 10:1-22 | 축복의 기회

예전에 일간 신문에 우리나라의 명문 가정을 소개하는 기사가 실린 적이 있습니다. 어떤 집안은 할아버지부터 아들 손자에 이르기까지 최고 명문 학교를 나왔고, 어떤 사람은 초등학교 때부터 중 · 고등학교와 대학교와 고시까지 모두 일등을 하고 높은 관직을 차지하기도 했습니다. 그런데 대부분 머리가 워낙 뛰어나기도 했지만 집안도 먹고 사는 걱정이 없는 명문 가정이기 때문에 일찌감치 좋은 성공의 자리를 차지한 경우였습니다.

그런데 실제로 대부분의 사람들은 가정 형편이 어렵기 때문에 성공하기가 쉽지 않습니다. 또 명문가 가문이라도 거의 대부분은 항상 성공만 하는 것이 아닙니다. 그래서 저는 개인적으로 신문이 그런 기사를 게재한 이유를 잘 이해할 수가 없었습니다. 부모가 정서적으로 자녀를 잘 돌보지 못하거나 돈이 없는 경우, 자녀들은 공부도 제대로 하지 못하고 나쁜 친구들과 어울려서 헤매게 됩니다. 우리에게는 그런 과거 속에서 어느 한순간 정신을 차리는 계기를 만나고 그 후부터 다른 사람들보다 배나 수고하고 노력한 결과 훌륭한 일들을 하는 사람들의 이야기가 더 마음 깊은 곳에 와 닿을 것입니다.

사람에게는 자기 자신을 한번 객관적으로 볼 수 있는 기회를 가진다는 것이 아주 중요한 것 같습니다. 우리가 이 세상을 사는데 있어서 완전한 삶을 산다는 것 자체가 참으로 예외적입니다. 자라면서 한 번도 탈선하지 않고 죄도 짓지 않고 처음부터 끝까지 모범생으로 자라는 경우는 거의 드뭅니다. 우리가 때때로 실수할 수도 있고 방황할 수도 있습니다. 하지만 더 중요한 것은 이렇게 실패한 자기 자신을 발견했을 때 어떻게 수습해서 더 나은 축복의 자리로 나아가느냐 하는 것입니다.

사람들의 운명은 사실 여기서 갈라지는 것 같습니다. 어떤 사람은 실패한 자기 자신을 발견할 때 자기보다 훨씬 나은 여건에 있는 사람들과 비교하면서 실망하고 한탄합니다. 그러나 어떤 사람은 그때 정신을 차리고 과거에 방황했던 이상의 열정으로 공부하고 노력해서 자신의 운명을 바꿉니다.

이것은 우리 신앙에 있어서도 마찬가지입니다. 우리가 어려서부터 늙어 죽을 때까지 늘 착실하게 믿음 생활을 하면 좋고 또 그럴 수도 있겠지만, 그렇지 않은 경우가 훨씬 많습니다. 어떤 사람은 이 험한 세상에서 죄만 짓다가 교회에 오기도 하고, 어떤 사람은 인생 밑바닥에서 좌절하다가 예수님을 만나기도 합니다. 그런데 하나님께서는 과거에 얼마나 하나님을 잘 믿었는가가 아니라 지금 이 순간 얼마나 하나님을 사랑하며 얼마나 바르게 믿으려고 애쓰는가 하는 것을 보십니다. 그래서 우리들에게 축복의 기회는 바로 지금입니다. 지금 이 순간 내가 하나님 앞에서 최고의 열정을 가지고 최고의 믿음을 가지고 나아가면 하나님께서는 다시 한 번 우리에게 축복의 기회를 주십니다.

본문을 보면 이스라엘 백성들이 모두 하나님 앞에서 큰 은혜를 받았음에도 불구하고 큰 실패를 하게 됩니다. 이스라엘 백성들은 자신들의 실패를 어떻게 수습해야 할지조차도 모르는 심각한 문제를 안고 있었던 것입니다. 그런데 이때 모세는 큰 실패로 망할 수밖에 없는 이스라엘 백성들을 믿음으로 잘 수습해서 전혀 실패하지 않았던 것처럼 축복의 백성이 되게 했습니다. 모세는 보통 사람들이 얼른 보면 이스라엘 백성들이 정말 멸망할 정도로 실패했던 사람들이었단 말인가라고 의문을 제기할 정도로 완벽하게 회복시켜 놓았습니다. 그러나 전문가의 눈으로 자세하게 보면 이스라엘 백성들이 과거에 크게 실패했던 자국들이 군데군데 땜질이 되어 있는 것을 볼 수 있을 것입니다.

크리스천의 믿음은 우리의 운명을 바꾸고 민족의 운명을 바꾸는 하나님의 축복입니다. 우리는 자신의 불행했던 과거를 원망할 필요가 없습니다. 또 현재 자신의 부정적인 형편에 절망할 필요가 없습니다. 중요한 것은 지금 하나님께서 말씀으로 우리에게 축복의 기회를 주고 계신 것입니다. 이때 우리가 전심으로 이 축복의 기회를 붙들면 우리의 인생과 우리나라의 운명이 달라질 것입니다.

두 번째 붙잡은 기회

이스라엘 백성들에게 애굽의 열 가지 재앙과 홍해 바다를 갈라서 탈출하는 어마어마한 체험을 주신 하나님께서는 시내산에서 그들을 하나님의 백성 삼아 주시는 언약을 체결하려고 하셨습니다. 하나님께서 이스라엘 백성들에게 주신 체험은 그냥 한번 지나가는 체험이 아니었습니다. 애굽에 나타났던 재앙들은 그 하나하나가 거대한 원자폭탄과 같았고 홍해를 갈랐던 위력은 최근의 쓰나미와 같은 것이었습니다. 이스라엘 백성들의 이 체험은 그들의 재산이었고 영원한 축복이었습니다. 더욱이 이스라엘 백성들이 시내산 전체가 불붙는 가운데서 하나님의 율법의 말씀을 받은 것은 최고의 체험이었습니다.

그런데 이스라엘 백성들은 바로 이 축복의 순간에 대 실패를 했습니다. 그것은 바로 하나님의 말씀이 마음에 들지 않는다고 해서 금송아지 우상을 만들어서 섬긴 것입니다. 이 금송아지 우상이 얼마나 무서운 것인가 하면 지금까지 이스라엘 백성들이 받은 축복을 다 무효로 하고 그들을 영원한 지옥에 빠뜨려 멸망시킬 수 있는 재앙이었습니다. 그것을 모세는 바로 살려 냈고 이스라엘 백성들이 다시 하나님의 백성이 될 수 있도록 하나님의 두 돌 판을 받았습니다.

신명기 10장 1절

그때에 여호와께서 내게 이르시기를 너는 처음과 같은 두 돌 판을 다듬어 가지고 산에 올라 내게로 나아오고 또 나무 궤 하나를 만들라.

하나님께서 처음에는 돌 판을 만드는 것부터 시작해서 글씨를 새기는 것까지 모든 것을 다 하셔서 모세에게 주셨습니다. 그런데 두 번째 돌 판을 주실 때에는 하나님께서 처음과 같이 모든 것을 다 만들지 않으시고 모세에게 돌 판을 만들어서 가지고 올라오게 하셨습니다. 왜 하나님께서 이번에는 직접 만들어 주지 않으셨을까요? 이제는 하나님께서 돌 판을 만드는데 지쳐서 그렇게 하셨을까요? 그런데 저는 이 일에 하나님의 깊은 뜻이 있는 것을 알게 되었습니다.

만일 두 번째에도 처음과 똑같이 하나님께서 돌 판을 만들어서 십계명의 말씀을 주셨다면 이스라엘 백성들은 자칫 잘못하면 자기들에게 아무 일도 없었던 것처럼 생각하기 쉽습니다. 왜냐하면 처음과 똑같은 돌 판을 자기들이 가지고 있기 때문입니다. 즉 금송아지를 만들어서 축복을 다 까먹고 멸망할 뻔했던 것이나 여러 사람들이 그 일로 인해 죽었던 것이나 모세가 처음 돌 판을 던져서 깨버렸던 것들이 묻혀서 넘어갈 수가 있습니다. 그리고 이스라엘 백성들은 그동안 아무 일도 없었던 것처럼 뻔뻔스럽게 행동할 수가 있는 것입니다.

이것은 마치 어떤 사람이 큰 죄를 짓고 반성했지만, 용서를 받은 후에 그 일을 까먹고 전혀 죄를 지은 적이 없는 것처럼 고개를 쳐들고 뻔뻔스럽게 돌아다니는 것과 같습니다. 죄 용서를 받은 것과 죄를 아예 짓지 않는 것은 분명히 틀립니다. 죄를 용서받았으면 더 겸손하게 더 감사하는 마음으로 살아야 합니다. 그래서 하나님께서 두 번째 돌 판은 모세가 만들게 하심으로 처음 돌 판과는 분명히 차별화하셨습니다. 즉 이 돌 판은 처음 주어지는 것이 아니고 두 번째 주어지는 것인데, 이스라엘의 반역으로 인해 첫 번째 돌 판이 깨어졌고 하나님께서 다시 한 번 이스라엘 백성들에게 자비를 베푸셔서 이 돌 판을 주신다는 의미가 들어 있는 것입니다.

아마도 모세는 두 번째 돌 판을 자신이 직접 다듬으면서 이것이 쉽지 않다는 것을 알았을 것입니다. 망치로 돌을 깨면서 손을 찧기도 했을 것이고 또 돌 조각이 얼굴에 튀면서 얼굴이 따갑기도 했을 것입니다.

그러면서 모세가 생각한 것이 무엇입니까? 내 손을 망치에 찧게 되고 돌이 튀어서 내 얼굴이 따가워도 이렇게 두 번째 믿음의 기회를 받는 것이 얼마나 엄청난 축복인가 하는 감사의 마음인 것입니다.

이스라엘 백성들이 놀라운 축복의 민족이 되고 가나안 땅을 차지했던 것은 그들이 처음부터 잘 믿어서 그런 것이 결코 아니었습니다. 오히려 이스라엘 백성들은 하나님의 최고의 축복을 발로 밟고 난장판을 만드는 실수를 범했습니다. 그러나 하나님께서 다시 한 번 그들에게 믿음의 기회를 주셨을 때 그들은 반성하는 자세로 그 말씀을 붙들고 충성함으로 하나님의 큰 축복을 받을 수 있었던 것입니다. 그래서 이스라엘 백성들은 이 두 번째 돌 판을 볼 때마다 기억해야 했습니다. '우리는 이미 한 번 하나님 앞에서 엄청난 실수를 범한 자들입니다. 하지만 하나님께서는 말할 수 없는 자비를 베푸셔서 우리에게 다시 한 번 믿음의 기회를 주셨습니다. 우리가 다시는 하나님 앞에서 범죄 하지 않고 지난번에 잘못했던 것을 생각해서 배나 열심히 하나님의 말씀에 순종하겠습니다.'

우리 평생에 큰 실패를 할 수도 있습니다. 어떤 경우에는 하나님께서 큰 축복을 주셨음에도 불구하고 그 축복을 발로 짓밟고 큰 죄에 빠질 수도 있습니다. 그래서 우리에게는 두 번째 돌 판이 있는 것입니다. 즉 비록 한번은 내가 미련하고 어리석어서 하나님 앞에서 크게 범죄하고 실패했지만 이제 다시는 하나님의 마음을 아프게 하지 않고 죽도록 충성하겠다고 결심하는 것입니다. 그러면 하나님은 우리가 마치 한번도 죄를 짓지 않은 것처럼 완전한 복을 주십니다. 첫 번째 돌 판과 두 번째 돌 판은 겉으로 보기에는 거의 아무 차이가 없을 정도로 똑같은 것이었습니다. 하나님께서는 이 두 번째 돌 판을 이스라엘 백성들이 만든 언약궤 안에 넣어서 보관하게 하셨습니다.

신명기 10장 2-3절

네가 깨뜨린 처음 판에 쓴 말을 내가 그 판에 쓰리니 너는 그것을 그 궤에 넣으라 하시기로 내가 싯딤나무로 궤를 만들고 처음 것과 같은 돌 판 둘을 다듬어 손에 들고 산에 오르매.

여기서 '궤'라고 하는 것은 이스라엘 백성들에게 가장 중요한 언약궤를 말합니다. 이 언약궤는 하나님의 보좌를 나타내고 하나님의 임재가 나타나는 곳이었습니다. 그런데 이 언약궤 속에 십계명의 돌 판이 들어 있는 것은 무엇을 의미할까요? 바로 하나님의 말씀이 선포되는 곳에는 언제나 하나님께서 임재 하신다는 뜻입니다. 그러니까 하나님의 놀라운 능력과 영광은 다른 곳이 아니라 비록 한번은 실패했다 하더라도 그 뒤에 정신을 차리고 하나님의 말씀을 붙드는 곳, 하나님의 말씀이 선포되는 그곳에 나타나는 것입니다. 하나님의 영광이 우리에게 나타나면 어떻게 됩니까? 우리의 모든 죄가 다 사하여지면서 우리가 변하여 완전히 새 사람이 됩니다.

예수님께서는 유대 사회에서 최고의 지도자였던 니고데모에게 "사람이 거듭나지 아니하면 하나님 나라를 볼 수 없느니라"(요 3:3)고 하셨습니다. 아무리 명문 가정에서 태어나고 뛰어난 출세의 길을 걸어왔다 하더라도 하나님 앞에서 거듭나는 체험이 없는 사람은 여전히 실패한 인생입니다.

그러나 비록 과거에 하나님을 모르고 열심히 하나님을 대적하면서 살아왔다 하더라도 지금 가슴에 하나님을 모시고 하나님의 말씀을 열심히 선포한다면 하나님은 우리 과거의 모든 죄와 허물을 다 씻어 버리십니다. 그리고 하나님의 영광이 나타날 때 우리의 기도가 응답되고 기적이 일어나며 하나님의 놀라운 능력이 우리 모두에게 임하게 됩니다.

귀한 하나님의 말씀이 보잘것없는 종이에 기록된 것은 그야말로 '하나님의 오묘한 전략' 입니다. 하나님께서 교만하고 건방진 자들에게 이 축복을 주시지 않기 위해 하나님의 영광을 감추어 놓으신 것입니다. 그래서 우리는 이 말씀에 우리의 모든 것을 다 걸어야 합니다. 다시는 우리에게 주어진 이 축복의 기회를 세상의 출세나 쾌락의 금송아지와 바꾸어서는 안 됩니다.

신명기 10장 6절

이스라엘 자손이 브에롯 브네야아간에서 발행하여 모세라에 이르러서는 아론이 거기서 죽고 거기 장사되었고 그 아들 엘르아살이 그를 이어 제사장의 직임을 행하였으며.

하나님께서는 금송아지를 만드는데 동참한 아론을 죽이려고 하셨습니다. 그런데 모세는 아론도 살려냈습니다. 모세가 책임을 지겠다고 하니까 하나님께서 기회를 주신 것입니다. 아론은 그 뒤 죽도록 충성해서 정말 죽을 때까지 제사장의 사명을 무사히 잘 감당했습니다. 하나님은 이처럼 관대한 분이십니다. 이스라엘의 가장 중요한 제사장이 한때 금송아지의 죄에 빠졌지만 기회를 달라고 하니까 주셨습니다. 그리고 아론은 대제사장의 사명을 잘 마치고 영광스럽게 후임자에게 옷을 벗어주고 죽었던 것입니다.

아마도 이 엄청난 사건이 있은 후 아론은 다시는 금송아지 우상을 생각하지 않았을 것입니다. 마치 베드로가 예수님을 배신한 후 닭만 보면 자신의 허물이 생각났던 것처럼 아론도 송아지만 보면 자신의 허물이 떠올랐을 것입니다. 아론은 다시는 사람의 말을 듣지 않고 하나님의 말씀만 듣고 순종함으로 죽을 때까지 하나님 앞에 대제사장으로 사용되는 것을 보게 됩니다. 얼마나 하나님이 멋진 분이며 관대한 분이십니까?

우리는 인간이기 때문에 어쩔 수 없이 하나님 앞에서 죄를 짓습니다. 그때 우리가 미리 하나님 앞에 내어 놓고 애통해 하면 하나님께서 진심으로 우리를 불쌍히 여겨 주십니다. 그래서 멸망할 죄도 용서해 주시고 우리를 더 불쌍히 여겨 주시고 더 사랑해 주시고 물질적으로도 더 복을 주시고 직위도 더 높여 주셔서 끝까지 사명을 감당하게 하십니다. 그러니까 우리는 죽을 때까지 감사하고 겸손할 수밖에 없는 것입니다.

레위 족의 충성

이스라엘 백성들에게 가장 특이한 사람들은 많은 제사장들과 제사장들을 돕는 레위인들이었습니다.

신명기 10장 8-9절

그때에 여호와께서 레위 지파를 구별하여 여호와의 언약궤를 메이며 여호와 앞에 서서 그를 섬기며 또 여호와의 이름으로 축복하게 하셨고 그 일은 오늘날까지 이르느니라 그러므로 레위는 그 형제 중에 분깃이 없으며 기업이 없고 네 하나님 여호와께서 그에게 말씀하심같이 여호와가 그의 기업이시니라.

어느 누구든지 이 세상에서 잘살려고 하면 사회적인 직책이나 직업을 갖고 많은 수입이 있어야 합니다. 우리는 대개 과거에 모두 가난했던 경험이 있기 때문에 집안에서 가장이 수입이 없다는 것이 얼마나 비참한지 잘 알 것입니다. 특히 우리나라의 가정 경제 구조는 대개 가장 한 사람이 돈을 벌고 나머지는 다 공부를 하거나 집안을 돌보는 구조로 되어 있기 때문에 가장이 실직하게 되면 집 전체가 가난해지게 됩니다.

하나님께서는 이스라엘에서 한 지파 사람들에세는 직업을 주지 않으셨습니다. 우리나라로 치면 열두 개의 도 가운데 한 개 도의 사람들은 완전히 생산을 하지 않는 것입니다. 대신 그들은 하나님께 예배드리고 성전에서 봉사하는 것이 직업이었습니다.

물론 성경에 보면 하나님께서 그들의 기업이 되어 주셨다고 말씀하셨지만 그렇다고 해서 그들의 양식이 광야에서처럼 하늘에서 떨어지는 것은 아니었습니다. 그들의 수입은 이스라엘 백성들이 가져다주는 십일조와 제사에서 나오는 고기였습니다. 그런데 레위 족이나 제사장들은 그들에게 주어진 기회를 놓치지 않고 잘 붙들며 온 이스라엘 백성들이 복을 받는 일에 수고했습니다. 그러면 레위인들이 하는 일이 구체적으로 어떤 일이었습니까? 8절 말씀을 다시 보면 "그때에 여호와께서 레위 지파를 구별하여 여호와의 언약궤를 메이며 여호와 앞에 서서 그를 섬기며 또 여호와의 이름으로 축복하게 하셨고"라고 했습니다.

레위인들이 하는 일은 하나님을 섬기고 예배드리는 일이었습니다. 그리고 그 일 자체는 결코 돈을 벌거나 세상에서 유명해지는 일이 아니었습니다. 그럼에도 불구하고 레위인들이 이 일을 기쁘게 했던 이유가 무엇입니까? 바로 모든 재앙이나 복이 하나님으로부터 온다는 것을 믿었기 때문입니다. 레위인들은 적의 공격으로부터 이스라엘을 지키거나 혹은 전염병에 걸린 사람들을 치료하거나 농사나 목축을 해서 돈을 많이 버는 것보다 하나님께 바른 예배를 드리는 것이 더 중요하다고 생각했습니다. 왜냐하면 자신들이 바른 예배를 드림으로 하나님께서 이스라엘의 죄를 용서하시면 적의 공격도 막아 주시고 전염병도 퍼지지 않도록 막아 주시고 비나 이슬이 잘 내리도록 하셔서 농사나 목축이 잘 되게 하신다는 것을 믿었기 때문입니다.

레위인들은 이런 일로 자신들의 수입이 올라가는 것은 아니었습니다. 하지만 다른 이스라엘 백성들이 복을 받으면 결국 십일조를 더 낼 것이기 때문에 그 부스러기로도 풍성할 수 있다는 것을 믿었습니다. 사실 레위인들의 책임은 막중했습니다. 나중에 바벨론 군인들에 의해 예루살렘이 망할 때 성전에 있는 제사장들이 다 죽임을 당하게 됩니다. 이 일은 사실 레위인들이 하나님 앞에서 바른 예배를 드리지 않았기 때문인데, 결국 예루살렘만 멸망한 것이 아니라 자기들도 죽임을 당하게 됨을 알 수 있습니다.

하나님께서는 레위인들에게 다른 이스라엘을 축복하는 권한을 주셨습니다. 원래 이스라엘 백성들은 다른 사람들을 축복하는 권리가 있지만, 특히 레위인에게는 이스라엘을 축복하는 권한이 주어진 것입니다. 즉, 레위인들은 이스라엘 중의 이스라엘이었습니다. 아무리 이스라엘 백성들이라 하더라도 마음속에 부패한 본성이 있고 또 죄를 짓기 때문에 하나님의 축복이 필요했습니다. 그래서 이스라엘을 진정으로 축복할 수 있는 사람들이 직업도 없는 레위인들이었고 이들은 이 사명을 너무나도 감사하게 잘 감당했다고 말씀하고 있습니다.

왜 레위인들이 다른 직업을 가질 수 없을까요? 그 가장 큰 이유는 하나님을 섬기는 일이 너무나도 거룩하고 중요했기 때문입니다. 하나님을 섬기는 이 일을 세상의 일을 하면서 함께할 수가 없었습니다. 그래서 그들은 얼마든지 세상에서 잘살 수 있고 성공할 수 있음에도 불구하고 모든 것을 포기하고 하나님을 섬기는 일에 매달렸던 것을 볼 수 있습니다. 나중에 역사적으로 보면, 이스라엘이 가장 소망이 없었을 때 그나마 부흥의 불길을 일으킨 사람들 중 레위인들이 많았습니다. 그들은 그만큼 헌신되어 있었던 것입니다.

오늘 우리들에게도 이 원리를 똑같이 적용할 수 있습니다. 우리나라의 복은 미국에 달려 있는 것도 아니고 일본에 달려 있는 것도 아니고, 오직 하나님께 달려 있습니다. 그래서 오늘날 우리나라에도 하나님께 찬양하고 기도하고 예배하는 레위인이 필요한데, 단순히 목회자들만이 아니라 모든 크리스천들이 레위인입니다.

사람들은 쓰나미를 두려워하고 조류 독감을 무서워하고 또 전쟁의 공포에 억눌려 살지만 이런 재앙이 임하지 않는 것은 우리 크리스천들의 바른 예배와 기도에 달려 있습니다. 크리스천들 중에는 기도 시간을 지키고 예배 시간을 지키기 위해서 자신의 많은 사회 활동을 포기하는 분들이 있는데 결국 그런 사람들이 이스라엘을 축복하는 레위인인 것입니다.

레위 지파 사람들은 다른 이스라엘 사람들과 별로 다른 것이 없었습니다. 그러나 이스라엘 백성들이 멸망할 죄를 지었을 때 하나님께서는 레위인들이 책임지는 사명을 주셨습니다. 성경에 보면 하나님을 '소멸하는 불'(신 4:24)이라고 했습니다. 요즘으로 치면 원자력과 같은 것입니다. 원자력이 폭탄으로 제작되어 터지면 수십만 명이 죽지만 전기나 다른 에너지로 바뀌면 훨씬 더 많은 사람들이 도움을 받게 됩니다.

그런데 레위인들의 헌신이 원자폭탄을 원자력 에너지로 바꾸듯 모든 재앙이 복이 되게 했습니다. 오늘 우리들의 예배의 위력이 바로 여기에 있습니다. 이 땅에 임할 재앙들이 우리의 예배와 기도를 통해서 복으로 변하는 것입니다. 우리가 이것을 위해 세상에서 인정받지 못하고 성공하지 못하는 것을 아까워하지 말아야 합니다. 우리가 끝까지 우리의 제사장의 사명을 지켜야 이 나라가 살 수 있습니다. 사실 모세는 제사장도 아니지만 제사장의 사명을 감당했습니다.

신명기 10장 10절

내가 처음과 같이 사십 주야를 산에 유하였고 그때에도 여호와께서 내 말을 들으사 너를 참아 멸하지 아니하시고.

누가 제사장입니까? 누구든지 그 가운데서 하나님의 뜻을 가장 먼저 깨달은 사람이 제사장입니다. 집에서 어린아이가 하나님의 뜻을 가장 먼저 깨달았으면 그 아이가 제사장이 됩니다. 비록 어린아이라 하더라도 집을 위해서 기도해야 할 책임이 있습니다. 혹은 부인이 하나님의 뜻을 먼저 깨달았으면 부인이 제사장이 됩니다. 문제가 해결될 때까지 쉬지 말고 기도해서 해결을 받아야 합니다. 그래서 우리는 다른 사람들이 문제를 모르는 것을 원망하지 말고 또 자신이 왜 그 일을 해야 하느냐고 불평하지 말고, 결국 '내가 기도해서 모두가 살면 그들의 복이 내게도 오게 된다' 는 것을 믿어야 합니다.

이스라엘이 복을 받는 길

하나님께서는 한번 크게 실패해서 거의 멸망할 뻔 했던 이스라엘 백성들에게 다른 것을 요구하지 아니하셨습니다. 오직 그들이 변함없이 하나님의 말씀을 사랑하기만 하면 하나님께서는 이스라엘 백성들을 사랑하시고 축복하시겠다고 약속을 하셨습니다.

신명기 10장 12-13절

이스라엘아 네 하나님 여호와께서 네게 요구하시는 것이 무엇이냐 곧 네 하나님 여호와를 경외하여 그 모든 도를 행하고 그를 사랑하며 마음을 다하고 성품을 다하여 네 하나님 여호와를 섬기고 내가 오늘날 네 행복을 위하여 네게 명하는 여호와의 명령과 규례를 지킬 것이 아니냐.

사실 하나님은 너무나도 큰 분이시기 때문에 우리와는 아무 상관이 없다고 볼 수 있습니다. 예를 들어, 개미에게 사람은 너무나도 큰 존재이기 때문에 개미들이 아무리 연구를 하고 조직을 짜고 많은 것을 만들어도 사람에게는 아무 의미가 없습니다. 이처럼 하나님은 온 우주를 손가락으로 만드신 분이신데, 어떻게 그 엄청난 하나님의 사랑을 받아들일 수 있으며 감당할 수 있겠습니까? 또 우리가 어떻게 감히 그 크신 하나님을 사랑할 수 있겠습니까? 그런데 하나님께서는 우리에게 다른 것을 요구하지 않으시고 오직 그분의 말씀만 사랑하라고 하셨습니다.

군대에 있는 군인이라면 자기 애인이 보낸 편지를 볼 때 그 속에 담긴 사랑하는 마음을 느낄 수 있을 것입니다. 성경은 하나님께서 우리에게 보내신 연애편지입니다. 우리가 성경을 읽을 때 하나님이 우리를 얼마나 사랑하시는지 알 수 있을 것입니다. 우리가 할 수 있는 것은 오직 그 사랑을 믿는 것입니다. 엄청나게 크신 하나님께서 너무나도 작은 우리를 아주 깊이 사랑하십니다. 하나님께서 우리 인간들을 결코 포기하지 않으시며 우리로부터 영광받기를 원하시고 우리가 하나님을 믿음으로 살기를 원하시는 것입니다. 하나님은 우리를 사랑하시되 그냥 심심해서 사랑하시는 것이 아니라 하나님의 목숨을 걸고 사랑하십니다. 하나님께서는 그것을 알게 하시기 위해서 이스라엘 백성들을 특별하게 택하셨습니다.

신명기 10장 14-15절

하늘과 모든 하늘의 하늘과 땅과 그 위의 만물은 본래 네 하나님 여호와께 속한 것이로되 여호와께서 오직 네 열조를 기뻐하시고 그들을 사랑하사 그 후손 너희를 만민 중에서 택하셨음이 오늘과 같으니라.

하나님께서는 벌레와 같은 우리 인생들에게 하나님의 사랑을 나타내시기 위해 이스라엘 족속들을 택하셨습니다. 이 세상 사람들이 하나님을 모른다는 것은 전혀 이상한 것이 아닙니다. 왜냐하면 그들에게는 하나님이 너무나도 크시기 때문입니다. 그래서 그런 엄청난 하나님께서 자기 같은 미물을 사랑하신다는 것이 이해가 되지 않습니다. 저는 오늘이 세상의 많은 사람들이 하나님을 모르고 예수님을 부정하는 것이 전혀 이상한 일이라고 생각하지 않습니다. 왜냐하면 그들로서는 도저히 이 사실들이 믿어지지 않기 때문입니다. 그들로서는 상상할 수도 없는 일이기 때문입니다.

그런데 이 세상 모든 민족들은 하나님을 모르고 인정하지 않는다 하더라도 이스라엘은 달라야 했습니다. 하나님의 능력과 사랑을 직접 체험한 이스라엘이 가진 사명은 이 세상 사람들의 것과는 다를 수밖에 없습니다. 이스라엘은 존재하는 목적 자체가 하나님의 사랑을 증거 하는 것입니다. 하나님은 살아계시며 우리에게 무한한 관심을 가지고 계시며 목숨을 걸고 우리를 구원하셨다는 것을 증거 할 책임이 있습니다. 이스라엘 백성들은 이 세상에서 자신들의 행복보다는 하나님을 나타내야 하는 사명을 가졌습니다.

그렇다면 이스라엘 백성들이 어떻게 그 엄청난 하나님의 사랑과 능력을 나타낼 수 있을까요? 그런데 이것은 그들이 걱정할 일이 아니었습니다. 오직 그들에게 주어진 하나님의 말씀을 사랑하기만 하면 하나님께서 알아서 그분을 나타내시기 때문입니다. '하나님을 경외한다' 고 하는 것은 하나님을 실제적인 분으로 인식하는 것을 말합니다. 어떻게 눈에 보이지도 않는 하나님을 살아계신 분으로 믿고 살 수 있습니까? 하나님의 말씀을 읽으면 하나님께서 살아계신 분이신 것을 분명히 알 수가 있습니다. 그리고 그 하나님을 사랑하게 됩니다.

이스라엘 백성들이 세상이 아니라 하나님의 말씀만 사랑하면 하나님은 그들을 통해서 그분을 나타내실 것입니다. 하나님께서 이스라엘에게 그분의 말씀을 주신 이유는 이스라엘의 행복을 위해서입니다. 이것은 하나님께서 그분을 우리에게 다 주신 것입니다. 하나님의 말씀에는 하나님의 모든 재산과 능력과 뜻이 들어 있기 때문입니다. 하나님께서는 말씀을 믿는 사람을 축복하지 않으실 수 없습니다.

하나님께서는 이스라엘 백성들이 존재하는 목적이나 원리가 다른 민족과 완전히 다르다고 하셨습니다. 이스라엘이 존재하는 목적은 자신의 행복이나 출세를 추구하는 것이 아닙니다. 오직 하나님의 사랑을 나타내는 것입니다. 이스라엘 백성들은 이 세상에서 살아남기 위해서 무기나 성을 의지하는 것이 아니라 하나님의 말씀을 붙들면 됩니다. 그러면 무기도 없는 그들을 적들이 이기지 못할 뿐만 아니라 결코 공격하지도 못합니다. 왜냐하면 하나님의 능력이 그들을 지켜 주시기 때문입니다.

우리는 이 세상에서 하나님의 말씀으로 사는 것을 보여 주어야 합니다. 이것이 우리의 특권이요 영광입니다. 그런데 이스라엘 백성들도 죄인인데 이것이 가능할까요? 죄를 지을 수밖에 없는 이스라엘 백성들을 위해 하나님께서는 마음의 할례를 행하라고 하셨습니다.

신명기 10장 16절

그러므로 너희는 마음에 할례를 행하고 다시는 목을 곧게 하지 말라.

마음의 할례를 행하라는 말씀이 무슨 뜻일까요? 두 가지로 생각할 수 있습니다. 하나는 원초적인 더러운 욕망을 잘라 버리는 것을 의미합니다. 아무리 이스라엘이라 하더라도 세상의 더러운 욕망이 있습니다. 이것을 어떻게 잘라 버릴 수 있습니까? 바로 하나님의 말씀 앞에 드러내면 됩니다. 하나님의 말씀 앞에서는 어떤 더러운 것도 잘라 낼 수 있습니다. 이 세상의 모든 죄는 강한 중독성을 가지고 있어서 우리의 결심만으로 절대로 쉽게 떨어지지 않습니다. 그러나 이것을 하나님 앞에 정직하게 내어 놓으면 이상하게 힘을 잃으면서 떨어져 나가게 됩니다. 마음의 할례를 행하는 것은 자기 가슴을 칼로 찌르라는 뜻이 아니고 하나님 앞에 정직하라는 것입니다. 하나님 앞에 정직하기만 하면 모든 죄가 해결됩니다. 우리가 하나님 앞에서 위선의 탈만 쓰지 않으면 우리는 죄를 이길 수가 있습니다.

마음의 할례를 행하라는 말씀의 또 다른 뜻은 아무리 세상이 유혹해도 하나님을 버리지 말고 그분이 주신 것으로 만족하라는 것입니다. 이스라엘 백성들은 절대 세상으로 갈 수가 없습니다. 왜냐하면 그들의 마음속에 하나님의 백성이라는 칼자국이 있기 때문입니다. 우리는 세상 사람들이 잘살고 출세하고 즐거워하는 것을 부러워할 수가 없습니다. 가슴 속에 하나님의 백성이라는 의미의 선명한 하나님의 칼자국을 지우고 세상 사람이 될 수가 없는 것입니다.

하나님은 사람의 외모를 보지 않으시고 중심을 보십니다. 사람들은 집안과 학벌과 능력을 중요하게 보지만 하나님은 오직 지금 우리의 믿음을 보십니다. 우리가 지금 하나님을 열정적으로 사랑할 수 있다면 과거의 모든 불행을 다 고칠 수가 있습니다.

하나님은 신(神) 중의 신이시고 주(主) 중의 주이십니다. 하나님보다 더 위대하고 능력 있는 신이 없습니다. 우리가 이런 하나님의 택함을 받았다는 자체가 엄청난 축복임과 동시에 비극일 수도 있습니다. 왜냐하면 우리가 제대로 믿으면 우리를 통해서 복이 이 세상에 쏟아지지만, 잘못 믿으면 먼저 망하기 때문입니다.

하나님은 우리가 하나님을 가까이하기를 원하십니다. 사람은 가까이하는 사람이 친해지게 되어 있습니다. 우리가 하나님을 가까이하면 하나님도 우리를 가까이하실 것입니다. 우리가 하나님을 바로 믿으면 위대한 구원을 행하실 것이며 70명이었던 사람들을 이백만 명이 되게 하는 복을 주실 것입니다. 우리는 하나님을 모르는 사람들의 복을 부러워하지 말아야 합니다. 우리가 하나님 자체를 소유할 때 우리를 통해서 온 세상이 복을 받게 될 것입니다.

15

| 신 11:1-32 | 하나님의 일을 기억하라

아마 누구든지 이 세상을 살아가면서 한 번씩은 자신도 이 세상에서 크게 한번 성공해서 유명하게 되고 돈을 많이 벌어서 모든 사람들이 부러워하는 그런 행복한 삶을 살고 싶다는 생각을 해 볼 것입니다. 특히 많은 젊은이들이 직장이나 도서관에서 이런 야망과 욕심을 가지고 성공의 길을 찾으려고 애쓰고 있을 것입니다.

우리가 이 세상에서 유명해지고 성공하는 방법은 여러 가지가 있습니다. 우선 너무나도 좋은 머리로 공부를 아주 특출하게 잘해서 세계적인 대학에서 박사학위를 받고 교수나 학자가 되는 길이 있을 것입니다. 만일 그것이 여의치 않으면 운동을 아주 특출하게 잘해서 세계적으로 유명한 외국 팀에 거금을 받고 입단해서 좋은 성적을 올리는 길도 있을 것입니다. 아니면 외모가 잘 생겨서 전 세계 여자들의 마음을 사로잡거나 춤을 잘 추는 가수가 되어 대박 음반을 터트려서 유명세와 부를 함께 잡는 방법도 있을 것입니다.

그러나 이렇게 성공하는 것은 몇 만 명에 한 명 있을까 말까 할 정도의 아주 특별한 경우이고 거의 대부분의 사람들은 특별히 잘 생기지도 못했고 머리가 그렇게 뛰어난 편도 아니고 운동이나 예능에는 거의 소질이 없는 상태에서 평범하게 살아갑니다. 이런 평범한 우리들이 뛰어난 재능을 가진 사람들을 다 제치고 온 세상이 부러워할 만한 놀라운 축복의 삶을 살 수 있는 방법이 있을까요? 신명기 11장은 지극히 평범한 우리들이 온 세상이 부러워할 만한 그런 축복의 삶을 사는 비결이 있다고 말씀하고 있습니다. 그 비결은 바로 하나님의 말씀입니다. 그러니까 하나님의 말씀이 얼마나 놀라운 능력입니까?

아무 재능도 없고 학벌도 없고 그야말로 아무것도 없는 이스라엘 자손들에게 하나님께서 특별한 약속을 해 주십니다. 이스라엘 백성들은 애굽을 탈출한 노예의 자녀들이었고 광야에서 태어난 자들이었습니다. 학교 교육이나 문화적인 혜택이라고는 전혀 받아 보지도 못했는데 하나님께서는 이들에게 세계 최고의 축복을 주겠다고 약속하셨습니다. 이들이 이 최고의 축복을 받는 방법은 그렇게 어려운 것이 아니었습니다. 그것은 바로 하나님을 사랑하며 하나님의 말씀을 잘 지키는 것이었습니다. "그런즉 네 하나님 여호와를 사랑하여 그 직임과 법도와 규례와 명령을 항상 지키라"(신 11:1) 바로 이것이 이스라엘이 세상에서 최고의 복을 받는 비결이었습니다.

왜 하나님께서는 아무 능력이나 재능도 없는 이스라엘 백성들에게 이 놀라운 복을 주겠다고 약속하시는 것일까요? 그것은 창조주 하나님을 만나는 이상의 복이 없기 때문입니다. 우리가 부모를 잘 만나는 것도 복이고 시대를 잘 만나는 것도 복이지만 그 중 최고의 복은 우리를 창조하신 하나님을 믿는 바른 신앙을 가지는 일입니다. 하나님께서는 이스라엘 자손들이 바른 신앙을 끝까지 지키면 이 세상 어느 누구도 받아 본 적이 없는 최고의 복을 주겠다고 약속하셨습니다.

그러나 하나님을 사랑하고 그 말씀을 지키는 것이 참으로 쉬운 일이 아니었습니다. 왜냐하면 하나님은 눈에 보이지 않으시고 하나님의 말씀은 재미가 없고 오래되었기 때문입니다. 결국 이스라엘이 하나님을 사랑하고 그 계명을 지키는 길은 그들이 말씀으로 변화되는 길밖에 없었습니다. 결국 말씀으로 변화되지 못한 이스라엘은 하나님이 아니라 세상을 사랑했고 굴러들어온 엄청난 축복을 놓쳤습니다. 그리고 그 복은 우리들에게 오게 되었습니다.

오늘날 하나님께서는 우리들에게도 동일한 것을 요구하십니다. 우리가 하나님을 사랑하고 하나님의 말씀을 지키는 것이 재주도 없고 능력도 없는 우리가 이 세상에서 최고의 복을 받는 비결입니다. 이제 우리는 이스라엘 백성들이 실패했던 것처럼 실패해서는 안 됩니다. 이 세상에서 어떤 불같은 시험이 오고 어떤 유혹과 비난이 오더라도 하나님을 사랑하고 그 말씀을 지킴으로써 최고의 복을 받는 자들이 다 되어야겠습니다.

이스라엘 백성의 밑천

사람들은 이 세상에서 성공하려면 어느 정도 밑천을 가져야 한다고 말합니다. 그래서 심지어 '장사를 하려고 해도 밑천이 있어야 한다' 고 합니다. 이스라엘 백성들에게는 어마어마한 축복의 밑천이 있었습니다. 그것은 바로 하나님께서 이스라엘 백성들을 애굽에서 이끌어 내신 체험이었습니다.

신명기 11장 2-4절

너희의 자녀는 알지도 못하고 보지도 못하였으나 너희가 오늘날 기억할 것은 너희 하나님 여호와의 징계와 그 위엄과 그 강한 손과 펴신 팔과 애굽에서 그 왕 바로와 그 전국에 행하신 이적과 기사와 또 여호와께서 애굽 군대와 그 말과 그 병거에 행하신 일 곧 그들이 너희를 따를 때에 홍해 물로 그들을 엎어 멸하사 오늘까지 이른 것과,

이스라엘 백성들은 이 세상 어떤 민족도 가지지 못한 엄청난 축복의 재산을 가지고 있었습니다. 그것은 이스라엘 백성들이 가장 불행하고 비참한 처지에 빠져 있을 때 하나님께서 상상할 수 없는 놀라운 능력으로 그들을 건져 주신 체험이었습니다. 하나님께서는 2절에서 "너희가 오늘날 기억할 것은"이라고 말씀하셨습니다. 이스라엘 백성들의 큰 재산은 하나님께서 행하신 놀라운 일을 기억하는 것이었습니다.

오늘 많은 사람들이 겉으로 보기에는 멀쩡한 것 같지만 속으로는 불행했던 과거의 기억을 가지고 살아가고 있습니다. 혹은 자기를 비참하게 만든 사람들에 대한 미움과 원한을 품고 살아갑니다. 사람들의 진정한 재산은 가지고 있는 돈이나 졸업장이 아니라 그들의 마음속에 자리 잡고 있는 기억입니다. 물론 이스라엘 백성들도 불행하고 비참했습니다. 그들의 기억 속에는 남자 아이들을 키워보지도 못하고 나일강에 던져 죽였던 일이 있습니다. 바로나 노예 감독에 대한 미움도 있었습

니다.

그런데 하나님께서는 이스라엘 백성들을 건져 내시기 위해서 인류 역사상 어느 누구도 체험하지 못했던 능력을 행하셨습니다. 하나님께서는 애굽의 바로에게 열 가지 재앙을 퍼부으셨고 나중에는 애굽의 모든 장자들을 다 죽이셨으며 급기야는 홍해를 갈라서 애굽의 병거와 군인들을 바다에서 엎어 버리셨습니다. 하나님의 이러한 엄청난 능력과 기적을 체험하면서 이스라엘 백성들의 마음속에 자리 잡았던 불행들이 다 씻겨 버렸고 비참한 기억들이 다 지워졌으며 그들은 자신들이 진정으로 행복한 사람들이라는 것을 알게 되었습니다. 이스라엘 백성들의 재산은 과거의 비참했던 일들이 아니라 하나님께서 그들에게 행하셨던 놀라운 일들을 기억하는 것이었습니다.

오늘 우리도 마찬가지입니다. 만일 우리가 과거의 불행했던 기억이나 비참했던 상처들을 가슴에 품고 살아간다면 우리는 결코 행복하지 못할 것입니다. 하나님께서는 우리 속에 있는 그런 불행한 기억들을 지우시기 위해서 은혜를 퍼부어 주셨습니다. 도무지 하나님의 사랑을 믿지 못하는 우리들에게 하나님의 사랑을 믿도록 하기 위해 사랑한다는 말씀을 수백 번 수천 번도 더 하셨습니다. 하나님께서는 때마다 우리의 기도를 들어 주셨고 더 놀라운 기적을 베푸셔서 우리를 이렇게 아름답게 변화시켜 주신 것입니다. 우리는 하나님께서 우리에게 베푸신 이 모든 은혜들을 기억해야 합니다. 왜냐하면 우리는 눈에 보이시지 않는 하나님을 잘 믿지 못하기 때문입니다. 그러나 하나님께서 우리에게 행하신 놀라운 일들을 기억할 때 하나님의 사랑과 하나님의 함께하심이 믿어지면서 우리가 하나님께 가까이 나아가게 되는 것입니다.

물론 이스라엘 백성들의 기억 중에는 좋은 기억들만 있는 것은 아니었습니다. 기억하기 싫은 좋지 않은 기억들도 있었습니다.

신명기 11장 5-7절

또 너희가 이곳에 이르기까지 광야에서 너희에게 행하신 일과 르우벤 자손 엘리압의 아들 다단과 아비람에게 하신 일 곧 온 이스라엘의 한 가운데서 땅으로 입을 열어서 그들과 그 가족과 그 장막과 그를 따르는 모든 생물을 삼키게 하신 일이라 너희가 여호와의 행하신 이 모든 큰일을 목도하였느니라.

우리는 출애굽이라든지 광야의 일은 다 지나간 일들이고 이 일들은 한번 일어남으로 다 끝난 '과거지사' 라고 생각합니다. 물론 출애굽의 사건이라든지 땅이 갈라져서 반역하던 자들이 땅 속에 빠져 죽은 일들은 반복되지는 않을 것입니다. 그러나 우리가 이런 일들을 기억할 때 믿음이 되살아나게 됩니다. 중요한 것은 바로 이것입니다. 하나님께서 과거에 우리에게 행하셨던 놀라운 일들은 우리의 식어 있고 굳어 있는 믿음을 새롭게 하는 힘을 가지고 있습니다. 그래서 우리의 믿음이 되살아나서 그 능력의 하나님께 부르짖으면 하나님께서 또 능력을 행하여 주시는 것입니다.

물론 하나님은 똑같은 메뉴를 반복하시는 분이 아니십니다. 하나님은 언제나 새로운 방법으로 그리고 우리가 도저히 예측할 수 없는 방법으로 또 우리에게 능력을 행하십니다. 그러니까 우리는 하나님의 능력을 기억하면서 동시에 이번에는 하나님께서 도대체 어떤 방식으로 우리를 도우실 것인지 긴장하게 되는 것입니다.

우리는 이 세상에서 아무런 힘이 없습니다. 그리고 우리를 도와줄 사람도 없습니다. 그런데 도저히 우리 힘으로 감당할 수 없는 어려움이 우리를 내리 누를 때 우리는 잠시 절망하다가 어느 한순간 하나님의 말씀이 기억나든지 하나님께서 과거에 베풀어 주셨던 은혜가 생각나는 것입니다. 이것은 바로 하나님과 우리 사이의 전화 통화가 연결되는 것과 같습니다. 그때 우리는 하나님이 살아계시는구나 하는 믿음이 생기면서 하나님께 부르짖게 되고, 하나님은 우리를 도우시기 위해 달려오시게 됩니다. 그리고 우리는 하나님께서 도대체 어떤 방식으로 이 어려움에서 나를 건져 내실지 긴장감을 느끼면서 기다리게 되는 것입니다. 우리는 하나님께서 나에게 은혜를 베풀어 주시고 나의 기도에 응답해 주셨던 것을 필사적으로 붙들어야 합니다. 만약 그것을 놓치면 하나님과 우리 사이에 전화가 불통이 되는 것처럼 느끼게 될 것입니다.

우리 마음속에 있는 과거의 모든 비참하고 수치스러웠던 기억을 바로 지금 예수님의 피로 다 지우시기 바랍니다. 그리고 다른 사람이 나를 욕했던 것이나 나를 비참하게 했던 기억들도 다 지우시기 바랍니다. 왜냐하면 이 일을 위해 예수님이 십자가 위에서 죽으셨고 놀라운 성령을 우리에게 보내셨기 때문입니다.

미래의 약속

하나님께서는 광야에서 교육도 전혀 받지 못했고 세상 물정도 전혀 모르는 이스라엘 자손들에게 놀라운 미래를 약속하셨습니다.

신명기 11장 8-9절

그러므로 너희는 내가 오늘날 너희에게 명하는 모든 명령을 지키라 그리하면 너희가 강성할 것이요 너희가 건너가서 얻을 땅에 들어가서 그것을 얻을 것이며 또 여호와께서 너희 열조에게 맹세하사 그와 그 후손에게 주리라고 하신 땅 곧 젖과 꿀이 흐르는 땅에서 너희의 날이 장구하리라.

하나님께서는 미래에 유명한 사람들이 되고 큰 부자가 되려면 가나안 땅에 들어가서 열심히 그들의 기술을 배우고 열심히 공부하고 야구나 축구의 기술을 잘 익혀야 한다고 말씀하지 않으셨습니다. 이스라엘 백성들에게 요구하신 것은 오직 하나님의 말씀을 잘 지키는 것이었습니다. 그들이 하나님의 말씀만 잘 지키면 가나안 땅에 사는 훨씬 강한 자들을 다 이기고 그들을 몰아내고 그 땅에서 아주 오랫동안 복을 누리면서 살 것이라고 약속하셨습니다.

하나님께서는 가나안 땅을 '젖과 꿀이 흐르는 땅'이라고 하셨습니다. 이스라엘 백성들은 대대로 유목민이었기 때문에 끊임없이 소나 양을 먹일 수 있는 꼴을 찾아 돌아다녀야만 했습니다. 요즘도 양봉하는 사람들은 꽃이 늘 피어 있는 것이 아니기 때문에 벌통을 차에 싣고 꽃을 찾아서 계속 이동하는 것을 보게 됩니다. 만약 꽃이 항상 피어 있어서 가만히 있어도 꿀이 철철 넘쳐흐르는 곳이라면, 꼴이 항상 넉넉히 있어서 고생스럽게 돌아다니지 않아도 소와 양을 충분히 먹일 수 있는 곳이라면, 그런 곳은 양봉업자와 목축업자들에게 가장 이상적인 곳이 될 것입니다. 하나님께서는 가나안 땅에서는 복을 찾아서 여기저기를 이동하는 것이 아니라 가만히 있어도 하나님의 복이 흘러넘칠 것이라고 약속하셨습니다. 이제 이스라엘 백성들은 비로소 가나안 땅에서 정착이라는 것을 하게 되는 것입니다.

예를 들어서 가게가 없이 계속 보따리를 싸가지고 돌아다니면서 장사하는 사람에게 백화점에 자기 점포가 생긴다면 그 점포가 바로 젖과 꿀이 흐르는 곳이 됩니다. 자기 집이 없어서 매년 이사를 다니던 사람이 드디어 자기 집을 사게 되었을 때 이제는 더 이상 이사 다니지 않고 안정된 삶을 살 수 있을 것입니다. 하나님께서는 이스라엘 백성들에게 그들이 오직 하나님의 말씀을 지키기만 하면 이런 복을 주시겠다고 약속하셨습니다.

그런데 한번 생각해 봅시다. 가나안 땅 사람들이 결코 약한 사람들도 아니고 무식한 사람들도 아니었습니다. 그리고 가나안 땅은 아주 생존 경쟁이 심한 곳이었습니다. 그런데 어떻게 전혀 지식도 없고 사회 경험이나 기술도 없는 이스라엘 자손들이 가나안 땅을 다 차지할 수 있겠습니까? 오히려 이스라엘 백성들이 하나님의 말씀을 지키면 사회에서 더 뒤떨어지게 되고 더 비현실적이 되며 더 실력이 없게 될 텐데 어떻게 가나안 사람들을 다 이길 수 있는 실력자가 될 수 있을까요? 바로 이것이 하나님의 백성들 자신도 이해할 수 없는 부분입니다.

이것이 바로 하나님의 백성의 신비입니다. 우리가 이 세상에서 하나님의 말씀대로 살면 틀림없이 돈도 못 벌고 직장도 못 구해서 굶어 죽을 것 같습니다. 그러나 하나님의 신비는 우리가 이 세상에 적응하지 못해도 굶어죽지 않는 데서 나타나기 시작합니다. 이상하게도 굶어 죽지 않습니다. 그리고 하나님께서는 먼저 우리의 믿음을 준비시키신 후 세상에 적응할 수 있게 하십니다. 그런데 이때 놀라울 정도로 빨리 회복이 됩니다. 지금까지 너무 많은 시간을 까먹었다고 생각했는데 그동안 허비했던 시간을 만회하고도 남을 정도로 하나님께서 회복시켜 주십니다. 그리고 이 세상에서 어느 누가 뿌리를 뽑으려고 해도 뽑히지 않을 정도의 강자가 되게 하십니다. 이것이 실제 우리에게 나타나고 있는 일입니다.

하나님께서는 이스라엘 백성들에게 가나안 땅이 얼마나 매력적인 땅인지 설명을 하십니다.

신명기 11장 10-11절

네가 들어가 얻으려 하는 땅은 네가 나온 애굽 땅과 같지 아니하니 거기서는 너희가 파종한 후에 발로 물 대기를 채소밭에 댐과 같이 하였거니와 너희가 건너가서 얻을 땅은 산과 골짜기가 있어서 하늘에서 내리는 비를 흡수하는 땅이요.

이스라엘 백성들은 애굽 땅을 최고의 땅이라고 생각했지만 애굽은 비가 잘 오지 않는 건조한 곳이었습니다. 그래서 애굽에서는 나일강을 운하로 끌어 들여서 그 물을 발로 펌프질해서 밭에 공급하여 농사를 지었습니다. 그래서 아무리 애굽이 좋다고 하지만 나일강 하나만 말라 버리면 애굽 전체는 굶어 죽을 수밖에 없었습니다. 그러나 가나안 땅은 산이나 골짜기 전체가 빗물을 흡수해서 샘이나 시내로 물이 흐르기 때문에 물대기를 할 필요가 없는 자연 그대로의 밭이었습니다. 우리나라 사람들은 이것이 잘 이해가 되지 않을지 몰라도 당시 중동 지방 사람들에게 농사를 짓는데 물대기를 하지 않아도 된다는 것은 기적과 같은 일이었습니다.

요즘은 가나안 땅도 많이 건조해져서 물대기를 하지 않으면 농사가 어려운 것 같습니다. 그래서 이스라엘 사람들의 집단 농장 같은 곳을 보면 물을 끌어오는 관개가 가장 중요한 문제인 것을 알 수 있습니다. 그러나 출애굽 했을 때의 가나안 땅은 수분을 머금고 있는 기적의 땅이었던 것을 알 수 있습니다. 그러나 더 중요한 것은 하나님의 특별한 관심의 대상인 땅이었습니다.

신명기 11장 12절

네 하나님 여호와께서 권고하시는 땅이라 세초부터 세말까지 네 하나님 여호와의 눈이 항상 그 위에 있느니라.

가나안 땅이 중요한 이유는 하나님의 말씀이 임하는 부흥의 장소이기 때문입니다. 하나님의 말씀이 임하고 하나님의 백성들이 그 말씀과 믿음으로 놀라운 믿음의 삶을 펼쳐 보일 무대가 되는 땅입니다. 가수들이나 연주자들의 꿈은 최고의 무대에서 연주를 하는 것입니다. 서울의 세종 문화회관이라든지 뉴욕의 카네기 홀 같은 데서 연주를 하면 한평생 명예가 될 것입니다. 그런데 이제 가나안 땅이 그런 곳이 되는 것입니다.

우리가 이 세상에서 역사의 최고의 무대에 서는 것이 아주 중요합니다. 사람들이 별로 알아주지 않는 곳에서 아무리 활약을 해도 역사에 남을 수가 없습니다. 그러나 역사의 최고 무대는 하나님의 말씀이 가장 왕성하게 활동하는 곳입니다. 예수님께서는 생전에 예루살렘에서 활동하지 않으시고 시골 촌구석인 갈릴리 호숫가에서 말씀을 전하고 기적을 행하셨는데 그곳이 바로 역사의 무대입니다.

오늘도 마찬가지입니다. 우리가 굳이 사람들이 많이 모이는 경쟁적인 도시로 갈 필요가 없습니다. 굳이 대도시가 아니라 하더라도 하나님의 말씀이 가장 왕성하게 활동하는 곳이라면 하나님의 눈이 있고 하나님의 축복이 있고 여기에 세계 최고의 것은 다 모이게 되는 것입니다. 우리도 예수님처럼 시골이라도 다녀야 합니다. 사람들의 관심을 끌려고 이곳저곳을 옛날 서커스단처럼 돌아다닐 필요가 없습니다. 말씀의 샘이 터지는 곳이 젖과 꿀이 흐르는 땅이 되는 것이며 여기에 기도의 응답이 있고 여기에 최고의 축복이 있게 됩니다.

> **신명기 11장 14-15절**
>
> 여호와께서 너희 땅에 이른 비와 늦은 비를 적당한 때에 내리시리니 너희가 곡식과 포도주와 기름을 얻을 것이요 또 육축을 위하여 들에 풀이 나게 하시리니 네가 먹고 배부를 것이라.

하나님께서는 우리가 '먼저 그의 나라와 그의 의를 구하라 그리하면 이 모든 것을 너희에게 더하시리라'(마 6:33)고 약속해 주셨습니다. 그러니까 다른 복은 걱정할 필요가 없습니다. 오직 하나님을 사랑하고 그분의 계명을 지키면 이 세상에서 최고의 복을 받을 수 있습니다.

이스라엘 백성의 선택

어떻게 보면 우리가 하나님의 최고의 복을 받는 것이 참으로 쉬운 것 같습니다. 다른 것은 아무것도 없이 오직 하나님만 사랑하고 하나님의 말씀만 부지런히 지키면 되는 것이 아닙니까? 그러나 이것이 결코 쉬운 것이 아니었습니다. 우선 하나님께서는 이것을 다시 한 번 강조를 하십니다.

신명기 11장 13절

내가 오늘날 너희에게 명하는 나의 명령을 너희가 만일 청종하고 너희의 하나님 여호와를 사랑하여 마음을 다하고 성품을 다하여 섬기면.

하나님을 사랑하고 하나님의 말씀을 지키는 것을 방해하는 것들이 있습니다. 첫째, 하나님이 눈에 보이지 않는다는 사실입니다. 하나님이 눈에 보이지 않는데 어떻게 사랑할 수 있습니까? 둘째, 하나님의 말씀이 인간의 지식보다 훨씬 못하게 느껴진다는 것입니다. 이 세상의 지식은 당장 우리를 똑똑하게 만들어 주고 세상에서 써 먹을 수 있는데 하나님의 말씀은 세상에서 우리를 바보로 만들고 써먹을 수도 없고 아무도 알아주지 않습니다. 셋째, 그러나 가장 심각한 문제는 우리의 본성이 하나님을 싫어하고 하나님의 말씀에 반역한다는 것입니다.

우리가 하나님의 말씀을 한마디로 비유하면 '두더지잡기' 라고 할 수 있습니다. 두더지잡기는 여기저기 구멍에서 나오는 두더지 인형을 몽둥이로 때려서 맞추면 점수가 나오는 놀이기구입니다. 그런데 빠르게 두더지 인형이 나왔다 들어가면 그 머리를 맞추는데 정신이 없게 됩니다. 마찬가지로 우리 마음속에는 수없이 많은 야망과 정욕과 더러운 죄의 두더지들이 있습니다. 이처럼 하나님의 말씀은 쉴 새 없이 우리의 머리를 때려서 그 모든 욕망과 죄를 다 철저하게 두들겨 잡습니다. 우리는 하나님 몰래 죄도 짓고 욕망도 채워야 살맛이 나는데 이렇게 철저하게 우리의 욕망과 죄를 두들겨 잡으면 우리는 도대체 이 세상에서 무슨 재미로 살겠습니까?

우리가 하나님의 말씀을 지킨다고 하는 것은 옛날 천자문이나 사서삼경을 외워서 과거 시험을 치듯 기계적으로 하는 것이 아닙니다. 하나님의 말씀은 우리가 그것을 듣고 배울 때 우리를 완전히 변화시킬 수 있습니다. 우리 안에 있는 죄라는 죄를 철저하게 토하여 내게 만들고 우리를 하나님만을 사랑하도록 만들어 놓습니다. 즉 하나님의 말씀은 우리 안에 엄청난 변화를 일으킵니다. 우리가 죄와 욕망을 버리지 않고 하나님의 말씀을 들을 수가 없는 것입니다. 그리고 우리의 중심이 변화되면 세상의 아무리 좋은 것이라도 시시해지고 죄의 욕망도 싫어지면서 하나님의 살아계심과 사랑을 실제로 생생하게 체험하게 됩니다.

그래서 이스라엘 백성들에게 가장 위험한 일은 이방의 우상을 따라가는 것입니다. 이스라엘 백성들에게는 늘 다른 이방인들의 죄짓는 생활에 대한 호기심이 있었고, 이방의 우상들은 내면의 모든 욕망을 허용했습니다.

이스라엘 백성들은 이방 민족에게도 좋은 것이 있고 또 그들은 우상을 섬기면서도 잘사는 사실에 혼란을 느꼈습니다. 이론대로 한다면 이방 사람들은 하나님을 섬기지 않기 때문에 이스라엘보다 더 비참해야 하고 더 못살아야 하고 더 힘들게 살아야 하는데 오히려 정반대로 기술도 좋고 문화 수준도 높고 물질적으로도 풍요했던 것입니다. 단지 이방인들의 흠이라면 도덕적으로 문란하고 하나님을 섬기지 않는 것이었습니다. 여기서 이스라엘 백성들이 많이 헷갈렸던 것입니다.

우리가 알아야 할 것은 이방인들과 하나님의 백성들은 길이 서로 다르다는 것입니다. 이것은 열차가 선로에 따라 전혀 다른 길을 가는 것과 같습니다. 하나님의 백성들은 세상 사람들이 아무리 공부를 잘하고 물질적으로 잘살아도 그것을 부러워해서는 안 됩니다. 왜냐하면 그것은 하나님이 우리에게 주시는 복이 아니기 때문입니다. 하나님께서 우리에게 주시는 복은 따로 있습니다. 만일 하나님의 백성들이 우상의 길을 따라가면 이방인이 되는 것이 아니라 완전히 멸망해 버립니다.

신명기 11장 16-17절

> 너희는 스스로 삼가라 두렵건대 마음에 미혹하여 돌이켜 다른 신들을 섬기며 그것에게 절하므로 여호와께서 너희에게 진노하사 하늘을 닫아 비를 내리지 아니하여 땅으로 소산을 내지 않게 하시므로 너희가 여호와의 주신 아름다운 땅에서 속히 멸망할까 하노라.

하나님의 백성들은 하나님의 백성의 길을 가지 않으면 세상 사람이 되는 것이 아니라 멸망합니다. 그래서 하나님의 백성들은 하나님의 말씀을 붙드는데 결사적이 되어야 합니다.

신명기 11장 18-20절

> 이러므로 너희는 나의 이 말을 너희 마음과 뜻에 두고 또 그것으로 너희 손목에 매어 기호를 삼고 너희 미간에 붙여 표를 삼으며 또 그것을 너희의 자녀에게 가르치며 집에 앉았을 때에든지, 길에 행할 때에든지, 누웠을 때에든지, 일어날 때에든지 이 말씀을 강론하고 또 네 집 문설주와 바깥문에 기록하라.

놀라운 것은 이스라엘 자손들이 말씀을 문자적으로 따랐지만 멸망당한 것입니다. 이스라엘 백성들은 하나님의 말씀을 조그만 까만 상자에 넣어서 이마에 매달고 문설주에도 하나님의 말씀을 넣었으며 손목에도 매었습니다. 그러나 이들은 하나님의 말씀을 지키는 데 있어 결사적이지 않았습니다. 우리가 하나님의 말씀을 제대로 지키려면 하나님의 말씀에 목숨을 걸어야 합니다.

하나님의 말씀을 이마에 붙여서 일체 다른 사상을 거부하고 집 문설주에도 붙여서 아예 근처에도 못 오게 하며 손에도 매어서 하나님의 말씀이 아니면 아무것도 하지 않는 것입니다. 이것은 다른 사람들의 눈에는 완전히 광신자가 되는 것이고 일체 다른 사상을 인정하지 않는 독선주의자가 되는 것이며 너무나도 쉽고 빠른 길이 있는데도 그것을 용납하지 않는 바보가 되는 것입니다.

그러나 이것은 약과입니다. 하나님의 말씀 때문에 용광로에도 들어가고 사자 굴에도 들어가고 모든 사람들에게 미움과 업신여김을 기꺼이 당해야 하는 것입니다. 다시 말해서 하나님과 하나님의 말씀에 미치지 않으면 이렇게 될 수가 없습니다. 그런데 이 세상에 좋은 길이 많은데 누가 그렇게 하나님과 하나님의 말씀에 미치려고 하겠습니까? 그러나 우리가 이렇게 되기만 하면 최고의 축복은 우리의 것이 됩니다.

신명기 11장 22-24절

너희가 만일 내가 너희에게 명하는 이 모든 명령을 잘 지켜 행하여 너희 하나님 여호와를 사랑하고 그 모든 도를 행하여 그에게 부종하면 여호와께서 그 모든 나라 백성을 너희 앞에서 다 쫓아내실 것이라 너희가 너희보다 강대한 나라들을 얻을 것인즉 너희의 발바닥으로 밟는 곳은 다 너희 소유가 되리니.

우리가 하나님과 하나님의 말씀을 미치도록 사랑하게 되면 그때에는 이 세상의 어떤 강한 자도 우리를 이기지 못할 것입니다. 왜냐하면 우리에게 신의 능력이 나타나고 신의 지혜가 있기 때문입니다. 하나님께서는 가나안의 아무리 강한 자들도 이스라엘을 이기지 못하고 두려워할 것이라고 하셨습니다. 왜 가나안 사람들이 하나님께 미친 이스라엘을 두려워합니까? 정상적인 사람들이 아니기 때문입니다. 그런데 하나님께서 뭐라고 약속을 하시는가 하면 발로 밟는 땅을 다 주겠다고 하셨습니다. 이스라엘 백성들은 땅을 발로 밟기만 하면 되는 것입니다. 즉 하나님께서 가라고 하시면 가고 서라고 하면 설 때 놀라운 일이 일어나게 됩니다. 우리는 계산하거나 복잡한 것을 생각할 필요가 전혀 없습니다. 오직 하나님이 시키시는 대로 믿음으로 나아가기만 하면 되는 것입니다.

그러나 이스라엘이 세상 사람들의 강한 것을 보고 두려워해서 그들을 모방하거나 하나님의 말씀을 버리게 되면 결국 저주를 받아서 멸망하게 됩니다.

오늘 우리가 이 힘든 세상에서 최고의 축복을 받는 비결이 무엇입니까? 하나님과 하나님의 말씀을 미치도록 사랑하는 것입니다. 그리고 우리 눈앞에 어떤 어려움이나 장애가 있다 하더라도 좌로나 우로나 치우치지 말고 곧장 하나님의 말씀을 가지고 나가기만 하면 이겨 낼 수 있습니다. 우리가 이렇게 되려면 진정으로 하나님 앞에서 한번 완전히 무릎을 꿇는 일이 있어야 합니다. 나는 하나님 앞에 죄지은 것밖에 없고 나의 힘으로는 아무것도 할 수 없다는 것을 인정할 때 미치도록 하나님과 하나님의 말씀을 사랑하게 되고 다른 사람들이 아무리 욕을 하고 업신여겨도 끝까지 믿음의 길을 갈 수 있는 것입니다.

우리 모두가 하나님의 말씀에 사로잡혀서 미치도록 하나님과 하나님의 말씀을 사랑할 수 있기를 바랍니다. 그래서 가나안의 모든 땅을 차지해서 최고의 복을 누리기를 바랍니다.

축복의 디자인

3부

언약의 법규들

16

| 신 12:1-32 | 하나님이 정하신 한 곳

로마 시대 때 그리스도인들은 로마 정부의 박해를 받으면서도 그리스도인임을 나타내는 표시로 물고기를 그렸습니다. 영화 '쿠오바디스'에는 주인공 여자가 땅에 물고기를 그려서 그리스도인 표시를 나타내는 장면이 나오기도 합니다. 이 물고기를 일컫는 헬라어는 '익투스' 인데 이것은 '예수 그리스도 하나님의 아들' 의 머리글자를 모은 것입니다.

어쨌든 로마 시대에는 핍박으로 인해 자신이 그리스도인임을 드러내려면 엄청난 용기가 필요했습니다. 그래서 당시에는 그리스도인들이 서로 만나면 생명을 함께 나눈 친 형제를 만나는 것보다 더 반가워했을 것입니다. 당시 그리스도인들은 '카타콤' 이라는 지하 동굴에서 밤에 몰래 모여서 예배를 드렸고, 설교는 거의 예수님의 가르침을 반복해서 그대로 전하는 수준이었던 것 같습니다. 그럼에도 불구하고 그런 예배에 한번 참석했을 때 받는 마음의 기쁨이라고 하는 것은 말로 표현할 수가 없을 정도로 컸던 것을 알 수 있습니다.

그런데 지금 우리는 크리스천이라는 표시를 어디서 찾을 수 있을까요? 요즘은 믿는 사람이나 믿지 않는 사람이나 다 똑같은 옷을 입고 똑같이 생활하기 때문에 겉모습만 봐서는 도저히 구별해 낼 수가 없습니다. 가끔 식당에서는 크리스천들이 식사를 하기 전에 꼭 하나님께 감사기도를 드리기 때문에 구별되기도 합니다. 이와 달리 예수를 믿지 않는 사람들은 식사를 하기 전에 아무에게도 감사하지 않습니다.

저는 예전에 식사 기도가 얼마나 중요한 것인지 생각하지 않았습니다. 그래서 식사 기도를 무성의하게 건성으로 했습니다. 그러나 하나님께서 주시는 어려운 시련을 거치면서 마음이 많이 가난해지게 되자 한 끼를 하나님의 도우심으로 사는 것이 얼마나 대단하며 내가 이렇게 많은 사람들 앞에서 하나님의 도우심으로 산다는 것을 기도로 나타낼 수 있는 것이 얼마나 자랑스러운 일인지 알게 되었습니다. 그 후에는 다른 사람들 앞에서 식사 기도를 하는 것이 부끄럽지 않게 되었고 오히려 너무나도 자랑스럽고 당당하게 되었습니다.

그러나 우리가 크리스천임을 오직 식사 기도에서만 나타내면 곤란할 것입니다. 핍박이 있을 때 크리스천들은 자신의 정체를 숨길 때가 많습니다. 그러나 신명기 12장 말씀은 우리가 크리스천임을 드러내고 당당한 하나님의 백성의 모습을 가지고 살아가라고 말씀하십니다. 요즘 크리스천들의 정체가 너무나도 모호해서 '저 사람이 진짜 크리스천이야?' 하는 말을 듣습니다. 직장에서 술도 잘 마시고 세상 노래도 잘 부르고 전혀 믿는 사람 같지 않은데 어느 날 교회에서 직분을 맡고 있다는 말에 놀라게 되는 것입니다.

물론 우리가 분명히 예수님을 나의 주로 영접하고 거듭났다 하더라도 세상에 살다보면 시험에 빠져서 술도 마실 수도 있고 세상 사람들과 어울려서 세속적인 모습을 보일 수도 있습니다. 그러나 우리가 알아야 할 것은 이런 모습이 결코 하나님께서 기뻐하시는 모습은 아니라는 것입니다.

오늘 과연 우리는 하나님이 기뻐하시는 모습을 회복할 수 있겠습니까? 그것은 바로 하나님 앞에서 예배드리면서 은혜 받고 기뻐하는 것입니다. 이것이 가장 분명한 크리스천들의 모습입니다. 우리가 이 세상에서 크리스천답지 못하게 생활하고 크리스천인 것을 부끄러워하는 것은 하나님의 은혜가 충만하지 못하기 때문입니다. 하나님께서는 이스라엘 백성들에게 그들이 가나안 땅에 들어갔을 때 가나안의 모든 우상을 다 부수어 버리고 하나님이 정하신 한 곳에 모여서 예배로 은혜를 받으라고 말씀하고 있습니다. 예배드리면서 눈물 흘리고 찬송 부르면서 기뻐하고 말씀에서 은혜를 받는 사람은 누가 뭐라고 해도 진정한 하나님의 백성인 것입니다.

사탄의 세력을 대적하라

제가 갓 직장 생활을 시작하게 되었을 때 신입 사원들을 모두 연수원에서 합숙시키며 훈련시키는 시간이 있었습니다. 저는 그때도 평소에 하던 버릇을 고치지 못하고 벽에 광고를 붙여서 성경 공부할 사람들을 모집하기도 했습니다. 그런데 당시 연수 프로그램 중에 신입 사원들을 일주일간 모두 가나안 농군 학교에 넣어서 훈련을 받게 하는 과정이 있었는데 이것을 아주 싫어하는 한 사람이 있었습니다. 나중에 알고 보니 그는 가나안 농군 학교에서 나는 기독교 냄새를 못마땅하게 여겼던 것을 알게 되었습니다. 그는 연수 중간에 절을 구경하는 기회가 있자, 법당에 들어가서 절을 하기도 했습니다. 이것을 보며 저는 '아, 사람들이 기독교적인 냄새를 싫어하는 것은 그들 속에 있는 영이 우리와 달라서 그렇구나' 하는 것을 깨닫게 되었습니다.

하나님의 백성들과 믿지 않는 사람들을 외모로 구별하기는 참 어렵습니다. 그러나 크리스천의 가장 분명한 표시는 그들의 마음 중심에 있습니다. 즉 예수 믿는 사람들 속에는 세상 사람들과 분명히 다른 영이 있는 것입니다. 그런데 이 영은 마귀의 영이 아니라 너무나도 거룩하고 순결하신 하나님의 영이십니다. 그래서 믿지 않는 사람들이 기도한다고 눈을 감고 있거나 아무리 손으로 십자가를 그어도 그 속에 성령이 없으면 하나님의 백성이 아닙니다. 마음속에 하나님의 영이 없는 사람들이 가장 싫어하는 것은 하나님을 찬송하는 것입니다. 마귀가 이 세상에서 제일 싫어하는 것이 있다면 바로 하나님에 대한 찬양입니다.

하나님께서는 이스라엘 자손들이 하나님의 인도하심을 따라서 가나안 땅에 들어가게 되었을 때 가장 먼저 하나님의 백성인 것을 드러내고 가나안 땅에 있는 모든 우상을 파괴하라고 하셨습니다.

신명기 12장 1-3절

네 열조의 하나님 여호와께서 네게 주셔서 얻게 하신 땅에서 너희가 평생에 지켜 행할 규례와 법도는 이러하니라 너희가 쫓아낼 민족들이 그 신들을 섬기는 곳은 높은 산이든지 작은 산이든지 푸른 나무 아래든지 무론하고 그 모든 곳을 너희가 마땅히 파멸하며 그 단을 헐며 주상을 깨트리며 아세라 상을 불사르고 또 그 조각한 신상들을 찍어서 그 이름을 그곳에서 멸하라.

하나님께서는 이스라엘 백성들이 가나안 땅에 들어가게 되면 광야와는 완전히 다른 상황에 처하게 될 것임을 말씀하셨습니다. 즉 이스라엘 백성들이 광야에 있을 때에는 다른 민족이나 다른 종교를 가진 사람들이 아무도 없었습니다. 광야에 있는 사람들은 모두 이스라엘 백성들이었고 하나님을 섬기는 자들이었습니다. 그러나 가나안 땅에 들어가서 만나야 될 사람들은 이미 수백 년 이상 자기들의 종교를 가지고 살았습니다.

하나님께서는 이스라엘 백성들에게 가나안 땅에 들어가면 그들의 정체를 드러내는 것이 중요하다고 하셨습니다. 즉 하나님을 섬기는 사람이라는 신분을 드러내고 우상의 종교를 파괴하고 하나님을 믿는 새로운 사회를 만들기 위해서 이곳에 오게 되었음을 분명히 하라고 하셨습니다. 그리고 실제로 가나안 족속들이 이미 수백 년 이상씩 섬기고 종교 생활을 해 오고 있는 모든 우상이나 종교를 파괴하라고 명령하셨습니다.

여기서 우리는 크리스천들이 자신들의 정체를 드러내야 하는 경우를 생각해 보게 됩니다. 우선 우리가 은혜 받았다고 해서 길거리에서 '내가 예수 믿는 사람입니다' 라고 소리 지르면서 정체를 드러낼 필요는 없습니다. 왜냐하면 그렇지 않아도 세상 사람들은 우리 믿는 사람들이 너무 광신적이 될까봐 두려워하고 있기 때문입니다. 우리는 기독교인들에 대해 조직적인 핍박이나 박해가 있을 때 자신을 지키기 위해 크리스천임을 드러내지 않을 수 있습니다. 그러나 지금처럼 종교의 자유가 허용되는 사회에서 크리스천임을 잘 드러내지 못하는 것은 부끄러워서 그럴 수도 있고 자신이 없어서 그럴 수도 있습니다. 때로는 신앙이 너무 어려서 세상 친구들과 어울리지 못하거나 사회생활을 하는데 손해가 될까봐 그럴 수도 있습니다.

그러나 예수님께서는 우리들에게 예수 믿는 것을 결코 부끄러워해서는 안 된다고 말씀하셨습니다. 예수님께서는 만일 우리가 이 세상에서 예수님을 부끄러워한다면 예수님께서도 하나님과 천사들 앞에서 우리를 부끄러워하실 것이라고 하셨습니다. 우리가 예수님을 믿고 하나님의 축복의 자녀가 된 것은 결코 부끄러운 것이 아니고 어마어마하게 복된 것입니다. 그래서 사도 바울은 "유대인은 표적을 구하고 헬라인은 지혜를 찾으나 우리는 십자가에 못 박힌 그리스도를 전하니"(고전 1:22-23)라고 말했습니다.

또한 사도 바울은 '내가 복음을 부끄러워하지 아니하노니'(롬 1:16)라고 했습니다. 우리가 하나님을 알고 하나님의 백성이 된 것은 결코 부끄러운 일이 아니라 어마어마하게 자랑스럽고 복된 일입니다. 그러나 문제는 이 세상 사람들이 그런 것을 전혀 좋게 생각하지 않고 우리를 불쌍한 눈으로 쳐다보면서 때로는 우리를 광신자 취급하는 것이 문제일 뿐입니다. 우리는 이것에 조금도 위축되어서는 안 됩니다.

이스라엘 백성들이 가나안 땅에 들어갔을 때 그들은 애굽을 탈출한 노예 신분 출신이었고 게다가 40년 동안이나 문명사회와는 담을 쌓고 광야만 돌아다닌 촌사람들이었습니다. 거기에 비해서 가나안 사람들은 문명의 극치를 누리고 있었고 농사를 지어서 부유한 생활을 하고 있었습니다. 그럼에도 불구하고 전혀 위축되지 말고 자신들은 하나님을 섬기는 자들이며 그들이 여기에 온 목적이 우상의 문화와 죄의 문화를 심판하고 하나님의 나라를 세우는 것임을 나타내라는 뜻입니다. 하나님께서 이스라엘 백성들에게 가나안의 종교를 파멸시키라고 하신 이유는 그 뒤에 나옵니다.

신명기 12장 31절

네 하나님 여호와께는 네가 그와 같이 행하지 못할 것이라 그들은 여호와의 꺼리시며 가증히 여기시는 일을 그 신들에게 행하여 심지어 그 자녀를 불살라 그 신들에게 드렸느니라.

이방 종교는 사람들을 기만하여 속이고 거짓말해서 미신의 종이 되게 하고 비윤리적이며 비상식적인 일을 하도록 합니다. 그 중 가장 악한 것은 조직적으로 하나님의 영광을 대적하는 것이었습니다. 우상 숭배자들이나 미신에 빠진 사람들을 보면 얼마나 말도 되지 않는 소리로 사람들을 속이며 얼마나 거짓된 것을 믿게 해서 망하게 하는지 모릅니다.

우리 사회에 '짝퉁'이라고 해서 가짜 명품들이 많이 돌아다니고 있습니다. 이런 가짜들을 보면 겉으로는 도저히 진짜와 구별이 되지 않습니다. 그래서 어떤 사람들은 '가짜면 어때?' 라고 하는데 가짜와 진짜는 엄청난 차이가 있습니다. 물론 물건을 속아서 살 때에는 돈만 손해를 보면 될 것입니다. 가짜인 줄 알고 샀을 때에는 손해 볼 것도 없습니다. 그러나 만일 그 가짜가 사람일 때에는 인생을 망치게 됩니다. 어떤 여성이 '짝퉁' 남자와 만나서 속아서 결혼을 한다면 그녀는 남은 인생을 망치게 될 것입니다. 그런데 만일 신앙이 가짜라면 이것은 인생 전체와 영생을 도둑질합니다.

하나님의 백성들은 이 세상에서 사탄의 문화와 하나님의 일반 은총을 구별할 수 있어야 합니다. 하나님께서 이스라엘 백성들에게 주신 명령도 가나안 땅 전체를 폭파시키라는 것이 아니었습니다. 하나님께서는 분명히 가나안 땅이 하나님의 거룩한 곳이라고 말씀하셨습니다. 하나님께서는 시내산에서 모세가 발에서 신을 벗게 하셨듯이 여호수아도 가나안 땅에서 발에서 신을 벗게 하셨습니다. 그러나 하나님께서는 가나안에 뿌리를 내리고 있던 모든 사탄의 종교 의식이나 사탄의 문화를 뿌리 뽑는 사명을 이스라엘 백성들에게 주셨던 것입니다.

이것은 오늘 우리들에게도 마찬가지입니다. 하나님은 우리 사회 전체를 부정하라고 말씀하지 않으셨습니다. 오히려 이 세상은 우리가 발에서 신을 벗어야 할 하나님의 거룩한 땅입니다. 그러나 우리가 도저히 분별하지 못할 정도로 교묘하게 우리의 의식이나 생활 속에 뿌리를 내리고 있는 사탄의 문화와 풍습이 있는데 이것을 우리는 제거해야 합니다.

옛날에는 사랑하는 남녀가 결혼을 하고 싶어도 궁합이나 사주가 맞지 않아서 못하는 경우가 많이 있었습니다. 이런 것을 사랑의 힘으로 물리쳐야 합니다. 허례허식과 낭비와 같은 잘못된 결혼 문화도 바뀌어야 합니다. 그래야 진정으로 결혼을 축하하고 축복받는 일이 가능할 것입니다. 그럼에도 불구하고 '쌍춘년' 이라는 식의 점술가의 말에 따라 결혼식장이 미어터진다고 하니 안타까운 일이 아닐 수 없습니다. 직장에서나 학교에서 신입사원들에게 술을 마시게 하는 것이라든지 혹은 죽은 조상에 대한 제사 의식도 바뀌어야 합니다.

과거에 우리 사회에 점을 치는 집이나 창녀촌이 얼마나 많았는지 모릅니다. 어렸을 때에는 아예 동네 한 가운데서 무당이 굿을 하면서 춤을 추는 것을 자주 봤습니다. 그런데 기독교인들이 많아지면서 도시에서는 굿을 하거나 점집 같은 것이 적어졌지만 오히려 변두리에서 더 극성을 부리고 있습니다. 윤락 행위도 정부에서 단속을 하니까 숨어서 맹렬하게 하는 것 같습니다. 우리는 이런 것들이 모두 우리 사회를 썩게 하고 병들게 하는 것임을 알아서 조금도 경계 태세를 늦추어서는 안 됩니다.

우리는 우리 사회에 있는 타종교를 공개적으로 공격해서는 안 됩니다. 그렇지만 우리 사회를 뒤덮고 있는 이 사탄의 세력이 결박을 당하도록 계속 복음을 외치고 기도를 강력하게 해야 할 것입니다. 우리가 살고 있는 이 도시는 얼마나 우상이 심한지 모릅니다. 그러니까 젊은이들이 자라면서 너무나도 마음에 상처가 많고 억눌려 있으니까 정신이 이상한 사람들이 많이 생기는 것입니다. 그래서 그런 사람 중에 누군가가 지하철에 불을 질러서 많은 사람들을 죽이고 결국 자기도 죽습니다.

여성들도 억눌려 있으니까 너무나도 많은 상처와 우울증으로 고생합니다. 또 사람들이 자기 정욕대로 사니까 이혼도 많이 하고 그러니까 자동적으로 결손 가정에서 자라는 아이들이 많을 수밖에 없습니다. 그러나 복음이 강력하게 증거 되면 이런 것들이 다 없어지게 됩니다. 그래서 복음을 밝히는 것은 결국 우리 자신과 우리의 자녀들이 잘살기 위한 것입니다. 우리가 복음을 부끄러워하면 이것이 부메랑이 되어서 결국 우리 자신이 우울증에 걸리고 자녀들의 가정이 깨어질 수 있습니다. 이것은 아주 치열한 영적인 싸움입니다.

하나님이 정하신 한 곳

신명기 12장에서 가장 중요한 것은 가나안 땅에 들어가면 개인적으로나 산에서 예배를 드리지 말고 모든 이스라엘 백성들이 하나님이 정하신 곳에서 다같이 모여서 예배를 드리라고 명령하신 것입니다.

신명기 12장 4-5절

너희 하나님 여호와에게는 너희가 그처럼 행하지 말고 오직 너희 하나님 여호와께서 자기 이름을 두시려고 너희 모든 지파 중에서 택하신 곳인 그 거하실 곳으로 찾아 나아가서.

이 당시 가나안 종교의 특징은 산이나 언덕 위에 있는 나무 밑에 가서 종교 의식을 가지는 것이었습니다. 이곳에서 굿을 하거나 미신적인 행위를 하는 이유는 좀 더 신의 능력과 자연의 원기를 받을 수 있다고 생각했기 때문입니다. 사실 맨 땅보다는 오래된 나무 밑에 가면 나무의 신이 있을 것 같고 또 산에 가면 산의 신이 있어서 자기를 도울 것 같은 상상을 할 수도 있습니다. 그러나 그렇게 하는 것은 어디까지나 상상에 불과합니다. 이 세상에 있는 모든 것은 하나님이 만드신 피조물들이고 그 중에서 인간보다 더 하나님께 가깝도록 만들어진 피조물은 없습니다.

그래서 우리 인간들이 다른 피조물의 도움으로 신에게 나아가려고 하는 것 자체가 스스로 인간성을 말살하는 것입니다. 그런 종교 의식 뒤에는 반드시 인간 스스로의 의지를 포기하는 미신적인 상태에 빠지게 되어 있습니다. 어려운 일이 있으면 오히려 정신을 차리고 해결하려고 해야 하는데 자포자기를 하니까 더 어려워지는 것입니다. 더욱 심각한 것은 이런 인간들의 자세를 하나님이 아주 싫어하고 진노하시는 것입니다. 하나님께서는 이스라엘 백성들이 가나안 땅에 들어가면 하나님이 정해 주시는 곳에서 예배를 드리라고 말씀하셨습니다. 이것을 나중에 '중앙 성소법' 이라는 말로 표현하기도 합니다.

19세기에 독일 신학자들 중에서는 이상한 신학을 가진 사람들이 있었습니다. 종교도 진화했다고 생각하는 이들은 이스라엘 백성들의 종교가 처음에는 다신교였는데 나중에 이런 일신교로 발전하여 중앙 성소에서 예배드리게 되었고 성전에서 두루마리가 발견된 것은 요시야 때일 것이라고 주장했습니다. 그래서 신명기는 요시야 이후에 포로 때에 누가 썼을 것이라고 주장했습니다. 심지어는 그런 사상을 가진 포로 후기 사람들을 '신명기 학파' 라고 부르기도 했습니다. 성경을 이런 식으로 해석하는 사람들은 베드로가 가장 우려했던 성경을 '억지로 풀다가 스스로 멸망에 이르' (벧후 3:16)는 사람들에 해당합니다.

신명기 안에는 그것이 광야에서 기록되었다는 증거가 많이 나타나고 있습니다. 우선, 신명기 말씀에 나오는 식물이나 새 중에는 광야에서만 볼 수 있는 것들이 많습니다. 그리고 말씀이 계속 가나안 땅에 들어가는 것을 전제로 하는 것을 보게 됩니다. 또한 하나님께서는 '어느 한 곳' 이라고 말씀하셨지 어떤 지명을 말씀하지는 않으셨다는 것입니다. 그 이유는 요즘 우리가 생각하는 식으로 어떤 땅이 좋은 땅이고 복이 내리는 땅이라서 주시는 것이 아니라 신학적인 이유 때문이라는 것을 알 수 있습니다.

즉 우리가 하나님께 예배드릴 때는 하나님의 말씀을 따라서 예배드리는 것이 중요하다는 것입니다. 다른 종교는 자기들이 생각하기에 이것이 더 좋을 것 같으면 하고 또 할 수 있는 대로 자신들의 정성이나 열정이 많이 들어가는 것이 좋은 예배일 것이라고 생각합니다. 그러나 하나님께 드리는 예배는 말씀과 일치하는 것이 아주 중요하며 특히 우리의 마음이 믿음과 일치해야 합니다. 우리가 하나님의 말씀대로 그리고 믿음으로 예배를 드리면 반드시 하나님의 은혜가 임하고 축복이 임하게 됩니다.

하나님께서는 이스라엘 백성들이 자기 개인적인 생각에 따라서 여기저기에서 나름대로 예배드리는 것을 허락지 않으시고 하나님이 정하신 곳에서 제사장의 통제를 받아서 말씀대로 예배드리기를 원하셨습니다. 하나님의 말씀에 따라서 믿음으로 예배드리는 것이 은혜와 기도응답을 받고 축복을 받는 가장 중요한 원리입니다. 특히 하나님께서는 이스라엘 백성들이 함께 모일 때 더 큰 영광을 체험하게 하셨습니다. 그 이유는 이스라엘이 하나님의 은혜를 담는 그릇이기 때문입니다. 오늘 우리는 개인적으로도 얼마든지 하나님께 예배드리고 은혜 받을 수 있습니다. 그러나 우리가 함께 모였을 때에는 우리 가운데 부어지는 하나님의 은혜와 능력의 규모가 개인 것으로 은혜 받는 것과는 비교할 수 없을 정도로 강력하고 큽니다.

그래서 옛날 청교도 신앙을 가진 목회자들은 성령 세례가 개인에게 부어지는 성령의 충만함이라면 부흥은 성도들이 교회에 함께 모였을 때 하나님께서 부어 주시는 성령의 충만함이라고 설명하기도 했습니다.

오순절에 예수님의 제자들과 성도들이 모였을 때 한꺼번에 성령의 충만함을 받는 일이 일어났습니다. 그때에는 이것이 눈에 보이는 이적과 함께 나타났는데 불이 갈라지는 모습과 바람 소리 같은 것이 귀에 들리면서 거기에 있던 모든 성도들에게 성령이 부어지는 일이 일어난 것입니다. 그때 거기에 모였던 사람들이 한 사람도 빠짐없이 성령의 충만함을 받았는데 얼마나 기뻐하고 흥분되었든지 전 세계에서 온 사람들은 그들이 낮술에 취했다고 조롱했습니다.

그때 베드로는 사람들에게 낮술에 취한 것이 아니고 요엘 선지자가 말한 것처럼 '그때에 내가 또 내 신으로 남종과 여종에게 부어 줄 것이며' (욜 2:29)라는 말씀처럼 그 성령이 임한 것이라고 했습니다. 그리고 베드로가 갈릴리 방언으로 말하는데 전 세계에서 온 사람들에게 저절로 통역이 되면서 베드로의 설교를 들을 수 있게 되었고 거기서 한걸음 더 나아가서 베드로와 요한은 성전 문에서 구걸하던 한 장애인을 예수님의 이름으로 걷게 함으로 많은 사람들이 예수님을 믿게 되었습니다.

하나님께서 이스라엘 백성들이 한 자리에서 예배드리게 하신 것은 예배의 오염을 막기 위한 의도도 있었을 것입니다. 아무래도 구석구석에서 자기 마음대로 예배를 드리면 미신적인 생각이 파고 들 수 있기 때문입니다. 그러나 이스라엘 백성들이 함께 모여서 예배를 드릴 때 하나님께서는 더 큰 영광을 체험하게 하시고 모든 사람들에게 빠짐없이 은혜를 주십니다.

그래서 우리는 모이는 것을 힘써야 합니다. 우리는 골방에서 개인적으로 성령의 충만함을 받습니다. 또 우리는 개인적인 묵상과 기도를 통해서 세미한 음성을 듣기도 하고 마음의 많은 상처를 치료받을 수 있습니다. 그러나 우리가 하나님의 말씀을 중심으로 해서 한 자리에 모였을 때 오순절에 일어났던 것과 같은 강력한 성령의 세례와 부흥이 우리에게 일어나서 모든 사람들이 충만한 은혜를 받게 됩니다. 이것이 우리가 이 세상에서 하나님의 백성으로 당당하게 살아갈 수 있는 힘이 될 것입니다. 하나님은 이스라엘 백성들에게 하나님을 너무 두려워할 것이 아니라 하나님의 말씀대로 예배드리면 얼마든지 하나님이 기뻐하고 축복하신다고 말씀하셨습니다.

신명기 12장 6절

너희 번제와 너의 희생과 너희 십일조와 너희 손의 거제와 너희 서원제와 낙헌 예물과 너희 우양의 처음 낳은 것들을 너희는 그리로 가져다가 드리고.

우리가 하나님께 나아가려고 해도 도저히 자신이 없는 것은 우리는 유한하고 하나님은 무한하시기 때문에 도무지 하나님을 감당할 수가 없는 것입니다. 우리가 얼마나 제사를 드리고 얼마나 헌신해야 하나님을 만족시켜드릴 수 있겠습니까? 그러나 하나님은 우리에게 그런 걱정을 하지 말고 하나님의 말씀대로 제물을 바치고 하나님의 말씀대로 예배를 드리면 그것으로 충분하다고 말씀하셨습니다. 우리가 이 세상에서 하나님의 축복을 받는 비결은 하나님의 말씀에 순종하고 교회를 사랑하는 것입니다. 그러면 우리의 믿음이 아무리 부족해도 하나님은 우리를 기뻐하고 축복하십니다.

세상에서 주의해야 할 것들

이스라엘 백성들이 가나안 땅에 들어가면 분별해서 해야 할 일들이 많이 있었습니다. 하나님께서는 특히 종교와 관련해서 그들이 혼동하지 말아야 할 것들을 몇 가지 말씀하셨습니다. 그 중 하나가 육류였습니다.

신명기 12장 15절

그러나 네 하나님 여호와께서 네게 주신 복을 따라 각 성에서 네 마음에 즐기는 대로 생축을 잡아 그 고기를 먹을 수 있나니 곧 정한 자나 부정한 자를 무론하고 노루나 사슴을 먹음같이 먹으려니와.

우리가 이 말씀을 잘 이해하기 힘든 이유는 세상이 그동안 많이 바뀌었기 때문입니다. 고대에는 소나 짐승들을 숭배했기 때문에 이것들을 신성시했습니다. 그래서 옛날 사람들은 이런 짐승들을 감히 도살하지 못했습니다. 그래서 소나 양 같은 육류를 먹으려면 반드시 자기들의 신전에 가서 제사를 드리고 난 후에 고기를 먹어야 부정을 타지 않는다고 생각했습니다.

이것은 나중에 사도 바울의 로마서에도 언급이 됩니다. 즉 당시 로마에서도 모든 고기는 신전에서 제사를 드린 고기였는데, 이런 고기를 먹어도 되느냐 아니면 안 되느냐 하는 것을 가지고 시험에 든 사람들이 많이 있었던 것입니다. 그래서 사도 바울은 고기를 가지고 신전에서 제사 드리는 것을 보지 못하고 시장에서 그냥 샀다면 묻지 말고 먹어도 된다고 했습니다. 그러나 그것조차도 양심에 거리끼는 사람은 먹지 말라고 했습니다.

그러나 고대에는 소나 양 같은 신성한 짐승들을 반드시 신전에서 죽여야 한다고 믿었던 것 같습니다. 그래서 하나님께서는 예배와 식생활을 분명하게 구별하여 예배용은 성전에서 도살해서 하나님께 바치고 그냥 먹을 것은 가까운 곳에서 도살해도 아무 상관이 없다고 가르쳐 주셨습니다. 그러니까 소고기나 양고기를 먹으면서 벌벌 떨 필요가 없다는 뜻입니다. 모든 것을 감사하게 먹으면 되는 것이지 이 소가 나에게 저주를 내리지 않을까 두려워하지 말라는 것입니다. 다만 절대로 피를 먹지 말아야 합니다.

신명기 12장 16절

오직 그 피는 먹지 말고 물같이땅에 쏟을 것이며.

왜 하나님께서는 고기를 먹어도 된다고 하시면서 피를 금하시는 것일까요? 아무리 육류라 하더라도 생명의 소중함은 어떤 경우에도 잊어서는 안 된다는 뜻입니다. 특히 피는 하나님의 신앙에서 핵심입니다. 구약 성경에 보면 짐승들의 피로 죄 사함을 받았고 예수님의 피로 우리가 죄 씻음을 받았습니다. 오늘도 사람들이 수술을 하거나 병원에서 치료를 받을 때 피가 모자라면 수혈을 받아야 하는데 피가 간염이나 에이즈에 오염되면 결국 피 때문에 죽는 것입니다.

사실 고기를 먹는 것과 피를 먹지 않는 것은 무슨 차이일까 하는 생각이 들 것입니다. 기왕 짐승을 죽였는데 그 피를 먹지 않는다고 해서 그 짐승이 살아날 리도 없습니다. 그러니 좀 먹어도 되지 않겠나 하고 생각할 수 있습니다. 그러나 하나님께서는 우리에게 작은 순종을 요구하십니다. 우리가 생각하기에 별 것 아닌 것 같지만 하나님께는 아주 중요한 것들이 있기 때문에 우리는 하나님이 하지 말라고 하시는 것은 아무리 대수롭지 않아 보여도 잘 순종하는 것이 복을 받는 비결입니다.

대개 사소한 불순종들이 모여서 큰 불순종이 될 때가 많다는 사실을 사람들은 잘 잊어버립니다. 죄는 처음에는 아주 사소한 데서부터 시작하여 우리를 점점 더 좋지 못한 것으로 끌고 가려고 합니다. 그래서 우리가 신앙적으로 유익하지 않은 것은 아주 작은 것이라 하더라도 포기하고 끊어버리는 것이 좋습니다.

이방인들은 이스라엘 백성들을 이해하지 못하기 때문에 아주 이상하게 생각했습니다. 왜냐하면 이방인들은 짐승들의 피가 몸에 좋다고 해서 그것을 꿀꺽꿀꺽 마셨기 때문입니다. 그러나 이스라엘 백성들은 절대로 피를 마시지 않았고 하나님 앞에서 죄를 씻는데 썼습니다.

우리는 아주 사소한 일이라도 자기 욕심이나 다른 사람들이 하자고 하는 대로 하지 말아야 합니다. 우리는 다른 사람을 살리는 사람들이고 우리 자신을 다른 사람에게 주는 사람이라는 것을 나타낼 수 있어야 합니다.

하나님께서 가나안 족속들을 가나안 땅에서 몰아내시는 이유는 우상숭배와 음란 때문이었습니다. 그들이 우상에 빠지고 나중에는 자기 자식까지 죽여서 우상에게 바친 이유가 무엇일까요? 왜 이렇게 우상 숭배를 할 수밖에 없었을까요? 바로 두려움 때문이었습니다. 하나님을 아는 믿음 없이 이 세상을 살아가니까 하루하루가 두려워서 결국 우상을 섬기고 거짓된 사제들이 시키는 대로 자식을 죽이고 더 깊은 미신에 빠질 수밖에 없었던 것입니다. 오늘 우리 시대를 살아가는 사람들의 가장 큰 특징도 불안과 두려움입니다. 또한 역시 하나님을 모르고 살아가기 때문입니다. 인간은 하나님을 모르면 미신의 종이 되게 되어 있고 자기 정욕의 노예가 될 수밖에 없습니다.

하나님을 알고 믿고 있다면 미래에 대해 불안해하거나 두려워할 필요가 전혀 없습니다. 우리에게는 환한 빛이 있습니다. 우리에게는 더 이상 마귀의 속임수나 사탄의 저주가 통하지 않습니다. 그런데 이스라엘 백성들은 그들에게서 하나님의 말씀이 없어지니까 가나안 족속들보다 더 미신적이 되었습니다. 그리고 결국 가나안에서 내몰림을 당하고 말았습니다. 이것을 보면 하나님을 바로 아는 것이 우리에게 얼마나 중요한 것인지 알 수 있습니다. 우리에게는 하나님께서 더 충만한 빛을 주셔서 모든 마귀의 저주를 이기고 이 죄악의 나라를 축복의 나라로 바꿀 수 있기를 바랍니다.

17

| 신 13:1-18 | 미신과의 싸움

사회가 문명화되고 사람들의 지적인 수준이 올라갈수록 미신이 없어질 것 같지만 아직도 우리 사회에는 많은 미신적인 요소들이 버젓이 자리를 차지하고 있습니다. 요즘도 한여름이면 거의 대부분의 텔레비전 채널에서 귀신을 소재로 한 영화나 드라마를 방영하고, 결혼할 때는 여전히 길일을 택합니다. 더욱이 무속이 얼마나 성행하는가 하면 점을 치는 시장 규모가 수 조 원대에 이른다고 합니다.

요즘이 이 정도라면 복음의 빛이 비춰지 못했던 옛날에는 어느 정도였을까요? 옛날에는 사회의 모든 것을 미신이 지배하고 있었습니다. 왕이나 일반 백성 할 것 없이 미신이 사회를 지배했고 무당의 말이 그 사회에서 가장 힘이 있는 말로 받아들여지곤 했습니다.

결국 사람은 사회적인 지위가 높거나 낮거나 지식이 많거나 적거나 현대를 살거나 과거에 살았거나 간에 하나님의 말씀의 빛이 없으면 미신에 사로잡힐 수밖에 없다는 것을 알게 됩니다. 게다가 이 시대에는 미신을 미신으로 드러내지 않고 더 교묘하게 자신의 정체를 감추면서 하나님의 진리를 대적합니다. 이러한 때에 크리스천들이 세상에 나가서 사는 것은 그야말로 불신의 사회에 뛰어 들어서 상륙 작전을 감행하는 것과 같습니다.

우리나라 해방 후에 시골에서 거의 맨 주먹으로 혼자 도시에 와서 온갖 고생을 하고 사회적으로 크게 성공한 사람들의 이야기를 들을 때가 있습니다. 시골에서 농사를 지어봐야 전혀 성공할 수 없을 것 같으니까 거의 맹목적으로 도회지에 뛰어들어서 인생 밑바닥에서부터 죽을 고생을 다하면서 돈을 벌어서 결국 크게 성공을 이룬 것입니다. 그러나 이런 사람들의 성공 이야기를 가만히 분석해 보면 무조건 열심히 노력해서가 아니라 성공할 수 있는 교두보를 잘 확보했던 것이 성공의 기반이 되었던 것을 알 수 있습니다.

옛날 영화 중에서 '지상 최대의 작전'(The Longest Day)이라는 영화가 있었습니다. 이 영화는 제2차 세계대전 때 연합군의 노르망디 상륙 작전을 영화로 만든 것인데 그 당시 최고로 유명한 배우들은 다 총출동한 대작이었습니다. 2차대전의 분수령이 되는 이 노르망디 상륙 작전은 막강한 전력을 가진 독일군을 따돌리고 연합군이 유럽 대륙에 교두보를 확보하는데 성공을 해서 전쟁에서 이기는 발판을 삼는 것입니다.

마찬가지로 우리 크리스천들도 이 세상에서 성공적인 삶을 살기 위해서는 교두보를 확보하는 것이 필요합니다. 우리는 이 세상이 너무나도 악하고 경쟁적이어서 바른 신앙 양심을 가지고는 도저히 성공할 수 있을 것 같지가 않습니다. 실제로 사탄이 이 세상에서 가장 원하는 것은 바른 신앙을 가진 사람이나 교회가 절대로 발을 붙이지 못하게 만드는 것입니다. 그런 가운데서 우리는 이 세상에 뿌리를 내려야 하고 또 축복을 받아서 빛과 소금의 사명을 감당해야 합니다.

이것은 이스라엘 백성들이 애굽을 탈출해서 가나안 땅에 들어가서 사는 것과 같았습니다. 이스라엘 백성들이 가나안 땅에 정착하기 위해서는 가나안 땅에 있는 성들을 모두 정복하는 것이 필요했습니다. 그러나 하나님께서는 이스라엘 백성들이 눈에 보이는 성만 다 차지한다고 해서 가나안 땅을 정복한 것이 아니라 가나안의 미신을 완전히 정복했을 때 가나안 땅을 확실히 차지한 것이라고 말씀하셨습니다.

가나안의 미신

이스라엘 백성이 들어가야 할 가나안 땅은 이중적인 면을 가지고 있었습니다. 우선 외적으로 보기에는 분명히 젖과 꿀이 흐르는 비옥한 땅이었습니다. 좋은 밭이 있었고 목초지가 있었고 도시가 있었습니다. 가나안 땅은 사람이 살기에는 너무나도 이상적이었습니다. 그러나 자세히 들여다보면 사악한 사탄의 세력이 지배하는 미신의 땅이었습니다. 특히 가나안 땅의 모든 문화는 미신에 기초를 두었고 가나안의 미신은 그곳에 사는 사람들의 생활 구석구석에 깊이 파고 들어가 있었습니다. 하나님께서는 이러한 가나안 땅에 뿌리내리기 위해서는 이스라엘 백성들이 성경적인 신앙으로 철저히 무장되어야 한다고 말씀하셨습니다.

신명기 13장 1-3절

너희 중에 선지자나 꿈꾸는 자가 일어나서 이적과 기사를 네게 보이고 네게 말하기를 네가 본래 알지 못하던 다른 신들을 우리가 좇아 섬기자 하며 이적과 기사가 그 말대로 이룰지라도 너는 그 선지자나 꿈꾸는 자의 말을 청종치 말라 이는 너희 하나님 여호와께서 너희가 마음을 다하고 성품을 다하여 너희 하나님 여호와를 사랑하는 여부를 알려 하사 너희를 시험하심이니라.

"선지자나 꿈꾸는 자"들은 가나안 땅에서 오랫동안 내려오던 무당들을 말합니다. 즉 가나안 땅에서 신의 힘으로 인생 문제를 상담하고 미래의 일을 알려 주는 사람들이었습니다. 그런데 이들은 서로 신의 소리를 듣는 방법이 좀 달랐습니다. '선지자'는 주로 엑스터시 상태에서 신의 소리를 들었고, '꿈꾸는 자'는 꿈이나 환상을 통해서 신의 계시를 받았습니다.

당시 가나안 땅에는 선지자나 꿈꾸는 자 외에도 아주 많은 미신과 우상들이 판을 치고 있었습니다. 그런데 하나님께서는 이스라엘 백성들에게 이 모든 것들을 전혀 인정하지 말고 때로는 그들이 기적을 행하고 그들의 예언이 그대로 이루어져도 그들의 말을 듣지 말라고 하셨습니다.

미신과 다른 종교들이 생기는 가장 중요한 이유는 하나님을 모르는 사람들의 마음속에 자연스럽게 생기는 신비감과 두려움을 사탄이 교묘하게 이용하기 때문입니다. 특히 사탄은 무당이나 거짓 선지자들에게 역사하여 자기가 하나님을 잘 알고 인생의 모든 문제를 해결할 수 있는 것처럼 거짓말을 하도록 이용합니다.

사람들이 이런 무당이나 거짓 선지자들의 말을 믿는 이유는 그들이 나름대로 믿음과 확신을 가지고 이야기하기 때문입니다. 누군가가 내게 확신을 가지고 이야기할 때, 내가 그것을 이길 수 있는 믿음이 없다면 그 말에 영향을 받을 수밖에 없습니다. 사실 이 세상 어느 누구도 다른 사람의 인생에 대해서 이렇다 저렇다 말할 수 없습니다. 심지어는 하나님께서도 우리가 믿음을 갖고 말씀대로 살면 복을 받는다고 말씀하시지, 우리들의 운명이 정해져 있다고 하지는 않으셨습니다. 오히려 우리의 미래는 현재 우리들의 믿음에 의해 얼마든지 변할 수 있는 것입니다.

그러나 미신적인 생각을 가진 사람들은 자신의 운명이 정해져 있다고 믿습니다. 더욱이 이런 무당들이나 거짓 선지자들이 자기 나름대로 거짓된 확신을 가지고 말을 하기 때문에 이것에 대항할 수 있는 믿음을 가지지 않은 사람은 다 속을 수밖에 없습니다. 그래서 이런 미신이나 무당의 말이 무서운 것입니다. 특히 그들이 저주를 하거나 미래에 대해 불길한 예언을 하면 사람들은 그 말에 사로잡히지 않을 수가 없습니다. 결국 그런 저주가 올무가 되어서 한평생을 사탄의 종노릇을 하게 되는 것입니다.

특히 사탄은 초능력을 마음대로 행할 수가 없습니다. 사탄이 할 수 있는 것은 사람을 속이거나 죄를 짓도록 충동질하거나 죄의식으로 괴로워하게 하는 것입니다. 그럼에도 불구하고 사탄에 빠진 자들은 자신들에게 초능력이 있다고 믿는데, 대개 이런 것은 그들의 상상력에 불과하거나 정상적인 하나님의 법칙으로 일어난 일일 뿐입니다. 간혹 귀신들린 자가 점을 치면서 비밀을 알아내기도 하고 때로는 비정상적인 일이 일어날 때도 있습니다.

그러나 하나님의 백성들은 절대로 이런 기적이나 예언을 믿어서는 안 됩니다. 하나님께서는 사탄의 역사가 기적인 것처럼 보여도 절대 믿지 말라고 하셨습니다. 왜냐하면 하나님께서는 "너희가 마음을 다하고 성품을 다하여 너희 하나님 여호와를 사랑하는"(신 13:3)지 시험하기 위해서 그런 일이 일어나게 하실 수도 있기 때문입니다. 하나님의 기적은 대개 말씀의 표증으로 나타날 때가 많습니다. 그래서 우리 믿는 자들은 기적보다는 하나님의 말씀을 더 좋아해야 합니다.

원래 기적은 하나님만이 행하실 수 있습니다. 하나님께서 우리 믿는 사람들을 사랑하셔서 잠시 자연법칙을 중지하거나 초월하게 하셔서 믿는 자를 도우시는 것이 기적입니다. 그런데 대개 미신적인 사람들이 행하는 것은 진정한 기적이 아니고 마술이라고 해서 사람의 눈을 속이는 것일 때가 많습니다.

마귀는 공중 권세를 잡은 자로서 이 세상이 자기 영역이라고 믿습니다. 사탄은 하나님께서 우리를 사랑하지 않으시며 이 세상에서 성공하기 위해서는 사탄의 말을 들어야 하고 이 세상의 법칙을 따라야 한다고 주장합니다. 그래서 집안에서는 제사 제도를 강요합니다. 만일 누군가가 굳이 예수님을 믿지 않더라도 자기는 죽은 조상을 믿지 않겠다고 하며 제사 드리는 것을 거부하면 그것을 절대 용납해 주지 않습니다. 온갖 방법을 다 써서라도 죽은 조상에게 절하게 하고 끝까지 듣지 않으면 집안에서 추방시켜 버리고 족보에서 이름을 파내어 버릴 것입니다. 직장에서는 직장 동료들이 술로 하나가 되어야 한다고 믿고 있습니다. 그래서 같이 술을 마시지 않는 동료를 따돌리거나 여러 가지 방법으로 직장 생활을 힘들게 합니다. 왜 이런 일이 일어나게 되는 것입니까? 이 세상은 마귀의 영역이며 세상의 법칙을 따라야 이 세상에서 먹고 살 수 있다는 것을 과시하는 것입니다.

그러나 하나님께서는 무엇이라고 말씀하십니까? 하나님께서 우리를 사랑하셔서 우리에게 귀한 생명을 주셨고 이 아름다운 세상을 창조하셨다고 말씀하십니다. 하나님께서는 지금 눈에 보이는 것과 비교가 되지 않는 엄청난 하늘의 복으로 우리를 인도하신다고 말씀하십니다. 그러나 마귀는 '그것은 거짓말이고 우리 눈에 보이는 이 세상이 전부이고 이것을 놓치지 않으려면 자기 말을 들어야 한다' 고 주장합니다. 결국 이 세상은 마귀의 불신앙과 하나님의 사랑의 전쟁터인 것입니다.

왜 인간이 이 세상에 사는 것을 두고 이렇게 치열한 영적인 전생이 있는 것일까요? 바로 인간의 특수성 때문입니다. 만일 우리가 하나님의 사랑을 믿기만 한다면 무한히 가치 있는 삶을 살 수 있습니다. 우리 인간의 놀라운 특성은 생각하는데 따라서 극과 극으로 달라질 수 있다는 것입니다. 어떤 사람이 악한 마음을 먹을 때에는 얼마든지 악해질 수가 있습니다. 그러나 만일 그 사람이 착한 마음을 먹는다면 얼마든지 천사처럼 착해질 수 있습니다. 바로 이것이 우리 인간만의 특성입니다.

사탄의 세력은 이 세상이 가지고 있는 부와 명성을 가지고 사람들로 하여금 땅에만 코를 처박고 살아가도록 거짓말을 합니다. 그러나 우리가 하나님의 사랑을 믿게 되고 하나님의 은혜를 받게 되면 얼마나 고상해지며 얼마나 아름다워지며 얼마나 존귀한 삶을 살게 되는지 모릅니다.

결국 이 세상에서는 하나님의 사랑을 믿지 못하면 마귀의 소리를 듣게 되고 예수님께서 말씀하신 "멸망으로 인도하는 문"(마 7:13)으로 들어갈 수밖에 없습니다. 우리로 하여금 멸망의 넓은 길로 가지 않게 하는 섯은 하나님의 사랑에 대한 믿음입니다. 하나님께서 나를 만드셨고 너무나도 사랑하고 계신다는 믿음이 현재의 고난을 이기게 하고 미래에 대한 불안을 이기게 만드는 것입니다.

하나님께서는 선지자나 꿈꾸는 자가 기적을 행하거나 예언이 맞아도 듣지 말라고 말씀하셨습니다. 우리에게 중요한 것은 기적이나 어떤 좋은 결과가 아니라 하나님의 사랑입니다. 나중에 이스라엘 백성들이 넘어지게 되는 것은 하나님의 사랑에 확고하지 못했기 때문입니다. 그들이 가만히 보니까 우상을 섬기고 미신을 섬기는 자들이 하나님만 섬기는 자들보다 엄청나게 잘사는 것입니다. 그들이 주장하는 것도 다 나쁜 것이 아니고 좋은 것도 있고 옳은 것도 있었습니다. 게다가 전 세계에서 여호와를 믿는 사람들은 자기들 밖에 없었습니다. 그래서 '어떻게 내가 믿는 것만 옳다고 할 수 있느냐 이것은 너무 독선적이다' 라고 생각하며 그들은 독선을 버리고 세상을 받아들였던 것입니다.

우리에게 중요한 것은 우리가 바른 하나님을 알고 또 믿게 되었다는 것입니다. 하나님을 믿지 않는 사람들이 아무리 돈을 많이 벌고 잘살아도 우리에게는 그것보다 더 큰 하나님의 사랑이 있습니다. 또 우리가 하나님 때문에 다른 사람들의 주장을 포용력 있게 받아들이지 못하고 독선적인 것은 미안하지만 하나님의 말씀을 제대로 지키려면 그럴 수 밖에 없는 것을 어떻게 하겠습니까? 그래서 우리는 이 세상에서 따돌림을 당하고 미움 받는 것을 당연하게 생각해야 하는 것입니다.

이스라엘의 믿음의 기초

이스라엘 백성들이 가나안 땅에 진격하는 것은 마치 적의 땅에 상륙 작전을 하는 것과 같았습니다. 이스라엘 백성들은 두 가지 교두보를 만들어야만 했습니다. 하나는 눈에 보이는 교두보였습니다. 즉 눈에 보이는 강한 성들을 정복해야만 했습니다. 그리고 또 하나는 눈에 보이지 않는 교두보였습니다. 이것은 모든 미신을 물리치고 성경적인 신앙에 확고하게 서는 것이었습니다.

신명기 13장 4-5절

너희는 너희 하나님 여호와를 순종하며 그를 경외하며 그 명령을 지키며 그 목소리를 청종하며 그를 섬기며 그에게 부종하고 그 선지자나 꿈꾸는 자는 죽이라 이는 그가 너희로 너희를 애굽 땅에서 인도하여 내시며 종 되었던 집에서 속량하여 취하신 너희 하나님 여호와를 배반케 하려 하며 너희 하나님께서 네게 행하라 명하신 도에서 너를 꾀어내려고 말하였음이라 너는 이같이 하여 너희 중에서 악을 제할지니라.

본문에서 가장 중요한 말은 "너희를 애굽 땅에서 인도하여 내시며"입니다. 이스라엘 백성들은 애굽 땅에서 노예의 신분으로 절망 가운데서 살고 있었습니다. 그런 백성들을 하나님께서 건져 내셔서 하나님의 백성으로 삼으시고 가나안 땅에 들어가게 하셨습니다. 그 이유가 무엇일까요? 단순히 가나안 땅에서 잘 먹고 잘살게 하기 위해서였을까요? 결코 그렇지가 않습니다. 이 세상에 바른 하나님을 알고 하나님을 믿는 백성들을 존재하게 하시기 위해서였습니다.

이스라엘 백성들이 가나안 땅에 들어간 것은 완전히 적지에 상륙 작전을 한 것과 같았습니다. 그들이 적지에 상륙해서 성공할 수 있는 방법이 무엇일까요? 그것은 바로 하나님의 축복이 그들에게 계속 임하게 하는 것입니다. 전쟁에서 이기는 위해서는 군수물자 보급이 중요합니다. 만일 적지에 보내진 많은 군인들에게 식량이나 탄환 보급이 중단된다면 그들은 전멸되든지 아니면 포로가 되고 말 것입니다.

마찬가지로 이스라엘 백성들이 가나안 땅에서 성공하려면 두 가지를 해야 했습니다. 하나는 눈에 보이는 성을 공격해서 차지하는 것이고 다른 하나는 하나님의 은혜와 능력이 계속 이스라엘 백성들에게 공급되게 하는 것입니다. 그러나 이 두 가지는 결국 하나입니다. 왜냐하면 이스라엘 백성들이 바른 믿음을 가지고 나가면 하나님께서 가나안 성도 차지할 수 있게 해 주신다고 약속하셨기 때문입니다.

하나님의 백성들이 이 세상에서 성공하는 비결은 성경적인 신앙을 확고하게 구축하는 것입니다. 그래서 본문에서도 "너희 하나님 여호와를 순종하며 그를 경외하며 그 명령을 지켜 행하며 그 목소리를 청종하며 그를 섬기며 그를 부종하라"고 말씀하셨습니다. 이것은 결국 하나님의 말씀에 입각한 바른 신앙의 기초를 확실하게 하는 것입니다. 우리가 성경적인 바른 신앙의 기초를 확고하게 하지 않으면 결국 마귀의 소리에 귀를 기울이게 되고 이 세상을 따라가게 되어 있습니다.

여기에 보면 "그 선지자나 꿈꾸는 자를 죽이라"고 했습니다. 이것은 그들의 말을 전혀 두려워하거나 가치 있게 생각하지 말고 완전히 쓰레기 취급하라는 뜻입니다. 만일 이런 거짓 선지자나 꿈꾸는 자를 죽이려고 할 때 그들은 입에 거품을 흘리면서 저주할 것입니다. 그 말을 들을 때 조금이라도 두려워하면 그들을 제거할 수가 없습니다.

물론 오늘 시대는 무당이나 타종교를 믿는 사람을 죽일 수 없습니다. 그러나 우리는 하나님의 말씀이 아니면 아무리 대단한 사람이 이야기하거나 아무리 많은 사람들이 추종을 하거나 혹은 현실적으로 대단한 위력을 나타낸다 하더라도 마치 쓰레기를 취급하듯이 갖다 버려야 하는 것입니다. 이런 것에 대해 조금도 두려워할 필요가 없습니다. 왜냐하면 하나님의 살아있는 능력을 소유한 우리를 사탄이 두려워하기 때문입니다.

진정으로 바른 신앙을 가진 사람이 있을 때 모두가 그를 두려워하는 것을 볼 수 있습니다. 입으로는 욕을 하지만 마음으로는 두려워하는 것입니다. 사실 욕이라도 하지 않고서는 자기가 질 것 같으니까 두렵기 때문에 욕을 하는 것입니다. 그래서 하나님의 백성이 술을 마시지 않고 죽은 조상에게 절을 하지 않는다고 욕을 하는 사람은 이미 사실 자신이 진 것을 시인하는 것밖에 되지 않습니다. 자기들 나름대로는 마귀에게 충성을 하려고 하나님의 백성을 욕하지만 이미 하나님의 백성들은 그들이 손도 댈 수 없는 높은 곳에 있는 것입니다.

여기서 우리는 과연 성경적인 원리를 확고히 하는 것이 무엇인지 알 필요가 있습니다. 가장 중요한 것이 하나님의 진리의 샘을 파는 것입니다. 우리에게 하나님의 진리가 계속 공급이 되지 않으면 결국 이 세상에서 빛과 소금으로 나타나지 못할 것입니다. 우리는 아말렉 군대에게 계속 밀리든지 아니면 포로가 되어 버릴 것입니다. 하나님의 진리를 계속 공급받으려면 성경적인 교회를 확보해야 합니다. 요즘 많은 크리스천들이 세상에서 고전하는 이유는 바로 이 샘이 말라 버렸거나 오염되었거나 제 구실을 하지 못해서 그런 것입니다. 우리가 하나님의 진리를 계속 공급받고, 또한 그것을 붙들고 기도하면 무한정의 하나님의 축복과 능력이 임하게 됩니다. 그래서 무엇보다 우리에게 하나님의 은혜가 충만해져야 우리에게서 하나님의 은혜가 세상으로 흘러가게 되는 것입니다.

그리고 또 하나는 우리는 어떤 어려움이 있어도 성경적으로 이 세상을 정복하겠다는 결심이 있어야 합니다. 우리가 이 세상에 믿음 없이 얼마든지 쉽게 살 수 있는 방법이 있습니다. 그러나 그것은 이 세상에 지는 것입니다. 다른 말로 표현하면 맛을 잃은 소금이 되는 것이며 빛을 잃어버리는 것입니다. 우리는 아무리 고생을 하더라도 '나는 하나님의 사랑을 믿으며 하나님의 축복으로 세상을 이기겠다'는 것을 확실하게 해야 합니다.

만일 우리가 하나님이 주시지 않은 성공으로 즐거워하고 하나님이 주시지 않은 부흥으로 기뻐한다면 그것은 하나님을 배반하는 것입니다. 우리에게는 성공보다 더 중요한 것이 바른 성경적인 믿음입니다.

미신의 뿌리를 뽑으라

우리가 성경적인 신앙의 교두보를 확보했다면 그것으로 끝난 것이 아닙니다. 이 교두보를 출발점으로 해서 하나씩 이 세상의 미신과 죄를 정복해 나가야 합니다. 예를 들어 설명하면, 먼저 교회와 개인이 성경적인 원리 위에 확고히 선 다음, 성경적인 가정을 이뤄야 합니다. 그리고 성경적인 친구 관계를 확대해 나가고 직장을 성경적인 교두보로 만들어 가야 할 것입니다. 가장 중요한 것은 가정 안에서 미신을 제거하는 것입니다.

신명기 13장 6-9절

네 동복 형제나 네 자녀나 네 품의 아내나 너와 생명을 함께하는 친구가 가만히 너를 꾀어 이르기를 너와 네 열조가 알지 못하던 다른 신들 곧 네 사방에 둘러 있는 민족 혹 네게서 가깝든지 네게서 멀든지 땅이 끝에서 저 끝까지 있는 민족의 신들을 우리가 가서 섬기자 할지라도 너는 그를 좇지 말며 듣지 말며 긍휼히 보지 말며 애석히 여기지 말며 덮어 숨기지 말고 너는 용서 없이 그를 죽이되 죽일 때에 네가 먼저 그에게 손을 대고 후에 뭇 백성이 손을 대라.

사람은 가장 가까운 사람에게 싫은 소리를 하기가 어렵습니다. 왜냐하면 그 사람을 잃게 되는 것이 두렵고 또한 내내 얼굴을 봐야 하는 그 사람과 원수가 되면 견디기 어렵기 때문입니다. 그러나 하나님의 백성들은 아무리 가까운 식구라 하더라도 일단 이단에 빠지거나 우상 숭배에 빠졌을 때에는 그를 영적으로 죽은 자로 간주해야 합니다. 하나님께서는 절대로 집안에 미신을 섬기는 자나 우상 숭배자를 두지 말고 불쌍히 여기지도 말고 먼저 손을 대어서 돌로 쳐 죽이라고 하셨습니다. 물론 오늘날에는 식구가 미신에 빠졌다고 해서 죽일 수 없습니다. 그러나 마음속으로는 이미 그가 죽었다고 생각하고 진리로 대적해야 합니다. 그가 미신과 무서운 죄에 빠져서 괴로워하거나 혼란스러워하는 것을 마음 아파하며 입을 다물면 안 됩니다. 결국 이것은 그 영혼을 지옥으로 가게 하는 것이 될 뿐 아니라 그 가정에서 하나님의 축복을 빼앗아 가는 암이 되기 때문입니다.

사랑하는 사람의 몸에 암 세포가 있으면 그를 살리기 위해 수술을 하고 항암 치료를 받게 할 것입니다. 마찬가지로 가정 안에 정신적인 암 세포가 있을 때 이것을 절대로 그냥 두어서는 안 됩니다. 이 암 세포는 이단이나 미신이나 음행을 말합니다.

우리 크리스천들은 결심해야 합니다. 우리 가정은 하나님을 믿으며 절대로 죄를 용납하지 않는다는 것을 선포해야 합니다. 가족 중 한 사람이라도 음란한 관계에 빠지는 것을 그냥 둬서는 안 됩니다. 또 부정한 수입을 가져 오는 것도 안 됩니다. 미신에 빠지거나 이단을 끌고 들어오는 것에 침묵하면 안 되고, 분명히 진리로 대적해야 합니다. 그러면 이상하게도 이단이나 미신이 두려워하면서 슬그머니 꼬리를 내리고 달아나는 것을 보게 됩니다. 그러나 만약 이런 죄와 미신을 가만히 두고 침묵을 지키면 이번에는 그것들이 교두보를 만들어서 집 전체를 공격하게 될 것입니다.

그 다음에는 도시에 관한 것입니다.

신명기 13장 12-16절

네 하나님 여호와께서 네게 주어 거하게 하시는 한 성읍에 대하여 네게 소문이 들리기를 너희 중 어떤 잡류가 일어나서 그 성읍 거민을 유혹하여 이르기를 너희가 알지 못하던 다른 신들을 우리가 가서 섬기자 한다 하거든 너는 자세히 묻고 살펴보아서 이런 가증한 일이 참 사실로 너희 중에 있으면 너는 마땅히 그 성읍 거민을 칼날로 죽이고 그 성읍과 그 중에 거하는 모든 것과 그 생축을 칼날로 진멸하고 또 그 속에서 빼앗아 얻은 물건을 다 거리에 모아 놓고 그 성읍과 그 탈취물 전부를 불살라 네 하나님 여호와께 드릴지니 그 성읍은 영영히 무더기가 되어 다시는 건축됨이 없을 것이니라.

하나님께서는 한 개인만이 아니라 한 도시라도 미신이나 우상에 빠지게 될 때 그 도시 전체를 진멸하고 그 안에 있는 사람이나 가축이나 물건까지 다 파괴하고 불태워 버리라고 명령하셨습니다. 이것은 그 도시 전체를 여리고 성처럼 영원한 멸망의 상징으로 만들라는 뜻입니다. 그래서 미신에 빠진 도시에서 물건도 가져 오지 말고 재건하지도 말라고 하셨습니다.

물론 오늘날 미신적인 풍습을 가졌다고 해서 어떤 도시를 파괴할 수 없습니다. 그러나 적어도 나의 영역 안에서는 미신적인 행위나 습관을 방치해서는 안 됩니다. 예를 들어서 집 주인이라면 세든 사람이 점을 치거나 무당 짓을 하거나 술을 파는 행위를 하는 것을 용납해서는 안 됩니다. 또 직장에서 내 부서 안에 있는 사람들이 집단적으로 미신적인 행위를 하거나 죄스러운 행동을 하는 것을 용납해서는 안 됩니다.

사실 복음이 없었던 긴 세월 동안 미신이 우리나라 정신계를 지배해 왔습니다. 그래서 우리나라를 소개하는 관광 책자들은 보면 문화를 대표하는 것들이 모두 절이 아니면 무덤인 것을 알게 됩니다. 그러나 이제는 청소년들의 찬양과 청년들이 뜨겁게 기도하는 모습을 우리나라의 진정한 문화로 소개할 수 있어야 할 것입니다.

신명기 13장 17절

너는 이 진멸할 물건을 조금도 네 손에 대지 말라 그리하면 여호와께서 그 진노를 그치시고 너를 긍휼히 여기시고 자비를 더하사 너의 열조에게 맹세하심같이 네 수효를 번성케 하실 것이라.

이스라엘 백성들이 분명히 알아야 할 것은 하나님께서 왜 우리를 애굽에서 구원하여 내셔서 이 가나안 땅에 들어오게 하셨느냐 하는 것입니다. 그것은 그들이 물질적으로 잘살게 하시려는 것이 아니었고, 미신과 우상이 지배하는 세상에 하나님의 사랑의 빛을 비추시기 위해서였습니다.

우리는 이 세상에서 바른 믿음을 가지고 살아간다는 것이 불가능하게 보일 때가 많습니다. 이것은 우리가 이 세상을 바로 보고 있는 것입니다. 마귀는 진정으로 바른 신앙을 가진 성도나 교회를 이 세상에 발붙이지 못하게 하는 것을 최고의 목표로 삼고 있습니다. 마귀는 이 세상이 자기 영역이라고 하면서 하나님을 믿고 살려면 이 세상을 떠나라고 말합니다. 그래서 집안에서는 제사 제도나 직장에서는 술 문화를 가지고 우리의 믿음을 시험해 보려고 합니다.

또 이 세상은 너무나도 경쟁적이기 때문에 우리 같은 마음을 가지고는 도저히 이 세상에 발을 붙일 수 없을 것 같습니다. 그러나 우리가 하나님의 은혜와 축복을 자꾸 가져오면 결국 이 세상에 하나님의 도성을 만들어갈 수가 있습니다. 이 세상에 하나님의 은혜와 축복을 계속 공급하는 방법은 우리가 철저하게 성경적인 신앙으로 무장하며 하나님의 사랑을 목숨 걸고 믿는 것입니다.

하나님의 은혜와 축복이 자꾸 밀려오면 그 세력 앞에 어떻게 마귀나 미신이나 세상의 세력이 버틸 수가 있겠습니까? 결국 세상의 방어진이 무너지면서 우리는 더 깊숙이 하나님의 도성을 세울 수가 있습니다. 이것을 위해서 우리는 때로 사람들로부터 따돌림을 당하고 때로는 아주 사랑하는 사람에게도 말씀으로 싫은 소리를 해야 하고 때로는 친한 친구들과도 헤어지는 고통을 받아야 하는 것입니다.

하나님께서 우리에게 약속하신 것은 우리의 미래가 우리의 아버지

되시는 하나님의 손에 붙잡혀 있다는 것입니다. 미래가 우리 아버지의 것인데 무엇 때문에 우리가 미래를 두려워하겠습니까? 우리가 바른 믿음으로 나아간다면 하나님은 우리의 미래를 축복해 주실 것입니다.

그러나 우리가 미신이나 믿지 않는 사람들의 말을 듣고 두려움에 빠진다면 우리의 미래는 사탄에 의해 발목을 잡히는 것입니다. 우리는 일체 미신적인 사상이나 말을 두려워해서는 안 됩니다. 오직 하나님의 말씀만 가지고 나갈 때 우리의 미래는 열리게 되는 것입니다.

18

| 신 14:1-29 | 하나님의 백성의 표시

이스라엘 백성들이 광야에서 했던 가장 놀라운 체험은 '하나님의 백성들은 하나님의 말씀으로 산다'는 것이었습니다. 이스라엘 백성들은 광야에서 농사도 짓지 않고 장사도 하지 못하고 돈을 벌지도 않았습니다. 이스라엘 백성들은 광야에서 오직 모세의 설교를 듣고 가라고 하면 가고 서라고 하면 섰습니다. 그런데 놀라운 것은 그들 중 아무도 굶어 죽은 사람이 없다는 것입니다. 그 이유는 하나님의 백성들은 먹는 음식이 아니라 하나님의 은혜를 먹고 사는 사람들이기 때문입니다.

부모들은 자녀들에게 할 수 있는 대로 맛있는 음식을 많이 먹여서 건강하게 키우려고 합니다. 그런데 요즘 아이들에게 많이 생기고 있는 것이 아토피성 피부 가려움증입니다. 과자 속에 들어 있는 색소가 아토피성 피부를 만든다고 해서 부모들이 아이들에게 과자를 먹지 못하게 하는데 애를 먹는다고 합니다. 또 요즘 아이들이 좋아하는 인스턴트식품을 많이 먹으면 영양 상태가 나빠지고 소아 비만에 걸리게 된다고 합니다. 그래서 부모는 아이들에게 인스턴트식품 대신 비타민이 많은 채소나 과일을 많이 먹이려고 하는데 그렇게 하려면 부지런하기도 해야 하고 또 아이들이 좋아하는 것을 먹지 못하게 해야 하니까 보통 어려운 문제가 아닙니다.

신명기 14장은 하나님의 백성의 특징이 무엇인지 세 가지로 말씀하고 있습니다. 이것은 모두 하나님의 백성은 무엇으로 사느냐 하는 것과 관계되는 것입니다. 결론부터 말하면 하나님의 백성들은 하나님이 주시는 은혜와 사랑을 먹고 삽니다. 그래서 하나님께서는 이스라엘 백성들이 잘못된 것을 먹고 병들지 않도록 세심한 가르침을 주셨습니다. 첫 번째는 죽은 자와 관련된 것이고, 두 번째는 실제로 먹을 수 있는 동물과 먹을 수 없는 동물을 구별해 주신 것이고, 세 번째는 하나님이 정하신 성소에서 추수한 것의 십일조를 바치고 먹고 기뻐하는 것이었습니다. 이것은 하나님의 백성들은 자기들이 피땀 흘려 번 돈이 아니라 하나님께서 주신 은혜를 먹고 사는 것을 나타냅니다. 우리가 이것을 고백하는 것이 중요합니다. 앞으로도 하나님께서는 우리를 은혜로 지켜 주시고 우리가 살 수 있는 길을 인도해 주실 것이기 때문입니다.

이 말씀에서 가장 특징적인 것은 동물 중에서 먹을 수 있는 것과 먹을 수 없는 것을 하나님께서 구별하신 것입니다. 먹을 수 있는 것과 먹을 수 없는 것을 반드시 구별해야 되는 것 중 하나가 독이 있는 것과 독이 없는 것입니다. 산에 올라가면 버섯이 있는데, 독이 있어서 먹을 수 없는 버섯은 아름답고 화려하게 생겼습니다. 그러나 이것을 먹으면 죽게 됩니다. 또 꽃 중에서도 먹을 수 있는 꽃이 있고 먹을 수 없는 꽃이 있습니다. 진달래 같은 꽃은 먹을 수 있지만 비슷하게 생긴 철쭉은 먹으면 안 됩니다. 또 상한 음식물은 절대로 먹어서는 안 됩니다. 그러나 대개 상한 음식물은 반드시 냄새가 나고 맛이 이상하기 때문에 먹지 않게 됩니다.

하나님께서는 이스라엘 백성들에게 정신적인 교훈을 주시기 위해서 동물 중에서 여러 가지를 먹지 못하게 하셨습니다. 하나님께서 먹지 말라고 하신 것들은 대개 육식성이든지 잡식성 짐승들이었습니다. 이것들은 사납기도 하면서 실제로 고기도 질겨서 먹을 수가 없는 것들입니다. 모든 짐승들을 다 먹을 수 있을 것 같지만 실제로 잡아 놓고 보면 질기거나 맛이 없어서 도저히 먹을 수 없는 것이 있는 것처럼 사람도 외모로 보는 것과는 달리 하나님 앞에서 도무지 용납될 수 없는 사람들이 있다는 것을 가르쳐 주시는 것입니다.

죽은 자에 대한 태도

신명기 14장 1-2절

너희는 너희 하나님 여호와의 자녀니 죽은 자를 위하여 자기 몸을 베지 말며 눈썹 사이 이마 위의 털을 밀지 말라 너는 너의 하나님 여호와의 성민이라 여호와께서 지상 만민 중에서 너를 택하여 자기의 기업의 백성을 삼으셨느니라.

사람의 종교성이 가장 잘 드러나는 곳이 죽은 사람을 장례할 때입니다. 어떤 사람들은 죽은 자를 위하여 곡을 하기도 하고 어떤 사람들은 염불을 외우기도 합니다. 그런데 죽은 사람의 가족들이 가지는 마음은 대부분 두 가지인 것 같습니다. 하나는 죽은 자의 영혼이 어딘지는 모르지만 좋은 곳에 가도록 비는 것입니다. 또 하나는 자기와 죽은 자의 관계를 통해서 죽은 자가 자기 안에 남아 있기를 바라는 것입니다. 사람들은 누군가가 죽었을 때 그것을 어떻게 처리해야 할지 모릅니다. 분명히 사람이 살아 있었는데 정신은 없어져 버리고 육체만 남아 있는 것입니다. 그래서 산 사람들이 할 수 있는 것은 어떻게 하든지 죽은 자를 위하여 복을 빌어 주고 또 자기 몸에 죽은 자의 흔적을 남기는 것이 죽은 자를 위해서 잘해 주는 것이라고 생각하는 것입니다.

그래서 우리나라 같은 경우에는 죽은 자를 위해서 제사를 드립니다. 그리고 어떤 사람은 아예 무덤 앞에 움막을 지어 놓고 3년 동안 매일 아침저녁으로 밥을 지어 무덤에 바치면서 효도를 하는데 사람들은 그렇게 하는 것이 아주 좋다고 해서 텔레비전에서도 여러 번 보여 주기도 했습니다.

가나안 땅에서는 사람이 죽었을 때 두 가지 의식을 한 것 같은데 하나는 살아 있는 식구들의 몸을 칼로 베어서 피를 흘리게 한 것입니다. 그렇게 하면 죽은 자와 산 자가 좀 더 하나가 될 수 있다고 생각한 것 같습니다. 또 하나는 눈썹 사이에 있는 이마의 털을 민 것입니다. 앞이마의 머리를 깎아서 고속도로를 낸 것을 말하는 것 같습니다. 이런 식으로 자기가 죽은 자의 사람임을 일정 기간 동안 나타내서 죽은 자를 섭섭하지 않게 해야 죽은 자가 자기를 해치지 않을 것이라고 생각한 것입니다. 그래서 가나안 족속들은 살을 베어서 고통을 느끼고 앞머리를 밀어서 표시하는 것으로 죽은 자에 대한 예의를 표했습니다.

그러나 하나님께서는 믿는 자들이 죽은 자와 어떤 연관을 짓는 것을 허락지 않으셨습니다. 왜냐하면 우리는 하나님의 자녀요 하나님이 주신 생명으로 사는 자들이기 때문입니다.

사람이 죽었을 때 두려워하거나 무서워하지 않는 기독교의 장례보다 더 멋있고 더 소망과 은혜가 넘치는 장례는 없습니다. 그 첫 번째 이유는, 기독교 장례에서는 믿는 사람이든 믿지 않는 사람이든 한 사람에게 귀중한 생명을 주시고 한평생 살게 하신 하나님께 영광과 감사를 드리기 때문입니다. 두 번째 이유는, 한 생명이 세상에서 사는 날을 다 마쳤음을 하나님께 엄숙하게 보고 드리는 것이기 때문입니다. 그는 하나님께서 주신 생명을 다 살았고 하나님의 부르심을 받아서 다른 세상으로 갔습니다. 세 번째 이유는, 그동안 사용하도록 허락해 주신 육신을 하나님께 반납해 드리는 것이기 때문입니다. 제대하는 군인은 군대에서 쓰던 총이나 군복이나 다른 장비들을 반납하고 민간인의 신분으로 돌아오게 됩니다. 이처럼 모든 인간들은 하나님께서 한평생 가지고 사용하게 하신 육신을, "너는 흙이니 흙으로 돌아갈 것이니라"(창 3:19)는 말씀대로 땅에 묻힘으로 반납하게 됩니다.

그래서 하나님을 모르는 사람들은 자기 생명을 하나님이 주신 줄도 모르고 엉망진창으로 살고, 죽은 육체를 어떻게 해야 할지 몰라서 몸을 베고 머리를 밀고 하는데 이것은 모두 '우리는 하나님을 모르는 무식한 사람들입니다' 라는 표시인 것입니다.

하나님의 백성들은 죽은 자에 대해 대단히 진지하면서도 분명한 태도를 가집니다. 즉 죽은 자는 죽은 자이고 산 사람은 산 사람인 것입니다. 죽은 자를 위해서 기도하거나 죽은 자를 위해서 헌금하거나 죽은 자를 위해서 산 사람을 괴롭히지 않습니다. 왜냐하면 우리는 각자가 하나님께서 주신 귀하고 위대한 삶을 살아가고 있기 때문입니다. 죽은 자는 죽음으로서 그의 모든 할 일을 끝낸 것이고, 살아있는 사람은 하나님께 최선을 다하면 됩니다. 단지 죽은 자가 스스로의 몸을 묻을 수 없으니까 산 자들이 묻어주면서 귀한 생명을 주신 하나님께 감사드리면 됩니다. 하나님이 주신 생명을 가지고 살다가 죽은 자가 귀하다면 지금 하나님의 생명을 가지고 살아 있는 우리는 얼마나 귀하고 복된 사람들입니까? 우리는 살아 있는 동안 이 생명을 가지고 아름답게 살아야 할 일들이 너무나도 많습니다.

특히 하나님의 백성들은 그들의 몸이나 생명 자체가 하나님의 소유이고 재산입니다. 우리는 하나님의 재산을 함부로 훼손할 수가 없습니다. 하나님의 백성들은 다른 사람이 죽은 것에 대해서 자기가 책임을 지려고 해서는 안 됩니다. 각자에게는 나름대로 하나님의 부르심이 있습니다. 우리는 살아 있는 동안 최선을 다해서 살면 되는 것입니다.

먹을 수 없는 것

부모들은 자녀들이 좋은 음식을 먹기를 바랍니다. 왜냐하면 좋은 음식을 먹어야 건강하며 튼튼하게 잘 자랄 수 있기 때문입니다. 그러나 좋은 음식을 먹는 것보다 더 중요한 것이 있습니다. 그것은 바로 죄를 먹지 않는 것입니다. 오늘 부모들은 자녀들이 좋은 음식을 먹고 좋은 학교에서 공부하는 것을 좋아하지만, 죄를 먹고 마시는 것에 대해서는 별로 신경을 쓰지 않는 것 같습니다. 그러나 죄를 먹고 자란 아이는 결국 어른이 되어서 그 훌륭한 몸과 좋은 학벌로 죄를 짓고 자신의 인생과 다른 사람의 인생을 망치게 됩니다. 그래서 부모는 자녀들을 깨끗한 수입으로 키워야 합니다. 부모가 뇌물 받은 것으로 살면서 부정한 방법으로 자녀들을 좋은 학교에 보낸다면 결국 자녀들은 더러운 것을 먹으면서 자라게 되는 것입니다.

전에 어떤 학생은 자기 부모가 아주 좋지 않은 직업을 가지고 있다는 것을 알게 되었습니다. 거의 매춘에 가까운 일이었던 것입니다. 이 학생은 예수님을 믿고 난 후에 고민에 빠졌습니다. 즉 자기 몸을 구성하고 있는 모든 지방과 단백질이 죄로 구성되어 있다는 것을 알게 된 것입니다. 그래서 그 학생은 하나님 앞에서 부모의 죄와 자신의 죄를 철저하게 회개하고 더 이상 부모의 경제적인 도움을 받지 않겠으며 부모에게 그 죄악 된 직업을 포기하도록 이야기했습니다. 대단히 용기가 있는 학생이었습니다.

하나님께서는 이스라엘 백성들에게 죄를 먹지 말라고 가르치지 않으시고 그들이 먹을 수 없는 짐승을 정해 주셨습니다. 하나님께서 이렇게 하신 이유는 이스라엘 백성으로 하여금 왜 하나님께서 이런 것을 먹지 못하게 하셨을까 스스로 생각하도록 하기 위해서입니다. 먼저 하나님께서 짐승들 중에서 먹을 수 있는 것과 먹을 수 없는 것을 구별하셨습니다.

신명기 14장 3-6절

너는 가증한 물건은 무엇이든지 먹지 말라 너희의 먹을 만한 짐승은 이러하니 곧 소와 양과 염소와 사슴과 노루와 불그스럼한 사슴과 산 염소와 볼기 흰 노루와 뿔 긴 사슴과 산양들 무릇 짐승 중에 굽이 갈라져 쪽발도 되고 새김질도 하는 것은 너희가 먹을 것이니라.

하나님께서 이스라엘 백성들에게 먹을 수 있게 하신 짐승은 분명한 기준이 있었습니다. 즉 굽이 갈라지고 되새김질을 하는 초식성 짐승이야만 했습니다. 제가 어렸을 때 목사님께서는 이 부분을 너무나도 멋있게 설교해 주셨습니다. 즉 이것은 크리스천들이 살아가는 자세를 보여준다고 하면서 무엇보다 세상과 굽이 갈라져야 한다고 하셨습니다. 그래서 세상에서 갈 수 없는 술집이나 카바레 같은 곳은 일체 가지 말아야 하며 되새김질하는 것처럼 항상 하나님의 말씀을 집에서나 직장에서 되새김질해야 한다고 했던 것입니다.

그리고 소의 되새김질에 대해 자세하게 설명해 주있습니다. 소는 일단 위가 몇 개가 있기 때문에 풀을 많이 먹은 후에 다시 도로 입으로 올려서 차근차근하게 씹는다는 것입니다. 마찬가지로 우리도 하나님의 말씀을 일단 많이 먹은 후에 집에서나 직장에서 차근차근하게 되새김질을 해서 완전히 자기의 것으로 소화해야 한다고 가르치셨습니다. 이렇게 설교하는 것을 대표적인 알레고리 설교라고 하는데 요즘은 잘 받아들이지 않습니다.

일단 굽이 갈라지고 되새김질을 하는 짐승은 초식성입니다. 사자나 호랑이나 표범 같은 짐승들은 육식성이기 때문에 이스라엘 백성들은 먹어서는 안 됩니다. 성질이 사납고 고기가 질겨서 실제로 먹을 수도 없습니다. 결국 사람이나 짐승이나 아무것이나 먹으면 성질이 사나워질 수밖에 없고 공격적이 될 수밖에 없습니다.

최근에 유럽의 많은 소들이 광우병에 걸려서 폐기 처분이 되었는데 정확한 원인은 잘 모르지만 초식성 소에게 동물성 사료를 준 것이 원인일 것이라는 발표가 있었습니다. 소에게 풀을 먹게 해야 하는데 욕심스럽게 뼈 가루나 고기를 갈아서 만든 동물성 사료를 주었기 때문에 이상한 병에 걸리고 또 잘못하면 사람에게도 전염될 수 있게 되었습니다.

그런데 이스라엘 백성들에게 충격적인 것은 잡식성도 먹을 수 없게 하신 것입니다.

신명기 14장 7-8절

다만 새김질을 하거나 굽이 갈라진 짐승 중에도 너희가 먹지 못할 것은 이것이니 곧 약대와 토끼와 사반 그것들은 새김질은 하나 굽이 갈라지지 아니하였으니 너희에게 부정하고 돼지는 굽은 갈라졌으나 새김질을 못하므로 너희에게 부정하니 너희는 이런 것의 고기를 먹지 말 것이며 그 사체도 만지지 말 것이니라.

잡식성 중에서 대표적인 짐승이 돼지와 개입니다. 잡식성 짐승들은 주는 대로 먹고 닥치는 대로 먹습니다. 아무것이나 먹기 때문에 깨끗하지 못하고 특히 순해 보이다가도 언제든지 공격적으로 변할 수 있습니다.

하나님께서 이스라엘이 먹을 수 있는 짐승을 철저하게 초식성으로 한정하신 것은 짐승의 공격성과 지저분한 정도 그리고 실제로 먹었을 때의 맛이나 위생 등을 고려하신 것으로 생각이 됩니다. 사람은 일단 자기가 먹을 수 없는 짐승에 대해서는 관심을 멀리하게 될 것입니다. 먹을 수 없는 것을 키울 필요도 없고 사냥할 필요도 없습니다. 그래서 하나님의 백성들은 모든 일에 집착할 것이 아니라 할 수 있는 일, 하나님께서 축복하신 일에만 열심을 내는 것이 복을 받는 길입니다.

특히 소나 양 같은 초식성 짐승들은 많이 키워도 시끄럽지 않고, 나중에는 모두 하나님께 바로 바칠 수 있습니다. 즉 이스라엘 백성들의 먹을 것은 바로 예배로 연결될 수 있는 것들이었습니다. 물론 노루나 사슴 같은 짐승은 제사용으로는 바칠 수 없지만 깨끗한 이미지를 줬습니다.

우리나라 사람들은 살아 있는 것 중에서 먹지 못하는 것이 없다는 특징을 가지고 있습니다. 특히 몸에 좋다고 하면 무엇이든지 가리지 않고 먹는 잡식성입니다. 뱀이 몸에 좋다고 하니까 산에 있는 뱀을 다 잡아 먹는 바람에 들쥐가 너무 번성해서 둑이 무너지고 홍수가 나기도 했습니다. 그리고 뱀을 너무 좋아하니까 어마어마한 양의 뱀이 대만이나 중국에서 수입이 되고 있습니다. 특히 개를 너무나도 좋아해서 여름에는 엄청나게 많은 개들이 희생되고 있습니다. 그러나 이런 짐승들은 콜레스테롤이 높아서 몸에 좋지 않은 것으로 알려지고 있습니다.

하나님께서는 물에 있는 물고기들도 먹을 수 있는 것과 먹을 수 없는 것을 구별하셨습니다.

신명기 14장 9-10절

물에 있는 어족 중에 이런 것은 너희가 먹을 것이니 무릇 지느러미와 비늘 있는 것은 너희가 먹을 것이요 무릇 지느러미와 비늘이 없는 것은 너희가 먹지 말지니 이는 너희에게 부정하니라.

물고기 중에서 비늘과 지느러미가 있는 것은 그야말로 물고기처럼 생긴 것들입니다. 이런 물고기들은 육식이 아니라는 특징을 갖고 있습니다. 물고기들 중에서도 상어 같은 것은 비늘이 없고, 해삼이나 멍게나 낙지 같은 것들은 생긴 것이 흐물흐물한 것이 모두 이상하게 생긴 것입니다.

옛날 어렸을 때 어느 목사님이 이 부분을 가지고 또 열심히 설교해 주신 기억이 납니다. 즉 우리 신자들은 비늘이 있어야 한다는 것입니다. 우리는 철저하게 이 비늘과 같은 영적인 갑옷을 입어야 하고 맨 살로 돌아다녀서는 안 된다는 것입니다. 그리고 지느러미를 가지고 언제나 저 천성을 바라보고 앞으로 나가는 신앙이 되어야지 게처럼 옆으로 다니거나 오징어처럼 뒷걸음질하는 신앙은 하나님 앞에서 절대로 용납되지 않는다고 했습니다. 대개 이런 설교도 알레고리해서 오늘날은 별로 환영받지 못하고 있습니다.

하나님께서 이스라엘 백성들에게 먹으라고 하신 것은 육식을 하지 않는 물고기들입니다. 물고기들 중에서 사람이나 다른 물고기에게 공격적이거나 죽은 시체를 뜯어 먹는 것들이 많이 있습니다. 이스라엘 백성들은 이런 것들을 먹을 수 없습니다. 이런 것을 보면 우리가 신약 시대에 태어난 것이 얼마나 다행인지 모릅니다. 사실 낙지를 살아 있는 채로 불에 굽는다든지 살아 있는 채로 참기름에 찍어서 먹을 때 낙지가 얼마나 기분이 나쁘겠습니까? 요즘은 과학적으로도 건강을 위해서 등이 푸른 생선을 먹으라고 하는데 바로 이 등 푸른 생선들이 하나님께서 먹으라고 하신 것입니다.

이런 것을 볼 때 하나님께서는 물고기도 육식을 하거나 공격적이나 이상하게 생기거나 잡식성인 것을 먹지 못하게 하심으로 하나님의 백성들이 먹는 것을 조심해야 한다고 가르쳐 주셨습니다.

하나님께서는 새에 대해서도 먹을 수 없는 것을 지정해 주셨습니다.

신명기 14장 11-20절

무릇 정한 새는 너희가 먹으려니와 이런 것은 먹지 못할지니 곧 독수리와 솔개와 어응과 매와 새매와 매의 종류와 까마귀 종류와 타조와 다호마스와 갈매기와 새매 종류와 올빼미와 부엉이와 따오기와 당아와 올응과 노자와 학과 황새 종류와 대승과 박쥐며 또 무릇 날기도 하고 기어 다니기도 하는 것은 너희에게 부정하니 너희는 먹지 말 것이나 무릇 정한 새는 너희가 먹을지니라.

하나님께서 육식성, 잡식성 새들도 먹지 못하게 하셨습니다. 독수리나 매는 육식성이고 대단히 공격적입니다. 제가 어렸을 때 공중에 매가 날면 어미 닭이 병아리들을 불러서 날개 아래로 감추는 것을 많이 보았습니다. 잡식성인 까마귀 같은 새는 주로 죽은 짐승의 시체를 파먹습니다. 물고기를 잡아먹거나 조개를 파먹는 새들도 먹을 수 없습니다. 이것을 보면 하나님께서 새에 대해서도 기준이 비슷하신 것을 볼 수 있습니다. 즉 육식성 새들은 사납고 고기가 질겨서 먹을 수 없고, 잡식성 새들은 지저분하고 맛이 없는 것입니다. 올빼미 종류는 육식성이기도 하지만 또 밤에 움직이는 특징이 있습니다. 잡식성인 박쥐는 날기도 하지만 기어 다니기도 합니다.

존 스토트(John R. W. Stott) 목사 같은 경우에는 새에 대해 연구를 많이 했습니다. 특히 예수님이 "공중의 새를 보라"(마 6:26)고 하셨기 때문에 사명감을 가지고 새를 많이 관찰한 것 같습니다. 그래서 그가 새에 대해 쓴 책이 『새, 우리들의 선생님』입니다. 여기서 그는 닭이 물을 마실 때마다 하늘을 쳐다보는 것을 보고 하나님을 경외하는 것이라고 했습니다. 또 어미 새가 새끼 새에게 벌레를 줄 때 한번 준 새끼를 기억한다고 합니다. 그리고 아무리 입을 벌리고 염체 없이 또 달라고 해도 아직 안 먹은 다른 새끼에게 먹이를 준다고 했습니다. 참새는 아무리 보잘것없어 보여도 하나님이 다 헤아리고 계시기 때문에 자존심이 아주 강하다고 했습니다. 또한 하나님과 이스라엘의 관계는 닭과 관계가 깊은 것 같습니다. 예수님은 십자가를 지시기 전에 예루살렘 사람들을 향해 "암탉이 그 새끼를 날개 아래 모음같이 내가 네 자녀를 모으려 한 일이 몇 번이냐"(마 23:37)라고 하셨습니다.

그러나 우리는 하나님께서 먹지 말라고 하신 짐승이 무가치하다고 생각해서는 안 됩니다. 왜냐하면 죽은 짐승을 뜯어 먹는 더러운 짐승이나 새가 있어야 짐승의 시체가 빨리 부패해서 땅이 정화되기 때문입니다. 그리고 물속에 있는 많은 생물들도 죽은 시체를 분해해서 정화하는 작업을 하기 때문에 무가치하다고 판단해서는 안 됩니다. 단지 하나님의 백성들이 먹는 데는 적절하지 않다는 것뿐입니다. 그래서 하나님은 이스라엘 백성들에게 이렇게 말씀하셨습니다.

신명기 14장 21절

너희는 너희 하나님 여호와의 성민이라 무릇 스스로 죽은 것은 먹지 말 것이니 그것을 성중에 우거하는 객에게 주어 먹게 하거나 이방인에게 팔아도 가하니라.

오늘 이 세상의 많은 사람들이 하는 일들은 마치 쓰레기통을 뒤지면서 먹을 것을 찾는 잡식성 동물들의 행동과 비슷합니다. 우리도 때로는 먹고 살기 위해서 이 세상에서 쓰레기통을 뒤지는 심정으로 살아야 할 때도 있을 것입니다. 그러나 이것은 진정한 하나님의 백성들의 모습이 아닙니다. 우리는 하나님이 주시는 은혜대로 살아야 합니다. 우리가 이 세상에서 살기 위해 몸부림치면 오히려 하나님의 은혜를 놓칠 수 있습니다. 우리는 세상일에서 한걸음 물러서서 하나님을 바라봐야 합니다.

예수님께서는 "입에 들어가는 것이 사람을 더럽게 하는 것이 아니라 입에서 나오는 그것이 사람을 더럽게 하는 것이니라"(마 15:11)고 말씀하시며 먹는 진리가 교훈이지 절대적인 것은 아니라고 하셨습니다. 즉 하나님의 백성들은 죄를 먹으면 죄를 짓게 되는 것입니다. 특히 사도행전에는 욥바에 머물며 시몬이라 하는 피장의 집에 머물던 베드로의 꿈 이야기가 나옵니다. 베드로는 아주 배고픈 시간에 하늘에서 먹을 수 없는 짐승들이 가득 담긴 보자기가 내려오면서 세 번이나 먹으라는 말을 듣게 되지만 부정한 것을 먹을 수 없다고 내답합니다. 그때 하늘에서 '하나님께서 깨끗케 하신 것을 네가 속되다 하지 말라'(행 10:15) 하는 소리가 났습니다. 이런 일이 세 번이나 있은 후에 보자기는 하늘로 도로 올라갔는데 그 즉시 이방인 고넬료가 보낸 사람이 베드로를 찾아왔습니다. 이것을 통해서 먹을 수 없는 짐승들이 바로 우리 같은 이방인들이었던 것을 알 수 있습니다.

우리는 이 세상에서 하나님의 말씀이 아닌 아무것이나 먹는 자들이었습니다. 우리 안에는 독사의 독이 있었고 우리의 발톱은 독수리와 같았으며 우리의 본성은 돼지나 개처럼 더러웠습니다. 그런데 하나님께서 예수님의 피로 우리를 깨끗케 하시고 하나님의 순결한 양으로 변화시키셨습니다. 이제 우리는 음식을 골라서 먹어야 하겠지만 특히 사상이나 교훈을 아무것이나 섭취해서는 안 됩니다. 양은 오직 주인의 음성만 듣습니다(요 10:27). 우리는 때때로 다른 사람에게 공격적이어야 자신을 보호할 수 있다고 생각합니다. 우리가 공격하지 못하기 때문에 불안해합니다. 그러나 하나님은 우리의 그런 모습을 아름답게 보고 기뻐하시고 우리의 목자가 되어 주십니다. 우리는 까마귀처럼 아무것이나 먹지 말고 하나님이 주시는 것만 먹어야 합니다.

십일조를 바침

하나님의 백성들의 세 번째 특징은 하나님께 십일조를 바치고 기뻐하고 즐거워하는 것입니다. 신명기 14장 21절 끝에 보면 "너는 염소 새끼를 그 어미의 젖에 삶지 말지니라"고 되어 있습니다. 왜 염소 새끼를 어미젖에 삶는지 우리는 잘 이해할 수 없지만 당시 풍년 의식이었던 것 같습니다. 그러나 상식적으로 생각해 봐도 새끼 염소는 어미젖을 먹고 자라야 하는데 그 어미젖에 새끼 염소를 삶아서 죽인다고 하는 것은 너무나도 잔인한 것입니다. 그러나 가나안 족속들은 그렇게 해야 풍년이 온다고 생각했습니다. 그러나 하나님께서는 이스라엘 백성들에게 이런 헛된 미신을 좇지 말고 오직 하나님께 십일조를 바치며 기뻐하라고 말씀하셨습니다.

신명기 14장 22-23절

너는 마땅히 매년에 토지소산의 십일조를 드릴 것이며 네 하나님 여호와 앞 곧 여호와께서 그 이름을 두시려고 택하신 곳에서 네 곡식과 포도주와 기름의 십일조를 먹으며 네 우양의 처음 난 것을 먹고 네 하나님 여호와 경외하기를 항상 배울 것이니라.

신명기 14장 26절

무릇 네 마음에 좋아하는 것을 그 돈으로 사되 우양이나 포도주나 독주 등 무릇 네 마음에 원하는 것을 구하고 거기 네 하나님 여호와의 앞에서 너와 네 권속이 함께 먹고 즐거워할 것이며.

사람들에게 가장 두려운 것은 미래에 닥칠 예기치 못한 불행입니다. 결국 우리가 끝까지 행복하게 살려면 현재에 행복한 것으로는 충분하지 못하고 장래에도 행복해야 합니다. 그러나 우리의 미래에 불행한 일이 일어나지 않는다는 것을 어떻게 장담하거나 보장할 수 있겠습니까?

가장 중요한 것은 현재까지 내가 무엇으로 살았느냐 하는 것입니다. 지금까지 하나님의 은혜로 살아왔나면 앞으로도 하나님께서 은혜로 지켜 주실 것을 믿어야 합니다. 사실 이스라엘 백성들의 십일조는 그 자체만 생각하면 기쁜 것이 아닐 수 있습니다. 자기가 번 돈을 모두 가져도 부족한 판인데 십일조를 떼면 얼마나 마음이 아프겠습니까? 그러나 십일조는 지금 내가 이 모든 복을 누리는 것이 하나님의 은혜이며 앞으로도 하나님께서 나의 행복을 지켜 주실 것을 믿는 것입니다.

그런데 십일조를 가장 철저히 바쳤던 바리새인들은 왜 행복하지 못했을까요? 그것은 십일조가 하나님의 말씀의 한 부분에 불과하기 때문입니다. 십일조를 바친다는 것은 세상을 따라가지 않고 하나님만 믿고 의지한다는 표시입니다. 즉 우리가 미래의 불안이나 위기를 이기기 위해서 세상의 넓은 길을 따라가서는 안 됩니다. 이것은 하나님께서 함께 하시지 않는 길입니다. 오직 하나님의 말씀을 붙들고 그 말씀이 좋든지 싫든지 순종해서 사는 것이 미래의 행복을 확보하는 길입니다.

그래서 하나님께서는 십일조를 가지고 성전에 가서 먹으라고 말씀하셨습니다. 의무감으로 마지못해서 바치는 것이 아니라 기쁨의 잔치를 하는 것입니다. 우리가 하나님의 말씀을 따라서 살아갈 때 세상에서 많은 어려움을 겪게 되고, 다른 사람들로부터 융통성이 없다는 비난을 듣기도 하고, 특히 자신의 많은 욕망을 죽여야 합니다. 세상에서 손해 볼 때도 많고 유명해지지 못할 수도 있습니다. 그러나 이렇게 사는 것이야말로 우리가 하나님의 손에 붙들려 있으며 하나님께서 미래에도 우리를 지켜 주고 축복해 주신다는 증표이므로 우리는 기뻐하고 즐거워해야 합니다.

우리가 하나님의 말씀에 기꺼이 순종하면 하나님은 우리들을 너무나도 사랑하셔서 모든 재앙을 막아 주시고 우리의 삶을 진정한 평화와 축복의 길로 인도하실 것입니다. 우리는 부족한 것처럼 보이는 이러한 삶이 얼마나 엄청난 복인지 알아야 하고, 계속 이 길로 나아갈 때 하나님께서 우리들의 삶을 지켜 주시고 풍성한 복으로 갚아 주신다는 것을 믿어야 합니다. 하나님 앞에서 기뻐하기를 바랍니다.

19

| 신 15:1-23 | 하나님의 복을 지키는 비결

요즘 우리나라에서는 하나님으로부터 많은 복을 받았지만 최종 테스트에서 실패해서 어려움을 겪는 여러 기업가들을 볼 수 있습니다. 얼마 전에 우리나라의 한 재벌 총수는 사회에 8천억 원의 돈을 기부하겠다고 발표를 해서 사람들을 놀라게 하더니 그 다음에 다른 대재벌은 1조 원의 재산을 사회에 내놓겠다고 해서 더욱 사람들을 놀라게 했습니다. 그러나 이런 발표를 본 시민들의 반응은 별로 반가운 표정이 아니었습니다. 왜냐하면 이들이 이런 엄청난 돈을 내놓는 이유가 진정으로 우리 사회를 위하거나 가난한 자들을 사랑해서가 아니라 불법으로 기업의 경영권이나 재산을 아들에게 물려주다가 적발되니까 처벌받지 않으려고 했던 일이기 때문입니다.

하나님의 축복을 받은 이스라엘 백성들에게는 어떻게 하면 하나님의 축복을 잃어버리지 않고 또한 중간에 막히지 않고 복을 받을 수 있느냐 하는 것이 문제였습니다. 그런데 그 복은 하나님의 말씀을 붙잡는 데 있습니다. 왜냐하면 하나님께서는 말씀 속에 모든 능력과 축복을 넣어서 우리에게 주셨기 때문입니다. 하나님의 백성들이 하나님의 말씀을 끝까지 붙드는 이상 절대로 망할 수 없고 또 복을 받지 않을 수 없습니다.

이때 이스라엘 백성들은 두 가지를 조심해야만 했습니다. 하나는 처음에는 하나님의 말씀을 붙잡아도 복이 오지 않는다는 사실입니다. 오히려 우상을 섬기고 세상을 따라가는 자들은 많은 복을 받습니다. 그런데 하나님의 백성들은 가난과 환란과 고통을 겪게 되고 그러면 하나님의 사랑과 능력을 의심하고 또 하나님의 말씀을 포기하고 내 생각대로 살기 쉽습니다. 그러나 그렇게 하면 망하는 길로 가는 것입니다. 하나님께서는 우리에게 최고의 복을 주시기 전에 반드시 우리의 믿음을 달아보십니다. 그리고 우리에게 포도 열매를 주시기 전에 우리 자신을 가시나무에서 포도나무로 변하게 하신 후 풍성한 복을 주십니다.

하나님의 복을 받기 위해 이스라엘 백성들이 조심해야 할 또 하나는 하나님의 말씀을 붙잡는다고 하면서 실제로는 하나도 실천하지 않는 것입니다. 단지 입으로만 잘 믿는 사람들이 되기 쉬운 것입니다. 하나님의 말씀을 실천하지 않고 감상하기만 하는 것은 하나님의 말씀을 붙드는 자들이 가장 빠지기 쉬운 함정입니다. 하나님의 말씀을 많이 알지만 다른 사람들을 너무나도 많이 비판하고 냉소적인 사람이라면 그는 이미 함정에 빠진 것입니다.

하나님께서는 우리가 이런 식으로 하나님의 말씀을 듣기만 하고 전혀 실천하지 않는 바리새주의에 빠지지 않도록 중요한 길을 하나 제시해 주셨습니다. 바로 우리 주위에 있는 가난하고 어려운 사람들을 박대하지 않고 도와주는 것입니다. 우리는 어려운 사람들을 사랑하는 마음으로 도와줘야겠지만 더 중요한 것은 우리가 영적인 교만과 바리새주의에 빠지지 않기 위해서 도와야 합니다. 즉 어떤 의미에서는 어려운 분들을 위한 것이지만 더 중요한 것은 내 자신이 하나님 앞에서 살기 위해서인 것입니다.

신명기 15장은 하나님께서 이스라엘 백성들에게 주신 '면제년의 규례' 입니다. 면제년의 규례는 빚을 지고 갚을 수 없는 사람들의 빚을 7년이 되면 모두 면제해 주는 것입니다. 심지어는 빚을 지고 노예로 팔려온 사람들도 6년이 지나고 7년째가 되면 다 해방시켜 주는 것입니다. 이렇게 할 때 하나님께서는 이스라엘 백성들이 계속 복을 받아서 가난한 자들이 없게 될 것이라고 약속하셨습니다. 우리가 지속적으로 하나님의 복을 받는 비결은 두 가지입니다. 하나는 끝까지 하나님의 말씀을 붙잡는 것이고, 또 하나는 가난한 자에게 사랑과 긍휼을 베푸는 것입니다. 그렇게 하기만 하면 우리는 위선과 교만을 버리게 되어 살아있는 믿음으로 하나님의 부흥의 역사가 지속적으로 나타나도록 할 수 있습니다. 그리고 그 결과 하나님으로부터 풍성한 복을 받게 되는 것입니다.

빚을 면제해 주는 제도

신명기 15장 1-2절

매 칠 년 끝에 면제하라 면제의 규례는 이러하니라 무릇 그 이웃에게 꾸어 준 채주는 그것을 면제하고 그 이웃에게나 그 형제에게 독촉하지 말지니 이 해는 여호와의 면제년이라 칭함이니라.

사람들에게 가장 무서운 것 중 하나가 바로 '빚' 입니다. 어떤 사람은 빚을 갚지 못해서 모든 재산을 다 경매에 빼앗기고 완전히 알거지가 되기도 합니다. 대개 사람들이 빚을 지게 되는 것은 두 가지 이유일 것입니다. 하나는 허영심에서 비롯된 것입니다. 요즘 우리 주위에는 카드 빚 때문에 파산하는 사람들을 많이 보게 됩니다. 이 카드 빚이라고 하는 것이 얼마나 무서운가 하면 백화점 같은 데서 물건을 살 때에는 아무것도 아닌 것처럼 '일시불로 하실 건가요, 3개월 분할로 하실 건가요?' 라고 묻는데 이것이 별 것 아닌 것이 절대로 아닙니다. 여기에는 엄청난 고리의 이자가 따르고 만일 연체가 되게 되면 눈 덩이처럼 빚이 늘어나게 됩니다.

물론 하나님의 백성들은 모든 것을 주어진 범위 안에서 해야 하고 절대로 그 범위를 벗어나서는 안 됩니다. 그러나 사람의 욕심이라고 하는 것은 잘 통제가 되지 않습니다. 어떤 물건을 한번 사기로 마음을 먹으면 그것을 손에 넣기까지는 절대로 견딜 수 없는 욕망의 충동이 있는 것입니다. 사람들이 객관적으로 자신을 보고 분수를 알고 그 안에서 살기만 하면 절대로 문제가 생길 수가 없습니다. 그러나 사람은 누구나 자신을 객관적으로 볼 수 없고 순간적인 충동이나 욕망에 사로잡혀서 결정할 때가 많습니다.

최근에 와서야 사람들은 인간의 감정이라고 하는 것이 얼마나 통제하기가 어려운지 조금씩 깨닫는 것 같습니다. 우리 생각으로는 우울증에 걸릴 필요도 없고 불면증에 시달릴 필요도 없고 빚을 질 필요도 없고 사람을 미워하거나 죽일 이유가 없는 것 같습니다. 그러나 사람의 생각대로 통제되지 않는 것이 감정이요 욕망입니다. 사람들이 자기 자신을 객관적으로 볼 수 있게 되는 것은 욕망이 모든 것을 다 망친 후입니다. 그 전에는 절대로 자기 욕망의 사슬과 욕심의 끈에서 벗어나지 못합니다.

사람들이 빚을 지게 되는 또 다른 이유는 실제로 너무나도 먹을 것이 없어서입니다. 예를 들어서 아직 살기는 살아야 되겠는데 전혀 먹을 것이 없다고 합시다. 그럴 때 그냥 앉아서 죽기를 기다릴 수는 없고 구걸을 하든지 아니면 도둑질을 하든지 아니면 빌려야 하는 것입니다. 그러나 구걸을 하려고 하니 도저히 자존심이 허락지 않고 도둑질을 하려고 하니까 양심이 허락지 않고 결국 하는 것이 나중에 어떻게 되든지 간에 일단 빌려서 목숨이나 건지고 보는 것입니다. 이런 것을 생각해보면 사람의 목숨이 얼마나 모진지 모릅니다. 그러나 전혀 생산 능력이 없는 사람이 돈이나 양식을 빌리는 것은 갚을 수 있어서 빌리는 것이 아닙니다. 일단 사람이 죽을 수는 없으니까 살고 보자는 심정으로 빌리는 것입니다.

하나님께서는 이스라엘 백성들에게 '면제년' 이라는 것을 정하게 하셨습니다. 7년마다 돌아오는 면제년이 되면 이스라엘 백성들은 그들의 모든 부채를 자동적으로 청산해야 했습니다. 우리가 생각하기에 다른 사람의 돈을 빌리고 갚지 않는 것은 나쁜 것입니다. 자기가 잘못을 저질러 놓고 갚지 않는 것은 어떻게 되든지 자기 책임이라고 볼 수 있습니다. 그러나 하나님께서는 7년이 지나도 빚을 갚지 못하는 사람에 대해 갚을 능력이 전혀 없는 진정으로 가난한 자라고 보셨습니다. 7년만 잘 버티면 빚을 갚지 않아도 된다는 식으로 나쁜 마음을 가진 사람도 있겠지만 실제로 이런 사람들은 거의 없다고 봐야 하고 정말 갚을 능력이 없어서 빚을 지고 있는 것입니다. 그래서 하나님께서 하나님의 직권으로 7년마다 모든 이스라엘 사람들의 빚을 청산해 주셔서 새로운 출발을 할 수 있게 해 주셨습니다.

여기서 하나님께서는 이스라엘 백성들에게 몇 가지를 생각하게 하신 것 같습니다. 하나는 가난한 사람들의 이자로 부자가 될 생각을 하지 말라는 것입니다. 어차피 빚을 주어도 7년이 되면 없어지기 때문에 아예 많은 돈을 빌려 주지 않으려고 할 것입니다. 즉 돈을 놀려가면서 이자로 부자가 되려고 하는 것은 옳지 않다는 것입니다. 그러니까 빌리는 사람들도 정말 먹고 살 것이 없는 사람들만 빌리게 되고 그래서 결국은 자신의 능력의 범위 안에서 사는 훈련이 되는 것입니다.

우리나라 사람들은 IMF를 통해서 엄청난 훈련을 받았습니다. 그것은 결코 빚으로 성공하고 빚으로 잘살려고 해서는 안 된다는 것입니다. IMF가 터지고 이자율이 엄청나게 뛰어 올랐을 때 빚으로 회사를 했던 기업들은 큰 기업이든지 작은 기업이든지 심지어는 은행이나 제2금융권까지 다 넘어지고 하나도 건지지 못했습니다. 그러나 자기 재정의 능력의 범위 안에서 살던 사람들은 넘어질 필요가 없었습니다.

그러나 IMF가 수습되고 많은 시간이 지나지 않았는데도 불구하고 지금 더 많은 사람들이 은행의 싼 이자에 눈이 멀어서 남의 돈으로 큰 일을 하는 것을 겁내지 않고 있습니다. 하나님의 백성들에게 있어서 빚을 지지 않고 자신의 수입의 범위 안에서 산다는 것은 아주 중요한 훈련입니다. 심지어는 교회도 은행으로부터 거금을 빌려서 건물을 짓는다거나 사업을 하는 것은 좋은 본이 아닌 것입니다. 우리는 어떻게 하든지 허영이나 충동이나 욕망을 하나님의 말씀으로 두들겨 잡아야 합니다. 아무리 현실이 어려워도 다른 사람과 비교하지 말고 자기 자신을 객관적으로 보며 내가 이렇게 하는 것이 과연 상식적으로 타당한지 생각해 봐야 합니다.

그리고 하나님께서는 이스라엘 백성들로 하여금 빚을 일괄 탕감하게 하심으로 사람에게 집착하고 돈에 집착하는 데서 자유케 하셨습니다. 특히 하나님의 백성들은 무엇인가 작은 것에 집착하는 성향이 있습니다. 그래서 다른 사람의 허물이나 실수나 그들이 갚지 않은 빚에 대해 생각하게 되면 거기에 집착하게 됩니다. 결국 다른 사람의 잘못을 자꾸 생각하는 바람에 하나님의 축복을 잃어버리게 되는 것입니다.

하나님께서는 이 세상 사람들의 모든 잘못을 바로 잡으라고 우리를 보내신 것이 아닙니다. 하나님은 우리를 이 세상에 그분의 은혜를 공급해 줄 사람으로 보내셨습니다. 그렇기 때문에 남의 잘못을 바로 잡는 것보다 더 중요한 것이 내가 은혜를 놓치지 않는 것입니다. 그래서 예수님께서는 우리들에게 "누구든지 네 오른편 뺨을 치거든 왼편도 돌려 대며 또 너를 송사하여 속옷을 가지고자 하는 자에게 겉옷까지도 가지게 하며"(마 5:39-40)라고 하셨습니다. 우리에게는 옳고 그런 것보다 더 중요한 것이 하나님의 은혜를 놓치지 않는 것입니다. 하나님의 백성들은 정신병자처럼 집착하는 면이 있다고 생각해야 합니다. 그래서 우리는 어떻게 하든지 집착하는 데서 벗어나야 합니다. 그런데 이것이 자기 혼자 힘으로는 잘 되지 않으니까 하나님께서 강제로 해제시켜 버리시는 것입니다.

하나님께서는 이런 면제년을 통해서 우리가 하나님의 은혜에 빚진 자인 것을 생각하게 하셨습니다. 우리는 모든 삶을 하나님의 은혜로 살아가고 있습니다. 우리가 가지고 있는 것 중에서 하나님의 빚이 아닌 것은 아무것도 없습니다. 우리도 빚진 자이고 다른 사람도 빚진 자인데 서로 같이 빚진 사람들끼리 조금씩 도와주면 하나님께 영광이 돌려지게 되는 것입니다. 빚진 자라는 사실을 통해 우리가 하나님의 도움 없이는 한순간도 살 수 없는 연약한 존재인 것을 깨닫게 됩니다. 만일 하나님께서 우리에게 오늘 빚을 다 갚으라고 말씀하시면 우리는 당장 죽어야 합니다. 왜냐하면 우리의 목숨도 하나님께 빚을 지고 있기 때문입니다.

그러므로 우리는 끝까지 하나님의 말씀을 붙들고 순종하며 살아야 합니다. 특히 가난한 자를 불쌍히 여기고 너무 돈에 집착하지 말아야 합니다.

가난에 대한 태도

하나님께서는 이스라엘 백성들에게 면제년에 대해 말씀하시면서 두 가지를 말씀하셨습니다. 하나는 이 면제년의 규정이 이방인들에게는 해당이 되지 않는다는 것이고, 다른 하나는 같은 이스라엘의 가난한 자에게 절대로 강퍅하게 하지 말라는 것입니다.

신명기 15장 3절

이방인에게는 네가 독촉하려니와 네 형제에게 꾸인 것은 네 손에서 면제하라.

신명기 15장 7-8절

네 하나님 여호와께서 네게 주신 땅 어느 성읍에서든지 가난한 형제가 너와 함께 거하거든 그 가난한 형제에게 네 마음을 강퍅히 하지 말며 네 손을 움켜쥐지 말고 반드시 네 손을 그에게 펴서 그 요구하는 대로 쓸 것을 넉넉히 꾸어 주라.

하나님께서는 가난에 있어서 이스라엘과 이방인을 분명히 차별화하셨습니다. 이것은 결국 '이스라엘 백성의 가난'을 어떻게 보느냐 하는 것과 연결되는 문제입니다. 우리는 보통 '가난'이라고 하면 무능하다든지 아니면 게으르다든지 혹은 하나님의 축복을 받지 못한 것으로 생각합니다. 자기가 게으르지 않고 유능하다면 무엇 때문에 가난하게 살겠습니까? 그런데 이방인들에게는 이것이 그렇게 적용될지 모르겠습니다. 그러나 하나님의 백성들에게는 있어서 가난은 누구나 반드시 한 번은 거쳐야 하는 기본적인 훈련입니다. 하나님의 백성이 가난 때문에 심한 어려움을 겪는 것은 그가 하나님의 군사가 되기 위해서 지금 고도의 훈련을 받고 있는 것입니다.

만일 우리가 살고 있는 이 도시 한 가운데로 훈련을 받고 있는 신병들이 구보를 해서 지나가고 있다고 합시다. 그런데 이 신병들이 먹지도 못하고 자지도 못해서 뛰어가다가 여기저기서 픽픽 쓰러지고 있다면 그것을 보고 있는 시민들이 어떻게 하겠습니까? 아마 자기 자식들이 생각나서 물이라도 떠 가지고 와서 먹이거나 아니면 시장에 갔다 오던 부인은 자기 자식이 생각나서 장바구니 안에 있는 먹을 것을 아낌없이 줄 것입니다. 물론 우리가 이 신병들의 훈련 자체를 면제해 줄 수는 없습니다. 그러나 그들이 나라를 지키기 위해서 고생하며 훈련받는 것을 눈으로 보게 되었을 때에는 조금이라도 그 수고를 덜어 주려고 할 것입니다.

그래서 하나님께서는 이방인들에게는 독촉을 하라고 하셨습니다. 이것은 그들이 빚을 지게 된 것이 노름을 했다든지 아니면 허영 때문에 그렇게 된 것이기 때문에 스스로 책임을 지게 하는 것입니다. 그러나 이스라엘 백성들이 가난하게 되고 굶주리게 되는 것은 하나님께서 주시는 훈련이기 때문에 하나님께 책임이 있습니다. 그래서 그들에게 강퍅하게 하지 않고 조금이라도 도와주는 것이 하나님이 하시는 것을 인정하는 것이 됩니다.

가까이 있는 어려운 사람에게 강퍅하게 하지 말라는 하나님의 말씀에 우리가 인색하게 되거나 억울한 마음이 들 수도 있습니다. 자신에게 경제적으로 부담이나 피해를 주는 가난한 사람들에게 화가 날 수도 있습니다. '왜 저 사람은 자기 일을 제대로 하지 못해서 나에게 이렇게 경제적인 부담을 주고 피해를 끼치는가?' 하는 생각이 들 것입니다. 물론 우리가 인간인 이상 이런 생각까지는 없앨 수가 없습니다. 그러나 이런 이기적인 생각에 굴복해서는 안 됩니다.

우리는 어떻게 해서든지 이런 인색하고 이기적인 마음을 바꿔서 '그래도 나는 저 사람보다는 형편이 나은데, 그 사람의 모든 것을 책임지라는 것도 아니고 조금 손해를 감수하라는 것인데, 이왕이면 기쁨으로 하자' 고 하면 악한 마음에 승리하는 것입니다. 그래서 우리는 우리의 마음을 다른 사람이 알지 못하고 느끼지 못하는 것이 얼마나 다행인지 모릅니다. 설사 마음속에 이기적이고 악한 생각이 떠올랐다 하더라도 그런 마음을 누르고 사랑으로 대하면 이것은 말씀에 순종하는 것이며 승리하는 것입니다. 하나님께서는 우리가 얼마나 이기적인 자인지 알고 계셔서 주의를 주셨습니다.

신명기 15장 9절

삼가 너는 마음에 악념을 품지 말라 곧 이르기를 제 칠 년 면제년이 가까웠다 하고 네 궁핍한 형제에게 악한 눈을 들고 아무것도 주지 아니하면 그가 너를 여호와께 호소하리니 네가 죄를 얻을 것이라.

사람이 얼마나 이기적이고 계산적인가 하면 면제년이 있기 때문에 가난한 사람들이 더 돈을 빌리지 못하게 됩니다. 즉 돈 빌리기가 가장 어려운 해가 바로 면제년이나 그 전 해입니다. 왜냐하면 돈을 빌려 줘봐야 받을 수 없기 때문에 면제년이 되면 디 돈을 빌려 주지 않는 것입니다. 그래서 이상적인 제도라 하더라도 사람들이 악용하기 때문에 실패할 수 있습니다. 할 수 있으면 경제의 법칙에 맡기는 것이 좋을 것입니다. 각자가 자기 일에 책임지고 또 열심히 노력해서 부채를 갚도록 해야 합니다. 그러나 도저히 자기 힘으로 빚에서 헤어날 수 없는 가난한 사람들을 옆에서 책임져 줘야 합니다. 이렇게 할 때 하나님은 축복을 주겠다고 하셨습니다.

신명기 15장 4-6절

네가 만일 네 하나님 여호와의 말씀만 듣고 내가 오늘날 네게 명하는 그 명령을 다 지켜 행하면 네 하나님 여호와께서 네게 유업으로 주신 땅에서 네가 정녕 복을 받으리니 너희 중에 가난한 자가 없으리라 네 하나님 여호와께서 네게 허락하신 대로 네게 복을 주시리니 네가 여러 나라에 꾸어 줄지라도 너는 꾸지 아니하겠고 네가 여러 나라를 치리할지라도 너는 치리함을 받지 아니하리라.

이스라엘 백성들이 이 면제년의 규례를 지키면 빚을 받지 못하게 될 것입니다. 그러나 그들은 적은 것을 손해 보는 대신 하나님께서 주시는 가나안 땅과 더 큰 복을 받게 될 것입니다. 즉 하나님께서 이스라엘에게 요구하신 것은 이 세상의 재물이나 돈에 너무 욕심내지 말라는 것입니다. 오히려 하나님의 백성들은 하나님의 말씀에 욕심내야 하고 하나님의 은혜에 욕심내야 합니다.

하나님께서는 우리의 믿음을 자주 시험해 보십니다. 즉 다른 사람의 실수나 허물에 대해 너무 철저하게 굴거나 절대로 손해 보지 않으려고 한다면 우리는 교만의 죄에 걸려들 것입니다. 우리는 하나님께 엄청난 빚을 졌고 놀라운 사랑과 축복을 받았습니다. 우리가 이 축복을 놓치지 않는 유일한 길은 끝까지 겸손한 것입니다. 그래서 겸손한 사람은 가난한 자를 너무 나무라지 않고, 잘못한 사람에게 끝까지 따져서 이기려고 하지 않고, 어쩔 수 없이 큰 금전적인 손해를 보게 되었을 때 하나님의 뜻인 줄 알고 기쁨으로 감수합니다. 하나님께서는 이런 사람에게 계속 복을 내려 주십니다.

하나님께서는 "너희 중에 가난한 자가 없으리라"고 하셨습니다. 하나님의 축복이 계속 임하면 결국 가난한 자가 있어야 할 이유가 없습니다. 가난한 자가 생기는 이유는 복이 오기도 하고 안 오기도 하기 때문입니다. 그런데 하나님의 부흥이 계속되고 은혜가 계속되면 한 사람도 빼놓지 않고 모두 복을 받게 되는데 이것이 바로 축복의 황금기인 것입니다.

하나님께서는 이스라엘 백성들에게 의미심장한 말씀을 하십니다.

신명기 15장 11절

땅에는 언제든지 가난한 자가 그치지 아니하겠으므로 네가 네게 명하여 이르노니 너는 반드시 네 경내 네 형제의 곤란한 자와 궁핍한 자에게 네 손을 펼지니라.

우리 주위에 가난한 자는 언제나 있다는 것입니다. 결국 이 가난한 자들은 늘 우리의 겸손을 시험해 볼 것입니다. 결국 그런 사람들을 외면하지 않는 것이 우리 자신이 사는 길입니다. 주위의 교만한 자들뿐만 아니라 가난한 자들도 우리의 겸손을 시험하게 됩니다. 교만한 자가 우리 위에 군림하려고 할 때 우리는 대적하고 싶고 그를 이기고 싶지만 그러면 시험에 말려드는 것입니다. 교만한 자 앞에서도 우리는 마음의 평안을 지켜야 하고 굳이 대적할 필요가 없습니다. 옳고 그른 것만 분명히 하면 됩니다. 또한 가난한 자들이 있을 때 우리가 못 본 체하고 그들을 구박하면 우리 자신이 교만의 죄에 빠지게 됩니다. 우리가 끝까지 겸손을 유지할 때 하나님은 우리를 크게 하고 더 존귀하고 풍성하게 하실 것입니다.

종에게 자유를 주는 제도

우리는 보통 안식년이라고 하면 교수나 연구직에 있는 사람들이 일에서 벗어나서 연구에 몰두하는 시간으로 생각합니다. 또 산 같은 경우에는 등산객들이 너무 많이 다니면 나무가 죽으니까 일정한 기간 동안 사람의 출입을 제한해서 안식년을 주기도 합니다. 그런데 이스라엘의 안식년은 빚만 청산하는 것이 아니라 종도 놓아 주었습니다.

신명기 15장 12-14절

네 동족 히브리 남자나 히브리 여자가 네게 팔렸다 하자 만일 육 년을 너를 섬겼거든 제 칠 년에 너는 그를 놓아 자유하게 할 것이요 그를 놓아 자유하게 할 때에는 공수로 가게 하지 말고 네 양 무리 중에서와 타작마당에서와 포도주 틀에서 그에게 후히 줄지니 곧 네 하나님 여호와께서 네게 복을 주신 대로 그에게 줄지니라.

'네게 팔렸다' 는 말은 종이 되었다는 말인데, 결국 빚을 지는 것보다 상황이 더 어려운 사람입니다. 즉 완전히 파산해서 몸으로 빚을 갚을 수밖에 없는 사람인 것입니다. 대개 어느 나라든지 종으로 팔리면 다른 사람이 빚을 갚아 주지 않는 이상 죽을 때까지 종에서 풀려나기가 어렵습니다. 그런데 하나님께서는 이스라엘 백성들에게 이스라엘인 노예에 대해서는 7년이 되면 아무 조건 없이 풀어 주라고 명령하셨습니다. 즉, 이스라엘 사람들은 자기 집에 종으로 팔려온 이스라엘인 노예를 망해서 죽도록 일하러 온 사람으로 보지 말고 재기할 때까지 하나님께서 맡겨 주신 자로 생각하라고 하신 것입니다. 사람이 한번 사업에 실패했거나 파산했다가 다시 재기할 수 있다는 것은 얼마나 엄청난 축복인지 모릅니다.

과거에 '팔기회' 라는 것이 있었습니다. 이것은 '칠전팔기' 를 줄인 말인데, 사업에 완전히 실패해서 망한 사람들끼리 서로 정보도 교환하고 재기할 수 있도록 희망을 주는 모임입니다. 그러나 사실 한번 망한 후에 다시 재기한다는 것이 얼마나 어려운 일인지 모릅니다. 아마 열 명이 망했다면 그 중에서 다시 재기할 수 있는 사람은 한 명도 되지 않을 것입니다. 그러나 하나님께서는 모든 이스라엘 백성들은 다시 재기해야 한다고 말씀하셨습니다. 그래서 아무리 빚을 많이 지고 망했다 하더라고 6년 동안 열심히 일했으면 다 갚은 것으로 치고 7년이 되었을 때 나가게 하라고 하셨습니다.

이것은 모든 하나님의 백성들의 고난은 끝이 있다는 것입니다. 우리는 무한정의 고난의 터널을 걸어가야 하는 사람들이 아닙니다. 그리고 그 고생을 끝내고 나갈 때에는 빈손으로 나가게 하지 말고 밭이나 포도주 틀이나 만든 것 중에서 후하게 주어서 다시 일어설 수 있도록 도와주라고 말씀하셨습니다. 그러면서 18절에 이렇게 말씀하십니다.

신명기 15장 18절

그가 육 년 동안에 품꾼의 삯의 배나 받을 만큼 너를 섬겼은즉 너는 그를 놓아 자유하게 하기를 어렵게 여기지 말라 그리하면 네 하나님 여호와께서 너의 범사에 네게 복을 주시리라.

여기서 '품꾼의 삯의 배로' 일했다는 것은 노임을 받지 않고 일했을 뿐만 아니라 집에 가지도 않고 자기 전까지 일했기 때문에 배나 했다는 뜻입니다. 우리는 실패하고 어려움에 빠진 형제와 자매들이 그 모든 어려움을 극복하고 다시 자신의 행복한 삶을 되찾을 수 있도록 기도하고 도와줘야 합니다. 그들은 애굽에서 종 되었을 때를 기억해야 합니다.

신명기 15장 15절

너는 애굽 땅에서 종 되었던 것과 네 하나님 여호와께서 너를 속하셨음을 기억하라 그를 인하여 내가 오늘날 이같이 네게 명하노라.

이스라엘 백성들은 모두 애굽에서 종 되었던 자들이었는데, 그들이 해방되는 값을 하나님께서 지불하셨습니다. 하나님은 이스라엘 백성들의 노예 값을 돈으로 지불하지 않으시고 피로 변한 나일강과 엄청난 개구리들과 파리와 독종과 우박과 메뚜기로 갚으셨습니다. 우리는 이것을 보고 전혀 돈이 들지 않았다고 생각해서는 안 됩니다. 오히려 돈을 주는 것보다 더 비싼 값이었습니다.

이스라엘은 이 세상을 사는 목적이 달라야 합니다. 남의 불행을 통해서 덕을 보려고 하는 것이 아니라 실패한 사람을 위로하고 격려해서 다시 재기하게 하는 축복의 사람이 되어야 합니다. 사람들은 필요하면 단물만 빼먹고 나중에는 인정사정없이 발로 차버리는데, 이런 사람은 하나님께서도 발로 차버리실 것입니다.

그러나 노예 중에서 자유를 원치 않는 노예들이 있을 수 있습니다. 우리는 이것이 이해가 되지 않을 것입니다. 이제 빚도 다 갚았고 얼마든지 세상에 나가서 새 생활을 할 수 있는 데도 자기 스스로 나가는 것을 원치 않는 사람들이 있을 수 있습니다. 이 사람들은 돈에 노예가 된 사람이 아니고 사랑에 노예가 된 사람들입니다. 즉 주인이 아내를 주어서 아이를 낳았는데 부인과 아이와 헤어지지 않고 살기를 원할 때에는 평생 노예가 될 수 있었습니다. 혹은 주인이 너무 은혜를 많이 베풀어서 주인을 한평생 섬기고 싶을 때에도 해방을 거부할 수 있었습니다.

그런데 이런 경우에는 말로는 안 되고 한번 따끔한 맛을 봐야 했습니다. 그것은 재판장에게 데리고 가서 귀를 문에 대어 놓고 송곳으로 뚫는 것입니다. 이런 노예는 아들보다 더 귀한 노예였고 가장 존귀한 노예였습니다. 왜냐하면 얼마든지 세상에서 더 잘될 수 있고 더 행복할 수 있음에도 불구하고 그 모든 기회를 스스로 포기하고 가족이나 주인을 섬기는 자가 되었기 때문입니다. 그래서 귀는 함부로 뚫어서는 안 됩니다. 귀를 뚫을 때에는 앞으로 자기 모든 자유와 권리를 포기한다는 것을 약속하고 평생 종으로 살 생각을 하고 뚫어야 하는 것입니다.

여기서 하나님께서는 한 가지를 더 요구하셨습니다. 그것은 모든 우양의 첫 새끼를 자신이 가지지 못하고 하나님께 바쳐야 하는 것입니다.

신명기 15장 19-20절

> 너의 우양의 처음 난 수컷은 구별하여 네 하나님 여호와께 드릴 것이니 네 소의 첫 새끼는 부리지 말고 네 양의 첫 새끼의 털은 깎지 말고 너와 네 가족이 매년에 여호와의 택하신 곳 네 하나님 여호와 앞에서 먹을지니라.

목축을 하는 사람들에게 첫 새끼는 무시할 수 없는 수이기 때문에 중요한 것이었습니다. 그러나 이스라엘 백성들은 첫 새끼를 모두 포기해야만 했습니다. 다른 말로 표현하면 모든 것이 하나님의 것입니다. 첫 새끼를 포기하면 그 다음 새끼들도 포기할 수 있습니다. 그러나 첫 새끼를 포기하지 않으면 그 다음 새끼들도 포기할 수 없을 것입니다. 모든 것이 하나님의 것이며, 나는 하나님으로부터 부스러기를 얻어 쓰는 사람입니다.

사람들은 누구나 가장 좋은 것을 가지려 하고 또 먼저 좋은 것을 누리려고 합니다. 남들이 다 쓰고 남은 찌꺼기나 남들이 먹고 남은 부스러기를 먹어야 한다면 기분이 좋지 않을 것입니다. 그러나 하나님께서는 우리가 가장 좋은 것을 먼저 하나님께 다 드리고 그 남은 것만 가지고 살아도 다른 사람보다 더 복을 받을 것이라고 말씀하셨습니다.

우리가 일단 하나님의 말씀을 잡으면 축복의 길로 들어선 것입니다. 그러면 이제 두 가지 하나님의 테스트를 통과해야 합니다. 하나는 겸손의 테스트입니다. 가난한 자들 앞에서 큰소리치고 그들이 갚지 못한 빚을 다 내라고 독촉하는 것을 포기하는 것입니다. 그리고 다른 하나는 믿음의 테스트입니다. 나의 가장 좋은 것을 하나님과 남에게 주고 그 부스러기로 살아도 부족함이 없다는 믿음을 가지는 것입니다. 그렇게 할 때 이 축복의 테스트에 합격할 수 있습니다.

크리스천들이 끝까지 믿음으로 걸어가는 데는 많은 걸림돌이 있을 것입니다. 그러나 모든 시험을 이기고 승리의 면류관을 쓰기를 바랍니다.

20

| 신 16:1–22 | 구원의 축제

우리나라 사람들이 가장 중요하게 생각하는 두 가지 명절은 우리설과 추석입니다. 옛날에 정치인들이 음력설 대신 양력설을 설날로 지키게 하려고 무척 애를 썼지만 실패하고 말았습니다. 우리나라에서는 우리설과 추석이 되면 무려 이천만 명이 넘는 사람들이 고향을 찾아 민족 대이동을 합니다. 왜 우리나라 사람들이 우리설과 추석을 이렇게 중요하게 생각할까요? 그것은 옛날 농경 시대부터 내려오는 오랜 전통이기 때문입니다. 우리설은 우리나라 사람들에게는 복의 시작이고 추석은 그 복이 풍성한 추수로 이루어진 결과입니다. 우리나라 사람들은 복을 그렇게 중요하게 생각하는데 거기에다가 부모에 대한 효도까지 겹치게 되니까 도저히 그냥 넘어갈 수 없는 필수적인 명절이 되는 것입니다.

사실 우리 민족에게 구정이나 추석보다 훨씬 더 중요한 것이 8 · 15 광복절입니다. 우리가 일제의 노예 상태에서 해방된 날이 바로 8월 15일이고 그 후 대한민국이 세워지고 오늘의 우리가 있게 된 것입니다. 그러나 실제로 8 · 15 광복절에는 정부에서 매년 하는 행사나 대통령 특사로 모범 죄수들이 풀려나는 정도가 있을 뿐 일반인들에게는 거의 의미가 없는 날이 되고 말았습니다.

그러나 우리나라가 일본의 지배에서 해방된 그날은 우리 국민들에게는 대단한 날이었습니다. 사람들마다 거리로 뛰쳐나와서 마음껏 태극기를 흔들면서 대한독립 만세를 외치고 감옥에 갇힌 죄수들이 풀려나고 일본에 의해서 징용을 갔거나 먹고 살기 위해서 고향을 떠났던 수많은 사람들이 고향으로 돌아오는 날이었습니다.

그런데 최근 우리나라 사람들은 이런 큰 해방은 경험하지 못했고 오히려 한일 월드컵 축구 때 우리나라가 4강까지 올라가니까 온 국민들이 붉은 옷을 입고 거리로 뛰쳐나오거나 아니면 밤새 자동차 경음기를 울리면서 거리를 질주했습니다. 이런 것이 오락성의 축제입니다. 사람들이 먹고 살만하면 오락성의 축제에 더 큰 관심을 가지고 열광하는 것을 볼 수 있습니다. 로마도 나중에 평화의 시대가 정착되니까 마차 경기나 검투사 경기에 열광하면서 도덕성이 떨어졌던 것입니다.

하나님께서는 이스라엘 백성들에게 영원히 변질되지 않는 축제의 날을 1년에 세 번 가질 수 있게 하셨습니다. 이 날들은 모두 하나님의 위대한 구원의 날들이었습니다. 하나님께서는 이스라엘 백성들에게 이 세 날을 영원토록 지키며 기뻐하라고 말씀하셨습니다. 그 첫 번째 날이 유월절이었습니다. 이 날은 이스라엘 백성들이 애굽에서 해방이 된 날이었습니다. 그리고 두 번째 날이 맥추절 또는 오순절인데 이 날 이스라엘 백성들은 시내산에서 하나님의 율법을 받았습니다. 그리고 세 번째가 초막절인데 이스라엘 백성들이 광야에서 40년 동안 돌아다닐 때 하나님께서 생수를 주셔서 그들을 살려 주신 것을 기억하는 절기였습니다. 그런데 놀라운 것은 하나님께서 이 세 절기를 모두 추수와 연결되게 하셔서 이 날이 모두 복이 되게 하셨고 물질적으로도 풍성한 축복의 날이 되게 하셨던 것입니다.

유월절

이스라엘 백성들에게 가장 위대한 날은 애굽의 노예 상태에서 해방이 되던 날이었습니다.

> **신명기 16장 1절**
>
> 아빕월을 지켜 네 하나님 여호와의 유월절 예식을 행하라 이는 아빕월에 네 하나님 여호와께서 밤에 너를 애굽에서 인도하여 내셨음이라.

이스라엘 백성들은 애굽에서 수십 년 이상을 끔찍한 노예 상태에 있었습니다. 애굽의 바로는 이스라엘 백성들을 너무나도 학대하고 착취했습니다. 먼저, 그들은 이스라엘의 씨를 말리려 했습니다. 그래서 이 정책이 얼마 동안 지속되었는지 모르지만 남자 아이가 태어나면 모두 나일강에 빠트려 죽여야 했습니다. 둘째, 그들은 이스라엘을 강제 노동에 동원했습니다. 그래서 그 더운 날씨에 진흙으로 벽돌을 구워서 비돔성이라든지 람세스와 같은 여러 성을 건축했습니다. 이것이 모세가 태어나서 지도자로 부르심을 받을 때까지 계속되고 있었으니까 아무리 최소한도로 잡아도 80년 이상 강제 노동을 했던 것입니다. 이스라엘 백성들이 자력으로 이 노예 상태에서 벗어날 가능성은 없었습니다. 따라서 바로가 노린 것은 강제 노동을 하다가 지쳐서 다 죽든지 아니면 남자 아이들의 씨가 말라서 이스라엘 백성들이 없어지든지 좌우간 이스라엘 백성이라는 존재를 이 세상에서 없애버리겠다는 것이었습니다.

그런데 이스라엘 백성들은 하나님의 살아계심과 그 능력을 모세를 통해서 너무나도 똑똑히 보게 되었습니다. 하나님께서는 그냥 이스라엘 백성들을 몰래 애굽에서 탈출시키신 것이 아니라 무려 열 가지 기적으로 애굽을 치시고 애굽 왕을 완전히 굴복시킨 상태에서 당당하게 구원해 내셨습니다. 그런데 그 마지막 재앙이 애굽의 모든 장자를 죽이는 재앙이었습니다. 이 장자 죽이는 재앙이 너무나도 철저해서 애굽의 왕으로부터 노예에 이르기까지 심지어는 모든 죄수들의 장자들이 다 하룻밤 사이에 죽었습니다. 그 뿐만 아니라 가축까지도 첫 새끼는 그날 밤에 다 죽었습니다. 놀라운 것은 너무나도 정확하게 첫 아들과 첫 새끼만 골라서 다 죽은 것입니다.

이것은 아무리 애굽 왕과 그 신하들이 똑똑하고 잘났다고 큰 소리를 쳐도 그들은 모두 하나님의 손 안에 있고 하나님이 마음만 먹으면 누구든지 다 죽게 하실 수 있다는 뜻이었습니다. 그들은 하나님 앞에서는 완전히 무장 해제가 된 것이었습니다.

우리나라가 일본의 식민지 아래 있을 때 학생들은 학도병으로 끌려가고 여성들은 정신대에 끌려갔습니다. 심지어는 무기를 만든다고 교회 종도 떼 가고 연료가 부족하다고 해서 산에 있는 소나무의 송진까지도 다 긁어 갔습니다. 우리 힘으로는 일본을 이기고 독립한다는 것이 불가능했습니다. 그런데 일본의 히로시마와 나가사키 두 군데 원자폭탄이 떨어지니까 그 자리에서 일본 천황은 두 손을 들고 항복하고 말았던 것입니다.

이스라엘 백성들이 애굽으로부터 구원받았던 바로 그날이 유월절이었습니다. 하나님께서는 모든 이스라엘 백성들에게 유월절에 양을 잡게 하셔서 양의 피를 문설주와 기둥에 바르게 하셨습니다. 그리고 이스라엘 백성들은 한 사람도 죽시 않고 모두 구원을 받아서 낭낭하게 걸어서 애굽을 나왔습니다. 유월절 밤에 이스라엘 백성들은 음식을 먹었는데 두 가지를 했습니다. 하나는 누룩이 없는 딱딱한 떡을 먹었고 다른 하나는 허리에 띠를 매고 서서 급히 음식을 먹었습니다. 이것은 애굽을 속히 떠나기 위해서였습니다.

그러나 바로는 이스라엘 백성들을 곱게 애굽에서 떠나게 하지 않았습니다. 애굽을 떠난 이스라엘 백성들을 뒤에서 추격해서 홍해 바다에 쓸어 넣으려고 했지만 하나님께서는 홍해를 갈라서 이스라엘 백성들을 구원하셨고 추격하던 애굽 군인들을 모두 바다에 빠져 죽게 하셨습니다. 이스라엘 백성들이 어떻게 이 날을 잊을 수가 있겠습니까? 그래서 이스라엘의 정신은 바로 출애굽에 있었습니다. 이스라엘 백성들이 아무리 무력하고 어려운 고난 가운데 있다 하여도 출애굽의 정신으로 돌아가기만 하면 하나님의 능력을 체험할 수가 있었습니다. 하나님께서는 이스라엘 백성들에게 유월절을 이런 식으로 지키게 하셨습니다.

신명기 16장 2-4절

여호와께서 그 이름을 두시려고 택하신 곳에서 우양으로 네 하나님 여호와께 유월절 제사를 드리되 유교병을 그것과 아울러 먹지 말고 칠 일 동안은 무교병 곧 고난의 떡을 그것과 아울러 먹으라 이는 네가 애굽 땅에서 급속히 나왔음이니 이같이 행하여 너의 평생에 항상 네가 애굽 땅에서 나온 날을 기억할 것이니라 그 칠 일 동안에는 네 사경 내에 누룩이 보이지 않게 할 것이요 또 네가 첫 날 해질 때에 제사 드린 고기를 밤을 지내어 아침까지 두지 말 것이며.

하나님께서는 이스라엘 백성들에게 유월절마다 홍해까지 와서 기념식을 가지라고 말씀하지 않으셨습니다. 대신 그들이 지킬 것은 누룩이 들어가지 않은 딱딱한 떡을 먹는 것입니다. 우리가 잘 혼동하기 쉬운데, 유월절은 하루이고 무교절은 유월절부터 일주일간입니다. 이 기간 동안 이스라엘의 집이나 진중에 누룩이 없게 해야 했습니다. 그 이유는 하나님 앞에서 가난한 마음을 가지기 위해서였습니다. 이스라엘 백성들은 아무 자격 없지만 오직 하나님의 말할 수 없는 자비와 긍휼로 구원을 얻었습니다. 그것도 그냥 구원받은 것이 아니라 영원한 멸망에서 구원받았습니다. 그래서 그들은 단 일주일 동안만이라도 세상의 맛있는 떡을 버리고 고난의 떡을 먹으면서 과거에 종 되었던 때를 기억하고 감사해야만 했습니다.

고난의 떡을 먹으면서 무엇을 생각하게 됩니까? 지금 내가 누리고 있는 복은 100% 하나님의 은혜요 선물이라는 것입니다. 이것이 이스라엘이 세상 사람들과 다른 점이었습니다. 세상 사람들은 다른 사람들과 비교하면서 '내가 더 잘 산다' 또는 '더 못산다' 고 생각합니다. 그러나 이스라엘 백성들은 애굽의 종 되었던 때와 지금을 비교해야 하는 것입니다. 남자 아이들을 모두 강에 빠트려 죽일 때와 지금을 비교해야 하고 그 뜨거운 햇볕아래서 벽돌을 구우면서 강제 노동을 할 때와 지금을 비교해야 하는 것입니다. 애굽에서 완전히 빈손으로 나올 때와 지금을 비교하면 하나님께서 너무나도 많은 은혜를 주셨다는 것을 알 수 있습니다. 하나님께서 얼마나 우리를 부요하게 하셨습니까? 모든 것이 100% 하나님의 은혜입니다.

그런데 하나님께서는 이 유월절이 어떤 시기와 일치하게 하셨는가 하면 봄 추수를 시작할 때와 일치하게 하셨습니다. 즉 유월설은 보리나 밀을 추수하기 시작하는 때였습니다. 다시 말해서 이스라엘의 복은 모두 유월절에서 시작하는 것입니다. 그러면 이 유월절이 오늘 우리와 무슨 상관이 있을까요? 그것은 바로 예수님께서 십자가에 못 박히신 날이 유월절이었습니다. 예수님께서는 유월절 양 잡는 날에 붙들려 죽으셨습니다.

이스라엘 사람들은 유월절에 양을 죽여서 먹을 때 두 가지를 조심해야 했습니다. 첫 번째는 뼈를 꺾어서는 안 된다는 것입니다. 사람들이 고기를 삶을 때 짐승이 너무 커서 솥에 안 들어가면 그 뼈를 꺾을 것입니다. 그러나 유월절 양은 절대로 뼈를 꺾을 수가 없었습니다. 그 이유는 예수님이 우리를 대신해서 존귀하게 죽으셨기 때문입니다. 그래서 예수님 좌우편의 두 강도는 해질 때에 덜 죽었기 때문에 군인이 그들의 다리뼈를 꺾었습니다. 하지만 예수님은 이미 돌아가셨기 때문에 창으로 옆구리를 찔렀습니다. 유월절에 양을 먹을 때 조심해야 하는 두 번째는, 유월절 양 고기를 다음 날까지 남겨 두면 안 된다는 것입니다. 그 이유는 이튿날까지 두면 고기가 상할 수 있는데 예수님은 부활하시기 때문에 썩을 수가 없었기 때문입니다. 예수님의 살은 부패할 수가 없었습니다.

그래서 오늘 우리의 모든 복의 시작은 예수님의 십자가입니다. 우리 크리스천들이 예수님의 십자가를 붙들 때보다 더 능력 있고 더 큰 은혜를 받을 때가 없습니다. 우리가 높아지려고 하고 세상의 왕관을 쓰려고 하면 부패하고 더러워지고 추잡해지게 됩니다. 그러나 예수님처럼 자신의 십자가를 짊어지고, 높아지거나 유명해지고 싶은 모든 욕망을 십자가에 못 박고 주님과 함께 죽으려고 할 때 우리에게 하나님의 능력이 임하는 것입니다. 우리에게 유월절은 언제나 은혜 받는 시간입니다. 우리가 예수님의 십자가를 생각하며 은혜 받을 때 우리 앞에 홍해가 갈라지며 모든 사탄의 세력이 도망치게 되는 것입니다. 그리고 거기에서부터 새로운 하나님의 복이 시작됩니다.

맥추절

신명기 16장 9-12절

칠 주를 계수할지니 곡식에 낫을 대는 첫 날부터 칠 주를 계수하여 네 하나님 여호와 앞에서 칠칠절을 지키되 네 하나님 여호와께서 네게 복을 주신 대로 네 힘을 헤아려 자원하는 예물을 드리고 너와 네 자녀와 노비와 네 성중에 거하는 레위인과 및 너희 중에 있는 객과 고아와 과부가 함께 네 하나님 여호와께서 그 이름을 두시려고 택하신 곳에서 네 하나님 여호와 앞에서 즐거워할지니라 너는 애굽에서 종 되었던 것을 기억하고 이 규례를 지켜 행할지니라.

우리는 쌀이 주식이기 때문에 보리 추수나 밀 추수보다는 가을 추수가 가장 중요합니다. 그러나 팔레스타인이나 서양에서는 밀이나 보리를 주식으로 하기 때문에 봄 추수가 더 중요합니다. 이스라엘 백성들은 곡식에 낫을 대기 시작하는 때부터 7주를 계산해서 맥추절을 지켰습니다. 이스라엘 사람들이 유월절부터 곡식을 거두기 시작하니까 유월절부터 7주 후가 맥추절이 됩니다. 그래서 맥추절은 별명이 많습니다. 7주를 지나서 지킨다고 해서 '칠칠절' 이라고도 했고, 칠칠이면 오십이니까 '오순절' 이라고도 했고, 봄에 보리나 밀을 추수했기 때문에 '맥추절' 이라고도 했습니다.

하나님께서 이스라엘 백성들을 애굽에서 구원하신 것은 세상에서 유능하고 똑똑하고 잘난 사람들보다는 하나님의 은혜에 감사하는 백성들을 원하셨기 때문입니다. 그래서 이스라엘 백성들에게 애굽에서 종 되었던 때를 기억하라고 말씀하셨습니다. 옛날에 하나님을 모르고 마귀의 종노릇할 때를 생각하면 지금 우리가 살아있는 것이 기적이고 하나님의 축복입니다. 우리가 예수님을 믿는 것은 마치 평생 있어야 하는 감옥에서 풀려 나온 것과 같습니다. 물론 감옥 안에서 좀 더 편하게 지낼 수도 있고 큰소리치며 지낼 수도 있지만 자유보다 더 귀한 것이 어디에 있습니까? 그러나 요즘은 이 자유가 얼마나 귀한지 모르는 사람들도 많습니다.

존 뉴턴이라는 목사는 자신의 서재 위에 "너는 애굽에서 종 되었던 것을 기억하고' 라는 신명기 16장 12절 말씀을 붙여 놓고 항상 쳐다보며 기억했다고 합니다. 사람들이 처음에는 호기심으로 죄를 짓고 좋아서 죄를 짓지만 죄는 마치 알코올 중독이나 마약 중독과 같습니다. 나중에는 아무리 빠져나오려고 해도 이미 죄의 덫에 걸려 버려서 빠져 나올 수가 없습니다. 그런데 예수님이 우리를 그 죄의 덫에서 나올 수 있도록 풀어 주셨고 우리에게 새로운 생활을 살 수 있게 해 주셨습니다. 그것을 기억하는 것이 맥추절입니다. 보리나 밀의 풍성한 수확보다 평생 사로잡혀 있던 죄의 덫에서 예수님이 우리를 나오게 하시고 새로운 가정과 새로운 직장을 주셔서 우리들을 행복하게 해 주신 것을 감사하는 것이 맥추절입니다. 다른 사람들의 맥추절과는 그 의미가 완전히 다를 수밖에 없습니다.

그런데 맥추절에 하나님께서 주신 것은 새로운 생활뿐만이 아닙니다. 이스라엘 백성들은 바로 이 맥추절에 율법의 말씀을 받았습니다. 그것도 그냥 받은 것이 아니라 불덩어리로 변한 시내산에서 모세를 통해 두 돌 판을 받았습니다. 하나님의 말씀은 불도 이기고 지진도 이겼습니다. 나중에 엘리야는 모세가 올라갔던 바로 이 산에서 하나님의 임재를 체험하게 됩니다. 엘리야가 굴에서 보니까 큰 폭풍이 불어서 나무가 뽑히고 바위가 터져도, 지진이 일어나고 큰 불이 붙어도 하나님께서는 안 계셨습니다. 그런데 나중에 세미한 음성 가운데 그분이 계셨습니다.

즉, 하나님이 우리에게 주신 새로운 삶 중 최고는 여호와의 산에 올라가서 하나님의 말씀을 받는 것입니다. 그러면 이 맥추절이 우리와는 무슨 상관이 있습니까? 초대 교회 때 바로 이 맥추절 오순절에, 한 자리에 모여서 열심히 기도하던 120명의 제자들에게 성령이 불길이 임했던 것입니다. 오순절의 성령은 우리의 존재 자체를 완전히 다른 사람으로 변하게 합니다. 우리가 보통 물리적인 변화라고 하는 것은 사람의 키가 자라든지 몸무게가 늘든지 하는 것인데 이것은 사람 자체가 변하는 것은 아닙니다. 그러나 성령은 우리 안에 있는 감정과 육체에 하나님의 능력을 부어 주셔서 우리를 완전히 다른 존재로 만들어 버립니다. 새로운 인간이 되게 하시는 것입니다.

오늘 우리들의 추수는 돈을 많이 버는 것이 아니라 영혼을 추수하는 것입니다. 우리가 알아야 할 것은 기적보다 더 중요한 것은 하나님의 말씀을 듣는 것입니다. 기적은 성령의 역사이기는 하지만 대체로 너무나도 굳어 있는 사람들의 마음을 갈아엎기 위해서 행하시는 것입니다. 그러나 기적 자체는 영혼을 추수하는 것이 아닙니다. 누구든지 진정한 하나님의 백성이 되려면 반드시 말씀을 듣고 은혜를 받아서 하나님께 자신의 삶을 드려야 합니다.

초막절

신명기 16장 13-15절

너희 타작마당과 포도주 틀의 소출을 수장한 후에 칠 일 동안 초막절을 지킬 것이요 절기를 지킬 때에는 너와 네 자녀와 노비와 네 성 중에 거하는 레위인과 객과 고아와 과부가 함께 연락하되 네 하나님 여호와께서 택하신 곳에서 너는 칠 일 동안 네 하나님 여호와 앞에서 절기를 지키고 네 하나님 여호와께서 네 모든 물산과 네 손을 댄 모든 일에 복 주실 것을 인하여 너는 온전히 즐거워할지니라.

우리나라는 가을에 추수하는 대표적인 것이 쌀이지만 이스라엘은 포도였습니다. 이스라엘 백성들이 포도 농사를 잘 지어서 포도를 포도주 틀에 넣고 밟을 때 그 기쁨이라고 하는 것은 말로 표현할 수가 없는 것입니다.

그런데 이스라엘 백성들이 포도 농사를 잘 지었으면 그 포도주를 실컷 마시고 춤을 춰야 할 텐데 오히려 초막절을 지켰습니다. 초막절은 이스라엘 백성들이 자기가 살던 집을 나와서 들판에서 움막을 짓고 일주일 동안 사는 것이었습니다. 이것은 이스라엘 백성들이 애굽을 나와서 광야를 40년 돌아다녔던 것을 기념하는 것입니다. 이스라엘 백성들이 광야를 다닐 때 양식도 문제가 되었지만 더 심각한 것은 물이었습니다. 광야에는 그 많은 이스라엘 백성들이 마실 수 있는 물이 전혀 없었습니다. 그런데 하나님께서는 모세를 통해서 반석을 쳐서 생수가 터져 나오게 하셔서 그 많은 이스라엘 백성들이 다 물을 마실 수 있게 하셨습니다. 그것도 한번만 하신 것이 아니라 40년 내내 그렇게 하셨습니다.

하나님께서 아무리 이스라엘 백성들을 애굽에서 나오게 하시고 시내산에서 말씀을 주셨다 하더라도 매일 물과 양식을 주지 않으셨다면 그들은 모두 광야에서 죽고 말았을 것입니다. 그런데 하나님은 한번만 큰 기적을 행하신 것이 아니라 계속 이스라엘 백성들과 함께하셔서 물을 주시고 불기둥과 구름 기둥으로 인도하여 주셨던 것입니다. 이것이 결국 성소 안에 등대와 떡 상으로 영원히 남게 됩니다. 즉 하나님은 이스라엘의 앞길을 인도하시고 그들이 먹을 생명의 양식을 주시는 하나님이 되신 것입니다.

우리는 우리 주위에서 한참 잘 나가다가 한순간에 졸지에 넘어져서 망하는 사람들을 많이 보게 됩니다. 그것은 이 세상에는 많은 사망의 함정들이 놓여 있기 때문입니다. 자기는 평탄한 길인 줄 알고 신나게 달렸는데 그 앞에 실패와 멸망의 구렁텅이가 놓여 있다면 그는 어느 한

순간에 몰락하고 마는 것입니다.

이때 우리는 오히려 세상 사람들에 비해서 훨씬 더 불안합니다. 왜냐하면 세상 사람들은 눈에 보이는 것을 붙잡고 살아가지만 우리는 눈에 보이는 것이 아무것도 없기 때문입니다. 우리는 하나님의 말씀을 붙잡고 살아가는데 하나님의 말씀이라고 하는 것이 눈에 보이는 것이 아닙니다. 그리고 우리는 하나님을 의지하고 살아가는데 하나님이 눈에 보이는 분이 아니십니다. 그래서 우리는 믿음으로 이 세상을 살아간다고 말은 하지만 실제로는 너무나도 불안할 때가 많습니다.

오늘 우리에게는 그 신실하신 하나님께서 함께 계십니다. 그래서 우리는 우리의 불안한 미래를 하나님의 말씀으로 이겨 내야 합니다. 다윗은 무엇이라고 말했습니까? "주의 말씀은 내 발에 등이요 내 길에 빛이니이다"(시 119:105)라고 했습니다. 우리가 하나님의 말씀을 붙잡고 나갈 때 하나님의 말씀은 우리로 하여금 죄의 올무를 피하게 하십니다. 때로는 알고 피할 때도 있고 모르고 피할 때도 있는데 좌우간 우리가 하나님의 말씀을 붙잡으면 죄가 정리됩니다.

또한 하나님의 말씀이 어떤 말씀입니까? 이 세상에 아무것도 없는 가운데서 이 모든 만물을 창조한 능력의 말씀입니다. 우리는 하나님의 말씀이 창조의 능력이 있다는 것을 믿어야 합니다. 하나님의 말씀은 보잘것없는 우리의 삶을 사용하셔서 위대한 삶을 만들어 내게 할 능력이 있습니다. 그리고 이 세상을 지금 지탱하고 있는 것이 하나님의 말씀입니다. 그래서 하나님의 말씀을 붙잡으면 절대로 갑자기 망할 수가 없습니다. 왜냐하면 우리 자신이 하나님의 능력으로 연결되어 있기 때문입니다. 이것을 지키는 것이 초막절입니다.

우리가 복잡한 인간 사회 속에 들어 있으면 사람들이 너무 크게 보이고 문제들이 너무 크게 보입니다. 그러나 거기서 나와서 넓은 자연 가운데 서 보면 우리 인간들이 얼마나 왜소하고 별 볼일 없는 존재인지 생각하게 됩니다. 세상 사람들은 거기까지만 생각할 수 있습니다. 그러나 우리가 초막 가운데 있으면 하나님의 말씀으로 내 자신을 비추어 볼 수 있습니다. 그래서 우리 예수 믿는 사람들이 혼자 있는 시간은 하나님의 말씀을 깊이 묵상하는 시간이고 그 말씀으로 자신을 아름답게 단장하는 시간인 것입니다.

하나님께서는 모든 이스라엘 남자들에게 이 세 가지 절기를 지키라고 하셨습니다. 그리고 이 절기에는 하나님께 바치거나 어려운 사람을 돕는데 인색하지 말라고 하셨습니다. 왜냐하면 우리가 가진 것 100%가 하나님의 것이기 때문입니다.

그리고 하나님께서는 이 엄청난 체험들을 가진 이스라엘 백성들에게 두 가지를 조심하라고 하셨습니다. 하나는 공의를 행하라는 것입니다.

신명기 16장 19-20절

너는 굽게 판단하지 말며 사람을 외모로 보지 말며 또 뇌물을 받지 말라 뇌물은 지혜자의 눈을 어둡게 하고 의인의 말을 굽게 하느니라 너는 마땅히 공의만 좇으라 그리하면 네가 살겠고 네 하나님 여호와께서 네게 주시는 땅을 얻으리라.

하나님의 백성들의 특징은 공평해야 하는 것입니다. 그러나 여기서 공평하다는 것은 사실 쉬운 것이 아닙니다. 왜냐하면 공평은 누구의 편도 들지 않는 것인데 사람은 어느 쪽에 편을 들어야 보호를 받을 수 있고 지지를 받을 수 있습니다. 공평하면 어느 쪽에서도 좋아하지 않고 잘난 체 한다고 하면서 욕을 할 것입니다. 그리고 왜 사람들이 부자를 편들게 되어 있는가 하면 부자를 편들면 반드시 부수입이 생기고 반대로 부자를 섭섭하게 하면 미움을 받거나 나중에 복수를 당하게 됩니다. 거기에 비해서 가난한 자는 학대를 해도 힘이 없기 때문에 군소리 없이 당하는 것으로 끝나게 됩니다. 그러나 하나님의 백성들은 나의 처지가 어떠한가 하는 것보다도 하나님께서 어떻게 생각하시는가 하는 것을 반드시 먼저 생각해야 합니다.

사람을 섭섭하게 하면 당장은 따돌림을 당하고 어려운 일을 많이 겪지만 나중에 하나님의 축복을 누리게 됩니다. 그러나 사람들의 공격이 두려워서 하나님을 외면하고 사람의 편에 서게 되면 당장은 그들이 좋아하고 인정하는 것 같지만 나중에 하나님에 의해서 버림을 당하게 될 것입니다. 그래서 하나님의 백성들은 어느 편도 들 수가 없습니다. 오직 옳은 것은 옳다고 하고 옳지 않는 것은 옳지 않다고 하는 이상을 할 수가 없습니다.

하나님의 백성들은 자기편이 없기 때문에 늘 외톨이로 고독할 수밖에 없습니다. 그러나 하나님께서는 그런 사람을 귀하게 생각하셔서 살게 하신다고 하셨습니다. 강한 자들의 등살에 견디지 못할 것 같은데 이상하게 끝까지 견디게 됩니다.

하나님의 백성들이 조심해야 할 다른 한 가지는, 어떤 일이 있어도 우상이나 미신을 받아들여서는 안 된다는 것입니다.

신명기 16장 21-22절

네 하나님 여호와를 위하여 쌓은 단 곁에 아무 나무로든지 아세라 상을 세우지 말며 자기를 위하여 주상을 세우지 말라 네 하나님 여호와께서 미워하시느니라.

왜 이스라엘 백성들이 주상을 세울까요? 전능하신 하나님의 능력을 믿지 못하기 때문입니다. 이 당시에는 우상을 섬기는 자가 의식이 열린 사람이고 다양한 문화를 포용하는 사람으로 인정을 받았습니다. 그리고 우상을 섬기는 사람이 얼마든지 세상적인 방법으로 성공할 수 있었습니다. 그러나 하나님께서는 우상을 미워하신다고 하셨습니다. 하나님의 백성들이 그런 식으로 성공하는 것은 망하는 것입니다.

우리는 하나님의 능력을 믿어야 하고 하나님이 주시는 것으로 만족하고 감사해야 합니다. "내게 능력 주시는 자 안에서 내가 모든 것을 할 수 있느니라"(빌 4:13)라는 고백이 우리의 고백이 되어야 합니다. 그러면 이 세상에서 융통성도 없고 너무 소극적이어서 아무것도 못할 것 같은데 오히려 하나님의 능력으로 더 안전하고, 하나님의 능력으로 새로운 미래가 열리게 되는 것입니다. 하나님의 구원은 말로만 주시는 구원이 절대로 아닙니다. 이것은 우리의 새로운 삶을 통하여 또 삶의 능력을 통하여 풍성하게 나타나게 될 것입니다.

21

| 신 17:1–20 | 하나님 앞에서 사는 삶

하나님을 믿는 사람들의 가장 중요한 특징은 언제나 하나님 앞에서 살아야 한다는 사실입니다. 우리가 잘 때나 밥을 먹을 때나 혼자 있을 때에도 우리는 언제나 하나님을 인식하고 살아야 합니다. 물론 우리가 언제나 하나님 앞에서 살아야 한다는 사실은 축복이 될 수도 있지만 다른 한편으로는 엄청난 스트레스가 될 수도 있습니다. 우리는 하루 스물네 시간 언제나 하나님을 의식하고 살아야 하는 엄청난 부담이 있습니다. 이것을 우리가 감당할 수 있을 때 진정한 하나님의 백성의 삶을 살 수 있는 것입니다.

얼마 전에 우리나라의 많은 사람들의 전화가 도청되고 있다는 사실이 발표된 적이 있습니다. 만약 우리들이 전화로 통화하는 모든 내용들을 누군가가 듣고 있다면 우리는 엄청난 스트레스를 받게 될 것입니다.

왜냐하면 우리가 보통 나누는 전화 통화 중에 쓸데없는 말이나 남이 들어서는 안 되는 내용들도 많이 있기 때문입니다. 그리고 식당이나 사무실에서 마음 놓고 다른 사람을 욕하거나 어떤 밀담을 나눈 것이 전부 녹음이 되고 있다는 것을 안다면 사무실이나 식당에서도 말을 함부로 할 수 없을 것입니다. 그러나 이것이 우리나라의 현실이었습니다.

사람들은 어느 누구에게도 드러나지 않은 자기만의 공간이 있을 때 거기서 편안한 휴식을 취할 수 있을 것입니다. 만일 우리가 하루 내내 사람들을 만나야 하고 자기 나름대로의 프라이버시를 가질 수 있는 시간이 전혀 없다면 우리는 너무나도 신경이 예민해져서 그만 미쳐 버리고 말 것입니다. 그래서 어떤 사람들은 직장에서 너무 사람들에게 시달리니까 화장실에서라도 자신만의 조용한 시간을 가지려고 할 때가 있습니다.

동물원에 가면 사자나 호랑이 같은 맹수들이 좁은 우리에 갇혀서 어슬렁거리거나 아니면 주로 잠만 자는 것을 보게 됩니다. 사자나 호랑이들은 넓은 산이나 들판을 달리면서 사냥도 하고 소리도 지르고 해야 하지만, 동물원에 갇혀 있는데다가 매일 찾아오는 수많은 사람들 때문에 자기만의 공간을 차지할 수도 없어서 우울증에 빠진 것입니다.

우울증에 걸린 사람들의 가장 심각한 문제가 언제나 누군가가 자기 이야기를 엿듣고 있고 자기를 감시하고 있다고 생각하는 것입니다. 그래서 하루 내내 눈에 보이지 않는 누군가를 의식하면서 신경을 써야 하기 때문에 너무나도 고통스러운 하루하루를 보낼 때가 많이 있습니다.

어렸을 때 아이들은 자기들만의 공간에서 놀기를 좋아합니다. 그래서 주로 책상 밑 같은 곳에 두꺼운 골판지 같은 것을 세우고 그 안에서 놀기를 좋아하고 혹은 계단 밑이라든지 아니면 헛간 구석 같은 데서 자기들만의 아지트를 만들어 놓고 은밀하게 놀기를 좋아합니다. 왜냐하면 아이들은 자기들이 노는 것을 어른들이 간섭하는 것을 싫어하기 때문입니다.

하나님의 백성들의 가장 큰 스트레스는 하루 스물네 시간 항상 하나님 앞에서 생활해야 한다는 사실입니다. 우리가 하나님의 눈을 피하여 은밀하게 죄를 지을 수 있는 공간이라고는 전혀 존재하지가 않습니다. 우리의 모든 생활은 전부 하나님 앞에 노출되어 있고 하나님이 모두 보고 계십니다. 이것은 우리들에게는 엄청난 스트레스가 아닐 수 없습니다. 혹시 하나님이 보지 않으시는 그런 곳이 어디 없을까요? 성경은 하나님이 보지 못하시는 곳은 전혀 없다고 말씀하고 있습니다. 이것을 옛날 신학자들은 라틴어로 '코람 데오'(Coram Deo)라고 불렀습니다. 즉 '하나님 앞에서'라는 뜻입니다. 우리가 스물네 시간 하나님 앞에서 살 때 내 마음대로 살 수 없어서 피곤하기도 하고 짜증이 날 때도 있지만 사실 이것 때문에 마음대로 죄를 짓지 못하는 것입니다.

제물을 바칠 때

신명기 17장 1절

무릇 흠이나 악질이 있는 우양은 네 하나님 여호와께 드리지 말지니 이는 네 하나님 여호와께 가증한 것이 됨이니라.

하나님께서 이스라엘 자손들에게 가장 먼저 하나님께 제물을 바칠 때 조심하라고 말씀하고 있습니다. 물론 우리가 상식적으로 생각해 볼 때 하나님을 믿는 백성들이 하나님께 제물을 바칠 때 이것이 가장 신성한 의식이기 때문에 가장 좋은 것을 바치려고 할 것이 틀림없습니다. 물론 분명히 이스라엘 백성들은 하나님께 제사를 드릴 때에 가장 좋은 것을 바치려고 애를 쓸 것입니다. 그러나 그것은 어디까지나 원론적인 것이고, 실제적인 현실에 부딪쳤을 때에는 언제든지 변할 수 있는 것이 인간의 마음입니다.

즉, 하나님께 바치는 제물이라는 것이 무엇입니까? 이것은 그야말로 짐승을 태워서 없애 버리는 것입니다. 태워서 없앨 짐승에게 흠이 있든지 피부병이 있든지 무슨 상관이 있습니까? 사람들에게 보여 주는 것도 아니고, 박제를 해서 영구적으로 보관하는 것도 아니고, 그냥 성전에 가지고 가면 안수하고 난 후에 죽여서 태우는 것입니다. 그때 사람의 마음속에 무슨 유혹이 생길 수 있는가 하면 그냥 태워서 없앤다면 몰래 흠이 있거나 피부병이 있는 것으로 제사를 드리면 누가 알겠는가 하는 것입니다. 다른 사람들은 단지 그가 소나 양을 하나님께 바쳤다고만 생각할 것이기 때문입니다. 그러나 하나님께서는 이스라엘 백성들에게 그렇게 하지 말라고 하셨습니다. 그 가장 중요한 이유는 하나님이 보신다는 것입니다.

이스라엘 백성들의 생활을 지배하는 가장 중요한 원리는 모든 것을 여호와 하나님이 보고 계시며 모든 것이 하나님 앞에서 이루어진다는 사실입니다. 이스라엘 백성들의 눈에 하나님은 보이지 않습니다. 오히려 이스라엘 백성들의 눈에 보이는 것은 같은 이스라엘 백성들입니다. 어떻게 생각하면 이스라엘 백성들에게 인정받고 칭찬받는 것이 이 세상에서 성공하는데 가장 중요한 일인 것 같습니다. 그러나 하나님께서는 그들이 하는 가장 은밀한 일도 하나님이 보고 계신다는 것을 인식하라고 말씀하셨습니다.

우리가 한번 생각해 봅시다. 만일 우리가 하는 모든 말과 생각과 행동들을 누군가가 항상 보고 있다면 우리는 그것 자체로서 엄청난 스트레스를 받을 수밖에 없을 것입니다. 우리는 다른 사람들은 전혀 알 수 없는 나만의 사생활이 필요하고 나만의 공간이 있을 때 안심하고 편히 쉴 수가 있습니다. 밤에 잠을 자는 데도 사람들이 마구 들락거린다든지 목욕을 하는데도 사람들이 자꾸 말을 건다면 우리는 신경이 쓰여서 견디지 못할 것입니다. 그런데 하나님의 백성들의 가장 중요한 것은 자신의 모든 은밀한 것도 하나님은 다 알고 계시며 다 보고 계신다는 사실입니다. 시편 기자는 말하기를 "주께서 나의 앉고 일어섬을 아시며 멀리서도 나의 생각을 통촉하시오며"(시 139:2)라고 했습니다.

이것이 우리 인간들에게 심각한 문제인 것입니다. 만일 우리가 천사처럼 언제나 깨끗하다면 문제될 것이 없을 것입니다. 그러나 우리의 마음은 시도 때도 없이 악하고 더러운 생각들이 솟구쳐 올라오고 있습니다. 즉 우리의 마음속이라고 하는 것은 그야말로 시궁창과 같아서 가만히 두어도 저절로 악하고 음란하고 추악한 생각들이나 충동들이 솟아오르게 됩니다. 그런데 정말 재미가 있는 것은 바로 이런 악하고 음란하고 추악한 생각들인 것입니다.

여기서 사람들의 태도는 두 가지로 갈라지게 됩니다.

하나는 일단 하나님은 보이지 않으니까, 그분이 보신다는 사실을 생각하지 않는 것입니다. 일단 하나님을 인정하지 않으면 내 마음대로 행동해도 양심의 가책이 안 되고 죄를 지어도 덜 불안하고 회개하지 않고 있어도 당분간은 마음이 편할 수 있습니다.

그러나 또 하나는 악한 생각은 자꾸 올라오는데 하나님은 보고 계시니까 시도 때도 없이 회개하게 되는 것입니다. 사실 하나님께서 우리에게 원하시는 것은 하나님 앞에서 조금도 죄를 짓지 않는 완전히 천사와 같은 마음이 아닙니다. 하나님께서 우리에게 원하시는 것은 우리는 하나님 앞에서 늘 악할 수밖에 없고 가증할 수밖에 없는데 그런 것이 생각날 때마다 언제나 하나님 앞에서 회개하고 자복하라는 것입니다. 그렇게 하기만 하면 하나님께서는 우리의 마음을 언제나 깨끗하게 만들어 주실 것이며 변함없이 우리를 사랑하고 축복해 주십니다.

그래서 아무리 이스라엘 백성이라 하더라도 하나님께 제물을 바치면서 인간이기 때문에 흠이 있고 피부병이 있는 것을 몰래 바치고 싶은 마음이 들 수도 있습니다. 그때마다 '아차, 내가 또 위선적인 생각을 하고 있었네. 하나님께서 모든 것을 다 보고 계신데 내가 이렇게 하면 안 되지' 라고 생각하면 바로 이것이 악한 생각을 이기는 것입니다. 그리고 위선적으로 하나님께 흠이 있고 피부병이 있는 것을 드렸다고 합시다. 그때 '하나님, 죄송합니다. 제가 하나님을 생각하지 못하고 사람들에게 인정을 받으려고 흠이 있고 피부병이 있는 것을 하나님께 몰래 드렸습니다. 이제 제가 깨끗한 소나 양으로 다시 제사를 드리겠습니다' 라고 하면 하나님께서 얼마든지 그 마음을 받으시고 오히려 더 축복해 주시는 것입니다.

하나님께서 그들에게 언제나 하나님이 보고 계신다는 것을 강조하시는 이유가 무엇일까요? 이것이 사실이기 때문입니다. 이 세상에 하나님이 모르시는 것은 아무것도 없습니다. 악한 자들은 자신들이 하나님을 속이고 있다고 생각하지만 실제로는 자기 스스로가 속고 있는 것입니다. 중요한 것은 하나님이 모든 것을 보고 계신다는 것을 생각해야 우리가 죄를 덜 짓게 된다는 것입니다. 우리 인간의 마음이 얼마나 간

교한가 하면 하나님의 눈을 피하는 그 순간 바로 죄를 짓게 됩니다. 요셉은 애굽에서 여자 주인의 유혹을 받았을 때 "내가 어찌 이 큰 악을 행하여 하나님께 득죄하리이까"(창 39:9)고 하면서 도망쳐 버렸습니다.

그리고 만약 일시적으로 미련해서 죄에 빠진다 하더라도 하나님이 알고 계시기 때문에 하나님 앞에 자복하면 치료받을 수 있습니다. 그런데 얼마나 많은 사람들이 죄를 짓고 난 후에도 사람의 눈만 피하면 된다고 생각합니까? 죄를 짓고 회개하지 않는 동안 그 죄가 그 사람의 양심을 파먹어 들어가고 그의 영혼이 썩어 들어가게 됩니다.

그래서 하나님의 백성들은 언제나 하나님을 인식하면서 살아갑니다. 만일 우리가 하나님을 인식하지 않는다면 그때부터 그 신앙은 위선적인 신앙으로 흐를 수밖에 없습니다. 같은 값에 제사를 드린다면 흠이 있고 피부병이 있다 하더라도 크고 잘생긴 것을 바쳐서 사람들의 칭찬을 받으려고 할 것입니다. 심지어 예수님께서는 구제를 할 때에도 은밀하게 하라고 하셨습니다.

사실 우리 사회에서 어떤 어려운 일이 생겨서 모금을 할 때 그냥 성금을 내라고 하면 사람들이 별로 참여를 하지 않아도 텔레비전에 나오게 하면 많은 사람들이 참가하게 됩니다. 사람들은 기왕 성금을 낼 바에야 텔레비전에도 나오고 성금도 내면 좋을 것이라고 생각하는 것입니다. 어떤 사람들은 교회에 헌금을 하는 것보다 강사나 유명한 사람 식사 대접하는 것을 더 좋아합니다. 왜냐하면 그렇게 하면 자기 이름이 나기 때문입니다.

우리 인간들에게 다른 사람들의 인정이 좋은 동기 유발이 될 수 있는 것은 사실입니다. 다른 사람들에게 무슨 일을 맡길 때 그냥 하나님이 알아서 하시니까 하라고 하기보다, 그 일의 어려움을 알아주고 칭찬해 주는 것이 더 쉽습니다. 그럼에도 불구하고 하나님의 백성들은 하나님 앞에서는 프라이버시라는 것이 없습니다. 우리는 언제나 하나님 앞에서는 벌거벗은 모습으로 나타나야 하며 시도 때도 없이 솟아나는 죄의 욕망들을 하나님 앞에 언제나 기도하고 회개할 때 하나님이 함께하시는 것입니다.

그러면 우리에게 생기는 한 가지 의문은 이런 식으로 우리가 하나님 앞에서 늘 긴장하고 살아야 한다면 오히려 정신병에 걸리고 우울증에 걸리지 않겠느냐 하는 것입니다. 그런데 놀라운 것은 하나님을 의식할 때 우리는 놀라울 정도로 거룩하게 되고 존귀하게 되어서 그런 병에 절대로 걸리지 않을 뿐더러 하나님 앞과 다른 사람들 앞에서도 떳떳하고 담대한 마음의 자세를 가지게 됩니다. 하나님께서는 이런 사람의 기도를 가장 우선적으로 들어 주시고 축복해 주십니다.

다른 신을 섬기자고 하는 사람들

신명기 17장 2-5절

네 하나님 여호와께서 네게 주시는 어느 성중에서든지 너의 가운데 혹시 어떤 남자나 여자가 네 하나님 여호와의 목전에 악을 행하여 그 언약을 어기고 가서 다른 신을 섬겨 그것에게 절하며 내가 명하지 아니한 일월성신에게 절한다 하자 혹이 그 일을 네게 고하므로 네가 듣거든 자세히 사실하여 볼지니 만일 그 일과 말이 확실하여 이스라엘 중에 이런 가증한 일을 행함이 있으면 너는 그 악을 행한 남자나 여자를 네 성문으로 끌어내고 돌로 그 남자나 여자를 쳐 죽이되.

여기서 이스라엘의 분위기가 아주 살벌해지게 됩니다. 하나님께서는 만일 이스라엘 백성 중에서 누구라도 하나님 외에 다른 우상을 섬기자고 하든지 하늘의 태양이나 달이나 별을 숭배한다고 할 때 자세히 알아보고 이것이 사실이면 숨겨 두지 말고 그 사람을 끄집어내서 돌로 쳐 죽이라고 하셨습니다. 우리는 이런 말씀을 대할 때 하나님께서 이스라엘 백성들에게 너무나도 잔인한 것을 요구하신다는 생각이 듭니다. 아무리 어떤 사람이 우상을 섬긴다 하더라도 잘 설득하고 타일러서 그것을 포기하도록 만들면 되고, 또 끝까지 말을 듣지 않는다 하더라도 추방을 하면 될 것 같습니다. 굳이 모든 사람들 앞에 끄집어내서 돌로 쳐 죽인다고 하는 것은 너무나도 잔인해 보입니다. 그러나 이것이 신약과 구약의 차이라고 볼 수 있습니다. 신약 때에는 우리에게 훨씬 더 강한 하나님의 은혜가 있어서 다른 신앙을 가졌다 해도 설득할 수 있겠지만, 구약 시대에는 사람들의 깨닫는 것이 어린아이와 같아서 이런 설득이 되지 않았습니다.

우리가 생각하기에 모든 사람들은 자기 나름대로의 신앙을 가질 자유가 있을 것 같습니다. 사실 신앙에 대해 다른 사람의 강요를 받는 것보다 더 고통스러운 일은 없을 것입니다. 그러나 하나님 앞에서 신앙의 자유라고 하는 것은 마음껏 하나님께 예배하고 하나님을 믿을 수 있는 것입니다. 다른 사람들이 보기에는 하나님만 섬기는 것이 독선일 수 있습니다.

그러나 이스라엘 백성들은 하나님을 바로 믿기 위해 너무나도 먼 길을 걸어와야만 했습니다. 즉 이스라엘 백성들은 하나님만 제대로 믿기 위해 애굽의 노예 생활을 청산해야만 했습니다. 노예로 있는 동안 그들은 자녀들 중 남자 아이들을 나일강에 던져서 죽게 하고 또 날씨가 아무리 더워도 벽돌을 구워서 성을 쌓아야만 했습니다. 하지만 하나님만 섬기기 위해서 목숨을 걸고 애굽을 탈출했고 홍해를 건넜으며 무려 40년 동안 광야를 돌아야만 했고 드디어 가나안 땅에 와서 가나안 족속들과 전쟁을 해서 신앙의 자유를 가졌던 것입니다. 그런데 이 가나안 땅에서 다른 신을 섬기고 태양신을 섬기자고 하는 것은 이들을 다시 옛날의 노예로 잡아가려고 하는 것입니다. 그런데 이것을 알면서 어떻게 가만히 둘 수 있겠습니까?

예를 들어서 요즘 우리나라에 온 탈북자들이 만 명이 넘는다고 합니다. 이 사람들은 먹고 사는 자유 그리고 신체의 자유를 위해서 두만강이나 압록강을 건너고 중국에서 베트남이나 태국으로 해서 한국으로 온 사람들입니다. 그런데 만약 이 사람들에게 북한의 주장을 믿고 받아들이라고 한다면, 그것은 다시 북한으로 가라고 하는 것밖에 되지 않는 것입니다. 요즘 우리나라는 이런 의미에서 큰 위기입니다. 사상이나 종교의 자유를 중요하게 생각한다 할지라도, 다른 사람을 억압하거나 다른 사상의 노예가 되게 하는 사상이나 종교의 자유는 사실 자유보다는 '공격' 입니다.

마찬가지로 이스라엘 백성들에게 가장 위험한 것은 가난이나 질병이나 국력이 약한 것이 아니라 다시 우상의 노예가 되는 것입니다. 온갖 산전수전을 다 겪고 그야말로 바다를 건너고 광야를 건너서 이제 온전히 하나님만 믿고 섬기게 된 그들에게 누군가가 교묘한 속임수를 쓴다면 이것은 가장 무서운 눈에 보이지 않는 전쟁입니다. 그래서 다른 것은 몰라도 이것만큼은 절대로 용서하지 말라고 말씀하신 것입니다.

오늘 우리는 여러 종교를 가진 사람들이 함께 어울려서 사는 사회이기 때문에 다른 사람의 종교도 존중해 줘야 합니다. 그러나 우리가 알아야 할 것은 우리가 지금 누리고 있는 것처럼 마음껏 하나님을 예배하고 말씀을 듣고 기도하는 자유를 위해서 얼마나 많은 희생이 있었는가를 생각해야 합니다. 오늘 교회에서는 결국 강대상 전쟁입니다. 강대상을 누가 차지하느냐에 따라서 신앙의 자유를 지킬 수도 있고 빼앗길 수도 있습니다. 그래서 어떤 일이 있어도 세상의 시시한 소리나 엉뚱한 소리를 하는 사람들이 강대상을 차지하지 못하도록 해야 우리가 온전한 신앙의 자유를 지킬 수 있습니다. 종교의 자유를 위해 무려 천 년 이상의 암흑기와 종교 개혁의 큰 영적 싸움이 있었으며, 그 전에 많은 사람들이 성경적인 신앙을 되찾으려고 하다가 로마 가톨릭에 의해서 화형을 당했다는 사실을 기억해야 합니다.

최근 우리나라 언론은 전에 교황이 죽고 새 교황에 들어서면서 교황에 대해서 엄청나게 찬양 일색의 기사를 한결같이 게재했습니다. 우리는 그렇게 하는 것을 경계해야 합니다. 목회자들 중에서도 천주교의 영성이나 천주교의 사상에 대해 우호적인 사람들도 있는데 그런 것도 조심해야 합니다. 가끔 보면 부활절 전에 사순절이라는 말을 하고 무슨 절기를 또 만들려고 하는데 그런 말도 사용해서는 안 되는 것입니다.

또 성경이 아닌 자기 꿈이나 환상이나 주관적인 확신을 가지고 다른 사람에게 영향을 주려고 하는 사람들이 있을 때 단호한 어조로 금지시켜야 합니다. 그렇게 하지 않으면 기독교적인 미신이 또 생기게 됩니다. 예수를 믿기는 믿는데 자유롭지 못하고 많은 미신에 붙들려 벌벌 떠는 것입니다.

분쟁이 생겼을 때

신명기 17장 8-10절

네 성중에서 송사로 다투는 일이 있으되 서로 피를 흘렸거나 다투었거나 구타하였거나 하여 네가 판결하기 어려운 일이 생기거든 너는 일어나 네 하나님 여호와의 택하실 곳으로 올라가서 레위 사람 제사장과 당시 재판장에게로 나아가서 물으라 그리하면 그들이 어떻게 판결할 것을 네게 가르치리니 여호와께서 택하신 곳에서 그들이 네게 보이는 판결의 뜻대로 네가 행하되 무릇 그들이 네게 가르치는 대로 삼가 행할 것이니.

성중에 있는 사람들끼리 재판이 붙었다고 하는 것은 누군가에게 피해가 발생했다는 뜻입니다. 그런데 이런 피해가 발생했을 때 사람들은 언제나 자기에게 유리한 쪽으로 생각하기 쉽습니다. 즉 자기가 다른 사람에게 끼친 피해는 생각하지 못하고 자기에게 발생한 피해만 생각하기 쉬운 것입니다. 그리고 또 사람들은 일단 자기가 옳다고 믿으면 끝까지 자기 의견만 관철이 되도록 주장하기가 쉽습니다.

하나님께서는 진리에 대해서는 일체 타협의 여지를 허락하지 않으셨습니다. 누군가가 일어나서 하나님의 진리를 어지럽히려고 하고 다른 우상을 끌어 들이려고 할 때에는 단호하게 막고 그 사람을 끌어내어 돌로 쳐 죽이라고 명령하셨습니다. 그러나 하나님께서는 이스라엘 백성들이 모든 일을 그런 식으로 단호하게 처리하라고 말씀하지 않으셨습니다.

즉, 진리에 대한 문제가 아니고 서로 치고받고 싸우다가 피해가 발생했거나 다른 어떤 오해가 생겼을 때에는 어느 누구도 절대적으로 옳거나 틀리는 것이 아니라는 것입니다. 사람들 사이에서 일어난 피해나 오해는 다 조금씩 잘못이 있어서 일어나는 경우가 많고 이럴 때에는 나만 절대적으로 옳고 상대방은 절대적으로 틀리다고 단정하지 말아야 합니다. 이럴 때에는 일단 재판을 해야 하는데 재판도 법이나 상식으로 판단하는 것이라 그것으로도 잘 분별이 되지 않을 때가 있습니다. 그럴 때에는 하나님의 성전에 가서 레위 사람 제사장에게 물어보라는 것입니다. 그러면 레위 사람 제사장이 하나님의 율법을 가지고 판단을 줄 텐데 이스라엘 백성들은 그것을 최고의 권위로 받아들이라고 말씀하신 것입니다.

대개 사람들은 자기 생각이나 혹은 법을 최고로 생각해서 끝까지 밀어 붙이기 쉬운데 그렇게 하지 말고 모두가 하나님의 말씀의 판단을 받아야 합니다. 이것이 이스라엘 백성들에게 중요한 이유가 있습니다. 우선 사람이 자기 생각을 믿는다는 것은 고집입니다. 내 생각은 절대적으로 옳다는 것입니다. 그러나 이 세상의 어느 누구도 자기 생각만 절대적으로 옳은 사람은 없습니다. 그리고 법이라고 하는 것은 아주 경직된 것입니다. 법이라고 하는 것은 두 사람 사이를 칼로 베는 것이지 살리는 것이 되지 못합니다. 그러나 하나님의 말씀에는 사랑이 있습니다. 하나님의 말씀은 언제나 새롭고 우리로 하여금 다른 사람의 입장에서도 생각해 보게 합니다. 그래서 하나님의 말씀을 언제나 기준으로 삼는다고 하는 것은 늘 우리 자신을 하나님의 말씀으로 새롭게 하는 것을 말합니다.

우리가 보통 개혁이라는 말을 쓸 때 무조건 뜯어 고치고 바꾸는 것이라고 생각하기 쉽습니다. 사실 이 세상에는 오래된 것들 중에서 고리타

분한 것은 고치는 것이 신선하고 좋을 것입니다. 그러나 하나님의 백성들에게 개혁이라고 하는 것은 언제나 하나님의 말씀으로 돌아가는 것입니다. 우리가 하나님의 말씀으로 돌아갈 때 새로운 하나님의 은혜가 공급이 되면서 그동안 하나님과 우리 사이를 가로 막고 있던 모든 케케묵은 제도나 구습이나 권위의식 같은 것이 다 없어지면서 완전히 하나님의 백성들이 새로워지게 됩니다. 그래서 하나님의 백성들은 무슨 다툼이나 분열이 있을 때 '이것은 누구 때문이다, 저 사람의 문제 때문이다' 라는 식으로 끝까지 싸우려고 하지 말고 '아, 이것은 언제부터인가 우리가 하나님의 말씀을 놓치고 인간적으로 모든 것을 행했기 때문이다' 라고 생각하고 하나님 앞에 나오면 은혜가 회복됩니다. 그러나 끝까지 자기 고집을 버리지 않고 멋대로 행동하는 사람은 버림 받게 될 것입니다.

신명기 17장 12-13절

사람이 만일 천자히 하고 네 하나님 여호와 앞에 서서 섬기는 제사장이나 재판장을 듣지 아니하거든 그 사람을 죽여 이스라엘 중에서 악을 제하여 버리라 그리하면 온 백성이 듣고 두려워하여 다시는 천자히 행치 아니하리라.

여기서 '천자히' 라고 하는 것은 하나님의 말씀의 판단을 업신여기고 끝까지 자기 생각대로 고집 부리는 것을 말합니다. 하나님께서는 이런 사람을 죽이라고 명령하셨습니다. 오늘 신약 시대에는 아무리 누군가가 자기 생각을 가지고 고집을 부린다고 하더라도 죽여서는 안 됩니다. 이것은 세상 법에서 용납이 되지 않습니다. 그런데 고집을 부리고 행패를 부리는 사람도 사탄에게 속아서 그런 것이지 대개 몇 년 기다리면 정신을 차릴 가능성이 많습니다. 그러나 그런 사람이 교회에 큰 영향을 미치게 하는 것은 곤란할 것입니다. 평소에 하나님의 말씀을 잘 가르치고, 지도자가 먼저 하나님을 두려워하면 모두 하나님을 두려워하기 때문에 이런 일이 일어나지 않습니다. 평소에 지도자들이 하나님의 말씀을 잘 가르치지도 않고 두려워하지도 않으면 언젠가는 자기 자신도 이런 사람에게 무시를 당하게 될 것입니다. 결국 우리가 살기 위해서는 먼저 백성들에게 하나님의 말씀을 잘 가르치고 자기 자신들이 하나님의 말씀에 순종해야 하고 백성들이 잘 납득하지 못하는 이상한 결정이나 행동을 하지 말아야 합니다.

이스라엘의 왕의 도리

신명기 17장 14-17절

네가 네 하나님 여호와께서 네게 주시는 땅에 이르러서 그 땅을 얻어 거할 때에 만일 우리도 우리 주위의 열국같이 우리 위에 왕을 세우리라는 뜻이 나거든 반드시 네 하나님 여호와의 택하신 자를 네 위에 왕으로 세울 것이며 네 위에 왕을 세우려면 네 형제 중에서 한 사람으로 할 것이요 네 형제 아닌 타국인을 네 위에 세우지 말 것이며 왕 된 자는 말을 많이 두지 말 것이요 말을 많이 얻으려고 그 백성을 애굽으로 돌아가게 말 것이니 이는 여호와께서 너희에게 이르시기를 너희가 이후에는 그 길로 다시 돌아가지 말 것이라 하셨음이며 아내를 많이 두어서 그 마음이 미혹되게 말 것이며 은금을 자기를 위하여 많이 쌓지

말 것이니라

원래 이스라엘은 하나님이 왕이시기 때문에 사람 왕이 필요치가 않았습니다. 이스라엘 백성들이 복을 받는 비결은 각자가 하나님의 말씀을 배우고 그 말씀대로 순종하여 사는 것입니다. 그러면 그들은 자동적으로 하나가 될 수 있었습니다. 그러나 이것은 어디까지나 이론적인 것이지 실제로는 한 사람 한 사람 마음속에 있는 고집과 죄성 때문에 하나님의 말씀을 알아도 순종이 안 되고 더욱이 하나가 되는 것은 더 어려운 일인 것입니다.

이스라엘 백성들이 처음 가나안 땅에서는 왕 없이 수백 년을 살았습니다. 이 시기가 바로 성경에 나오는 사사기였습니다. 그런데 이스라엘 백성들이 막상 지도자 없이 살아보았을 때 제대로 되는 것이 아무것도 없었습니다. 왜냐하면 이론적으로는 각자가 하나님의 말씀에 순종하면 된다고 하지만 사람의 마음속에 있는 죄성과 고집이 너무나도 강해서 도무지 말씀대로 되지가 않았던 것입니다. 그래서 사사기에 보면 "그 때에는 이스라엘에 왕이 없으므로 사람마다 자기 소견에 옳은대로 행하였더라"(삿 17:6)는 말씀이 여러 번 나오는 것을 보게 됩니다. 즉 이론과 실제 사이에는 이만큼 큰 차이가 있었던 것입니다. 이것은 우리들에게도 마찬가지입니다. 우리가 예배 때 큰 은혜를 받고 '날마다 성경을 50장씩 읽고 기도를 세 시간씩 하며 두 사람씩 전도하자' 고 결심해도 그 다음날이 되기도 전에 우리 마음은 변해버립니다.

그런데 이스라엘 백성들은 또 다른 의미에서 왕의 필요성을 느꼈습니다. 이것은 이스라엘 백성들이 하나님의 말씀에 순종하기만 하면 이방 나라가 쳐들어오지 못하게 되어 있지만 실제적으로는 하나님의 말씀에 완전히 순종하는 것이 불가능했던 것입니다. 그래서 적이 쳐들어 와도 항상 왕이 없어서 적의 공격을 받은 후에야 사사들이 나팔을 불어서 군대를 모집하니까 불안했습니다. 그래서 이스라엘 백성들은 좀 더 안정된 생활을 위해서 왕을 요구했습니다.

하나님께서는 원천적으로 이스라엘에 왕을 세우지 못한다고 말씀하지 않으셨습니다. 오히려 왕을 세울 수 있는 가능성을 열어 주셨습니다. 단지 이스라엘의 왕은 다른 나라의 왕과는 완전히 달랐습니다. 즉 다른 나라의 왕은 나라가 자기 개인 것이나 마찬가지이기 때문에 자기 마음대로 다스렸습니다. 그러나 이스라엘 왕은 이스라엘이 자기 나라가 아니고 하나님의 나라였습니다. 그렇기 때문에 이스라엘 왕이 할 일은 이스라엘 백성들을 하나님의 말씀이 있는 곳으로 데려가는 것이었습니다.

즉, 목자는 양을 자기가 살찌우지 않습니다. 단지 양을 좋은 풀이 있는 곳으로 데리고 가면 양들이 그 풀을 실컷 먹고 살이 찌는 것입니다. 마찬가지로 이스라엘 왕이 할 일은 백성들로 하여금 하나님의 말씀을 실컷 먹게 하는 것입니다. 하나님의 말씀의 부흥이 일어나면 이스라엘 백성들은 그 말씀을 먹고 순종하면서 저절로 복을 받게 됩니다. 오늘도 교회에서 목사가 할 일은 교인들에게 풍성한 하나님의 말씀을 공급하는 것입니다. 그러면 교인들이 그 말씀을 먹고 믿음으로 살아서 복을 받게 될 것입니다.

하나님께서는 이스라엘 왕이 되려면 다른 나라 사람은 안 된다고 했습니다. 왜냐하면 다른 나라 사람은 이스라엘의 원리를 모르기 때문입니다. 아무리 다른 나라에서 유능하고 정치를 잘 하는 영웅이라 하더라도 이스라엘의 원리는 그런 세상적인 원리와 달랐습니다. 즉 교회가 잘 부흥이 되지 않는다고 해서 대기업체 경영자에게 교회를 맡기면 안 되는 것과 같습니다. 왜냐하면 교회는 기업이 아니라 하나님의 가족 공동체이기 때문입니다.

이스라엘 왕이 가장 주의해야 할 것은 말을 많이 두지 않는 것입니다. 여기서 말이라고 하는 것은 군사력을 의미합니다. 왕은 군사력보다는 하나님을 더 의지해야 합니다. 옛날에 전쟁을 할 때 말의 위력이라고 하는 것은 얼마나 대단했는지 모릅니다. 그러나 이스라엘 왕은 말을 의지해서는 안 됩니다. 왜냐하면 말 때문에 기도하지 않게 되기 때문입니다. 매일 말의 숫자를 헤아리며 말의 상태만 체크하고 또 말을 더 사기 위하여 말 장사를 만나느라 기도할 시간이 없어지는 것입니다.

특히 주의해야 할 것은 말이 많으면 아무래도 애굽을 많이 들락거리게 되는 것입니다. 왜냐하면 이 당시 최고의 말들은 모두 '메이드 인 이집트' 였기 때문입니다. 그래서 이스라엘 백성들은 말에 대한 정보도 얻고 더 좋은 말을 구하기 위해 애굽을 자꾸 왔다 갔다 하게 되는데 이스라엘 백성들은 다시는 이 길을 가면 안 된다고 말씀하신 것입니다. 하나님께서는 이스라엘 백성들에게 설사 시대에 역행하는 일이 있더라도 애굽으로는 가지 말라고 하셨습니다.

그리고 왕은 많은 아내를 두지 말라고 명령하셨습니다. 여기서 많은 아내를 둔다는 것은 두 가지 의미가 있습니다. 하나는 옛날에는 결혼이 거의 정략적인 결혼이었고 외교 관계였습니다. 그래서 부인이 많은 것은 그만큼 동맹국이 많고 든든한 것이었습니다. 그러나 하나님께서는 그런 유익보다는 오히려 부인 때문에 외국 우상을 따라갈 가능성이 많다고 보신 것입니다. 그 대표적인 사람이 솔로몬이었습니다. 솔로몬은 자기는 아무리 왕비가 많아도 외국 우상을 따라가지 않을 자신이 있다고 생각했습니다. 그러나 사람 생각대로 통제가 되지 않은 것이 감정이었습니다. 결국 솔로몬은 이방 왕비들을 좋아하게 되었고 결국은 자기 자신이 우상 숭배를 따라가고 말았던 것입니다. 결국 이스라엘을 부패하게 만든 것은 언제나 상류층의 타락이었습니다.

그리고 또 부인을 많이 두지 말라고 한 것은 이스라엘 왕은 언제나 자기 자신의 정욕을 절제해야 한다는 뜻입니다. 이 당시 왕이 부인을 더 둔다고 해서 반대하거나 욕할 사람은 아무도 없었습니다. 오히려 더 칭찬했을 것입니다. 그러나 이스라엘은 왕은 자기 스스로 자신을 절제할 수 있는 능력을 갖춰야만 했습니다. 아무리 사랑하고 싶은 사람이 있고 또 그것을 세상에서 허용해도 자기 스스로 절제할 수 있어야 했습니다. 왜냐하면 왕이 스스로를 절제하지 못하면 아무도 그 사람을 절제시킬 수가 없기 때문입니다.

지금도 마찬가지입니다. 지도자가 자기 스스로 자신을 통제하고 절제하지 못할 때 주위에서나 밑에 있는 사람이 절제시킨다고 하는 것이 거의 불가능할 때가 많습니다. 결국 왕 한 사람이 타락하고 부패했을 때 그 썩은 냄새는 다른 사람 100명이 썩은 것보다 더 악한 냄새를 내게 되는 것입니다.

또한 은금을 많이 모으지 말라고 말씀하셨습니다. 왜냐하면 이스라엘의 왕으로 쓰임 받는 것 자체가 가장 큰 복이고 그 이상 다른 복은 없기 때문입니다. 하나님께서 기름 부어서 쓰시는 것은 이 세상의 어떤 명예나 어떤 은금보다 더 값어치가 있기 때문입니다. 그럼에도 불구하고 은금을 좋아할 때 자칫 물질적인 욕심 때문에 하나님의 귀한 축복을 놓칠 수가 있습니다.

특히 이스라엘 왕은 늘 하나님의 말씀을 가까이하여 하나님의 말씀대로 나라를 다스려 나가야 한다고 했습니다.

신명기 17장 18-19절

그가 왕위에 오르거든 레위 사람 제사장 앞에 보관한 이 율법서를 등사하여 평생에 자기 옆에 두고 읽어서 그 하나님 여호와 경외하기를 배우며 이 율법의 모든 말과 이 규례를 지켜 행할 것이라.

그러나 제가 보기에는 율법을 등사해 놓고 본다고 해서 성경대로 나라를 다스리기는 어려울 것입니다. 하나님의 종들은 하나님과 하나님의 말씀에 미쳐야 비로소 모든 유혹이나 의심을 물리치고 성경대로 나라를 다스릴 수 있습니다.

우리가 오늘 본문에서 알 수 있는 것이 무엇입니까? 우리는 하나님 앞에서 사는 것을 부담스러워 해서는 안 됩니다. 우리는 하나님 앞에서 완전히 깨끗할 수 없습니다. 그래서 늘 하나님 앞에 정직해야 합니다. 그렇게 할 때 모든 사람들 앞에서 당당할 수 있도록 우리를 축복해 주실 것입니다.

22

| 신 18:1-22 | **하나님의 백성의 힘**

약소국은 주위에 있는 강대국에 비해 불리할 때가 많습니다. 특히 강대국이 힘으로 무리한 요구를 하거나 군사력으로 침략할 때, 약소국은 일방적으로 손해를 봐야 합니다. 그러나 어느 나라든지 자기 마음대로 강대국이 되고 싶다고 해서 강대국이 될 수 있는 것은 아닙니다. 무엇보다 강대국이 되려면 땅도 넓어야 하고 인구도 많아야 하고 경제력도 강해야 합니다.

요즘 우리나라 주변국 중에 중국이 세계적인 강대국으로 부상하고 있습니다. 중국은 일단 땅도 넓지만 인구가 엄청납니다. 중국의 값싼 노동력이 대만이나 일본 그리고 한국의 경제력을 다 집어 삼키고 있습니다. 뿐만 아니라 중국의 기술 수준도 발전해서 얼마가지 않으면 중국의 경제력이 미국도 따라잡을 것이라고 전문가들은 예측하고 있습니다.

반만년의 유구한 역사를 자랑하는 우리나라는 강대국에 에워싸여 늘 고통을 겪었습니다. 때로는 침략을 받기도 하고 때로는 지배를 받기도 했습니다. 이러한 강대국의 침략과 지배는 오늘날에도 큰 차이는 없는 것 같습니다. 왜냐하면 지금도 우리의 안보는 우리의 힘에 의해 결정되지 못하고 주변 강대국의 눈치를 봐야 하고 영향을 받는 대단히 불안정한 상태에 있기 때문입니다.

지금 애굽을 탈출해서 가나안 땅으로 들어가고 있는 이스라엘 백성들은 세상적인 기준으로 볼 때 전혀 강대국이 아니었습니다. 이스라엘 백성들의 국민 총생산은 40년 동안 제로였습니다. 그들은 땅 한 평도 소유하지 못했으며 기술력도 제로였습니다. 반면 가나안 땅과 그 주변에 살고 있는 사람들의 지식이나 기술 수준은 대단히 높았습니다. 경제력도 대단히 강했습니다. 세상적인 기준으로 볼 때 이스라엘 백성들은 전혀 가나안 사람들이나 주변 강대국들과 비교되지 않았습니다. 그런데 이스라엘 백성들이 주변 나라보다 강한 것이 하나 있다면, 그것은 바로 하나님에 대한 신앙이었습니다.

이것은 오늘 우리에게도 그대로 적용될 수 있습니다. 우리나라는 주변 강대국들 사이에 끼여서 약소국이라는 콤플렉스를 가지고 살아야 할 때가 얼마나 많았습니까. 더욱이 이제는 안보 문제(북핵 위기 등)나 경제 문제(FTA 협상 등)조차 우리 마음대로 결정하지 못하고 강대국의 손에 의해 좌우되고 있는 현 시점에서 우리의 미래란 대단히 불안정합니다. 이러한 때 우리가 강대국의 힘에 의해 무너지지 않는 강대한 나라가 될 수 있는 방법은 없을까요?

그것은 바로 우리의 장점을 살리는 것입니다. 즉 주변국이 가지지 못한 하나님을 믿는 신앙으로 무장하는 것입니다. 우리가 철저하게 하나님을 의지하고 하나님의 축복을 받게 될 때 우리는 주위의 강한 나라들을 이길 힘을 가질 수 있습니다.

이스라엘의 레위인

이스라엘이 주변국과 비교해 볼 때 가장 특이한 점은 레위인들에 있었습니다. 옛날에는 어느 나라든지 그 나라의 힘은 병력의 수에 의해 결정되었습니다. 즉 그 나라가 지금 보유하고 있는 군인의 수가 몇 명이냐 하는 것입니다. 그러나 이스라엘 백성들에게 특이한 것은 군인들의 수는 따로 정해진 것이 없었는데 그 대신 레위인이라는 사람들이 있었습니다. 이 레위인들은 하나님께 제사 드리고 예배드리는 일에만 전무했습니다. 그런데 이 레위인들이 얼마나 많았는가 하면 이스라엘의 열두 지파 중 한 지파 전체가 레위인들이었습니다.

우리가 생각하기에 국민 전체 인구의 10분의 1이 군인이라고 하면 이해가 될 것 같은데 이스라엘은 전체 인구의 12분의 1이 하나님께 제사 드리는 일에만 전념했습니다. 그런데 어떻게 이런 나라가 강대국이 될 수 있었을까? 놀라운 것은 이스라엘의 진정한 힘은 군사력이나 경제력에서 나오는 것이 아니고 하나님으로부터 나온다는 사실에 있습니다.

신명기 18장 1-2절

레위 사람 제사장과 레위의 온 지파는 이스라엘 중에 분깃도 없고 기업도 없을지니 그들은 여호와의 화제물과 그 기업을 먹을 것이라 그들이 그 형제 중에 가업이 없을 것은 그들에 대하여 말씀하심같이 여호와께서 그들의 기업이 되심이니라.

이스라엘 인구의 12분의 1을 차지하는 레위인들에게 놀라운 사실은 하나님께서 이들에게는 아예 농사를 지을 수 있는 땅이나 양이나 소를 칠 수 있는 일거리 자체를 주지 않으셨다는 것입니다. 그러면 이스라엘 전체 인구의 12분의 1이나 되는 사람들이 농사도 짓지 않고 목축도 하지 않으면 무엇을 먹고 사는지 궁금할 것입니다. 그런데 하나님께서 이들의 기업이 되어 주신다는 것입니다. 다시 말해 레위인들은 하나님께 예배드리는 것이 농사를 짓는 것이고 다른 사람들의 기도를 돕는 것이 목축을 하는 것과 같다는 뜻입니다. 무엇보다 레위인들이 자신의 일에 충실할 때 하나님께서는 그들의 먹을 것을 주십니다.

여기서 우리는 두 가지 사실을 생각하게 됩니다. 첫째로, 하나님께 제사 드리는 일이 얼마나 중요한 일이기에 하나님께서는 이스라엘 지파 중 한 지파 전체를 빼내어서 이 일에만 헌신하게 하시는 것일까 하는 것입니다. 예컨대 우리나라에 12개의 도가 있다면 한 개의 도는 모든 사람들이 온전히 하나님께 예배드리는 일에만 헌신하도록 하는 것과 같은 원리입니다.

그런데 이것이 중요한 이유는 하나님이 모든 복의 근원이시기 때문입니다. 성경은 하나님을 “소멸하는 불”(신 4:24)이시라고 합니다. 여기서 ‘소멸하는 불’이라고 하는 것은 원자력과 같은 것입니다. 하나님께서는 이 세상 모든 죄에 대해 원자력과 같은 힘으로 심판을 하십니다. 그런데 이스라엘이 가진 놀라운 힘이 무엇인가 하면 바로 이 무서운 하나님의 진노를 축복으로 바꾸는 것입니다. 즉 하나님의 원자폭탄을 하나님의 원자 에너지로 바꾸는 신기한 능력이 이스라엘 백성들에게 있었습니다. 그리고 하나님의 심판을 축복으로 바꾸는 핵심이 바로 예배였습니다. 이스라엘 백성들에게 있어서 군사력으로 다른 나라를 정복하는 것이나 장사를 해서 돈을 많이 버는 것보다 더 중요한 것은 하나님께 온전한 제사를 드리는 것입니다. 이것이 이스라엘 백성들의 가장 큰 사명이었습니다.

둘째로, 하나님께서 레위인들의 기업이 되어 주신다는 사실입니다. 하나님께서 레위인들의 기업이 되어 주신다는 말씀이 무슨 뜻입니까? 하나님께서 기적적으로 레위인들에게 먹을 것이나 입을 것을 주시지 않는 이상 누군가가 이들에게 먹을 것을 주어야 하지 않겠습니까? 그렇다면 과연 그것이 하나님의 기업이 될 수 있을까요? 오히려 이것은 다른 이스라엘 사람들에게 부담을 주고 피해를 주는 것이 되지 않을까요? 결코 그렇지 않습니다. 바로 레위인들이 하나님께 바른 예배를 드릴 때 하나님은 다른 이스라엘 백성들에게 몇 배의 복을 주셨습니다.

결과적으로 레위인들을 제외한 이스라엘 백성들은 레위인들 때문에 복을 받는 것입니다. 그래서 자기들이 받은 복의 일부를 레위인들에게 주는데 이것은 실제로 레위인들에게 주는 것이 아니라 하나님께 바치는 것입니다. 즉 하나님께서는 이스라엘 백성들에게 복을 주신 것의 일부를 받으셔서 레위인들에게 나눠 주십니다. 그러므로 레위인들의 복은 자기들이 직접 복을 받는 것이 아니었습니다.

무엇보다 레위인들의 복은 자신들이 전적으로 하나님의 말씀에 헌신함으로 다른 이스라엘 백성들이 복을 받게 하고 자기들은 그 부스러기를 가지고 사는 것이었습니다. 그러나 레위인들이나 이스라엘 백성들이 바른 예배를 드릴 때 하나님께서 이스라엘 백성들에게 많은 복을 주시기 때문에 그 부스러기만 해도 자기들이 농사를 짓고 목축을 했을 때보다 더 많은 것을 얻게 되는 것입니다. 이것이 바로 신약 성경에 나타난 오병이어 기적 사건의 핵심입니다. 어떤 소년이 보리떡 다섯 개와 물고기 두 마리를 가지고 있었는데 그것을 자기 혼자 먹어버리면 한 끼 식사밖에 되지 않았습니다. 그런데 예수님께 그것을 드려 많은 사람들이 먹게 했을 때 오천 명의 사람들이 먹었고 남은 부스러기가 열두 광주리였습니다.

여기에서 우리가 알아야 할 것은 아브라함의 복이 바로 여기에 있다는 것입니다. 즉 우리가 바른 신앙을 가지고 다른 사람들을 축복할 때 온 세상에 복이 가득하게 됩니다. 설령 이것이 우리 자신에게 직접적으로 돈이 생기고 유명해지는 것은 아니라 할지라도 다른 많은 사람들이 복을 받고 기뻐하면 그 복이 결국 우리에게도 넘치게 되는 원리입니다.

그러나 주의해야 할 것이 있습니다. 그것은 레위인이나 제사장들이 결코 다른 이스라엘 백성들을 대신해서 제사를 드려 주는 것이 아니라는 것입니다. 만약 다른 이스라엘 백성들은 소나 양만 내어 놓은 채 세상에 나가서 열심히 돈만 벌고, 레위인이나 제사장이 그들의 제사를 대신해 준다면 이것은 가장 게으르고 사악한 우상 숭배밖에 되지 않습니다. 모든 이스라엘 백성들은 제사를 본인이 직접 드리게 되어 있습니다. 레위인이나 제사장들은 이들이 바른 제사를 드릴 수 있도록 말씀으로 인도해 주는 것입니다. 즉 이들의 사명은 올바른 신앙을 지키고 올바른 말씀을 붙들어서 언제나 바른 예배자로 서게 하는데 있었습니다.

무엇보다 하나님과 바른 관계에 있는 것이 부흥입니다. 부흥이라고 하는 것은 단순히 교회에 출석하는 사람이 많아지거나 예배가 흥분되는 것이 아니라 우리가 올바른 말씀과 올바른 신앙을 가지고 올바른 예배를 드릴 때 하나님의 축복이 무한대로 부어지는 것입니다. 이때 예배에 감격이 있고 기도의 응답이 있고 병이 낫고 축복의 역사가 나타나게 됩니다.

신명기 18장 3-5절

제사장이 백성에게서 받을 응식이 이러하니 곧 그 드리는 제물의 우양을 물론하고 그 앞 넓적다리와 두 볼과 위라 이것을 제사장에게 줄 것이요 또 너의 처음 된 곡식과 포도주와 기름과 너의 처음 깎은 양털을 네가 그에게 줄 것이니 이는 네 하나님 여호와께서 네 모든 지파 중에서 그를 택하여 내시고 그와 그 자손으로 영영히 여호와의 이름으로 서서 섬기게 하셨음이니라.

여기 '응식'이라고 하는 것은 요즘 말로 표현하면 '보수'(報酬)를 의미합니다. 이스라엘 백성들은 화목제물로 바친 것 중에서 제사장에게 자기가 주고 싶은 부위를 아무렇게나 잘라서 줄 수 있는 것이 아니라 제사장의 부위가 따로 정해져 있었습니다. 즉 앞쪽 넓적다리라고 하는 것은 앞다리에 붙은 것을 말하는 것 같습니다. 그리고 '두 볼'과 '위'였습니다. 아무래도 이것들은 앞쪽에 있는 부위인데 좀 더 좋은 부위였던 것 같습니다. 예컨대 기분이 좋지 않아도 막창 같은 것이나 뒷다리 같은 것을 잘라 주면 안 되는 것입니다.

또한 곡식도 처음 익은 열매 중에서, 포도주나 기름도 처음 짠 것을 '보수'로 바치게 했습니다. 이것은 대단히 중요한 의미를 가집니다. 왜냐하면 사람이 얼마나 이기적인가 하면 실제로 복을 받았을 때와 이것을 하나님께 바칠 때의 심정이 다르기 때문입니다. 농사나 목축을 해서 큰 복을 받았을 때에는 하나님이 주신 복이라고 하면서 기뻐합니다. 그러나 실제로 이것을 레위인이나 제사장에게 줄 때에는 '내 것을 준다'는 인색함이나 혹은 '내가 너희들을 먹여 살린다' 고 하는 거만함이 자리하게 됩니다.

물론 이스라엘 백성들이 처음에는 이 모든 것을 하나님이 주신 복이라고 생각하고 감사한 마음으로 하나님께 바치지만 시간이 지나면서 '요즘처럼 불경기에 돈 벌지 않고 받기만 하는 레위인들이 너무 많아' 라는 생각을 하기도 하고 '내가 피땀 흘려 번 돈으로 왜 이 사람들을 먹여 살려야 하지' 라는 생각을 하게 되는 것입니다. 만약 이런 눈치가 조금이라도 보인다면 레위인들 중에 똑똑하고 머리 좋은 사람은 '굳이 우리가 다른 사람들의 눈치를 보면서 받아먹을 필요가 없다. 우리가 직접 나가서 돈을 벌어서 당당하게 더 부자가 되는 꼴을 보여 주자' 라고 생각하고 제사를 포기해 버린다면 이스라엘은 무너져 버리게 되는 것입니다.

그래서 레위인이나 제사장이나 모든 이스라엘 백성들이 동일한 신앙을 가져야 합니다. 즉 '우리에게 있어서 올바른 신앙이라는 것은 생명과 같은 것입니다. 우리는 돈을 버는 자나 성전을 지키는 자나 똑같이 이것을 지키겠습니다' 라는 마음을 가지고 서로에게 수고한다고 축복할 때 하나님의 복이 임하게 되는 것입니다.

이스라엘 백성들을 두렵게 하는 것은 농사를 짓는 기술이나 일기나 타민족의 침략 등이었습니다. 그러나 그들에게 가장 중요한 것은 레위인과 제사장을 중심으로 바른 신앙을 지키는 것입니다. 그러면 하나님께서는 모든 화를 복으로 바꿔 주시기 때문에 연약한 가운데 더 큰 복을 받게 되는 것입니다. 그래서 이스라엘 백성들은 자신들을 '축복의 제조 공장'이라고 믿었습니다. 우리가 스스로 강하다고 해서 복을 받는 것이 아닙니다. 우리가 올바른 신앙을 붙들면 오히려 약해집니다. 내 마음대로 할 수 있는 것도 없고 강한 사람들을 이길 수도 없습니다. 그러나 하나님 앞에서 약하기 때문에 축복을 만들어 내게 되는 것입니다.

사탄의 힘을 이겨라

이스라엘 백성들의 두 번째 힘은 가나안을 지배하고 있는 사탄의 세력을 두려워하지 않는 것이었습니다.

신명기 18장 9-13절

네 하나님 여호와께서 네게 주시는 땅에 들어가거든 너는 그 민족들의 가증한 행위를 본받지 말 것이니 그 아들이나 딸을 불 가운데로 지나게 하는 자나 복술자나 길흉을 말하는 자나 요술하는 자나 무당이나 진언자나 신접한 자나 박수나 초혼자를 너의 중에 용납하지 말라 무릇 이런 일을 행하는 자는 여호와께서 가증히 여기시나니 이런 가증한 일로 인하여 네 하나님 여호와께서 그들을 네 앞에서 쫓아내시느니라 너는 네 하나님 여호와 앞에 완전하라.

이스라엘 백성들이 들어가는 가나안 땅은 황폐한 땅이 아니라 아주 잘 사는 동네였습니다. 거기에 비해 이스라엘 백성들은 40년 동안 광야만 돌아다닌 완전히 거지 떼들이나 마찬가지였고, 더욱이 문명의 혜택이라고는 받아 본 적이 없었습니다. 그러나 가나안 족속들은 모두 세상에서 나름대로 성공했고 안정된 생활을 했습니다. 그런 사람들 앞에서 이스라엘 백성들이 얼마나 기가 죽었겠습니까?

그런데 가나안 사람들이 세상에서는 잘 살고 안정되고 성공한 사람들이었지만 한 가지 이스라엘 백성들에게 받아들이기 어려운 것은 이 사람들이 모두 지독한 우상 숭배자들이었다는 것입니다. 가나안 사람들은 보통 수준의 우상 숭배자들이 아니라 그 당시로 보거나 오늘 수준으로 보더라도 극단적으로 우상 숭배에 심취하고 거기에 빠진 사람들이었습니다. 이스라엘 백성들이 들어가는 가나안 땅 사람들은 이미 수백 년 전부터 우상 숭배로 아주 뿌리가 깊은 사람들이었고 이 사람들은 자기 나름대로 확고한 우상에 대한 믿음을 가지고 있는 사람들이었습니다.

예컨대 어떤 크리스천이 우상의 뿌리가 깊은 집안이나 또는 직장에서 과연 신앙의 뿌리를 내릴 수 있겠습니까? 물론 그들은 가난하거나 무식하지 않았습니다. 아주 잘 사는 사람들이었고 사회적으로 성공한 사람들이었습니다. 그럼에도 그들은 우상에 깊이 빠진 사람들이었습니다.

이러한 사실을 다른 각도에서 생각해 본다면 가나안 사람들은 자기들 나름대로의 신념과 확신을 가진 자들이었고 거기에 완전히 깊이 빠진 자들이었다는 것입니다. 거기에 한걸음 더 나아가서 가나안 사람들은 실제로 사탄의 세력을 가지고 가나안 땅을 정복하고 차지한 사람들이었습니다. 겉으로 보기에는 자기 신념이나 확신을 가진 사람들이지만 실은 사탄의 힘으로 성공한 사람들이었던 것입니다.

오늘 성경에 보면 얼마나 많은 미신 행위나 주술적인 행위가 이뤄졌는지 알 수 있습니다. 이들은 자식들을 산 채로 불에 집어넣었습니다. 점을 치는 것은 예사이고, 귀신과 대화를 나누거나 신접할 정도로 아주 심한 무당 행위를 했습니다. 이런 사람들은 진리에 대해 대단히 공격적이고 또 자기 목적을 위해서는 수단과 방법을 가리지 않기 때문에 이스라엘 백성들이 대단히 상대하기 어려운 자들이었습니다.

이것에 대해 하나님은 분명히 말씀하십니다. 첫째로, 아무리 가나안의 문명이 발달하고 지적인 수준이 높다 하더라도 이스라엘 백성들은 우상 숭배로 인해 성공하고 세상적인 방법으로 출세한 것을 일절 부러워해서는 안 된다는 것입니다. 그 이유는 하나님의 백성들의 길은 따로 있기 때문에 그렇습니다. 하나님을 믿는 우리가 이 세상에서 제일 잘 살고 제일 강한 자라면 다른 사람들을 부러워할 이유가 없습니다. 그러나 우리는 연단을 받느라고 가난하고 못사는데 세상 사람들은 잘 살고 신분도 높고 유명할 때 그것을 부러워하기가 쉽습니다. 그러나 우리는 일체 세상 사람들의 잘 사는 것을 부러워하거나 그 앞에서 열등감을 가질 필요가 없습니다. 왜냐하면 그것은 그들의 길이고 우리의 길은 따로 있기 때문입니다.

둘째로, 우상 숭배자들은 놀랍게도 하나님의 백성들을 알아보고 이유도 없이 미워하고 공격한다는 것입니다. 그렇게 하는 것을 하나님의 백성들은 두려워해서는 안 됩니다. 왜냐하면 그 사람들 뒤에는 사탄의 세력이 있기 때문입니다. 그래서 아무리 사탄의 세력이 강하고 온 세상을 마귀의 세력이 다 덮는다 하더라도 하나님의 백성들은 그것을 두려워해서는 안 됩니다. 왜 그렇습니까? 하나님의 능력이 더 강하기 때문입니다. 하나님께서 우리를 하나님의 종으로 이 세상에 보내셨기 때문에 그렇습니다.

무엇보다 우리는 하나님께서 능력 주시는 범위 안에서 철저하게 우상의 세력을 몰아내야 합니다. 왜냐하면 하나님께서 이런 우상들을 미워하셔서 이들을 쫓아내기 위해 이스라엘 백성들을 부르셨기 때문입니다. 이 세상은 마귀의 것이 아니고 하나님의 것입니다. 우상 숭배자들이나 혹은 하나님을 믿지 않는 자들이 세상을 차지하고 자기들의 것으로 만들지만 때가 되면 하나님께서 그들을 다 몰아내십니다.

그래서 우리는 이 세상이 하나님의 것임을 분명히 알아야 합니다. 아무리 다른 사람들이 독선적이라고 욕을 하고 따돌려도 이 세상은 하나님의 세상이며 하나님께서 모든 것을 다스림을 고백해야 합니다. 하나님께서는 우리나라에 기독교가 들어온 지 120년 전부터 우리나라를 하나님의 나라로 삼으셨습니다. 하나님께서는 구약 이스라엘을 지켜 주시듯이 우리나라를 지켜 주셨고 복을 주셨습니다. 우리는 이 사실을 나타내는 것을 조금도 부끄럽게 생각해서는 안 됩니다.

우리는 하나님을 나타내야 하고 청년들이 기도하고 어린이들이나 청소년들이 하나님을 찬양하는 모습을 우리의 자랑으로 내세워야 합니다. 월드컵 축구 응원을 하면서 우리나라를 '붉은 악마'의 나라로 만들려고 하는데 도대체 축구가 무엇입니까? 축구는 그냥 하나의 스포츠에 불과한 것입니다. 우리나라의 가장 큰 자랑은 뜨거운 신앙이 우리에게 있고 청년들의 기도가 살아 있으며 목회자나 교인들이 성경적인 설교를 들으면 눈물을 흘리며 감격하고 어떻게 하든지 오순절의 성령의 부으심을 너무나도 간절히 사모하는 것이어야 합니다.

먼 훗날 이스라엘과 유다가 멸망할 때 하나님은 선지자들을 통해 말씀하시기를 왜 우상 숭배하다가 망한 자들을 따라가서 망하느냐고 하셨습니다. 이 땅의 많은 젊은이들이 다른 나라에서 망한 이론을 따라가고 망한 종교를 따라가고 있다면, 도대체 이것이 얼마나 어리석은 마귀의 꾐에 빠지는 것입니까? 우리는 하나님께서 축복하시는 그 길을 따라가야 합니다. 신 · 구약 성경에서 믿음의 사람들이 놀라운 축복을 받았고 능력을 받았던 그 길을 따라가야 합니다.

하나님이 보내시는 한 선지자

이스라엘 백성들은 가나안 족속들이 가지고 있는 장점이 하나도 없었습니다. 가나안 족속들은 부자였습니다. 성이 있었고 무기가 있었고 지식이 있었습니다. 거기에다가 나름대로 사탄의 세력을 가지고 있었습니다. 그런데 이런 무기들이 하나도 없는 이스라엘 백성들이 어떻게 가나안 사람들을 이길 수 있겠습니까? 그것은 오직 하나님의 말씀의 능력에 달려 있는 문제였습니다.

신명기 18장 15절

네 하나님 여호와께서 너의 중 네 형제 중에서 나와 같은 한 선지자 하나를 일으키시리니 너희는 그를 들을지니라.

하나님께서 이스라엘 백성들에게 주시는 최고의 무기가 바로 하나님의 말씀입니다. 모세는 선지자였습니다. 그는 무기력한 선지자가 아니었습니다. 모세가 선포하는 하나님의 말씀 앞에는 애굽의 모든 신들이 다 죽었습니다. 모세는 지팡이를 뱀으로 만들고 그 뱀의 꼬리를 잡았을 때 지팡이가 되어 버렸습니다. 애굽에서 가장 사악한 신이 뱀 신이었습니다. 독사였고 코브라였습니다. 그러나 모세의 손에서 딱딱한 지팡이가 되어 버렸습니다.

애굽의 마술사들이 아무리 마술을 걸어도 모세에게는 통하지 않았습니다. 우리가 출애굽기를 보면 애굽의 마술사들이 모세를 대적해서 지팡이로 뱀도 만들고 개구리도 불러 올린 것을 알게 됩니다. 그러나 모세를 이길 수가 없었고 그들이 만든 뱀이 모세를 물지 못했고 그들의 개구리가 모세에게 덤벼들지 못했습니다. 더욱이 '이' 재앙부터는 더 이상 애굽의 마술이 듣지 않았습니다. 그리고 독종의 재앙으로 애굽의 마술사들의 얼굴과 몸에 종기가 생겼습니다. 모세의 능력은 바로를 이겨서 바로가 모세에게 기도를 부탁하는 것을 볼 수 있습니다. 그 당시 애굽은 지금의 미국만큼이나 부요하고 강대한 나라였습니다. 그런데 모세의 입에서 나오는 말이 그 나라 전체를 굴복시켜 버렸습니다.

모세는 자기 같은 선지자가 이스라엘에 또 나올 것이라고 말했습니다. 여기서 모세가 말하는 '자기와 같은 선지자'란 누구를 말할까요? 여기에는 두 가지 의미가 있습니다. 하나는 궁극적으로 예수 그리스도를 말합니다. 사실 모세의 능력이나 엘리야의 능력이 순전한 자기의 것이 아니었습니다. 이것은 모두 예수님의 능력을 그들이 빌려 쓰는 것이었습니다. 결국 궁극적으로 이 모든 능력의 주인공이신 하나님의 아들이 이스라엘 백성들에게 형제로 찾아오셔서 모든 사탄의 세력을 멸하시고 다시 한 번 천지를 뒤흔들면서 그분의 백성들을 구원하신다는 것입니다.

다른 하나는 누구든지 예수님의 손에 붙들려서 말씀의 능력을 나타내는 자는 다 모세와 같은 능력의 종이 될 수 있다는 것입니다. 즉 누구든지 하나님의 말씀을 액면 그대로 믿고 하나님의 손에 붙들려 사용되는 자에게는 이런 능력이 나타나게 됩니다. 그래서 여호수아도 모세 같은 종이었고 사사들도 모세 같은 종이었고 사무엘이나 다윗이나 엘리야 같은 선지자들도 모두 모세 같은 종들이었던 것입니다.

이것을 다른 말로 표현하면 모든 이스라엘 백성들은 다 하나님께 이런 방식으로 귀하게 사용될 가능성이 있다는 것입니다. 모든 이스라엘 백성들은 하나님의 말씀을 있는 그대로 믿고 헌신하면 언제든지 하나님의 능력이 폭발할 수 있는 가능성을 가진 사람들입니다. 즉 이스라엘의 한 사람 한 사람이 성령의 뇌관을 가진 폭탄인 것입니다.

이제 모세가 백성들에게 주의를 주고 있습니다.

신명기 18장 16절

이것이 곧 네가 총회의 날에 호렙산에서 너의 하나님 여호와께 구한 것이라 곧 네가 말하기를 나로 다시는 나의 하나님 여호와의 음성을 듣지 않게 하시고 다시는 이 큰 불을 보지 않게 하소서 두렵건대 내가 죽을까 하나이다 하매

이것은 이스라엘 백성들이 하나님께 구한 것이었습니다. 시내산에서 하나님께서 말씀하시는데 너무나도 권세가 있고 무서워서 이스라엘 백성들이 모두 죽을 것만 같았습니다. 그래서 하나님께 요구하기를 선지자를 달라고 한 것입니다. 특히 모세는 어눌해서 말을 잘하지 못했습니다. 그러나 그의 그 더듬는 말 속에 이런 하나님의 능력이 들어 있는 것을 이스라엘 백성들이 믿어야 했던 것입니다. 오늘 우리는 하나님의 말씀 속에 온 세상을 뒤엎고도 남는 능력이 있음을 믿어야 합니다. 이

것이 하나님께서 아무 것도 가지지 않은 이스라엘 백성들에게 주신 가장 강력한 무기였습니다.

우리가 이 세상에서 살아남을 수 있는 유일한 길은 하나님의 말씀을 붙드는 것입니다. 또한 우리나라가 강대국 사이에서 살아남는 방법도 하나님의 말씀을 붙드는 선지자의 나라가 되는 것입니다.

신명기 18장 18-19절

> 내가 그들의 형제 중에 너와 같은 선지자 하나를 그들을 위하여 일으키고 내 말을 그 입에 두리니 내가 그에게 명하는 것을 그가 무리에게 다 고하리라 무릇 그가 내 이름으로 고하는 내 말을 듣지 아니하는 자는 내게 벌을 받을 것이요.

우리는 사람들의 외모를 보고 판단해서는 안 됩니다. 오늘도 사람들은 자기를 기쁘게 해 줄 사람들을 찾는데 그것은 복을 잃어버리는 것입니다. 누구든지 하나님의 말씀을 전하는 자를 찾아서 그 말씀을 들어야 복을 받습니다.

하나님께서는 거짓된 선지자가 하나님의 이름으로 예언할 가능성이 있다고 말씀하십니다. 이런 말들은 사람을 기쁘게 하는 말이요 일종의 희망 사항들입니다. 대개 이런 인간적인 말을 하는 사람들이 사람을 좋아하는 사람들일 수 있습니다. 물론 자기 욕심을 위하여 듣기 좋은 소리를 하는 사람들도 있겠지만 그런 사람들은 정말 사악한 사탄의 종인 것입니다. 그들은 하나님의 말씀보다 사람들에게 인간적인 위로를 주고 축복의 말을 하고 싶어서 하나님의 말씀이 아닌 인간의 말을 합니다. 그러나 그들은 하나님 앞에서 죽임을 당할 것입니다. 왜냐하면 하나님의 말씀을 전하는 것이 아주 중요한 것이기 때문입니다. 이것은 한 영혼이 사느냐 죽느냐, 한 가정과 나라 전체가 사느냐 죽느냐 하는 문제이기 때문에 자기 마음대로 희망 사항을 말하거나 축복의 말을 해서는 안 된다는 것입니다.

신명기 18장 21-22절

네가 혹시 심중에 이르기를 그 말이 여호와의 이르신 말씀인지 우리가 어떻게 알리요 하리라 만일 선지자가 있어서 여호와의 이름으로 말한 일에 증험도 없고 성취함도 없으면 이는 여호와의 말씀하신 것이 아니요 그 선지자가 방자히 한 말이니 너는 그를 두려워 말지니라.

하나님께서는 분명히 거짓 선지자가 나올 수 있다고 말씀하십니다. 그러나 참된 하나님의 말씀은 증험이 있습니다. 즉 기도의 응답이 있고 능력이 있고 삶의 변화가 있고 놀라운 부흥이 있습니다. 우리가 올바른 말씀을 믿고 기도하면 반드시 하나님의 응답이 있고 능력이 나타납니다. 우리가 이것을 붙들어야 강대국 가운데 복을 받을 수 있는 축복의 제조기가 될 수 있습니다.

23

| 신 19:1-21 |

도피성의 교훈

우리가 이 세상에서 이리저리로 떠돌이 생활을 하지 않고 한 곳에서 평안하게 정착해서 살 수 있는 것은 눈에 보이지 않는 하나님의 손이 우리를 지켜 주시기 때문입니다. 그러나 우리가 계속 평안한 가운데 은혜를 누리면서 살려고 하면 하나님도 믿어야 하지만 우리 자신도 노력을 해야 할 것이 있는데, 그것은 바로 우리 자신의 욕망이 과열되지 않도록 스스로의 욕망을 조절하는 것입니다.

안전한 사회가 되려면 국방과 치안이 튼튼해야 합니다. 일단 전쟁이 없어야 국민들은 평안하게 살 수 있습니다. 거기서 한걸음 더 나아가서 사회에 테러나 강도 같은 것이 없어야 합니다. 그것에 일찍 눈을 뜬 나라가 로마였습니다. 그래서 로마는 나라 외각 지대 여러 곳에 군대를 배치했을 뿐 아니라 로마 안에도 군인들을 두어서 치안을 담당하게 했습니다. 사실 외국에서 군인들이 쳐들어오는 것도 문제이지만 거리에서 깡패들에게 백주에 테러를 당하거나 도둑들이 대낮에도 활개를 친다면 시민들은 불안해서 도저히 살 수가 없을 것입니다.

그런데 본문 말씀을 보면 눈에 보이는 외적이나 강도보다도 더 심각한 것이 바로 죄와 욕심이라고 말씀하고 있습니다. 결국 이 세상이 불안해지고 사람들이 살 수 없게 되는 것은 사람들 스스로가 죄를 포기하지 않고 욕심을 포기하지 않기 때문에 하나님의 진노로 재앙이 일어나게 되는 것입니다. 그래서 우리가 지속적으로 평안한 삶을 살려고 한다면 물론 하나님께서 지켜 주시는 것도 믿어야 하지만 우리 안에 있는 욕심이나 죄를 스스로 포기해야 한다는 사실입니다. 만일 우리가 이 세상에서 내가 하고 싶은 대로 모든 것을 다 하면서 살려고 한다면 하나님께서는 우리의 평안을 지켜 주시지 않을 것입니다.

본문 말씀은 하나님께서 이스라엘 백성들에게 도피성을 두라고 명령하십니다. 여기 도피성이라고 하는 것은 고의가 아닌 과실로 사람을 죽인 사람이 피하여 살 수 있는 곳을 말합니다. 하나님께서는 이스라엘 백성들에게 하나님께서 주신 땅을 잘 관리하도록 말씀하셨습니다. 하나님께서 주신 땅을 잘 관리하라는 것은 요즘 사람들이 생각하는 것처럼 무조건 개발을 반대하는 것을 말하지 않습니다. 얼마 전 한 여승이 산에 터널을 뚫으면 산에 있는 도롱뇽이 다 죽는다고 단식을 하는 바람에 터널 공사가 중단된 적이 있었습니다. 그러나 하나님께서 말씀하시는 자연 관리는 하나님이 주신 땅에 살면서 죄를 짓지 않는 것입니다. 그 중에서 가장 치명적인 죄는 사람의 피를 흘리는 것입니다.

하나님께서 주신 땅에서 무죄한 피를 흘리면 땅이 너무 고통스러워서 견디지 못하기 때문에 결국 재앙이 터져 버려서 사람들이 살 수 없게 됩니다. 그래서 살인을 한 사람은 반드시 잡아서 처벌을 해야 땅이 비참해지지 않습니다. 그러나 문제가 되는 것은 고의로 살인한 것이 아니고 전혀 생각하지도 못한 사고로 죽게 했을 때 이런 살인범을 어떻게 처벌해야 하느냐 하는 것입니다.

우리가 생각하기에는 고의로 사람을 죽였든 실수로 사람을 죽였든 모든 것을 철저히 하려면 이런 사람도 처벌해야 할 것 같은데 하나님께서는 이것을 아주 중요하게 보셨습니다. 즉 실수로 사람을 죽게 했을 때 이 사람을 죽이면 안 된다는 것입니다. 또 이런 사람이 고개를 쳐들고 당당하게 돌아다니게 해서도 안 된다는 것입니다. 그러면 어떻게 해야 하는가? 이런 사람은 하나님이 지정해 놓은 도피성으로 도망쳐서 거기서 죽을 때까지 그 성에서 나오지 않고 사는 것입니다. 이것은 결국 그 사람이 자기 스스로 자숙하는 것입니다. 고의는 아니지만 그래도 사람을 죽인 것은 죽인 것이니까 이 후로는 절대로 마음대로 돌아다니지 않고 성 안을 행동반경으로 정해서 그 안에서 살면 절대로 죽임을 당하지 않게 됩니다. 도피성은 예수 믿는 사람이 지속적으로 하나님의 은혜를 놓치지 않고 은혜 안에 사는 아주 중요한 원리를 가르쳐 줍니다.

이스라엘을 위태롭게 만드는 것

신명기 19장 1-3절

네 하나님 여호와께서 이 열국을 멸절하시고 네 하나님 여호와께서 그 땅을 네게 주시므로 네가 필경 그것을 얻고 그들의 각 성읍과 각

가옥에 거할 때에 네 하나님 여호와께서 네게 기업으로 주신 땅 가운데 세 성읍을 너를 위하여 구별하고 네 하나님 여호와께서 네게 유업으로 주시는 땅의 전체를 삼구로 분하여 그 도로를 닦고 무릇 살인자를 그 성읍으로 도피케 하라.

일반적으로 신도시를 건설할 때 땅을 분할하여 거주 지역, 상업 지역, 공장 지역, 공원 지역 이런 식으로 나누어서 계획적으로 분할하는데 얼마나 살기 좋게 건설하는지 모릅니다. 그러나 하나님께서는 사람들이 하나님이 주신 땅에서 행복하게 살기 위해서는 녹지를 조성하고 공원도 조성하고 아파트도 훌륭하게 잘 짓는 것도 중요하지만 가장 중요한 것은 자신의 혈기나 욕심을 절제하는 것이라고 말씀하십니다. 만약 사람들이 자기 욕심이나 혈기를 절제하지 못하면 결국 죄를 짓게 되고 죄를 지으면 그들이 살고 있는 땅이 그 사람들을 싫어하게 되기 때문에 땅을 흔들어 거기에 사는 사람들을 재앙으로 다 쫓아내 버리는 것입니다.

하나님께서는 이스라엘 백성들이 가나안 땅에서 쫓겨나지 않고 평안하게 사는 방법을 세 가지로 가르치셨습니다. 첫째는 다른 사람의 피를 흘리지 않는 것이고, 둘째는 남의 땅을 빼앗지 않는 것이고, 셋째는 재판에서 위증을 하지 않는 것이었습니다. 이 세 가지가 본문에 모두 언급되고 있습니다. 현대에 있어서 우리를 가장 위태롭게 만드는 것은 남의 땅을 빼앗으려고 하는 것과 거짓말을 하는 것입니다. 오늘을 살아가는 사람들은 도무지 자신이 가지고 있는 것으로 만족하지 못합니다. 그래서 자꾸 집값을 올리고 땅값도 올려서 이제는 서울 어느 곳의 땅값은 일본의 동경보다 미국의 뉴욕보다 더 비싸게 되었다고 합니다. 결국 땅

값이나 집값이 그 정도로 비싸면 웬만한 사람들은 거기서 살지 못하고 밀려 나야 하는 것입니다.

그러나 옛날에는 땅 욕심보다 심각한 것이 미움이나 분노의 감정이었습니다. 그래서 누군가를 미워하거나 분노를 품으면 반드시 가서 그 사람을 죽였던 것이 예사였습니다. 요즘으로 말하면 백주에 테러를 행하는 것입니다. 하나님께서는 이스라엘 백성들이 사는 땅에는 절대로 백주에 테러를 행하는 일이 있어서는 안 된다고 말씀하시면서 어떤 일이 있어도 살인자를 살려 두지 못하게 하셨습니다.

신명기 19장 6절

그 사람이 그에게 본래 혐원이 없으니 죽이기에 합당치 아니하나 두렵건대 보수자의 마음이 뜨거워져서 살인자를 따르는데 그 가는 길이 멀면 그를 따라 미쳐서 죽일까 하노라.

'보수자' 라는 말은 히브리어로 '고엘' 이라고 하는데, 룻기에서는 '기업 무를 자' 라고 번역했습니다. 그러나 같은 고엘이라도 룻기에 나오는 고엘은 친족 중에서 누군가가 자식이 없어서 과부가 되었을 때 대를 잇게 하기 위해 일시적으로 결혼해서 아들을 낳게 해 주는 제도(레브리이트, levirate)입니다. 우리식으로 말하면 씨받이와는 정반대가 되는 것입니다. 씨받이는 남자는 있는데 여자가 아이를 낳지 못할 경우에 대리모를 통해서 아들을 낳게 하는 것입니다. 그런데 고엘은 여자는 있는데 남자가 죽은 경우입니다. 이때 가장 가까운 친족이 대리부가 되어 주는 것입니다. 이것은 엄청난 희생이 따르는 것이고 완전히 한 여자의 미래를 살리는 것입니다.

그러나 본문에 나오는 '고엘'은 살리는 고엘이 아니라 죽이는 고엘입니다. 즉 친족 중에 가까운 사람이 살인을 당했을 때 가장 가까운 친족이 고엘이 되어서 복수를 하는 것입니다. 이것은 결코 하나님이 인정하신 제도가 아닙니다. 이것은 가나안에서 내려오던 오래된 관습이었습니다. 가나안 땅에는 살인과 복수의 관습이 있었습니다. 이것은 죽이는 고엘입니다. 놀라운 사실은 이러한 관습이 요즘도 아랍권이나 인도에 그대로 내려오고 있습니다. 그래서 가족 중에서 누군가가 가족의 명예를 더럽히거나 혹은 기독교로 개종을 하거나 혹은 다른 종족으로부터 피살을 당하면 가장 가까운 친족이 복수를 해 주는 것입니다.

하나님께서 도피성 제도를 아주 중요하게 생각하신 것은 이제는 절대로 가나안 땅에서 이런 피의 복수는 더 이상 허용되어서는 안 된다는 것입니다. 즉 고의적인 살인은 어떤 경우에도 허용이 되지 않고 아무리 원한과 미움이 있다 하더라도 하나님께 맡겨야 합니다.

본문 중 21절 말씀은 많은 오해를 일으키고 있습니다. "네 눈이 긍휼히 보지 말라. 생명은 생명으로, 눈은 눈으로, 이는 이로, 손은 손으로, 발은 발로니라" 이 말씀은 본인이 직접 가해자에게 보복을 하라는 뜻이 아닙니다. 아무리 가해자라 하더라도 본인은 일체 손을 댈 수 없다는 것입니다. 이것은 법적으로 재판관이 결정할 문제이며 재판관도 그 죄에 상응하는 처벌을 해야지 이를 상하게 했는데 목을 벤다든지, 손을 다치게 했는데 다리를 자르게 해서는 안 된다는 뜻입니다. 즉 모든 감정적인 복수를 배제하고 오직 그가 행한 죄에 상응하는 처벌만 내리라는 뜻입니다.

지금 이스라엘 사람들은 팔레스타인 사람들에 대하여 이 규정을 적용합니다. 그래서 팔레스타인 사람들의 폭탄 테러로 이스라엘 사람이 몇 사람이 죽으면 반드시 그 만큼의 팔레스타인 사람들을 죽입니다. 그 결과 지금 이스라엘과 팔레스타인 사이의 증오감은 뼈에 사무쳐 있습니다. 그래서 팔레스타인 땅은 증오와 피의 복수의 땅이 되었습니다. 그 이유는 피에 대한 처리를 잘못했기 때문입니다.

사람은 반드시 미움의 감정이라든지 분노의 감정이 있습니다. 상대방이 나의 가족에게 피해를 주었다든지 아니면 너무나도 악한 짓을 했다든지 할 때 분노의 감정을 가지게 됩니다. 그러나 그것까지도 하나님께 맡기고 절대적으로 개인적인 복수나 보복을 하려고 해서는 안 된다는 것입니다. 하나님의 백성들은 용서하는 사람이 되어야 합니다. 누군가가 우리 가족에게 피해를 주었는데 가만히 있으면 더 무시할 것입니다. 그럼에도 불구하고 그것까지도 하나님께 맡기고 참을 때 하나님께서 평화를 주십니다.

예수님께서 대제사장의 부하들에 의해 붙들려 가실 때 베드로는 화가 나서 칼을 휘둘러 대제사장의 종의 귀를 잘랐습니다. 그때 예수님께서는 '이것까지 참으라'(눅 22:51)고 하시면서 그 종의 귀를 붙여 주셨습니다. 만약 예수님께서 그 귀를 붙여 주지 않으셨더라면 군병들과 제자들 사이에 칼부림이 일어나서 많은 살육이 일어났을지도 모르겠습니다. 그러나 예수님께서 베드로를 제지시키시고 대제사장의 종의 귀를 붙여 주시고 순순히 잡혀 가시니까 더 이상의 피 흘림은 없었습니다.

우리는 하나님이 주신 땅을 절대로 분노로 더럽히지 않겠다고 결심해야 합니다. 우리는 피 흘리지 않는 것은 물론이고 고성조차도 질러서는 안 됩니다. 아무리 억울한 일을 당해도 양털 깎는 양이 잠잠한 것같이 입을 다물고 모든 혈기와 분노의 감정을 하나님께 맡길 때 하나님께서 이 땅 가운데 평화를 주시는 것입니다.

도피성에 피한 자의 책임

하나님께서 이 도피성을 얼마나 중요하게 생각하셨는지 이 도피성에 가는 길을 닦아 놓으라고 하셨습니다. 즉 피하는 사람이 빨리 도망쳐서 복수의 칼을 피할 수 있게 하라고 하신 것입니다. 그리고 도피성은 어느 곳에서도 백성들이 피하기에 가장 용이한 곳에 지정하게 하셨습니다.

그러면서 도피성에 피할 사람의 자격을 말씀하십니다.

신명기 19장 5절

가령 사람이 그 이웃과 함께 벌목하러 삼림에 들어가서 손에 도끼를 들고 벌목하려고 찍을 때에 도끼가 자루에서 빠져 그 이웃을 맞춰 그로 죽게 함 같은 것이라 이런 사람은 그 성읍 중 하나로 도피하여 생명을 보존할 것이니라.

누군가 함께 숲 속에 벌목을 하러 갔다면 이들은 친구든지 아니면 동료일 것입니다. 그런데 정말 생각지도 않았는데 한 사람의 손에 있던 도끼 자루에서 도끼가 빠져서 다른 사람이 죽게 되었다면 이것은 정말 억울한 일이 아닐 수 없습니다. 물론 가해자는 도끼질을 하기 전에 도끼가 안전한지 확인할 책임이 있습니다. 그러나 사람이 하는 일이라는 것이 완전하지 않습니다. 자기 나름대로는 한다고 했지만 정말 생각지도 않은 사고가 터져서 사람이 죽게 되었을 때 하나님께서는 이것 때문에 또 한 사람이 더 죽는다는 것은 너무나 억울하다고 보신 것입니다. 그래서 고의가 아닌 사고로 사람이 죽은 경우에 스스로 자기 목숨을 살릴 수 있는 기회를 주셨습니다.

다시 말해 사람을 죽게 한 사람이 그냥 집으로 가거나 그 자리에 있으면 안 되고 모든 것을 포기하고 빨리 도피성으로 도망쳐야 한다는 것입니다. 그리고 그 당시에는 아무리 하나님께서 하지 말라고 금하셔도 관습상으로 이루어지고 있는 피의 보수자가 있었습니다. 그러므로 살인한 자는 자기가 하던 일이나 가족 관계나 모든 계획을 다 포기하고 도피성으로 도망쳐서 목숨 하나만 건지면 살 수 있는 기회를 주시는 것입니다.

이것은 피의 보수자에게도 좋은 것입니다. 왜냐하면 아무리 하나님의 말씀이 고의적인 살인을 하지 말라고 해도 집안에서나 사회에서는 피의 복수를 할 것을 요구하고 있기 때문입니다. 이때 하나님의 말씀을 따라야 할 것인지 아니면 집안이나 사회의 관습의 요구를 따를 것인지의 갈등이 생기는데 살인자가 도피성으로 도망하여 피하면 살인을 면할 수 있게 되는 것입니다.

그런데 도피성으로 피한 살인자는 반드시 지켜야 할 규칙이 있었습니다. 첫째 규칙은 그 성에 들어가면서 자기가 왜 이곳에 피하는지 그 이유를 밝혀야 합니다. 즉 아무 일이 없는 체하고 그냥 들어와서 살면 안 된다는 것입니다. 자기 죄를 밝혀야 보호를 받을 수 있습니다. 둘째 규칙은 절대로 성 밖으로 나갈 수가 없다는 것입니다. 철저하게 자신의 삶의 한계를 그 도피성으로 한정하고 아무리 밖으로 나가고 싶다 하더라도 성 밖으로 나가서는 안 됩니다. 셋째 규칙은 대제사장이 죽으면 과거의 모든 죄가 다 지워지기 때문에 도피성을 나와서 집으로 돌아갈 수 있게 된다는 것입니다.

수년 전에 동두천에서 작전을 마치고 돌아오던 미군 장갑차에 여중생 두 명이 깔려 죽는 사고가 일어났습니다. 그야말로 사고로 여중생들이 죽은 것이었습니다. 미군이 이 문제에 대해 제대로 처리를 하지 않는 바람에 얼마나 큰 손해를 보았는지 모릅니다. 그때 즉시 사고를 일으킨 군인들을 불러 적절한 처벌을 내리고 사과를 했다면 미군에 대한 감정이 덜 격화되었을 텐데 결국 미적거리는 바람에 반미 감정이 선거에도 영향을 미쳐서 미국과 불편한 정권이 들어서게 되고 지금까지도 양국 관계가 껄끄러운 것입니다. 무엇보다 사람이 죽었을 때에는 책임이 없다고 발뺌을 해서는 안 되고 아무리 내 책임이 아니라 하더라도 무엇인가 상응하는 조치가 있어야 가족들의 분노가 조금이라도 가라앉게 되는 것입니다.

우리는 성경에서 이와 비슷한 두 사건을 목격하게 됩니다. 그런데 두 사건이 공교롭게도 다윗 시대에 발생해서 솔로몬이 그것을 처리하게 된다는 공통점을 가지고 있습니다. 첫 번째 사건은 요압이 자기 동생의 문제로 아브넬을 죽인 사건입니다. 우리가 잘 아는 바와 같이 아브넬은 사울의 심복이었고 군대장관이었습니다. 그런데 다윗과 사울의 부하 사이에 내전이 일어나게 되었는데 그때 아브넬이 자기를 따라오던 요압의 동생 아사헬을 창 뒤끝으로 찔러 죽였습니다. 이것은 일종의 전투 행위였습니다. 그러나 그 후에 아브넬은 상황이 불리해지니까 다윗에게 붙으려고 화해 차 왔는데 요압이 아브넬의 배를 칼로 찔러 죽여 버렸습니다. 이때 다윗은 요압을 처벌하지 못했습니다. 왜냐하면 요압을 처벌하게 되면 자신의 부하들이 흔들리기 때문입니다. 그래서 나중에 죽으면서 솔로몬에게 처리를 부탁하게 됩니다.

그런데 요압이 그만큼 장관직에 있었으면 할 만큼 했는데 그것으로 부족해서 다윗의 아들 아도니야가 왕이 되는 편에 붙었습니다. 이것은 솔로몬에게는 반역 행위였습니다. 요압은 무엇인가 잘못되었다는 것을 알고 성전으로 달려가서 성전 뿔을 잡았지만 솔로몬은 요압을 쳐 죽이게 했습니다. 요압 사건이 우리에게 주는 교훈이 무엇입니까? 자신이 한번 죄를 지었으면 지금까지 살아 있는 것만으로도 고마운 줄 알고 고개를 숙이고 감사하는 마음으로 살아야지 또 고개를 쳐들고 잘난 체 하려고 했을 때 하나님의 은혜가 중단된다는 것입니다.

또 다른 사건은 시므이 사건입니다. 시므이는 다윗이 압살롬의 난을 피해 도망칠 때 뒤에서 따라오면서 욕하고 저주했던 사람이었습니다. 율법에는 왕을 저주하는 자는 죽임을 당하게 되어 있었습니다. 그런데 다윗이 돌아왔을 때 시므이는 살아남기 위해 제일 먼저 다윗에게 나와서 엎드려 절을 하면서 살려달라고 했습니다. 그래서 다윗이 살려 주겠다고 약속을 하고 이 사람의 처리를 솔로몬에게 부탁했습니다. 솔로몬은 시므이를 부른 후 바로 이 도피성 제도를 적용했습니다. 즉 그가 살고 있는 도시를 떠나지 말라고 한 것입니다. 예루살렘에서 벗어나 기드론 시내를 건너면 죽는다고 말했습니다.

시므이는 그렇게 하겠노라고 해 놓고 하루는 자기 종이 도망을 쳐서 블레셋 땅에 있다는 말을 듣고 그 종을 잡으려고 기드론 시내를 건너갔습니다. 그는 자기 종이 도망친 것이 너무나도 괘씸하고 또 종 하나가 도망침으로 해서 생기는 경제적인 손실을 견딜 수 없어서 자기가 어떤 처지에 있는 줄도 모르고 종을 잡으려고 갔던 것입니다. 결국 이 사실이 솔로몬에게 보고가 되어 시므이는 그 즉시 붙들려 와서 죽임을 당하게 되었습니다.

이 두 사건이 오늘 우리에게 주는 교훈이 있습니다. 하나는 우리가 예수님이 죽임 당한데 책임이 있는 사람들이라는 사실입니다. 물론 우리가 직접 예수님을 십자가에 못 박으라고 소리 지르지는 않았지만 예수님을 십자가에 죽게 한 죄인 중 하나라는 사실입니다. 다른 하나는 우리가 직접 다른 사람들을 죽이지는 않았다 하더라도 마음속으로는 미운 사람들을 죽이고 싶어 했고 또 죽기를 바란 적이 있었다는 사실입니다. 우리는 마음속으로 얼마나 많은 사람들을 죽였고 또 얼마나 그런 망상을 즐겼는지 모릅니다.

요즘 영화를 보면 사람을 죽이고 피를 흘리는 내용이 너무 많습니다. 그것을 본다고 해서 직접 사람을 죽이는 것은 아니지만 결국 간접적으로 사람을 죽이는 것은 사실입니다. 어떤 영화배우는 너무나도 잘 죽는 연기를 하기 때문에 죽는 것만 전문적으로 하는 배우도 있다고 합니다. 몇 년 전 모 배우가 우울증으로 자살을 했는데 동료 연예인들이 말하길 너무 죽는 연기만 자꾸 하다보니까 실제로 죽게 되었다고 했습니다. 오늘 시대는 너무나도 많은 미움과 죽음의 감정이 사회를 뒤덮고 있습니다.

우리는 이런 곳으로부터 우리의 영원한 도피성이신 예수님께로 달려온 것입니다. 여기서 우리가 가장 먼저 해야 할 것은 우리가 예수를 죽게 한 죄인이며 마음속으로 많은 사람을 죽인 간접 살인자라는 것을 인정해야 합니다. 그리고 난 후에는 우리의 욕망에 한계를 설정해야 합니다. 다시 말해서 아무리 하고 싶은 것이 많고 아무리 유명해지고 싶어도 스스로 기드론 시내를 설정해서 절대로 이 경계를 넘어서서 욕망을 향해 달려 나가지 않겠다고 결심해야 합니다. 그렇게 하지 않고 예수 믿은 후에도 계속 높아지고 싶고 유명해지고 싶어서 내 마음에 하고 싶은 것을 다 하려고 한다면 하나님은 이 땅에서 은혜를 거두어 가실 것입니다.

오늘 우리의 욕망에는 한계가 없습니다. 그 대표적인 예가 아파트 값입니다. 저는 아파트 값이 60억이 넘는 것이 있다는 말을 듣고 얼마나 놀랐는지 모릅니다. 우리는 스스로 욕망에 경계선을 그어서 더 이상 부자가 되거나 더 이상 유명해지거나 더 이상의 권력을 휘두르려고 해서는 안 됩니다.

욕망의 경계선을 넓히지 말라

하나님께서는 이스라엘 백성들이 가나안 땅에 평안히 거하게 하기 위해서 두 가지 주의를 더 주셨습니다. 하나는 경계표를 옮기지 않는 것입니다.

신명기 19장 14절

네 하나님 여호와께서 네게 주어 얻게 하시는 땅 곧 네 기업된 소유의 땅에서 선인의 정한 네 이웃의 경계표를 이동하지 말지니라.

고대의 모든 땅의 주인은 왕이었습니다. 그러나 이스라엘 백성들만은 하나님께서 모두 땅을 나누어 주셨고 각자가 땅의 주인이었습니다. 그래서 심지어는 이스라엘의 왕이라 하더라도 함부로 다른 사람의 땅을 차지할 수가 없었습니다. 그럼에도 불구하고 사람들은 자꾸 땅을 넓히고 싶어 했습니다. 왜냐하면 땅을 넓혀야 집도 더 크게 지을 수가 있고 농사도 더 많이 지어서 부자가 될 수 있기 때문입니다. 그러나 하나님께서는 정해 놓은 경계표를 넓히지 말라고 말씀하십니다. 이것은 결국 도피성 제도와 같은 정신입니다. 모든 이스라엘 백성들은 행복할 권리가 있기 때문에 남의 행복을 빼앗아 가면서 자기 행복을 추구하지 말라는 것입니다.

경계표를 옮기는 방법에는 여러 가지가 있을 수 있습니다. 예컨대, 몰래 옮기는 것도 있고, 강제로 옮기는 것도 있고, 빚 때문에 어쩔 수 없어서 옮길 수도 있습니다.

먼저 강제로 옮기는 대표적인 예는 아합 왕이 나봇의 포도원을 빼앗은 것입니다. 즉 아합의 별궁 옆에 나봇의 포도원이 있었는데 아합은 그 포도원을 자기 나물 밭으로 삼으면 좋겠다고 생각해서 다른 땅과 바꾸자고 제안했는데 나봇은 하나님이 주신 기업이라고 거절했습니다. 아합이 나봇의 포도원을 포기했더라면 좋았겠지만, 그는 어린아이 같은 사람이어서 이 일로 머리를 싸매고 누웠습니다. 그 모습을 본 아합의 부인 이세벨은 나봇이 왕을 저주했다는 거짓 증인들을 내세워서 돌로 쳐 죽게 한 것입니다. 그리고 나봇의 아들까지도 죽였습니다. 결국 하나님께서 아합에게 어떤 말씀을 주십니까? "개들이 나봇의 피를 핥은 곳에서 개들이 네 피 곧 네 몸의 피도 핥으리라"(왕상 21:19)고 하셨습니다. 아무리 나물이 먹고 싶어도 다른 사람의 피를 흘려가면서 나물을 먹으려고 하니까 하루에 아합의 자식들이 모두 죽게 되었습니다.

두 번째는 몰래 옮기는 것입니다. 이것은 빚 때문에 옮기는 것과 관계가 있습니다. 즉 어떤 사람이 빚을 갚지 못해서 종으로 팔려 가면 오랫동안 옆에 있는 땅이 놀게 됩니다. 그러면 은근 슬쩍 자기 것으로 만들든지 아니면 빚 대신에 차지해 버리는 것입니다. 나중에 이스라엘이 망할 때 이런 일들이 비일비재했습니다. 왜냐하면 빚으로 팔린 사람들이 아예 돌아오지 못하도록 먼 외국에 팔아 버리기도 했기 때문입니다.

그때 노예장사를 해서 돈을 톡톡히 번 사람들이 두로 사람들이고 에돔 사람들이었습니다. 결국 하나님께서는 사랑 없는 이스라엘을 그 땅에서 쫓아내셨습니다.

그러므로 우리는 자기 경계를 잘 지켜야 합니다. 물론 다른 사람에게 빼앗기지 않도록 잘 지켜야 하겠지만 함부로 넓히지 않도록 주의를 해야 하는 것입니다. 한때 우리나라 기업들은 문어발 경영이라고 해서 닥치는 대로 외형을 넓히다가 IMF가 오는 바람에 다 주저앉고 말았습니다. 그런데 요즘 교회들을 보면 경계가 없습니다. 무한정으로 교회를 키우는 것이 성공한 목회로 생각하는 경향이 있는 것 같습니다. 그러나 이것은 결국 목회자가 자기 야망과 욕심을 따라서 경계를 넓히는 것이지 진정한 부흥이 아니라는 것을 알아야 합니다.

이스라엘의 정신은 함부로 자기 욕망을 따라가지 않고, 함부로 자기 영역을 넓혀서 성공했다는 소리를 하지 않는 것입니다. 다른 교회는 망해가는데 내 교회만 만 명 이 만 명씩 넓히는 것은 이스라엘의 정신이 아닌 것입니다.

또 다른 하나는 정직입니다.

신명기 19장 15-17절

사람이 아무 악이든지 무릇 범한 죄는 한 증인으로만 정할 것이 아니요 두 증인의 입으로나 세 증인의 입으로 그 사건을 확정할 것이며 만일 위증하는 자가 있어 아무 사람이 악을 행하였다 말함이 있으면 그 논쟁하는 양방이 같이 하나님 앞에 나아가 당시 제사장과 재판장 앞에 설 것이요.

하나님의 백성들은 믿을 수 있는 사람이어야 했습니다. 옛날 예루살렘 성이 아름다웠던 이유는 성 자체가 아름다웠던 것이 아니었습니다. 누구든지 예루살렘 안에서는 사기를 당하거나 차별을 당하거나 테러를 당하는 일이 없었습니다. 왜냐하면 그들은 정직했기 때문입니다.

이스라엘의 재판은 간단했습니다. 왜냐하면 재판장이 물어보면 모든 것을 사실 그대로 다 말했기 때문입니다. 재판이 복잡해지는 것은 사람들이 거짓말을 하기 때문입니다. 한때 '진실 게임' 이라는 말이 유행한 적이 있습니다. 이는 양쪽에서 너무나도 진실하게 거짓말을 하기 때문에 누가 거짓말을 하고 있는지 도무지 알 수가 없는 것입니다. '하늘을 우러러 한 점 부끄러움이 없다' 는 사람들은 나중에 보면 거의 다 거짓말한 사람인 것으로 드러나는 경우가 많습니다.

우리가 얼마나 거짓말을 잘하는 사람들인데 감히 '하늘을 향하여 한 점 부끄럼이 없다' 는 말이 나올 수가 있습니까? 왜 사람들이 거짓말을 합니까? 무엇인가 진실이 드러나게 되면 자기에게 불리해지니까 거짓말을 하는 것입니다. 그러나 이스라엘 사람들에게 가장 중요한 것은 권력자에게 잘 보이는 것보다 하나님 앞에서 정직한 것입니다. 왜냐하면 깨끗한 양심이 수억 원짜리 보배보다 더 값지기 때문입니다.

하나님은 거짓말하는 자의 가치를 인정하지 않으십니다. 하나님께서는 거짓말하는 자의 기도를 듣지 않으십니다. 그런데 문제는 우리 안에 쉴 새 없이 거짓이 솟아오르는 것입니다. 우리는 늘 하나님 앞에서 우리의 거짓된 것과 위선적인 것을 회개해야 합니다. 오늘의 예루살렘은 교회입니다. 적어도 교회 안에서는 위선이나 사람의 편을 드는 것이나 억울하게 누명을 쓰는 것이 없어야 합니다. 교회에서 모든 것이 공평하게 이루어질 때 사람들은 하나님이 살아계신 것을 믿게 될 것입니다.

오늘 우리가 사는 세상은 대단히 불안할 때가 많습니다. 직장도 없고 집값도 뛰고 여러 가지로 사회를 불안하게 하는 요소가 많이 있습니다. 그 이유는 사람들이 피를 많이 흘리고 욕심에 재갈을 먹이지 않고 마음껏 욕망을 채워서 그런 것입니다. 이때 우리 믿는 자들만이라도 욕망을 절제해서 도피성에 사는 사람들처럼 자족하는 신앙으로 살 때 하나님께서 다시 이 땅을 축복해 주실 줄 믿습니다.

24

| 신 20:1-20 | 이스라엘의 전쟁

요즘 무기 중에서 가장 강력한 무기는 핵무기입니다. 아무리 미국이라 해도 재래식 무기로는 그 어느 나라도 이길 수 없을 것입니다. 그래서 핵무기에 대해서 상당히 신경을 쓰는 것을 볼 수 있습니다. 그러나 하나님의 말씀으로 은혜 받고 기도할 때 크리스천들은 핵무기보다 더 강력한 무기로 변하게 됩니다. 그러나 핵무기와 차이가 있습니다. 핵무기는 사람을 죽이는 무기이지만, 그리스도인들은 사람을 살리는 도구가 되는 것입니다.

이 세상에 사는 사람들 가운데 전쟁을 원하는 사람은 아무도 없습니다. 그럼에도 불구하고 이 세상은 전쟁 없이 평안하게 넘어간 때가 거의 없을 정도로 많은 전쟁이 있었습니다. 전쟁이 일어났을 때 가장 큰 피해를 보는 사람들은 약소국의 사람들이었습니다. 그들은 단지 약소국에서 태어났다는 이유만으로 강대국이 쳐들어오면 전쟁에 나가서 죽든지 아니면 포로로 붙들려서 외국에 팔려가는 비참한 신세로 전락하게 되는 것입니다. 그래서 이 세상에서 전쟁을 가장 싫어하는 사람들은 언제나 약소국 사람들입니다. 어차피 강대국 사람들은 전쟁이 일어나더라도 이길 것이기 때문에 별로 걱정하지 않습니다. 오히려 전쟁이 일어나야 많은 전리품을 챙길 수 있기 때문에 은근히 전쟁이 일어나기를 바랄 것입니다.

무엇보다 이 세상에서 전쟁을 끔찍하게 싫어하는 사람들이 있는데 그들은 바로 하나님을 믿는 사람들입니다. 하나님의 백성들은 이미 하나님 앞에서 세상을 향한 모든 욕망과 혈기를 다 포기한 사람들입니다. 그래서 하나님을 믿는 사람들은 다른 민족이나 다른 나라와 싸워야 할 이유도 없고 또 싸울 힘도 없는 것입니다. 그럼에도 불구하고 아무리 하나님의 백성들이라 하더라도 이 세상에 사는 이상 전쟁을 피할 수 없습니다. 왜냐하면 강한 사람들은 자기 힘을 믿고 전쟁하려 하고 또 하나님의 백성들을 미워해서 싸우려고 하기 때문입니다.

우리가 전쟁을 싫어하는 이유는 두 가지 면에서 그렇습니다. 첫 번째 이유는 우리나라가 약소국이기 때문에 전쟁이 일어나면 가장 많은 피해를 보게 되어 있습니다. 아마 그동안 우리가 쌓아 올린 모든 부와 능력이 한순간에 잿더미로 변하게 될지 모릅니다. 두 번째 이유는 우리가 평화를 사랑하는 하나님의 백성들이기 때문에 그렇습니다.

우리는 대개 전쟁이 터지는 과정을 몇 가지로 생각해 보게 됩니다. 가장 중요한 것이 그 사회에 죄가 충만한 것입니다. 우리가 살고 있는 이 세상은 설계가 될 때 죄와 교만이 어느 정도 이상 차오르면 자동적으로 재앙이 터지게 되어 있습니다. 그 중 하나가 전쟁입니다. 그래서 어떤 사회든 그 사회의 평화를 지탱하는 사람들은 하나님의 백성들입니다. 사회에 죄가 만연되어 가고 사람들이 하나님을 두려워하지 않고 내놓고 죄를 지을 때 하나님의 백성들이 하나님 앞에서 그들의 죄를 용서해 주시도록 계속 기도를 드리면 죄의 수위가 내려가면서 또 평화가 유지가 되는 것입니다.

그런데 만일 우리 믿는 사람들이 생각하기를 '나는 죄를 짓지 않는데 왜 내가 다른 사람들의 죄까지 회개해야 하는 거야' 하면서 기도하기를 포기하게 되면 그때는 모두가 재앙에 휩쓸리게 됩니다. 그래서 하나님의 백성들은 언제나 손해를 봐야 합니다. 내가 죄를 짓든지 짓지 않든지 회개해야 이 사회가 유지됩니다.

또한 힘이 센 악한 자를 사탄이 충동질해서 전쟁을 일으키는 것입니다. 대표적인 예가, 제2차 세계대전 때 독일의 나치와 일본의 군국주의자들입니다. 힘을 가진 사람들이 전쟁을 겁내지 않는 이유는 전쟁을 해도 이길 자신이 있기 때문입니다. 이런 자신감을 사탄이 자꾸 충동질합니다. 이러한 재앙의 날, 환난의 날은 하나님께서 악한 자를 꺾어 주셔서 다시 평화를 회복시켜 주셔야 끝날 수 있습니다. 그러나 이런 식으로 악한 자들이 전쟁을 일으키는 것도 넓은 의미에서 보면 모두 교만에 대한 심판입니다.

본문은 이스라엘 백성들이 전쟁에 나갈 때 어떻게 해야 할 것인지 하나님께서 가르쳐 주신 내용입니다. 즉 이스라엘은 힘을 가지고 다른 나라를 공격해서 그들이 가지고 있는 것을 빼앗는 나라가 아닙니다. 그럼에도 불구하고 아무리 이스라엘이라 하더라도 이 세상에 사는 이상 전쟁을 꼭 해야만 할 때가 있습니다. 그때 이스라엘 백성들은 하나님을 의지하고 믿음으로 전쟁을 해야 하는 것입니다.

이스라엘과 함께하시는 하나님

신명기 20장 1절

네가 나가 대적과 싸우려 할 때에 말과 병거와 민중이 너보다 많음을 볼지라도 그들을 두려워 말라 애굽 땅에서 너를 인도하여 내신 네 하나님 여호와께서 너와 함께하시느니라.

무엇보다 전쟁이 무서운 이유는 상대방을 죽여야 하고 아니면 상대방에 의해서 자신이 가장 고통스럽게 죽을 수 있는 일이기 때문입니다. 그리고 전쟁이라고 하는 것은 일단 이기면 자유를 지키는 것이지만 지게 되면 나라나 모든 재산이나 가족을 빼앗기게 됩니다. 전쟁에 이겼을 때 얻는 것이 있다면 자신과 가족의 생명과 자유이지만 만일 지게 되면 그것들을 모두 빼앗기고 마는 것입니다. 그래서 전쟁이라고 하는 것은 가능한 한 일어나지 말아야 하고 그럼에도 전쟁이 터졌을 때에는 어떻게 해서든지 반드시 이겨야만 합니다. 만약 지게 되면 모든 것이 다 끝장나고 맙니다.

그런데 하나님께서는 이스라엘 백성들에게 대적과 싸울 때 적의 말이나 병거나 사람이 많은 것을 보고 두려워하지 말라고 말씀하셨습니다. 왜냐하면 이스라엘에는 전능하신 하나님이 계시기 때문입니다. 사실 이것이 이스라엘 백성들에게 가장 어려운 문제입니다. 일단 전쟁이라고 하는 것은 무기나 군사력이 강한 나라가 이기게 되어 있습니다. 그래서 일단 전쟁을 할 때 무기나 군사력에서 월등하게 유리한 것이 전쟁에서 이기는 비결입니다. 그러나 하나님께서는 이스라엘 백성들이 알지 못하는 한 가지 중요한 무기가 있는데 그것은 바로 하나님 자신이라고 말씀하고 있습니다. 이스라엘 백성들에게 가장 두려운 것이 바로 이것이었습니다.

여기서 이론적으로는 하나님께서 함께하시면 전쟁에서 이기는 것은 사실이지만 하나님께서 반드시 함께하신다는 보장이 어디에 있느냐 하는 것입니다. 예를 들어 우리가 평소에 은행에 돈을 좀 많이 가지고 있는 것이 든든합니까? 아니면 지금 가지고 있는 돈은 하나도 없는데 하나님께서 늘 나의 필요를 채워 주신다는 것을 믿는 믿음으로 사는 것이 좋습니까? 물론 이론적으로는 하나님이 함께하셔서 기도할 때마다 응답해 주시는 것이 좋을 것 같지만 우리 인간은 언제나 그렇게 믿음이 좋은 것이 아닙니다. 당장 내 손에 쥐고 있는 것이 없으면 불안해지고 미래가 걱정이 됩니다. 그러다가 큰 어려움이 생겼을 때 하나님께 도와달라고 부르짖으면서 기도를 하는데 얼마나 속이 타는지 말로 표현할 수가 없습니다.

이스라엘 백성들이 하나님께 왕을 요구한 이유도 여기에 있습니다. 이론적으로는 이스라엘 백성들이 하나님의 말씀에 순종하면 어떤 적이라도 침략하지 못하고 늘 승리하게 되어 있습니다. 그러나 실제로 살아보니까 죄를 짓지 않을 수 없고 그때마다 어려움을 이기기 위해서 너무나도 힘이 많이 들었던 것입니다. 그래서 이스라엘 백성들이 하나님께 요구하기를 우리도 하나님 말고 인간 왕이 있어야 되겠다고 합니다. 우리가 알아야 할 것은 하나님을 우리 편으로 붙들려면 우리가 강해서는 안 된다는 것입니다. 우리가 약할 때 하나님은 언제나 우리 편이 되어 주십니다. 우리가 진정으로 하나님을 자기편으로 만들려면 분명한 믿음을 가지고 있어야 하고 일부러라도 약한 상태에 있어야 합니다. 그러기 위해서는 몇 배나 믿음으로 무장되어 있어야 합니다.

유다 왕 히스기야는 결코 강한 왕이 아니었습니다. 그러나 그가 하나님을 의지했을 때 하나님께서는 천사를 보내어 하룻밤 사이에 앗수르 군대 십팔만 오천 명을 죽게 하셨습니다. 이스라엘 백성들은 전쟁을 하기 전에 언제나 제사장이 하나님의 말씀을 선포하게 되어 있었습니다.

신명기 20장 2-4절

너희가 싸울 곳에 가까이 가거든 제사장은 백성에게 나아가서 고하여 그들에게 이르기를 이스라엘아 들으라 너희가 오늘날 너희의 대적과 싸우려고 나아왔으니 마음에 겁내지 말며 두려워 말며 떨지 말며 그들로 인하여 놀라지 말라.

병사들은 전쟁을 하기 전 걱정합니다. '내가 내일 전쟁에서 죽으면 어떻게 할까? 부모나 아내나 자식을 다시 보지 못하면 어떻게 될까?' 하는 두려움이 있었습니다. 이때 제사장이 백성들에게 하나님이 함께 하시니 두려워하지 말라고 위로하고 격려합니다. 백성들이 이 믿음을 가지고 나가면 어떻게 됩니까? 마치 하나님이 옆에서 그를 지키시면서 싸우는 것 같은 결과가 일어나게 됩니다. 아무리 총을 쏘아도 비켜갈 뿐 아니라 고비마다 살 길이 생기게 되는 것입니다.

우리가 예수님을 믿으면서도 하나님께서 정말 나의 아버지가 되시고 예수님이 정말 나의 주가 되신다는 것을 믿지 못할 때가 얼마나 많이 있습니까? 그 이유가 무엇입니까? 하나님께서 우리의 진로에 대해 모든 것을 다 설명해 주지 않으시기 때문입니다. 어떤 때에는 주님께서 우리를 메마른 사막 길로 인도하기도 하시고 어떤 때에는 정말 아슬아슬한 사망의 절벽을 지나가게 하시기도 합니다. 우리 모두는 이 세상에서 편안하게 잘 사는 것을 원하지 역경이나 어려움을 원하지 않습니다. 그러나 세월이 지난 후에 하나님께서 나의 인생길에 꼭 필요한 길로만 인도하셨고 모든 불필요한 것은 다 잘라 버리셨다는 것을 깨닫게 되는 것입니다.

이 세상에서 믿음으로 사는 것은 영적으로 전쟁을 치르는 것과 같습니다. 우리는 결코 이 세상에서 큰 소리를 칠 수 있는 강한 사람들이 아닙니다. 그러나 우리가 언제나 주님 앞에서 약한 사람으로 남아 있을 때 하나님께서 내 편이 되어 주십니다. 그러나 스스로 강한 자가 되어 버렸을 때에는 스스로가 책임을 져야 할 것입니다.

이스라엘의 시험

하나님께서는 이스라엘 백성들이 전쟁을 할 때 하나님이 함께하신다는 믿음으로 전쟁터에 나아가기를 원하셨습니다. 그래서 하나님이 나와 함께하신다는 믿음이 없는 사람들은 싸우지 말고 집으로 돌아가게 하셨습니다.

신명기 20장 5-8절

유사들은 백성에게 고하여 이르기를 새 집을 건축하고 낙성식을 행치 못한 자가 있느냐 그는 집으로 돌아갈지니 전사하면 타인이 낙성식을 행할까 하노라 포도원을 만들고 그 과실을 먹지 못한 자가 있느냐 그는 집으로 돌아갈지니 전사하면 타인이 그 과실을 먹을까 하노라 여자와 약혼하고 그를 취하지 못한 자가 있느냐 그는 집으로 돌아갈지니 전사하면 타인이 그를 취할까 하노라 하고 유사들은 오히려 또 백성에게 고하여 이르기를 두려워서 마음에 겁내는 자가 있느냐 그는 집으로 돌아갈지니 그 형제들의 마음도 그의 마음과 같이 떨어질까 하노라 하여.

아마 남자들 가운데 정말 자기가 원해서 군대에 입대하는 사람들은 거의 없을 것입니다. 그럼에도 불구하고 이미 외국에 이민을 가서 시민권을 가졌음에도 불구하고 국내에 들어와서 자발적으로 군대에 입대하는 사람들은 어떤 이유든지 간에 국가에 대한 강한 자부심을 가지고 있을 뿐만 아니라 나라를 사랑하는 사람인 것이 분명합니다.

하나님께서는 이스라엘 백성들이 전쟁을 하기 위해 모였는데 그 중에서 마음속에 걱정거리가 있고 두려움이나 불안이 있는 사람들은 모두 집으로 돌아가라고 말씀하십니다. 사실 전쟁터에 나온 군인들 중에서 마음속에 걱정거리가 없고 두려움이 없는 사람이 누가 있겠습니까? 그럼에도 불구하고 지도자급에 있는 사람들은 백성들 사이를 돌아다니면서 그런 사람은 다 나오라고 해서 집으로 돌아가게 했습니다. 과연 이것이 전쟁터에서 가능한 일이겠습니까? 일단 전쟁이 터지면 어느 나라든지 가장 심하게 단속하는 것이 탈영병입니다. 탈영병은 곧장 총살을 시켜 버립니다. 그런데 이스라엘 백성들은 오히려 돌아가라고 권장을 하라는 것입니다.

그러나 이것이 가장 이상적인 상태라는 것을 기억해야 합니다. 이스라엘 백성들이 가장 이상적인 상태에서 싸우는 것은 단지 사람만 많이 뽑아서 군대만 크게 하는 것이 아니라 한 사람 한 사람이 하나님이 함께하신다는 믿음을 가지고 싸우는 것입니다. 그러면 그 한 사람은 한 사람이 아니라 백 명 또는 천 명이 됩니다. 그래서 이스라엘 지도자들은 무조건 싸우기 싫어하는 사람들을 끌고 와서 억지로 전쟁터에 내 보낼 것이 아니라 한 사람 한 사람을 믿음으로 무장시켜서 성령으로 충만하게 하는 것이 승리하는 비결입니다.

다시 말해 군인들 중에서 자기 집이나 포도원이나 아내가 걱정이 되지 않는 사람들이 어디 있겠습니까? 그러나 마음속에 성령으로 충만하게 되면 믿음이 이 모든 두려움과 불안과 염려를 몰아내기 때문에 전혀 인간적인 생각이나 걱정이나 두려움이 들어올 수가 없게 됩니다. 하나님의 백성들의 마음이 성령으로 충만하게 될 때 바로 하나님의 능력이 터져 나오게 되는 것입니다. 그래서 하나님께서 집이나 포도원이나 아내가 걱정이 되는 사람은 돌아가라고 하시는 것은 믿음으로 이 모든 불안을 이기라는 뜻입니다. 모든 것을 하나님께 맡길 때 하나님께서 책임져 주십니다.

그런데 실제로 전쟁을 할 때 이렇게 한 경우가 구약 성경에 딱 한 번 기록되어 있습니다. 그때가 언제였는가 하면 기드온 때였습니다. 기드온은 하나님의 지시에 따라서 전쟁하려고 모인 이스라엘 백성들 중에서 두려워서 떠는 자는 다 돌아가라고 했습니다. 그렇게 했더니 모였던 사람들 삼만 이천 명 중에서 이만 이천 명이 돌아가고 만 명만 남았습니다. 그러니까 우리 생각으로는 '걱정이 되는 사람은 돌아가시오' 라고 하면 안 되는 것입니다. 그런데 하나님께서는 그나마 남아 있는 만 명 중에서 물 마시는 것으로 시험을 해서 구천 칠백 명을 돌려보내고 나머지 삼백 명의 사람들로 십만 명이 넘는 미디안 족속들과 싸워서 이겼던 것입니다.

이것을 보면 하나님의 백성들이 완전히 하나님께 자신의 모든 것을 다 맡겼을 때 아주 소수의 사람들이 핵무기가 되는 것을 볼 수 있습니다. 그래서 이것은 결국 하나님께서 이스라엘 백성들에게 전쟁을 할 때 핵무기로 싸우겠느냐 재래식 무기로 싸우겠느냐고 질문하시는 것과 같은 것입니다. 즉 재래식 무기로 싸울 때는 사람의 숫자와 무기의 규모에 비례해서 전쟁의 우세가 달라질 것입니다. 다시 말해 같은 조건에서 싸운다면 말이나 병거가 많고 탱크가 많고 군인들의 수가 많은 쪽이 유리한 것은 사실입니다. 그러나 만일 이 전쟁이 핵전쟁이 되어 버린다면 이것은 핵무기를 먼저 터트리는 쪽이 이기는 것입니다.

무엇보다 이스라엘 백성들이 스스로 하나님의 핵무기로 변하려고 하면 자신들의 모든 불신앙적인 요소를 스스로 제거하는 것이 필요합니다. 즉 여러 가지 돈 문제나 가족 문제로 걱정하고 두려워하며 하나님의 나라를 위해서 자신을 바치는 것을 원치 않는 자들을 돌려보내는 것이 스스로를 하나님의 무시무시한 핵무기가 되게 하는 과정인 것입니다.

본문 1절 하반절에서 하나님께서는"애굽 땅에서 너를 인도하여 내신 네 하나님 여호와께서 너와 함께하시느니라"고 말씀하셨습니다. 즉 출애굽기는 아직 끝나지 않았다는 것입니다. 하나님의 능력은 출애굽 때 이적과 기사를 행하고 끝난 것이 아니라 지금도 이스라엘 백성들이 100%의 믿음으로 하나님께 헌신하면 얼마든지 한 방을 터트리시는 하나님이십니다.

이스라엘 백성들이 출애굽 할 때 바다가 갈라졌습니다. 예전에 인도네시아에서 발생했던 쓰나미는 일본 히로시마에 떨어졌던 원자 폭탄 백만 개의 위력과 맞먹는다고 합니다. 그러나 하나님은 그 큰 위력으로 사람들을 죽이는 것보다는 살리는 것을 원하십니다. 우리가 하나님께 바른 믿음으로 나아갈 때 사람을 살리는 쓰나미가 일어날 것입니다.

이스라엘의 전쟁 방법

이스라엘 백성들은 전쟁을 좋아하는 사람들이 아닙니다. 그들은 언제나 평화를 선택해야 했으며 전쟁은 도저히 피할 수 없는 막다른 골목에서 어쩔 수 없을 때 사용하는 것이 되어야 합니다.

신명기 20장 10-14절

네가 어떤 성읍으로 나아가서 치려 할 때에 그 성에 먼저 평화를 선언하라 그 성읍이 만일 평화하기로 회답하고 너를 향하여 성문을 열거든 그 온 거민으로 네게 공을 바치고 너를 섬기게 할 것이요 만일 너와 평화하기를 싫어하고 너를 대적하여 싸우려 하거든 너는 그 성읍을 에워쌀 것이며 네 하나님 여호와께서 그 성읍을 네 손에 붙이시거든 너는 칼날로 그 속의 남자를 다 쳐 죽이고 오직 여자들과 유아들과 육축과 무릇 그 성중에서 네가 탈취한 모든 것은 네 것이니 취하라 네가 대적에게서 탈취한 것은 네 하나님 여호와께서 네게 주신 것인즉 너는 그것을 누릴지니라.

하나님께서 이스라엘 백성들에게 공격하게 하시는 성들은 두 가지 경우로 생각할 수 있습니다. 하나는 가나안 땅 안에 있는 여러 성들이었습니다. 가나안 안에 있는 여러 성들은 이미 하나님께서 참으신 도를 넘어선 죄악의 도성들이었습니다. 하나님께서는 얼마나 가나안 성의 죄에 대하여 참으셨는가 하면 아브라함 이후 무려 사백 년 동안이나 참으셨습니다. 그래서 하나님께서는 이스라엘 백성들을 보내셔서 완전히 가나안 땅을 도시 개발 하려고 하십니다. 그래서 기존의 모든 가나안 사람들을 다 몰아내고 완전히 새로운 사회를 건설하게 하셨습니다. 이 당시 가나안 땅은 무당이나 창녀들로 가득한 죄악의 도성이었습니다. 이런 성에 대해 하나님께서는 이스라엘 백성들이 조금도 불쌍히 여기지 말고 파괴시키게 하셨습니다.

다른 하나는 가나안 땅 밖에 있는 나라와 전쟁을 하게 되는 경우입니다. 이때 이스라엘 백성들에게 먼저 평화를 제안하게 하셨습니다. 그래서 평화를 받아들이면 종으로 삼으라고 말씀하셨습니다. 왜 하나님께서 대등한 조약을 허락하지 않으셨는가 하면 이스라엘이 그들의 죄의 영향력을 본받을 수 있기 때문에 그렇습니다.

하나님께서는 전쟁을 할 때 어차피 나무를 잘라서 전쟁하는 도구로 사용할 수밖에 없는데 그렇지만 결코 과일 나무는 잘라서 쓰지 말라고 하셨습니다. 왜냐하면 어차피 그 땅을 하나님께서 이스라엘 백성들에게 주실 텐데 전쟁을 하느라고 과일나무까지 벌목해 버리면 결국 이스라엘 백성들의 재산이 없어지게 되는 것입니다. 그래서 전쟁을 하더라도 잡목 같은 것은 별로 가치가 없으니까 잘라서 써도 되지만 과일 나무는 자르지 말고 아껴 두라고 말씀하셨습니다. 이것은 이스라엘 백성들이 전쟁을 할 때, 이기기 위해서 수단과 방법을 가리지 않는 것이 아니라 승리할 것을 확신하고 할 수 있는 대로 나무 하나라도 아껴가면서 싸우라는 것입니다.

요즘 우리 주위에서 보게 되는 것은 이기고 보자는 식으로 수단과 방법을 가리지 않고, 할 수 있는 모든 수단을 사용해서 싸우는 것입니다. 그리고 그렇게 해서 결국 이기는 것을 보게 됩니다. 수단과 방법을 가리지 않고 죽기 아니면 살기로 전쟁하는 것이 유리한 것처럼 보일 때가 있습니다. 그런데 하나님이 그런 사람들을 좋아하지 않습니다. 그래서 이기기는 하지만 이 사람들의 승리는 그야말로 상처뿐인 승리이며 도대체 무엇을 얻기 위해서 이렇게 많은 희생을 치렀는지 이해가 되지 않을 정도로 철저한 파멸만 남게 되는 것입니다.

오늘 우리 믿는 사람들은 이 세상의 빛이요 소금입니다. 우리는 결코 이 세상에서 무엇인가를 더 차지하기 위해서 싸워야 하는 사람들이 아닙니다. 그래서 우리는 너무 이 세상에서 모든 것을 다 가지려고 생각해서는 안 됩니다. 우리가 이 세상에서 가져야 하는 것은 바로 하나님의 마음이고 하나님의 능력입니다. 우리가 한 사람 한 사람이 믿음으로 충만해질 때 우리는 거대한 하나님의 핵무기로 변하게 되며 우리가 합심해서 기도할 때 다시 한 번 이 땅에서 위대한 출애굽의 기적이 일어나게 됨을 알아야 합니다.

특히 우리나라는 약한 나라이기 때문에 절대로 전쟁에서 얻을 것도 없고 또 전쟁이 터졌을 때 남는 것도 별로 없습니다. 그래서 우리는 다른 사람들은 아무리 자기 하고 싶은 대로 다 하면서 살아도 결코 그렇게 할 수가 없습니다. 오히려 그들이 저질러 놓은 모든 죄의 배설물들을 치우면서 하나님께서 이 나라를 깨끗케 해 주시고 더 강한 성령의 능력으로 모든 우상과 죄를 태우시도록 기도해야 할 것입니다.

우리는 결코 이 세상의 성공이나 영광에 대해 기가 죽어서는 안 됩니다. 왜냐하면 하나님께서는 우리를 복의 근원으로 선택하셨기 때문입니다. 오늘도 우리가 집에 대한 걱정, 결혼에 대한 걱정, 직장에 대한 걱정에 사로잡혀 있기보다는 모든 걱정을 물리치고 내가 하나님의 백성이 된 것을 진심으로 기뻐하고 감사하고 즐거워할 때 하나님께서 다시 한 번 우리들을 통해 기적을 행하실 것입니다.

25

| 신 21:1-23 | 아름다운 의의 성읍

하나님께서 우리에게 귀한 믿음을 주시고 또 귀한 신앙의 공동체를 허락해 주셨습니다. 저는 어렸을 때부터 신앙생활을 하면서 왜 교회는 언제나 갈등이 있어야 하고 사람들은 교회 안에서 마음의 상처를 받아야 하는지를 생각해 보았습니다. 그리고 그 문제를 가지고 오래 고민한 결과 결국 교회에서 선포되는 말씀에 문제가 있다는 생각을 하게 되었습니다. 교회의 강단에서 깊이 있는 말씀이 선포되면 교회는 언제나 은혜롭고 사랑과 진리가 충만한 공동체가 될 수 있습니다. 우리는 교회를 살아 있는 신앙의 공동체로 만들어야 합니다. 무엇보다 교회가 살아서 제 기능을 발휘하면 세상의 죄악도 변할 수 있다는 믿음을 가져야 합니다.

새벽에 집에서 나오면 집 앞에 내놓은 음식 쓰레기나 일반 쓰레기 등을 수거해 가는 분들을 만나게 됩니다. 사람이 사는 곳에는 어느 곳이든 오물과 쓰레기가 발생하게 되어 있습니다. 그런데 사람들이 건강하고 아름답게 살려면 이런 오물이나 쓰레기들을 잘 처리해야 합니다. 한때 중국과 홍콩에서 '사스' 라고 하는 무서운 전염병이 퍼져서 세계를 공포에 떨게 만들었는데, 이 '사스' 는 누군가가 야생동물을 요리해서 먹는 과정에서 발병하게 되었다는 것입니다. 즉 중국 사람들은 들 고양이도 요리해서 먹는데 이런 야생동물들을 함부로 먹으면 이런 병이 생기고 특히 이 병이 발생을 했지만 발표를 못하는 바람에 더 많이 병이 퍼지게 되었다고 합니다.

지금 아프리카에서는 에이즈라는 병이 상당히 많이 퍼져서 수천만 명이 감염되어 죽어가고 있는데 사실 본인들은 이것을 감추고 있고 또 모르기 때문에 더 많은 사람들이 이 병으로 죽어가고 있다고 합니다. 그런데 한 아프리카 소년이 에이즈에 걸려서 죽어가면서 자기가 에이즈에 걸린 사실을 발표함으로써 세계 많은 사람들이 이 소년을 통해서 아프리카의 에이즈의 현실이 얼마나 심각한지 알 수 있는 계기가 되었던 적이 있었습니다.

여기서 우리가 알아야 할 것은 이 세상은 더 이상 개인적인 세상이 아니라는 것입니다. 어떤 한 사람이 잘못한 것이 어떤 질병이나 재앙으로 다른 많은 사람들에게 영향을 미칠 수 있는 관계에 놓여 있습니다. 이때 하나님의 백성들은 나 한 사람의 신앙도 건강하게 유지해야 하겠지만 내가 몸담고 있는 사회도 깨끗한 곳이 되도록 노력해야 할 책임이 있습니다.

내가 아무리 위생적으로 살려 해도 우리 집에 공급되는 수돗물 자체가 오염되어 있으면 결국 오염된 물을 마시고 병들 수밖에 없습니다.

신앙생활도 마찬가지입니다. 내가 개인적으로 아무리 좋은 신앙을 유지하려고 해도 세상에 악이 들끓고 있으면 언젠가는 내 자신이나 우리 가족들이 그런 악의 공격을 받을 수도 있습니다.

여기서 우리에게 생기는 의문은 과연 우리가 노력한다고 해서 이 세상이 완전히 깨끗한 세상이 될 수 있겠느냐는 것입니다. 그것에 대해서 우리는 불가능하다고 대답할 수밖에 없습니다. 왜냐하면 이 세상에 사람이 살아 있는 동안에 끊임없이 더러운 죄가 발생하고 또 혼탁해질 수밖에 없습니다. 그럼에도 불구하고 우리가 해야 할 것은 나에게 주어진 범위 안에서 죄와 싸우는 것을 결코 포기하지 않는 것입니다. 만일 우리가 이런 노력을 게을리 한다면 그때는 완전히 죄가 이 세상을 다 덮어 버리게 될 것입니다.

성경에는 "책망을 받는 모든 것이 빛으로 나타나나니 나타나지는 것마다 빛이니라"(엡 5:13)고 했습니다. 우리가 해야 할 것은 결코 죄에 대하여 눈을 감아버리거나 타협하지 않는 것입니다. 하나님께서는 이스라엘 백성들에게 주신 가나안 땅을 깨끗한 도시가 되게 하라고 하셨습니다. 한때 가나안은 온갖 더러운 오물로 가득 찬 쓰레기장과 같은 곳이었습니다. 그 쓰레기는 우상 숭배와 매춘과 도둑질과 살인입니다. 하나님께서는 이 모든 죄들을 다 몰아내고 깨끗한 새 도시로 만들라고 하셨습니다. 그리고 계속 깨끗한 상태를 유지하게 하셨습니다.

요즘 서울이나 대구에 보면 한때 쓰레기를 쌓아 두는 곳이었는데 쓰레기 반입이 끝난 후에 그 위에 흙을 덮어 아주 좋은 공원이나 수목원으로 만든 곳이 있습니다. 한때는 도저히 눈뜨고 볼 수 없는 쓰레기 더미였던 곳을 시냇물이 흐르고 꽃들이 피고 야생동물들이 사는 동산으로 만들려면 많은 노력이 필요합니다. 우리는 눈에 보이지 않는 사회도 그런 사회를 만들어야 하는 것입니다.

들판에서 피살된 시체를 발견한 경우

신명기 21장 1-4절

> 네 하나님 여호와께서 네게 주어 얻게 하시는 땅에서 혹시 피살한 시체가 들에 엎드러진 것을 발견하고 그 쳐 죽인 자가 누구인지 알지 못하거든 너의 장로들과 재판장들이 나가서 그 피살한 곳에서 사면에 있는 각 성읍의 원근을 잴 것이요 그 피살한 곳에서 제일 가까운 성읍 그 성읍의 장로들이 아직 부리지 아니하고 멍에를 메지 아니한 암송아지를 취하고 성읍의 장로들이 물이 항상 흐르고 갈지도 심지도 못하는 골짜기로 그 송아지를 끌고 가서 그 골짜기에서 그 송아지의 목을 꺾을 것이요.

하나님께서 가장 먼저 말씀하신 것은 들판에서 도저히 살인자를 알 수 없는 한 시체가 발견된 경우입니다. 요즘 같으면 일단 경찰서에서 죽은 사람의 신원을 파악한 후에 살인한 사람을 잡을 때까지 수사를 하게 되어 있습니다. 그러나 옛날에는 오늘날 같은 경찰 제도가 없었습니다. 하나님께서는 이런 경우에도 그냥 그 시체를 땅에 파묻어서 사건을 끝내지 못하게 하셨습니다. 물론 그 당시에도 죽은 사람의 신원을 알 수 있는 한 조사를 해서 범인을 추적해야 할 것입니다.

그러나 도저히 죽은 사람의 신원도 알 수 없고 살인자도 알 수 없을 때 하나님께서는 그 시체가 발견된 장소로부터 거리를 재어서 가장 가까운 성읍의 장로들이 책임을 지도록 하셨습니다. 어떻게 책임을 지느냐 하면 한 번도 사용한 적이 없는 암송아지 한 마리를 데리고 항상 시냇물이 흐르고 밭도 갈지 않은 골짜기에 가서 그 암송아지의 목을 꺾어서 죽이는 것입니다. 그리고 이 죽인 송아지 위에 손을 씻고 우리는 이 피를 흘리지도 않았고 보지도 않았다는 맹세를 하는 것입니다. 그렇게 해야 이 한 사람의 피 값이 이스라엘의 머리로 돌아오지 않게 됩니다.

이것은 이스라엘에는 무죄한 피가 단 한 방울이라도 흘려져서는 안 된다는 것을 전제합니다. 즉 피를 흘린다고 하는 것은 다른 사람을 죽이는 것인데 이스라엘 안에서는 절대로 자기 욕심이나 분노로 인해 다른 사람의 생명을 해치는 일이 있어서는 안 됩니다. 이것은 이스라엘이나 예루살렘이라면 그 안에 사는 사람들이 밤이나 낮이나 혹은 성 안에서나 심지어는 들판이라도 마음 놓고 다닐 수 있는 안전한 곳이 되어야 한다는 것입니다.

가끔 우리나라도 외각 지대 같은 곳에는 여자 아이들이 공부하고 밤늦게 집에 오는 것이 위험해서 부모님이 버스 정류장까지 나와서 기다리기도 합니다. 특히 이스라엘은 여자나 아이들이 어느 곳에서나 안전하게 다닐 수 있는 곳이 되어야 합니다.

옛날에 사람들이 예루살렘을 방문하면 놀라지 않을 수가 없었습니다. 왜냐하면 예루살렘 사람들은 어른이나 아이나 할 것 없이 모르는 사람들에게 친절했기 때문입니다. 밤이나 낮이나 안전하게 거리를 다닐 수 있었고 밤에 깡패들에게 공격을 당한다거나 여자가 납치되는 일은 상상할 수가 없었습니다. 그래서 한 번이라도 예루살렘을 방문한 적이 있는 사람은 예루살렘을 '거룩한 성' 이라고 칭송했습니다.

미국에서 옛날 시카고라고 하면 갱으로 유명한 곳이었습니다. 그러나 한번 대 화재가 난 후에 시카고는 완전히 새로운 도시가 되었고 지금 다운 타운에서는 밤에도 여성들이 안전하게 길을 다닐 수 있는 도시가 되었다고 하는 말을 들은 적이 있습니다.

만약 이스라엘 백성들이 이런 살인죄가 있었음에도 불구하고 무시하고 그냥 넘어갈 때에는 하나님께서 축복을 내리지 않으십니다. 예를 들어 다윗 때 3년 동안 비가 오지 않는 흉년이 발생했습니다. 처음에는 몰랐지만 나중에 알게 된 원인은, 사울 왕이 기브온 족속들을 이유 없이 죽인 것 때문이었습니다. 사울 왕은 대단한 민족주의자였는데, 이스라엘 백성들의 환심을 사기 위해 이스라엘에 살고 있는 기브온 족속들을 죽인 일이 있었던 것입니다. 그래서 다윗은 기브온 족속들에게 어떻게 해 주면 좋겠느냐고 물었고, 그들은 사울의 자손 일곱 명의 목을 매달도록 내어 달라고 했습니다. 결국 사울의 자손 일곱 명이 죽임을 당하자 하늘에서 비가 내렸습니다.

이처럼 하나님의 백성들은 자기와 정치적인 성향이 다르다거나 비천한 자라고 해서 그 목숨을 함부로 생각하면 하나님이 축복을 거두어 가시는 것입니다. 물론 우리나라에서는 화성 연쇄 살인 사건처럼 시효가 지나도록 범인이 잡히지 않는 살인 사건이 있습니다. 이런 경우에도 그냥 범인이 잡히지 않는다고 해서 넘어갈 일이 아니고 하나님 앞에서 '우리 힘으로는 도저히 해결이 되지 않습니다' 라고 하면서 우리의 죄를 다시 한 번 회개하는 기회를 가져야 하는 것입니다.

우리나라가 지금까지 정치적으로 혼란스럽고 경제적으로도 하나님께서 축복하시지 않는 이유도 바로 이렇게 흘린 무죄한 피의 영향이 분명히 있다고 생각합니다. 여기에 대해 두 가지로 생각할 수 있는데, 하나는 시월 유신 이후로 박정희 정권에 의해 희생된 사람들이 많이 있습니다. 어떤 사람들은 중앙정보부에 끌려가서 고문을 당하는 과정에서 죽었으며 또 인혁당 사건처럼 간첩으로 몰려서 희생된 사람들도 있습니다. 결국 이들의 피에 대한 해결이 있어야 합니다.

다른 하나는 5공이 탄생하면서 광주에서 흘린 시민들의 피 값인 것입니다. 물론 그 후에 묘역이 성역화 되기도 하고 국가 차원에서 보상이 있었다고 하지만 어떻게 보면 광주 시민들이 해 달라고 해서 되어진 것이지 전 국민 차원에서 된 것은 아닌 것 같습니다. 사실 이것이 지역감정의 가장 깊은 골이 되었고 아직까지 우리나라 사람들이 하나가 되는데 큰 걸림돌이 되고 있는 것입니다.

우리는 이런 문제를 가지고 회개하는 기도를 드려야 합니다. 즉 유신 때도 사람들이 죽었고 특히 5공 때 광주 사람들이 많이 죽었는데 그 피의 값을 씻어 달라고 기도해야 하는 것입니다.

제사장을 통한 거룩

하나님께서는 이스라엘이 자신을 거룩하게 하는데 있어서 가장 중요한 사람을 제사장이라고 하셨습니다.

신명기 21장 5절

레위 자손 제사장들도 그리로 올지니 그들은 네 하나님 여호와께서 택하사 자기를 섬기게 하시며 또 여호와의 이름으로 축복하게 하신 자라 모든 소송과 모든 투쟁이 그들의 말대로 판결될 것이니라.

여기서 우리가 생각해 볼 것은 아무리 들판에서 사람이 죽었다 하더라도 하나님은 그 범인을 알고 계실 것입니다. 그러나 하나님은 그 범인이 누구라는 식으로 알려 주지 않으시고 제사장을 통해서 정결 의식을 행하면 된다고 말씀하십니다. 즉 하나님께서는 이 세상에 이런 식으로 하나님의 신비로운 개입이 너무 많으면 인간들이 자기 스스로 할 일은 하지 않고 미신적인 생각에 빠질 것을 알고 계셨습니다.

하나님은 결코 이 세상의 모든 죄가 다 없어지지 않는다는 것을 알고 계셨습니다. 그래서 하나님께서는 두 가지 방법을 주셨는데, 하나는 제사장을 통해서 사람이 할 수 있는 한까지 최선을 다하는 것입니다. 하나님께서는 우리에게 무한한 충성과 무한한 희생을 요구하지 않으십니다. 하나님께서는 우리가 성경에서 말씀하신 것만 하면 더 이상 책임을 묻지 않으십니다.

여기서 우리는 신비주의와 말씀 중심 신앙이 차이가 나는 것을 알게 됩니다. 신비주의는 어떤 한 사건이 생기면 모든 것을 다 완전하게 해결해야 한다고 생각합니다. 그래서 하나님께서 알려 주시는 범인을 잡아서 처형하기 전에는 아무것도 못하는 것입니다. 그러나 하나님께서 이스라엘 백성들에게 요구하신 것은 하나님의 말씀대로만 하면 된다는 것입니다. 그들이 생각하기에 아무리 비합리적으로 보인다 하더라도 하나님께서 암송아지를 죽이고 끝을 내라고 하면 끝을 내면 됩니다.

또한 하나님께서는 이 모든 일을 장로들의 생각대로 하지 못하게 하시며 반드시 레위 자손 제사장의 지시에 따라 모든 일을 하게 하셨습니다. 이것은 중요한 의미가 있습니다. 즉 우리는 이 세상을 깨끗하게 하는 방식이 있습니다. 그것은 죄 하나하나를 철저히 파헤친다고 해서 세상의 모든 불의나 부정이 해결되지 않습니다. 왜냐하면 옛날 과거를 파헤치는 동안에도 새로운 죄와 악은 저질러지고 있기 때문입니다. 그래서 하나님은 항상 흐르는 시냇물에 가서 해결하게 하셨습니다.

환언하면 모든 더러운 것은 항상 흐르는 시냇물에 씻으면 깨끗해지게 되어 있습니다. 집에서 그릇을 씻거나 화장실을 깨끗하게 할 때에도 항상 깨끗한 물이 나오는 수돗물이 있으면 언제나 깨끗할 수 있는 것입니다. 그렇지 않으면 깨끗해지기 위해서 그릇 하나하나를 깨트리고 다시 만들어야 할 것입니다.

세상이 깨끗해지는 가장 중요한 방법은 교회의 설교가 언제나 성경대로 바로 전해져야 합니다. 강단에서 항상 새로운 말씀이 흘러나오면 죄를 회개하지 않을 수가 없습니다. 이것을 위해 특히 중요한 것이 제사장 자신이 깨끗해야 하는 것입니다. 물론 제사장도 인간이기 때문에 악하고 더러운 것을 생각할 수도 있습니다. 그러나 제사장이 늘 하나님 앞에 회개하고 바른 양심으로 말씀을 선포할 때에는 성령의 생수가 언제나 터져 나오게 되어 있습니다. 이때 교인들의 마음이 깨끗해지고 교회가 깨끗해지며 성도들의 가정과 직장이 깨끗해지게 됩니다.

그럼에도 불구하고 우리는 이 세상 전체를 깨끗하게 할 수는 없습니다. 특히 현대 도시 사회는 세상의 모든 좋은 것도 다 품고 있지만 세상의 모든 죄의 오물도 동시에 품고 있습니다. 우리는 죄악의 오물이 가득 차 있는 현대 도시 사회에서 살고 있기 때문에 더 강한 성령의 역사와 회개가 필요합니다. 그렇게 할 때 하나님께서 도시의 죄와 음란과 모든 더러운 것을 용서해 주실 것입니다.

그렇다면 살인하지도 않았지만, 들판에서 죽은 한 사람 때문에 죽어야 하는 암송아지는 무엇을 상징합니까? 바로 예수 그리스도를 상징합니다. 예수님은 우리 사회의 모든 더러운 오물을 빨아들이는 진공청소기입니다. 사실 어느 사회든지 종교는 그 사회를 정화시키는 역할을 해야 합니다.

그럼에도 불구하고 우리 사회에는 불교나 기독교 모두 자기 세력의 확대만을 위해서 노력을 해왔지 사회 정화의 기능을 하지 못하였습니다. 불교도 가난해야 제대로 불교 노릇을 할 수 있는데 자기 자신들이 돈이 많으니까 사람들에게 오히려 욕심을 부채질하는 것밖에 하지 못하는 것입니다. 이제 기독교도 너무 많이 가진 자들의 종교가 되어 버렸습니다. 원래 기독교는 저 멀리 뵈는 천성을 향하여 가는 종교인데 이 세상에서 너무 많은 것을 쌓아 두려고 하는 것 같습니다. 우리 기독교가 다시 가난한 자의 종교가 되어야 합니다. 세상의 많은 욕심을 먼저 교회가 내려놓고 오직 예수님의 십자가를 붙들 때 기독교의 능력이 나타나게 되는 것입니다.

힘이 없는 여성의 문제

새로운 도시를 건설하려면 상수도도 중요하지만 어떤 의미에서는 하수도 시설도 그 못지않게 중요합니다. 무엇보다도, 이스라엘 백성들이 죄 문제를 말씀과 제사장 중심으로 해결하려는 것은 마치 상수도 공사라고 말할 수 있습니다. 또한 어느 사회든지 어두운 구석이 있게 마련이고 이 어두운 구석을 어떻게 해결하느냐 하는 것이 그 사회의 하수도 공사에 해당하는 것입니다.

그런데 가장 무식한 하수도 공사가 엄벌주의로 나가는 것입니다. 즉 조금만 죄를 지어도 중형으로 다스리고 때로는 삼청 교육대 같은 것을 만들어서 사람들 두들겨 패는 것입니다. 지금으로부터 100년 전으로 거슬러 올라가면 선진국인 유럽도 하수도 시설이 형편없었습니다. 실제로 도시 전체에 오물과 쓰레기가 뒤덮여 걸어 다닐 수가 없을 정도였고, 작은 죄를 지어도 사형을 시킬 정도로 중형 제도로 다스렸습니다. 그래서 감옥 안에는 주로 여성들이나 어린이 죄수가 많았던 것을 알 수 있습니다.

왜 이 사회에 창녀가 많이 생깁니까? 일차적으로는 남성들의 정욕 때문이기도 하지만 더 중요한 것은 남성들이 여성들을 책임지지 않기 때문입니다. 옛날에는 아예 아버지가 노름빚을 지면 딸을 파는 일들이 종종 있었습니다. 특히 남자가 여자를 책임지지 않고 내어 쫓으면 결국 그 여자는 살기 위해서 몸을 팔 수밖에 없었습니다. 그래서 하나님께서는 사회의 가장 어두운 부분을 염두에 두고 말씀하셨습니다.

신명기 21장 10-14절

네가 나가서 대적과 싸움함을 당하여 네 하나님 여호와께서 그들을 네 손이 붙이시므로 네가 그들을 사로잡은 후에 네가 만일 그 포로 중의 아리따운 여자를 보고 연련하여 아내를 삼고자 하거든 그를 네 집으로 데려갈 것이요 그는 그 머리를 밀고 손톱을 베고 또 포로의 의복을 벗고 네 집에 거하며 그 부모를 위하여 일 개월 동안 애곡한 후에 네가 그에게로 들어가서 그 남편이 되고 그는 네 아내가 될 것이요 그 후에 네가 그를 기뻐하지 아니하거든 그 마음대로 가게 하고 결코 돈을 받고 팔지 말지라 네가 그를 욕보였은즉 종으로 여기지 말지니라.

하나님께서는 이스라엘 사회의 가장 취약한 부분 가운데 두 부분을 말씀하셨습니다. 하나는 포로 된 여성의 지위 문제였습니다. 옛날에는 일단 전쟁에서 포로가 되면 노예로 팔리게 되어 있었습니다. 이것이 고대 경제학이었습니다. 그런데 한 이스라엘 사람이 그 전쟁 포로 중에서 한 예쁜 여성을 사랑을 하게 되면, 그 노예를 희롱하는 사랑이 되어서는 안 되고 정식 아내로 책임지는 사랑을 해야 한다는 것입니다.

먼저 포로로 붙잡혀 온 여자가 해야 할 것이 있는데, 그것은 머리털을 밀고 손톱을 자르는 것입니다. 이것은 자신의 모든 과거 이방 풍습을 버리는 것을 의미합니다. 여성이 머리털을 미는 것은 완전히 새 사람으로 태어나는 것을 의미하며, 손톱을 자르는 것은 과거의 모든 멋 부리는 것이나 세상 풍습을 버리는 것입니다. 그리고 1개월 동안 부모님을 생각하면서 실컷 울게 했습니다. 그런 후에 그들은 이스라엘 여자로 다시 태어나게 되며 이스라엘 남자는 그 여자를 노예나 포로로 대하는 것이 아니라 자기 아내로 대해야 하며 그 여자가 싫어졌다고 해서 돈을 받고 팔지 못하게 하셨습니다. 만일 남자가 이 여자를 돈을 받고 팔거나 내어 버리면 이 여자는 결국 매춘을 해서 먹고 살 수밖에 없는 것입니다. 그래서 자신이 없으면 아예 사랑하지 말든지 한번 사랑했으면 끝까지 책임을 져야 함을 여기에서 강조합니다.

요즘 농촌에 가면 길거리에 베트남 여성을 소개한다는 현수막을 자주 보게 됩니다. 그래서 설마 했는데 텔레비전을 보면 농촌 총각들 중에서 베트남 처녀와 결혼하는 사람들이 생각보다 많은 것을 보게 됩니다. 우리나라 처녀들은 죽어도 시골로 가지 않으려고 하니까 결국 시골 총각들이 베트남 여자와 결혼하는 것입니다. 그런데 왜 베트남 처녀들이 이 먼 곳에 나이든 한국 남자와 결혼하려고 하는지 궁금해서 물어보니 베트남 남자들은 일을 하지 않는다고 합니다. 더운 지방 남자들의 사고방식이 이상해서 놀고먹는 것이 좋은 줄 알고 일하지 않고 노름이나 하고 술이나 마시고 빈둥거리니까 자기 나라 처녀들을 아주 먼 나라에 보내는 것입니다. 이 여성들은 우리나라 말도 풍습도 잘 모릅니다. 그러나 일단 아내로 데려온 후에는 사랑해야 하고 책임을 져야 합니다. 만약 이런 여성들을 이 먼 곳까지 데리고 온 후에 책임지지 않고 내어버리면 결국 이 여자들이 갈 수 있는 곳은 어디겠습니까?

남자가 결혼을 하려면 가장 중요한 것이 좋아하는 감정만 가지고는 안 됩니다. 다시 말해 남자는 무슨 일이 있어도 자기 아내를 책임져야 하고 끝까지 사랑해야 합니다. 또 남자는 여자를 울려서는 안 됩니다. 그렇게 하기 위해서는 날마다 자기 자신의 욕망을 십자가에 못 박아야 합니다.

신명기 21장 15-17절

어떤 사람이 두 아내를 두었는데 하나는 사랑을 받고 하나는 미움을 받다가 그 사랑을 받는 자와 미움을 받는 자가 둘 다 아들을 낳았다 하자 그 미움을 받는 자의 소생이 장자여든 자기의 소유를 그 아들들에게 기업으로 나누는 날에 그 사랑을 받는 자의 아들로 장자를 삼아 참 장자 곧 미움을 받는 자의 아들보다 앞세우지 말고 반드시 그 미움을 받는 자의 아들을 장자로 인정하여 자기의 소유에서 그에게는 두 몫을 줄 것이니 그는 자기의 기력의 시작이라 장자의 권리가 그에게 있음이니라.

하나님께서는 이 세상의 악이 어디에서 발생하는가 생각할 때 많은 경우 부모의 잘못된 사랑에서 나온다고 보셨습니다. 다시 말해 부모가 자식을 공평하게 대하지 않고 자식들을 편애할 때 분명히 사랑을 받지 못한 자식은 부모나 세상에 대해서 원망하는 마음을 가지게 되고 이것이 결국 세상에 대한 불만으로 나타나게 되는 것입니다.

물론 이스라엘이 두 명의 부인을 두는 것은 하나님의 말씀에 옳지 않은 것입니다. 그러나 하나님께서는 아무리 이스라엘 사람들이라 하더라도 완전히 하나님의 말씀대로 하지 않는다는 것을 알고 계셨습니다. 그래서 두 사람의 부인을 두었을 때 부인은 책임을 진다하더라도 아무래도 자식 사랑에 차이가 생길 수 있는 것입니다. 그래서 아무리 사랑하는 여자의 아들이 좋고 예쁘다 하더라도 미워하는 여자의 아들이 나이가 더 많으면 그 아들을 장자로 삼아서 재산을 배로 물려주라는 것입니다. 왜냐하면 결국 부모의 자식 차별에서부터 세상의 불만이 생기기 때문입니다. 그래서 하나님께서는 완전히 이 세상에 악이 생길 수 있는 틈을 두지 말라고 하셨습니다.

이와 마찬가지로 어린아이들이 아무리 귀엽고 사랑스러워도 그 아이들 안에도 무서운 죄성이 들어 있습니다. 그래서 자꾸 의사소통하는 법을 가르쳐 줘야 하고 자기 자신을 어떤 테두리 안에 넣는 훈련을 해 줘야 합니다. 부모가 자식을 분노로 대하면 자식들의 마음속에도 분노가 가득하게 됩니다. 그래서 사회를 부정적으로 보게 되고 또 다른 사람에 대해서도 피해의식을 가지고 대하게 되고 나중에는 자기 자식들에게도 분노를 물려주게 됩니다.

무엇보다 자식들이 분노를 가지고 있으면 공격적이 되고 우울증에 걸리기 쉽고 정신병이나 자살의 충동을 쉽게 느끼게 됩니다. 그래서 부모는 자기 자식이라고 해서 함부로 대해서는 안 되고 자기 욕망과 정욕을 십자가에 못 박고 사랑과 공평으로 키워야 합니다. 아이들도 일단 공평한 것은 받아들입니다. 즉 똑같은 것을 나눠 주거나 똑같이 대해 주는 것에 대해서는 불만이 없습니다. 그런데 다른 아이에게만 더 좋은 것을 준다든지 다른 아이에게만 무엇을 줄 때 더 많이 주면 그것을 마음속에 새겨 놓게 됩니다. 그래서 하나님께서는 미워하는 여자의 자식을 더 사랑해 주라고 말씀하십니다. 사실 이것이 쉬운 일이겠습니까? 사랑하는 여자가 얼마나 속삭이면서 자기 아들을 장자로 삼아 달라고 하겠습니까? 그러나 아무리 사랑하는 여자라 하더라도 안 되는 것은 안 된다고 해야 공평하게 되고 자식이 아버지를 존경하게 됩니다.

그럼에도 불구하고 끝까지 부모의 말을 듣지 않고 행패를 부리고 악을 행하면서 도저히 통제가 되지 않는 자식은 과연 어떻게 하느냐 하는 문제입니다.

신명기 21장 18-21절

사람에게 완악하고 패역한 아들이 있어 그 아비의 말이나 그 어미의 말을 순종치 아니하고 부모가 징책하여도 듣지 아니하거든 그 부모가 그를 잡아가지고 성문에 이르러 그 성읍 장로들에게 나아가서 그 성읍 장로들에게 말하기를 우리의 이 자식은 완악하고 패역하여 우리말을 순종치 아니하고 방탕하며 술에 잠긴 자라 하거든 그 성읍의 모든 사람들이 그를 돌로 쳐 죽일지니 이같이 네가 너희 중에 악을 제하라 그리하면 온 이스라엘이 듣고 두려워하리라.

대개 자식들의 잘못은 부모의 잘못에서 비롯될 때가 많습니다. 그래서 자식들의 모습은 부모의 거울입니다. 그럼에도 불구하고 정당한 이유 없이 술에 빠지고 노름에 빠지고 방탕하게 행할 때 아무리 부모가 타이르고 책망해도 듣지 않을 때 마지막 수단으로 포기하게 하셨습니다. 여기서 포기한다는 것은 성문으로 데리고 가서 돌로 쳐 죽이는 것입니다. 그러나 어느 부모가 자기 자식을 이런 식으로 포기하겠습니까? 부모는 자식을 결코 포기해서는 안 됩니다. 그럼에도 자기 스스로 끝까지 악을 행할 때에는 이것은 더 이상 이스라엘 사람이 아니기 때문에 포기할 수도 있다는 것입니다.

심지어 하나님께서는 아무리 공정하게 재판을 해서 사람을 사형시켰다 하더라도 시체를 밤까지 나무에 달아 두지 못하게 하셨습니다.

신명기 21장 22-23절

사람이 만일 죽을죄를 범하므로 네가 그를 죽여 나무 위에 달거든 그 시체를 나무 위에 밤새도록 두지 말고 당일에 장사하여 네 하나님 여호와께서 네게 기업으로 주시는 땅을 더럽히지 말라 나무에 달린 자는 하나님께 저주를 받았음이니라.

이 말씀이 무슨 의미입니까? 어떤 사람이 마땅히 죽을죄를 지어 목을 매달았을 때에 그 사람이 죽은 것으로 충분하지 시체를 나무에 며칠 동안 달아놓는 것은 너무나도 지나친 행위라는 것입니다. 다시 말해 사람이 아무리 의롭다 하더라도 하나님보다 더 의로울 수는 없습니다. 사람들은 너무나도 지나친 성향이 있어서 철저하게 심판한다고 해서 시체를 여러 날 나무에 달아 놓으려고 하기 쉬운데 그것은 하나님 보시기에 옳은 태도는 아닌 것입니다. 왜냐하면 사형을 당하는 사람에게도 인권이 있기 때문에 너무 지나친 태도는 옳지 않고 낮의 일은 낮에 끝을 내는 것이 옳습니다.

특히 신약에서 사도 바울은 분을 내어도 '해가 지도록 분을 품지 말고' (엡 4:26)라고 했습니다. 결국 예수님께서 십자가에 못 박혀 죽으셨을 때에도 이 말씀 때문에 유대인들은 해가 지기 전에 예수님을 무덤에 장사했고 예수님은 3일 만에 무덤 문을 여시고 부활하셨습니다. 하나님께서 이 말씀을 하시는 이유는 이스라엘은 아름다운 의의 도성이 되어야 한다는 것입니다. 그 안에서는 어느 누구도 억울하게 피해를 당해서도 안 되며 학대받지 않는 공평하고 의로운 도성이 되어야 했습니다.

이것이 바로 옛날 예루살렘과 이스라엘의 모습입니다. 이 안에는 어느 누구도 밤에 공격을 당하지 않고 어느 자식도 자기 부모에게 대들거나 불순종하지 않고 어느 여성도 억울하게 버림을 당하지 않는 도시가 바로 예루살렘이었습니다. 이제 우리가 이 세상을 변화시키기 이전에 우리 교회를 이런 거룩한 도성으로 만들어야 합니다. 이렇게 하기 위해서 모두가 하나님의 말씀 앞에 자기 욕심을 벗어 버려야 합니다. 그리고 자기가 좋아하는 사람이라고 해서 더 잘해 주거나 싫어하는 사람이라고 해서 함부로 대해서는 안 되는 것입니다. 우리는 교회 안에서 잃어버렸던 이웃을 되찾아야 하고 잃어버렸던 인간에 대한 신뢰를 회복해야 합니다. 이것이 바로 하나님의 형상을 회복하는 것입니다.

어느 누구도 교회 안에서 돈이 없다고 해서 무시당해서도 안 되며 또 세상에서 성공했다고 해서 큰소리치지 못하게 해야 합니다. 여기에서 목회자의 태도가 대단히 중요합니다. 교회가 세상적인 욕심을 가질 때에는 돈이 많거나 성공한 사람들과 손을 잡아야겠지만 그런 욕심을 버리고 한 사람 한 사람이 구원받고 변화되는 것이 목적이라면 돈이 많은 사람도 한 영혼이고 성공한 사람도 한 영혼이기 때문에 똑같은 것입니다. 무엇보다 교회는 공평해야 합니다. 어느 누구도 교회 안에서 차별

당하지 않고 억울함을 당하지 않을 때 하나님께서 이 세상도 치료해 주실 것입니다.

26

| 신 22:1-30 | 상식이 통하는 사회

우리나라 사람들은 '잘 사는 사회', '더 행복한 사회'를 소망하면서 오랫동안 기다려 왔습니다. 그러나 아직 우리가 기대하는 그런 행복한 사회가 오지 않고 있는 것 같습니다. 미국 개척 초기 이야기를 들어 보면 넓은 땅과 집을 소유하기 위해서 개척민들은 그 넓은 황무지를 개간해서 씨를 뿌렸다가 흉년이 들어서 다 망치기도 하고 메뚜기 떼가 와서 농사를 망치기도 하고 인디언들의 공격을 받아서 목숨을 잃는 일도 많았습니다. 그럼에도 불구하고 그들은 더 행복한 미래를 위해 온갖 고난을 참으면서 견디었던 것입니다. 그 결과 자유롭고 풍요로운 나라를 후손들에게 물려주었습니다. 지금 하나님께서는 우리에게 귀한 믿음과 신앙의 공동체를 주셨습니다. 우리는 이 교회를 진정한 예루살렘으로 만들어야 할 사명뿐만 아니라 우리가 살고 있는 이 나라도 가장 안전하고 평화로운 나라로 만들어서 후손들에게 물려줘야 합니다.

선지자 이사야는 장차 올 메시아의 행복한 시대를 "사자가 소처럼 풀을 먹을 것이며 젖 먹는 아이가 독사의 구멍에서 장난하며 젖 뗀 어린 아이가 독사의 굴에 손을 넣을"(사 11:6-8) 것이라고 예언했습니다. 그런데 얼마 전 신문에 어느 집 개가 엄마를 잃은 멧돼지 새끼를 젖으로 키우는 사진이 실렸고, 중국에서는 호랑이 새끼를 어미 개가 젖을 먹이는 사진이 실렸습니다. 그러나 어느 누구도 현재 이사야가 예언한 진정한 평화의 시대가 왔다고 생각지는 않을 것입니다. 왜냐하면 지금 전 세계는 테러와 전쟁의 위험이 도처에 도사리고 있고 우리나라는 그 중에서 전쟁의 위험이 가장 높은 나라에 속해 있기 때문입니다.

성경 역사를 보면 가축과 맹수들이 같은 배를 타고 있었지만 서로 잡아먹지 않았던 때가 한번 있었습니다. 그것은 바로 노아 홍수 때였습니다. 홍수를 피해서 노아 방주 안으로 들어왔던 맹수들은 약 1년 정도 배 안에서 서로 해치거나 가축들을 잡아먹지 않고 평화스럽게 지냈습니다. 그들이 그렇게 지낼 수 있었던 이유는 그 배 안에 하나님의 은혜가 모든 사람과 모든 짐승들의 마음을 지배하고 있었기 때문입니다. 여기서 우리가 알 수 있는 것은 진정 행복하고 아름다운 사회가 되는 것은 사람의 노력만으로는 되는 것이 아니라 하나님의 은혜가 있어야 함을 깨닫게 됩니다.

아이러니하게도 이 세상에 이상적인 사회를 건설하려고 애를 쓴 사람들은 공산주의자들이였습니다. 그들은 무력으로 혁명을 일으켜서 부자들의 땅, 공장, 재산을 빼앗아서 인민에게 주면 이 세상이 아주 공평하고 행복한 사회가 될 것이라고 생각했습니다. 그래서 무력으로 부자들을 죽이고 쫓아내고 그들이 원하는 사회를 만들었습니다. 그럼에도 그들이 소망한 진정 행복한 사회는 도래하지 않았습니다. 오히려 계속적으로 공산주의 이념을 주입시켜야 했고 반대하는 자들을 숙청해야 했으며 자신의 나라를 유지하기 위해서 생산보다는 군사력 증대에 주력을 기울여야만 했습니다. 그 결과 인민들은 헐벗게 되고 수많은 사람들이 먹을 것이 없어서 굶어 죽거나 먹을 것을 찾아서 탈출하게 되는 지경까지 이르게 되었습니다.

우리나라도 지금 정권을 쥐고 있는 사람들이 정말 정의롭고 행복한 나라를 만들기 위해서 수많은 정책을 발표하고 시도를 했지만 많은 정책들이 실패하고 말았습니다. 그 이유는 인간의 가장 기본적인 욕구나 상식을 인정하지 않기 때문입니다.

미국은 수많은 인종들이 모여서 이룬 사회임에도 불구하고 성공적인 사회가 된 것은 법과 상식을 무시하지 않기 때문입니다. 우리 사회가 이리 저리 실타래처럼 꼬이고 점점 더 살기 어려워지는 이유는 건전한 상식을 무시하고 억지로 이상적인 세상을 만들려고 욕심을 부리니까 그렇게 되는 것 같습니다.

본문에서 하나님께서는 이스라엘 사회는 이런 사회가 되어야 한다고 말씀하십니다. 그런데 그 내용들을 보면 모든 것이 너무나도 당연하고 상식적이며 특별한 것이 하나도 없음을 보게 됩니다. 이것은 바로 하나님의 나라는 사람들이 머리를 짜내어서 억지로 이상적인 사회를 만들려고 해서 되는 것이 아니라 하나님의 은혜가 흐르면 저절로 만들어지게 되는 상식이 통하는 사회라는 것입니다.

이웃에 대한 배려

하나님께서는 이스라엘 백성들에게 가나안의 모든 우상과 음란을 몰아내고 지극히 상식이 통하는 건전한 사회를 만들라고 명령하셨습니다. 하나님께서 원하시는 이상적인 사회란 대단히 어렵고 복잡한 사회가 아니라 오직 이웃을 내 자신처럼 생각하기만 하면 많은 문제들은 저절로 해결되는 그런 사회입니다.

그래서 하나님께서 첫 번째 이스라엘 백성들에게 가르치신 것은 이웃의 소나 양을 통해서 이웃의 형편을 챙겨 주고 배려해 주는 것을 배우라는 것입니다.

신명기 22장 1-2절

내 형제의 우양의 길 잃은 것을 보거든 못 본 체하지 말고 너는 반드시 끌어다가 네 형제에게 돌릴 것이요 네 형제가 네게서 멀거나 네가 혹 그를 알지 못하거든 그 짐승을 네 집으로 끌고 와서 네 형제가 찾기까지 네게 두었다가 그에게 돌릴지니.

여기서 '네 형제' 라는 것은 친 형제를 말하는 것이 아니라 이스라엘 사람들을 말하는 것입니다. 즉 우리가 다른 사람들을 볼 때 그 사람을 '남' 이라고 생각하지 않고 '내 형이나 동생이나 누이' 로만 볼 수 있으면 모든 문제가 해결됩니다. 물론 형이 동생을 괴롭히기도 하고 오빠가 여동생을 울릴 때도 있지만 마음으로는 사랑하고 아끼는 마음이 있습니다. 우리나라 사람들이 아무리 서로 싸우고 물고 뜯어도 월드컵 축구 경기를 응원할 때 보면 모두가 한마음입니다. 이와 마찬가지로 하나님께서는 모든 이스라엘 백성들이 서로 남이 아니라 한 형제, 자매라는 것을 말씀하셨습니다.

같은 이스라엘 사람의 소나 양이 길을 잃고 헤매고 있는 것을 볼 때 그것을 자기 형제나 누이의 소나 양으로 생각한다면 계속 길을 잃고 헤매다가 사자나 늑대에게 물려 죽게 하지는 않을 것입니다. 자기가 보지 않았다면 어쩔 수 없지만 본 이상은 그 소나 양을 챙겨서 돌려 줄 것이며 먼 곳에 있다면 며칠 동안 돌봐 주면서 주인이 찾아가게 할 것입니다.

예컨대 이스라엘 백성들을 위해서 할 수 없는 것을 하거나 또 많은 손해를 감수하는 일은 어려울지라도 약간 관심만 가지면 얼마든지 도와줄 수 있는 일이라면 해 주는 것이 상식이라는 것입니다. 즉 모든 이스라엘 백성들은 서로 형제요 자매이기 때문에 다른 사람의 어려움에 대해 못 본 체하지 말고 챙겨 줘야 한다는 것입니다. 우리는 다른 사람들의 모든 행복을 다 책임질 수 없습니다. 어떤 경우에는 다른 사람의 문제를 책임지려고 하다가 결국 자신의 에너지를 다 소진하게 됩니다.

모세는 이스라엘 백성들 수백만의 의식주를 다 책임지려고 하다가 완전히 탈진한 적이 있습니다. 이스라엘 백성들이 고기를 먹지 못해서 원망하고 장막 앞에 모여서 모세를 원망하고 통곡하자, 모세는 하나님께 이렇게 고백합니다. "이 모든 백성을 내가 잉태하였나이까 내가 어찌 그들을 생산하였기에 주께서 나더러 양육하는 아비가 젖 먹는 아이를 품듯 그들을 품에 품고 주께서 그들의 열조에게 맹세하신 땅으로 가라 하시나이까 … 주께서 내게 이같이 행하실진대 구하옵나니 내게 은혜를 베푸사 즉시 나를 죽여 나로 나의 곤고함을 보지 않게 하옵소서'(민 11:12-15). 그러자 하나님께서는 메추라기로 이스라엘 백성들을 한 달 동안 입에 물릴 때까지 고기를 먹이셨습니다.

우리는 다른 사람의 모든 문제를 다 책임질 수 없습니다. 교인들의 어려운 문제를 상담하다가 자기가 다 책임지려고 하면서 완전히 질려 버리는 경우가 종종 있습니다. 상담에 있어서 가장 좋은 방법은 자기 나름대로 힘을 내어서 일어서도록 도와주는 것입니다. 사실 힘들어하고 고통스러워하는 성도들을 보면서 때로는 가만히 있는 것이 얼마나 죄책감이 드는 일인지 모릅니다. 그러나 많은 경우에 자기 스스로 일어서야 앞으로도 모든 문제를 자기 자신이 해결해 나갈 수가 있습니다. 그렇다고 해서 우리가 해야 할 최소한의 것조차 외면해서는 안 됩니다.

예를 들어 형제가 먹을 것이 없어서 굶주리고 있는데 자기 스스로 알아서 하라는 것은 잘못입니다. 우리 주위의 형제나 자매들이 굶어서 고통 받는 일은 없게 해야 합니다. 특히 추운 겨울에 연료가 없어서 냉방에서 떨고 있는데 스스로 알아서 일어서라고 하는 것은 옳지 못한 행동입니다. 최소한도의 연탄이라든지 기름 같은 것을 나눠서 함께 추위를 견디면서 스스로 일어서게 해야 하는 것이 상식입니다.

본문에 보면 몇 번씩이나 '못 본 체하지 말라' 고 말씀합니다. 중요한 것이 바로 이것입니다. 즉 우리 주위의 형제나 자매가 어려움에 빠져 있는 줄 알면서도 모르는 체해서는 안 된다는 것입니다. 내가 막상 그 어려움을 당한 본인이라고 생각하고 일부러 찾아가서 물건을 돌려주면 그 사람이 얼마나 기뻐하고 고마워하겠습니까?

우리는 사실 이 두 가지가 구별이 잘 되지 않을 때가 많습니다. 어떤 사람은 너무 사랑이 넘친 나머지 다른 사람의 인생 자체를 자기가 다 책임지려고 할 때가 있습니다. 예컨대 나귀가 넘어져 있으면 자기가 그 짐을 다 짊어지고 가려고 하는 것입니다. 그러나 어떤 경우에는 혹시 자기에게 피해가 올까 해서 나귀가 넘어져 있는 것을 보면서도 못 본 체하고 가는 것입니다. 하나님께서 말씀하시는 것은 이 세상의 모든 가난한 자를 다 도우라는 것이 아닙니다. 이 세상의 모든 거지를 다 집에 데리고 와서 먹여 살리라고 말씀하시지 않습니다. 다만 자신의 능력의 범위 안에서 조금 관심을 가지고 도와줄 것이 있으면 도와주어서 일어서는데 힘이 되어 주라는 것입니다.

본문 8절로 집을 지을 때도 이웃에 대한 배려를 하라고 말씀합니다. 일반적으로 이스라엘 집들은 대개 지붕이 편편합니다. 그래서 지붕에 올라가서 무엇인가 할 때 실수로 지붕에서 떨어져 사람이 다칠 수가 있습니다. 그래서 나는 괜찮다 하더라도 다른 사람들을 배려해서 난간을 만들어 놓으면 내가 다른 사람 집에 갔을 때에도 다치지 않게 되는 것입니다. 우리나라 사람들은 다른 사람에 대한 배려가 부족합니다. 내가 다치는 것이 아니기 때문에 무관심하게 방치해 둔다면 결국 나중에 거기에 자기 자식들이 다칠 수 있는 것입니다.

하나님께서는 이스라엘 백성들에게 이웃을 내 몸처럼 생각하는 것을 중요하게 생각하셨습니다. 왜냐하면 하나님께서 이스라엘 백성들을 구원하셨다면 그 후에는 서로 사랑하는 것을 원하셨기 때문입니다. 구원받은 사람들끼리 챙겨 주고 관심을 가져 주는 것이 하나님의 법입니다. 이렇게 하려고 할 때 가장 중요한 것이 상대방의 입장에 서 보는 것입니다. '만일 내가 저 사람이라면 어떻겠는가?' 하는 것만 생각할 수 있어도 우리는 많은 욕심을 버리게 될 것입니다.

예수님께서는 "그러므로 무엇이든지 남에게 대접을 받고자 하는대로 너희도 남을 대접하라 이것이 율법이요 선지자니라"(마 7:12)고 말씀하셨습니다. 모든 사람들의 마음속에 남에게 대접을 받고 싶고 인정을 받고 싶은 마음이 있습니다. 그러나 하나님의 율법은 내가 그런 대접을 받기 전에 먼저 남을 대접해 주고 인정해 주는 것입니다. 그렇게 할 때 모든 사람이 행복할 수가 있습니다.

여기서 나의 행복을 위해 남의 행복을 깨트리는 것이 가장 큰 죄악이라는 것을 알아야 합니다. 우리는 다른 한 사람 한 사람이 너무 귀하기 때문에 건드리지 않고 가만히 두는 것이 사랑의 첫 출발점임을 기억해야 합니다. 우리는 모든 것을 반드시 내 것으로 만들려고 하기 때문에 다른 사람을 불행에 빠트립니다. 그냥 아름다운 사람을 내버려 두는 것이 사랑하는 것입니다.

약한 것의 특성을 인정하자

두 번째는 이런 상식이나 관심이 동식물에게까지 영향을 미친다는 것입니다. 그 영향은 세 가지로 나누어 볼 수 있는데, 첫째, 하나님께서는 먼저 새를 잡을 때 어미와 새끼를 다 잡지 말라고 하셨습니다.

신명기 22장 6절

노중에서 나무에나 땅에 있는 새의 보금자리에 새 새끼나 알이 있고 어미 새가 그 새끼나 알을 품은 것을 만나거든 그 어미 새와 새끼를 아울러 취하지 말고 어미는 반드시 놓아 줄 것이요 새끼는 취하여도 가하니 그리하면 네가 복을 누리고 장수하리라.

우리는 어떤 것에 한 번 욕심을 내기 시작하면 '싹쓸이'를 하는 경향이 있습니다. 그래서 길을 가다가 어미 새가 새끼를 품고 있는 것을 보면 어미와 새끼를 다 잡아서 씨를 말려 버려야 직성이 풀립니다. 그러나 이것은 하나님의 백성으로 할 일이 아닙니다. 하나님의 백성들은 모든 것을 싹쓸이를 해서 다른 생물들이 멸종하도록 해서는 안 되고 얼마든지 살아갈 수 있도록 배려해 줘야 합니다. 그렇게 할 때 하나님은 이스라엘 백성들이 복을 누리고 장수할 것이라고 말씀하셨습니다.

예를 들어 바다에서 고기나 게를 잡아도 길이가 기준치 미달이면 도로 바다에 놓아 줘야 합니다. 만약 어린 게를 잡다가 붙잡히면 엄청난 벌금을 물게 됩니다. 그리고 게를 잡을 수 있는 양도 제한하고 있으며 산란기에는 잡지 못하게 해서 어족을 보호합니다. 옛날에는 어부들이 그물을 칠 때에 새끼까지 잡는 저인망은 치지 못하게 했습니다. 그래도 욕심 많은 사람들은 싹쓸이를 해서 아예 고기 씨를 말려 버리려고 합니다. 그러면 언젠가는 잡을 고기가 없어지게 될 것입니다. 여기서 우리가 기억해야 할 것은 다른 사람들도 살게 하면서 자기도 부자가 되는 길을 택해야지 모두 죽여 버리고 자기 혼자 살려고 하면 언젠가는 자기도 망하게 됩니다.

결국 이 세상은 나 혼자 사는 세상이 아닙니다. 내가 행복하게 살고 싶으면 다른 사람들도 잘살 수 있도록 하면서 자기 행복을 찾아야 합니다. 로라 잉걸스 와일더는 어렸을 때 통나무집에서 살던 일을 너무 생생하게 기록해서 『초원의 집』이라는 인기 있는 책을 썼습니다. 그 책을 보면 아빠가 사냥을 해도 철저하게 원칙을 갖고 있었습니다. 즉 임신을 한 사슴은 절대로 사냥하지 않고 새끼도 너무 어린 것은 절대로 잡지 않는다는 것입니다. 어느 날 사냥을 나갔다가 한 마리도 잡지 못하고 돌아온 아빠에게 어린 로라가 왜 사냥을 못하셨느냐고 물었습니다. 그러자 아버지는 나무 위에서 사냥을 하려고 하는데 어미 사슴과 새끼 사슴이 같이 노는데 너무 아름다워서 총을 쏠 수 없었다고 말합니다. 그 이야기를 듣고 있던 로라가 아빠가 사냥에서 아무것도 잡지 못해도 새끼와 어미가 같이 있는 것을 쏘지 않은 것은 잘했다고 말하는 장면이 나옵니다.

둘째, 포도나무 씨를 뿌릴 때 두 종자를 섞어 뿌리지 못하게 하셨습니다.

신명기 22장 9절

네 포도원에 두 종자를 섞어 뿌리지 말라 그리하면 네가 뿌린 씨의 열매와 포도원의 소산이 다 빼앗김이 될까 하노라.

포도나무도 성질이 다 다르기 때문에 강한 종자와 약한 종자를 같이 뿌리면 약한 종자는 결국 죽을 수밖에 없습니다. 즉 약한 종자도 나름대로는 아주 좋은 특성이 있는데 강한 것에 눌려서 죽어 버리는 것입니다. 그 대신에 강한 것은 자기 나름대로 살 길을 찾아나서야 하는데 약한 것을 죽이고 양분을 빨아 먹기 때문에 강한 것은 강한 것 나름대로 경쟁력을 잃어버려서 나중에는 강한 것도 환경 변화에 적응하지 못하게 되는 것입니다. 결과적으로 이것도 안 되고 저것도 안 되어서 농사를 잘 지어 보려고 하다가 다 망치고 나중에는 망해 버리게 됩니다.

그러므로 강한 것과 약한 것을 붙여서 경쟁을 시키지 말고 약한 것은 약한 것대로 특성을 살리고 강한 것은 자기보다 약한 것을 상대하지 말고 스스로 일어서도록 농사를 지으라는 것입니다. 결국 하나님께서는 말을 하지 못하고 움직이지 못하는 식물이라 하더라도 억지로 심지 말고 특성을 잘 살펴서 마음껏 자신의 재능을 발휘할 수 있도록 농사를 지어야 복을 주신다는 것입니다.

그 다음에는 농사를 짓는 방법에 대해 말씀합니다. 하나님께서는 농사를 지을 때 소와 나귀에게 같이 멍에를 매게 하지 말라고 하셨습니다. 이스라엘 농사는 우리와 달리 소 두 마리가 같이 멍에를 매게 되어 있습니다. 그런데 소와 나귀처럼 성질이 서로 다른 두 짐승이 멍에를 같이 매게 되면 하나는 성질이 급해서 빨리 가려고 하고 다른 하나는 성격이 느려서 천천히 가려고 하는데 서로 성격이 달라서 속이 상하게 되고 일을 그르치기 쉽습니다. 그래서 느린 것은 느린 것끼리 멍에를 매우고 급한 것은 급한 것끼리 일을 시켜야 하는 것입니다. 그런데 나귀 보고 소가 되라고 하거나 소를 보고 나귀같이 일하라고 야단을 치면 짐승이지만 억울하고 분한 마음이 들게 되는 것입니다.

여기서 예수님의 유명한 비유가 나옵니다.

마태복음 11장 28-30절

수고하고 무거운 짐진 자들아 다 내게로 오라 내가 너희를 쉬게 하리라 나는 마음이 온유하고 겸손하니 나의 멍에를 메고 내게 배우라 그러면 너희 마음이 쉼을 얻으리니 이는 내 멍에는 쉽고 내 짐은 가벼움이라 하시니라.

무엇보다 우리가 세상의 무거운 짐을 다 벗어 버리려면 예수님과 함께 멍에를 매고 가야 합니다. 여기서 가장 중요한 것이 있다면 예수님과 보조를 맞추는 것입니다. 오늘 세상은 모든 것을 '더 빨리! 더 높이! 그리고 더 완벽하게!' 라는 구호를 외쳐 댑니다. 그러나 예수님의 멍에는 절대로 그런 식으로 급하게 우리를 몰아붙이시지 않습니다. 하나님의 뜻을 따라 한걸음 씩 한걸음씩 나아가는 것입니다.

예수님은 남자와 여자의 옷에 대해서도 말씀하셨습니다. 남자가 여자의 옷을 입지 말고 여자가 남자의 옷을 입지 말라고 하셨습니다. 왜냐하면 남자가 여자 옷을 입는다고 해서 아이를 낳을 수 있는 것도 아니고 여자가 남자 옷을 입는다고 해서 힘이 생기는 것은 아닙니다. 어디까지나 남자는 남자이고 여자는 여자일 뿐입니다. 그것을 잘 인정하고 그 범위 안에서 최선을 다 할 때 더 큰 능력이 나타나는 것이지 자기가 아닌 것이 되려고 할 때에는 오히려 자기에게 주어진 축복조차도 빼앗기게 되는 것입니다.

셋째, 하나님은 더 섬세한 부분까지 말씀하시는데, 그것은 옷을 짤 때에도 서로 다른 실을 섞어 짜지 말라고 하십니다.

신명기 22장 11절

양털과 베실로 섞어 짠 것을 입지 말지니라.

여기서 양털은 동물성이고 베실은 식물성이기 때문에 실의 신축성이나 장력에 차이가 있습니다. 이렇게 서로 성질이 다른 실을 섞어서 짜면 결국 실끼리 서로 당기게 되어 옷이 쉽게 상하게 되는 것입니다.

요즘 우리는 혼방이라는 것을 많이 사용합니다. 이 혼방이라는 것은 섞어 짜는 것인데 실의 성격이 아주 비슷한 것입니다. 그러나 옛날에는 합성 섬유가 없고 천연 섬유밖에 없었습니다. 예수님께서는 "생베 조각을 낡은 옷에 붙이는 자가 없나니 이는 기운 것이 그 옷을 당기어 해어짐이 더하게 됨이요"(마 9:16)라고 말씀하셨습니다. 즉 낡은 옷에 한 조각 새 천을 하나 붙인다고 해서 그 옷이 새 옷이 될 수 없습니다. 헌 옷이 새 옷이 되려고 하면 완전히 새로 옷을 짜야 합니다. 이와 마찬가지로 예수님은 세상의 마음에 복음적인 천 조각을 하나 붙인다고 해서 하나님의 백성이 될 수 있는 것이 아니라 씨실과 날실인 하나님의 말씀과 성령으로 하나하나 새롭게 짜야 새 사람이 될 수 있다고 가르치신 것입니다.

깨끗한 성 생활

본문 후반부는 하나님의 백성들의 깨끗한 성 생활에 관해 기록하고 있습니다. 무엇보다 사람이 사람다울 수 있는 것은 성적으로 깨끗한 생활을 할 수 있을 때입니다. 만일 사람이 성적으로 깨끗하지 못하면 그 때부터는 더 이상 사람의 존귀함을 잃어버리고 짐승의 수준이 되고 만다는 것입니다.

그런데 오늘 신앙을 가진 사람들과 믿지 않는 사람들의 가장 심각한 차이는 바로 성 인식의 차이에서 현저하게 나타납니다. 하나님을 믿는 사람들은 여전히 성이라고 하는 것은 가장 중요한 것이고 결혼을 통해서만 사용할 수 있다고 믿고 있습니다. 그러나 믿지 않는 사람들은 성이라고 하는 것은 하고 싶으면 얼마든지 할 수 있는 것이고 결혼은 자신들의 필요에 의해서 한다고 생각합니다. 그런데 이 성적인 문제가 하나님의 백성들에게도 심각한 이유는 이런 세상의 감정이 있기 때문입니다. 즉 결혼과 상관없이 자유롭게 아무나 사랑하고 아무나 관계를 하고 싶은 욕망과 충동이 있는 것입니다. 그런데 만약 하나님의 백성들이 성적인 충동을 이기지 못하고 자기 마음대로 관계를 가진다면 이것은 더 이상 하나님의 백성의 자격이 없는 것일 뿐만 아니라 교회가 교회되게 하지 못하게 하는 것입니다.

사실 모든 이스라엘 남성이 여성을 대할 때 진정으로 나의 누이로 생각하고 나의 딸이라고 생각할 때에는 성적인 방종에 빠질 수가 없습니다. 그런데 마귀가 그들을 성적으로 충동질해서 죄에 빠지게 하는데 이것에 대해 하나님께서는 말과 행동에 아주 엄격한 책임을 말씀하셨습니다.

첫째는 처녀성의 의심입니다. 그러나 이것은 실제로 남자로 하여금 엉뚱한 핑계를 대어 부인을 버리지 못하게 하려는데 있었습니다. 어떤 사람이 결혼한 후에 자기 아내가 싫어지게 되었습니다. 그래서 다른 핑계를 대지 않고 결혼해 보니까 처녀가 아니더라고 하면서 떠들어 대는 것입니다. 이스라엘에서 결혼을 했는데 처녀가 아니면 이것은 큰일 나는 것입니다. 그때에는 여자 쪽에서 처녀성을 증명할 책임이 있습니다. 처녀의 아버지가 첫날밤에 자리를 깐 홑이불 같은 것을 소중하게 보관해 두고 있다가 남편이 엉뚱한 소리를 할 때 그것을 가지고 장로들에게 가서 증거로 보여 주라는 것입니다.

여기서 알 수 있는 것은 신부의 처녀성을 증명할 책임은 신부와 부모에게 있습니다. 그래서 첫날밤에 꼭 그 증거를 확보해 둬야 하는 것입니다. 장로는 그 표시를 보고서 이 사람이 엉뚱하게 자기 신부를 욕 보였다는 것을 판단하게 되면 그 남자를 때리게 됩니다. 그런 후에 신부 아버지에게 은 100개를 주고 죽을 때까지 신부를 버리지 못하도록 법으로 정해 버리는 것입니다.

이것이 가나안 여자와 이스라엘 여자의 차이점입니다. 가나안 여자들은 처녀의 순결이라는 것이 없었습니다. 그러나 이스라엘 여자는 본인과 아버지가 증명할 책임이 있고 그것을 증명하지 못하면 돌로 쳐서 죽이도록 했습니다. 그래서 이스라엘 처녀는 목숨을 걸고 순결을 지켜야만 했습니다.

오늘날 이혼이 사회적인 문제로 대두되고 있는데, 앞으로는 남자가 이혼을 하려면 자기 재산을 부인에게 다 주고 이혼을 하는 식으로 법이 바뀌어야 할 것 같습니다. 그래서 재산이 아까워서라도 이혼을 하지 못하게 해야 합니다.

두 번째는 유부녀나 유부남이 서로 관계를 하면 둘 다 돌로 쳐 죽였습니다. 한번 결혼한 사람은 다른 처녀나 총각에게 관심을 가져서도 안 되고 또 처녀나 총각들도 한번 결혼한 사람은 이미 끝장난 사람이라고 생각해서 아예 관심의 대상으로 삼지 말아야 한다는 것입니다.

그런데 현대인들은 결혼한 사람들이 다른 이성에게 관심을 가지는 경우가 많습니다. 이것이 바로 '불륜' 이라는 것인데 이것은 참으로 소중한 것이 무엇인지 몰라서 그런 것입니다. 자기 영혼이 죽어 있으니까 엉뚱한 사랑의 감정을 가지고 자신의 존재 의미를 다시 되찾으려고 합니다. 그러나 이것이 얼마나 많은 사람들을 파멸에 빠트리고 비참하게 하는지 모릅니다. 그래서 한번 결혼한 사람은 자기 자신의 모든 욕망을 십자가에 못 박아야 성공적인 결혼 생활을 할 수가 있습니다.

세 번째는 강간을 당한 경우인데 도시 안에서 강간을 당한 경우에는 둘 다 돌로 치라고 했습니다. 왜냐하면 여자도 소리를 지르지 않은 책임이 있기 때문에 그렇습니다. 옛날 어른들의 생각에 여자의 최고 무기는 소리를 지르는 것이라고 생각한 것 같습니다. 사실 도시 안에서 소리를 지를 수 없는 상황도 많이 있을 것입니다. 그러나 옛날에는 이것이 인정되지 않았습니다. 도시 안에서는 무조건 소리를 질러서 다른 사람의 도움을 받으라는 것입니다. 그러나 들판에서 강간을 당한 경우에는 남자만 돌로 치고 여자를 살려 주었습니다. 왜냐하면 소리를 질러도 들을 자가 없기 때문에 그렇습니다.

그런데 강간 문제를 소리를 질렀느냐 안 질렀느냐 하는 문제로 여자에게 책임을 지우는 것은 여성들 입장에서 볼 때 억울한 것입니다. 최근 들어 성추행범들에 대한 사회적 관심이 대두되고 있습니다. 그래서 전자 팔찌를 채워야 하느냐 아니면 신분을 공개해야 하느냐 하는 토론도 제기 되고 있습니다. 아이러니하게도 이제는 반대로 남성들이 여성들이 가까이 오면 소리를 질러야 하는 시대가 된 것 같습니다.

아무튼 요즘 여성들이 밤에 호루라기를 가지고 다니기도 하고, 호신술을 배우기도 하는 것 같습니다. 그러나 이런 것 이전에 사회 전체적 분위기가 여성들을 보호하는 분위기여야 합니다. 이것과 더불어 중요한 것이 매 맞는 부인들의 문제입니다. 아직도 우리 사회에서는 남편에게 매를 맞는 부인들이 많이 있는데 이 문제를 정부가 보다 적극적으로 개입해서 여성들을 보호해야 합니다.

네 번째는 혼전 성 관계의 문제입니다. 남자가 아직 약혼하지 아니한 처녀와 관계를 했을 때 죽이기보다는 벌금을 내고 결혼해서 살 기회를 주라는 것입니다.

신명기 22장 28-29절

만일 남자가 어떤 약혼하지 아니한 처녀를 만나 그를 붙잡고 통간하는 중 그 두 사람이 발견되거든 그 통간한 남자는 그 처녀의 아비에게 은 오십 세겔을 주고 그 처녀로 아내를 삼을 것이라 그가 그 처녀를 욕보였은즉 평생에 그를 버리지 못하리라.

오늘날 이성 교제에 있어서도 이 문제가 가장 심각합니다. 특히 남자가 참지 못하니까 자꾸 관계를 하자고 요구하고 결국 나중에 은도 내지 않고 평생 아내로 삼지 않을 때 문제가 복잡해지는 것입니다. 결국 이것은 여자 쪽에서 일방적으로 손해를 보는 어리석은 짓입니다. 무엇보다 하나님의 백성들은 유혹을 받아서도 안 되지만 다른 사람을 유혹해서 시험에 들게 해서도 안 됩니다. 그래서 12절에서는 옷을 만들 때에도 옷 가장 자리에 술을 만들어서 살이 보이지 않도록 했습니다. 그러면 어떤 사람은 우리가 도대체 이런 식으로 모든 것을 통제하고 멀리한다면 무슨 재미로 사느냐고 질문할지 모르겠습니다. 그러나 옛날에는 이런 식으로 성을 통제할 수밖에 없었던 것 같습니다.

현대는 거의 성에 대하여 무제한적인 자유가 허용되고 있습니다. 우리나라 사람들이 잘 모르고 있는 것이 있습니다. 바로 자유가 큰 책임을 동반한다는 것입니다. 자유에는 스스로 자신을 통제해야 하는 무서운 책임이 있습니다. 그것이 안 되면 심판을 받는 것입니다.

하나님께서는 이스라엘 사회가 어떤 이념이나 복잡한 이데올로기로 이상적인 사회가 되는 것이 아니라고 말씀하셨습니다. 다시 말해 이웃을 내 몸처럼 사랑할 때 건전한 상식이 통하는 사회가 되고 그렇게 될 때 누구든지 다른 사람으로부터 공격을 당하거나 상처 받을 것을 겁내지 않고 안심하고 살 수 있는 좋은 세상이 되는 것입니다. 이것은 결코 이렇게 살자 라고 해서 되는 것이 아닙니다. 인간의 욕망은 너무나도 집요하고 강하기 때문에 이 집요한 욕망을 두들겨 잡을 수 있는 강한 힘이 필요합니다. 사람의 욕망을 잡을 수 있는 것은 하나님의 말씀 밖에 없습니다. 우리가 늘 경험하는 것이지만 우리 안에 있는 욕망이 얼마나 강합니까? 우리 힘으로는 절대로 욕망을 이길 수 없습니다. 우리 안에 있는 욕망은 마치 자동차가 충돌하는 것과 같은 힘을 가지고 있지만, 하나님의 말씀은 그러한 욕망의 충동을 이길 수 있는 안전벨트와 같은 역할을 합니다.

여기서 우리가 기억해야 할 것은 공동체가 욕심을 버려야 한다는 것입니다. 교회가 자꾸만 대형화 되려고 하고 세상적인 것을 따라가는 것 자체가 이미 교회를 끌고 가는 분들이 욕심을 죽이지 못하고 있는 증거입니다. 지도자들이 욕심을 죽이지 않으면서 교인들 보고 어떻게 욕심을 죽이라고 할 수 있겠습니까? 그것은 불가능한 일입니다.

하나님의 말씀이 살아 있을 때 우리는 자신의 행복에 만족하게 됩니다. 그렇게 될 때 다른 사람의 행복을 다치게 할 필요가 없고 특히 하나님의 축복을 잃지 않기 위해 자기 욕망에 못질을 하게 되는 것입니다. 하나님의 말씀이 살아 있고 상식이 통하는 사회가 좋은 사회입니다. 우리가 이런 공동체를 만들어서 우리 자녀들에게 물려 줄 수 있기를 소망해 봅니다.

27

| 신 23:1-25 | 거룩한 백성의 자격

최근 들어 월드컵 열기가 조금 식은 것 같습니다. 얼마 전까지만 해도 나라 전체가 월드컵 응원으로 흥분의 도가니였는데 이제는 조금씩 정신을 차리는 것 같습니다. 그러고 보니 다른 나라 선수들이 경기하는 것이 하나씩 눈에 들어오기 시작하면서 아직도 우리와는 실력 차이가 난다는 것을 조금씩 인정하게 되는 것 같습니다. 역시 세계에서 가장 강한 팀은 브라질인데 브라질 팀은 한두 선수가 잘 하는 것이 아니라 한 사람 한 사람 모두가 뛰어난 세계 최고의 선수이기 때문에 언제 어디서든지 득점할 수 있는 것을 보게 됩니다.

이러한 사실은 하나님의 백성들에게도 그대로 적용됩니다. 하나님의 백성들의 특징은 한 사람 한 사람이 하나님의 축복을 일으킬 수 있고 부흥을 일으킬 수 있는 능력을 가진 자라는 것입니다. 구약 이스라엘 역사를 보면 다윗의 후손에 대한 말씀이 계속되는데, 다윗의 자손은 유다의 왕 한 사람만이 아니라 백성들 한 사람 한 사람이 부흥을 일으킬 수 있는 잠재력을 가진 사람들이었습니다. 그럼에도 불구하고 다윗의 자손들이 자신의 가치를 모르고 엉뚱하게 아합 왕이나 따라다닐 때 예후에 의해서 한꺼번에 떼죽음을 당하게 되는 것입니다.

이것은 모든 하나님의 백성들이 명심해야 할 점입니다. 하나님을 믿는 사람들은 한 사람 한 사람이 기도의 응답을 받고 부흥을 일으키면 사탄을 물리칠 수 있는 폭발력을 가진 사람들입니다. 무엇보다 하나님의 백성들은 어느 한두 사람이 뛰어나고 잘한다고 해서 복이 오는 것이 아닙니다. 모든 하나님의 백성들이 잘해야 하고 모두가 최고의 영적 상태에 있어야 합니다.

예컨대 우리 자신을 수도관으로 비유할 때 깨끗한 수도꼭지에서 깨끗한 수돗물이 계속 잘 나오려면 일단 수도관에 녹이 슬지 않아야 하고 또 중간이 뚫어진 곳이 없어야 합니다. 그래서 오늘 말씀을 보면 하나님께서는 모든 이스라엘 백성들이 거룩해야 한다고 말씀하십니다. 왜냐하면 모든 이스라엘 백성 한 사람 한 사람이 폭발적인 부흥의 능력을 가져올 수 있을 뿐만 아니라 만약 한 사람이라도 부패하고 썩어 있으면 하나님의 축복이 그 사람 때문에 중간에 막히거나 새어 버릴 수 있기 때문입니다. 그래서 우리는 '나 한 사람쯤이야' 하는 생각을 절대로 해서는 안 됩니다. 우리에게 온전한 축복이 오기 위해서는 바로 나 한 사람이 은혜 받는 것이 무엇보다 중요하다는 것을 알아야 합니다.

여호와의 총회에 들어올 수 없는 사람들

하나님께서는 먼저 하나님의 백성이 될 수 없는 자들에 대해 분명히 말씀하셨습니다.

신명기 23장 1-2절

신낭이 상한 자나 신을 베인 자는 여호와의 총회에 들어오지 못하리라 사생자는 여호와의 총회에 들어오지 못하리니 십 대까지라도 여호와의 총회에 들어오지 못하리라.

여기 '여호와의 총회' 라는 말이 나옵니다. '여호와의 총회' 라고 하는 것은 일차적으로 이스라엘 백성 전체의 모임을 말합니다. 그러면 과연 이 이스라엘 백성 전체의 모임이라는 것이 무엇을 말할까요? 먼저 알아야 할 것은 애굽을 탈출해서 광야에 있는 모든 사람들이 여호와의 총회는 아니라는 것입니다. 왜냐하면 거기에는 이스라엘 백성들이 아닌 수많은 이방인들도 섞여서 함께 탈출했고 함께 돌아다니고 있었기 때문입니다. 그러면 '여호와의 총회' 라고 하는 것은 하나님의 백성으로 하나님의 생명책에 이름이 기록된 모든 사람들을 말합니다. 다시 말해 이 사람들은 진정한 하나님의 백성들이 되는 것입니다.

그런데 중요한 것은 이렇게 구원받은 사람들의 전체 모임을 '여호와의 총회' 라고 부르는 이유는 그들의 모임에는 눈에 보이지 않는 하나님의 거룩하신 영광이 있고 또 수많은 천사들의 무리가 그곳에 함께 거하기 때문입니다. 그래서 우리가 진정한 하나님의 백성으로 모일 때 우리는 우리만 모이는 것이 아니라는 사실입니다. 우리의 모임에는 전능하신 하나님과 수많은 천사들이 함께합니다. 그리고 모든 중요한 일들이 거기서 이루어지게 됩니다.

무엇보다 믿는 사람들이 교회에서나 혹은 사회에서 어떤 예배를 드리는 것이나 드리지 않는 것 혹은 어떤 수련회를 하는 것과 하지 않는 것 사이에는 엄청난 차이가 있다는 것을 알아야 합니다. 왜냐하면 그 예배는 하나님의 이름으로 모이는 여호와의 총회이기 때문입니다. 그래서 우리는 여호와의 총회에 빠지지 않는 것을 원칙으로 삼아야 합니다. 왜냐하면 내가 없는 그 시간에 가장 중요한 축복의 역사가 나타날 수 있기 때문입니다. 그런데 본문에서 하나님께서는 결코 여호와의 총회에 참석할 수 없는 사람들을 말씀하셨습니다.

그 첫째가 성기에 손상을 입은 사람들입니다. 즉 "신낭이 상한 자나 신을 베인 자"는 남성으로서 모두 성기에 이상이 있는 사람을 말합니다. 우리가 알아야 할 것은 하나님의 백성에게 있어서 올바른 성이라고 하는 것이 매우 중요합니다. 누구든지 여호와의 총회의 일원이 되어서 은혜를 받으려고 하면 성적으로 깨끗하고 흠이 없어야 합니다. 성 생활을 문란하게 하면서 예배에서 은혜를 받겠다는 생각을 해서는 안 된다는 것입니다.

특히 하나님께서는 이스라엘 백성들에게 하나님의 백성의 표시를 남자의 성기에 할례로 행하게 하셨습니다. 그런데 성기가 손상된 사람은 할례를 받을 수가 없습니다. 그렇다면 성기가 손상된 사람들이 어떤 사람들이냐 하는 것입니다. 보통 우리가 아는 것은 궁중의 내시들이 성기가 손상이 되었습니다. 그러나 고대에는 이방신에게 바쳐진 자들 중에서 성기를 손상시키는 자들이 있었습니다. 그래서 이미 이방신에게 바쳐져서 성기에 손상을 입은 자는 이미 이방신의 사고방식이 그의 의식

구조 속에 깊이 뿌리 박혀 있기 때문에 한두 번 예배드린다고 해서 생각이 바뀌지 않는다는 것입니다. 그래서 이런 사람은 여호와의 총회에 들어오지 못하게 했습니다.

현대의 많은 사람들이 예배에서 자꾸 놓치고 있는 것이 있습니다. 그것은 예배를 여호와의 총회라는 생각을 하지 못하고 나의 답답한 마음을 해결 받고 설교에서 인간적인 위로를 받으려고 하는 것입니다. 그러나 우리의 예배는 여호와의 총회이며 거룩한 천사들과 하나님이 임재하시는 예배입니다. 여기서 모든 중요한 일들이 결정됩니다.

오늘날 성기가 손상된 자들 중에 자기 스스로 성 전환을 하는 '트랜스젠더'가 있습니다. 얼마 전에 대법원에서는 트랜스젠더의 성 전환을 합법적으로 인정해 주기로 결정을 내렸습니다. 아마도 본래 성보다는 현재의 성이 더 편하고 좋을지 모르겠습니다. 즉 처음 남성으로 태어난 것보다는 현재의 여성적인 것이 훨씬 더 행복할 수 있을지도 모르겠습니다. 그러나 좀 비인간적으로 들릴지 모르겠지만 인간의 모든 것을 행복만으로 따질 수는 없습니다. 하나님께서 주신 모습을 가지고 사는 것이 더 아름답습니다.

여기에 보면 '사생자'도 여호와의 총회에 '십대'까지는 들어오지 못한다고 했습니다. 사생자는 부모가 합법적이지 않은 방법으로 아이를 낳은 경우에 속합니다. 어떻게 보면 본인으로서는 참으로 억울할 수 있습니다. 이 세상에서 사람들로부터 미움을 받고 사람 취급받지 못한 것도 억울한데 하나님께서도 여호와의 총회에 들어오지 못하게 하면 어떻게 하라는 말입니까? 그러나 하나님께서 진정으로 은혜를 사모하는 자에게 여호와의 총회에 들어오지 못하게 하는 것은 아닙니다. 다만 자기 안에 있는 음란한 성향을 인정하지 않고 위선적으로 하나님의 백성이 되려고 하는 자를 인정하지 않을 뿐입니다. 결국 깨끗지 못한 피가 깨끗해지려면 열 번의 세대를 지나가야 한다는 것입니다. 즉 부모가 바람을 피워서 아이를 낳았을 때 그 아이들이 바람을 피울 확률은 아주 높습니다. 그러면 이런 음란한 바람을 완전히 끊을 수 없습니까. 그것은 철저하게 부모의 잘못된 관계를 끊고 하나님의 자녀로 새 출발을 하는 것입니다.

사사기에 보면 입다는 아버지가 바람을 피워서 창녀와 관계해서 낳은 아이였습니다. 그런데 입다는 아버지의 모든 정신적 물질적 유산을 청산하고 집에서 쫓겨나서 인생 밑바닥에서부터 믿음으로 철저하게 다시 시작했기 때문에 이스라엘의 지도자가 될 수 있었습니다.

오늘날도 많은 사람들이 좋지 못한 부모의 정신적인 유산을 물려받는 경우가 있습니다. 그런데 우리가 진정으로 예수님을 믿는다면 가문의 모든 전통과 씨족의 자랑과 관계를 끊어 버리고 다시 시작하면 되는 것입니다. 우리 교회에는 철저한 유교 집안의 장손인데 예수 믿다가 집에서 쫓겨나 밑바닥에서부터 다시 시작해서 목회자가 된 형제도 있습니다.

하나님께서는 지금 모압 족속과 암몬 족속 그리고 에돔 족속이 여호와의 총회에 들어오지 못한다고 말씀하셨습니다. 이 족속들은 모두 이스라엘의 형제나 친척 관계에 있었습니다. 이 족속들은 인간적으로는 이스라엘 사람들에게 가장 가까운 사람들이었지만 영적으로는 이스라엘에게서 가장 멀리 있는 자들이었습니다. 이들은 자기들이 마음먹으면 이스라엘 백성들로부터 얼마든지 신앙적인 감화를 받을 수 있었지만 신앙적인 영향은 거부하고 오히려 시기하고 질투하고 미워했던 자들이었습니다.

신명기 23장 3-5절

암몬 사람과 모압 사람은 여호와의 총회에 들어오지 못하리니 그들에게 속한 자는 십 대뿐 아니라 영원히 여호와의 총회에 들어오지 못하리라 그들은 너희가 애굽에서 나올 때에 떡과 물로 영접하지 아니하고 메소보다미아의 브돌 사람 브올의 아들 발람에게 뇌물을 주어 너희를 저주케 하려 하였으나 네 하나님 여호와께서 너를 사랑하시므로 발람의 말을 듣지 아니하시고 그 저주를 변하여 복이 되게 하셨나니.

암몬 족속과 모압 족속은 아브라함의 조카 롯과 그 딸들의 후손들입니다. 이들은 모두 소돔과 고모라의 심판에서 살아난 자들의 후손입니다. 이들은 이 무서운 하나님의 심판에서 살아났음에도 불구하고 믿음으로 살지 못하고 산으로 도망쳐서 아버지와 딸이 불륜으로 자식을 낳아서 모압 족속과 암몬 족속이 되었습니다. 즉 하나님의 구원을 받았으면 조금이라도 구원받은 자의 믿음이 있어야 하는데 이들은 더 믿음이 없었습니다. 차라리 구원받지 못한 자보다 믿음이 없었습니다.

특히 이스라엘 백성들이 애굽에서 나와서 광야에서 40년 동안 고생하다가 가나안 땅에 들어가기 위해 모압 땅을 통과하려고 했을 때 수고한다고 영접하기는커녕 외국의 선지자를 불러서 뇌물을 주어 저주를 하려고 했습니다. 이것은 바로 성령 훼방죄에 해당되는 것이고 성령 훼방죄를 지은 자는 영원히 여호와의 총회에 들어오지 못하는 것입니다. 아주 가까운 친척이고 형제들이라 해도 신앙적인 영향을 거부하고 시기하고 질투하며 나쁜 소문을 퍼트리는 등 성령을 훼방하는 죄를 지을 수 있습니다.

그러나 모압 자손이라고 해서 완전히 하나님의 백성이 못되는 것은 아닙니다. 누구든지 모압의 모든 지위나 자격을 포기하면 이스라엘이 될 수 있습니다. 예를 들면 룻 같은 여자는 모압 여자였지만 이스라엘의 복을 받았고 다윗 왕의 할머니가 되었습니다.

에돔도 마찬가지로 야곱과 형제 관계였지만 신앙적인 영향을 거부하고 하나님을 거부하고 세상을 따라간 사람들입니다. 그러나 모압과 암몬 족속들처럼 불륜의 자식들은 아니었습니다. 이들은 다만 자기들이 이스라엘보다 더 세상에서 성공했고 잘났다고 생각해서 신앙생활을 멀리 했습니다. 이들도 여호와의 총회에 들어올 수 없는데 3대가 지나면 들어올 수 있었습니다. 즉 세상의 교만이나 자랑만 버리면 여호와의 총회에 들어올 수가 있는 것입니다.

거룩을 위한 노력

하나님의 백성들은 예배나 큰 집회만 여호와의 총회가 아니라 일상생활 가운데서도 하나님이 언제나 함께하시기 때문에 정신적으로나 육체적으로나 깨끗하기 위해서 노력해야 합니다. 왜냐하면 하나님의 백성들은 예배 시간만이 아니라 일상생활 가운데서도 언제 어디든지 하나님의 축복과 능력이 나타날 수 있기 때문입니다.

신명기 23장 9-11절

네가 대적을 치러 출진할 때에 모든 악한 일을 스스로 삼갈지니 너희 중에 누가 밤에 몽설함으로 부정하거든 진 밖으로 나가고 진 안에 들어오지 아니하다가 해질 때에 목욕하고 해진 후에 들어올 것이요.

첫 번째로 생각이 건전하지 못한 것에 대한 것입니다. 사람이 전쟁을 하러 나간다는 것은 대단히 긴장되는 일입니다. 옛날이나 지금이나 사람들은 어떤 큰 중요한 일을 앞두고 너무나도 긴장한 나머지 긴장을 풀기 위해서 여러 가지 엉뚱한 짓들을 할 수가 있습니다. 그 중 하나가 사람들이 진탕 술을 마시거나 또는 좋지 않은 곳에 가서 성적으로 문란한 짓을 할 수도 있습니다. 그런데 이것은 자포자기하는 것밖에 되지 않기 때문에 하나님의 백성들에게는 용납되지 않습니다. 하나님은 자포자기하는 자들을 돕지 않으십니다.

오래 전에 남자들이 군대에 입대하게 되면 친구들이 술을 많이 마시게 하거나 사창가에 데리고 가는 일들이 비일비재했습니다. 왜 그런 짓을 하느냐 하면 이제 군대 가면 언제 죽을지 모른다는 좌절감 때문에 그렇게 한다는 것입니다. 그러나 크리스천들은 십자가의 군사로 입대하는 것이기 때문에 오히려 더 차분한 마음과 말씀으로 무장하여 성령 충만한 상태에서 입대를 해야 합니다.

그런데 본문에서 다루는 것은 사람으로서는 어쩔 수 없는 생리적인 현상입니다. 그것은 남자가 몽설을 하는 것입니다. 몽설을 한다고 하는 것은 요즘 말로 표현하면 '자위행위'를 하는 것인데 이것은 어떤 의미에서는 생리적인 현상이라고 봐야 합니다. 그러나 아무리 생리적인 현상이라 하더라도 좋지 않은 생각을 할 수 있기 때문에 그런 사람은 스스로 이스라엘 진 밖으로 나가서 어두워질 때까지 자진해서 있으라는 것입니다.

하나님께서는 이스라엘 백성들이 아주 잠깐이라 할지라도 좋지 못한 생각이나 음란한 생각들까지도 깨끗케 하기를 원하십니다. 우리는 깨끗지 못한 생각과 생리적인 현상을 아주 잠시라도 완전히 없앨 수 없다

하더라도 하나님 앞에서는 회개를 해야 완전히 깨끗해질 수 있는 것입니다. 하나님은 참으로 합리적인 분이십니다. 하나님은 이런 본능적인 일조차 모두 철저하게 정죄하신 것이 아니라 어쩔 수 없다 하더라도 덕스럽지 못하고 깨끗지 못한 것은 알아서 회개하라고 하신 것입니다.

여기서 놀라운 사실은 이미 화장실을 만들 것을 말씀하셨습니다.

신명기 23장 12-14절

너의 진 밖에 변소를 베풀고 그리로 나가되 너의 기구에 작은 삽을 더하여 밖에 나가서 대변을 통할 때에 그것으로 땅을 팔 것이요 몸을 돌이켜 그 배설물을 덮을지니 이는 네 하나님 여호와께서 너를 구원하시고 적군을 네게 붙이시려고 네 진중에 행하심이라 그러므로 네 진을 거룩히 하라 그리하면 네게서 불합한 것을 보시지 않으므로 너를 떠나지 아니하시리라.

이 당시 사람들에게는 위생 관념이라는 것이 없었습니다. 그래도 우리나라 사람들은 너무나 청결해서 화장실 문화가 일찍이 발달했습니다. 서양의 대도시도 100년 전만 하더라도 파리나 런던 같은 도시에서 대변을 보고 그냥 길에 버리는 바람에 길거리를 제대로 다닐 수가 없었습니다. 한때는 중국도 길에 대변을 버려서 청결하지 못했습니다. 현대 문명의 척도를 나타내는 곳이 바로 화장실 문화입니다.

그런데 하나님께서는 지금으로부터 삼천 오백 년 전에 이스라엘 백성들이 들판에 있을 때 이미 화장실을 만들라고 하셨습니다. 사실 광야는 굳이 화장실을 만들 필요가 없을 것 같은데 역시 사람이 많으면 배설물 처리가 쉬운 문제는 아니었습니다. 그래서 반드시 화장실을 만들고 삽을 두어서 각자가 변을 보고 난 후에 흙으로 덮도록 했습니다. 그 이유는 이스라엘 진중에는 하나님이 돌아다니시는데 보기에 좋지 않다는 것이었습니다. 물론 하나님께서 변이 있다고 해서 발로 밟으시는 것은 아니지만 사람이 보기에 좋지 않은 것은 하나님이 보시기에도 좋지 않는 것입니다.

물론 사람이 변을 본다고 하는 것은 생리적인 일로 당연한 것이지만 그럼에도 불구하고 뒤처리를 깨끗하게 해서 다른 사람이 보기에 얼굴을 찌푸리지 않게 하는 것이 하나님의 백성들의 의무인 것입니다.

사랑이 넘치는 공동체

우리가 농촌에 가서 곡식들이 자라는 논밭을 보면 농수로가 잘 만들어져 있는 것을 보게 됩니다. 논밭마다 물이 풍족하게 공급될 때 식물들은 잘 자라게 되는 것입니다. 이와 마찬가지로 하나님의 백성들이 축복이 넘치는 생활을 하려면 두 가지가 풍성하게 공급되어야 합니다.

첫째, 말씀의 공급입니다. 하나님의 말씀이 어느 곳에서도 막히지 않고 강물처럼 철철 넘치게 될 때 성도들은 복을 받을 수 있습니다. 둘째, 공의 또는 사랑이 넘치게 흘러야 합니다. 사랑이 넘친다는 것은 누구에게나 어려운 사람을 도울 수 있고 또 도움을 받을 수 있는 것을 말합니다. 무엇보다 교회는 공평해야 합니다. 사회적인 지위가 높거나 교회에서 직분자라고 해서 불의를 해도 그냥 내버려 두고 가난하고 무식한 자들을 매일 들볶는다면 이것은 하나님의 공의를 무너뜨리는 것입니다. 따라서 교회는 하나님의 은혜를 막는 이러한 행위를 결코 용납해서는 안 됩니다.

본문은 어떻게 하면 사랑이 넘치는 사회가 될 수 있는지에 대해 몇 가지 예를 들어 설명합니다.

첫째, 도망친 노예가 있을 때 주인에게 돌려주지 말라는 것입니다.

신명기 23장 15-16절

종이 그 주인을 피하여 네게로 도망하거든 너는 그 주인에게로 돌리지 말고 그가 너의 성읍 중에서 기뻐하는 곳을 택하는 대로 너와 함께 네 가운데 거하게 하고 그를 압제하지 말지니라.

옛날에는 종이 주인에게서 도망을 치면 가장 무섭게 처벌했습니다. 일반적으로 종이 주인에게서 도망을 칠 때에는 학대를 받거나 도저히 견딜 수 없어서 살기 위해 도망을 치는 경우가 대부분이었습니다. 그럴 때에는 몰래 숨겨 줘서 새로운 삶을 살게 해 주라는 것입니다. 물론 이것이 법을 어기는 것이 되어서는 안 됩니다. 예를 들어 집에 범죄자가 도망을 쳐서 숨겨 달라고 하면 신고를 하게 되어 있습니다. 신고를 하지 않고 숨겨 두면 범인 은닉죄라고 해서 숨겨 준 사람이 붙들려가게 됩니다.

그런데 부인이 남편에게 매를 맞다가 견디지 못해서 도망을 쳐 와서 도와달라고 할 때에는 숨겨 줘야 하는 것입니다. 왜냐하면 부인을 때리는 남편은 이미 남편의 자격을 잃은 것이기 때문입니다. 이럴 때에는 숨겨 두어서 새로운 생활을 할 수 있도록 도와줄 수 있으면 그렇게 해 주어야 하는 것입니다. 어떤 경우에는 아들이나 딸이 의붓아버지나 친족들에게 매를 맞다가 견디지 못해서 도망을 쳐서 도와달라고 하면 숨겨 줘야 합니다. 이것도 마찬가지입니다. 부모가 자식을 죽도록 때리거나 혹은 딸을 성추행할 때에는 이미 부모로서의 자격을 상실한 것입니다. 그래서 그런 아이들을 부모에게 다시 돌아가게 하는 것은 죽으라는 것밖에 되지 않기 때문에 어디 적당한 곳에 아르바이트를 할 곳이라도 찾아서 고생은 되지만 더 이상 매를 맞지 않고 새로운 삶을 살도록 해 줘야 할 것입니다.

이런 맥락에서 지금 심각한 사회 문제가 되고 있는 것이 탈북자 문제라고 생각합니다. 북한 사람들이 민생고가 해결되지 않아서 국경을 넘어서 중국으로 탈출해서 여기 저기 떠돌아다닙니다. 그런데 중국 공안은 이들을 잡아서 북한으로 도로 넘겨주고 있습니다. 이것은 전 세계에서 비난을 받아야 할 일이고 속히 탈북자들이 다시 북한으로 끌려가지 않도록 하는 인권법이 마련되어야 합니다.

둘째, 하나님의 백성들은 더러운 수입을 좋아해서는 안 된다는 것입니다.

신명기 23장 17-18절

이스라엘 여자 중에 창기가 있지 못할 것이요 이스라엘 남자 중에 미동이 있지 못할지니 창기의 번 돈과 개 같은 자의 소득은 아무 서원하는 일로든지 네 하나님 여호와의 전에 가져오지 말라 이 둘은 다 네 하나님 여호와께 가증한 것임이니라.

이스라엘은 창기나 미동이 있어서는 안 되는 나라입니다. 이것은 아름답지 못한 직업으로 돈을 벌어서는 안 됨을 교훈하는 것입니다. 교회에서 음악으로 봉사하고 있는 어떤 성도에게 제가 '직업이 무엇입니까?' 하고 물었습니다. 그랬더니 '주님이 기뻐하시지 않는 직업입니다' 라고 대답하기에 그것이 무엇이냐고 물으니까 밤에 술집에서 음악을 해서 돈을 번다는 것입니다. 주 중에는 술집에서 음악을 연주하고 주일이 되면 교회에서 하나님의 영광을 위해서 음악을 연주하는 것입니다. 이것은 옳은 일이 아닙니다. 하나님의 백성들은 술장사를 해서는 안 됩니다.

뿐만 아니라 개 같은 자가 번 돈은 하나님께 바쳐질 수가 없다고 합니다. 개 같은 자가 번 돈이라는 것은 노름을 한다든지 고리채를 한다든지 가지노에시 번 돈이나 혹은 사기나 협박으로 번 돈으로 감사헌금을 하거나 십일조를 해서는 안 된다는 것입니다.

현대 교인들은 무조건 복을 많이 받는 것을 좋아했는데 그것은 옳은 신앙의 자세가 아닙니다. 하나님의 말씀대로 바르게 복을 받아야 이것이 진정한 복이 될 수 있는 것입니다. 그래서 교회는 교인들로 하여금 불노소득을 좋아하지 않도록 가르쳐야 합니다. 우리는 깨끗지 못한 수입은 개 먹이로 생각해서 버려야 합니다. 그런 것을 부러워해서 같이 먹으면 개가 되는 것입니다.

셋째, 하나님의 백성들은 돈을 빌려 주고 이자를 받아서는 안 됩니다.

신명기 23장 19절

네가 형제에게 꾸이거든 이식을 취하지 말지니 곧 돈의 이식, 식물의 이식, 무릇 이식을 낼만한 것의 이식을 취하지 말 것이라.

돈을 빌리는 사람은 이자라는 것이 얼마나 무서운 것인지 잘 모릅니다. 돈을 빌릴 때에는 좋은 것 같지만 이자를 갚으려고 하면 그것이 무거운 짐이 됩니다. 특히 고리채의 경우에는 자칫 잘못하면 이자가 눈덩이처럼 커져 버리기 때문에 나중에는 배보다 배꼽이 더 큰 것입니다. 그래서 하나님의 백성들은 위험을 무릅 쓰고 돈을 빌리는 일을 해서는 안 됩니다.

때로 형편이 어렵다 하더라도 자기에게 주어진 수입 안에서 사는 훈련을 해야 합니다. 결과적으로 성도가 망하게 되는 것은 허영 때문입니다. 그런데 허영이 아니라 도저히 굶어죽을 수밖에 없는 상황에서 돈이나 식물을 빌려야 할 경우에는 이자를 받지 말고 구제의 차원에서 도와주라는 것입니다. 이렇게 할 때 하나님의 사랑이 온 이스라엘 안에 넘치게 된다는 것입니다. 그리고 이 규정을 이방인에게는 적용시킬 필요는 없다고 말씀합니다. 왜냐하면 하나님이 없는 사람은 어차피 자기 인생을 자기가 책임을 져야 하기 때문에 그렇습니다. 그래서 믿는 자에 대한 구제와 세상 사람들에 대한 구제는 근본적으로 차이가 날 수밖에 없습니다.

그리고 하나님 앞에 서원한 것에 대해서 서원을 하지 않는 것이 좋고 서원을 했을 때에는 먼저 갚으라고 말씀하십니다. 왜냐하면 우리 인간들은 이기적이어서 시간이 지날수록 마음이 변하기 때문에 그렇습니다. 무엇보다 하나님 앞에서 약속을 하고 지키지 않으면 그것이 허물이 되고 죄가 되기 때문에 회개해야 합니다. 그래서 무슨 약속을 했을 때에는 마음 변하기 전에 실천에 옮기는 것이 좋습니다.

신명기 23장 21-23절

네 하나님 여호와께 서원하거든 갚기를 더디 하지 말라 네 하나님 여호와께서 반드시 그것을 네게 요구하시리니 더디면 네게 죄라 네가 서원치 아니하였으면 무죄하니라마는 네 입에서 낸 것은 그대로 실행하기를 주의하라 무릇 자원한 예물은 네 하나님 여호와께 네가 서원하여 입으로 언약한 대로 행할지니라.

대개 무슨 선한 약속을 하는 것은 그런 선한 충동이 마음에서 일어났기 때문입니다. 그러나 우리의 마음은 늘 변합니다. 무엇보다 하나님의 백성들은 일시적인 기분에 따라서 왔다 갔다 하는 사람들이 되어서는 안 됩니다. 언제든지 신중해서 기분이 좋든지 나쁘든지 일정하게 신실한 사람이 되어야 하나님께서 기뻐하시는 것입니다.

그런데 이스라엘의 가장 놀라운 것은 마지막에 나타납니다. 그것은 이스라엘 백성들 중에서 배가 고픈 사람은 같은 이스라엘 백성의 포도원에 들어가서 포도를 따 먹을 수 있다는 것입니다. 일단 배가 고파서 포도를 따 먹는 것은 도둑질이 되지 않습니다. 그러나 포도를 따서 그릇에 담는 것은 허락되지 않았습니다. 또 배가 고파서 다른 사람의 밀밭에 들어가서 손으로 밀을 따서 비벼 먹는 것은 도둑질이 되지 않았습니다. 그러나 낫을 대어서 자를 때에는 도둑질이 되는 것입니다.

신명기 23장 24-25절

네 이웃의 포도원에 들어갈 때에 마음대로 그 포도를 배불리 먹어도 가하니라 그러나 그릇에 담지는 말 것이요 네 이웃의 곡식밭에 들어갈 때에 네가 손으로 그 이삭을 따도 가하니라 그러나 네 이웃의 곡식밭에 낫을 대지 말지니라.

이스라엘 백성들은 포도농사를 짓거나 밀농사를 지을 때 그것이 전부 자기 것이라고 생각하지 않았습니다. 그 중 일부는 가난한 사람의 것도 포함되어 있다고 생각했습니다. 그래서 배고픈 사람들이 포도원이나 밀밭에 들어와서 그릇에 담지 않고 먹는 것 정도는 얼마든지 사랑으로 용납했습니다. 어느 날 예수님의 제자들이 복음을 전하러 다니면서 너무나도 배가 고파서 다른 사람의 밀밭에 들어가서 손으로 이삭을 비벼 먹었습니다. 그러자 이삭을 비빈 행위가 안식일에 해서는 안 될 노동이라고 생각했던 바리새인들은 그날이 안식이라고 해서 예수님을 고소했습니다. 그들은 배가 고픈 사람은 안식일에 밀밭에서 먹을 수 없다고 생각했던 것입니다.

우리 공동체 안에 사랑으로 용납하고자 하는 마음이 있습니까? 하나님의 백성들의 모임은 영광스러운 모임입니다. 우리 모임 가운데 성령의 거룩한 임재가 있습니다. 성령의 기름 부으심이 있습니다. 우리 가운데 하나님의 말씀과 사랑이 강같이 흘러서 하늘로부터 내려오는 풍성한 축복을 받아 누리는 성도들이 되길 소망합니다.

28

| 신 24:1-22 | 약한 자의 소리

얼마 전에 모 신문을 보니까 '깨어진 유리창' 이론이라는 글이 실렸습니다. '깨어진 유리창' 이론은 어느 날 밤에 누군가가 돌을 던져서 어떤 사람의 가게 유리창을 깨버렸을 때 주인은 유리창을 새 것으로 바꾸려니 돈이 아까워서 종이로 대충 막았습니다. 그런데 그 깨진 한 장의 유리창 때문에 그 가게에 대한 이미지가 나빠지게 되고 나중에는 그 거리에 대한 이미지까지 나빠져서 그 거리 전체가 불량배들이 우글거리는 동네가 되었다는 것입니다. 차라리 가게 주인이 돈이 조금 들더라도 깨진 유리창을 새 것으로 바꾸고 서비스를 개선했더라면 가게 이미지도 더 좋아졌을 것이고 장사도 더 잘 되었을 것입니다.

그래서인지 모르겠지만 현대 기업들은 자사 이미지에 손상이 될 수 있는 '깨어진 유리창'을 찾느라고 애를 쓴다고 합니다. 그렇다면 우리 사회의 깨어진 유리창에 해당되는 것은 무엇일까요? 바로 사회적인 약자들의 목소리가 아닌가요? 예컨대 권위적인 사회일수록 사회적 약자들의 소리를 무시하고 잘 들으려고 하지 않습니다. 그 결과 나중에는 더 큰 손해를 보게 될 때가 많습니다. 하나님께서는 이스라엘 백성들에게 언제든지 사회적인 약자의 목소리에 귀를 기울이는 사회가 될 것을 말씀하셨습니다. 다시 말해 하나님께서는 이스라엘 백성들이 하나님의 입장에서 언제든지 다시 찾아가고 싶은 그런 아름다운 곳으로 만들 것을 요구하십니다.

우리가 외국이나 잘 모르는 곳에 여행을 갔다가 길을 잃게 되었을 때 어느 도시가 기억에 남겠습니까. 낯선 사람이라고 해서 무시하고 업신여기는 그런 곳이 아니라 마치 자기 일인 것처럼 친절하게 도와주는 그런 곳이 기억에 오래 남을 것입니다. 그래서 그런 곳에는 다시 가 보고 싶어합니다. 하나님께서 이스라엘 백성들에게 원하는 것은 율법이 엄격하게 지켜지는 율법적인 사회가 아니라 약한 자의 작은 목소리가 들려지고 어려운 사람들의 사정이 충분히 고려되는 사회였습니다.

하나님께서는 이스라엘 백성들에게 율법에 맹목적으로 충성하라고 말씀하지 않으셨습니다. 이스라엘 백성들이 하나님의 말씀에 너무나도 열심이 넘친 나머지 모든 것을 칼로 자르듯이 하나님의 말씀으로 잘라 버리고 조금의 예외도 인정하지 않는 그런 법의 사회가 아니었습니다. 하나님께서 원하시는 것은 약한 자에 대해서는 얼마든지 예외가 인정되고 사회적인 약자가 호소하는 어려움을 얼마든지 듣고 수용하는 사회였습니다. 이런 사회가 하나님이 함께하시며 축복하시는 사회입니다.

요즘 우리 사회는 사회적인 약자들의 목소리가 힘을 내는 사회로 변하고 있습니다. 이것은 어떤 의미에서는 마땅히 우리 사회가 가야 할 길이라고 생각합니다. 그러나 어떻게 보면 사회 전체가 사랑으로 약한 자의 입장을 충분히 고려해 주는 것이 아니라 약한 자들이 뭉쳐서 소리를 지르고 폭력을 행사하니까 어쩔 수 없어서 인정하는 식으로 이뤄지는 것 같습니다. 이것은 결코 좋은 방향은 아닙니다. 하나님께서 원하시는 이스라엘 사회는 하나님의 법 앞에 누구든지 평등하지만 특히 약한 자에 대해서는 충분히 그 어려운 사정을 들어 주는 아름다운 사회였습니다.

사회적 약자인 여성

어떤 사회든지 여성들은 사회적인 약자였습니다. 하나님께서 이스라엘 안에서 여성의 행복을 상당히 중요하게 생각하게 하셨습니다. 여기에 대해 두 가지를 말씀하는데, 하나는 여성의 이혼과 재혼을 허용한 것이고, 다른 하나는 아내의 행복을 위해서 새로 결혼한 남자는 1년 동안 군대를 면제시킨 것입니다. 먼저 군대를 면제시킨 것부터 살펴보겠습니다.

신명기 24장 5절

사람이 새로이 아내를 취하였거든 그를 군대에 내어 보내지 말 것이요 무슨 직무든지 그에게 맡기지 말 것이며 그는 일 년 동안 집에서 한가히 거하여 그 취한 아내를 즐겁게 할지니라.

일반적으로 여자가 새로 시집을 가게 되면 의무가 많아지고 책임이 커지는 바람에 적응하는 것이 매우 어렵습니다. 우리나라에서는 새색시가 시집을 오면 예쁜 색동 한복을 입게 하고 하루 이틀 동안은 일을 시키지 않습니다. 그런 후에 무지막지한 시집살이가 시작되는데 남편의 사랑도 제대로 받지 못하고 시집 식구들의 모든 의무를 도맡아서 하게 되는 것입니다. 거기에다가 시어머니나 시누이들의 미움까지 받으면 정신적인 스트레스까지 엄청나게 받게 됩니다.

하나님께서는 이스라엘에서는 여자가 결혼하면 1년 동안 가장 행복하게 보내게 하셨습니다. 즉 이스라엘은 결혼한 남자들에게는 1년 동안 아무 일도 맡기지 않고 오직 신부만 행복하게 해 주는 것이 의무였습니다. 하나님께서 얼마나 여성들의 신혼의 행복을 중요하게 생각하셨는지 전쟁이 터져도 막 결혼한 신랑은 전쟁터에 보내지 못하게 하셨습니다. 왜냐하면 결혼하자마자 신랑이 전쟁터에 나가서 죽으면 신부가 한평생 남편을 생각하면서 울게 되기 때문에 하나님은 어떤 일이 있어도 신부의 신혼 1년의 행복을 지켜 주도록 하게 하셨습니다.

여기서 우리가 알 수 있는 것은 이스라엘에서는 적어도 남자가 결혼을 하려면 1년 이상 아무 일도 하지 않고 아내를 먹여 살릴 수 있는 준비를 해 놓아야 한다는 것입니다. 남자는 여자와 결혼을 할 때 아내가 먹을 것 입을 것 사랑에 대한 모든 것을 평생 공급해 주기로 약속하고 결혼을 하는 것입니다. 하나님께서는 이스라엘 남자가 결혼을 했을 때 1년 동안은 다른 일을 아무것도 하지 않고 오직 아내를 위해서만 헌신하게 하신 것입니다.

그렇다면 이 1년은 신부에게는 얼마나 행복한 시간이 되겠습니까? 신혼여행이 일주일이나 3박 4일이 아니라 1년 내내 신혼여행인 것입니다. 그러면 아내는 이 1년의 행복을 가지고 나머지 한평생 힘을 내서 가족을 위해서나 다른 사람을 위해서 살아가게 되는 것입니다. 사실 1년 동안 남편이 자기만을 사랑하고 헌신을 했는데 불만을 가질 여자는 없을 것입니다. 그만큼 이스라엘 여자는 복 받은 여자들이었습니다. 무엇보다 남편도 1년 동안 아내를 위해서 사랑하고 헌신하면 아내를 사랑하는데 훈련이 되어서 한평생 아내를 사랑하는데 어려움이 없을 것입니다.

하나님의 백성들은 사랑을 위해 존재합니다. 그러나 어렸을 때의 사랑이라고 하는 것은 주로 받는 사랑이지 주는 사랑이 아닙니다. 사람이 처음으로 다른 사람에게 사랑을 주는 것이 배우자입니다. 하나님께서는 자기 아내에게 사랑을 마음껏 주라는 것입니다. 그러면 그것이 버릇이 되고 습관이 되서 그 다음부터는 다른 사람을 사랑하는 것도 쉬워지게 됩니다.

그리고 여성을 위한 또 하나의 배려가 이혼의 허용입니다. 여기서 하나님께서 이스라엘에 이혼을 허용했다는 것은 엄청난 양보가 아닐 수 없습니다. 그런데 하나님께서 이혼을 허용하신 것이 좋아서 하신 것이 아닙니다. 하나님의 입장에서는 '무슨 일이 있어도 절대로 이혼은 안 된다. 너희들은 한 번 결혼하면 무조건 죽을 때까지 같이 살아야 한다'고 하시는 것이 옳습니다. 그럼에도 하나님께서는 인간의 일을 법으로 무 자르듯 할 수만은 없다는 것을 아시고 예외를 허용하셨습니다. 바로 이것이 율법이 가지는 엄청난 매력입니다. 하나님께서는 아무리 옳고 좋은 것이라 하더라도 도저히 사람들이 받아들일 수 없을 때에는 강요해도 소용없다는 것을 알고 계셨습니다.

결혼이라고 하는 것은 자신의 몸과 마음과 한평생을 상대방에게 맡기는 것입니다. 그럼에도 불구하고 인간은 너무나도 불완전하고 죄로 인하여 비틀어져 있기 때문에 결혼에 문제가 없을 수 없습니다. 그래서 자신을 죽이고 상대방에게 자신을 맞춰서 행복을 만들어 가야 합니다. 그러나 서로가 도저히 맞춰지지 않는 경우가 있는데 하나님은 여자의 행복을 위해서 여기에 예외를 허용하셨습니다.

신명기 24장 1-2절

사람이 아내를 취하여 데려온 후에 수치 되는 일이 그에게 있음을 발견하고 그를 기뻐하지 아니하거든 이혼 증서를 써서 그 손에 주고 그를 자기 집에서 내어 보낼 것이요 그 여자는 그 집에서 나가서 다른 사람의 아내가 되려니와.

여기서 문제가 되는 것이 나중에 발견한 '수치스러운 일'이 도대체 무엇이냐 하는 것입니다. 여기 '수치스러운 일'이라고 하는 것은 도무지 더 이상 결혼 생활을 할 수 없는 어떤 상황을 말하는 것 같습니다.

여자들은 밥을 먹고 살기보다는 사랑을 먹고 산다는 말이 있습니다. 어렸을 때 여자들은 아버지의 사랑으로 자랍니다. 그리고 결혼하면 남편의 사랑이 힘이 되어서 살아가게 되는 것입니다. 여성들은 남편이 사랑해 주지 않으면 정신적으로 죽을 수밖에 없습니다. 여기에 수치스러운 일이라고 하는 것은 도저히 남편으로 하여금 아내를 사랑할 수 없게 만드는 것입니다. 남편은 자신이 아내를 도저히 사랑할 수 없을 때 아내를 포기할 수 있게 하셨습니다. 즉 이때 이혼 증서를 써 주는 것은 다시는 자기가 이 사람에게 남편의 권리를 행사하지 않겠다는 남편으로서의 모든 권리를 포기하는 각서에 해당하는 것입니다.

이것은 오늘날 이혼과는 그 근본 성격이 다른 것입니다. 요즘 이혼의 가장 높은 비율은 불륜인 것 같습니다. 남녀가 직장 생활을 하다가 다른 남자나 여자에게 관심을 가져 결국 잘못된 사랑에 빠지는 것입니다. 이외에도 성격적으로 한 쪽이 너무 통제가 되지 않아서 정상적인 결혼 생활이 불가능한 경우도 있을 것이고, 시집이나 친정의 일로 혹은 남편의 경제적인 무능력으로 이혼하게 됩니다.

무엇보다 결혼이라고 하는 것은 일생에 가장 중요한 것인데 이 중요한 것을 잘 모르는 상태에서 하기 때문에 결혼 생활에 많은 어려움이 있습니다. 그래서 하나님은 신혼부부는 1년 동안에는 다른 일을 일체 하지 말고 서로 사랑하는 일만 열심히 하게 하신 것입니다. 그럼에도 결혼이 실패할 때도 있다는 것입니다. 이때 하나님께서는 그런 사정을 전혀 무시하지 않고 그런 가운데서 예외를 인정해 주셨습니다.

우리가 어떤 권력자를 상대할 때에 무조건 절대적으로 안 되는 것과 안 되기는 하지만 사정을 충분히 들어본 후에 할 수 있는 한 약한 사람의 입장을 수용해 주는 것 사이에는 근본적인 차이가 있습니다. 아무리 안 되는 일도 사정을 들어보고 조금이라도 허용해 줄 때 사람은 용기를 가지게 되고 다시 한 번 인간에 대한 신뢰를 되찾게 되는 것입니다.

그러나 하나님께서 예외는 허용하지만 재혼을 해서 다른 사람과 살고 있는 아내를 도로 찾지 못하게 하셨습니다. 이것도 사회 질서를 위한 이유도 있지만 다시 행복을 찾아서 살고 있는 여성에게 자기 권리를 주장한다면 이것은 또 다시 불행이 될 수 있기 때문에 그렇게 하신 것입니다.

신약 성경에서 예수님은 이혼과 재혼에 대해 더 보수적인 입장을 취하셨습니다. 예수님은 "그러므로 하나님이 짝지어 주신 것을 사람이 나누지 못할지니라 … 이르시되 누구든지 그 아내를 내어버리고 다른 데 장가드는 자는 본처에게 간음을 행함이요 또 아내가 남편을 버리고 다른 데로 시집가면 간음을 행함이니라"(막 10:9-12)고 말씀하셨습니다. 이것은 다시 한 번 성경적인 결혼을 회복시키는 것입니다. 우리의 인생에 결혼의 행복과 신앙의 자유보다 더 중요한 것은 없지만 사람들은 그 가치를 잘 모르고 살아갑니다. 올바른 결혼을 하기 위해서는 먼저 자신의 신앙적인 가치관을 확고히 하고 아내를 책임지겠다는 결심을 해야 합니다.

사도 바울은 이 신앙의 자유를 위해서 재혼을 포기하라고 말하기도 하였습니다. 아무튼 아내는 약한 사람인데 집에서 돈을 벌지 못하는 약자라고 해서 억누르고 억압해서는 안 됩니다. 남편은 아내의 행복을 아주 중요하게 생각해야 합니다.

가난한 자에 대한 배려

우리 사회에 여성 다음으로 사회적인 약자는 바로 가난한 사람들입니다. 사람이 먹을 것이 없으면 굶어 죽지 않기 위해서 세 가지 중의 하나를 하게 됩니다. 즉 남의 것을 훔치든지, 빌리든지, 구걸하든지 중 하나입니다. 그런데 남의 것을 훔치면 죄가 되고 구걸을 하는 것은 자존심이 허락지 않으니까 어쩔 수 없이 빌리게 되는데, 문제는 빌린 후에 갚지 못하면 그때부터는 빚쟁이들에게 쪼들리게 됩니다. 하나님께서는 어느 사회든지 가난한 자들이 없을 수는 없지만 어느 이상은 비참해지지 않도록 최소한의 생존을 지켜 주도록 하셨습니다.

그 첫째가 생활필수품을 차압하지 못하게 하신 것입니다. 그 중 하나가 맷돌입니다.

신명기 24장 6절

사람이 맷돌의 전부나 그 위짝만이나 전집하지 말지니 이는 그 생명을 전집함이니라.

옛날에는 집집마다 맷돌이 있어서 밀이나 보리 등을 직접 맷돌로 갈아서 껍질을 벗겨 식사를 준비했습니다. 그런데 가난한 사람으로 하여금 빚을 갚도록 하기 위해서 맷돌을 가져가 버리면 아예 식사를 준비할 수가 없게 됩니다. 그래서 아무리 빚을 갚지 못한 사람이라 하더라도 맷돌을 가져갈 수 없게 하셨습니다. 즉 먹고 살게 하면서 빚을 갚게 하라는 말씀입니다. 그러므로 어려운 사람의 최소 생계를 해쳐서는 안 되는데, 솥이라든지 냄비라든지 밥 먹는 상이라든지 최소한의 생존을 지켜 줘야 하는 것입니다.

둘째로 입은 옷도 저당 잡히지 못하게 하셨습니다.

신명기 24장 13절

해질 때에 그 전집물을 반드시 그에게 돌릴 것이라 그리하면 그가 그 옷을 입고 자며 너를 위하여 축복하리니 그 일이 네 하나님 여호와 앞에서 네 의로움이 되리라.

팔레스타인 사람들은 겉옷이 이불을 대신했습니다. 그래서 밤에 잘 때는 겉옷을 덮고 잠을 자는데, 그 겉옷을 저당으로 가져가 버리면 밤에 추위에 떨게 되는 것입니다. 그래서 아무리 그 사람의 옷을 가져가는 것이 옳다고 해도 옷을 그날 저녁에 돌려 줘서 빚을 갚지 않은 사람이라 할지라도 추위에 떨면서 잠들지 않게 하라는 것입니다.

결국 이것은 가진 자의 배려로만 가능합니다. 이 세상에서 그래도 남보다 나은 형편에 있는 사람들이 조금씩 양보해서 가난한 자로 너무 비참하지 않도록 배려해 줄 때 하나님께서 그 사람을 좋아하시고 그런 사회를 축복해 주시는 것입니다. 특별히 이웃집에 저당을 가지러 갈 때 집 안에 들어가지 말라고 하셨습니다. 단지 그 집 밖에 서서 그가 가지고 나오는 것만 저당으로 받으라고 하셨습니다.

신명기 24장 10-11절

무릇 네 이웃에게 꾸어줄 때에 네가 그 집에 들어가서 전집물을 취하지 말고 너는 밖에 섰고 네게 꾸는 자가 전집물을 가지고 나와서 네게 줄 것이며.

오늘 우리나라는 어떻습니까? 집달관이 집 안에 들어가서 차압 딱지를 붙이게 되면 인정사정없이 모든 것에 붙이게 됩니다. 그러나 이스라엘에서는 집 안에 들어가지 말고 그 사람이 들고 나오는 것만 차압하고 그 사람의 말을 믿어 주라고 말씀합니다.

해방신학은 남미에서 시작되었는데 남미에는 5%에 불과한 부자가 나라의 모든 부를 다 쥐고 있고 95%의 사람들은 가난하게 살아가고 있습니다. 무엇보다 가난한 사람들은 공산주의라든지 게릴라 같은 유혹에 쉽게 넘어갑니다. 결국 우리나라도 강성 노동 운동을 막으려면 부자들이 자기 부를 더 나눠 주는 수밖에 없습니다. 사회가 미리 미리 가난하고 억울한 사람들의 소리에 귀를 기울여서 배려해 주면 혁명이라든지 폭력적인 반란 같은 것을 얼마든지 막을 수 있는데 끝까지 부자들이나 권력자들이 자신의 기득권을 포기하지 않습니다. 결국 하나님께서 '판을 흔드시니까' 전쟁도 터지고 반란도 일어나게 되는 것입니다.

어떤 의미에서 우리나라가 평등주의로 나아가는 것은 이미 오래 전부터 했어야 하는 것이었습니다. 그럼에도 이것을 하지 않고 있다가 한꺼번에 모아서 하려고 하니 거의 사회 전체가 충격을 받고 비틀거리고 있는 것입니다. 그동안 우리 사회 내면을 들여다보면 너무나도 억울하게 망한 사람들이 수도 없이 많습니다. 그 모든 불만이 누석되어 이런 엄청난 사회적 불신을 만들어 낸 것입니다. 이제는 어느 누구도 다른 사람의 말을 믿지 않는 그런 불신 사회가 되고 말았습니다. 여기서 우리에게 중요한 것이 있다면 다시금 서로 믿고 신뢰할 수 있는 사회를 만드는 것입니다. 그렇게 하려면 얼마나 오랜 시간과 수고가 있어야 하는지 모릅니다. 만약 그렇게 하지 않으면 우리는 서로 미워하고 의심하다가 망할 수밖에 없습니다.

하나님은 가난한 품꾼들을 학대하지 말고 품삯을 연기하지 말라고 말씀하십니다.

신명기 24장 14-15절

곤궁하고 빈한한 품꾼은 네 형제든지 네 땅 성문 안에 우거하는 객이든지 그를 학대하지 말며 그 품삯을 당일에 주고 해진 후까지 끌지 말라 이는 그가 빈궁하므로 마음에 품삯을 사모함이라 두렵건대 그가 너를 여호와께 호소하면 죄가 네게로 돌아갈까 하노라.

가장 심각한 문제는 부자가 일을 시켜 놓고 품꾼의 품삯을 빨리 주지 않는 것입니다. 보통 한 달 뒤에 주고 심지어 1년까지 있다가 주는 경우도 있습니다. 사실 품꾼은 하루 일해서 하루 먹고 사는 사람들인데 일하고 난 후 1년 뒤에 주면 이 사람들은 결과적으로 일을 해 놓고 굶든지 아니면 돈을 빌려야 하는 것입니다.

그동안 우리나라 대기업을 보면 중소기업에 일을 시키거나 납품을 시켜놓고 바로 돈을 주는 일이 거의 없습니다. 대부분 3개월이나 6개월 어음을 주고 그 돈을 돌렸습니다. 그러면 결국 중소기업은 그 어음을 가지고 할인해서 돈을 굴려야 하니까 손해를 보게 되고 회사를 잘못 운영하면 부도가 나는 것입니다. 하나님께서는 이스라엘 백성들에게 품꾼에게 일을 시키면 당일로 품삯을 주게 하셨습니다. 물론 일을 시키는 사람도 일을 시켰다고 해서 당장 곡식이 열매를 맺는 것은 아닙니다. 만약 열매를 거둔 후에 돈을 주려고 하면 6개월 이상 기다려야 하지만 그래도 일을 시키는 사람은 일을 하는 사람보다는 형편이 나으니까 그 정도는 손해를 보라는 것입니다. 그렇게 할 때 하나님께서는 이스라엘을 사랑하시게 되는 것입니다.

지켜야 할 여러 사항들

하나님께서는 이스라엘 사회가 아름다운 사회가 되도록 하기 위해서 지켜야 할 사소한 것들을 말씀하셨습니다. 그 첫째가 유괴에 대한 것입니다.

신명기 24장 7절

사람이 자기 형제 곧 이스라엘 자손 중 한 사람을 후려다가 그를 부리거나 판 것이 발견되거든 그 후린 자를 죽일지니 이같이 하여 너희 중에 악을 제할지니라.

여기서 '후린다'는 것은 유괴하는 것을 말합니다. 대개 유괴를 당하는 사람들은 순진하고 남의 말을 잘 믿는 사람들입니다. 나쁜 사람들은 순진한 아이에게 길을 가르쳐 달라고 하고서 유괴를 합니다. 노예로 팔이먹기 위해서 주로 어린아이나 젊은 여자들을 유괴했습니다. 하나님께서는 사람을 유괴하거나 인신매매하는 사람들을 모두 처형하게 하셨습니다. 오늘날도 어린아이를 유괴해서 돈을 받아 내려 하거나 젊은 여자들을 납치해서 못된 짓을 하는 사람들이 있는데 이것은 사형에 해당하는 죄입니다.

둘째가 한센 병에 대한 주의입니다.

신명기 24장 8-9절

너는 문둥병에 대하여 삼가서 레위 사람 제사장들이 너희에게 가르치는 대로 네가 힘써 다 행하되 곧 내가 그들에게 명한 대로 너희는 주의하여 행하라 너희가 애굽에서 나오는 길에서 네 하나님 여호와께서 미리암에게 행하신 일을 기억할지니라.

문둥병은 한센 병을 말합니다. 이렇게 명칭이 변경된 중요한 이유는 과거에 나환자들이 문둥병 때문에 너무나도 많은 정신적인 고통을 받았고 이제는 이 병에 대한 치료약이 발견되었을 뿐만 아니라 하나님이 저주하신 병도 아니고 얼마든지 치료가 가능한 병이기 때문에 그렇습니다. 언젠가 한 의사에게 왜 이런 병이 생기게 되었느냐고 물어보니 너무 가난해서 영양이 결핍하거나 몸이 청결하지 못해서 이 병이 걸린다는 것입니다. 그런데 한센 병이 무서운 것은 감각이 없어지는 것입니다. 그래서 하나님께서 더 주의를 주신 것 같습니다. 요즘도 조금만 자기 관리를 소홀히 하게 되면 성인병에 걸리기 쉽습니다. 최근에는 소아들도 성인병에 걸리게 되는데 이런 것을 소홀히 하지 말고 특별히 신경을 써서 관리해서 많은 사람들이 이 병에 걸리지 않게 하라는 것입니다.

오늘날 미국은 비만과의 전쟁을 선포했습니다. 비만과의 전쟁이라고 하는 것은 온 국력을 다 해서 비만을 고치겠다는 뜻입니다. 소아 당뇨로 고통 받는 분들이 많이 있는데 더 값이 싸고 완전한 치료약의 개발이 시급합니다.

한때 백혈병 치료제인 글레벡이 너무 비싸서 환자 가족들이 어려움을 호소했는데 이제 사회는 이런 환자들을 더 적극적으로 도와줘야 합니다. 아무리 믿음이 좋은 크리스천이라 하더라도 병에 걸리게 되면 자기가 죄를 많이 지어서 하나님이 자기를 치신 것으로 생각할 때가 많습니다. 그렇지 않아도 병 때문에 고통을 받고 있는데 또 하나님이 나를 치셨다고 생각할 때 육체적으로만이 아니라 정신적으로까지 고통을 받게 됩니다. 본문에 보면 미리암이 모세를 비난해서 나환자가 된 것은 사실입니다. 그러나 모세나 이스라엘은 미리암을 버리지 않았습니다. 오히려 모세가 간절하게 그를 위해 중보 기도하였고 이스라엘은 미리암이 나을 때까지 기다리다가 병이 나은 후에 함께 이동했습니다.

영화 '벤허'를 보면 벤허가 친구의 배신으로 노예로 팔려가게 되고 그의 어머니와 여동생은 지하 굴에 갇혀 문둥병에 걸리게 됩니다. 나중에 벤허가 탈출하여 어머니와 누이를 찾아내어 예수님께로 가는데 이미 예수님은 십자가에 못 박혀 돌아가셨습니다. 그런데 예수님께서 죽으실 때 내리는 비를 맞고 벤허의 어머니와 누이동생의 문둥병이 치료받게 되는 장면이 등장하는데 이것은 너무나도 감동적입니다.

최근까지만 하더라도 암에 걸리면 거의 죽은 사람 취급하여 사람들이 만나 주지도 않고 환자는 환자 나름대로 수술과 항암 치료의 후유증으로 엄청난 고통을 받았습니다. 사람들은 이상하게 암 환자라고 하면 겁을 먹는 것 같습니다. 그래서 암 환자는 육체적으로나 정신적으로 더 심한 고통을 받게 됩니다. 사실 암은 전염병도 아닌데 두려워하지 말고 더 자주 찾아가서 정신적으로 외롭지 않도록 힘이 되어 주어야 합니다.

셋째가 미움의 감정을 절제하라고 하셨습니다.

신명기 24장 16절

아비는 그 자식을 인하여 죽임을 당치 않을 것이요 자식들은 그 아비를 인하여 죽임을 당치 않을 것이라 각 사람은 자기 죄에 죽임을 당할 것이니라.

사람의 미움의 감정이란 누군가 죄를 지어서 밉게 되면 그 집 식구들 모두가 밉게 마련입니다. 그래서 자식 때문에 또는 가장 때문에 식구들 모두가 미움과 곤란을 당하기도 합니다. 그런데 그 집의 입장에서 본다면 자식이 죄를 지어서 처벌을 받는 것만 해도 엄청난 희생이고 고통인데 그 자식 때문에 다른 식구들까지 고통 받는다면 너무나도 가혹한 처사가 아닐 수 없습니다. 물론 자식이 그런 죄를 짓게 된 것에 대해서 도의적인 책임은 있겠지만 도의적인 것과 실제적인 처벌은 또 다른 문제입니다.

여기서 볼 수 있는 것은 하나님께서는 어떤 사람이 큰 죄를 지었다 하더라도 집안 식구 전체를 도매금으로 판단하거나 정죄할 것이 아니라 오히려 위로해 주고 격려해 줘서 정상적으로 살 수 있게 해 주는 사회가 좋은 사회라는 것입니다. 뿐만 아니라 재판에서도 특히 권리가 없는 고아나 과부나 외국인들이 억울하게 고통당하지 않도록 그들의 목소리를 충분히 들어 주는 판단을 하라고 하셨습니다.

무엇보다 하나님의 사랑의 극치는 이스라엘 백성들이 추수하는데 나타나게 됩니다. 하나님께서는 이스라엘 백성들이 곡식을 추수하다가 한 뭉치를 잊어버렸으면 찾으러 가지 말라고 말씀하십니다.

신명기 24장 19절

네가 밭에서 곡식을 벨 때에 그 한 뭇을 밭에 잃어버렸거든 다시 가서 취하지 말고 객과 고아와 과부를 위하여 버려두라. 그리하면 네 하나님 여호와께서 네 손으로 하는 범사에 복을 내리시리라.

예를 들어 곡식을 추수해 가지고 운반을 하다가 중간에 한 부분을 떨어트리고 오게 되었을 때 그것을 도로 찾으러 가지 말라는 것입니다. 왜냐하면 그것을 그냥 두면 가난한 자들이 이삭을 주우려 왔다가 이 큰 덩이를 보고 '하나님이 주신 웬 큰 복이냐?' 하면서 엄청나게 행복하게 될 것이기 때문입니다. 사실 곡식 한두 단을 떨어트린 것이 부자들에게는 별 것이 아닐지 몰라도 가난한 자들에게는 식구들이 얼마 동안 배불리 먹을 수 있는 양이기 때문입니다.

룻기에 보면 보아스가 일하는 사람들에게 추수를 하면서 곡식을 뽑아서 버리라고 말합니다. 우리 같았으면 중간에 흘리는 것이 하나도 없도록 깨끗이 하라고 하겠지만 보아스는 다른 여자들이 이삭을 주울 수 있도록 많이 흘리라고 했습니다. 바로 이것이 이스라엘의 멋이었습니다.

그래서 그런지는 모르겠지만 미국이라는 사회는 팁 문화가 발달된 사회입니다. 택시를 타든지 음식점에서 음식을 먹든지 호텔에서 벨 보이가 짐을 나르든지 미장원에서 머리를 자르든지 언제든지 팁을 줍니다. 대략 정해진 가격의 10% 정도를 팁으로 주게 되는데 종업원들 중에는 팁이 급료인 사람들도 있습니다. 우리 생각으로는 음식 값을 주고 또 팁을 주면 이중으로 돈을 내게 되는 것 같은데 육체노동을 하는 어려운 사람들에게는 그 팁이 아주 큰 도움이 될 수도 있습니다.

요즘 우리 사회는 부정부패와 싸운다고 모든 부정한 수입을 죄악시하고 높은 사람들이 돈을 받은 것이 들통이 나면 처벌을 받게 됩니다. 이것은 일찍 우리 사회에 정착이 되어야 했던 것입니다. 무엇보다 수입이 많은 사람들이 돈을 많이 가지려고 부정한 수입을 받는 것을 허용해서는 안 됩니다.

그리고 20절에서 하나님께서는 감람나무를 추수한 뒤에 다시 남은 것이 있는지 살피지 말라고 하셨습니다. 왜냐하면 남은 것이 있다면 그것은 가난한 자의 몫이기 때문입니다. 포도원에서 포도를 딴 후에 남은 것을 다시 따지 말라고 하셨습니다. 왜 그렇게 해야 합니까? 이스라엘 백성들의 포도원에는 가난한 자의 몫이 항상 같이 들어 있기 때문입니다. 그래서 한번 따면 그만이지 두 번 세 번 따면 안 된다는 것입니다.

이스라엘은 가난한 자들이 남의 밭이나 포도원에 얼마든지 들어올 수 있었고 또 남은 것은 허락을 받지 않고 딸 수 있었습니다. 이스라엘을 방문한 외국인들은 이런 모습을 보고 완전히 매료되었습니다. 이스라엘에는 낯선 사람이라고 해서 왕따를 시키거나 배척하는 일이 없었으며, 어린아이나 젊은 여자라고 해서 납치당하는 일이 없었습니다. 누구든지 주인이 추수한 뒤에는 밭이나 포도원에 들어가서 자기 것처럼 남은 것을 따더라도 아무도 뭐라고 하는 사람이 없었습니다. 예컨대 이스라엘을 호텔에 비유한다면 가격은 비싸지만 최고로 서비스가 좋은 호텔과 같습니다. 누구든지 여기에 한번 오고 난 후에는 다시 오고 싶고 할 수 있으면 여생을 보내고 싶은 곳이 바로 이스라엘이고 예루살렘이었습니다.

최근 우리나라의 물가가 너무나 비싸기 때문에 어르신들이 은퇴 후에 태국이나 필리핀에 가서 살려고 한다고 합니다. 거기는 물가도 싸고 퇴직금으로 얼마든지 풍족하게 살 수 있다는 것입니다. 또한 노인들이 실버타운을 찾았다가 사기를 당해서 돈을 다 잃어버리는 일들이 종종 발생한다는 이야기도 듣습니다. 아직까지 우리나라는 약자에 대한 배려가 잘 이루어지지 않는 것 같습니다. 그래서 그런지 몰라도 우리나라에서 살아남으려면 누구든지 강한 자가 되어야 하고 목소리가 커야 하니까 누구든지 큰 목소리를 내려고 하는 것입니다. 결국 모든 사람들이 다 잘나고 큰 목소리를 가져야 살 수 있다면 그곳은 아름다운 사회가 아니라 맹수굴이 될 것입니다.

이제 우리는 교회 안에서 이스라엘과 예루살렘을 만들어야 합니다. 교회는 아무리 못나고 약해도 무시당하지 않고 공격당하지 않고 얼마든지 자신의 행복을 누릴 수 있는 곳이 되어야 합니다. 하나님께서 우리에게 한번 방문하신 후에 너무 기분이 좋으셔서 계속 오시도록 나중에는 우리 가운데 사시도록 하나님의 마음에 쏙 드는 교회가 되어야 할 것입니다. 그렇게 하기 위해서 우리는 나의 행복보다는 남의 행복을 생각하는 법을 배워야 합니다. 하나님께서 이스라엘 백성들이 이렇게 살아야 할 이유에 대해 그들이 애굽에서 속량 받은 것 때문이라고 말씀하셨습니다.

신명기 24장 22절

너는 애굽 땅에서 종 되었던 것을 기억하라 이러므로 내가 네게 이 일을 행하라 명하노라.

우리가 하나님을 사랑하기 전 하나님께서 우리를 먼저 사랑하시고 축복을 부어 주셨습니다. 이제 우리가 다른 사람들을 행복하게 할 때입니다. 먼저 자신이 조금이라도 가졌거나 건강하거나 좋은 위치에 있는 사람들이라면 양보하고 희생하고 어려운 사람들의 작은 목소리를 듣고 받아들일 때 하나님께서는 우리 가운데 함께 거하실 것입니다.

29

| 신 25:1–19 | **가치 있는 사람들**

외국여행을 다녀오신 분들은 잘 아시겠지만 싱가포르는 나라 전체가 서울특별시 안에 있는 한 개의 구 정도밖에 되지 않을 정도로 아주 작은 나라입니다. 그런데 세계에서 이 작은 싱가포르를 업신여기거나 무시하는 나라가 없습니다. 오히려 세계 여러 나라는 싱가포르를 '아시아의 진주' 라고 하면서 칭송을 아끼지 않고 싱가포르의 전 수상이었던 이광요는 다른 나라에 정치를 가르쳐 주려고 하고 있습니다.

그렇다면 이 작은 나라가 다른 나라들로부터 무시를 당하거나 업신여김을 당하지 않고 전 세계를 향하여 당당하게 자기의 목소리를 낼 수 있는 이유가 무엇이라고 생각하십니까? 그 이유는 바로 정의에 있습니다. 상가포르는 부정이 없는 나라입니다. 아무리 작은 나라라 하더라도 정의가 살아있는 나라는 다른 나라 사람들이 절대로 무시하지 못할 뿐 아니라 그 나라가 가치 있는 나라처럼 보이게 된다는 것입니다. 그러나 부정부패가 심한 나라는 주위 나라에서도 인정을 받지 못할 뿐만 아니라 나라 안에서도 불법이 횡횡하는 것을 볼 수 있습니다. 왜냐하면 그 나라는 그만큼 가치가 없는 나라이기 때문입니다. 그런데 정치 · 경제적 문제보다 더 중요한 것이 있는데 그것이 바로 하나님 앞에서 가치 있는 나라가 되어야 한다는 것입니다.

이스라엘 나라가 남북으로 나뉘어졌을 때 북쪽 이스라엘은 남쪽 유다에 비해서 국력이나 인구가 다섯 배 이상 컸습니다. 그럼에도 불구하고 하나님 앞에서는 전혀 가치가 없는 나라였습니다. 그 이유는 그들이 하나님의 신앙을 버리고 세상을 따라갔기 때문입니다. 그 결과 그들은 앗수르의 공격에 멸망당하고 말았습니다. 그런데 아이러니하게도 남쪽 유다도 망한 북쪽 이스라엘의 길을 계속적으로 따라가고 있다는 것입니다. 결국 남쪽 유다는 몇 차례의 놀라운 부흥을 경험하였지만 북쪽 이스라엘의 정신을 따라가는 바람에 약 140년쯤 후에 바벨론에 의해서 망하게 됩니다.

그동안 우리나라는 세계가 부러워할 정도로 경제적으로 발전했고 눈으로 확연하게 드러나는 결과를 만들어 냈지만 이제는 나라의 미래를 전혀 예측할 수 없을 정도로 깊은 혼돈에 빠지고 있습니다. 그 이유는 우리가 하나님 앞에서 가치 있는 나라가 되지 못했기 때문입니다.

우리나라 정치인들이나 많은 젊은이들이 실패한 나라인 북한의 길을 그렇게도 놀라울 정도로 따라가려고 하고 있습니다. 그 이유가 어디에 있을까요? 과연 그 길이 옳은 길이라서 그럴까요? 그렇게 하는데 자신이 있어서 그럴까요? 아니면 그렇게 할 때 정말 이 민족의 미래를 책임질 수 있다는 믿음이 있어서 그런 것일까요? 그 어느 것 하나도 아닙니다

다. 단지 사탄의 충동질에 속아서 자기 멋대로 떠들고 자기 멋대로 정책을 밀어붙이고 있는 것입니다.

여기서 우리 믿는 믿음의 형제, 자매들이 정신을 바짝 차려야 합니다. 지금 장난하듯 이 세상을 살아갈 수 없습니다. 우리는 지금 단 하나밖에 없는 인생을 살고 있으며 멸망에 빠지기에는 너무나도 소중한 삶을 살고 있습니다. 오늘날 정치인들은 미래를 전혀 예측할 수 없는 세계로 국민을 이끌어 가고, 국민들은 서로 무시하고 업신여기며 하나님 앞에서 전혀 가치 없는 나라를 만들어 가고 있습니다.

최근 미국이 우리나라에 던지는 질문은 '과연 우리가 너희를 지켜줄 필요가 있겠느냐?' 하는 것입니다. 이것은 사실 하나님께서 우리나라에 대해 질문하고 계신 것입니다. '내가 과연 이런 너희 나라를 지켜줄 가치가 있다고 생각하느냐?' 이제 이 땅을 살아가는 하나님의 자녀들이 사람들을 붙들고 하소연하기 이전에 하나님을 붙잡고 늘어져야 합니다. '우리는 진정으로 당신 앞에서 가치 있는 사람들이 되겠습니다' 라고 기도로 물고 늘어져야 합니다.

무엇보다 우리 민족이 하나님 앞에서 살기 위해서 할 수 있는 것은 두 가지인데, 첫째는 기도에 목숨을 거는 것입니다. 하나님께서는 아무리 악한 자라 하더라도 하나님 앞에 고개 숙이고 자신을 낮추는 모습을 볼 때 그 사람이 살아있는 동안에는 심판을 내리지 않으십니다.

그 대표적인 예가 아합 왕이었습니다. 아합 왕은 이스라엘에 바알의 종교를 끌어들인 장본인이었습니다. 아합은 바알을 섬기지 않고 하나님을 섬기는 자들을 죽였으며 심지어는 자기 나물 밭을 위해 거짓 증인들을 세워서 나봇이라는 사람을 돌려 쳐 죽이게 했습니다. 하나님께서 선지자 엘리야를 보내 재앙의 메시지를 전하자 이 말을 듣고 아합이 잠시 동안 마음이 가난해졌습니다. 그래서 옷을 찢어서 찢어진 옷을 입고 천천히 걸었습니다. 하나님께서는 이런 아합의 모습을 보고 아합에게는 재앙을 내리지 않겠다고 말씀하셨습니다. 이토록 하나님은 자비로우신 분이십니다.

둘째는 천사같이 의로운 삶을 살 수 없다고 하더라도 내가 할 수 있는 범위 안에서 정직하고 어려운 사람들을 돕는 생활을 하는 것입니다. 하나님 앞에서 내 욕심을 버리고 남에게 자비를 베풀고 이웃에 대해 지나치게 대하지 않을 때 하나님은 우리를 가치 있게 보십니다. 우리가 다른 사람의 성공을 부러워하거나 따르기보다는 각자가 자기의 아름다운 신앙을 되찾는 것이 필요합니다. 그렇게 할 때 하나님께서 우리를 지켜 주십니다.

본문 말씀은 우리에게 대단히 중요한 신앙의 원리를 가르쳐 주는 것이 결코 아닙니다. 하나님의 백성들이 자기에게 주어진 범위 안에서 깨끗하고 희생적으로 사는 것을 가르쳐 줍니다. 그렇게 하면 하나님께서 결코 이스라엘을 버리지 않으실 것이라고 약속하십니다.

정의의 길

하나님 앞에서 가치 있는 사회는 정의로운 사회입니다.

신명기 25장 1절

사람과 사람 사이에 시비가 생겨서 재판을 청하거든 재판장은 그들을 재판하여 의인은 의롭다 하고 악인은 정죄할 것이며,

일반적으로 재판장은 법에 따라서 옳고 그른 것을 판단해 주면 모든 것이 간단하게 해결될 것 같지만 사실 이것은 그렇게 간단한 문제가 아닙니다. 예컨대 사소한 문제들은 재판장의 양심에 따라서 판단이 가능하지만 대개 큼직한 문제들에 있어서는 정치적인 입김이 작용하게 되는 것입니다. 그렇게 될 때 결국 사회의 정의가 흔들리게 되고 사람들은 점점 정의에 대한 애착이 없어져 버리게 됩니다.

성경에 나타나는 가장 불의한 사건이 바로 아합 왕 때 나봇의 재판이었습니다. 아합 왕이 나봇의 포도원이 탐이 나는데 나봇이 주지 않으니까 어떻게 했습니까? 왕비 이세벨이 그 지역 장로와 유지들에게 편지를 보내서 나봇이 왕을 모독했다고 합니다. 그래서 깡패 두 사람을 거짓 증인으로 내세워 나봇을 정죄하고 돌로 쳐 죽였습니다. 그러면 사람들이 그 사실을 몰랐을까요? 단지 말을 하지 못할 뿐이었습니다. 공연히 떠벌였다가는 시끄러워지니까 모두 입을 다물고 있었습니다. 그러나 백성들이 그렇게 할 때 모두 바보가 되는 것이며 아합 왕도 바보 나라의 바보 임금이 되는 것입니다.

아주 어렸을 때 읽은 '벌거벗은 임금님' 이라는 동화가 있습니다. 사실 벌거벗은 임금님은 다른 사람이 아니라 정의를 가리는 사람입니다. 그러면 모두가 다 바보가 되니까 결국 나라에 대한 애착도 없어지고 나라가 어려울 때 목숨을 걸고 지키는 사람도 없게 됩니다.

권력을 가진 자들이 백성들이 뭐라고 하기 전에 자기들 스스로가 법을 지킬 때 사람들의 마음속에 나라에 대한 애착이 생기고 미래에 대한 소망이 생기게 되어 눈에 보이지 않는 곳에서 충성을 하게 되는 것입니다. 무엇보다도 이스라엘이 하나님 앞에 가치 있게 되는 방법은 권력을 가진 자 스스로가 법에 자기 자신을 복종시키는 것입니다. 그렇게 할 때 당장은 내 마음대로 모든 것을 하지 못해서 손해를 보는 것 같지만 결과적으로 많은 사람들의 신뢰를 얻게 되고 사랑을 얻게 됩니다.

그런데 힘을 가진 자들이 이런 식으로 변명하고 저런 식으로 변명해서 정의를 지키지 않을 때 사람들의 마음이 그렇게 답답할 수가 없습니다. 그러나 누군가가 옳은 것을 옳다 하고 틀린 것은 틀렸다고 할 때 얼마나 마음이 시원하고 미래에 대하여 소망이 생기는지 모릅니다. 지금 우리나라는 정의 자체에 대해 큰 혼선이 있습니다. 그 이유는 두 가지 정의의 개념이 정면으로 충돌하고 있기 때문에 그렇습니다.

첫째로, 무조건적으로 성공하는 것이 정의가 되었습니다. 성공을 위해서라면 부정이나 불의도 얼마든지 용납하는 그런 사회가 되었습니다. 그래서 우리나라는 거짓이나 부정을 용납하면서 엄청난 경제적인 성장을 이루어왔습니다.

둘째로, 성공을 죄악시하고 무조건 때려 부수는 것이 정의라는 강한 움직임이 생겼습니다. 그래서 모든 기성세대나 부자를 불의한 자로 생각하고 모든 것을 다 파괴시키는 것이 정의라고 생각하는 경향입니다. 지금 우리나라는 바로 이 두 가지 정의가 치열하게 싸우고 있습니다. 다시 말해 '옳든 그르든 잘살고 봐야 한다' 는 보수적인 세력과 '지금까지 성공한 것은 전부 다 틀렸다. 이것을 심판해야 한다' 는 좌파 세력이 격돌하고 있는 것입니다.

그러면 과연 어느 길이 옳은 길입니까? 옛날에는 좌경 세력을 무조건 감옥에 집어넣었는데 요즘은 시민단체나 노조가 물 만난 물고기처럼 마음껏 법을 넘어서 시위를 하고 있습니다. 여기에서 우리가 알아야 할 것은 이 모든 것이 다 옳지 않다는 것입니다. 우리 모두에게는 건전한 이성과 양심의 판단력이 있는데, 이것을 따라서 바른 정의를 세워나

가야 합니다. 그렇지 않으면 이 나라는 앞으로 혼란과 어려움이 더욱 심해질 것입니다.

여기에서 정치인들이 알아야 할 것은 정권의 생명은 짧지만 국민의 생명은 길다는 것입니다. 아무리 정치인들이 정권을 잡아도 10년 아니면 20년이지만 이 나라 이 백성들은 이 땅에 주님이 오실 때까지 살아야 합니다. 그러므로 국민들을 바보로 만들지 말고 이제라도 국민을 두려워하는 정치를 해야 합니다. 정의는 참으로 아름다운 것입니다. 정의가 지켜지고 존중되는 사회가 하나님 앞에서 가치 있는 사회입니다.

무엇보다 우리 모두가 자신의 삶의 작은 부분에서 정의를 지켜 나가는 훈련을 해야 합니다. 내가 아무리 좋아하는 사람의 말이라 하더라도 틀린 것은 틀렸다고 하고, 내가 아무리 싫어하는 사람이 하는 말이라도 옳은 것은 옳다고 해 줘야 아름다운 사회가 될 수 있습니다.

신명기 25장 2절

악인에게 태형이 합당하거든 재판장은 그를 엎드리게 하고 그 죄의 경중대로 여수히 자기 앞에서 때리게 하라.

물론 좀도둑을 붙잡아서 태형을 가하는 것은 조금도 어려운 일이 아닙니다. 그러나 어떤 지역에서 최고로 권세가 있고 돈이 많은 부자를 그 지은 죄로 인해 엎드리게 해서 매질을 한다는 것은 상상하기가 어려울 것입니다. 그런데 거의 대부분의 사람들은 재판장이 이 세력가들을 감히 태형으로 다스리지 못할 것이라고 미리 판단합니다. 그럼에도 불구하고 재판장이 그 사람을 엎드리게 해서 때린다면 사람들이 얼마나 하나님을 두려워하며 그 재판장을 존경하게 되겠습니까?

분명한 사실은 재판장에게도 그것은 쉬운 일이 아닐 것입니다. 왜냐하면 이 권력 있는 사람을 한번 건드리면 두고두고 어려움을 당하게 될 것이기 때문입니다. 아니면 나중에 보복을 당해서 그 자리에서 쫓겨나게 될지도 모릅니다. 그럼에도 불구하고 재판장은 하나님을 대신해서 틀린 것은 틀렸다고 하고 옳은 것은 옳다고 해야 합니다. 우리가 그런 사람이 되기 위해서는 학교에서 공부만 잘해서 되는 것은 아니라 오히려 인생 밑바닥까지 내려가서 인생이 무엇인지 철저하게 배워야 하고 그런 가운데서 신앙적인 인생관을 세운 사람이 사람을 무서워하지 않고 바른 결정을 내리게 되는 것입니다. 참으로 다행한 일은 무조건 학교에서 일등만 하는 사람이 사회적으로 인정받는 것보다 오히려 실패도 하고 고생도 한 후에 성공한 사람들을 사회가 더 높게 평가하는 쪽으로 가고 있습니다.

또한 법의 판단이라고 해서 자기 마음대로 할 수 있는 것이 결코 아닙니다.

신명기 25장 3절

사십까지는 때리려니와 그것을 넘기지는 못할지니 만일 그것을 넘겨 과다히 때리면 네가 네 형제로 천히 여김을 받게 할까 하노라.

사람이 누군가를 때리기 시작하면 자기도 모르게 흥분이 되어서 과도하게 때리기 쉽습니다. 그래서 이스라엘의 형 집행에는 절대로 감정적인 흥분이 들어가지 못하도록 태형을 때릴 때 40대를 넘지 못하게 하는 한계를 두었습니다. 만약 40대를 넘게 때리면 죽을 수도 있고 불구가 되기도 하기 때문에 과도한 것입니다.

주위 사람에 대한 배려

우리가 하나님 앞에서 가치 있는 사람이 되려고 하면 너무 냉정하거나 몰인정해서는 안 됩니다. 물론 하나님께서는 우리에게 가진 모든 것을 불살라 다른 사람에게 주라고 말씀하지는 않으십니다. 그럼에도 우리는 매일의 삶 가운데서 비록 적은 부분이라 할지라도 다른 사람이나 짐승에 대해서라도 따뜻한 마음을 가져야 합니다.

신명기 25장 4절

곡식을 떠는 소의 입에 망을 씌우지 말지니라.

하나님께서는 우리가 먼 곳에 있는 사람을 구제하거나 도와주기 이전에 자기 집에 있는 소에게 먼저 자비로울 것을 말씀하십니다. 곡식을 추수할 때 곡식을 떠는 소가 일을 하면서 자꾸 입으로 곡식을 주워 먹을 때 주인의 입장에서는 그 소가 일을 하면서 먹는 것이 아까울 수 있습니다. 그래서 대부분의 주인들은 곡식을 떨 때 소의 입에 망을 씌어 놓고 일을 시킵니다. 그런데 소의 입장에서 보면 지금 눈앞에 먹을 것이 산더미처럼 쌓여 있는데 이것을 조금도 먹지 못하고 일만 죽으라고 한다면 너무나도 억울할 것입니다. 하나님께서는 '말 못하는 짐승이 눈앞에 곡식을 산더미처럼 두고서 못 먹으면 얼마나 원통하겠느냐 소가 먹으면 얼마나 먹겠느냐?' 고 하십니다. 그래서 추수하는 소의 입에 망을 씌우지 못하게 하셔서 마음대로 먹게 하셨습니다. 즉 1년 중에 이때 한 번만이라도 실컷 먹어 보라는 것입니다. 이것이 하나님께서 소에게 주시는 축복이었습니다.

옛날에 잔칫집에서 음식을 만들면 일하는 여자들이 일하면서 먹는 것을 크게 야단치지 않았습니다. 무엇보다 일을 시키는 사람은 너무 인색하지 않는 것이 좋습니다. 할 수만 있다면 어려운 사람들을 도와주려고 하고 어려운 사정을 이해해 주려고 할 때 진심으로 고마워하게 되고 마음으로 충성하게 되는 것입니다.

이 말씀은 나중에 주님께서 일하는 자들에게 아주 중요한 말씀으로 사용하셨습니다. 즉 주님은 마치 '일하는 소에게 망을 씌우지 않는 것' 처럼 복음을 전하는 자들에게 너무 인색하게 하지 말라고 하셨습니다. 다시 말해 복음의 역사가 풍성하게 나타나는 이 추수의 시기에 교회에 헌금을 인색하게 하거나 주의 종들이 궁핍하지 않게 하라고 하신 것입니다. 결국 복음을 전하는 자는 먹고 사는 것을 걱정하지 않고 오직 말씀만 연구하고 전하도록 교회가 해 주는 것이 사랑입니다.

본문 5절에서 하나님께서는 형제 중에서 자식이 없는 과부를 동생이 도와줄 것을 말씀하십니다. 가까운 형제나 친족이 당사자 대신 끝까지 복수를 해 주는 '고엘' 이라는 제도가 동방에 있습니다. 그러나 하나님께서는 그런 피의 복수를 할 것이 아니라 사랑의 복수를 할 것을 명령하셨습니다. 즉 형사취수(兄死娶嫂, levirate) 제도를 인정하신 것입니다.

무엇보다 고엘이나 형사취수 제도는 고대 풍습으로 하나님께서 신앙적으로 받아들이게 하신 것입니다. 굳이 오늘날로 말하면 제사 제도를 기독교에서 추도 예배로 하니까 얼마나 좋습니까? 마찬가지로 고대에 형이 죽으면 동생이 복수를 하거나 혹은 상속을 위해서 동생이 형수와 결혼하던 것을 신앙적으로 해석해서 받아들인 것입니다. 즉 형수가 자식 없이 과부가 되면 이스라엘 안에서는 땅을 차지할 수가 없었습니다. 그래서 땅을 상속 받으려면 땅은 남자가 있어야만 받을 수가 있었습니다. 그래서 동생이 형수와 일시적으로 결혼 생활을 해서 아들을 낳아 주고 다른 사람 명의로 넘어간 땅을 찾아 형수에게 농사를 지을 수 있도록 해 주는 것입니다. 이런 풍습은 우리의 사고로는 이해가 되지 않을 뿐만 아니라 올바른 결혼 생활도 아닙니다.

예를 들어 신앙이 전혀 없는 집안에 신앙을 가진 여자가 시집을 와서 신앙생활을 할 때 이 며느리는 제사 문제나 신앙의 문제로 많은 핍박을 받고 따돌림을 당하게 됩니다. 남편이 있지만 교회에 나간다고 남편으로부터 사랑도 받지 못합니다. 그러나 그런 가운데서도 자식들만큼은 철저하게 신앙적으로 키우게 되고 이런 어머니 밑에서 큰 자식들이 오히려 모태 신앙을 가진 자들보다 더 신앙적인 삶을 살아가는 경우를 많이 보게 됩니다. 때로는 이렇게 자란 자식이 온 집안을 전도하는 경우도 있습니다. 사실 신앙을 가진 과부를 하나님께서 이처럼 축복하시는 것입니다.

본문 말씀을 보면 죽은 자의 동생 중에서 형의 자손을 만들어 주기를 원치 않는 자는 얼굴에 침을 뱉고 신발을 벗기고 그 집을 '신발 벗어진 자의 집' 이라고 부르게 했습니다. 즉 자기는 모든 것을 다 가지고 있으면서도 핍박이나 고난의 신앙은 추호도 용납하지 않고 편하게 믿으려고 하는 사람을 두고 하는 말인 것입니다. 예를 들어 어떤 사람이 멋진 옷을 입고 있는데 신발을 신지 않고 있다면 그 사람의 멋있는 옷은 아무 소용이 없을 것입니다. 오히려 신발을 신지 않고 돌아다니는 사람이 있다면 그 사람은 정신이 나간 사람이든지 거지일 것입니다. 이처럼 어려운 가운데서 신앙을 지키려고 애쓰는 자들을 인정하지 않고 업신여기는 자의 신앙은 신발이 벗어진 것입니다.

무엇보다 우리가 하나님 앞에서 가치 있는 자가 되려면 무조건 다른 사람들이나 다른 교회의 성공한 모습을 따라갈 것이 아니라 자기 나름대로 성경적인 아름다운 것을 지키는 것이 중요합니다. 물론 우리 사회가 이스라엘의 형사취수 제도를 받아들일 수는 없고 또 할 수만 있다면 자매들이 믿는 형제들과 결혼하는 것이 옳지만 그럼에도 어려움 가운데 믿음을 지키려고 애쓰는 자들을 우리가 무시하거나 업신여기지 않고 마음으로 축복하고 소중하게 생각해야겠습니다.

아름다운 것을 지키라

본문 후반부에 나오는 것은 세 가지입니다. 첫째는 이스라엘 여인이 남자들 싸움에 끼어들어서는 안 된다는 것, 둘째는 상거래에서 거짓된 방법을 쓰지 말라는 것, 셋째는 아말렉을 용서하지 말라는 것입니다.

본문 11-12절은 참으로 설명하기 황당한 내용입니다. 그러나 놀라운 것은 하나님께서 이런 예도 있을 수 있다고 생각해서 율법에 포함을 시키신 것 같습니다.

신명기 25장 11-12절

두 사람이 서로 싸울 때에 한 사람의 아내가 그 남편을 그 치는 자의 손에서 구하려 하여 가까이 가서 손을 벌려 그 사람의 음낭을 잡거든 너는 그 여인의 손을 찍어 버릴 것이고 네 눈이 그를 불쌍히 보지 말지니라.

우리가 생각하기에 남편들이 서로 싸우면 부인들은 무서워서 말리거나 피할 것 같은데 그렇지 않은 사람도 있었던 것 같습니다. 아마 이런 일이 과연 있을까 싶을 정도이지만 어떤 부인이 남편들이 싸우는데 가세해서 상대방의 급소를 잡으면 율법은 그 여인의 손목을 자르라는 것입니다.

이 말씀의 의미가 무엇입니까? 일반적으로 아내들은 남편들이 싸우는 것을 보면 말리거나 피해야 하는데 한 이스라엘 여자가 그 싸움판에 뛰어 들어서 남자의 급소를 공격하는 것은 이스라엘 여자로서는 상상할 수 없는 것입니다. 즉 이 세상에 모든 것이 변하더라도 이스라엘 여인들이 신앙을 지키면 세상은 다시 희망이 있습니다. 이스라엘 여인들은 무서울 정도의 인내심으로 신앙적인 사람들을 만들어 낼 수 있기 때문입니다. 다시 말해 이스라엘 여인들의 손을 귀한 데 사용해야지 손톱을 길러서 남을 할퀴거나 다른 사람의 급소를 공격하는 일에 사용해서는 안 되는 것입니다.

하나님께서는 이스라엘이 싸워서 이기는 것보다 훨씬 가치 있는 사람으로 우리를 보셨습니다. 즉 우리는 다른 사람을 이기는 사람이 아니고 하나님의 축복이 오게 하는 사람입니다. 그러므로 우리가 스스로 죄나 음란이나 혈기에 빠지지 않도록 해야 하는 이유가 그렇게 해야만 하나님의 축복이 이루어지기 때문입니다.

하나님께서는 이스라엘 백성들이 장사를 할 때 저울추를 두 가지로 사용하지 못하게 하셨습니다. 왜냐하면 이스라엘 사람들은 언제나 깨끗한 양심을 지켜야 하기 때문입니다.

신명기 25장 13-14절

너는 주머니에 같지 않은 저울추 곧 큰 것과 작은 것을 넣지 말 것이며 네 집에 같지 않은 되 곧 큰 것과 작은 것을 두지 말 것이요.

옛날에는 장사하는 사람들이 속이는 것이 예삿일이었습니다. 즉 무거운 추와 가벼운 추를 두 개 둬서 보통 때에는 엉터리 저울로 물건을 팔다가 검사가 나오면 정직한 저울추를 내놓는 식이었습니다. 되도 크기가 같은 것이 아니고 큰 것과 작은 것을 두어서 보통 때에는 엉터리로 적게 내주다가 검사가 나오면 제대로 된 것으로 파는 척 하는 것입니다. 이런 사회에서는 공무원들의 부정과 비리를 없애려 해도 없앨 수가 없습니다.

요즘은 이런 일들이 많이 줄어들었지만 옛날에는 사과를 사 보면 위에는 좋은 것이지만 밑에는 썩은 것이 많았습니다. 또 자동차 부품도 정품이 아닌 것으로 갈아주는 곳이 많았습니다. 그러다 보니 얼마 전에 고속도로에서 자동차 바퀴가 빠져 반대편 차선으로 날아가 반대편에서 신나게 달리던 차가 날벼락을 맞았다는 소식을 접하게 됩니다.

'왜 이렇게 하느냐? 왜 이런 일이 계속 일어나야 하는가?'를 생각해 보게 됩니다. 그들은 정상적으로 하면 장사가 안 된다고 합니다. 할 수만 있다면 돈을 많이 벌어야 더 행복할 수 있는데 남들이 하는 만큼 해야 따라갈 수 있다고 생각합니다. 그러나 하나님의 백성들은 돈 버는 것보다 더 중요한 것이 자기 양심을 지키는 것입니다. 오늘 대부분의 사람들은 양심이 얼마나 귀한 것인지 모른 채, 얼마 되지 않는 이익을 더 보려고 거짓말을 합니다. 그런데 이것은 자기 보석을 포기하는 것입니다. 우리는 깨끗한 양심이 수백 억짜리 보석이라는 것을 알아야 합니다.

무엇보다 하나님의 자녀들은 타인의 행복과 잘사는 것과 자신을 비교해서는 안 됩니다. 우리는 자기 나름대로 아름다운 삶을 생각해야 하고 아무리 다른 사람들이 인정해 주지 않고 출세의 길이 더디더라도 자신의 아름다운 것을 지켜 나가야 하나님의 축복의 자녀가 될 수 있습니다. 하나님의 모든 좋은 것은 우리의 것입니다.

그 다음으로 하나님께서는 이스라엘 백성들에게 절대로 아말렉 사람들을 용서하지 말라고 하셨습니다.

신명기 25장 17-19절

너희가 애굽에서 나오는 길에 아말렉이 네게 행한 일을 기억하라 곧 그들이 하나님을 두려워하지 아니하고 너를 길에서 만나 너의 피곤함을 타서 네 뒤에 떨어진 약한 자들을 쳤느니라 그러므로 네 하나님 여호와께서 네게 주어 기업으로 얻게 하시는 땅에서 네 하나님 여호와께서 너로 사면에 있는 모든 대적을 벗어나게 하시고 네게 안식을 주실 때에 너는 아말렉의 이름을 천하에 도말할지니라 너는 잊지 말지니라.

주지하는 바와 같이 아말렉 사람들은 강인하고 사나운 사람들이었습니다. 아말렉 사람들은 언제나 이스라엘 백성들을 업신여기고 적대시했습니다. 이스라엘 사람들은 이런 아말렉 사람들을 잘해 주면 그들이 변할 줄 알았지만 아말렉 사람들은 절대로 변하지 않는 사람들이었습니다. 하나님께서도 포기한 사람들이 바로 아말렉 사람들이었습니다.

하나님께서 애굽에서 열 가지 재앙을 내리시고 홍해를 갈라서 이스라엘 백성들을 건너게 하신 것은 큰 부흥이었습니다. 그래서 주위에 있는 모든 나라나 민족들이 이스라엘 백성들을 두려워해서 감히 공격하거나 훼방하지 못했습니다. 오직 아말렉 족속들만 이스라엘을 공격했습니다. 그것도 뒤 따라오면서 피곤에 지친 사람들을 골라서 죽이다가 나중에는 전면 공격까지 했습니다. 그 이유는 아말렉 족속들이 너무나도 교만해서 하나님의 존재나 하나님의 백성들을 인정하지 않았기 때문입니다. 오히려 이들은 하나님의 백성들을 죽이는 것이 자기들의 실력이라고 생각했습니다.

하나님께서는 여호수아로 하여금 아말렉 족속들과 영원히 싸울 것을 명하시면서 그 곳 이름을 '여호와 닛시' 라고 불렀습니다. 이것은 아말렉 족속들은 앞으로 어떤 일이 있어도 회개하거나 변하지 않는다는 뜻입니다.

오늘 우리 사회에도 아말렉 족속과 비슷한 무리들이 활개치고 다니는 모습을 우리 눈앞에서 목격하게 됩니다. 그들은 바로 공산주의자들입니다. 우리는 한국 전쟁에서 이 공산주의와의 싸움으로 삼백만 명이 넘는 사람들이 죽었습니다. 공산주의자들은 기독교를 적대시해서 많은 기독교인들을 죽였고 지금도 기독교를 인정하지 않습니다. 북한 정권은 많은 국민들을 굶어 죽게 하면서도 군대로 나라를 유지하고 있습니다. 우리는 공산주의자들이 절대로 회개하지 않는다는 것을 알아야 합니다. 공산주의자들은 아무리 세월이 흘러도 변하지 않으며 거짓을 자신들의 무기로 사용하고 있습니다.

기독교가 공산주의에 대해 잘 아는 이유는 이 이론이 처음 기독교적인 것을 모방한 부분이 있기 때문입니다. 무엇보다 공산주의는 하나님께서 20세기에 방망이로 주신 것입니다. 공산주의자들도 기독교인들은 절대로 공산주의를 용납하지 않는다는 것을 잘 알고 있습니다. 그런데 지금 우리 정부나 지식인들은 이 아말렉과 같은 북한 정권의 인정을 받으려고 우리의 좋은 것을 포기하다시피 하고 있습니다. 이것이 얼마나 위험천만한 정책인지 모릅니다.

물론 우리가 지금 일본을 믿자고 하는 것도 아니고 미국을 의지하자는 것도 아닙니다. 우리가 공산주의자들과의 대화를 신중하게 해야 한다고 말하는 것입니다. 이것이 우리나라 한 구석에서 일어나고 있는 것이 아니라 중심에서 그것도 권력을 쥐고 나라를 이끌어가고 있는 사람들이 이런 생각에 빠져 있다는 것이 큰 문제입니다.

지금 우리나라는 사상이나 철학을 혼동하는 바람에 하나님 앞에서 참으로 가치 없는 나라로 변하고 있습니다. 이때 우리가 이 나라를 지키고 살릴 수 있는 길은 하나님께 목숨을 걸고 매달리는 것입니다. 그리고 우리의 생활 가운데서 세상인 아말렉을 따라가지 말고 아름다운 것을 지키는 것입니다. 그러면 하나님께서 우리를 다시 한 번 부흥시켜 주실 것입니다.

30

| 신 26:1-19 | 보배로운 백성

어느 자식이든 소중하고 특별하겠지만 그럼에도 불구하고 집안에서 특별히 귀하고 보배로운 자식들이 있습니다. 예를 들면 독자입니다. 집안에 아들 하나만 있을 때 부모는 이 아이가 자기 집안의 대를 이을 자라고 생각하기 때문에 대단히 귀하게 여깁니다. 그런데 독자도 3대 독자나 5대 독자라고 한다면 어떻겠습니까? 이 아이가 죽으면 그야말로 집안의 대가 끊어져 버리기 때문에 사회에서도 특별대우를 해서 군대도 면제시켜 줍니다.

또 어느 집안에서는 독자는 아니지만 다른 아이들보다 머리가 뛰어나고 재능이 뛰어나서 세상에서 크게 성공하게 되었을 때 그 아들은 부모에게 대단히 보배롭고 자랑스러운 자식이 될 것입니다. 만일 그런 아들을 잃는다면 부모의 마음은 온 세상을 잃는 것보다 더 슬플 것이며 이 세상에 소망이 없는 것처럼 보일 것입니다.

그런데 놀라운 사실은 하나님께도 그렇게 특별히 보배로운 사람이 있다는 사실입니다. 우리가 생각하기에 하나님 앞에서는 모든 사람이 똑같을 것 같은데 이 세상 그 어느 누구보다 소중한 '보배로운 백성들이 있다'는 사실입니다. 그래서 우리가 이 세상에서 진정으로 하나님의 복을 받는 백성이 되려면 하나님 앞에서 보배로운 자들이 되어야 합니다.

본문 말씀은 '어떻게 하면 이스라엘 백성들이 하나님 앞에서 계속 보배로운 백성이 될 수 있는가'를 말씀하고 있습니다. 이것은 이미 이스라엘 백성들이 하나님 앞에서 보배로운 자라는 것을 전제하고 있는 말씀입니다. 여기에서 기억해야 할 것은 그들이 가나안 땅에 들어가서 이 보배로운 백성의 위치를 잃어버릴 수 있다고 말씀하시는 것입니다. 다시 말해 이스라엘 백성들이 가나안 땅에 들어가고 난 후에 어떻게 하느냐에 따라 그들의 위치가 달라질 수 있다는 것입니다. 비록 그들이 지금은 하나님 앞에서 보배로운 백성들이지만 만일 그들이 가나안 땅에 들어가서 바르게 신앙생활을 하지 않는다면 하나님 앞에서 얼마든지 시시한 백성들이 될 수도 있고 그렇게 되면 이 엄청난 하나님의 보배로운 백성의 특권을 잃어버리게 될 수도 있습니다.

이것은 마치 고등학생이 대학에 들어가는 것에 비교할 수 있습니다. 고등학생이 몇 년 동안을 밤잠도 자지 않고 열심히 공부해서 일류 대학에 들어가려고 하는 것은 대학에서 공부를 더 잘 하기 위해서입니다. 그런데 대부분의 경우는 학생들이 입시에 너무 진을 다 뺀 나머지 막상 대학에 들어가고 난 후에는 공부하기가 싫어져서 술이나 마시고 방황하면서 대학 생활을 보내는 것입니다.

정치인들은 어떻습니까? 권력을 잡기 위해서 온몸과 열정을 다 바쳐서 노력합니다. 그러나 막상 권력을 잡고 난 후에는 어떻게 나라를 다스려야 할지 몰라서 계속 정치적으로 실패하는 정책을 내세우는 바람에 국민들로부터 불신을 당하고 나중에는 나라를 완전히 도탄에 빠트리게 됩니다.

그래서 본문에서 하나님께서 이스라엘 백성들에게 강조하시는 것은 축복의 땅에 들어가는 것 자체보다 들어가고 난 후에 어떻게 사느냐가 더 중요하다고 하십니다. 지난 2002년 월드컵 때 우리 국민은 '꿈은 이루어신다' 라는 말을 많이 했습니다. 그러나 꿈이 이루어지는 것보다 더 중요한 것은 꿈이 이루어지고 난 후에 계속적으로 축복의 사람들로 살기 위해서 어떻게 해야 하느냐 하는 것입니다.

하나님 중심의 삶

하나님께서는 이스라엘 백성들이 하나님 앞에 진정으로 보배로운 백성인지 아닌지는 놀랍게도 그들이 가나안 땅에 들어가고 난 후에 나타날 것이라고 말씀하셨습니다.

신명기 26장 1-2절

네 하나님 여호와께서 네게 기업으로 주사 얻게 하시는 땅에 네가 들어가서 거기 거할 때에 네 하나님 여호와께서 네게 주시는 땅에서 그 토지 모든 소산의 만물을 거둔 후에 그것을 취하여 광주리에 담고 네 하나님 여호와께서 그 이름을 두시려고 택하신 곳으로 그것을 가지고

가서

가나안 땅은 이스라엘 백성들에게는 약속의 땅이었고 젖과 꿀이 흐르는 축복의 땅이었습니다. 그러나 이스라엘 백성들의 축복은 단순히 가나안 땅에 들어가는 것으로 끝이 아니었습니다. 더 중요한 것은 그들이 가나안 땅에 들어가고 난 후에 거기서 얻게 될 풍성한 곡식을 어떻게 사용하며, 그들이 가나안 땅에서 얻을 자유를 어떻게 사용하느냐 하는 것이었습니다.

하나님께서는 이스라엘 백성들이 가나안 땅에 들어갔을 때 농사를 지은 것 중에서 처음 거둔 열매는 하나도 자기를 위해 먹거나 사용하지 말고 모두 하나님께 바치라고 하셨습니다. 이것이 이스라엘 백성들이 하나님 앞에서 진정으로 보배로운 백성이 되는 것이라고 말씀하셨습니다.

하나님께서 이스라엘 백성들에게 처음 얻은 열매를 바치라고 말씀하신 것은 가나안 땅에서 철저하게 하나님 제일주의로 살라는 뜻이었습니다. 이스라엘 백성들은 모든 좋은 것을 다 하나님께 바치고 자기들은 두 번째 좋은 것이나 세 번째 좋은 것으로 살아야 하는 것입니다. 이것은 이스라엘 백성들이 가나안 땅에서 그 풍성한 것들과 무한한 자유를 가지고 자기 위주로 살지 않고 철저하게 하나님의 종 된 삶을 사는 것을 의미합니다.

한두 세대 전, 집안에 자식들이 많을 때 언제나 새 옷은 큰 형이나 언니가 입습니다. 그리고 동생들은 언제나 형이나 언니가 쓰던 것을 물려받습니다. 옷도 물려 입고, 가방도 물려받고, 인형, 장난감, 필통도 쓰던 것을 물려서 쓸 수밖에 없습니다. 어떤 옷은 둘째 동생이나 셋째 동생에게 물려 줄 때면 이미 다 떨어져서 너덜너덜하게 됩니다. 그러면 동생들은 언제나 불만을 가집니다. 즉 '나는 언제나 부모님에게 두 번째 아니면 세 번째 밖에 안 되는구나' 라는 생각을 가지게 되는 것입니다.

실제로 부모님이 아이들을 부를 때에도 이름을 부르기가 귀찮으니까 '둘째야,' '셋째야,' 이런 식으로 부르게 됩니다. 어느 집에서는 부모님이 아예 노골적으로 장남을 위해 다른 아이들의 희생을 강요하기도 합니다. '너희 형은 우리 집안을 일으킬 사람이다. 그러니까 형이 성공하기 위해서 너희들은 모든 것을 포기하고 형을 밀어 줘야 한다' 는 식입니다.

그래서 어느 집에서는 넷째나 다섯째는 관심의 대상이 되지도 못하고 또 그만큼 사랑받지도 못하고 자신이 왜 여기에 있어야 하는지 존재의 의미조차도 느끼지 못하는 경우도 있습니다. 그런데 하나님께서는 이스라엘 백성들이 가나안 땅에 들어갔을 때 절대로 어느 집안의 장남처럼 모든 것을 자기가 독차지하려 하지 말고 두 번째, 세 번째 아이처럼 모든 좋은 것을 하나님께 다 바치고 그 다음 부스러기를 가지고 살라고 하셨습니다.

이러한 사실은 오늘 우리에게 중요한 영적 의미를 제공해 줍니다. 즉 이 세상을 살아가는 모든 사람들의 삶의 방식을 보면 철저하게 자기중심적입니다. 자기가 최고가 되어야 한다는 것입니다. 그러기 위해서는 무엇보다 다른 사람들의 경쟁을 물리쳐야 하고 좋은 것을 자기가 다 차지해야 합니다. 자기가 가장 좋은 자리에 앉아야 하고 자기가 최고로 높은 사람이 되어야 하고 자기가 가장 좋은 집에서 살아야 하는 것입니다. 실제로 그런 사람의 집에 가 보면 모든 좋은 것을 다 갖추어 놓고 사는 것을 보게 됩니다.

요즘 우리 사회는 부인들만이 아니라 청소년들에게도 이런 것들이 전염되어서 청소년들도 시시한 물건들은 거들떠보지도 않고 명품만 사려고 하고 해외여행을 가면 명품을 아예 싹쓸이해서 쇼핑하는 일도 비일비재합니다. 사람들이 생각하는 '꿈' 은 자기가 최고의 자리에 올라가는 것입니다. 이것이 바로 사람들이 그토록 원하는 '꿈이 이루어지는 것' 입니다. 그리고 꿈이 이루어지고 난 후에는 최고로 좋은 것을 다 누리면서 사는 것입니다. 즉 꿈이 이루어지고 난 후에는 꿈을 매일 먹고 얼굴에 바르고 몸에 걸치고 사는 것입니다.

그래서 그런지 몰라도 우리나라 사람들은 일단 목표를 가지고 몸부림을 치다가 그 목표가 이루어지고 나면 더 높은 목표를 세워서 다시 몸부림을 치고 그것이 이루어지고 나면 더 높은 목표를 세워서 결국 최고의 자리에 올라가서 모든 좋은 것을 다 누리는 것을 성공으로 생각합니다. 그러나 하나님 앞에서 진정으로 보배로운 사람들은 자기가 원하는 작은 목표가 이루어졌을 때 태도가 달라집니다. 그는 목표가 이루어진 것을 가지고 모든 것을 누리려고 하지 않습니다. 오히려 하나님의 백성들은 첫 열매를 모두 하나님께 가지고 와서 바칩니다. 그리고 하는 말이 정해져 있습니다.

신명기 26장 3절

당시 제사장에게 나아가서 그에게 이르기를 내가 오늘날 당신의 하나님 여호와께 고하나이다 내가 여호와께서 우리에게 주리라고 우리 열조에게 맹세하신 땅에 이르렀나이다 할 것이요.

이스라엘 백성들은 꿈이 이루어졌을 때 가장 먼저 하나님께 나와서 하나님께서 나의 꿈을 이루어 주셨다고 보고하게 됩니다. 그러므로 학생들이 시험에 합격하거나 어려운 논문이 통과되어 박사 학위를 받거나, 청년들이 취직하게 되었을 때 가장 먼저 해야 할 일은 하나님께 나아가 보고를 드리는 것입니다. 물론 부모님과도 기뻐하고 친구들에게도 한 턱을 내야 하겠지만 더 중요한 것은 하나님께 이 모든 영광을 돌려드리며 감사드려야 한다는 말입니다. 그리고 거기서부터 '저는 이 모든 것을 가지고 최고로 살지 않고 두 번째나 세 번째의 인생으로 살겠습니다' 라고 결심하는 것입니다.

그러나 이러한 삶의 방식은 우리가 생각하는 것만큼 그렇게 쉽지 않습니다. 왜냐하면 꿈이 이루어지고 난 후에 그 자리에서 모든 것을 다 누릴 수가 있습니다. 얼마든지 돈을 쓸 수도 있고 명예를 얻을 수도 있는데 무엇 때문에 두 번째나 세 번째의 인생을 살겠습니까? 오히려 거기서 더 유명해지는 자리, 더 성공하는 자리로 올라가야 하지 않겠습니까?

그러나 진정한 하나님의 백성들은 성공한 자리에 멈춰 서서 자신이 어떻게 살아야 할지 하나님 앞에서 결심해야 합니다. 다시 말해 모든 욕심을 다 포기하고 철저하게 부스러기 인생을 사는 것입니다. 모든 좋은 것을 하나님께 바치고 자기는 섬기는 종의 삶을 사는 것입니다. 여기서 그 첫 열매를 어떻게 사용해야 하는지도 말씀하시는데, 그것은 제사장과 가난한 고아나 과부들이 먹게 하라는 것입니다.

현실을 보면 우리나라가 점점 더 하나님 앞에서 보배롭지 못한 백성들이 되어가고 있지 않는지 심히 걱정이 됩니다. 그 이유는 하나님께서 우리에게 놀라운 축복을 주셨음에도 불구하고 우리는 그 자리에 멈춰 서서 생각하지 않았다는 것입니다. 즉 우리의 꿈이 이루어졌을 때 어떻게 이것을 주와 이웃을 위해 사용할 것인가 생각하지 않고 더 부자가 되고 더 유명해지고 더 높은 자리로 올라가려고 하기 때문에 결국은 교만하여 하나님의 은혜와 축복을 누리지 못하는 자리에 떨어지게 되는 것입니다.

우리가 높아졌을 때 더 겸손해지고 하나님 중심으로 살아간다는 것은 너무나도 어렵습니다. 왜냐하면 모든 사람들이 인정해 주고 또 다른 사람들의 기대가 점점 더 커지기 때문입니다. 이럴 때 다른 사람들의 기대를 무시하고 낮은 자리에 앉는다는 것은 결심만으로 절대로 되지 않습니다.

우리 속담에 '화장실 들어갈 때의 마음과 나올 때 마음이 다르다'는 말이 있지 않습니까? 우리가 가난했을 때에는 하나님이 축복하시기만 하면 모든 것을 하나님께 다 바치고 철저하게 남을 위해서 봉사하겠다고 결심하지만, 실제로 그렇게 되고 나면 결심한 대로 안 되는 것이 인간의 마음인 것 같습니다.

제사장의 선포

하나님께서 우리에게 원하시는 것은 우리가 아무리 풍족하고 자유로운 가운데서도 자기 욕심을 구하지 않고 겸손하게 하나님과 이웃을 섬기는 자세로 사는 것입니다. 우리가 그런 삶을 살기 위해서는 두 가지가 필요합니다. 하나는 축복의 자리에 올라가기 전에 한번 인생 밑바닥까지 내려가서 100% 하나님의 도우심으로 다시 일어나는 것입니다. 그러나 그것만으로는 부족합니다. 왜냐하면 성공하고 난 후에는 자기 자신의 재량이나 특권을 제도적으로 포기하고 어떤 틀 안에 자기가 들어가야 하기 때문입니다. 그래야 자기 마음이 변해도 실제로 생활이나 행동이 변하지 않게 되는 것입니다.

하나님께서는 이스라엘 백성들이 가나안 땅에 들어간 후에 첫 열매를 가지고 하나님께 나아오면 제사장이 그것을 가지고 선포를 하게 하셨습니다.

신명기 26장 4-9절

제사장은 네 손에서 그 광주리를 취하여다가 네 하나님 여호와의 단 앞에 놓을 것이며 너는 또 네 하나님 여호와 앞에 아뢰기를 내 조상은 유리하는 아람 사람으로서 소수의 사람을 거느리고 애굽으로 내려가서 거기 우거하여 필경은 거기서 크고 강하고 번성한 민족이 되었더니 애굽 사람이 우리를 학대하며 우리를 괴롭게 하며 우리에게 중역을 시키므로 우리가 우리 조상의 하나님 여호와께 부르짖었더니 여호와께서 우리 음성을 들으시고 우리의 고통과 신고와 압제를 하감하시고 여호와께서 강한 손과 편 팔과 큰 위엄과 이적과 기사로 우리를 애굽에서 인도하여 내시고 이곳으로 인도하사 이 땅 곧 젖과 꿀이 흐르는 땅을 주셨나이다.

여기에 보면 이스라엘의 뿌리와 이스라엘의 모든 비참한 과거가 다 언급되고 있습니다. 이스라엘 백성들의 뿌리는 유리하는 아람 사람이었습니다. 아브라함은 아람 사람인데 메소포타미아에 살다가 가나안 땅으로 와서 유랑하며 살았습니다. 그리고 그 후손들이 애굽에 내려가서 숫자는 많았지만 거기서 노예로 살았습니다. 그런데 이스라엘 백성들은 100% 하나님의 도우심으로 애굽에서 나왔고 광야에서 살아남았으며 가나안 땅에 들어오게 된 것입니다.

여기서 중요한 것은 '100%' 입니다. 우리가 인생 밑바닥까지 고생을 경험해 보지 않으면 이 말이 실감나지 않을 것입니다. 왜냐하면 물론 하나님도 도우셨겠지만 근본적으로는 내가 똑똑하고 내가 노력을 많이 했기 때문에 이렇게 성공했다고 생각하기 때문입니다. 그렇게 되면 우리가 첫 열매를 하나님께 바칠 수 없습니다. 그러면 어떻게 해야 합니까? 도저히 내 힘으로는 이 자리에 올 수가 없는데 하나님께서 나를 불쌍히 여기시고 축복하셔서 오게 되었다고 믿어야 합니다. 그런 자들만 첫 열매를 하나님께 바칠 수 있습니다.

그러나 아무리 그렇게 생각한다고 하더라도 생각만으로는 계속 하나님 앞에서 겸손할 수가 없습니다. 우리가 하나님 앞에서 겸손하려면 하나님 중심의 틀을 만들고 그 틀 안에 내가 들어가야 합니다. 하나님께서는 첫 열매를 바치는 것과 십일조를 바치는 것을 제도화시켰습니다. 이스라엘 백성들은 곡식만 첫 열매를 바치는 것이 아니라 소와 양과 나귀와 심지어는 첫 아들도 하나님께 바쳤습니다. 마치 한 소년이 예수님께 보리떡 다섯 개와 물고기 두 마리를 바친 것과 같습니다. 자기가 먹고 싶지만 먹지 않고 예수님께 바쳤을 때 하나님께서는 그것으로 기적을 일으키실 뿐 아니라 부스러기가 더 많아지게 하신 것입니다.

신명기 26장 12절

제 삼 년 곧 십일조를 드리는 해에 네 모든 소산의 십일조 다 내기를 마친 후에 그것을 레위인과 객과 고아와 과부에게 주어서 네 성문 안에서 먹어 배부르게 하라 그리할 때에 네 하나님 여호와 앞에 고하기를 내가 성물을 내 집에서 내어 레위인과 객과 고아와 과부에게 주기를 주께서 내게 명하신 명령대로 하였사오니 내가 주의 명령을 범치 도 아니하였고 잊지도 아니하였나이다.

우리나라 정치의 가장 큰 문제는 정치인들의 재량이 많다는 것입니다. 즉 정치가 법 위에 서서 법의 제재를 전혀 받지 않으려고 하는데 있습니다. 정치인들이 법을 만들 수 있으니까 모든 법을 자기 식으로 뜯어 고쳐서 자기 마음대로 하는 것입니다. 그러면 다른 사람들이 법을 지키느냐 하면 다른 사람들도 법을 지키지 않게 됩니다. 결국 우리나라의 혼란은 아무도 자기 자신이 법의 제재나 구속을 받지 않고 자기 멋대로 행동하려고 하는 데 있습니다. 그러면 결국 모든 사람들이 자기 욕심이나 고집대로 행하는 무질서한 사회가 되고 마는 것입니다.

유치원에서도 어린아이 하나가 선생님의 말을 듣지 않고 끝까지 고집을 부리면 다른 아이들까지 얼마나 힘들어지는지 모릅니다. 그런데 우리나라는 힘 꽤나 있는 사람들은 절대로 고개를 숙여서 법이나 질서에 복종하지 않으려고 한다는 것입니다.

제가 목회를 하면서 목회자의 재량이 너무 많은 것이 얼마나 좋지 못하며 위험한지 많은 생각을 하게 되었습니다. 그래서 제가 하는 방식은 교회가 말씀으로 갈 수밖에 없도록 제도화하고 저도 열심히 그 길을 가는 것입니다. 그렇게 해야 안전하게 비교적 끝까지 말씀 중심으로 갈 수 있습니다. 목회자의 재량이 너무 많으면 결국 오래가지 않아서 부패하게 됩니다. 하나님께서는 이스라엘의 첫 열매가 부패하지 않으려면 이것을 좋은 의미에서 제도화하는 것이라고 생각하셨습니다.

지금 우리가 사는 것은 100% 하나님의 은혜이고 하나님의 능력입니다. 그렇다면 우리가 잘살거나 못사는 것은 중요하지 않습니다. 중요한 것은 지금 이 상태에서 내가 길들여지지 않는 들나귀처럼 내 멋대로 행동하는 것이 아니라 철저히 자신을 하나님께 결박시키는 것이 무엇보다 중요합니다. 그렇게 할 때 우리는 지속적으로 하나님의 축복을 받을 수가 있습니다.

신명기 26장 14-15절

내가 애곡하는 날에 이 성물을 먹지 아니하였고 부정한 몸으로 이를 떼어두지 아니하였고 죽은 자를 위하여 이를 쓰지 아니하였고 내 하나님 여호와의 말씀을 청종하여 주께서 내게 명령하신 대로 다 행하였사오니 원컨대 주의 거룩한 처소 하늘에서 하감하시고 주의 백성 이스라엘에게 복을 주시며 우리 열조에게 맹세하여 우리에게 주신 바 젖과 꿀이 흐르는 땅에 복을 내리소서 할지니라.

아무리 젖과 꿀이 흐르는 땅이라 하더라도 하나님께서 우리에게 복을 주셔야만 우리는 더 복된 삶을 살 수 있습니다. 지속적으로 하나님의 복을 받기 위해 우리에게 필요한 것은 대단한 것이 아닙니다. 즉 늘 내 몸을 불사르게 내어 주고 내 재산을 다 남에게 주는 것이 아닙니다. 내가 하나님 앞에 첫 열매를 바치는 이 정신만 끝까지 유지해도 하나님은 우리에게 계속적으로 복을 내려 주실 것입니다.

'애곡하는 날에 이 성물을 먹지 아니하였고' 라는 말은 초상날에 성물을 먹지 않는다는 뜻입니다. 즉 초상이 났다고 해서 첫 열매나 자신의 의무를 떼먹지 않는 것입니다. '부정한 몸으로 이를 떼어 두지 아니하였고' 라는 것은 이 첫 열매의 정신을 아주 소중하게 지킨다는 뜻입니다. 다시 말해서 언제나 하나님과 가난한 이웃이 먼저이고 나는 두 번째나 세 번째로 산다는 정신을 지킬 때 하나님께서는 이미 이루어진 꿈에 복을 더하여 주시는 것입니다.

하늘의 복이 내려와야 한다

그동안 우리나라는 온 세계가 부러워할 정도로 많은 복을 받았는데 이제는 점점 못사는 나라로 변해가고 있습니다. 그 이유는 우리의 복이 이 세상에 있는 것을 모으는 복이었지 하늘에 있는 복을 가져오지 못했기 때문입니다. 결국 이 세상에 있는 복은 오래 가지 않아서 부패하거나 다른 사람에게 가게 되어 있습니다. 여름휴가 때 해수욕장에 가면 집에서 가져 온 과일도 있고 또 많은 모래도 있습니다. 그런데 과일은 얼마 있으면 모두 썩어 버리고 실컷 쌓은 모래성도 밀물이 몰려들면 다 씻겨 없어지고 맙니다.

우리가 진정으로 복을 받는 자들이 되려고 하려면 하늘에 있는 복을 가지고 와야 합니다. 이것이 근본적인 복이고 영원히 부패하지 않고 빼앗기지 않는 복입니다. 우리가 하늘의 복을 가져오는 방법은 하나님의 말씀의 보물 지도를 찾는 수밖에 없습니다.

신명기 26장 16-17절

오늘날 네 하나님 여호와께서 이 규례와 법도를 행하라고 네게 명하시나니 그런즉 너는 마음을 다하고 성품을 다하여 지켜 행하라 네가 오늘날 여호와를 네 하나님으로 인정하고 또 그 도를 행하고 그 규례와 명령과 법도를 지키며 그 소리를 들으리라 확언하였고,

우리에게 진정한 복은 하나님의 말씀 안에 있습니다. 그러나 우리가 보기에는 하나님의 말씀은 전혀 복인 것 같지 않고 진정 좋은 것들은 이 세상에 다 있는 것처럼 보입니다. 그래서 하나님의 백성들이 이 복을 놓치는 것입니다. 최근 전 세계적으로 석유 문제가 가장 심각한 문제로 대두되고 있습니다. 석유가 한 방울도 나지 않는 우리나라 입장에서는 석유가 없으면 공장이나 자동차나 전기나 모든 것이 멈추게 되어 있습니다.

이처럼 땅 속에서 나오는 검은 물이 보배 중의 보배입니다. 그러나 석유를 캐내려면 어떤 경우에는 망망대해 한 가운데 바다 속을 파고 들어가서 기름을 끄집어내야 합니다. 때로 그곳에 가려면 헬기를 타고 가야 합니다. 그럼에도 불구하고 사람들은 석유를 구하지 못해서 난리입니다.

우리에게 있어서 하나님의 말씀은 석유와 비교할 수 없는 보배입니다. 우리가 하나님의 말씀을 캐내어 설교하고 믿음으로 받아들일 때 성령의 기름이 부어지게 됩니다. 우리에게 성령의 기름이 부어지면 하나님의 은혜만 임하는 것이 아니라 하나님의 모든 축복이 임합니다.

우리가 성경 속에 하나님의 보물이 있다는 것을 안다면 여기에 마음과 성품을 다 쏟을 것입니다. 우리는 그렇게 해야 합니다. 다른 모든 세상적인 걱정이나 욕심을 내려놓고 오직 하나님의 말씀을 내 것으로 만드는데 온 열정을 다 쏟아야 합니다. 그와 동시에 자신에게 주어진 세상일에 최선을 다할 때 그것들이 모두 금덩이로 변하게 됩니다. 우리는 금덩이를 모으는 사람들이 아니고 모든 것들을 금으로 바꾸는 자들입니다. 그래서 우리는 이 세상의 일들도 중요하게 생각하는 것입니다.

그렇게 하기 위해서는 17절 말씀처럼 "여호와를 네 하나님으로 인정"하는 것입니다. 다른 말로 표현하면 우리에게 다른 복이라고는 일체 없고 하나님만 복이심을 인정하고 다른 세상적인 방법을 절대 따라가지 않기로 하는 것입니다. 다른 사람들이 세상적인 방법으로 아무리 성공하고 출세해도 하나님만 의지하고 하나님이 주시는 것으로 만족하는 것입니다.

또 다른 하나는 17절에 나온 대로, "그 규례와 명령과 법도를 지키"는 것입니다. 이 말은 우리가 완전히 하나님의 말씀에 순종할 수 없는 것을 전제하고 말씀하시는 것입니다. 우리는 때때로 하나님의 말씀에 순종하기 싫고 내 멋대로 하고 싶으며 정욕대로 살 때가 있습니다. 그러나 그럴 때마다 회개하고 하나님의 말씀에 자신을 굴복시켜야 합니다. 즉 내 자신을 두들겨서 하나님의 말씀 앞에 복종시키는 것입니다. 그렇게 하면 하나님께서 우리를 가장 보배로운 하나님의 백성으로 인정해 주실 것입니다.

신명기 26장 18-19절

여호와께서도 네게 말씀하신 대로 오늘날 너를 자기의 보배로운 백성으로 인정하시고 또 그 모든 명령을 지키게 하리라 확언하셨은즉 여호와께서 너로 칭찬과 명예와 영광으로 그 지으신 모든 민족 위에 뛰어나게 하시고 그 말씀하신 대로 너로 네 하나님 여호와의 성민이 되게 하시리라.

이 말씀은 우리가 하나님만 내 하나님으로 인정하고 그 말씀을 붙들 때 하나님께서 이미 축복의 땅에 들어와 있는 이스라엘 자손들을 당신의 보배로운 백성으로 인정하시겠다는 것입니다. 즉 전 세계에서 하나님이 가장 사랑하시고 귀하게 생각하시는 자들이 된다는 것입니다. 여기서 하나님의 보배로운 백성이 되면 어떻게 됩니까? 모든 것이 달라집니다. 하나님께서 우리의 모든 것을 챙겨 주시며 이 세상에서 모든 명예와 존귀와 칭찬을 받도록 만들어 주실 것입니다. 뿐만 아니라 우리를 하나님의 성민으로 삼으셔서 그 누구도 건드리지 못하게 하십니다. 마귀가 우리를 저주하고 미워한다고 해도 그런 것들이 먹혀들지가 않습니다. 또한 하나님께서 함께하셔서 하는 일마다 신적인 능력이 나타나게 하실 것입니다.

우리나라는 모든 것이 믿는 자들에게 달려 있습니다. 이미 하나님께서는 우리에게 가나안의 복을 주셨습니다. 그러나 그 모든 첫 열매를 우리가 다 따먹어 버리고 이 땅을 음란한 가나안 땅으로 만들어 버린 것입니다. 그러나 아직 시간은 늦지 않았습니다. 우리가 정치인들을 욕하거나 노동운동가들을 욕하기 이전에 호세아서에 나오는 음란한 고멜처럼 세상을 사랑한 것을 인정하고 이제는 모든 것을 하나님 중심으로 행하고 여호와만 나의 하나님으로 인정하고 목숨을 걸고 신앙적으로 살 때 하나님은 다시 우리를 하나님의 보배로운 백성으로 삼으시고 우리를 성민으로 삼으실 것입니다.

어떻게 살아간다 하더라도 한번밖에 살지 못하는 인생인데 하나님께 우리의 모든 것을 한번 바쳐 보면 어떨까요? 이제라도 하나님의 말씀만을 믿고 내 인생을 하나님께 한번 던져 보면 어떨까요? 주위에 성공하고 출세한 사람들의 이야기를 듣기보다는 우리의 진정한 복이 되시는 하나님을 결사적으로 의지하기를 바랍니다.

축복의 디자인

4부

언약 제사

31

| 신 27:1-26 | 그리심과 에발산의 맹세

지금 대부분의 국민들은 자신이나 나라의 미래에 대해 심한 불안감을 느끼고 있습니다. 이것은 어느 한 개인만이 아니라 정치인이나 지식인이나 기업하는 사람 할 것 없이 모두가 공통적으로 느끼고 있는 불안입니다. 특히 이런 불안은 최근 북한의 미사일 발사 사건에 대한 정부의 태도를 보고 더 심각해지게 되었습니다. 우리 정부는 전쟁에 대한 정보 수집 능력이 없는 상태에서 미국이나 일본을 멀리 하고 문제를 일으킨 당사자인 북한을 감싸고 있습니다. 만약 우리나라에서 내전이라도 일어나게 된다면 세계에서 우리를 도울 수 있는 나라는 아무도 없을 것입니다. 어떻게 보면 북한이 세계에서 고립되어 있는 것 같지만 실제로 완전히 갇혀서 도망 갈 곳 없는 나라는 바로 우리입니다. 우리에게 어려움이 닥치면 우리가 어디로 피하며 누구에게 도와달라고 손을 벌릴 수 있겠습니까? 지금 우리 처지는 전 세계에서 가장 미래가 불안한 나라 중의 하나입니다.

오늘 신앙이 없는 사람들은 이런 불안한 미래 앞에서 두 가지 자세를 보입니다. 하나는 할 수만 있으면 이런 상황에서 도피하려고 하는 것입니다. 여기서 도피한다고 하는 것은 결국 우리나라를 떠나는 것인데 이미 부자들 중에는 자기 재산을 빼내 해외에 집을 사는 사람들이 비일비재하다고 합니다. 거기에 비해서 또 다른 사람들은 아예 미래 같은 것을 생각하지 않고 지금 눈앞에 보이는 욕심만 채우면서 살아갑니다. 이것은 마치 높은 데서 떨어지면서 눈만 감고 있으면 아무 일도 일어나지 않는다고 믿는 것과 같습니다.

무엇보다 크리스천들은 미래에 대한 소망을 가지고 살아가는 사람들입니다. 그래서 지금 당장 어려운 것은 얼마든지 참고 견딜 수 있지만 미래에 대한 소망이 보이지 않을 때에는 불안해하고 침체되기 마련입니다. 하지만 우리의 미래에 대해 성경 말씀에 기초해서 생각해 보면 우리의 미래는 그렇게 비관적이거나 절망적인 것은 아닙니다. 왜냐하면 축복과 저주가 함께 있기 때문입니다. 즉 우리의 미래는 지금 우리의 자세에 따라서 얼마든지 축복이 될 수도 있고 저주로 변할 수도 있습니다. 다시 말해 우리가 믿음으로 나가면 우리의 미래는 지금 아무리 절망적으로 보이고 비관적으로 보일지라도 축복이 될 것입니다. 그러나 우리가 바른 믿음을 버리고 세상의 정욕이나 욕심을 좇아간다면 지금 아무리 전망이 좋아 보여도 우리의 미래는 저주로 나타날 것입니다.

그럼에도 불구하고 제 개인적으로는 지금 우리의 상황이 이렇게 불안하고 어려운 것이 더 잘되었다고 생각합니다. 왜냐하면 지금 우리가 믿을 수 있는 분은 하나님밖에 없기 때문입니다. 우리가 죽음을 각오하고 믿음으로 나가면 우리의 미래는 분명히 평안과 축복이 될 것입니다.

본문 말씀을 보면 하나님께서는 모세에게 이스라엘 백성들이 가나안 땅에 들어갔을 때 가장 먼저 할 일을 말씀하셨습니다. 요단을 건너 가나안 땅으로 들어가면 두 개의 산이 있는데, 하나는 그리심산이고 다른 하나는 에발산이었습니다. 이 두 산은 골짜기를 하나 사이에 두고 거의 붙어 있는 가까운 산이었습니다. 하나님께서는 이스라엘 백성들을 반으로 나눠서 반은 그리심산에 서게 하고 또 반은 에발산에 서게 해서 레위인이 축복의 말씀을 선포하면 그리심산 쪽에 선 사람들이 '아멘' 이라 하고 레위인이 저주의 말씀을 선포하면 에발산 쪽에 선 사람들이 '아멘' 이라고 하게 했습니다. 이것은 이스라엘 백성들의 미래에 축복과 저주가 함께 있다는 뜻입니다. 다시 말해 이스라엘 백성들이 가나안 땅에서 믿음으로 살기만 하면 얼마든지 복을 받을 수 있는 것입니다.

이스라엘은 강대국 사이에 놓여 있는 노른자 땅이어서 언제나 전쟁의 위험이 있었습니다. 특히 이스라엘 백성들은 자신들의 힘으로는 도저히 강대국의 공격을 막아낼 수가 없었습니다. 이스라엘 백성들이 결사적으로 하나님의 말씀을 지키고 그대로 살면 하나님의 지켜 주심으로 살게 되는 것입니다.

이스라엘의 유산

하나님께서는 먼저 이스라엘 백성들이 이 세상에 존재하는 의미를 밝혀주셨습니다.

신명기 27장 1절

모세가 이스라엘 장로들로 더불어 백성에게 명하여 가로되 내가 오늘날 너희에게 명하는 이 명령을 너희는 다 지킬지니라.

우리가 이 세상을 살아가는 목적이 무엇입니까? 사실 사람들은 그것을 잘 모르고 살아갑니다. 거의 대부분의 사람들이 이 세상에 어쩔 수 없이 태어났지만 사는 동안에 좀 더 행복하게, 좀 더 유복하게, 좀 더 다른 사람들의 인정을 받으면서 사는 것이 복이라고 생각합니다. 그러나 하나님께서는 이스라엘 백성들이 이 세상에 존재하는 목적을 분명히 밝히셨습니다. 이스라엘 백성들이 이 세상에 사는 목적은 자신의 목적을 달성하거나 자신의 행복을 위해서가 아니라 오직 하나님의 뜻을 행하기 위해서라고 말입니다.

예수님께서 가르쳐 주신 "뜻이 하늘에서 이룬 것같이 땅에서도 이루어지이다"(마 6:10)라는 기도처럼 이스라엘 백성들은 이 세상에서 하나님의 뜻을 이루어드리기 위해서 존재하는 사람들입니다. 만약 누군가가 어떤 사람의 명령을 받고 그 사람의 뜻을 이루기 위해 산다면 그 사람은 다른 누구의 말도 듣지 않을 것입니다. 때로는 다른 사람들의 청을 거절한다고 욕도 먹을 것입니다. 그러나 그 사람이 아랑곳하지 않는 이유는 자신이 지시받고 명령받는 사람이 따로 있기 때문입니다.

이와 마찬가지로 우리가 이 세상에 사는 목적이 있습니다. 그것은 내가 이 세상에서 성공하고 내가 이 세상에서 목적하는 것을 이루는 것이 아니라, 하나님께서 원하시는 뜻을 열심히 이루어드리는 것입니다. 하나님께서는 이스라엘 백성들이 요단을 건너 가나안 땅에 들어갔을 때 아주 중요한 한 가지 일을 하라고 말씀하셨습니다.

신명기 27장 2-3절

너희가 요단을 건너 네 하나님 여호와께서 네게 주시는 땅에 들어가는 날에 큰 돌들을 세우고 석회를 바르라 이미 건넌 후에 이 율법의 말씀을 그 위에 기록하라 그리하면 네 하나님 여호와께서 네게 주시는 땅 곧 젖과 꿀이 흐르는 땅에 네가 들어가기를 네 열조의 하나님 여호와께서 네게 말씀하신 대로 하리니

이스라엘 백성들이 가나안 땅에 들어가면 가장 먼저 할 일이 큰 돌을 세우고 그 위에 석회를 바르고 율법의 말씀을 기록하는 것이었습니다. 그러면 모든 사람들이 이 율법이 기록된 돌을 보게 될 것입니다. 율법이 기록된 돌이 의미하는 것이 무엇입니까? 이스라엘 백성들의 정체성을 나타내는 것입니다. 즉 이스라엘 백성들은 바로 이 말씀을 지키기 위해서 사는 사람들이고 이 세상에서 어떤 유혹이나 시련이 있어도 이 말씀대로 살 것을 선포하는 사람들입니다.

하나님께서는 이스라엘 백성들이 이 돌들을 세울 때 이미 젖과 꿀이 흐르는 가나안 땅을 주실 것이라고 약속하셨습니다. 이스라엘 백성들이 이 돌들을 세우기만 해도, 다시 말해서 온 세상에 우리가 이 세상에 사는 목적이 오로지 이 돌에 기록된 말씀대로 사는 것이라는 것을 선포하기만 해도 젖과 꿀이 흐르는 가나안 땅은 이스라엘 백성들의 것으로 주어지게 됩니다.

만약 누군가가 우리에게 '당신은 무엇 때문에 세상에 사느냐?' 고 묻는다면 뭐라고 대답하시겠습니까? 믿음이 없는 사람이라면 '저는 로또 복권도 타고요, 또 애들도 여러 명 낳고요, 아주 좋은 집에서 사는 것이 목적입니다' 라고 대답할 것입니다. 그러나 크리스천들은 성경책을 보

여 주면서 '저는 이 책에 기록된 대로 사는 것이 이 세상에 사는 목적입니다' 라고 대답해야 하는 것입니다. 예수님은 자신이 이 세상에 오신 목적이 바로 "두루마리 책에 나를 가리켜 기록한 것과 같이 하나님의 뜻을 행하러 왔나이다"(히 10:7)라고 말씀하셨습니다.

이스라엘 백성들이 그런 선포를 하기만 해도 가나안 땅은 이스라엘 백성들의 것이 되는 것입니다. 그러면 가나안 땅은 이스라엘 백성들에게 어떤 의미가 있습니까? 그것은 하나님께서 주신 유산입니다. 여기서 유산이라고 하는 것이 무엇입니까? 아무것도 한 것 없이 부모로부터 물려받는 어마어마한 재산이 유산입니다. 우리나라 재벌 2세들은 아무 한 것도 없이 부모로부터 어마어마한 유산을 상속받아서 대기업을 경영하고 있습니다. 사회에서는 그것이 불공평하다고 해서 어떻게 해서든지 세금을 많이 물리려고 하는데 본인들은 그것을 피해서 자식에게 유산을 물려주려고 하니까 얼마 전 현대나 삼성 같은 문제가 생기는 것입니다. 그러나 하나님께서 이스라엘 백성들에게 주신 것은 하나님의 유산이기는 하지만 무조건 주신 것은 아니었습니다. 즉 이 가나안 땅은 이스라엘 백성들에게 주신 밑천이었습니다.

예수님께서는 제자들에게 달란트 비유를 말씀하셨습니다. 즉 어느 주인이 종들에게 장사를 하라고 다섯 달란트, 두 달란트, 한 달란트를 나눠 주고 먼 곳으로 간 것입니다. 종들은 주인이 맡긴 돈을 가지고 열심히 장사를 해서 돈을 남겼는데 다섯 달란트 받은 자는 다섯 달란트를 남기고, 두 달란트 받은 자는 두 달란트를 남겼습니다. 그런데 한 달란트 받은 자는 미래가 불안하다고 해서 장사를 하지 않고 주인의 돈을 수건에 싸서 땅에 묻어 두었다가 주인에게 다시 돌려주었습니다. 그랬더니 주인은 돈을 돌려받고 고맙다고 하지 않고 그 종을 묶어서 어두운데 내어 쫓으라고 명령했습니다. 왜냐하면 미래에 대하여 불안해하거나 두려워하는 것은 주인이 판단할 문제이지 종이 결정할 문제가 아니기 때문입니다. 아무리 정세가 불안정하고 미래가 불투명해도 믿음을 가지고 열심히 노력한 종은 무려 배나 남겼던 것입니다.

여기서 우리는 한 달란트가 얼마나 큰돈인지 알 필요가 있습니다. 우리 돈으로는 대략 몇 억 정도가 되는 돈입니다. 종이 자기 마음대로 이 엄청난 돈을 가지고 장사할 수 있는 특권이 주어졌다는 것 자체가 얼마나 놀랍고 감사한 일입니까? 이와 마찬가지로 우리가 지금 자유로운 상태에서 마음껏 주님을 위해서 살 수 있다는 것은 엄청난 기회가 아닐 수 없습니다. 아마 인류 역사상 우리와 같은 기회가 주어진 사람들도 별로 없을 것입니다. 이것이야말로 어마어마한 달란트인 것입니다. 주님이 주신 것으로 열심히 일하다가 그만하라고 하시면 그만하면 되는 것이지 우리가 무엇을 결정할 수 있는 것은 아닙니다.

우리에게는 아무것도 결정할 권한이 없습니다. 우리는 오직 믿음으로 주어진 상황에서 최선을 다해서 살 수밖에 없습니다. 하나님께서 우리에게 주신 달란트가 무엇입니까? 우리가 가진 재능이나 능력을 달란트로 생각할 수 있습니다. 우리가 이 세상에서 무엇인가 하기 위해서는 세상에 필요한 지식이나 자격을 가지는 것입니다. 그러나 이것은 본질적인 것은 아닙니다. 우리가 가지고 있는 가장 중요한 달란트는 우리의 생명이며 지금 이 땅에 살아가는 자체입니다.

만일 우리가 죽어 버린다면 우리가 이 세상에서 할 수 있는 것은 아무것도 없을 것입니다. 우리가 지금 살아서 예수님을 믿는다는 것이 얼마나 대단한 일인지 알아야 합니다. 그러나 그보다 더 중요한 것은 우리에게 성경 말씀과 무한대의 믿음을 약속하신 것입니다. 우리가 성경

속에 들어 있는 보물들을 다 캐내어 우리의 것으로 가질 때 우리는 엄청난 믿음의 달란트를 가지게 되며 또 무한한 성령의 능력을 받을 수 있습니다. 이것은 하나님이 우리에게 주시는 위대한 유산입니다.

그런데 감사한 것은 우리가 함께 캐낼 수 있는 유산이 많다는 것입니다. 우리는 하나님이 주신 유산 중에서 가장 중요한 말씀과 성령의 역사를 함께 캐내 가질 수 있습니다. 아무리 시대가 불안하고 미래가 불투명하다 하더라도 믿음으로 살아가면 길이 열리게 되어 있습니다. 하지만 우리가 낙심하거나 침체되어서 자포자기해 버리면 결국 어두운 데 내어 쫓길 수밖에 없습니다.

하나님께서는 이 중요한 유산이 예배를 통해 주어질 것임을 약속하셨습니다.

신명기 27장 5-7절

또 거기서 네 하나님 여호와를 위하여 단 곧 돌단을 쌓되 그것에 철기를 대지 말지니라 너는 다듬지 않은 돌로 네 하나님 여호와의 단을 쌓고 그 위에 네 하나님 여호와께 번제를 드릴 것이며 또 화목제를 드리고 거기서 먹으며 네 하나님 여호와 앞에서 즐거워하라.

이 말씀은 우리에게 두 가지 사실을 가르쳐 주고 있습니다. 하나는 우리에게 가장 중요한 축복은 예배를 통하여 주어지게 된다는 것입니다. 예배는 하나님께서 우리의 축복의 인을 치시는 것입니다. 우리는 자기 혼자 어떤 사실을 믿는 것이 아니라 하나님의 허락을 받아야 합니다. 그 중에서 가장 중요한 것이 하나님의 말씀을 듣는 것입니다. 다른 하나는 하나님께서 이스라엘 백성들에게 하나님께 단을 쌓는데 돌을 정으로 다듬지 못하게 하셨습니다. 곧 삐죽삐죽하고 울퉁불퉁한 자연석 그대로 단을 만들게 하신 것입니다. 왜냐하면 이것이 바로 하나님 앞에 있는 우리들의 모습이기 때문에 그렇습니다.

우리가 완전하기 때문에 하나님의 백성이 된 것이 아닙니다. 또 전혀 죄를 짓지 않는 완전한 의인이기 때문에 하나님의 유산을 받은 것도 아닙니다. 도저히 이해가 되지 않지만 하나님께서는 이 울퉁불퉁하고 삐죽삐죽한 우리들을 사랑하셔서 무조건적으로 하나님의 백성이 되게 하셨습니다. 그러므로 우리는 완전해진 후에 믿고 완전해진 후에 순종하려고 해서는 안 됩니다. 우리는 얼마든지 틀릴 수 있고 말씀대로 살지 못할 수 있습니다. 그러나 그것을 그대로 하나님 앞에 가지고 나와서 인정할 때 하나님께서 기쁘게 받으시는 제사가 됩니다.

그리심산과 에발산의 맹세

이스라엘 백성들이 가나안 땅에 들어가게 되면 지금까지 광야에서 살았던 것과는 완전히 다른 상황에 처하게 됩니다. 이제부터는 본격적으로 하나님을 믿지 않는 자들과 경쟁하거나 아니면 한걸음 더 나아가서 전쟁해야 할 판이었습니다. 그러나 이스라엘 백성들은 이 세상일들에 대해서 아는 것이 전혀 없었습니다. 어떻게 세상 물정도 모르고 경험도 없는 이스라엘 백성들이 가나안에서 그 똑똑하고 준비가 잘 되어 있는 가나안 족속들을 이길 수 있을까요? 그 비결은 오직 하나님의 말씀을 듣는 데 있었습니다.

신명기 27장 9-10절

모세가 레위 제사장들로 더불어 온 이스라엘에게 고하여 가로되 이스라엘아 잠잠히 들으라 오늘날 네가 네 하나님 여호와의 백성이 되었으니 그런즉 네 하나님 여호와의 말씀을 복종하여 내가 오늘날 네게 명하는 그 명령과 규례를 행할지니라.

이스라엘 백성들은 정상적으로는 가나안 사람들을 이길 수가 없었습니다. 또 많은 것들을 가나안 사람들에게 배워야 했습니다. 그럼에도 불구하고 이스라엘 백성들에게 가장 중요한 것은 그들의 중심입니다. 그들에게 가장 중요한 것은 하나님의 말씀을 잠잠히 듣는 것입니다. 이스라엘 백성들이 하나님의 말씀으로 충만할 때 하나님의 능력이 나타나게 됩니다.

물론 이 땅을 살아가는 우리들도 세상 물정을 잘 모릅니다. 우리는 기술도 없고 지식도 없습니다. 그것에 대해 겸손하게 인정해야 합니다. 우리는 언제나 하나님 앞에서 머리를 숙일 수밖에 없습니다. 왜냐하면 하나님은 우리의 주인이시고 우리 생명을 주장하는 분이시기 때문입니다. 또 우리는 이 세상에서도 머리를 숙일 수밖에 없습니다. 왜냐하면 우리는 이 세상에서 가진 것도 없고 모든 것을 배워야 하기 때문입니다. 그럼에도 우리의 중심만은 결코 약해질 수 없습니다. 왜냐하면 우리의 중심은 언제나 하나님의 말씀으로 충만해야 하며 절대로 이 세상과 타협해서는 안 되기 때문입니다. 우리가 부드러워야 하는 것은 겉으로 나타나는 태도이지 우리의 중심은 절대 약해서는 안 됩니다. 그리고 무엇보다 하나님의 말씀에 붙들린 자가 되어야 합니다.

그래서 하나님께서는 이스라엘 백성들이 가나안 땅에 들어가자마자 중요한 의식을 하나 행하게 하시는데, 즉 그리심산과 에발산의 맹세입니다.

신명기 27장 11-13절

모세가 당일에 백성에게 명하여 가로되 너희가 요단을 건넌 후에 시므온과 레위와 유다와 잇사갈과 요셉과 베냐민은 백성을 축복하기 위하여 그리심산에 서고 르우벤과 갓과 아셀과 스불론과 단과 납달리는 저주하기 위하여 에발산에 서고.

이스라엘 백성들이 가나안 땅에 들어가게 되면 가장 먼저 보게 되는 것이 두 개의 산이었습니다. 하나는 그리심산이고 다른 하나는 에발산이었습니다. 앞에서도 언급했지만 이 두 산은 작은 골짜기를 사이에 두고 마주 서 있는 아주 가까운 산이었습니다. 하나님께서는 이스라엘 백성들을 두 그룹으로 나누어서 한 그룹은 그리심산 쪽에 서고 다른 한 그룹은 에발산 쪽에 서게 하셨습니다. 그리고 레위인 제사장들이 축복의 말씀을 선포하면 그리심산 쪽에 있는 이스라엘 백성들이 '아멘' 이라고 화답을 하고 저주의 말씀을 선포하면 에발산 쪽에 있는 이스라엘 백성들이 '아멘' 이라고 화답하게 하셨습니다.

이것은 하나님께서 이스라엘 백성들이 가나안 땅에 살기 전에 그들에게 축복과 저주가 함께 기다리고 있다는 사실을 가르쳐 주시기 위한 것이었습니다. 다시 말해 가나안 땅의 축복과 저주는 다른 데 달려 있는 것이 아니라 오직 이스라엘 백성들이 하나님의 말씀에 순종하는데 달려 있었습니다. 즉 이스라엘 백성들이 하나님의 말씀대로 살면 가나안 땅은 축복의 땅이 될 것이며 다른 나라가 쳐들어와서 멸망시키려고 해도 멸망되지 않는 것입니다. 왜냐하면 하나님께서 이스라엘을 지켜주시기 때문입니다. 그러나 이스라엘 백성들이 하나님의 말씀을 멀리하고 우상을 섬기고 세상 사람들의 방식을 따라가게 되면 그들은 저주를 받게 되고 망하게 될 것입니다. 왜냐하면 이스라엘 자손들은 하나님이 도와주시지 않으면 망할 수밖에 없기 때문입니다.

우리가 생각할 때 이스라엘 백성들이 복을 받는 방법이 얼마나 쉽습니까? 그들은 군사력을 강하게 하는 것도, 공부를 많이 해야 하는 것도, 돈을 많이 벌어야 하는 것도 아니었습니다. 오직 하나님의 말씀대로 살기만 하면 복을 받는데 그것을 못하겠습니까? 그럼에도 이스라엘 백성들에게 가장 어려운 것이 하나님의 말씀에 순종하는 것이었습니다. 왜냐하면 이스라엘 백성들이 생각하기에 사람의 생각이 하나님의 생각보다 훨씬 나아보였기 때문입니다.

오히려 하나님의 말씀은 너무나도 케케묵은 말씀이고 인간의 자질과 능력을 인정하지 않는 말씀같이 보였습니다. 우리가 하나님의 말씀을 읽어 보면 거의 대부분이 하지 말라는 말씀으로 되어 있습니다. 이것도 하지 말고 저것도 하지 말라고 하시면 결국 우리가 할 수 있는 것은 아무것도 없습니다. 이스라엘 백성들은 세상의 유행과 풍습에 담을 쌓고 하나님의 말씀만 고수하는 것이 가장 어리석고 미련한 짓으로 보였습니다. 결국 하나님의 말씀대로 살려면 바보가 되고 미련한 사람이 되어야 하는 것입니다.

이것이 오늘 우리들의 운명입니다. 지금 우리들의 운명은 결코 부정적이지 않습니다. 우리들에게는 전 세계에서 가장 아름다운 신앙의 열매와 성령의 축복이 아직까지 나타나고 있습니다. 또 많은 젊은이들이 하나님의 말씀 앞에 주리고 목마른 심령으로 나아가고 말씀을 사모하고 있습니다. 만약 우리가 이것을 계속 지켜나가면 이 땅은 축복의 땅으로 변할 것입니다. 그러나 우리가 교만하여 우리를 자랑하고 자기만족에 빠질 때 이 땅은 저주의 땅이 될 것입니다. 우리는 이미 축복의 땅에 서 있습니다. 이 사실을 본문이 밝혀 주고 있습니다.

이스라엘이 멀리 해야 할 것들

본문에 기록된 축복과 저주의 말씀들은 하나님께서 선포하라고 하신 말씀 전체는 아닌 것 같습니다. 오히려 하나님께서 에발산과 그리심산에서 선포하라고 하신 말씀은 28장에서도 계속되고 있는 말씀입니다. 본문의 말씀은 그 서론이나 요약에 해당된다고 볼 수 있습니다.

여기에서 레위인들이 선포하는 말씀은 열두 개의 저주의 말씀들입니다. 그런데 이 열두 개의 저주의 말씀들은 모두 정상적인 이스라엘 사람이나 하나님의 백성으로는 도저히 하고 싶어도 할 수 없는 그런 저질스러운 죄들입니다. 우선적으로 먼저 나오는 것이 우상 숭배를 하지 말라는 것입니다.

신명기 27장 15절

장색의 손으로 조각하였거나 부어 만든 우상은 여호와께 가증하니 그것을 만들어 은밀히 세우는 자는 저주를 받을 것이라 할 것이요 모든 백성은 응답하여 아멘 할지니라.

사람들이 우상을 만드는 이유는 자신의 소원이나 종교적인 감정을 표현하기 위함입니다. 사람들은 자신들의 종교적인 감정이야말로 가장 순수할 것이라고 생각하지만 실제로 하나님 앞에서 가장 부패했고 믿을 수 없는 것이 종교적인 감정입니다. 무엇보다 인간의 종교적인 감정은 하나님의 말씀을 듣는데 사용해야 올바르게 사용할 수 있습니다. 그리고 말씀을 들은 후에 기도나 찬양의 열정으로 나타나야 하는 것입니다. 우상은 아무것도 아닌 것 같지만 이스라엘의 암 덩어리였습니다. 결국 이스라엘은 이 암으로 죽게 됩니다.

그러면 왜 이스라엘이 이러한 우상을 버리지 못했습니까? 다른 나라 사람들이 우상을 섬겼고 또한 우상을 섬겨서 잘사는 것같이 보였기 때문입니다. 그런데 하나님의 백성들은 잘살고 못사는 것이 아니라 그들에게 주신 보물을 지키는 것이 중요합니다. 이것을 지키지 못하면 스스로 망하게 되는 것입니다. 이와 마찬가지로 우리 교회도 말씀과 기도를 지키지 못하고 다른 화려한 것들을 따라가면 결국 이 축복마저 빼앗기게 되고 맛을 잃어버린 소금이 되고 맙니다.

그러나 이것만이 문제는 아닙니다.

신명기 27장 17절

그 이웃의 지계표를 옮기는 자는 저주를 받을 것이라 할 것이요 모든 백성은 아멘 할지니라.

여기서 지계표를 옮긴다는 것은 땅을 넓히는 것을 말합니다. 하나님은 모든 이스라엘 사람들에게 땅을 나눠 주셨습니다. 그런데 사람들은 자기에게 배당된 땅으로 만족하지 못하고 자꾸 땅을 넓히는 것입니다. 그래서 부자는 계속 더 부자가 되고 가난한 자는 더 가난해져서 결국은 노예로 팔려가게 됩니다. 하나님의 백성들은 하나님이 주신 것으로 자족하는 것이 가장 중요합니다. 우리는 절대로 최고로 높아지려고 해서도 안 되고 자꾸 커지려고 해서도 안 됩니다. 비록 작지만 자기에게 주어진 것으로 만족하고 최선을 다하면 하나님께서 그 범위 안에서 또 축복을 내려 주십니다.

오늘 우리 사회의 또 다른 암은 무한정 커지려 하는 태도입니다. 기업은 더 큰 대 기업이 되려고 하고, 교회는 무한대로 큰 교회가 되려고 하고, 집을 가진 사람들은 집값을 더 올리려고 하는 것입니다. 또한 물질 만능주의 암과 공산주의를 믿는 암도 이미 많이 퍼져 수술이 불가능하게 되었고 이제 항암 치료를 해서 살려야 하는 지경에 이르렀습니다.

그 다음으로 성적인 죄에 대한 저주입니다. 본문 20절-23절까지의 성적인 죄는 차마 입에 담을 수도 없는 성적인 죄들입니다. 결국 가나안이 망하게 된 것은 바로 이런 말로 표현할 수 없는 성적인 죄들을 저질렀기 때문입니다. 그들은 거의 짐승 같은 수준에서 성적인 죄를 저질렀습니다. 여기에 보면 계모라든지 근친이라든지 짐승이라든지 장모라든지 말로 표현할 수 없는 성적인 죄들이 나옵니다.

우리가 서구 사회를 볼 때, 모든 것이 민주적이고 개인의 자유를 존중하는 것은 좋지만 이 성적인 죄가 가나안 수준이라는 것을 기억해야 합니다. 아무리 미국적인 것이 좋다고 생각할지 몰라도 가장 무서운 것이 미국식의 이런 성적인 죄들인 것입니다. 그리고 우리 또한 성적인 면에서 이런 서구 사회의 타락을 열심히 따라가고 있는 것을 보면 문제가 심각합니다.

신명기 27장 16절

그 부모를 경홀히 여기는 자는 저주를 받을 것이라 할 것이요 모든 백성은 아멘 할지니라.

신명기 27장 18-19절

소경으로 길을 잃게 하는 자는 저주를 받을 것이라 할 것이요 모든 백성은 아멘 할지니라 객이나 고아나 과부의 송사를 억울케 하는 자는 저주를 받을 것이라 할 것이요 모든 백성은 아멘 할지니라.

우리의 신앙이 혼자 미쳐 날뛰는 광신적인 것이 되어서는 절대로 안 되며, 부모를 공경하고 소경이 길을 잃었을 때에 찾아주고 고아나 과부로 억울하게 하지 않은 사랑과 의가 넘치는 사람들이 되어야 복을 받는 것입니다. 우리가 알아야 할 것은 이런 것들은 사람들이 보기에도 참 아름다운 것입니다. 자녀가 부모를 공경하는 것은 누가 보더라도 아름다운 것이며, 소경을 도와주고 고아나 과부를 불쌍히 여기는 것은 누가 봐도 아름다운 것입니다. 마찬가지로 기독교 신앙은 누가 봐도 아름다운 것이 되어야 합니다.

예컨대 믿지 않는 사람들이 보기에도 칭찬하는 하나님의 백성들이 진짜 하나님의 백성인 것입니다. 사도행전에 보면 초대 교회가 부흥될 때 사람들로부터 칭송을 받았다는 말이 여러 번 나오고 있습니다. 무엇보다 신앙이라고 하는 것은 독선과 아집에 가득 찬 것이 아니라 누가 보아도 아름답고 매력적이어야 한다는 뜻입니다.

여기서 우리는 이스라엘 백성들이 서 있는 곳은 결코 축복과 저주 가운데 있는 곳이 아님을 알 수 있습니다. 그들은 이미 축복의 자리에 서 있습니다. 즉 하나님의 말씀을 받았다는 것 자체가 축복의 자리에 서 있는 것입니다. 이제 그들이 해야 할 일은 교만에 빠지지 않고 죄만 짓지 않으면 하나님의 축복을 자동적으로 받을 수 있습니다.

이것이 바로 오늘 우리들의 위치입니다. 우리는 이미 하나님의 말씀과 은혜로 축복의 자리에 서 있습니다. 이제 더 이상 우리는 미래에 대해 불안해하거나 두려워할 필요가 없습니다. 다만 교만하지 않고 죄짓지 않고 목숨을 걸고 말씀을 지키면 우리에게는 은혜와 축복의 미래가 열릴 것입니다.

하나님께서는 이스라엘 백성들에게 이러한 사실을 속으로 생각만 하게 하신 것이 아니라 직접 두 산 사이에서 큰 소리로 '아멘' 하고 외치게 하셨습니다. 왜냐하면 우리는 미련해서 이것을 잊어버리기 때문입니다. 오늘 우리의 미래는 우리가 얼마만큼 하나님의 말씀을 붙잡고 교만하지 않고 죄짓지 않고 더 욕심내지 않고 지킬 것은 지키고 베풀 것은 베푸느냐 하는데 있음을 기억하면 좋겠습니다.

32

| 신 28:1-24 | 하나님의 놀라운 축복

우리나라 사람들만큼 공부에 관심이 많고 또 공부하는데 투자를 많이 하는 사람들은 세계 어디에도 없는 것 같습니다. 어린아이 젊은이 할 것 없이 공부에 얼마나 많은 시간과 정력을 투자하는지 모르겠습니다. 그런데 실제로 그 많은 공부가 우리를 성공하게 하고 우리의 인생을 바꿀 수 있는지를 묻는다면 부정적인 답만이 나올 것입니다.

실제로 우리의 공부가 사람의 삶을 성공적으로 이끄는 길이 되기보다는 그 사람의 학벌이나 이력서에 찬란한 한 줄의 보탬밖에 되지 못하는 경우가 더 많은 것 같습니다. 그 이유는 우리가 실제로 공부를 해 보면 알게 되지만 무엇이든지 공부하려고 하는 그 대상을 바로 알고 핵심 속으로 들어간다는 것이 결코 쉬운 일이 아니기 때문입니다. 또 저자나 선생 중에서 문제의 핵심을 정확하게 파악하고 그 핵심을 전수해 줄 수 있는 사람을 만난다고 하는 것은 하늘의 별따기처럼 어렵습니다.

처음에는 멋도 모르고 닥치는 대로 아무 책이나 붙들고 열심히 공부합니다. 그러나 어느 정도 실력이 쌓이고 난 후에 보면 옛날에 읽고 공부했던 책들이 어느 한 부분에 불과했지 자신이 공부하려고 했던 핵심이 아니었다는 것을 깨닫게 됩니다. 어느 정도 공부를 하고 나면 자신이 공부한 책들 가운데서 도움이 안 되는 책들을 골라내게 되는데 그동안 붙들고 있었던 대부분의 책들이 쓸모없는 것이었음을 알게 됩니다. 사실 나에게 핵심을 알게 해 주고 내 인생을 바꿀 수 있었던 책은 수천 권 가운데 단 한 권 밖에 없을 때가 많습니다.

이것은 우리들의 신앙생활에 있어서도 마찬가지입니다. 우리의 신앙에는 다양한 방법들이 존재하는데, 그 방법들은 나름대로 다 유익하고 타당성이 있고 복을 주는 것 같습니다. 그런데 우리에게 진짜 복을 주는 방법은 단 하나밖에 없습니다. 이것이 얼마나 중요한 일인지 모릅니다. 우리가 신앙생활을 할 때에도 무조건 열심을 내어서 많은 봉사를 하거나 열심히 전도를 하거나 신앙적인 체험을 하면 복을 받는다고 생각하기 쉽습니다. 그러나 신앙에 있어서 하나님께서 가장 중요하게 생각하시는 핵심이 무엇인가 하면 하나님의 말씀에 대한 확고한 믿음이 있어야 한다는 것입니다.

하나님의 복을 받는 방법

신명기 28장 1절

네가 네 하나님 여호와의 말씀을 삼가 듣고 내가 오늘날 네게 명하는 그 모든 명령을 지켜 행하면 네 하나님 여호와께서 너를 세계 모든 민족 위에 뛰어나게 하실 것이라.

우리는 신앙생활을 하나님께 더 가까이 나아가는 것, 내가 하나님과 하나가 되는 것이라고 생각합니다. 그렇습니다. 신앙생활은 하나님께 가까이 나아가는 것이고 거기서 한걸음 더 나아가서 하나님과 내가 일치가 되는 것입니다. 만일 우리가 모든 복의 근원이신 하나님께 가까이 나아가서 하나님과 하나가 될 수 있다면 얼마나 좋겠습니까? 그러나 이스라엘 백성들이 시내산에서 경험했던 것은 인간이 하나님께 나아가는 것은 불가능하다는 사실이었습니다.

하나님이 임재하실 때 시내산은 용광로같이 불붙고 있었는데 인간이 어떻게 그 용광로 속에 들어가서 하나님의 복을 받을 수 있겠습니까? 그것은 불가능한 일이었습니다. 우리나라 사람만큼 하나님의 은혜를 사모하며 복 받기를 원하는 사람들도 없는 것 같습니다. 우리는 나름대로 하나님의 복을 받는 비책을 전수받았다고 생각합니다. 어떤 사람들은 개인적인 뜨거운 체험을 통해서 하나님을 만나고 하나님의 세계 속으로 들어가려고 합니다. 물론 그렇게 했을 때 많은 유익도 있고 귀한 은혜를 받는 것도 사실입니다.

또 어떤 사람들은 봉사를 많이 하는 것을 통해서 하나님의 복을 받을 수 있을 것이라고 생각합니다. 또 어떤 사람들은 대규모 집회를 기획하고 성공적으로 마쳤기 때문에 하나님의 복이 임할 것이라고 생각합니다. 또 어떤 사람들은 세상에서 성공하고 유명해지는 것이 하나님의 복을 받는 것이라고 생각합니다. 물론 이런 것들이 귀한 것이고 하나님의 축복인 것은 사실이지만 하나님의 복의 핵심 속으로 들어가는 방법은 아닙니다. 우리가 하나님의 복의 노른자 즉 하나님의 복의 핵심을 차지하는 방법은 하나님의 말씀을 가지는 것입니다.

본문 말씀은 이스라엘 백성들이 하나님의 말씀을 지킬 때 하나님께서 주실 놀라운 복들에 대해 열거하고 있습니다. 그런데 하나님의 복을 받는 방법은 놀랍게도 이스라엘 백성들이 세상에서 성공하는 것도 아니고 종교적인 행사를 크게 하는 것도 아니고 종교적인 체험에 빠지는 것이 아니라 여호와의 말씀을 듣고 그대로 순종하는 것이었습니다. 하나님께서는 이스라엘 백성들이 이렇게 하기만 하면 그들을 '세계 모든 민족 위에 뛰어난 민족이 되게 하실 것' 이라고 약속하셨습니다.

우리에게 이 사실은 너무나도 믿어지지가 않습니다. 하나님의 말씀을 듣고 가만히 있는 것은 결국 아무것도 하지 않는 것이 아닙니까? 실제로 신앙생활을 하다 보면 알겠지만 하나님의 말씀을 듣노라면 다른 일들을 제대로 할 수가 없습니다. 왜냐하면 마음을 준비해야 하기 때문입니다. 다른 일을 하다가 하나님의 말씀을 들으려고 하면 이미 머릿속을 채우고 있는 일들이 많아서 하나님의 말씀이 잘 들어오지 않습니다. 그래서 하나님의 말씀을 마음속에 담으려고 하면 많은 일들을 포기하고 생활을 단순화시켜야 합니다.

결국 우리 마음속에 하나님의 말씀을 담으려고 하면 세상의 많은 일들을 하지 말아야 합니다. 우리가 세상일을 제대로 하려고 하면 모든 마음과 열정을 다 쏟아야 합니다. 그러나 하나님의 말씀을 들으려고 하면 세상일을 도저히 그런 식으로 할 수가 없고 겨우 현상 유지 수준으로 밖에 할 수 없는 것입니다. 이때 우리 마음속에는 어떻게 아무것도 하지 않는데 세상에서 가장 뛰어날 수 있으며 어떻게 이 모든 복을 받을 수 있을까 하고 생각합니다.

다른 하나는 이 세상의 지식이나 세상의 일들은 열심히 하면 할수록 그때그때 눈에 나타나는 결과가 있습니다. 학교 성적이 올라간다든지 아니면 사업이 잘 된다든지 사회에서 인정을 받는다든지 하는 것이 있는데 하나님의 말씀을 듣는 것은 눈으로 나타나는 결과가 아무것도 없습니다. 더욱이 하나님의 말씀을 가까이하는 동안에 점점 더 세상에서 멀어지게 되고 나중에는 세상에 적응하기도 어려워지게 됩니다.

다시 말해 하나님의 말씀만 듣고 그대로 산다는 것은 눈에 보이는 결과는 아무것도 없을뿐더러 우리는 결코 들은 말씀대로 살지도 못합니다. 우리가 하나님의 말씀을 듣고 그대로 순종한다는 것이 쉬울 것 같지만 결코 쉬운 일이 아닙니다. 무엇보다 이 일 자체가 어렵다기보다는 인간적인 생각으로는 도저히 이것만 가지고는 안 될 것 같은 생각 때문입니다. 하나님의 말씀만 듣고 가만히 있으면 어떻게 우리에게 복이 임하며 어떻게 세계에서 가장 뛰어난 사람들이 될 수 있습니까? 그러나 이것이 하나님께서 우리에게 복을 주시는 방법이며 우리가 하나님의 복의 근원 속으로 들어가는 방법입니다.

우리는 모두 하나님께 나아가려는 열정을 가지고 있고 주님의 일을 열심히 하려고 합니다. 그러나 이상하게도 하나님께서는 그 모든 일들보다도 그 많은 사업들보다도 하나님의 말씀을 듣는 것을 더 좋아하십니다. 예수님께서도 부엌에서 음식 준비로 분주한 마르다보다 주님의 발아래서 말씀을 듣던 마리아가 택한 편이 더 좋다고 말씀하십니다. 이것은 우리 귀에 이상하게 들릴지 모르겠지만 사실입니다. 다시 말해 하나님께서는 우리가 하고 있는 많은 일들을 다 내려놓고 아무것도 하지 말고 하나님의 말씀을 듣는 것을 가장 기뻐하십니다. 그럼에도 우리가 하나님의 말씀대로 산다고 하지만 실제로는 하나님의 말씀을 들어도 그대로 살지 못하고 비틀거리면서 살 수밖에 없습니다.

때로는 왜 하나님께서 우리에게 말씀을 듣는 것을 그렇게 강조하시는지 잘 이해할 수가 없을 때도 있습니다. 그런데 깊이 생각하면 알게 됩니다. 왜냐하면 다른 방법들은 하나님을 사랑한다고 하지만 역시 자기 자신을 사랑하는 것이 들어 있기 때문입니다. 우리가 진정으로 복을 받으려면 하나님만을 사랑해야 하는데 하나님은 눈에 보이시지 않기 때문에 결국 자기를 사랑하면서 자기도취에 빠져서 하나님을 사랑한다고 생각하기 쉽습니다.

우리가 순수하게 하나님만 사랑하는 것은 하나님의 말씀을 사랑하고 그 말씀에 내 모든 인생을 다 거는 것입니다. 물론 신앙생활을 지적으로만 하는 분들이 있습니다. 그들도 하나님의 말씀을 좋아한다고 할 것입니다. 그러나 그들은 하나님의 말씀을 지적으로 연구하고 공부하는 것이지 하나님의 말씀을 위해서 아무것도 포기하지 않습니다. 오히려 더 자기 자신을 자랑하려고 합니다. 이것이 바리새주의입니다.

오늘 이 세상에 임하는 하나님의 축복 중에서 가장 중요한 복은 성령이 충만하게 부어지는 것입니다. 이 복은 우리가 하나님의 말씀을 붙들고 기도할 때 나타나게 됩니다. 우리가 사는 이 세상이 점점 더 살기 어려워지는 것은 성령의 은혜가 메말라 가기에 그렇습니다. 사람들의 마음은 점점 더 이기적이 되어 가고 뻔뻔스러워지며 난폭해지는데 그 이유가 바로 성령의 역사가 고갈되어지기 때문입니다. 마치 여름에 가뭄이 계속되면 모든 풀이나 채소나 곡식들이 말라가고 나중에는 가축이나 들짐승들이나 사람들까지 마실 것이나 먹을 것을 구하지 못해서 헉헉거리게 되는데 이것이 눈에 보이지 않는 세계에서는 성령이 고갈될 때 나타나는 현상인 것입니다.

그런데 하나님께서 성령을 부어 주시는 사람들은 다른 사람들이 아니라 하나님의 말씀을 붙들고 다른 모든 것을 다 포기하고 하나님께 맡긴 사람들입니다. 이 사람들은 주님을 위해서 많은 봉사를 한 것도 아니고 큰 사업을 한 것도 아니지만 하나님은 이 사람들에게 성령을 부으셔서 복이 임하게 하십니다.

그러므로 우리가 진정 하나님의 복을 받으려면 모험을 하는 수밖에 없습니다. 즉 하나님의 말씀에 내 모든 인생을 걸고 다른 것들을 포기하는 것입니다. 하나님의 말씀에 내 모든 열정과 시간과 미래를 투자하는 것입니다. 그렇게 했을 때 하나님께서 우리를 얼마나 축복하시며 얼마나 존귀하게 하시며 얼마나 높이시는지 보게 될 것입니다.

하나님의 복이 미치는 범위

하나님께서는 하나님의 말씀을 사랑하고 그것을 붙드는 자의 생활 전부를 가장 아름답게 축복하겠다고 약속하셨습니다.

신명기 28장 2-6절

네가 네 하나님 여호와의 말씀을 순종하면 이 모든 복이 네게 임하며 네게 미치리니 성읍에서도 복을 받고 들에서도 복을 받을 것이며 네 몸의 소생과 네 토지의 소산과 네 짐승의 새끼와 우양의 새끼가 복을 받을 것이며 네 광주리와 떡 반죽 그릇이 복을 받을 것이며 네가 들어와도 복을 받고 나가도 복을 받을 것이니라.

하나님의 말씀에 순종해서 사는 자에게 임하는 복은 그야말로 어마어마합니다. 하나님은 그의 삶 전체를 복 주셔서 아름답고 풍성하게 하실 것이라고 약속하셨습니다. 그는 성읍에서도 복을 받고 들에서도 복을 받을 것입니다. 성읍은 집을 말합니다. 곧 집에서 일어나는 모든 일이 복될 것입니다. 자녀들이 복을 받을 것이며 그의 식구들이 하는 모든 일이 형통할 것이며 하나님이 모든 부분에 최고로 좋은 것을 주실 것입니다. 뿐만 아니라 들에서 하는 일도 복을 받을 것입니다. 들에서 농사를 짓는다든지 목축을 한다든지 직장 생활이나 하는 사업에도 복을 주신다고 하셨습니다.

또 "네 광주리와 떡 반죽 그릇이 복을 받을 것이며"라는 말씀은 하나님께서 먹을 것을 풍성하게 주셔서 광주리와 떡 반죽 그릇이 비게 되지 않을 뿐 아니라 그것을 먹고 생활할 때 모든 식구들이 건강의 복을 누리게 되는 것을 말합니다. 옛날에는 집안의 밥솥이 복을 받는 것을 아주 중요하게 생각했습니다. 왜냐하면 밥솥이 복을 받지 못하면 집안이 궁핍해진다고 생각했기 때문입니다. 하나님께서는 이 사람의 생활 전체를 축복하셔서 모든 부분을 아름답게 하시겠다고 약속하셨습니다.

이 사람들은 들어가도 복을 받고 나가도 복을 받습니다. 집에 가도 기쁜 일밖에 없습니다. 그리고 밖에 나가도 모든 일이 잘 되니까 기쁩니다. 그러나 어떤 사람은 집에 들어가면 부인과 아이가 애를 먹이고 직장에 나가면 상사나 거래처 사람들이 속을 썩여서 죽을 지경이라고 말합니다. 이런 사람은 들어가도 골치가 아프고 나가도 골치가 아플 것입니다.

그런데 이 말씀을 들을 때 뭔가 '아닌 것 같다'는 생각이 들지도 모르겠습니다. 왜냐하면 아무리 하나님의 말씀을 붙들고 살아도 성읍에서도 복을 받지 못하고 들에서도 복을 받지 못하며 아직 광주리나 떡 반죽 그릇이 모두 비어 있는 분들도 있기 때문입니다. '들어와도 복을 받고 나가도 복을 받을 것이니라' 고 하셨는데 집에 들어와도 답답하고 이력서를 들고 밖으로 돌아다녀도 아무 데도 취직이 되지 않는 것입니다. 어떻게 이것을 복 받았다고 말할 수 있겠습니까?

우선 여기에는 설명이 좀 필요한 것 같습니다. 예컨대 신약 시대에 하나님께서는 우리의 겉 사람을 치료하시기보다는 우리의 속사람을 먼저 치료하십니다. 모든 사람들에게 가장 심각한 것은 눈에 보이는 외적인 축복보다는 그들의 내면이 죄로 인해 눈뜨고 볼 수 없을 정도로 일그러져 있고 망가져 있는 것입니다. 만약 우리가 심한 화상을 입어서 얼굴이 변하고 몸이 망가지게 되었다면 사회생활을 하거나 좋은 옷을 사 입는 것보다는 아름다운 모습을 되찾는 것이 더 중요할 것입니다.

오늘날 사람들은 자신들의 내면이 죄 때문에 얼마나 심하게 일그러지고 변형되고 망가졌는지 모르고 오직 돈만을 위해서 편안한 생활만을 위해서 몸부림치고 있습니다. 그러나 하나님께서는 우리들에게 그런 것들을 먼저 주지 않으시고 오직 말씀과 성령으로 우리의 내면을 치료하십니다. 하나님은 우리에게 떡 반죽 그릇이나 광주리에 복만 주시는 것이 아니라 우리를 정말 멋있는 사람으로 만든 후에 모든 것을 다 누리게 하시고 즐기게 하시는 것입니다.

자신의 과거를 돌아볼 때 우리는 얼마나 무감각하고 무정하고 무자비한 자였는지 모릅니다. 그러나 이제는 사랑을 알고 눈물이 있고 기쁨이 있는 사람들로 변화되었습니다. 이전에는 일류 대학만 전부인 줄 알고 허영과 자만심과 열등감으로 살아왔는데 이제는 평범한 것 가운데 얼마나 귀하고 소중한 것들이 많은지 알게 되었습니다.

우리에게 하나님의 축복이 지연되는 것 같은 이유는 먼저 우리의 속사람을 정말 아름답게 치료하는 것이 더 중요하기 때문입니다. 하나님께서는 우리 속사람을 흰 눈과 같이 양털과 같이 흠도 없고 티도 없이 완벽하게 치료하실 것입니다. 그래서 우리가 예수 믿는 것은 전신을 성형 수술 받는 것과 같습니다. 코만 높이거나 배만 들어가게 하는 것이 아니라 우리의 정신과 감정과 열정과 모든 것을 완전하게 치료하십니다. 그 후에는 우리의 가정을 치료하십니다.

무엇보다 자기 자신을 귀하게 생각하고 사랑할 줄 아는 사람이 남편이나 아내를 신심으로 사랑할 수 있습니다. 자신을 사랑하거나 용납하지 못하는 사람은 상대방에게 너무 완전한 것을 요구하기 때문에 결국 미워하게 되고 갈라지게 됩니다. 자기 자신을 진심으로 사랑할 줄 아는 사람이 자기가 하는 일도 사랑하게 됩니다. 또 자기가 하는 일이 정말 좋아서 한다면 복을 받을 수밖에 없을 것입니다.

우리의 속사람이 치료되고 나면 무슨 일을 해도 기쁘고 즐겁습니다. 왜냐하면 이미 우리 속사람이 치료되었기 때문입니다. 우리는 이 세상에서 오직 사랑으로 일을 하기 때문에 좋을 수밖에 없습니다. 하나님은 우리의 삶 전체를 결국 최고로 아름답게 만드십니다. 나중에 보면 나의 삶 가운데 아름답지 않은 부분이 없고 나의 걸어온 삶들까지도 하나님께서 모두 바로 잡아 주셨기 때문에 부끄럽거나 수치스러운 부분이 없게 됩니다. 그래서 우리는 하나님을 찬양하게 됩니다. '사랑의 예수님, 내 모든 삶을 참 아름답게 만드셨네요.'

그러나 여기서 우리가 기억해야 할 것은 하나님께서는 우리를 축복하시기 전에 미리 연단하신다는 사실입니다. 왜 그렇게 하십니까? 구약 시대 이스라엘 백성들에게 복을 주셨더니 그들은 복을 떼먹어 버리고 세상길로 갔기 때문입니다. 우리의 생각으로는 하나님께서 복을 주시면 더 감사하고 더 잘 순종할 것 같은데 사람의 마음은 절대로 그렇지 않습니다. 사람의 마음이 얼마나 간사한가 하면 지위가 높아지고 먹고 살만 하면 하나님의 말씀을 제쳐 놓고 사람들을 만나면서 우쭐거립니다. 교만해지고 거짓말도 슬슬 하고 몰래 죄도 짓게 되는 것입니다. 그래서 하나님께서는 우리를 영원히 빼앗기지 않으시려고 많은 고난을 통해서 우리를 철저하게 낮추어 놓으십니다.

그러므로 '나는 하나님 앞에서 정말 아무것도 아니구나. 나는 하나님의 말씀을 놓치고 교만하거나 죄에 빠지면 그 즉시 망하는구나!' 하는 것을 철저히 깨달아야 합니다. 그 후에 복을 받아도 때로 우리 마음이 흔들릴 수 있습니다. 그만큼 세상의 복은 위험한 것입니다. 그럼에도 우리가 지금 하나님의 손에서 연단을 받고 있다면 반드시 복은 임하게 되어 있습니다. 그것을 기대하셔야 합니다. 하나님은 먼저 우리를 연단하신 후에 복을 주심으로 나중에 아무리 복을 주셔도 하나님만 붙들게 하시는 것입니다.

위기 때의 축복

우리 인간들에게 가장 두려운 것은 현재의 복도 중요하지만 미래의 복이 더 중요합니다. 우리 주위에 보면 잘살다가 어느 날 갑자기 사업이 망하거나 어려운 일이 닥치면서 불행해지는 사람들을 종종 보게 됩니다. 특히 우리나라는 미래 자체를 예측할 수 없는 불안한 상태에 놓여 있습니다. 우리가 어떻게 하면 이러한 미래의 위기들을 피하거나 극복하고 계속적으로 복된 생활을 할 수 있을까요? 그것은 하나님의 말씀을 붙드는 길밖에 다른 길은 없습니다.

신명기 28장 7절

네 대적들이 일어나 너를 치려하면 여호와께서 그들을 네 앞에서 패하게 하시리니 그들이 한 길로 너를 치러 들어왔으나 네 앞에서 일곱 길로 도망하리라.

옛날에는 전쟁이라는 것이 정말 예측할 수 없었습니다. 욥의 경우를 보면 하루아침에 폭풍이 불어서 자식들이 다 죽고 또 적들이 쳐들어와서 소와 양을 다 빼앗아가 버렸습니다. 특히 우리 인간들은 미래를 전혀 예측할 수 없기 때문에 지금 아무리 행복하고 좋다고 해도 언제 불행이 닥칠지 모르는 것이 우리 인생살이입니다.

그런데 이러한 미래의 위기나 불안을 이기는 방법이 있습니다. 그것은 하나님의 보험에 가입하는 것입니다. 즉 하나님의 말씀을 붙잡고 자기 욕심을 죽이면 하나님께서 우리의 미래를 지켜 주십니다. 우리가 하나님의 백성으로서 그렇게 살아갈 때 하나님께서는 우리를 위기에서 지켜 주시고 미래의 축복을 보장해 주십니다. 적이 한 길로 치러 왔다가 일곱 길로 도망을 간다는 것은 그야말로 정신을 차리지 못하고 달아나게 된다는 뜻입니다. 다시 말해 적들이 이스라엘 백성들은 아무것도 없고 힘도 약하기 때문에 업신여기며 왔다가 무엇인가 도저히 이해할 수 없는 엄청난 능력을 보고는 정신없이 달아나게 되는 것입니다. 우리에게 중요한 것은 하나님을 붙잡는 것입니다. 하나님을 잃어버리면 모든 것을 잃어버리게 됩니다.

신명기 28장 8-9절

여호와께서 명하사 네 창고와 네 손으로 하는 모든 일에 복을 내리시고 네 하나님 여호와께서 네게 주시는 땅에서 네게 복을 주실 것이며 네가 네 하나님 여호와의 명령을 지켜 그 길로 행하면 여호와께서 네게 맹세하신 대로 너를 세워 자기의 성민이 되게 하시리니.

하나님이 우리에게 원하시는 것은 똑똑한 사람이 되는 것도 아니고 유명한 사람이 되는 것도 아닙니다. 오직 하나님의 말씀만 내 생명처럼 붙들면 우리가 하나님을 붙잡게 되는 것입니다. 그렇게 하면 하나님도 우리를 능력의 손으로 붙잡으십니다. 그렇게 할 때 창고와 손으로 하는 일을 다 지켜 주셔서 아무것도 손해 보지 않게 하십니다. 하나님이 우리를 지켜 주셔야지 우리 자신이 지키려고 하면 스물네 시간을 자지 않고 지켜도 지키지 못할 것입니다. 그래서 시인은 고백하기를 "여호와께서 집을 세우지 아니하시면 세우는 자의 수고가 헛되며 여호와께서 성을 지키지 아니하시면 파수꾼의 경성함이 허사로다(시 127:1)."

그렇습니다. 하나님께서 우리의 미래를 지켜 주십니다.

신명기 28장 11절

여호와께서 네게 주리라고 네 열조에게 맹세하신 땅에서 네게 복을 주사 네 몸의 소생과 육축의 새끼와 토지의 소산으로 많게 하시며

여기서 "네 몸의 소생과 육축의 새끼와 토지의 소산"이라고 하는 것은 미래의 복을 말합니다. 하나님만이 우리의 미래를 지켜 주실 수 있습니다.

신명기 28장 12-14절

여호와께서 너를 위하여 하늘의 아름다운 보고를 열으사 네 땅에 때를 따라 비를 내리시고 네 손으로 하는 모든 일에 복을 주시리니 네가 많은 민족에게 꾸어 줄지라도 너는 꾸지 아니할 것이요 여호와께서 너로 머리가 되고 꼬리가 되지 않게 하시며 위에만 있고 아래에 있지 않게 하시리니 오직 너는 내가 오늘날 네게 명하는 네 하나님 여호와의 명령을 듣고 지켜 행하며 내가 오늘날 너희에게 명하는 그 말씀을 떠나 좌로나 우로나 치우치지 아니하고 다른 신을 따라 섬기지 아니하면 이와 같으리라.

여기 보십시오. 하나님께서 얼마나 좋은 복을 부어 주시는지 모릅니다. 이스라엘 백성들은 애굽 출신의 노예들인데 지금 세계 최고가 되고 양식도 꾸어 주며 그들의 기도에 응답하셔서 때에 맞추어서 비를 내려 주시겠다고 말씀합니다.

하나님의 말씀을 버렸을 때 임할 저주

그럼에도 불구하고 이스라엘 백성들이 주의를 해야 할 부분은 바로 이 언약적 저주의 말씀에 있습니다. 왜냐하면 이스라엘 백성들이 하나님의 말씀이 시시하다고 생각해서 말씀을 버리고 다른 것으로 대신하거나 세상의 신들을 따라갈 때에 이 복들이 모두 변해서 저주가 되기 때문입니다. 하나님께서는 이스라엘 백성들에게 결코 좋은 것만을 주지 않으십니다. 그리고 절대로 그들을 잊어버리거나 포기하지 않으십니다. 우리가 늘 빠지는 함정이 '도대체 나 같은 것이 뭐 대단하다고 하나님께서 내가 하는 일에 일일이 신경을 쓰시겠어?' 하는 것입니다. 욥이 고난 가운데 한 말이 바로 이것입니다. '내가 죄를 짓는다고 해도 그것이 하나님께 무슨 영향이 있다고 하나님이 나를 주목하며 상대하시느냐?' 라는 것입니다.

그럼에도 하나님은 우리를 상대하십니다. 오히려 세상에 있는 모든 것들을 다 버리는 한이 있어도 우리를 포기하지 않으시고 우리만 사랑하십니다. 그래서 이스라엘 백성들은 다른 백성들이 세상에서 아무리 복을 받고 잘산다 하더라도 절대로 그것을 따라가서는 안 됩니다. 우리는 오직 하나님이 모든 것이 되어야 하며 하나님이 주신 것으로만 만족해야 합니다.

신명기 28장 15-19절

네가 만일 네 하나님 여호와의 말씀을 순종하지 아니하여 내가 오늘날 네게 명하는 그 모든 명령과 규례를 지켜 행하지 아니하면 이 모든 저주가 네게 임하고 네게 미칠 것이니 네가 성읍에서도 저주를 받으며 들에서도 저주를 받을 것이요 또 네 광주리와 떡 반죽 그릇이 저주를 받을 것이요 네 몸의 소생과 네 토지의 소산과 네 우양의 새끼가 저주를 받을 것이며 네가 들어와도 저주를 받고 나가도 저주를 받으리라.

정말 무서운 말씀입니다. 이스라엘 백성들이 하나님의 말씀을 붙잡지 않고 다른 것을 잡을 때 그것이 아무리 유익하고 아무리 좋은 것이라 하더라도 그들의 모든 복은 저주로 변하게 될 것입니다. 하나님의 말씀 대신에 종교적인 체험이나 세상에서 성공하는 것이나 유명해지는 것이나 다른 어떤 것을 붙잡는다 하더라도 복은 저주로 변하게 됩니다. 이스라엘 백성들은 다른 것은 다 포기하고 버리더라도 하나님의 말씀을 생명으로 잡으라는 것입니다.

성읍에서도 저주를 받고 들에서도 저주를 받고 광주리와 떡 반죽 그릇도 저주를 받고 자식과 토지소산과 우양의 새끼가 다 저주를 받게 되는 것입니다. 들어와도 저주를 받고 나가도 저주를 받고 하는 일마다 되는 일이 없게 되는 것입니다. 그 이유가 무엇입니까? 하나님의 백성의 지위가 얼마나 대단한지 모르고 세상을 사랑했기 때문입니다. 온 천지를 창조하신 하나님의 말씀의 가치를 모르고 부스러기 같은 세상의 인기나 사람들의 인정을 사랑했기 때문입니다. 하나님의 백성들의 가장 큰 죄는 하나님께서 주신 가장 소중한 것을 지키지 않고 무시하고 버리는 것입니다.

그렇다면 처음부터 이스라엘이 하나님의 말씀을 멀리했다고 저주가 옵니까? 결코 그렇지 않습니다. 축복에도 관성의 법칙이 작용하기 때문에 계속 축복이 오기는 합니다. 그러나 중요한 영적인 복이 없어져 버릴 것입니다. 즉 예배의 감동과 회개의 기도와 말씀을 통한 은혜가 사라져 버립니다. 그러나 인간적인 교제가 더 활발해지고 물질적인 복이 더 넘치고 세상적인 인기가 더 높아지기 때문에 복을 받고 있다고 생각합니다. 그러다가 시간이 갈수록 돈이 있어도 사람들을 더 미워하게 되고 더욱 갈등하게 되고 여러 가지 사고나 분쟁이 그치지 않게 됩니다.

결국 하나님의 백성들이 하나님의 말씀을 사랑하지 않으면 철저하게 저주를 받게 됩니다. 그 첫째가 정신적인 것입니다.

신명기 28장 20절

네가 악을 행하여 그를 잊으므로 네 손으로 하는 모든 일에 여호와께서 저주와 공구와 견책을 내리사 망하며 속히 파멸케 하실 것이며.

결국 이스라엘은 하나님을 잊고 세상을 사랑하는 악을 행합니다. 그러면 세상에서 성공할지 모르지만 마음에 기쁨과 평안이 없습니다. 그런데 더 무서운 것은 자기 자신의 마음이 강퍅해져서 그 사실을 느끼지 못하는 것입니다. 저주와 공구와 견책을 내릴 것이라고 했습니다. 즉 마음에 기쁨이 없고 불안하고 두려운 것입니다.

둘째로 육체적인 병이 찾아오게 됩니다.

신명기 28장 21-22절

여호와께서 네 몸에 염병이 들게 하사 네가 들어가 얻을 땅에서 필경 너를 멸하실 것이며 여호와께서 폐병과 열병과 상한과 학질과 한재와 풍재와 썩는 재앙으로 너를 치시리니 이 재앙들이 너를 따라서 너를 진멸케 할 것이라.

하나님께서는 이스라엘을 위기에서 지켜 주지 않으십니다. 그래서 더 망하게 됩니다. 자기들은 하나님이 지켜 주실 줄 알고 있는데 이미 하나님의 은혜는 떠난 것입니다. 이들의 미래를 지켜 주지 않으십니다. 그래서 육체도 병들고 짐승들도 병들고 모든 곡식들도 병들게 됩니다.

셋째로 더 심각한 것은 기도 응답이 없는 것입니다.

신명기 28장 23-24절

네 머리 위의 하늘은 놋이 되고 네 아래의 땅은 철이 될 것이며 여호와께서 비 대신에 티끌과 모래를 네 땅에 내리시리니 그것들이 하늘에서 네 위에 내려서 필경 너를 멸하리라.

하늘이 놋이면 어떻게 됩니까? 아무리 하늘을 열려고 애를 써도 열리지 않는 것입니다. 절대로 하나님의 기도의 응답이 없습니다. 땅이 철이 되니까 아무리 땅을 파도 복이 나오지 않습니다. 그뿐만 아니라 모래와 티끌을 내리셔서 땅을 불모지로 만들어 버릴 것이라고 하셨습니다.

우리 앞에는 분명히 축복의 길이 있습니다. 그런데 어려운 것은 과연 하나님의 말씀만 듣고 가만히 있다고 해서 복이 우리에게 오느냐 하는 것입니다. 다른 사람들을 보면 이런저런 것들을 해서 유명해지기도 하고 복을 받는 것 같은데 나는 이렇게 무력하게 가만히 있기만 해서 되겠습니까? 그러나 하나님께서는 그것이 하나님을 가장 사랑하는 것이며 가장 복 받는 길이라고 약속하셨습니다. 다시 말해 우리가 하나님의 말씀을 붙잡을 때 우리는 가장 확실한 미래에 투자를 하는 것이 됩니다.

33

| 신 28:25-68 | 이스라엘이 하나님을 버렸을 때

제가 어렸을 때 잠수복은 산소통을 등에 매고 헤엄을 치는 것이 아니라 무거운 쇠로 된 잠수 모자에 호스를 연결시켜서 배 위에서 공기를 펌프질해서 주입하는 식이었습니다. 그런데 만약 펌프와 잠수복 사이의 호스가 끊어지거나 막히면 잠수부는 숨이 막혀서 죽게 될 것입니다. 그래서 물속에 들어가서 일하는 것이 얼마나 위험한 일이었는지 모릅니다.

이와 마찬가지로 하나님의 백성들이 이 세상을 살아가는 원리는 잠수부가 배 위에서 펌프로 공기를 공급받는 것과 같습니다. 즉 하나님의 백성들은 하나님의 은혜가 잘 공급되어야만 이 세상에서 축복의 삶을 살 수 있습니다. 만일 하나님의 백성들이 이 세상에서 하나님의 은혜를 공급받지 못한다면 결국 망할 수밖에 없습니다. 이러한 사실을 하나님께서는 이스라엘 백성들에게 분명히 말씀하셨습니다. 하나님께서 이스라엘 백성들에게 요구하신 것은 다른 것이 아니었습니다. 예컨대 엄청난 종교적인 행사나 열광적인 예배 행위나 세상에서 성공해서 최고가 되라고 요구하지 않으셨습니다.

하나님께서 이스라엘 백성들에게 요구하신 것은 오직 하나님의 말씀을 생명처럼 붙들라는 것이었습니다. 이스라엘 백성들이 하나님의 말씀만 붙들면 결국 복을 받게 되어 있습니다. 그들은 세상에서도 가장 존귀한 자들이 되고 적들이 한 길로 치러 왔다가도 일곱 길로 달아나게 될 것입니다. 그러나 만일 이스라엘 백성들이 하나님의 말씀을 업신여겨 하나님을 버리게 되면 완전히 망하게 되는 것입니다. 왜냐하면 이스라엘 백성들은 자기들의 힘으로 사는 사람들이 아니라 100% 하나님의 능력으로 사는 사람들이기 때문입니다.

본문 말씀은 이스라엘 백성들이 하나님을 버렸을 때 나타나게 되는 심각한 결과에 대해 열거하고 있습니다. 여기 기록된 내용들을 보면 병이란 병은 다 걸리게 되어 있고 적들이 공격을 해 와도 막아 내지 못하고 포로로 붙들려서 끌려가게 되며 모든 재앙을 다 당하고 나중에는 가장 비참한 자가 된다고 기록하고 있습니다. 그 이유가 무엇입니까? 이스라엘은 하나님의 도우심으로 살 수 있는데 하나님을 버렸기 때문입니다. 여기서 이스라엘이 알아야 할 것이 무엇입니까? 자신의 힘으로는 절대로 살 수 없다는 사실입니다. 그리고 이 세상의 어떤 재물보다 하나님의 말씀을 생명처럼 붙잡아야 한다는 것입니다. 만약 우리가 조금이라도 하나님의 말씀을 느슨하게 붙잡는다면 이미 우리의 삶에 재앙이 침투해 오고 있음을 알아야 합니다.

하나님의 도움이 없는 이스라엘

최근 우리나라는 미국의 도움 없이 얼마큼 나라를 지킬 수 있느냐 하는 문제에 대해 많은 논란이 되고 있습니다. 그런데 우리가 기억해야 할 것은 이스라엘은 하나님의 도움이 없으면 그 즉시 멸망한다는 사실입니다.

신명기 28장 25-26절

여호와께서 너로 네 대적 앞에 패하게 하시리니 네가 한 길로 그들을 치러 나가서는 그들의 앞에서 일곱 길로 도망할 것이며 네가 또 세계 만국 중에 흩음을 당하고 네 시체가 공중의 모든 새와 땅 짐승들의 밥이 될 것이나 그것들을 쫓아줄 자가 없을 것이며.

하나님의 백성들은 이 세상에 사는 것을 정상적으로 생각해서는 안 됩니다. 우리가 이 세상에 사는 것은 마치 사람들이 달에 착륙한 것과 같다고 봐야 합니다. 사람들이 달에 착륙했을 때 가장 중요한 것은 우주복을 반드시 입고 있어야 한다는 것입니다. 왜냐하면 우주에는 인체에 유해한 방사선들이 많고 기온의 차이가 심한데다가 특히 거기에는 산소가 없기 때문입니다. 그래서 우주에서 우주복을 벗으면 바로 죽습니다. 이와 마찬가지로 하나님의 백성들은 이 세상에 살 때 항상 은혜의 우주복을 입고 언제나 하나님의 은혜가 공급되는 범위 안에서 살아야 합니다.

그러나 하나님을 믿지 않는 사람들은 그런 은혜의 우주복이 필요 없습니다. 왜냐하면 이미 하나님의 은혜가 없이도 살 수 있도록 진화가 되어 있기 때문입니다. 그런 측면에서 하나님의 백성들은 이 세상에 사는 것이 너무나도 불리하게 보입니다. 즉 세상 사람들은 우주복도 필요 없고 산소 호스도 필요 없이 마음대로 돌아다니는데 하나님의 백성들은 언제나 하나님의 은혜의 옷을 입고 있어야 하고 또 하나님의 은혜가 공급이 되는 범위 안에서만 활동해야 하기 때문입니다. 사람이 활동을 하는데 아무것도 제한받지 않고 자기 하고 싶은 대로 다 하면서 사는 것과 모든 면에 제약을 받으면서 사는 것과는 엄청난 차이가 있습니다. 그러나 우리는 이 세상에서 다른 사람들이 하는 것처럼 모든 것을 다 하면서 살 수는 없습니다.

여기서 하나님의 백성들에게는 두 가지 큰 시험이 있습니다. 하나는 하나님을 믿지 않는 자들은 이 세상에서 종교적인 제약을 받지 않고 마음껏 활개 치며 살고 싶어하는 것입니다. 그러나 하나님의 백성들은 절대로 세상 사람들이 성공적으로 사는 것을 부러워해서는 안 됩니다. 우리는 이 세상에서 마음대로 살 수 없는 사람들입니다. 어떤 면에서는 우리가 이 세상에서 굶어 죽지 않고 살아 있는 것만 해도 대단한 것입니다. 그럼에도 우리가 이 세상에서 조금이라도 성공한 것이 있다면 그것은 모두 기적이라고 할 수 있습니다.

다른 하나는 하나님의 백성들이 하나님을 버려도 잠간 동안은 별 일 없이 세상 사람들처럼 살 수 있다는 것입니다. 그러나 자기도 모르는 사이에 점점 하나님의 은혜가 없어지게 되고 어느 한순간에 몰락하게 됩니다. 하나님의 백성들에게 어떤 결과가 나타나기 시작했을 때는 너무 늦은 것입니다. 하나님의 백성들은 어떤 증세가 나타나기 전에 이미 말씀으로 깨달아야지 고난이 오는 중에 깨닫는 것은 이미 증세가 상당히 진행되었음을 알 수 있습니다.

하나님께서는 이스라엘 백성들이 적과 싸울 때에 자신들의 힘으로 싸우는 것이 아님을 말씀하셨습니다. 이스라엘 백성들이 자기 힘으로 전쟁을 하려고 할 때에는 이상하게 힘을 쓸 수가 없습니다. 모든 전략과 무기도 소용이 없습니다. 결국 한 길로 치러 왔다가 일곱 길로 완패를 해서 도망치게 되는데 그것으로 끝나는 것이 아니라 포로가 되어서 전 세계에 팔리게 되고 죽은 사람들의 시체를 치워 줄 사람조차 없어서 공중의 새가 그 주검들을 뜯어 먹고 들짐승이 뜯어 먹게 되었습니다. 이스라엘 백성들이 자기 힘으로 적과 싸우는 것은 자살을 하는 것과 같습니다.

이미 전쟁이 터진 후에 하나님과 올바른 관계에 있는지 부흥의 상태에 있는지 확인하려고 하면 늦습니다. 적이 쳐들어오기 전에, 전쟁이 터지기 전에, 우리가 하나님의 말씀을 올바르게 붙들고 있는지 지금 우리에게 부흥의 역사가 일어나고 있는지를 확인해야 합니다. 그것이 되어 있지 않는 상태에서 전쟁이 터지면 그 후에 아무리 회개하고 바로 잡으려고 해도 늦어질 수밖에 없습니다. 우리에게는 언제나 부흥의 상태가 지속되어야 하고 하나님께 대한 뜨거운 열정이 있어야 합니다. 하나님과 우리 사이에는 어떤 이물질이 끼지 않도록 해야 합니다.

그러면 우리가 어떻게 이 나라를 지킬 수 있습니까? 우리가 이 땅의 모든 사람들을 다 전도할 수는 없을 것이고 믿지 않는 사람들은 우상숭배와 음란한 생활을 할 텐데 우리가 하나님의 도움으로 어떻게 적을 물리칠 수 있을까요? 여기에서 다음과 같은 질문을 해 봅시다. '우리가 세상 사람들의 덕을 보아야 하는가 아니면 세상 사람들이 우리의 덕을 보아야 하는가?' 이 세상의 덕을 본다는 것은 우리가 세상에서 돈을 벌고 출세해서 잘사는 것을 중요시하는 것입니다. 거기에 비해 세상이 우리의 덕을 본다는 것은 비록 세상이 죄를 짓고 망할 짓을 하지만 우리 믿는 자들이 하나님의 말씀에 올바로 서 있기 때문에 하나님께서 믿지 않는 자들까지 지켜 주시는 것을 말합니다.

우리가 살아가는 이 세상은 믿는 사람들이나 믿지 않는 사람들 모두 똑같은 배를 타고 있습니다. 요나서를 보면 요나가 타고 가던 배에 큰 풍랑이 밀어 닥쳤을 때 모든 사람들이 살기 위해서 자기 신에게 기도를 하고 제사를 드렸습니다. 그럼에도 아무런 소용이 없게 되자 요나는 자신을 바다에 던지라고 소리칩니다. 선원들이 요나의 말을 듣고 그대로 하니까 성난 바다가 잔잔케 되었습니다. 사도행전에도 사도 바울을 호송하던 배가 태풍을 만나게 되었는데 바울의 기도로 모든 사람들이 목숨을 건지게 되었습니다.

지금 우리나라에는 여러 종류의 태풍들이 몰려오고 있습니다. 이때 크리스천들이 절대적으로 하나님을 붙잡고 있으면 크리스천들 때문에 다른 사람들까지 살게 되는 것입니다. 우리에게 있어서 중요한 것은 '이 세상에서 성공하느냐 성공하지 못하느냐?' 하는 것이 아니라 '절대적으로 목숨을 걸고 하나님의 말씀을 붙잡느냐 붙잡지 않느냐?' 하는 것입니다.

이스라엘에게 닥치는 재앙들

하나님의 백성들에게 무서운 것은 하나님의 말씀을 결사적으로 붙들지 않아도 축복이 계속 온다는 것입니다. 이것을 축복의 관성의 법칙이라고 말할 수 있습니다. 즉 우리가 하나님의 말씀에 목숨 걸지 않을 때 더 이상 영적인 축복은 끊어지지만 세상적인 복은 계속 해서 오게 되는데 사실 이것이 무서운 것입니다.

이것은 마치 비행기가 날다가 엔진이 꺼져도 어느 정도는 계속 나는 것과 같습니다. 그러다가 추진력이 떨어지게 되었을 때는 그 순간 바로 바닥을 향하여 곤두박질하게 됩니다. 하나님의 백성들에게 중요한 것은 엔진이 꺼진 채로 계속 비행할 때 빨리 엔진을 되살려 놓는 것입니다.

하나님의 말씀이 없어졌을 때 이스라엘 백성들의 마음에 하나님께 대한 감사와 감격이 사라져 버렸습니다. 이때 수입은 변함이 없고 세상적인 명성에도 이상이 없기 때문에 당장 아쉬울 것은 없어 보입니다. 그러나 자신의 문제의 심각성을 깨닫고 하나님 앞에 나아가 울며 회개하고 세상의 모든 욕심을 버리고 다시 가난한 마음이 되면 엔진에 다시 불이 붙습니다. 그러나 겉으로 나타나는 변화가 없다고 해서 가만히 있으면 어느 순간부터 재앙이 터지기 시작합니다. 그때에는 정신을 차리지 못할 정도로 많은 재앙들이 한꺼번에 닥치게 됩니다.

그 가운데 하나가 질병입니다.

신명기 28장 27절

여호와께서 애굽의 종기와 치질과 괴혈병과 개창으로 너를 치시리니 네가 치료함을 얻지 못할 것이며,

신명기 28장 35절

여호와께서 네 무릎과 다리를 쳐서 고치지 못할 심한 종기로 발하게 하여 발바닥으로 정수리까지 이르게 하시리라.

물론 여기에서 우리가 알아야 할 것은 모든 질병이 하나님의 심판은 아니라는 것입니다. 욥의 경우에는 그렇게 믿음으로 살려고 애를 썼음에도 불구하고 재산과 자녀들을 다 잃어버리고 온몸에 종기가 나서 많은 고통을 받았습니다. 하나님께서는 사랑하는 자녀들에게 무서운 질병을 주셔서 그들의 생명이 더 이상 그들 것이 아니고 하나님의 것임을 인정하게 하십니다. 우리가 죽을병에 걸리게 되면 하나님 앞에서 두 손 두 발을 다 들 수밖에 없습니다. 때로 하나님께서는 교만하게 하나님을 떠난 자를 질병으로 치십니다.

여기서 기억해야 할 것은 하나님께서는 우리의 마음을 먼저 치십니다. 그래서 더 이기적이 되게 하시고 사랑이 없게 하시며 분노로 많은 정신적인 질병을 갖게 하십니다.

신명기 28장 28-29절

여호와께서 또 너를 미침과 눈멂과 경심증으로 치시리니 소경이 어두운 데서 더듬는 것과 같이 네가 백주에도 더듬고 네 길이 형통치 못하여 항상 압제와 노략을 당할 뿐이니 너를 구원할 자가 없을 것이며.

하나님의 은혜가 없고 우상을 섬기는 사람들의 특징을 보면 정신적인 고통을 받는 사람들이 많다는 것입니다. 왜냐하면 그들은 사탄의 눌림을 받고 있기 때문에 정신이 정상적일 수가 없습니다. 그러다 보면 자살과 정신병이 많아지고 이혼과 가출이 많아지게 됩니다. 그런데 하나님을 믿던 자들이 하나님을 버렸을 때에는 더 미치게 됩니다. 하나님의 은혜가 있다가 없어지면 정신적인 갈급함이 심해 미치지 않고는 견디지 못하는 것입니다. 그래서 낮에도 더듬게 되고 길이 형통하지 못해서 항상 압제와 노략을 당하게 됩니다.

또 어떤 고통을 당하게 됩니까? 하나님께서 주신 모든 복을 잃어버리게 되는 것입니다.

신명기 28장 30-31절

네가 여자와 약혼하였으나 다른 사람이 그와 같이 잘 것이요 집을 건축하였으나 거기 거하지 못할 것이요 포도원을 심었으나 네가 그 과실을 쓰지 못할 것이며 네 소를 네 목전에서 잡았으나 네가 먹지 못할 것이며 네 나귀를 네 목전에서 빼앗아 감을 당하여도 도로 찾지 못할 것이며 네 양을 대적에게 빼앗길 것이나 너를 도와 줄 자가 없을 것이며.

이스라엘 백성들이 하나님의 도움 없이 열심히 이 세상에서 살려고 할 때 씨는 많이 뿌리지만 하나도 거두지 못하게 될 것입니다. 약혼은 했지만 같이 살지 못하게 됩니다. 집을 건축해도 빼앗겨 버려서 거기에 살지 못하게 됩니다. 포도원을 만들어도 포도를 따지 못할 것입니다. 소를 잡아도 먹어 보지 못하고 다 빼앗기게 될 것입니다. 그래서 하나님의 백성들은 하나님의 말씀을 따라 일해야 열매가 있지 욕심으로 일하면 일은 실컷 하지만 아무것도 남는 것이 없게 됩니다.

이는 마치 예수님의 제자들이 밤이 맞도록 그물을 던졌지만 고기를 한 마리도 잡지 못한 것과 같습니다. 그러나 예수님이 오셔서 말씀 한마디를 하셨을 때 그 말씀에 따라 그물을 던지니까 그물이 찢어질 정도로 많은 고기들이 잡혔습니다.

예수님께서는 “내가 문이니 누구든지 나로 말미암아 들어가면 구원을 얻고 또는 들어가며 나오며 꼴을 얻으리라"(요 10:9)고 말씀하셨습니다. 어느 집이나 문이 있습니다. 만약 집에 문이 없으면 아무나 다 들어와서 소중한 물건들을 다 훔쳐갈 것입니다. 또 문이 없으면 강도나 악한 자로부터도 내 생명을 지킬 수 없습니다. 문이 있으면 때로는 불편할 때도 있습니다. 어떤 때에는 문이 잠겨서 몇 시간씩 밖에서 떨어야 할 때도 있습니다. 그러나 집에는 문이 있어야 안심하고 살 수 있습니다. 우리의 문은 하나님의 말씀입니다. 우리는 하나님의 말씀대로 살아야 구원을 얻고 꼴을 얻을 수 있습니다. 그런데 우리가 말씀대로 하면 다른 것을 마음대로 할 수가 없습니다. 이것이 중요한 원리입니다. 우리는 하나님의 말씀이 허용하는 범위 안에서 살 때 안전할 수 있습니다. 그렇게 할 때 하나님께서 우리에게 꼴을 주시고 풍성한 삶으로 채워 주십니다.

이스라엘도 망한다

이스라엘 백성들은 하나님께로부터 선택받은 민족이고 특별히 그 조상과도 맹세한 민족입니다. 그럼에도 하나님께서는 이렇게 축복받은 민족도 망할 수 있다는 것을 분명히 말씀하셨습니다. 이 멸망의 불길한 징조는 이미 시내산 밑에서부터 시작되었습니다.

모세가 두 돌 판을 받기 위해 시내산에 올라갔을 때 이스라엘 백성들은 모세가 없는 틈을 타서 금송아지를 만들고 먹고 마시고 뛰놀았습니다. 이 모습을 보고 모세는 돌 판을 던져 깨 버렸습니다. 이것은 그들이 더 이상 하나님의 백성이 아니라는 뜻입니다. 이스라엘 백성들에게 가장 무서운 것은 우상이 들어오는 것입니다. 우상은 하나님의 백성들을 망하게 하는 암 세포입니다.

신명기 28장 36-37절

여호와께서 너와 네가 세울 임금을 너와 네 열조가 알지 못하던 나라로 끌어가시리니 네가 거기서 목석으로 만든 다른 신들을 섬길 것이며 여호와께서 너를 끌어가시는 모든 민족 중에서 네가 놀램과 속담과 비방거리가 될 것이라.

이스라엘의 위기는 바로 여기에 있습니다. 아무리 이스라엘 가운데 하나님의 절대적인 능력이 있다 하더라도 그들이 우상을 섬기는 순간 하나님의 능력은 즉시 차단됩니다. 이스라엘 백성들의 모든 축복은 가나안 땅을 기초로 주어지는데 이스라엘 백성들이 우상을 섬기게 되면 가나안 땅에서 쫓겨나게 된다는 것입니다. 그것도 젊잖게 쫓겨나는 것이 아니라 아주 비참하게 망해서 쫓겨나기 때문에 포로로 잡혀간 곳에서 비웃음과 조롱거리가 됩니다.

그런데 왜 이스라엘 백성들이 우상을 섬겼습니까? 이것이 이스라엘 백성들의 모순입니다. 이스라엘 백성들이 우상을 섬기게 된 이유는 다음과 같습니다.

첫째로, 우상을 섬기는 나라들의 축복에 대한 부러움이 있었습니다. 하나님의 말씀대로 사는 이스라엘 백성들은 바로 축복이 오지 않는데 비하여 우상을 섬기고 자기 욕심대로 사는 이방인들은 똑똑하고 잘살고 성공했습니다. 여기서 이스라엘 백성들의 마음속에 '나도 저들처럼 똑똑하고 잘살고 성공하고 싶다'는 욕망이 불같이 솟아올랐던 것입니다. 하나님의 백성들이 고난당하고 연단 받는 것은 성장하는 필수 과정입니다. 우리는 성장해야 돈도 벌 수 있고 군대도 갈 수 있고 장사도 할 수 있는데 이스라엘 백성들은 말씀과 함께 고난 받는 것을 부끄러워했습니다. 결국 하나님의 백성들에게는 세상적인 성공보다 하나님의 말씀을 붙들고 고난 받는 것을 더 좋아하도록 하는 훈련을 시켜야 복을 받을 수 있습니다.

둘째로, 우상을 받아들이지 않으면 무역을 할 수 없고 외교 관계가 성립되지 않았습니다. 특히 고대에 물화 교류를 하지 않고 외교 관계를 맺지 않으면 고립이 되어서 도저히 살 수가 없었습니다. 하나님께서 물물 교류나 외교 관계를 갖지 말라고 하지는 않으셨지만, 우상을 받아들여야 한다면 하지 말라고 분명하게 말씀하셨습니다. 그런데 현실적으로는 율법 그대로 하면 고립될 수밖에 없습니다. 이스라엘 백성들은 그것을 너무나도 두려워했습니다. 그러나 우상을 받아들이니까 결과적으로 그것을 숭배하게 되었습니다. 무엇보다 우상 숭배의 유혹을 물리치려면 이방 나라들이 아무리 잘살아도 절대로 그것을 비교하거나 부러워해서는 안 됩니다. 하나님의 백성들은 말씀 때문에 세상에 뒤떨어지고 고립되어도 그것을 감수해야 합니다. 그렇게 해서 하나님을 붙잡아야만 살게 되는 것입니다.

이스라엘 백성들은 세상을 따라가면 이상하게 힘을 잃어버리게 됩니다.

신명기 28장 38-44절

네가 많은 종자를 들에 심을지라도 메뚜기가 먹음으로 거둘 것이 적을 것이며 네가 포도원을 심고 다스릴지라도 벌레가 먹으므로 포도를 따지 못하고 포도주를 마시지 못할 것이며 네 모든 경내에 감람나무가 있을지라도 그 열매가 떨어지므로 그 기름을 네 몸에 바르지 못할 것이며 네가 자녀를 낳을지라도 그들이 포로가 되므로 네게 있지 못할 것이며 네 모든 나무와 토지소산은 메뚜기가 먹을 것이며 너의 중에 우거하는 이방인은 점점 높아져서 네 위에 뛰어나고 너는 점점 낮아질 것이며 그는 네게 꾸일지라도 너는 그에게 꿔지 못하리니 그는 머리가 되고 너는 꼬리가 될 것이라.

이스라엘 백성들이 하나님을 의지하지 않고 아무리 성공하고 출세하려고 몸부림쳐도 이상하게 남는 열매가 없습니다. 그 이유는 하나님께서 열매가 맺히지 못하도록 명령하셨기 때문입니다. 아무리 공부를 하고 열심을 내도 절대로 머리가 될 수 없습니다. 왜냐하면 하나님께서는 믿음 없이 공부하는 사람의 머리를 내리 누르시기 때문입니다.

결국 이 모든 이유가 하나님의 말씀에 있습니다.

신명기 28장 45절

네가 네 하나님 여호와의 말씀을 순종치 아니하고 네게 명하신 그 명령과 규례를 지키지 아니하므로 이 모든 저주가 네게 임하고 너를 따르고 네게 미쳐서 필경 너를 멸하리니

하나님의 백성들에게는 하나님의 말씀 자체가 복입니다. 이것은 잠수부에게 산소통과 같은 것입니다. 잠수부가 아무리 잠수를 잘한다 하더라도 산소가 공급되지 않으면 죽을 수밖에 없습니다. 하나님의 말씀 없이도 잘 견디는 것만으로는 열매를 맺을 수 없고 뛰어난 삶을 살 수

가 없습니다. 우리는 세상에서 가장 성공적으로 사는 사람들의 축복의 기준을 완전히 지워 버려야 합니다. 하나님의 말씀 안에서 모든 것을 하는 것이 복입니다.

그렇게 하지 않았을 때 하나님께서는 이스라엘 백성들이 망할 수도 있음을 분명히 하셨습니다.

신명기 28장 49-50절

곧 여호와께서 원방에서, 땅 끝에서 한 민족을 독수리의 날음같이 너를 치러 오게 하시리니 이는 네가 그 언어를 알지 못하는 민족이요 그 용모가 흉악한 민족이라 노인을 돌아보지 아니하며 유치를 긍휼히 여기지 아니하며.

이것은 장차 바벨론 군대가 쳐들어와서 예루살렘을 완전히 멸망시키는 것을 미리 보여 주신 것입니다. 이스라엘 자손들이 멸망하는 것은 힘이 없어서도 똑똑하지 못해서도 돈이 없어서도 아니었습니다. 그들이 멸망한 이유는 하나님의 백성으로 하나님을 온전히 믿지 못했기 때문입니다.

결국 세상에서 더 똑똑해지고 더 부자가 되었는데 이상하게 멸망을 한 것입니다. 이것이 하나님의 백성들의 모순입니다. 우리가 하나님을 절대적으로 의지하면 똑똑해지지도 않고 부자가 되지도 못할 경우도 있습니다. 그런데 이상하게 부흥은 일어나며 절대로 망하지 않습니다. 또 약한 데도 주변 나라가 공격하지 못합니다. 그런데 하나님을 버렸을 때에는 아무리 똑똑하고 성공하고 부자여도 망하는 것입니다. 무엇보다 하나님의 백성들은 이 세상에 사는 것 자체가 하나의 테스트입니다.

하나님께서는 마치 이 세상에 보석을 깔아 놓으시고 우리를 보고 이 보석들을 줍지 말고 하나님만 보고 따라오라고 하시는 것입니다. 여기에 합격할 사람들이 얼마나 있겠습니까? 그러므로 우리는 결심해야 합니다. '세상에 아무리 좋은 것이 깔려 있다 하더라도 나는 하나님이 주시는 것만 가지고 만족할 것이며 그 외의 것들은 트럭으로 실어 준다 하더라도 받지 않겠다' 고 결심해야 합니다.

본문 28장 끝에는 아주 의미심장한 말씀이 기록되어 있습니다.

신명기 28장 66절

네 생명이 의심나는 곳에 달린 것 같아서 주야로 두려워하며 네 생명을 확신할 수 없을 것이라.

여기에 '네 생명이 의심나는 곳에 달렸다' 는 것은 생명이 제대로 붙어 있어야 하는데 붙어 있지 않고 엉뚱한 데 붙어 있다는 뜻입니다. 만일 우리 몸에서 심장이 엉뚱한 데 붙어 있다면 제대로 살 수 없을 것입니다. 이와 마찬가지로 이스라엘 백성들이 살려면 그들의 생명이 바른 곳에 붙어 있어야 합니다. 즉 우리의 생명은 하나님의 말씀에 깊이 뿌리를 내릴 때 가장 안전합니다. 그 어느 누구도 우리를 하나님으로부터 떼어 내지 못합니다. 사도 바울은 이렇게 말했습니다.

로마서 8장 38-39

내가 확신하노니 사망이나 생명이나 천사들이나 권세자들이나 현재 일이나 장래 일이나 능력이나 높음이나 깊음이나 다른 아무 피조물이라도 우리를 우리 주 그리스도 예수 안에 있는 하나님의 사랑에서 끊을 수 없으리라.

우리의 생명이 돈이나 명예나 이 세상의 권력에 뿌리를 내리고 있다면 이것은 의심이 나는 곳에 붙어 있기 때문에 언제나 불안할 수밖에 없습니다. 더욱이 이스라엘 백성들의 생명이 우상에 붙어 있다면 그것은 결국 죽은 나무나 돌에 자기 생명을 맡겨 놓고 있는 것과 같은 것입니다. 무엇보다 하나님의 말씀에 뿌리를 내리지 않은 성도의 삶은 의미가 없습니다.

신명기 28장 67절

네 마음의 두려움과 눈의 보는 것으로 인하여 아침에는 이르기를 아하 저녁에 되었으면 좋겠다 할 것이요 저녁에는 이르기를 아하 아침이 되었으면 좋겠다 하리라.

이스라엘 백성들이 노예로 잡혀 갔을 때 얼마나 삶이 무의미한가 하면 아침이 되어도 반갑지가 않고 어떻게 하면 하루를 때우는가 하는 것만 생각했습니다. 그리고 저녁이 되어도 반갑지가 않는데 왜냐하면 어떻게 하면 이 밤을 때우는가 하는 것만 생각하기 때문입니다.

이것이 만일 교도소에서 10년 이상 있는 사람에게는 얼마나 심각하겠습니까? 이스라엘 백성들이 이 세상에서 조금 못살더라도 하나님의 말씀을 들으면서 자유롭게 사는 것이 좋지 좀 더 잘살아 보려고 우상을 따라갔다가 모든 것을 다 잃어 버렸을 때에는 인생 밑바닥으로 가게 되는 것입니다.

이처럼 자유라고 하는 것은 참으로 심각한 것입니다. 우리나라 사람들은 자유라고 하는 것이 자기 마음대로 떠들고 남의 것을 부수는 것으로 생각하는데 사실 그렇게 하면 자유를 빼앗기게 됩니다. 진정으로 자유의 가치를 아는 사람들은 절대로 자유가 주어져도 자기 마음대로 행동하지 않습니다. 마찬가지로 하나님의 백성들은 조금 못사는 것이 좋지 자기 마음대로 살다가 모든 자유를 빼앗겨 버리면 얼마나 인생살이가 허망하겠습니까? 자유 중에서 최고로 가치 있는 자유가 신앙의 자유이고 예배의 자유입니다.

이스라엘 백성들은 이 예배의 자유를 남용해서 우상을 섬기다가 모든 자유를 다 빼앗겨 버리고 포로수용소에서 한평생을 보냈습니다. 이처럼 하나님이 함께하시지 않으면 우리의 인생은 무가치합니다.

신명기 28장 68절

여호와께서 너를 배에 실으시고 전에 네게 고하여 이르시기를 네가 다시는 그 길을 보지 아니하리라 하시던 그 길로 너를 애굽으로 끌어 가실 것이라 거기서 너희가 너희 몸을 대적에게 노비로 팔려 하나 너희를 살 자가 없으리라.

이스라엘 백성들이 기가 막힌 것은 배에 실려서 노예로 팔려갔는데 아무도 그들을 사지 않는다는 것입니다. 왜냐하면 그들은 노예 중에서 질이 떨어지기 때문입니다. 이스라엘 백성들은 영양 상태가 좋은 것도 아니고 일도 잘하지 못하는데다가 고집까지 세니 누가 이런 노예를 돈 주고 사겠습니까? 결국 이런 노예는 아무리 많이 실어다 주어도 아무도 사려고 하지 않는다는 것입니다.

이스라엘 백성들은 이 세상에서는 다른 재주가 없습니다. 다른 사람에게 싹싹한 것도 아니고 그렇다고 일을 잘하는 것도 아닙니다. 이스라엘 백성들이 할 수 있는 것은 다만 하나님을 섬기고 이웃을 섬기는 것뿐이었습니다. 그런데 이것을 하지 않는 이스라엘 백성들은 이 세상에 아무 데도 쓸모가 없습니다. 완전히 맛을 잃은 소금이 되어 버리는 것입니다. 제 자신을 생각해도 이 세상에서 다른 곳에는 쓸 데가 별로 없습니다. 재주라고 해 봐야 하나님을 섬기며 성경을 연구하는 것인데 만약 하나님 앞에서 쓸모가 없으면 어디에다 쓰겠습니까? 그러므로 우리는 하나님 앞에서 고개를 숙여야 하고 겸손해야 하며 고분고분해야 버림을 받지 않습니다.

오늘 우리는 이전의 복이 모두 저주로 변하고 있는 시점에 있습니다. 이전에는 우리가 주위 나라로부터 칭찬을 받았지만 이제는 무시를 당하고 있습니다. 그 이유가 하나님의 복을 잃어 버렸기 때문입니다. 우리가 만약 하나님의 복을 잃어버리면 이 세상 어디에 가서 살겠습니까? 우리는 도망칠 곳도, 우리를 받아 줄 곳도 없습니다.

하나님께서 우리나라를 이렇게 흔드시는 것은 우리 믿는 자들에 대한 경고이기도 합니다. 우리가 도대체 무엇을 믿고 살려고 하느냐고 질문을 하시는 것입니다. 이때 우리가 다시 한 번 하나님의 말씀을 붙잡고 어떤 고난도 기뻐하고 감사할 때 하나님의 축복이 이 땅 가운데 나타나게 될 것입니다.

34

| 신 29:1-29 | 모압 평지의 언약

우리 주위에 보면 좋은 부모 만나서 별 어려움 없이 공부하고 세상에서도 성공하는 사람이 있는가 하면, 부모나 가족들의 반대로 어렵게 신앙을 가졌을 뿐 아니라 공부하는 것이나 사회생활도 인생 밑바닥부터 고생고생하면서 올라가는 사람도 있습니다. 이 두 경우를 생각할 때 당연히 좋은 부모를 만나서 많은 도움을 받는 사람이 더 복이 있다고 생각할 것입니다. 그러나 하나님은 그런 식으로 말씀하지 않으십니다. 하나님께서는 좋은 환경에서 자랐든지 나쁜 환경에서 자랐든지 그런 생활을 통해 교훈을 얻고 많이 깨닫는 사람이 복을 받은 사람이라고 말씀하십니다.

또 어떤 사람은 사업이나 직장 생활에 전혀 어려움 없이 쉽게 성공하는가 하면, 어떤 사람은 사업에도 실패하고 직장 생활도 중간에 그만 두면서 경제적으로나 심적으로 고생을 많이 하기도 합니다. 중요한 것은 얼마나 우리가 세상에서 성공했느냐 하는 것보다 그것을 통해서 얼마나 생각했고 깨달았느냐 하는 것입니다.

그래서 우리 모두는 1년 또는 10년의 인생을 결산하게 될 때에 돈이 들어오고 나간 것만 가지고 결산해서는 안 됩니다. 왜냐하면 그 금전적인 가치보다도 훨씬 더 값어치가 있는 것이 '내가 얼마나 하나님의 말씀과 하나님께서 하신 일의 의미를 깨달았는가?' 하는 것이기 때문입니다. 결국 이것이 진정한 복입니다. 다시 말해 우리가 하나님의 말씀을 깨닫고 하나님께서 하시는 일의 의미를 깨달았다면 우리는 최고 부자이고 그만큼 능력 있는 삶을 살 수 있게 되는 것입니다. 그러나 하나님의 말씀이나 하나님께서 하신 일을 모르고 세상의 돈이나 명예나 자랑만 잔뜩 붙들고 있다면 그것들은 소돔과 고모라처럼 없어질 것이라고 말씀하셨습니다.

본문 말씀은 출애굽한 세대는 다 죽고 광야에서 태어나 성장한 2세들이 가나안 땅에 들어가기 전 모압 평지에서 하나님과 새로운 언약을 맺는 내용입니다. 여기서 하나님께서는 이스라엘 백성들이 출애굽한 이후 여기 오기까지의 과정을 잠시 회고하셨습니다. 즉 출애굽 2세대가 지금까지 살아온 삶을 보면 그야말로 고생길 그 자체였습니다. 그들 중 어느 누구도 교육받지 못했고 안정된 생활을 하지 못했으며 심지어는 그 누구도 할례를 받지 못했습니다. 이들은 이스라엘 역사에서 가장 헐벗고 못 배우고 안정되지 못했던 세대였습니다. 그럼에도 하나님께서는 이들에게 그들의 부모 세대나 그 후손들보다 더 큰 재산을 주셨는데 그것은 하나님의 말씀을 이해할 수 있는 능력이라고 말씀하셨습니다.

저는 이 말씀을 묵상하면서 얼마나 기쁘고 감사했는지 모릅니다. 왜냐하면 제가 살아온 삶을 생각해 볼 때 정말로 헐벗었고 무식했으며 결코 평탄하지 않은 가시밭길 같은 삶을 살아왔기 때문입니다. 그러면서도 인생의 의미와 하나님의 뜻을 알려고 무지무지하게 노력했고 깊이 생각했습니다. 무엇보다 성경의 의미와 하나님이 말씀하신 그 의미를 알려고 몸부림쳤습니다. 그런데 오늘 말씀을 보면 그것이 진짜 복이고 그것이 진정한 성공이라고 말씀하고 있다는 사실입니다.

하나님의 말씀을 깨닫는 마음

우리가 광산에서 금이나 보석을 캐내려면 먼저 그 성분이 들어 있는 원석을 캐내야 합니다. 그런데 원석을 캐냈다고 해서 그 자체가 바로 금이 되고 보석이 되는 것이 아닙니다. 금은 녹여서 불순물을 다 제거해야 하고 보석도 가공해서 불순물들을 다 제거해야 보석이 될 수 있습니다. 이와 마찬가지로 이스라엘 백성들이 아무리 강한 하나님의 능력을 체험하고 능력의 말씀을 들었다고 해도 그것이 바로 그들의 축복이 되고 능력이 되는 것은 아니었습니다. 무엇보다 그 말씀의 의미를 알아야 하고 그 다음에 그 말씀을 자신에게 적용해야 하는 것입니다.

오늘 하나님께서는 이 세상에서 가난하고 아무것도 가진 것 없이 광야에서 나고 자란 이스라엘 자손들에게 하나님의 말씀을 깨닫는 마음을 주셨는데, 이것은 그 어떤 체험이나 재산보다 큰 재산이요 축복이었습니다.

신명기 29장 1-4절

> 호렙에서 이스라엘 자손과 세우신 언약 외에 여호와께서 모세에게 명하사 모압 땅에서 또 그들과 세운 언약의 말씀이 이러하니라 모세가 온 이스라엘을 소집하고 그들에게 이르되 여호와께서 애굽 땅에서 너희 목전에 바로와 그 모든 신하와 그 온 땅에 행하신 모든 일을 너희가 보았나니 곧 그 큰 시험과 이적과 큰 기사를 네가 목도하였느니라 그러나 깨닫는 마음과 보는 눈과 듣는 귀는 오늘날까지 여호와께서 너희에게 주지 아니하셨느니라.

하나님께서는 이스라엘 자손들과 두 번에 걸쳐서 언약을 맺으셨습니다. 첫 번째는 이스라엘 백성들이 출애굽한 후 한 달 만에 시내산에서 언약을 맺으시고, 두 번째는 40년이 지나서 첫 번째 언약을 맺었던 세대가 다 죽은 후 2세대와 모압 평지에서 언약을 맺으신 것입니다. 그런데 이 두 언약은 외모나 형식에 있어서 많은 차이가 있습니다. 먼저 시내산에서 이스라엘 백성들과 언약을 맺을 때에는 그들은 출애굽한지 불과 한 달 밖에 되지 않았기 때문에 그 모든 기적과 능력에 대한 기억과 감동이 생생한 상태였습니다. 다른 것은 몰라도 애굽에서 장자의 재앙과 홍해가 갈라지는 체험은 그들이 직접 눈으로 보고 겪은 것이었습니다.

이것뿐만 아니라 모세가 시내산에서 언약을 받을 때에는 시내산 전체가 불이 붙었고 빽빽한 구름이 있었으며 하나님의 나팔 소리가 울려 퍼지는 가운데 하나님의 말씀을 받았습니다. 이스라엘 백성들이 언약을 맺을 때에는 모세가 이스라엘 백성들이 보는 앞에서 짐승의 피를 뿌리는 의식을 행했습니다. 그런데 40년이 지난 후 2세대들이 모압 평지에서 하나님과 언약을 맺을 때에는 출애굽의 기적도 없었고 홍해가 갈라지지 않았고 산에서 불이 붙는 것도 없었고 나팔 소리도 없었습니다.

하나님께서 왜 이렇게 하셨습니까? 이런 체험이나 기적도 중요하지만 더 중요한 것은 그것을 깨닫고 자기 자신에게 적용하는 믿음이 더 중요하다는 것입니다. 하나님께서는 출애굽한 사람들에게는 깨닫는 마음과 볼 수 있는 눈과 들을 수 있는 귀를 주지 않으셨다고 말씀하셨습니다. 아무리 눈앞에서 열 가지 재앙이 일어나고 홍해가 갈라지고 시내산에서 불이 붙어도 깨닫지 못할 때에는 이스라엘 백성들의 믿음에 아무런 도움이 되지 못했던 것입니다. 결국 출애굽한 이스라엘 백성들은 그 엄청난 기적과 능력을 체험하고서도 그것을 깨닫는 믿음이 없었기 때문에 광야에서 다 죽고 가나안 땅을 차지하지도 못했습니다.

그러면 왜 하나님께서 출애굽한 이스라엘 백성들에게 이 중요한 '깨닫는 마음과 보는 눈과 듣는 귀'를 주지 않으셨을까요? 이것은 아주 중요한 문제입니다. 하나님께서는 그것을 주는 것이 싫으셔서 주지 않으신 것이 아닙니다. 오히려 하나님께서는 너무나도 주고 싶어하셨습니다. 그럼에도 이스라엘 백성들은 이것을 사모하지 않았습니다. 왜냐하면 이스라엘 자손들은 하나님의 말씀과 기적의 의미보다는 이 세상에서 좀 더 잘 먹고 잘사는 것만 생각했기 때문입니다

하나님의 말씀을 깨닫고 그것을 자신의 것으로 적용하는 믿음을 얻으려면 그것을 간절히 사모해야 합니다. 어느 정도 사모해야 하느냐 하면 오직 거기에만 자기 모든 것을 다 걸어야 합니다. 내가 하나님의 뜻을 깨닫고 그것을 내 것으로 만들려면 모든 것을 버리고 오직 그것만을 위하여 아주 오랜 시간 몸부림쳐야 합니다. 그렇게 하면 수년의 시간이 지난 후 아주 희미하게나마 하나님의 말씀을 깨닫게 됩니다. 그리고 시

간이 좀 더 지나면서 그 말씀을 어린아이처럼 아주 희미하게 자신에게 적용하게 됩니다. 이것이야말로 보배를 찾은 것입니다. 왜냐하면 계속 하나님의 말씀을 캐는 가운데 어느 한순간 말씀이 더 명료해지게 되고 양적으로도 더 많아지게 되어 나중에는 하나님의 말씀이 덩어리로 쏟아지게 되기 때문입니다.

그래서 하나님께서는 출애굽한 세대 사람들에게는 열 가지 기적도 체험하게 하시고 불붙는 산에서 말씀도 받게 하셨지만 그 자식들에게는 그야말로 아무것도 주지 않으셨습니다. 그 이유는 바로 하나님의 말씀 속을 파고 들어가라는 것입니다. 즉 하나님의 말씀을 사모하는 마음으로 하나님의 말씀 속을 파고 들어가면 열 가지 기적이나 불붙는 시내산보다 더 큰 능력을 얻게 됩니다.

지금까지 우리가 세상을 살아오면서 얻은 것이 무엇이라고 생각하십니까? 어떤 사람은 대학이나 대학원 졸업장을 얻었을 것입니다. 또는 회사에서 과장이나 부장으로 승진했거나 몇 배나 값이 오르는 아파트를 구입하는데 성공했을 것입니다. 그러나 하나님께서는 그런 것보다 그동안 우리가 하나님의 뜻을 깨닫고 주위에서 일어나는 일을 통해서 하나님이 하시는 것을 보게 되고 하나님의 세미한 음성을 들었느냐 하는 것을 보십니다. 하나님께서는 우리가 이 세상의 것들을 가지지 못했을지라도 하나님의 말씀을 통해서 깨닫고 보고 들을 수 있는 능력을 가졌다면 이미 우리 안에 출애굽의 기적이 일어나고 있고 홍해의 기적이 일어나고 있고 시내산의 불이 살아있는 것입니다.

하나님께서 광야 세대의 이스라엘 백성들에게 주신 체험은 어떻게 생각하면 정말 비참한 것 그 자체였습니다.

신명기 29장 5-6절

주께서 사십 년 동안 너희를 인도하여 광야를 통행케 하셨거니와 너희 몸의 옷이 낡지 아니하였고 너희 발의 신은 해어지지 아니하였으며 너희로 떡도 먹지 못하며 포도주나 독주를 마시지 못하게 하셨음은 주는 너희 하나님 여호와이신 줄을 알게 하려 하심이니라.

출애굽 후 세대들이 40년 동안 체험한 것은 그 긴 세월 동안 옷이 떨어지지 않았고 신발이 떨어지지 않았으며 더욱이 떡이나 포도주라고는 입에 대 보지도 못한 것입니다. 왜냐하면 하나님께서 만나를 주셨기 때문입니다. 우리가 어렸을 때 새 옷을 입고 새 신을 신는다는 것이 얼마나 대단한 기쁨이었습니까? 추석이나 설이 되면 부모님께서 새 옷을 사 주셨기 때문에 흥분이 되어서 밤에 잠도 제대로 이루지 못했던 경험이 있습니다. 이런 노래 가사가 생각납니다. '새 신을 신고 뛰어보자 폴짝' 아마 아이들에게 가장 지겨운 것이 신었던 신발을 계속 신는 것입니다. 그런데 하나님께서 광야 세대에 주신 기적은 홍해가 갈라지는 그런 멋진 기적이 아니라 계속 헌 옷을 입는 체험과 헌 신을 신는 체험과 40년 내내 떡이나 포도주를 먹지 못하는 체험이었습니다.

어떻게 생각하면 정말 하나님도 너무 하셨고 이스라엘 백성들도 원망할 수밖에 없는 형편이었지만 그 의미를 생각하면 이것은 엄청난 것이었습니다. 즉 이백만 명이 넘는 이스라엘 백성들이 무려 40년 동안 전혀 먹을 것이나 마실 것이 없는 광야에서 살아남았다는 것입니다. 그렇다고 해서 옷이 다 떨어져서 그들이 벗은 것도 아니고 신발이 떨어져 맨발로 다닌 것도 아니었습니다. 물론 그 옷이 그 옷이고 그 신발이 그 신발이었지만 전혀 먹을 것도 없고 입을 것도 없던 그들이 40년 동안 다른 사람의 원조도 없이 살아남았다는 것입니다. 40년 동안 광야에서 살아남은 이스라엘 백성들이 이 세상에서 무엇을 무서워하겠으며 무엇을 걱정하겠습니까?

우리가 외형적으로 볼 때 광야 세대 이스라엘 백성들은 전 세계에서 가장 문명의 혜택도 받지 못했고 집도 없고 수입도 없이 정말 헐벗고 가난한 떠돌이들이었지만 하나님의 말씀의 눈을 가지고 볼 때 이 세상에서 양식 없이 물 없이 세상적인 도움 없이 최대 인원이 최장 시간 살아남았습니다. 무엇보다도 이 사람들은 그들의 하루하루의 삶 자체가 기적이었고 이들 자체가 이 세상에서 하나님의 말씀으로 능치 못한 것이 없다는 것을 보여 주는 산 증거였습니다.

그동안 우리 사회는 지나치게 외형 주의에 빠지는 바람에 많은 부분에서 의미를 잃어버렸습니다. 아이러니는 이런 것이 아닌가 생각해 봅니다. 좋은 학교를 나왔지만 배운 것이 없고, 영어 공부를 10년이 넘도록 했지만 외국인과 한마디 대화도 하지 못하는 것입니다. 수천만 원을 지출하면서 결혼을 화려하게 하지만 결혼 생활 자체는 행복하지 않습니다. 이것이 결국 의미를 잃어버린 세대의 실체인 것입니다.

광야 세대 사람들이 놀랐던 것이 무엇인가 하면 자기들이 그 믿음을 가지고 현실에 부딪쳤을 때 놀랍게도 하나님의 능력이 나타났던 것입니다.

신명기 29장 7-8절

너희가 이곳에 올 때에 헤스본 왕 시혼과 바산 왕 옥이 우리와 싸우러 나왔으므로 우리가 그들을 치고 그 땅을 취하여 르우벤과 갓과 므낫세 반 지파에게 기업으로 주었나니 아무것도 배운 것도 없고 경험한 것도 없는 광야 세대가 요단 동편의 가장 강한 두 왕 헤스본 왕 시혼과 바산 왕 옥과 싸워서 철저하게 이길 수 있었습니다. 헤스본 왕과 바산 왕은 거인들이었고 철기를 무기로 사용하는 자들이었습니다. 그러나 아무것도 가진 것 없는 광야 세대 사람들이 자기들이 배운 믿음을 가지고 나갔더니 철저한 승리를 거두게 되었습니다.

이러한 사실은 무엇이 진정한 우리의 재산이요 능력인지 보여 주는 것입니다. 써먹지도 못하는 세상의 자랑들을 주렁주렁 걸치는 것이 복이 아니라 써먹을 수 있고 능력을 나타낼 수 있는 믿음이 진짜 우리들의 복이요 재산입니다. 이들은 요단 동편의 땅을 차지하고 난 후에 그곳을 다 차지하겠다고 싸우지도 않았습니다. 왜냐하면 그들은 바로 이런 믿음으로 가나안 땅 전체를 차지할 줄 믿었기 때문입니다. 지금 내 것이 없다고 불안해하거나 당황해할 필요가 없습니다. 그 이유는 우리가 이 믿음을 가지고 있기만 하면 언젠가는 하나님께서 내 것을 주실 것이기 때문입니다.

불신앙의 쓴 뿌리

하나님께서는 앞으로 이스라엘 백성들이 이 세상에서 살아남는데 가장 중요한 것이 오직 하나님의 말씀을 지키는데 있다는 것을 다시 한 번 강조하셨습니다.

신명기 29장 9절

그런즉 너희는 이 언약의 말씀을 지켜 행하라 그리하면 너희의 하는 모든 일이 형통하리라.

지금 광야에 있는 이스라엘 백성들은 세상적인 기준으로 본다면 제로 상태에 있는 사람들이었습니다. 즉 그들은 이 세상에 대해서 아는 것도 없고 써먹을 수 있는 지식이나 기술이나 자본도 없었습니다. 이때 하나님께서 이스라엘 자손들에게 '너희는 그동안 광야에서 헤맨다고 세상에 너무 많이 뒤졌다. 지금부터라도 맹렬하게 공부해서 하루라도 빨리 가나안 사람들을 따라 잡기 바란다' 라고 하셨다면 이해가 되었을 텐데 다른 어떤 것도 요구하지 않으시고 오직 하나님의 말씀만 지키라고 말씀하셨습니다. 여기서 '이 언약의 말씀을 지켜 행하라' 는 것은 하나님의 말씀을 생명처럼 붙잡으라는 뜻입니다. 그런데 그렇게 했을 때 생기는 의문은 '과연 하나님의 말씀이 우리들을 밥 먹여 줄 것인가?' 하는 것입니다.

이스라엘 자손들은 광야에서 하나님의 말씀으로 살았습니다. 그러나 그것은 어쩔 수 없어서 산 것이고 그때에는 만나라고 하는 것이 있었기 때문이지 않습니까? 그런데 이스라엘 백성들이 가나안 땅에 들어간 후에도 말씀만 붙잡으면 먹을 것이 생기고 입을 것이 생길까요? 예컨대 하루 종일 율법의 말씀만 읽고 있으면 저절로 가나안 족속들이 찾아와서 '우리는 이제 물러 갈 테니 가나안 땅을 차지해서 잘살아라' 하고 말할까요? 더욱이 하루 종일 율법의 말씀만 읽고 있으면 저절로 쟁기가 움직이면서 밭을 갈아 주고 저절로 씨가 뿌려져서 농사가 될까요? 그런 것은 결코 아닙니다. 아무리 하나님의 말씀을 읽어도 가나안 족속들과 전쟁해야 하고 또 농사를 자기 손으로 해야 합니다. 그럼에도 이스라엘 백성들은 하나님의 말씀을 믿어야 했습니다. 다시 말해 우리 생각으로는 도저히 안 될 것 같은데 하나님은 하실 수 있다는 사실을 믿는 믿음 말입니다.

여기에서 하나님께서는 이스라엘 백성들이 애굽을 떠났던 이유를 알아야 한다고 말씀하셨습니다.

신명기 29장 16-17절

우리가 애굽 땅에 어떻게 거하였었는지, 너희가 여러 나라를 어떻게 통과하여 왔었는지 너희가 알며 너희가 또 그들 중에 있는 가증한 것과 목석과 은금의 우상을 보았느니라.

이스라엘 백성들이 떠나왔던 애굽은 당시 세계 최고의 문명국이었습니다. 애굽 사람들은 이스라엘 사람들을 불가촉천민(하리잔)으로 생각할 정도로 문명이 발달한 나라 사람들이었습니다. 이스라엘 백성들이 애굽에 더 이상 살 수 없었던 것은 노예 생활도, 남자 아이를 나일강에 던져 죽이는 것도, 궁핍도 아니었습니다. 이스라엘 백성들이 도저히 애굽 땅에 있을 수 없었던 것은 그들의 우상 숭배였습니다. 애굽은 마치 귀신의 나라와 같은 곳이었습니다. 그래서 하나님께서는 이스라엘 백성들을 애굽에서 불러 내셔서 광야에서 마음껏 하나님의 말씀을 들으며 예배할 수 있는 자유를 주셨던 것입니다.

이 세상에서 최고의 자유는 예배의 자유입니다. 만약 예배의 자유가 박탈되면 모든 자유가 없어지게 됩니다. 하나님께서 이스라엘 백성들에게 가나안 땅을 주신 것은 무조건 가나안 땅에서 좋은 집을 짓고 농사를 잘 지어서 행복하게 살라고 주신 것이 아닙니다. 하나님께서 원하신 것은 광야에서 하나님을 잘 섬겼듯이 가나안 땅의 좋은 환경에서도 더욱 하나님을 잘 섬겨서 열매를 많이 맺으라고 가나안 땅을 주셨습니다.

예를 들어 어떤 사람이 화분에 좋은 화초가 있는데 아름다운 꽃이 피었습니다. 그런데 이 사람이 화초를 꽃밭에 옮겨 심었다면 더 많은 꽃을 피우라는 뜻일 것입니다. 무엇보다 이스라엘 백성들이 가나안 땅에서 해야 할 일은 더 유명해지고 더 잘사는 것이 아니라 광야에서 피웠던 그 신앙의 꽃을 가나안 땅에서 30배, 60배, 100배로 피우는 것이었습니다.

그런데 하나님께서 이스라엘 자손들에게 속으셨습니다. 즉 하나님이 속으셨다고 하는 것은 겉으로는 좋은 열매를 맺는 것처럼 해 놓고 실제로는 세상의 열매를 맺은 것입니다.

신명기 29장 18절

너희 중에 남자나 여자나 가족이나 지파나 오늘날 그 마음이 우리 하나님 여호와를 떠나서 그 모든 민족의 신들에게 가서 섬길까 염려하며 독초와 쑥의 뿌리가 너희 중에 생겨서

이스라엘 자손들에게 가장 무서운 것은 외적인 시련이나 어려움이 아니라 내부적으로 자라는 독초의 쓴 뿌리였습니다. 겉으로는 풀들이 자라는 것 같은데 그 안에서 독초와 쑥의 쓴 뿌리가 자라는 것입니다. 결국 이것이 열매인 줄 알고 먹는 사람은 그 독 때문에 배가 아플 수밖에 없습니다. 만일 겉으로는 하나님을 믿는 것같이 하는데 실제로는 세

상을 따라가면 어떻게 됩니까? 하나님이 원하시고 기뻐하시는 좋은 열매가 아니라 세상의 들포도나 돌감람 열매만 맺게 되는 것입니다.

무엇보다 이스라엘 백성들이 가나안 땅에 들어온 이상 아무리 못산다 하더라도 광야보다는 몇 십 배 나은 환경이었습니다. 그렇다면 이스라엘 백성들이 가나안 땅에서 생각해야 할 것은 '왜 하나님께서 나를 이 좋은 환경에 심으셨을까?' 하는 것입니다. 그것은 오직 나의 행복이나 평안을 위해서가 아니라 광야에서보다 더 많은 말씀의 열매와 신앙의 열매를 맺으라고 하시는 것입니다.

예를 들어 어떤 학생이 재수나 삼수를 한 후 좋은 대학에 들어가게 되었다면 친구들과 어울려서 술이나 마시고 놀러 다니는 것이 아니라 더 열심히 공부하고 기도하고 신앙 생활하라는 뜻으로 알고 멋있는 대학생활을 보내어야 합니다. 또 실업자로 수년씩 썩다가 좋은 직장에 들어가게 되었다면 거기서 좋은 신앙의 열매를 맺으며 복음 전하라는 뜻으로 알고 증인의 사명을 충실히 감당해야 합니다. 따라서 술 마실 자리도 피하고 직장 안에서 더 기도하고 말씀을 묵상하며 더 하나님을 사랑하려고 애를 써야 합니다. 또 독신으로 있다가 하나님이 배우자를 주셔서 아름다운 가정을 이루게 하셨다면 이전에 혼자 있을 때보다 더 신앙의 열매를 많이 맺으라는 뜻으로 알고 가정의 천국을 위해서 헌신해야 합니다.

그러나 우리는 그렇게 하지 않습니다. 우리가 원하는 것이 이루어지면 그 상태에서 그동안 누리지 못했던 모든 쾌락과 행복과 즐거움을 다 누리기 위해서 하나님을 더 멀리하게 되는 것입니다. 이렇게 되면 나도 모르게 내 안에 독초와 쓴 뿌리가 생겨서 먹을 수 없는 나무가 되어 버립니다.

신명기 29장 19절

이 저주의 말을 듣고도 심중에 스스로 위로하여 이르기를 내가 내 마음을 강퍅케 하여 젖은 것과 마른 것을 멸할지라도 평안하리라 할까 염려함이라.

이스라엘 자손들이 가나안 땅에 복을 받고 살다 보니 너무 좋아서 하나님이 아무리 경고하시고 저주의 말씀을 하셔도 믿지 않았습니다. 여기에 보면 '젖은 것과 마른 것을 멸할지라도' 라는 말이 나옵니다. 이 말은 불을 붙일 때 마른 나무는 잘 타지만 젖은 나무는 잘 타지 않는 것을 의미하는 것 같습니다. 그런데 불이 세면 젖은 것이나 마른 것이나 다 타고 말 것입니다. 이런 불을 앞에 두고도 이 세상의 행복이 너무도 좋다는 것입니다.

우리는 이 세상에 사는 목적이 다른 사람들과 다르다는 것을 반드시 알아야 합니다. 우리는 하나님만 섬기기 위해서 존재하는 사람들입니다. 그래서 아무리 이 세상에서 잘사는 것이 좋아도 거기에 파묻히면 안 되고 그곳을 박차고 나와서 신앙의 열매를 맺어야 합니다. 무엇보다 복을 받고 평안할 때 더 정신을 차려야 합니다. 절대로 그 평안한 생활에서 모든 것을 누리려 하지 말고 모든 것을 뒤로 하고 하나님께 나아가야 합니다.

질투하시는 하나님

하나님께서는 우리에 대해서 참으로 놀라운 마음을 하나 가지고 계십니다. 그것은 바로 우리들에 대하여 질투의 감정을 가지시는 것입니다. 우리가 생각하기에 하나님은 얼마나 관대한 분이십니까? 하나님께서는 지금까지 우리가 하나님 앞에서 죄짓고 엉뚱한 짓만 해도 조용히 참으면서 지켜보기만 하셨습니다. 그런데 우리가 예수님을 믿고 난 후에는 절대로 가만히 지켜보기만 하지 않으시겠다고 말씀하십니다.

신명기 29장 20절

여호와는 이런 자를 사하지 않으실 뿐 아니라 여호와의 모든 분노와 질투의 불로 그의 위에 붓게 하시며 또 이 책에 기록된 모든 저주로 그에게 더하실 것이라 여호와께서 필경은 그의 이름을 천하에서 도말하시되.

우리는 보통 어떤 사람을 사랑하다가 그 사람이 끝까지 싫다고 하면 신사적으로 헤어지는 것이 좋다고 생각합니다. 심지어는 부부 사이라 하더라도 서로가 싫어하고 미워하면 이혼하는 것이 흔히 이루어지는 일입니다. 반면 여자나 남자가 싫다고 하는 데도 끝까지 따라다니면서 괴롭히거나 스토킹 하는 것은 비신사적일 뿐 아니라 악합니다. 그런데 하나님은 절대로 하나님과 이스라엘 사이에는 이혼이라는 것은 없다고 선언하십니다. 즉 만일 이스라엘 백성들이 하나님을 버리려고 하면 그동안 하나님으로부터 받은 모든 축복과 은혜를 다 빼앗아 가겠다고 말씀하십니다. 다시 말해 하나님으로부터 복만 받고 하나님을 버리는 것을 하나님은 용납지 않으시겠다고 하십니다.

그럼에도 불구하고 이스라엘 백성들은 이 말씀을 믿지 않았습니다. 왜냐하면 실제로 많이 죄를 지어도 하나님은 그들을 버리지 않으시고 늘 사랑하며 용서해 주셨기 때문입니다. 오늘도 많은 사람들이 '나 한 사람쯤이야 하나님께서 기억을 하시겠어?' 하는 생각을 합니다. 사실 얼마나 이 세상에 사람들이 많은데 어떻게 하나님께서 나같이 별 볼일 없는 사람이 구석에서 은밀한 중에 하는 짓을 다 보고 계시겠습니까? 그러나 하나님은 우리를 언제나 보고 계십니다. 한 번도 우리를 보지 않으신 적이 없습니다.

예컨대 어린아이들을 키워 보면 아시겠지만 아이들은 어른들이 없는 자기들만의 공간을 아주 좋아합니다. 책상 밑이라든지 아니면 다락방이라든지 헛간이라는지 어른들의 눈에 띄지 않는 곳에 자기들만의 공간을 만들어서 무엇인가 하려고 합니다. 우리도 우리의 생활이 노출되어야 하고 간섭을 받아야 한다면 신경 쓰이고 불안해서 견디기 어려울 것입니다. 여기에 하나님의 백성들의 긴장이 있습니다.

우리는 언제나 내 마음대로 하고 싶은 마음을 갖고 있습니다. 그런데 문제는 하나님께서는 언제나 우리를 보고 계시며 우리가 하나님을 피하여 숨을 수 있는 곳은 이 세상에 없다는 사실입니다. 이제 우리가 할 수 있는 것은 언제나 하나님 앞에서 솔직하고 정직한 것밖에 없습니다. 그렇게 하기만 한다면 하나님께서 우리를 안아 주시고 씻어 주시고 모든 부족한 것을 책임져 주실 것입니다. 그러나 그것이 싫다고 해서 하나님이 없다고 단정해 버린다면 그때부터 우리는 급격하게 세상의 추악한 죄에 휩쓸려 버리게 될 것입니다.

신명기 29장 23절

그 온 땅이 유황이 되며 소금이 되며 또 불에 타서 심지도 못하며 결실함도 없으며 거기 아무 풀도 나지 아니함이 옛적에 여호와께서 진노와 분한으로 훼멸하신 소돔과 고모라와 아드마와 스보임의 무너짐 과 같음을 보고 말할 것이요.

우리가 이 세상에서 덜 타락하는 방법은 늘 하나님 앞에서 긴장하면서 사는 것입니다. 그러나 하나님을 믿지 않는 사람들은 하나님 앞에서 긴장할 필요가 없기 때문에 안심하고 마음대로 죄를 지을 수가 있습니다. 그 결과 세상은 소돔과 고모라가 되어 갑니다. 이것은 이스라엘 백성들에게도 마찬가지입니다. 그들이 늘 하나님 앞에서 긴장하기 싫어서 '하나님은 안 보신다' 고 생각했을 때 마음 놓고 죄는 지을 수 있었지만 그 결과는 그들 자신이 소돔과 고모라 사람들처럼 음란하고 더러운 사람들이 된 것입니다.

오늘 이 세상에서 중요한 것은 성공해서 인정받는 것이 아닙니다. 가장 놀라운 것은 죄가 들끓는 세상에서 그런 죄에 물들지 않고 깨끗하게 보존되는 것입니다. 이것은 계속 하나님 앞에 나와서 말씀으로 씻는 방법밖에 없습니다.

오늘 우리나라의 많은 사람들은 거의 대부분 위선의 탈을 쓰고 평안하게 살아가고 있는 것 같습니다. 겉으로는 가장 점잖고 가장 인격적이고 가장 지성적인 것 같지만 그 속에는 소돔과 고모라의 음란과 추악함이 감추어져 있는 것입니다. 언젠가는 이 모든 것이 들통이 날 때가 오게 됩니다.

하나님께서는 이스라엘 백성들이 하나님을 버릴 때 그냥 두시는 것이 아니라 가나안 땅을 소돔처럼 만들어 버리겠다고 하셨습니다. 그리고 그들을 그냥 이 세상에 내버려 두시는 것이 아니라 뽑아서 다른 나라에 던져 버리겠다고 말씀하셨습니다. 이스라엘 백성들은 설마 하나님께서 이렇게까지 심하게 하시겠느냐고 생각하다가 멸망당하고 말았습니다.

오늘 우리 기독교는 외적인 성장과 부흥이 오히려 최대의 위기를 가져왔다고 말할 수 있는 형편입니다. 그 화려한 건물과 많은 교인들 사이에 파묻혀서 '설마 하나님께서 젖은 것과 마른 것을 함께 태우실까?' 하고 안심하고 있는 것입니다. 즉 하나님께서 이렇게 믿는 사람들이 많은데 믿지 않는 사람들과 같이 멸망시키시겠느냐는 것입니다. 그러나 하나님은 젖은 나무를 먼저 태우실 것입니다. 하나님께서는 믿는 자들을 먼저 심판하십니다. 왜냐하면 그분은 우리를 향해 질투하시기 때문입니다.

그런데 만일 우리가 하나님의 사랑을 믿고 이 세상에서 미친 것처럼 하나님만을 사랑한다면 하나님께서 어떻게 하시겠습니까? 그 질투가 뜨거운 사랑으로 변화되어 이 세상 사람들이 상상할 수 없는 기적과 복을 부어 주실 것입니다. 무엇보다 신앙에는 미지근한 상태라고 하는 것이 있을 수가 없습니다. 우리가 목숨을 걸고 죽도록 하나님을 사랑하고 그 말씀을 지키든지 아니면 소돔과 고모라처럼 음란하고 더럽게 되어서 모든 축복을 다 빼앗기고 알거지가 되든지 둘 중의 하나인 것입니다. 하지만 하나님은 우리를 너무나도 사랑하셔서 주야로 잊지 않으신다는 사실을 항상 기억해야 합니다. 이제 우리 모두가 그 사랑에 굴복해서 이성을 사랑하는 이상으로 하나님을 사랑할 수 있기를 바랍니다.

35

| 신 30 :1-20 | 돌이키시는 하나님

우리는 가끔 사회적으로 유명한 사람의 잔치에 초대를 받아서 갈 때가 있습니다. 일단 그 잔치는 장소도 으리으리하거니와 먹는 음식도 최고급으로 푸짐하게 차려져 있고 또 평소에는 근처에도 갈 수 없는 유명한 사람들이 오기 때문에 한번쯤 참석해 보는 것 그 자체로 충분히 의미가 있습니다. 그러나 잔치가 끝나면 모든 사람들은 자신의 원래 상태로 돌아갈 수밖에 없습니다. 그런데 하나님의 잔치는 세상의 유명한 잔치와 같지 않습니다. 하나님의 초대는 우리를 영원히 복되게 하며 우리를 영원히 아름다운 삶을 살게 합니다. 우리 모두는 이미 이러한 하나님의 놀라운 축복의 초청을 받았습니다.

대부분의 사람들은 하나님을 거룩하고 큰 능력을 가지신 분으로 믿습니다. 여기서 놓치고 있는 중요한 사실 하나가 있다면 하나님은 회개하는 자에게 엄청나게 자비로우시다는 것입니다. 하나님께서는 이 세상에서 교만하고 거짓된 사람을 가장 싫어하십니다. 하나님께서는 죄를 짓고 숨기고 있거나 위선적으로 행동하는 사람을 너무나도 싫어하십니다. 그러므로 그 사람이 아무리 권력이 있고 돈이 있다 하더라도 하나님이 싫어하신다는 자체가 벌써 망한 것이나 다름없습니다. 그럼에도 불구하고 하나님께서는 아무리 죄를 많이 지었고 하나님의 심판을 받아서 인생 밑바닥에 떨어졌다 하더라도 회개하는 사람은 그 밑바닥에서 끌어올리셔서 회복시켜 주시고 다시 축복의 은혜를 베풀어 주십니다.

따라서 우리가 이 세상을 살면서 축복의 삶을 사는 것이 결코 어려운 것이 아니라는 것을 알아야 합니다. 즉 내가 지금 어떤 형편과 상황에 있든지 죽을 지경에 이르렀다 하더라도 하나님을 믿기만 하면 하나님은 그 말씀대로 축복하십니다. 제 가까운 분들 중에서 인간적으로는 뛰어난 능력과 학벌을 가졌음에도 불구하고 끝까지 형편이 풀리지 않고 비참하게 사는 분들을 많이 보았습니다. 저는 그들을 볼 때, 그동안 그렇게 살려고 몸부림치고 혼자 절망하고 고민한 그 시간에 죽을 각오로 하나님을 붙잡았더라면 분명히 회복할 수 있었을 것이라는 안타까운 마음이 듭니다. 그런데 아쉽게도 그들은 자기 고집과 교만 때문에 끝까지 자기 길을 갔습니다.

본문에서 하나님께서는 이스라엘 백성들이 말씀을 저버림으로 심판받아서 나라를 빼앗기고 땅 끝까지 붙들려갔다 하더라도 그곳에서 회개하고 다시 하나님의 말씀에 순종하면 그 포로로 붙들려간 곳에서 돌아오게 하시고 그들을 조상들보다 더 축복하겠다고 약속하셨습니다. 그러므로 우리는 재앙이 터지기 전에 땅 끝까지 팔려가기 전에 모든 인간적인 생각들을 다 내려놓고 하나님의 말씀을 붙잡아야 할 것입니다.

인생 밑바닥에서 하나님의 말씀이 생각날 때

신명기 30장 1-4절

내가 네게 진술한 모든 복과 저주가 네게 임하므로 네가 네 하나님 여호와께 쫓겨 간 모든 나라 가운데서 이 일이 마음에 기억이 나거든 너와 네 자손이 네 하나님 여호와께로 돌아와 내가 오늘날 네게 명한 것을 온전히 따라서 마음을 다하고 성품을 다하여 여호와의 말씀을 순종하면 네 하나님 여호와께서 마음을 돌이키시고 너를 긍휼히 여기사 네 포로를 돌리시되 네 하나님 여호와께서 너를 흩으신 그 모든 백성 중에서 너를 모으시리니 너의 쫓겨 간 자들이 하늘가에 있을지라도 네 하나님 여호와께서 거기서 너를 모으실 것이며 거기서부터 너를 이끄실 것이라.

우리에게 있어서 가장 놀라운 축복은 하나님을 바로 알고 믿게 되는 것입니다. 왜냐하면 우리가 하나님을 안다는 것 자체가 하나님의 축복으로 초대되는 것이며 우리가 하나님을 바로 알고 믿게 되었을 때 이 세상에서 우리가 어떤 비참한 가운데 있다 할지라도 회복될 수 있기 때문입니다.

열심히 믿는다고 하면서도 나중에 망하게 되는 가장 중요한 이유는 하나님을 바로 알지 못하기 때문입니다. 사실 우리가 믿는다고 하지만 그 믿음이 바른 말씀에 기초한 것이 아니라 오랜 습관에 따라 또는 자기 열심에 따라서 믿는 경우가 너무나도 많습니다. 이렇게 되는 이유는 인격적으로 하나님을 만나지 못한 상태에서 믿기 때문에 그렇습니다. 그러나 우리가 하나님을 올바로 만나게 되었을 때에는 하나님이 다른 사람의 하나님이 아니라 바로 나의 하나님이 되시며 내가 비록 제대로 믿지 못하고 엉터리로 믿어서 인생 밑바닥까지 떨어져 있었지만 하나님을 찾고 그분을 온전히 믿으면 다시 축복을 회복할 수 있습니다. 하나님께서는 먼 훗날 이스라엘 백성들에게 말씀하십니다.

그들은 하나님의 말씀을 믿지 않고 엉터리로 믿다가 결국 망하게 되었는데 어느 날 그들에게 놀라운 깨달음이 생기게 됩니다. 그것은 바로 우리가 이렇게 망해서 포로로 붙들려오게 된 것이 하나님의 말씀에 따라서 된 것이며 우리가 제대로 믿지 못해서 이렇게 되었다는 것을 깨닫는 것입니다. 바로 이런 생각이 드는 자체가 하나님의 은혜요 성령의 역사입니다. 왜냐하면 하나님의 은혜가 아니면 절대로 하나님의 말씀이 생각나지도 않고 믿어지지도 않고 하나님을 생각하지도 않게 되기 때문입니다.

우리는 너무나도 많은 경우에 자기 열심 자체를 믿음으로 생각하거나 종교적인 행위를 믿음으로 생각합니다. 그래서 우리에게 어려운 환난이 닥치고 하나님의 심판이 오게 되었을 때 '왜 나는 열심히 하나님을 믿었는데 하나님은 나를 치시는 것일까?' 라고 생각하게 됩니다. 그러나 신앙이라는 것은 하나님을 사랑하는 것이고 하나님을 사랑하는 것은 다른 것이 아니라 하나님의 말씀을 붙잡고 사는 것입니다.

그래서 이 세상에서 가장 복된 것이 바른 말씀을 듣고 바르게 믿는 것입니다. 우리가 하나님의 말씀이 얼마나 중요하고 하나님의 말씀이 얼마나 능력이 있는 줄 알게 된다면 이 세상에서 망할 이유가 없는 것입니다. 그럼에도 불구하고 본문 말씀은 거기서 한걸음 더 나아가서 완전히 망해 버려서 인간적으로는 회복될 가능성이 없는 경우에 대해 말씀하고 있습니다.

옛날에 노예로 붙들려 간 사람들은 누군가가 돈을 가지고 가서 도로 사서 해방시켜 주지 않는 이상 풀려난다는 것이 불가능했습니다. 더욱이 하늘 끝까지 붙들려갔다면 어디로 갔는지조차 찾아내지 못할 것입니다. 그런데 사람은 어디에 있는지도 모르고 찾아갈 수도 없는 그곳에 하나님의 말씀이 찾아가고 은혜가 찾아갑니다. 어떻게 찾아갑니까? 이것이 혼자서 멍하게 생각하다가 깨닫는 것이 아닙니다. 누군가가 하나님의 말씀을 가지고 전해 줄 때 인생 밑바닥으로부터 하나님을 만나게 되는 것입니다.

그때 나타나는 현상이 무엇입니까? 이미 마음에 자유를 얻습니다. 왜냐하면 매일 하나님과 동행하는 것이 나타나기 때문입니다. 사람들이 매를 맞을 때에도 이상하게 그 사람 순서가 되면 때리는 것이 멈추기도 하고 벽이 무너져서 사람들이 많이 깔려 죽어도 이상하게 이 사람은 무슨 심부름을 가는 바람에 깔려 죽지 않습니다. 그리고 누군가 옆에서 아픈 사람이 있어서 그 사람을 위해서 간절히 기도하면 그 병든 사람의 열이 떨어지고 기적적으로 병이 낫는 일이 일어나는 것입니다.

그때 이 사람이 깨닫는 것이 무엇입니까? 지금까지 많이 믿는다고 했지만 실제로는 엉터리로 믿었다는 것입니다. 하나님의 말씀을 붙드니까 이렇게 하나님이 가까이 계시고 이토록 하나님이 나를 사랑해 주며 지켜 주시는데 그동안 너무나도 교만했음을 깨닫습니다. 그럴 때 이 사람이 어떻게 됩니까? 포로에서 해방되어 본국으로 돌아오게 되는 것입니다.

하나님께서 지금 무엇이라고 말씀하십니까? 본문 4절 하반절에서 '거기서부터 너를 이끄실 것이라' 고 했습니다. 그래서 우리가 이 세상에서 많은 것을 잃어버리고 때로는 사업에 실패하기도 하고 결혼에 실패하기도 하고 직장을 잃어버리기도 하더라도 바른 말씀을 듣고 하나님만 온전히 믿는다면 다시 새로운 삶을 시작할 수 있습니다.

저는 젊은 시절 이 세상에서 평범하게 믿는 것보다 무엇인가 하나님을 바로 믿고 싶었습니다. 그래서 몸부림도 많이 쳤고 평범하게 살았더라면 얼마든지 쉽게 잘살 수도 있었는데 완전히 인생 밑바닥까지 내려가는 경험을 했습니다. 그런데 거기에서 하나님은 저에게 다시 한 번 질문하셨습니다. '네가 하나님의 말씀을 붙들고 죽겠느냐 아니면 지금이라도 세상으로 뛰쳐나가 평범하게 잘살겠느냐' 그때 저는 생각했습니다. 아무리 이 세상에 오래 살고 잘산다 하더라도 하나님을 모르고 사는 것은 사는 것이 아니라고 말입니다. 그리고 얼마를 살게 될지 모르겠지만 제대로 하나님을 믿고 죽는 것이 복된 삶이라는 결단을 하게 되었습니다. 그 후에 하나님께서는 저를 다시 일으켜 세워 주셨고 저를 축복의 통로로 사용하셨습니다.

'사람이 회복될 수 있다, 회복이 불가능하다' 는 것을 사람의 능력 범위 안에서 생각하게 하는 경향이 있습니다. 즉 내가 가진 재력과 내가 가진 기술로 나의 형편이 회복이 가능할 것인가 판단하게 됩니다. 그러나 우리가 하나님을 바로 믿으면 우리 생각으로는 회복이 불가능한 사람들이 다 살아나게 됩니다. 그래서 이 세상에서 최고로 중요한 것은 바른 말씀을 듣고 하나님을 제대로 믿는 것입니다. 그렇지 않은 성공이나 축복은 모두 모래 위에 세운 집과 같아서 하나님께서 축복을 거두어 가실 때에는 한순간에 모든 것이 없어져 버리게 됩니다.

무엇보다도 내가 바른 말씀을 듣고 하나님을 바로 알고 믿게 되었다면 신앙에 어떤 어려움이 와도 이 신앙만 붙들고 있으면 되는 것입니다.

신명기 30장 5절

네 하나님 여호와께서 너를 네 열조가 얻은 땅으로 돌아오게 하사 너로 다시 그것을 얻게 하실 것이며 여호와께서 또 네게 선을 행하사 너로 네 열조보다 더 번성케 하실 것이며.

사실 포로 되어간 곳에서 하나님을 도로 찾았다면 본국으로 돌아올 필요도 없이 모든 것을 다 가진 것과 같습니다. 왜냐하면 하나님은 모든 것이 되시기 때문입니다. 하나님은 말씀을 붙드는 자를 얼마나 사랑하시는지 잃어버린 복을 모두 찾아 주십니다. 그래서 그 먼 곳에서 다시 볼 생각도 하지 않았던 열조의 땅을 도로 찾게 하시고 조상들보다 더 복을 받게 해 주겠다고 약속하셨습니다. 이 가나안 땅은 하나님께서 덤으로 주시는 땅입니다. 우리는 이 세상에서 죄와 몸부림을 치는 동안에 너무나도 소중한 것들을 잃어버릴 때가 많습니다. 그 중에서 가장 중요한 것은 잃어버린 우리의 젊음과 시간일 것입니다.

또 어떤 사람은 자기 공부를 잃어버리는 사람도 있고 자기 가족을 잃어버리는 사람도 있고 건강이나 재산을 잃어버리는 경우도 있습니다. 그러나 하나님께서는 바른 신앙을 붙잡는 사람을 너무나도 사랑하셔서 우리가 잃어버린 모든 것을 도로 찾게 해 주십니다. 예컨대 잃어버린 젊음도 도로 찾게 해 주시고 잃어버린 건강도 도로 찾게 해 주시고 잃어버린 가족도 도로 찾게 해 주시고 잃어버린 공부나 잃어버린 모든 관계를 도로 찾게 해 주십니다. 그 중에서도 영원히 빼앗기지 않을 기업이 가나안 땅인데 이것을 돌려주시는 것입니다.

이스라엘이 복을 잃어버린 이유

이스라엘 백성들이 하나님의 놀라운 축복을 받았음에도 불구하고 그 축복을 간직하지 못했던 가장 중요한 이유는 그들의 마음 때문이었습니다.

신명기 30장 6절

네 하나님 여호와께서 네 마음과 네 자손의 마음에 할례를 베푸사 너로 마음을 다하며 성품을 다하여 네 하나님 여호와를 사랑하게 하사 너로 생명을 얻게 하실 것이며

여기에서 가장 중요한 것은 이스라엘 백성들이 마음에 할례를 받지 못하기에 마음으로 하나님의 말씀이 믿어지지 않고 마음으로 하나님을 사랑하지 않게 되는 것이었습니다. 이스라엘 백성들이 하나님으로부터 받았던 축복이나 약속은 그야말로 어마어마했고 이 세상에서 그보다 더 좋은 복은 없었습니다. 그러나 문제는 이스라엘 백성들에게 이것이 복으로 생각되지 않았고 믿어지지 않았던 것입니다.

이 세상에서 아무리 좋은 보물을 준다 하더라도 그것의 가치를 모르는 사람에게는 쓰레기더미나 귀찮은 물건밖에 되지 않습니다. 이스라엘 백성들은 하나님의 말씀을 쓰레기처럼 생각했고 하나님의 존재에

대해 아주 귀찮고 성가시게 생각하니까 말씀의 복을 빼앗길 수밖에 없었던 것입니다. 하나님께서는 이스라엘 백성들에게 그들이 육체로는 할례를 받았지만 마음의 할례를 받지 못해서 그렇게 되었다고 말씀하셨습니다.

제가 어렸을 때 반에서 누군가가 물건을 잃어버리면 선생님께서는 나쁜 사람은 비누로 그 마음을 씻어야 한다고 하셨습니다. 저는 오랜 동안 과연 비누로 더러운 마음을 씻을 수 있는가를 생각해 보았습니다. 후에 제가 깨달은 것은 이 세상에서 가장 어려운 것이 더러운 마음을 씻는 일이라는 것입니다. 더러워진 마음은 이 세상 어떤 것으로도 씻을 수가 없습니다. 누군가가 욕을 퍼부어도 씻어지지 않고 부모가 눈물로 하소연해도 씻어지지 않고 혼자서 아무리 결심을 하고 비눗물을 마셔도 되지 않는 일입니다. 더러워진 마음을 씻는 것은 오직 예수님의 피밖에 없습니다.

그렇다면 이스라엘 백성들이 어떻게 마음의 할례를 행할 수 있습니까? 그것은 옷을 찢는다고 해도 되지 않고 가슴을 칼로 찢어도 되지 않는 것입니다. 이것은 오직 고난 가운데서 하나님의 말씀이 우리에게 찾아왔을 때 전적으로 이 말씀에 내 모든 것을 다 바치고 걸어야 마음에 할례를 행하게 됩니다.

왜 이스라엘 백성들이 마음과 뜻과 성품을 다하여 하나님을 사랑하지 않았을까요? 그 이유는 자신들이 변하지 않는 상태에서 신앙생활을 했기 때문입니다. 이와 마찬가지로 오늘도 우리가 변하지 않은 상태에서 아무리 마음과 뜻과 정성을 다하여 하나님을 사랑하려고 해도 되지 않습니다. 이것이 오늘 우리가 하나님을 믿는 것이 어려운 이유입니다. 하나님의 말씀은 우리를 바꾸어 버립니다. 그래서 우리가 계속 변하면서 믿는 것이 하나님을 사랑하는 것이며 하나님을 믿는 것입니다. 그러나 자기 자신은 변하지 않으면서 지식적으로나 종교적인 의무로 하나님을 믿을 때에는 아무리 하나님을 사랑하려고 해도 되지 않고 결국은 하나님에 대한 의심이 증폭되면서 나자빠지고 맙니다.

결국 우리가 하나님을 제대로 사랑하려고 하면 말씀에 의해서 계속 변화되는 수밖에 없습니다. 우리가 말씀을 들으면 약해지고 바보가 되고 혈기나 야망을 다 버리게 되어 있습니다. 이렇게 될 때 우리는 하나님 외에는 의지할 분도 없고 하나님이 죽으라고 하면 죽을 수밖에 없는 처지가 됩니다. 마음과 정성을 다해 하나님을 사랑하게 됩니다. 이렇게 하나님을 붙잡을 때 우리는 이 세상에서 자기 자신도 지킬 수 없는 약한 자가 되지만 하나님은 우리를 지켜 주겠다고 약속하십니다.

신명기 30장 7-8절

네 하나님 여호와께서 네 대적과 너를 미워하고 핍박하던 자에게 이 모든 저주로 임하게 하시리니 너는 돌아와 다시 여호와의 말씀을 순종하고 내가 오늘날 네게 명한 그 모든 명령을 행할 것이라.

참으로 이상한 것은 하나님의 백성들이 이 세상에서 강한 자가 되려고 했을 때에는 그들을 미워하고 핍박하던 자들이 더 많이 생겼고 결국에는 그들을 넘어지게 하고 말았습니다. 그러나 하나님의 백성들이 스스로 하나님 앞에서 약한 자가 되었을 때 그 모든 저주의 굴레가 벗겨지면서 그 저주가 미워하고 핍박하는 자들에게로 넘어가 버리는 것입니다. 우리가 하나님의 말씀에 순종한다고 해서 미워하는 자가 없어지는 것은 아닙니다. 그러나 어디까지나 이 미워하는 자들은 우리를 언제나 정신 차리게 하는 가시이지 우리를 죽이는 원수가 되지는 못하는 것입니다.

우리가 하나님 앞에 한 마리 양이 되었을 때 우리 주위에 있는 많은 이리들이 돌아다니지만 이상하게 우리를 물지는 못합니다. 왜냐하면 하나님께서는 눈에 보이지 않는 줄을 쳐 놓으셔서 그 안으로 들어오지 못하도록 막으시기 때문입니다. 그래서 우리가 이 세상에서 가장 안전하게 사는 방법은 하나님 앞에서 스스로 약한 자가 되며, 계속적으로 하나님의 말씀에 순종하는 것입니다. 이것이 무엇을 의미합니까? 이 세상의 어떤 환난이나 전쟁도 우리에게서 말씀과 예배의 축복을 빼앗아가지 못하는 것입니다.

이 세상에서 최고의 자유가 예배의 자유이고 말씀의 자유입니다. 이 자유가 유지되는 한 어느 누구도 우리로부터 다른 복을 빼앗아가지 못할 것입니다. 그러므로 우리는 이 세상에서 돈이나 명예나 다른 것을 잡아서는 안 되고 오직 하나님의 말씀을 마음껏 듣고 예배하는 이 복을 잡아야 계속 평화가 지속됩니다.

신명기 30장 9-10절

네가 네 하나님 여호와의 말씀을 순종하여 이 율법책에 기록된 그 명령과 규례를 지키고 네 마음을 다하며 성품을 다하여 여호와 네 하나님께 돌아오면 네 하나님 여호와께서 네 손으로 하는 모든 일과 네 몸의 소생과 네 육축의 새끼와 네 토지소산을 많게 하시고 네게 복을 주시되 곧 여호와께서 네 열조를 기뻐하신 것과 같이 너를 다시 기뻐하사 네게 복을 주시리라.

부모가 자녀를 잘 되게 하는 것은 많은 재산을 물려주거나 공부를 많이 시키는 것이 아니라 바로 믿고 그 바른 신앙을 자녀들에게 물려주는 것입니다. 그러면 하나님께서는 이 위험한 세상에서 우리 자녀들의 모든 미래를 지켜 주시고 축복해 주시겠다고 말씀하십니다.

하나님의 복은 멀리 있지 않다

옛날 사람들은 복이 바다 건너 아주 먼 곳에 있다고 생각했습니다. 그래서 많은 사람들은 선원이 되어서 배를 타고 바다를 건너는 것이 꿈이기도 했습니다. 실제로 배를 타고 무역을 한 사람들 중에서 부자가 된 사람들이 많이 있습니다. 제가 어렸을 때만 해도 마도로스가 되어서 배를 타면 돈을 많이 번다고 생각해서 선원이 되는 것이 인기 있었습니다. 또한 젊은이들은 외국에서 공부하는 것이 복이 있다고 생각해서 전세금을 빼내 가지고 외국으로 가기도 했습니다. 그러나 오늘날 공부한 사람들이 많으니까 예전처럼 그렇게 미래가 보장되는 것 같지는 않습니다. 그렇다면 우리의 복은 어디에 있는 것일까요?

본문 말씀에 따르면 우리의 복은 결코 먼 데 있지 않습니다. 아주 가까운 곳에 우리의 복이 있습니다.

신명기 30장 11-14절

내가 오늘날 네게 명한 이 명령은 네게 어려운 것도 아니요 먼 것도 아니라 하늘에 있는 것도 아니니 네가 이르기를 누가 우리를 위하여 하늘에 올라가서 그 명령을 우리에게로 가지고 와서 우리에게 들려

행하게 할꼬 할 것이 아니요 이것이 바다 밖에 있는 것이 아니니 네가 이르기를 누가 우리를 위하여 바다를 건너가서 그 명령을 우리에게로 가지고 와서 우리에게 들려 행하게 할꼬 할 것도 아니라 오직 그 말씀이 네게 심히 가까워서 네 입에 있으며 네 마음에 있은즉 네가 이를 행할 수 있느니라.

하나님께서는 우리의 복이 하늘 꼭대기에 있기 때문에 우리가 달나라에 가듯이 우주선을 쏘아 올려야 겨우 가져올 수 있는 것이 아니라고 말씀하십니다. 또 배를 타고 바다를 건너가거나 미지의 세계를 항해하면서 모험을 해야 겨우 얻을 수 있는 것도 아니라고 하셨습니다. 이미 하나님께서는 이스라엘 백성들에게 복을 주셨습니다. 이스라엘 백성들은 이 말씀을 언제나 입에 달고 다녔고 늘 암송하고 있었습니다. 이스라엘 백성들에게 그 흔한 하나님의 말씀이 실제로는 이 세상의 어떤 보석이나 어떤 재물보다 더 큰 복입니다. 이스라엘 백성들이 복 받는 비결은 유학이나 무역으로 돈을 벌거나 광산에서 금을 캐거나 전쟁에 승리해서 전리품을 빼앗는 것도 아니었습니다. 다만 하나님이 주신 말씀을 믿고 그대로 살아가면 되는데 이것은 결코 어려운 것이 아니었습니다.

그런데 왜 이스라엘 백성들이 이 복을 놓쳐 버렸을까요? 그 이유는 이러한 하나님의 복이 그들이 보기에 너무나 따분하고 시시하게 보였기 때문입니다. 우리가 하나님의 복을 놓치지 않으려면 이 따분하고 시시한 것 같은 하나님의 말씀을 사랑할 수 있어야 합니다. 세상의 학문은 사람을 똑똑하게 만들고 유명하게 만들지만 우리가 성경을 사랑한다고 해서 똑똑해지거나 유명해지지는 않고 단지 죄짓지 않고 평범하게 살 뿐인데 복이 바로 거기에 다 들어 있는 것입니다.

이스라엘 백성들이 이 세상에서 똑똑해지고 유명해지려다 보니 하나님의 말씀은 너무나도 시대에도 뒤떨어지고 아무 유익이 없는 것 같았습니다. 그것은 마치 바보들이나 믿는 것 같았습니다. 그래서 그들은 바보가 되기 싫어서 하나님의 말씀을 버렸습니다. 이것은 오늘도 마찬가지입니다. 조금만 인간적인 방법이나 세상적인 방법을 쓰면 얼마든지 똑똑해질 수 있고 유명해질 수 있고 성공을 거둘 수 있는데 왜 바보같이 미련하게 말씀만 붙잡겠습니까? 그런데 놀랍게도 하나님의 복은 바로 이 바보들이 받는 것입니다.

오늘 많은 사람들은 '도대체 우리 앞에는 어떤 운명이 기다리고 있을까?' 하며 자신의 미래에 대해 걱정하고 있습니다. 우리의 미래에는 죽음과 생명이 같이 기다리고 있습니다. 복과 저주도 함께 우리를 기다리고 있습니다. 지금 하나님의 말씀에 대해 어떤 태도를 가지느냐에 따라서 우리의 미래는 얼마든지 살 수도 있고 망할 수도 있다고 말씀하십니다.

신명기 30장 15-18절

보라 내가 오늘날 생명과 복과 사망과 화를 네 앞에 두었나니 곧 내가 오늘날 너를 명하여 네 하나님 여호와를 사랑하고 그 모든 길을 행하며 그 명령과 규례와 법도를 지키라 하는 것이라 그리하면 네가 생존하며 번성할 것이요 또 네 하나님 여호와께서 네가 가서 얻을 땅에서 네게 복을 주실 것임이니라 그러나 네가 만일 마음을 돌이켜 듣지 아니하고 유혹을 받아서 다른 신들에게 절하고 그를 섬기면 내가 오늘날 너희에게 선언하노니 너희가 반드시 망할 것이라 너희가 요단을 건너가서 얻을 땅에서 너희의 날이 장구치 못할 것이니라.

오늘 우리의 미래에는 사는 것과 죽는 것이 같이 기다리고 있습니다. 여기서 사는 것은 그냥 사는 것이 아닙니다. 하나님의 은혜로 사는 것이고 하나님의 축복을 누리면서 사는 것입니다. 지금 우리나라는 사는 쪽보다는 망하는 쪽으로 더 치우치고 있는 것도 사실입니다. 우리나라 사람들은 모두 너무 똑똑해서 축복의 길을 버리고 망하는 길로 찾아가고 있습니다. 이것을 돌이킬 수 있으려면 우리가 바보가 되어야 합니다. 하나님의 말씀을 생명으로 붙들고 다른 모든 욕심을 다 포기해야 합니다. 그러면 하나님께서 우리 때문에 다른 사람들까지 살려 주실 것입니다.

우리는 우리의 미래가 어떻게 될지 알지 못합니다. 단지 우리는 하나님을 바로 알고 믿게 되었다는 것이 신기할 뿐입니다. 우리는 세상이 아무리 좋은 것을 준다고 해도 이 신앙과 바꾸면 안 됩니다. 우리는 다른 사람이 때리면 맞을 수밖에 없고 이 세상 사람들이 자꾸 악한 길로 가는 것을 막을 힘이 없습니다. 우리는 하나님의 말씀을 다른 것과 바꿀 수가 없습니다. 왜냐하면 하나님의 말씀은 생명의 말씀이며 우리는 이 말씀 때문에 새 사람이 되었기 때문입니다.

신명기 30장 20절

네 하나님 여호와를 사랑하고 그 말씀을 순종하며 또 그에게 부종하라 그는 네 생명이시오 네 장수시니.

하나님은 우리의 생명이며 축복입니다. 우리 모두 이 축복의 길을 붙잡고 절대로 놓치지 말고 끝까지 한걸음 한걸음 걸어갔으면 좋겠습니다.

축복의 디자인

5부

미래를 조망하며

36

| 신 31:1-30 | 신앙의 시대적 과제

우리 사회에서 쓰이는 '386세대'라는 말이 있습니다. 원래 이 '386'이라고 하는 말은 컴퓨터 기종을 말하는 것이었는데 이제는 우리나라의 한 세대 사람들을 일컫는 말이 되었습니다. 즉 '30대이고 80학번대이며 60년대에 태어난 사람들'입니다. 이 사람들이 사회에서 중요한 이유는 한국 전쟁을 경험하지 못했고 우리나라가 경제적으로 급성장할 때 자랐으며 군사 독재의 정신적인 피해를 많이 입은 세대이기 때문입니다. 그런데 이 사람들이 지금 40대가 되어서 우리나라 정치에 막강한 영향력을 미치고 있습니다.

그런데 우리나라 역사는 386만 있는 것이 아닙니다. 그 전에도 있었고 그 후에도 있을 것입니다. 이것은 우리 기독교의 역사에 있어서도 마찬가지입니다. 우리나라가 일본의 통치를 받을 때 기독교는 나라를 잃어버린 민족에게 희망을 주었습니다. 젊은이들이 성경 공부를 통해 악한 자를 심판하시는 하나님의 능력을 믿고 미래에 대한 소망을 가지게 되었습니다. 한국 전쟁이 끝난 후에 기독교는 이 땅에 하나님의 축복과 부흥의 불을 일으켰습니다. 우리나라 사람들이 원래 머리가 좋고 부지런한데다가 하나님의 축복이 부어지니까 경제 대국이 되었고 교회도 성장했습니다. 이제 우리에게 주어진 시대적인 과제가 달라짐을 느끼게 되는데 이것을 우리는 본문에서 이스라엘 백성들의 이야기를 통해서 배우려고 하는 것입니다.

이스라엘의 가장 위대한 지도자는 모세였습니다. 그러나 모세가 모든 것을 혼자서 다 할 수 있었던 것은 아니었습니다. 모세는 여호수아와 이스라엘 백성들을 불러 놓고 이제는 자기가 죽어야 할 때가 다 되었다는 것을 밝힙니다. 모세는 자신의 사명을 다 한 것입니다. 모세는 앞으로 이스라엘 백성들이 겪어야 할 것에 대해 말합니다. 여기서 우리는 세 가지 세대의 이스라엘의 모습을 보게 됩니다.

하나는 애굽에서 종살이하다가 모세의 인도 아래 광야를 거쳐서 가나안 입구까지 온 것입니다. 모세의 사명은 이스라엘 백성들을 가나안 땅 입구까지 데리고 오는 것이며 가나안 땅을 정복하는 것은 여호수아의 몫이었습니다. 두 번째 세대는 이스라엘 백성들이 여호수아의 지도하에 가나안 땅으로 진격해 들어가서 가나안 땅을 차지하는 것입니다. 세 번째 세대는 가나안 땅 안에서 많은 물질적인 복을 누리지만 하나님을 떠나서 이방신들을 섬기는 이스라엘의 모습입니다.

우리가 이 세 가지 세대를 보면서 생각해 보면, 출애굽 세대가 가장 행복한 것 같습니다. 그들은 열 가지 재앙도 보았고 불붙는 시내산의 체험도 했기 때문입니다. 그럼에도 그들은 썩 행복했던 것 같지 않고 결국 모세와 함께 광야에서 다 죽고 말았습니다. 또한 가나안에서 태어났던 사람들이 가장 행복했던 것 같습니다. 왜냐하면 그들은 가장 이스라엘이 잘살 때 태어나서 자랐기 때문입니다. 그러나 그들은 풍족한 생활에 젖어서 하나님으로 만족하지 못하고 이방신들을 섬기는 바람에 많은 환난을 당하다가 멸망하고 말았습니다.

사실 우리는 어느 세대가 가장 행복하다거나 불행하다고 말할 수 없을 것입니다. 왜냐하면 각 시대마다 주어진 과제와 사명들이 다 다른데 그것을 잘 감당하는 것이 무엇보다 중요하기 때문입니다.

모세의 시대적 사명

모세는 지팡이 하나로 애굽의 바로를 굴복시키고 이스라엘 백성들을 애굽의 노예 상태에서 해방시킨 위대한 하나님의 종이었습니다. 그럼에도 불구하고 그가 가진 그 엄청난 능력으로도 할 수 없었던 것이 있었습니다.

신명기 31장 1-3절

모세가 가서 온 이스라엘에게 이 말씀을 베푸니라 곧 그들에게 이르되 내가 오늘날 일백 이십 세라 내가 더는 출입하기 능치 못하고 여호와께서도 내게 이르시기를 너는 이 요단을 건너지 못하리라 하셨느니라 여호와께서 이미 말씀하신 것과 같이 여호수아가 너를 거느리고 건널 것이요 네 하나님 여호와 그가 네 앞서 건너가사 이 민족들을 네 앞에서 멸하시고 너로 그 땅을 얻게 하실 것이며.

이스라엘 역사상 모세보다 더 큰 능력을 행한 사람은 없었습니다. 이스라엘이 출애굽 할 당시 애굽은 전 세계에서 가장 강한 나라였습니다. 그런데 모세는 지팡이 하나만 가지고 맨 손으로 대항해서 바로를 굴복시켰습니다. 우리가 아는 것처럼 사람의 힘으로는 불가능한 신적인 기적들이 무려 열 가지나 나타나서 애굽을 폐허로 만들어 버렸고 애굽의 모든 장자들을 죽게 했습니다. 그리고 홍해를 갈라 이스라엘 백성들을 자유민이 되게 했습니다.

모세는 하나님의 말씀을 받을 때 시내산이 불붙는 가운데 올라가서 죽지 않고 40일 밤낮을 금식하면서 하나님의 말씀을 받아가지고 내려왔습니다. 그런데 이때 이스라엘 백성들은 금송아지 우상을 만들고 먹고 마시며 뛰놀았습니다. 이스라엘 백성들에게 40년 동안 일용할 양식과 마실 물이 나오게 하는 정도의 능력이라면 모세가 할 수 없는 것은 아무것도 없을 것 같았습니다. 그런데 모세도 할 수 없는 것이 있었는데, 그것은 이스라엘 백성들의 마음을 변화시키는 것이었습니다. 이스라엘 백성들은 홍해가 갈라지고 불붙는 산에서 하나님의 말씀을 들으면서도 마음이 변하지 않았습니다. 이것이 바로 율법이 가지고 있는 한계였습니다. 율법의 한계는 모세가 이스라엘 백성들 앞에서 반석을 쳐서 물이 나오게 한 것을 통해서 나타납니다.

이스라엘 백성들이 물이 없다고 하나님을 원망했을 때 모세는 화를 내면서 "우리가 너희를 위하여 이 반석에서 물을 내랴"(민 20:10)고 하면서 두 번 반석을 내리쳤습니다. 결국 반석에서는 물이 솟아져 나와서 이스라엘 백성들이 물은 마셨지만 이스라엘 백성들의 마음은 변화되지 못했습니다. 모세는 지팡이를 들어 반석을 깰 수 있었지만 돌보다 더 단단한 이스라엘 백성들의 마음을 깰 수가 없어서 화를 냈고 결과적으로 하나님의 영광을 나타내지 못했기 때문에 가나안 땅에 들어가지 못할 것이라고 하시는 하나님의 말씀을 듣게 되었습니다.

여기서 우리가 알 수 있는 것은 모세의 한계는 율법의 한계라는 것입니다. 율법에는 대단한 영광이 있는데, 즉 불붙는 산의 기적이 있었고 모세의 얼굴에 빛이 나는 기적이 있었고 모세의 지팡이에서 나타나는 능력의 기적이 있었습니다. 그러나 이 모든 것은 하나님을 온전히 믿지 못하는 이스라엘 백성들을 위해 사용된 부수적인 수단에 불과했던 것입니다. 이스라엘 백성들의 마음은 늘 유치원 어린이들과 같아서 하나의 기적이 끝나면 또 다른 기적이 필요했습니다. 그러다가 마음에 들지 않으면 원망하고 불평하다가 하나님의 징계를 당하곤 했던 것입니다. 결국 하나님의 말씀으로 온전히 변화되지 못한 자들은 젖과 꿀이 흐르는 가나안 땅에 들어갈 수가 없었습니다.

우리가 생각하기에 광야 시대 사람들이 가장 행복했던 사람들 같지만 본인들은 그렇지 못했을 것입니다. 오히려 그들은 그런 기적보다는 애굽의 평안한 생활을 더 좋아했고, 그래서 하나님의 영광을 나타내지 못했습니다. 하나님께서 진정으로 이스라엘 백성들에게 원하셨던 것은 이런 기적과 능력 없이도 하나님의 말씀 자체만 믿고 무조건 순종하는 신앙이었습니다. 그러나 이것은 말씀 중심으로 변화된 자들만 할 수 있는 것입니다.

하나님께서는 여호수아를 통해서도 이것을 보여 주셨습니다. 여호수아는 모세가 가진 능력과 표적을 하나도 가지지 않았음에도 불구하고 가나안 땅을 공격해서 정복했습니다. 여기서 우리가 알아야 할 것이 무엇입니까? 하나님의 말씀 자체가 가지는 무한한 능력입니다. 모세가 출애굽 할 때 행했던 여러 재앙들이 결코 수준이 높은 능력이 아니라는 것을 알 필요가 있습니다. 가장 높은 수준의 능력은 하나님의 말씀으로 마음이 변화되어 눈앞에 어떤 어려움이 있어도 말씀의 능력을 믿고 순종하는 것입니다.

여호수아의 시대적 사명

하나님께서는 여호수아에게 모세가 해내지 못했던 가나안 정복의 사명을 주셨습니다.

신명기 31장 4-6절

여호와께서 이미 멸하신 아모리 왕 시혼과 옥과 및 그 땅에서 행하신 것과 같이 그들에게도 행하실 것이라 여호와께서 그들을 네 앞에 붙이시리니 너희는 내가 너희에게 명한 모든 명령대로 그들에게 행할 것이라 너는 마음을 강하게 하고 담대히 하라 그들을 두려워 말라 그들 앞에서 떨지 말라 이는 네 하나님 여호와 그가 너와 함께 행하실 것임이라 반드시 너를 떠나지 아니하시며 버리지 아니하시리라 하고

여호수아는 불행하게도 모세가 가지고 있던 능력이나 카리스마 중 어느 하나도 가진 것이 없었습니다. 여호수아는 모세가 행했던 열 가지 재앙을 행할 능력도, 홍해를 가른 경험도 없었습니다. 그는 모세가 가지고 있었던 능력의 지팡이도 없었고, 그의 얼굴은 모세처럼 빛난 적도 없었습니다. 그럼에도 불구하고 하나님께서는 여호수아에게 모세가 해내지 못했던 가나안 정복의 사명을 주셨습니다. 여호수아가 가지고

있는 능력이나 카리스마는 모세의 것과 비교할 수 없을 정도로 적은데 그에게 주어진 사명은 모세가 해내지 못했던 일이었습니다.

어떻게 여호수아가 이것을 행할 수 있겠습니까? 요즘 사람들 같아도 사사건건 모세와 비교하면서 '모세는 하늘에서 메추라기가 내리게 했는데 당신도 해 보라, 모세는 바다를 갈랐는데 당신도 해 보라' 고 했을 것입니다. 이처럼 여호수아의 말을 들으려고 하지 않는다면 여호수아가 이 사명을 감당할 수 없습니다.

그런데 여호수아가 믿는 것이 하나 있었습니다. 그것은 이런 열 가지 재앙이나 눈에 나타나는 표적이 없어도 하나님의 말씀 자체를 믿는 것이 더 능력 있다는 사실입니다. 여호수아는 하나님의 말씀만 믿었습니다. 심지어 여호수아가 한평생 따라다니던 모세마저도 하나님께서 데려가 버리셨습니다. 하나님께서는 이토록 그분의 말씀만 믿으라는 것이었습니다. 여호수아는 다른 것은 아무것도 없이 하나님의 말씀만 믿었더니 하나님의 사자가 앞장서서 가나안 족속들을 치셨습니다.

여기서 중요한 것은 모세의 여러 가지 능력이 아니라 하나님의 말씀 자체의 능력이었습니다. 여호수아는 모세가 해내지 못했던 일을 해냈습니다. 하나님의 말씀은 그 자체가 능력입니다. 우리가 하나님의 말씀을 붙잡을 때 우리는 이미 전능하신 하나님의 능력을 붙들고 있는 것입니다. 이미 눈에 보이지 않는 하나님의 사자가 적들을 치셔서 도저히 이길 수 없도록 만들어 놓으신다는 사실입니다.

사실 여호수아가 가나안 땅을 공격했을 때 이미 가나안 족속들이 용기를 다 잃고 도망치려고 했습니다. 이는 하나님의 사자가 그렇게 한 것입니다. 그럼에도 불구하고 모세는 여호수아에게 여러 번에 걸쳐 '너는 마음을 강하게 하고 담대히 하라' 는 말을 전하게 되는데 그 이유가 무엇입니까? 인간적인 생각으로는 이스라엘 군대가 가나안 사람들을 쳐서 이긴다는 것은 불가능한 것이었기 때문입니다. 이스라엘 백성들에게는 무기도 없었고 그들은 정식으로 군사 훈련을 받지도 않았습니다. 거기에 비해 가나안 사람들은 철기로 된 무기가 있었고 성은 견고한 돌들로 아주 높이 쌓여져 있었으며 사람들 자체도 거인이었습니다.

그런데 이스라엘 백성들은 오직 하나님의 율법의 말씀 하나로 이 모든 것을 이겨 내야만 했던 것입니다. 그렇게 하려면 방법은 하나밖에 없습니다. 오직 하나님의 말씀을 붙잡는 것이었습니다. 이스라엘 백성들이 하나님의 말씀에 미치지 않고 정상적으로 생각하고 행동한다면 가나안 땅을 차지한다는 것은 수백 년이 지나도 불가능했습니다. 그러나 매 순간 하나님의 말씀을 의지하게 되니까 그때마다 새로운 방법이 있고 길이 열렸던 것입니다.

결국 여호수아는 모세의 능력이나 카리스마가 없어도 난공불락의 여리고성을 무너지게 했고 나중에는 태양과 달이 제자리에 머무는 기적을 행할 수 있었습니다. 여호수아 때 이스라엘 백성들은 어떤 사람들이었습니까? 이들은 출애굽 세대가 아니라 광야에서 태어나서 자란 사람들이었습니다. 애굽 생활을 해보지도 못했고 출애굽의 기적도 경험하지 못했습니다. 그러나 이들은 매일 만나의 기적을 체험했습니다. 바다가 갈라지는 것을 보지 못했지만 매일매일 채워지는 일용할 양식을 통해서 하나님의 능력을 믿었습니다. 결국 이들은 요단강을 건너가서 가나안 족속들을 몰아냈습니다. 이것을 보면 홍해가 갈라지는 기적보다 날마다 일용할 양식을 통해서 하나님을 믿는 신앙이 훨씬 더 강력함을 알 수 있습니다.

우리는 많은 경우 세상에서 돈이나 권력이나 안정된 지위 없이 하나님의 말씀만 가지고 있습니다. 우리는 이것이 얼마나 엄청난 것이고 대단한 것인지 믿지 못합니다. 우리에게 중요한 것은 하나님의 말씀으로 내 자신이 변화되는 것입니다. 이것은 반석을 쳐서 생수가 솟는 것보다 더 큰 기적입니다. 내가 하나님의 말씀을 그대로 믿는다는 것은 결국 이 세상의 어떤 악의 세력도 이길 수 있는 능력이 됩니다.

그런데 문제는 우리 눈에는 보이는 것이 아무것도 없기 때문에 불안하고 두렵다는 것입니다. 그래서 모세는 여호수아에게 자꾸 강하고 담대하라는 말을 덧붙입니다.

신명기 31장 7-8절

모세가 여호수아를 불러 온 이스라엘 목전에서 그에게 이르되 너는 마음을 강하게 하고 담대히 하라 너는 이 백성을 거느리고 여호와께서 그들의 열조에게 주리라고 맹세하신 땅에 들어가서 그들로 그 땅을 얻게 하라 여호와 그가 네 앞서 행하시며 너와 함께하사 너를 떠나지 아니하시며 버리지 아니하시리니 너는 두려워 말라 놀라지 말라.

전혀 준비되어 있지 않고 실력도 없는 상태에서 아주 강한 상대와 싸워서 이긴다는 것은 사실 말도 안 되는 것입니다. 이것은 욕심이고 허영이며 옳지도 않은 일입니다. 하나님께서도 우리가 믿음을 가지고 있다고 해서 쉽게 모든 것을 성공하게 하지 않으십니다. 예컨대 믿음을 가지고 있다고 해서 쉽게 좋은 대학에 입학하게 하거나 믿음을 가지고 있다고 해서 쉽게 돈을 많이 벌게 하지 않으신다는 말입니다. 그럼에도 하나님께서는 우리에게 가장 먼저 중요한 것을 가지게 하십니다. 우리가 이 세상에서 가져야 할 최고의 보물은 하나님의 말씀이고 하나님을 믿는 믿음입니다. 우리가 이 두 가지를 가진다면 이 세상에서 최고로 복된 자라는 것을 알아야 합니다.

이 세상 사람들은 눈에 보이는 것만을 차지하기 위해서 모든 노력을 다 기울입니다. 그러다 보니 세상 사람들이 눈에 보이는 것을 먼저 차지하는 것은 당연합니다. 그런데 세상 사람들이 가지고 있는 사고방식이라는 것은 나름대로 엘리트라는 선을 그어놓고 엘리트가 되어야 좋은 것을 차지하게 하며 엘리트가 아닌 사람들은 아무리 노력을 해도 좋은 것을 차지할 수 없게 만듭니다.

그런데 문제는 하나님의 백성들은 세상에서 생각하는 엘리트가 아니기 때문에 세상의 좋은 것을 가질 수가 없다는 것입니다. 그러므로 하나님께서 우리에게 요구하시는 것은 굳이 세상의 엘리트가 되려고 하지 말고 오직 하나님을 믿는 믿음으로 최선을 다하는 것입니다. 그렇게 할 때 세상의 뛰어난 사람들을 이길 수 있는 능력과 기회를 주십니다. 따라서 하나님의 백성들은 세상 사람들에게 인정받기보다 하나님의 인정을 받아야 하고 주어진 일에 최선을 다하는 법을 배워야 합니다. 그렇게 할 때 가나안 정복이 이루어지게 되는 것입니다.

가나안 세대의 시대적 사명

우리 생각으로는 가나안 땅에서 태어난 사람들이 가장 복된 사람들처럼 보입니다. 왜냐하면 그들은 그들의 조상들이 꿈에 생각하기만 했던 젖과 꿀이 흐르는 땅을 차지했을 뿐 아니라 하늘로부터 많은 복을 받았기 때문입니다. 그런데 하나님께서는 가나안 땅에서 태어난 세대라고 해서 더 복된 것은 아니라고 말씀하셨습니다. 왜 그렇게 말씀합니까? 이들은 고생을 하지 않고 복만 받았기 때문에 하나님의 복의 소중함을 알지 못하기 때문입니다.

신명기 31장 16-17절

여호와께서 모세에게 이르시되 너는 너의 열조와 함께 자려니와 이 백성은 들어가 거할 그 땅에서 일어나서 이방신들을 음란히 좇아 나를 버리며 내가 그들과 세운 언약을 어길 것이라 그때에 내가 그들에게 진노하여 그들을 버리며 내 얼굴을 숨겨 그들에게 보이지 않게 할 것인즉 그들이 삼킴을 당하여 허다한 재앙과 환난이 그들에게 임할 그때에 그들이 말하기를 이 재앙이 우리에게 임함은 우리 하나님이 우리 중에 계시지 않은 까닭이 아니뇨 할 것이라.

출애굽 세대나 광야 세대 이스라엘 사람들은 모두 가난한 사람들이었습니다. 그들은 학대받았고 때로는 먹을 것이 없어서 죽을 위기에 처하기도 했습니다. 그래서 그들에게는 하나님 외에는 살 길이 없었습니다. 이스라엘 백성들이 가나안 땅에서 잘살고 난 후에는 반드시 하나님만 믿어야 한다는 법이 없다고 생각했습니다. 우리는 이상하게도 잘살게 되면 하나님을 자기 자신과 대등한 수준에 놓고 생각하려고 합니다. 그래서 이스라엘의 하나님은 과거의 신이며 이스라엘이 못살 때 믿던 신이며 지금 이스라엘이 이렇게 잘살게 되고 유명하게 된 시대에 맞지 않는 신이라는 것입니다.

'이미 세상은 변하고 있으며 이스라엘을 제외한 전 세계 사람들은 모두 이방신을 섬기고 이방신으로 하나가 되는데 왜 굳이 이스라엘만 이렇게 여호와만을 믿어서 고립되어야 합니까?' 이런 생각으로 이스라엘 백성들은 더 세계화가 되고 여러 나라와 활발하게 교류하기 위해서 이방신들을 열심히 받아들이게 됩니다. 그리고 하나님께서 이스라엘 백성들에게 진노하며 징계하시면 그들은 하나님이 자기들과 함께하시지 않으신다고 하면서 하나님을 멀리하고 이방신으로 달려가게 되는 것입니다.

이것이 바로 타락의 악순환입니다. 이스라엘 백성들은 하나님에 대해 이중적인 잣대를 가지고 있었습니다. 즉 하나님께서는 언제나 복만 주셔야 하고, 만약 하나님께서 어려움을 주신다면 그것은 우리를 사랑하지 않으시는 증거라는 것입니다. 그러면서도 자기들은 세상의 추세를 따라가기 위해 이방신을 인정하지 않을 수 없다고 생각합니다.

무엇보다 가나안 세대의 비극은 하나님께서 주신 것이 얼마나 어마어마한 것인지 생각하지 않고 눈에 보이는 좋은 것을 따라간 것입니다. 하나님께서 이스라엘 백성들에게 하나님의 말씀을 지키라고 하신 이유는 그분의 말씀의 가치가 이 세상의 어떤 좋은 것과 비교될 수 없는 가치를 가진 것이기 때문입니다. 그런데 이스라엘 백성들은 하나님의 말씀을 골동품으로 생각했기 때문에 세상의 싸구려 축복과 쉽게 바꿔치기를 해 버렸습니다.

하나님께서 이스라엘 백성들에게 가나안 땅을 주신 이유가 어디에 있습니까? 그들이 애굽과 광야에서 신앙의 열매를 맺던 것보다 이 비옥한 땅에서 수백 배 열매를 더 많이 맺도록 하기 위해서입니다. 예컨대 내가 독신으로 있을 때 좋은 신앙의 열매를 맺었다면 아름다운 가정을 이룬 뒤에는 몇 십 배 더 많은 열매를 맺어야 하며, 내가 직장이 없을 때에도 좋은 열매를 맺었다면 좋은 직장을 가졌을 때에는 몇 십 배 더 많이 좋은 열매를 맺도록 노력해야 합니다. 그러나 많은 사람들은 이런 출세와 성공을 자신의 행복을 위해서 쓰려고 하기 때문에 전보다 더 나쁜 열매를 맺게 됩니다. 이것은 결국 하나님을 속이는 것밖에 되지 않습니다.

그래서 하나님께서는 가나안 세대 이스라엘 백성들에게 이렇게 하라고 말씀하셨습니다.

신명기 31장 9-13절

모세가 이 율법을 써서 여호와의 언약궤를 메는 레위 자손 제사장들과 이스라엘 모든 장로에게 주고 그들에게 명하여 이르기를 매 칠 년 끝 해 곧 정기 면제년의 초막절에 온 이스라엘이 네 하나님 여호와 앞 그 택하신 곳에 모일 때에 이 율법을 낭독하여 온 이스라엘로 듣게 할지니 곧 백성의 남녀와 유치와 네 성안에 우거하는 타국인을 모으고 그들로 듣고 배우고 네 하나님 여호와를 경외하며 이 율법의 모든 말씀을 지켜 행하게 하고 또 너희가 요단을 건너가서 얻을 땅에 거할 동안에 이 말씀을 알지 못하는 그들의 자녀로 듣고 네 하나님 여호와 경외하기를 배우게 할지니라.

가나안 세대 이스라엘 백성들에게 가장 중요한 것은 가나안 땅 자체가 아니라 하나님에 대한 신앙을 가지는 것이었습니다. 하나님에 대한 신앙만 가진다면 가나안 땅에서 복을 받는 것은 문제가 되지 않지만 신앙이 없으면 어떤 방법을 쓴다고 해도 그들은 가나안 땅에서 하나님의 복을 받을 방법이 없습니다. 그래서 가나안 세대 이스라엘 백성들이 살 수 있는 길은 하나님의 말씀을 잘 배워서 하나님을 의지하고 믿는 것입니다. 그런데 부모가 욕심을 내서 자녀들이 하나님의 말씀을 듣는 것보다 세상에서 성공하는 것이 더 중요하다고 생각해서 세상 공부만 잔뜩 시켰을 때에 이스라엘은 결국 망하게 됩니다.

여기서 우리는 이스라엘이 이 세상에서 복을 받으며 잘사는 비결이 가나안 땅을 차지하는 것이 아니라 하나님께 대한 믿음의 고백임을 알 수 있습니다. 이 믿음은 이스라엘 백성들이 율법을 배우는데 달려 있습니다.

일제 식민지 시대에 기독교는 이 민족의 미래를 밝혀 주는 등불의 역할을 했을 뿐만 아니라 해방된 후 경제가 부흥하면서 기독교는 부흥과 축복의 신앙을 가르쳐 주었습니다. 그렇다면 최근에 기독교가 갈등하고 혼동을 겪는 이 민족에게 줄 수 있는 것이 무엇이라고 생각하십니까? 저는 마치 가나안 세대 사람들이 겪었던 문제를 우리 세대 사람들이 겪고 있는 것 같습니다. 우리나라 사람들은 한 사람 한 사람이 너무 똑똑해지고 대단해서 말 한마디라도 다른 사람에게 지려고 하지 않습니다. 그래서 모두가 자기 목소리를 내고 자기주장을 합니다. 그들은 마치 그렇게 할 때 진정한 자신을 되찾을 수 있을 것이라고 생각하는 것 같습니다.

여호수아는 눈에 보이는 능력은 아무것도 없었지만 하나님의 말씀만을 믿고 요단강을 건넜습니다. 이스라엘 백성들은 아무 소리도 내지 말고 하루에 한 바퀴씩 여리고성을 돌라는 말씀을 듣고 순종하며 성을 일주일 동안 돌았더니 성이 무너져 내렸습니다. 우리는 다시 광야로 돌아가야 합니다. 아무것도 가지지 않은 맨손으로 가나안 정복의 기적을 일궈 내야 합니다. 그러면 이 민족이 결국 하나님 앞에 무릎을 꿇게 될 것입니다.

오늘 우리에게는 이미 신적인 능력이 주어져 있습니다. 이제 우리가 할 일은 아무 소리도 내지 않고 조용히 이 말씀대로 진격하면 됩니다. 하나님께서 홍해를 건너라고 하시면 건너고 여리고성을 돌라고 하면 도는 것입니다. 우리가 잘살고 못사는 것이 모두 하나님께 달려 있음을 알아야 합니다. 우리는 우리의 행복을 위해서가 아니라, 하나님의 살아계심을 나타내기 위해서 사는 사람들입니다.

하나님께서 우리에게 가나안 땅의 축복을 주신다면 어떻게 해야 하겠습니까? 본문 말씀처럼 7년마다 면제년에 초막절을 지키는 것입니다. 여기서 초막절이라고 하는 것은 이스라엘 백성들이 광야에서 아무것도 없이 오직 하나님의 능력만으로 40년을 산 것을 의미합니다. 광야에서 40년을 산 사람들이 이 가나안 땅에서 무엇을 두려워하겠습니까? 우리는 내가 가지고 있는 것이 아무것도 아님을 기억해야 합니다. 집이 있어도 없는 것처럼 생각해야 하며 돈이 있어도 없는 것처럼 생각해야 하며 학벌이 있어도 없는 것처럼 생각해야 합니다. 무엇 때문에 우리가 아무것도 없는 빈손으로 살아가야 합니까? 하나님의 말씀이 우리의 생명이고 능력이기 때문입니다. 오직 이것만 붙들고 살아가야 가나안의 축복이 마르지 않습니다.

하나님께서는 우리에게 이미 세상 사람들이 알지 못하는 어마어마한 것을 주셨습니다. 오늘 많은 사람들이 미국이나 일본을 동경합니다. 왜냐하면 미국은 국력이 세계 최강이기 때문이며 일본은 경제 부국이기 때문입니다. 그러나 하나님의 말씀이라는 잣대를 가지고 그 나라들을 들여다보면 그 나라들은 모두 가난한 나라들입니다. 미국은 성적으로 가나안과 같은 수준이며 일본은 총리부터 신사 참배를 하지 못해서 몸부림을 치는 우상숭배 국가입니다. 하나님은 우리에게 어마어마한 복음을 주셨습니다. 우리는 이것만을 붙잡아야 합니다. 우리에게 아무리 광야의 매서운 바람과 눈보라가 몰아치고 물이 없어서 목말라 죽을 지경이 되어도 하나님의 말씀을 붙잡고 가야 합니다.

지금 우리나라가 경제적인 위기를 경험하고 있지만 1인당 국민소득이 2만달러의 시대가 도래하고 있습니다. 이러한 때에 우리에게 중요한 것은 하나님께서 우리를 믿기 때문에 이 어마어마한 보물을 맡겨 주셨다는 것을 잊지 말아야 합니다. 그러나 무엇보다 최고의 복은 우리가 하나님의 말씀으로 변화되어서 하나님을 믿는 것이며, 하나님을 믿는 믿음으로 하루하루 최선을 다해서 사는 것이 가장 중요함을 항상 인식해야 합니다. 그러면 태양이 머무는 기적이 우리의 삶 가운데 동일하게 일어나게 될 것입니다.

37

| 신 32:1-25 | 불신앙의 노래

훌륭한 선생님은 제자들의 기질이나 성격 더 나아가 장차 당하게 될 어려움들을 꿰뚫어 보는 지혜, 곧 영적인 혜안을 가지고 있습니다. 그래서 어떤 선생은 제자를 떠나보낼 때 편지 하나를 주면서 "꼭 어려운 위기를 당했을 때에만 읽어보라"고 했습니다. 훗날 한 제자가 세상을 살아가면서 큰 역경과 환난을 당하게 되었습니다. 그때 새카맣게 잊고 있던 선생님의 말씀이 생각나서 그 편지를 찾아서 읽어보았습니다. 그런데 그 편지에는 예컨대 '누구를 찾아가라.' 아니면 '너의 이런 점을 조심하라' 는 식의 교훈이 들어 있는 것을 보게 됩니다. 그리고 선생님의 말씀대로 했더니 그 위기를 넘길 수 있게 되는 것입니다.

오늘 우리에게 가장 필요한 것이 있다면 바로 우리의 미래를 꿰뚫어 보는 지혜를 가진 선생님의 감추어진 편지입니다. 요즘과 같은 때에는

'과연 어떻게 하는 것이 모두가 망하지 않고 사는 길일까?' 하는 지혜가 그 어느 때보다 필요합니다. 바로 그것을 위해서 하나님께서 이스라엘 백성들에게 주신 편지가 본문 말씀입니다. 본문은 하나님께서 이스라엘 백성들이 광야의 훈련을 다 마치고 가나안 땅에 들어가기 전에 그들이 훗날 가나안 땅에서 큰 위기를 당하게 되었을 때 기억할 수 있도록 노래를 지어 주셨습니다.

무엇보다 하나님께서는 이스라엘 백성들이 가나안 땅에 들어간 후에 교만해져서 하나님의 말씀을 저버릴 줄 알고 계셨습니다. 이스라엘의 위기는 바로 하나님과의 관계에서 생기는 것이었습니다. 이스라엘 백성들은 하나님 앞에서 자기들이 가나안 땅에 들어가기만 하면 절대로 변하지 않고 끝까지 하나님을 잘 믿겠다고 굳게 약속을 하지만 하나님께서는 우리 인간의 본성을 너무나도 잘 알고 계셨기 때문에 이 노래를 주신 것입니다. 우리 인간들은 어려울 때보다 축복의 상태에서 하나님을 믿는 것이 몇 십 배 더 어렵다는 것을 알아야 합니다. 이스라엘 백성들은 광야에서 하나님을 믿는 것이 어려워 보였지만 실제로는 가나안 땅에 들어가서 모든 것이 풍족하고 축복받은 상태에서 하나님을 바로 믿는 것이 그야말로 뼈를 깎고 살을 도려내는 각오가 없으면 안 되는 것을 깨달아야 했습니다.

예컨대 권투가 한창 인기 있을 때 권투 선수들은 챔피언이 되기 위해서 그야말로 얼마나 운동을 했는지 모릅니다. 챔피언을 이겨서 챔피언 벨트를 차지하는 것을 목표로 삼고 먹고 싶은 것을 참아 가면서 죽도록 운동을 합니다. 그러다가 챔피언이 되고 나면 이제는 더 이상 죽도록 운동해야 할 목표가 사라져 버립니다. 사람들이 좋아해 주고 어디 가든지 알아주니까 그것을 즐기느라 옛날같이 죽도록 운동하지 않게 됩니다. 그래서 운동을 게으르게 하다 보면 얼마 가지 않아서 몸도 둔해지고 힘도 떨어져서 결국 챔피언 자리를 빼앗기게 되고 곧 술이나 마시고 돈이나 쓰는 사람으로 변하고 마는 것입니다.

이것은 예수 믿는 우리에게도 마찬가지입니다. 우리가 어려울 때에나 병들었을 때에는 하나님을 믿는 것 외에 다른 길이 없으니까 죽자고 기도하고 하나님께 매달립니다. 그런데 성공하고 축복을 받은 후에는 하나님 앞에서 몸부림쳐야 할 이유가 아무것도 없어지게 됩니다. 이때 자극을 주는 것은 모두가 죄짓는 것밖에 없습니다. 이때 다시 한 번 자기 자신을 쳐서 하나님의 말씀만을 붙들 때 우리는 끝까지 복을 받게 되는 것입니다.

반석이신 하나님

모세는 장차 이스라엘 백성들이 하나님을 버리고 딴 길로 갈 것을 노래로 가르쳐 주었습니다. 이것이야말로 위기 때에 꺼내서 읽어야 하는 비밀 가르침인 것입니다.

신명기 32장 1-2절

하늘이여 귀를 기울이라 내가 말하리라 땅은 내 입의 말을 들을지어다 나의 교훈은 내리는 비요 나의 말은 맺히는 이슬이요 연한 풀 위에 가는 비요 채소 위의 단비로다.

여기 '하늘이여 귀를 기울이라 … 땅은 내 입의 말을 들을지어다' 라는 말은 하나님께서 하늘과 땅을 이 말씀의 증인으로 삼으려고 하시는 것입니다. 아무리 많은 세월이 흘러도 하늘과 땅은 그대로 남아 있습니다. 그런데 하나님의 말씀은 이 영구적인 하늘과 땅보다 더 오래 살아 있는 말씀이라고 말합니다.

무엇보다 이 말씀은 언제든지 효력을 발휘하고 언제든지 능력을 나타내는 말씀입니다. 그러나 자칫 잘못 생각하면 이 말씀은 저주의 말씀으로 오해하기 쉽습니다. 아이들이 읽는 동화책에 이런 이야기가 생각납니다. 건물을 공사하다가 아주 오래 전에 묻힌 저주 상자를 발견하게 되는데 그 뚜껑을 여는 바람에 많은 재앙이 일어나게 됩니다. 결국 그 상자를 도로 봉해서 땅 속에 묻게 되지만, 그렇게 하기까지는 재앙이 끊이지 않고 계속 일어나게 되는 것입니다. 그러나 하나님의 말씀은 저주 상자가 아니라 오히려 '내리는 비 … 맺히는 이슬' 입니다.

팔레스타인에서 농사를 짓는 사람들은 내리는 비와 맺히는 이슬이 밭에 있는 식물들에게 얼마나 중요한지 잘 알고 있습니다. 이것은 생명 그 자체입니다. 누군가가 오래 동안 물을 마시지 못해서 죽게 되었는데 이 모세의 노래를 기억하고 부르거나 이것을 가지고 기도하면 하늘에서는 단비가 내리고 땅에서는 이슬이 맺히는 기적이 일어나게 됩니다. 이것은 오늘 우리에게도 나타나게 될 것입니다. 이제는 도저히 살 길이 없다고 사면초가 상황에서 절망하고 있는 사람들이 이 말씀을 들으면 마치 반석을 쳐서 생수가 터져 나오는 것처럼 살 길이 열리게 됩니다.

신명기 32장 3-4절

내가 여호와의 이름을 전파하리니 너희는 위엄을 우리 하나님께 돌릴지어다 그는 반석이시니 그 공덕이 완전하고 그 모든 길이 공평하며 진실무망하신 하나님이시니 공의로우시고 정직하시도다.

여기에 '여호와의 이름' 이라는 말이 나옵니다. 우리 개인의 이름은 신용에 있어서 아주 중요한 역할을 합니다. 그러나 당시 이름이라는 것은 소속을 나타내고 삶의 목표를 나타냈습니다. 더 구체적으로 말하면 옛날에는 개인이라는 개념이 없었습니다. 예컨대 노예들은 모두 어느 주인의 소유였고 그 주인을 위해서 사는 것이 삶의 목표였습니다. 그리고 군인들은 자기 왕의 이름이 소속이었고 그 왕에게 충성하는 것이 삶의 목표였습니다.

이와 같이 이스라엘도 하나님께 직접 소속된 자들이었고 하나님을 위해 사는 자들이었습니다. 이스라엘 백성들은 이 세상 왕의 명령이나 이 세상 왕에게 충성하지 않고 하나님의 말씀에만 순종하고 하나님께만 충성하면 되는 존귀한 자들입니다. 또한 하나님께 소속된 자들은 하나님의 명령을 받는 자들입니다. 그러므로 잘못했을 때에는 하나님께서 심판을 내리신다는 사실을 기억해야 합니다.

그런데 여기에 보면 하나님을 '반석' 이라고 소개하고 있습니다. '반석' 이라는 말에서 어떤 이미지를 느끼게 됩니까? 어떤 아이가 친구들에게 자기 아버지를 소개하면서 '우리 아버지는 바위야' 라고 말한다면, 그 말을 들을 때 어떤 느낌이 들게 될까요? 아마도 과묵하고 잘 놀라지 않고 감정 표현도 별로 없고 그야말로 무서운 분이시라는 느낌을 받을 것입니다. 그런데 이스라엘 백성들이 느낀 하나님은 그야말로 큰 바위 같은 하나님이셨습니다. 이스라엘 백성들은 늘 변덕을 부리지만 하나님은 변덕을 부리지도 않고 언제나 묵묵하게 이스라엘 백성들을 지켜 주고 보호해 주셨습니다. 그러나 '반석' 이라는 이름에는 든든하고 안정된 이미지가 있지만 무엇인가 좀 오래 되고 케케묵은 것 같은 느낌도 드는 것이 사실입니다.

이것이 이스라엘 백성들이 극복해야 할 문제였습니다. 사실 우리가 믿는 이 신앙은 아주 오래 된 반석과 같은 것입니다. 성경은 오래 된 것입니다. 우리가 믿는 하나님은 이 세상보다 더 오래된 분이십니다. 그러나 그것은 겉보기만 그런 것이지 조금만 안에 들어가면 절대로 무뚝뚝하거나 시대에 뒤떨어지거나 케케묵은 신앙이 아닙니다.

오늘 많은 사람들이 하나님이나 기독교에 대해 '이것은 하나의 반석이다' 라고 생각합니다. 즉 '비가 오나 눈이 오나 언제나 그 자리를 지키고 있는 요동하지 않는 반석이다' 라는 것입니다. 그러면서 자신의 복잡한 문제를 성경이나 하나님을 믿는 것만으로 해결할 수 없다고 생각합니다. 그러나 우리는 이 생각을 깨고 들어와야 합니다. 이 반석 안으로 들어오면 그렇게 휘황찬란할 수가 없습니다. 겉은 반석이지만 안은 보물 창고입니다. 안에는 사면이 완전히 금으로 발려져 있고 온갖 지혜와 능력으로 가득 차 있습니다.

하나님께서는 이스라엘 백성들이 반석을 대할 때, 자녀의 자세를 가져야 한다고 말씀하십니다.

신명기 32장 5절

그들이 여호와를 향하여 악을 행하니 하나님의 자녀가 아니요 흠이 있는 사곡한 종류로다.

어느 집이든지 아들과 노예는 차이가 있습니다. 자녀는 핏줄이 통하기 때문에 부모와 자식 사이에 끈끈한 신뢰의 줄이 있습니다. 때로는 자식이 말을 잘 듣지 않고 짜증을 부리지만 그래도 남들이 자기 아버지를 욕하거나 자기 집을 망하게 하려고 할 때에는 앞장서서 못하게 막을 것입니다. 그러나 노예는 겉으로는 싹싹하고 시키는 일을 잘 하지만 결국에는 자기 이익을 챙기려는 마음을 가지고 있습니다. 그래서 나중에 자기에게 유익이 된다고 판단될 때에는 주인을 배반하고 등을 돌리는 것입니다.

하나님께서 이스라엘 백성들에게 기대하셨던 것은 하나님의 자녀의 모습이었습니다. 때로는 하나님을 믿는 것 때문에 불리하게 되도 하나님을 신뢰하는 것입니다. 그런데 이스라엘 백성들은 언제나 이해관계를 따지며 하나님을 믿는 것이 유익할 때만 따르고, 세상을 따라가는 것이 유리해 보이면 언제든지 등을 돌려서 세상의 길을 택했습니다. 결국 이스라엘은 하나님의 아들이 되지 못했기 때문에 위기를 자초했습니다. 하나님의 자녀가 되려면 말씀으로 은혜를 받아서 완전히 세상에 대해 죽고 결사적으로 하나님께 만족해야 하는데 이스라엘 백성들은 하나님의 축복을 받으려고 하면서도 세상의 줄을 포기하지 못했습니다.

하나님께서는 이스라엘 백성들의 이런 자세를 책망하셨습니다.

신명기 32장 6절

우매 무지한 백성아 여호와께 이같이 보답하느냐 그는 너를 얻으신 너의 아버지가 아니시냐 너를 지으시고 세우셨도다.

우리가 구원을 받은 후에는 하나님이 우리의 친아버지가 되십니다. 그러기에 우리는 매순간 하나님을 믿는 믿음으로 살아야 합니다. 형편이 좋든지 나쁘든지 모든 것에 하나님의 뜻이 있다고 믿고 열심히 감사하면서 살아가는 것이 우리가 하나님께 해 드릴 수 있는 보답입니다. 그러나 이스라엘 백성들은 구원받고 난 후에도 조건이 많았습니다. 즉 세상 사람들보다 못살아서도 뒤떨어져서도 안 되고 세상에서도 남들이 하는 것만큼은 다 하고 살아야 된다고 생각했습니다. 이것이 바로 백성들의 우매무지한 모습입니다.

하나님은 우리를 만들고 세우셨습니다. 그러므로 스스로 인생을 설계해서는 안 되고 하나님 안에서 인생을 설계해야 합니다. 우리가 예수님을 믿고 난 후에는 나의 인생이라는 것이 없습니다. 오직 하나님이 원하는 인생만 있습니다. 물론 하나님께서는 내가 싫어하는 것을 억지로 시키지 않으십니다. 크리스천에게는 정말 자신에게 잘 맞으면서도 하나님을 전적으로 섬길 수 있는 길이 있습니다. 이 길을 찾으려면 가장 중요한 것이 세상적인 욕심을 버려야 합니다. 그래야 하나님의 길이 보입니다. 일단 세상에서 먼저 망해야 하나님 안에서 성공할 수가 있습니다.

하나님의 사랑

이스라엘 백성들에 대한 하나님의 사랑은 특별했습니다. 얼마나 특별한가 하면 이들에 대한 계획을 태초부터 세우셨습니다.

신명기 32장 7–8절

옛날을 기억하라 역대의 연대를 생각하라 네 아비에게 물으라 그가 네게 설명할 것이요 네 어른들에게 물으라 그들이 네게 이르리로다 지극히 높으신 자가 열국의 기업을 주실 때, 인종을 분정하실 때에 이스라엘 자손의 수효대로 민족들의 경계를 정하셨도다.

우리는 이 세상에 두 개의 나라가 있다는 것을 알아야 합니다. 하나는 눈에 보이는 나라입니다. 이 눈에 보이는 나라에서는 권력이 가장 중요합니다. 그래서 정치에 따라서 나라가 왔다 갔다 하는데, 이렇게 되는 이유는 종의 나라이기 때문입니다. 왜냐하면 종들은 서로 높은 자리를 차지하고 자기 마음대로 권력을 휘둘러보기 위해 머리가 터지도록 박치기하고 싸우기 때문에 그렇습니다.

그런데 또 다른 나라가 하나 있는데 바로 하나님의 나라입니다. 이 나라는 눈에 보이지 않으며 말씀으로 이루어졌습니다. 세상 사람들의 눈에는 이 하나님의 나라가 아무것도 아닌 것 같습니다. 세상적인 힘이 있는 것도 아니고 돈이 많은 것도 아닙니다. 그럼에도 하나님께서는 이 나라를 오래 전부터 계획하셨습니다. 오히려 이 세상 나라가 존재하는 이유는 바로 이 하나님의 나라를 위해서입니다. 곧 이 세상 나라는 하나님 나라의 들러리로서 존재하는 것입니다. 애굽의 바로는 얼마나 대단한 권세를 가진 왕이었습니까? 그러나 바로는 모세의 출애굽의 들러리밖에 되지 못했습니다. 그래서 하나님께서는 이스라엘 백성들에게 자신들의 정체성에 대해 알고 싶으면 어른들에게 물어보라고 말씀하십니다. 왜냐하면 이스라엘의 역사 자체가 하나님의 말씀이기 때문입니다.

우리는 종종 이스라엘의 역사를 배워야 하는 이유를 잘 모를 때가 있습니다. 그러나 이스라엘의 역사는 이스라엘만의 역사가 아니라 하나님의 역사입니다. 이스라엘의 축복은 오늘날 신약 교회의 축복으로 고스란히 넘어왔습니다. 우리는 아브라함의 자손이고, 아브라함의 축복이 오늘 우리에게 넘어왔습니다. 그러므로 우리가 복을 주면 복이 임하고 저주를 하면 저주가 임하는 것입니다.

하나님께서는 열국의 기업을 주시고 인종을 나누실 때에도 이스라엘의 자손의 수효대로 하셨다고 말씀하셨습니다. 이것은 결국 이스라엘이 이 세상의 축복의 중심이 될 뿐만 아니라 이 세상의 모든 축복이 이스라엘의 복 안에 다 들어 있는 것을 의미합니다. 즉 이스라엘의 복이 따로 있고 세상의 복이 따로 있는 것이 아니라 이스라엘의 복이 넘쳐서 세상이 복을 받는 것입니다. 이것은 오늘 우리들에게도 동일한 원리입니다. 우리 믿는 자들에게 복이 넘쳐야 세상으로 흘러갈 복이 있습니다. 만일 교회가 거짓된 복을 가지고 자만에 빠진다면 세상은 굶주릴 수밖에 없습니다. 교회에는 하나님의 말씀과 은혜와 성령의 역사가 차고 넘쳐야 합니다.

신명기 32장 9절

여호와의 분깃은 자기 백성이라 야곱은 그 택하신 기업이로다.

물론 하늘에 있는 것이나 땅에 있는 것이 모두 하나님의 것이지만 하나님께서는 특별히 이스라엘을 그분의 것이라고 주장하십니다. 이것은 이 세상에 하나님이 가장 중요하게 생각하시는 기업이 있다는 뜻입니다. 예를 들어 어떤 분에게 경영하고 있는 공장이 있다면 언제나 관심은 거기에 있을 것입니다. 그 공장에 무슨 일이 생겼다고 하면 제일 먼저 뛰어갈 것입니다. 이스라엘은 하나님에게 가장 중요한 공장이요 재산이었습니다.

하나님께서는 이스라엘을 두 가지 방법으로 경영하고 계심을 볼 수 있습니다. 첫 번째 방법은, 사나운 맹수들로부터 보호하신 것입니다.

신명기 32장 10절

여호와께서 그를 황무지에서 짐승의 부르짖는 광야에서 만나시고 호위하시며 보호하시며 눈동자같이 지키셨도다.

사실 이스라엘 백성들이 통과했던 광야는 밤에는 맹수들의 천국이었습니다. 광야에서는 여기저기서 맹수들의 우는 소리가 들렸습니다. 하나님은 이런 맹수들로부터 이스라엘을 지켜 주셨습니다. 그러나 더 정확하게 말하면 주위에 있는 모든 민족이나 나라들은 이스라엘에 대한 맹수들과 같았습니다. 그들은 여차하면 이스라엘을 공격해서 물어뜯으려고 노리고 있었습니다. 이것은 이스라엘 백성들이 가나안 땅에 들어간 후에도 마찬가지였습니다. 그러나 이런 강대국들이 이스라엘을 잡아먹지 못했던 것은 하나님께서 그들을 지켜 주셨기 때문입니다.

예수님께서는 제자들을 세상에 보내시면서 "어린 양을 이리 가운데로 보냄과 같도다"(눅 10:3)고 말씀하셨습니다. 우리 주위에는 맹수들이 언제나 우리를 잡아먹으려고 어슬렁거리고 있는데 우리가 물려 죽지 않는 것은 주님께서 밤낮으로 지켜 주시기 때문입니다. 그러나 나중에 이스라엘 백성들은 양이 싫어서 자신들이 맹수가 되었습니다. 이스라엘 백성들이 맹수가 되면 주위에 있는 다른 맹수들과 동등한 자격을 가지고 있으니 능히 이길 수 있을 것 같았습니다. 그런데 예수님은 맹수들을 지켜 주지 않으십니다. 그 결과 이스라엘은 주위의 강대국들에게 물려서 죽고 말았습니다.

오늘 우리 주위의 강대국들은 모두 맹수처럼 우리를 노리고 있습니다. 우리가 살 수 있는 길은 주님의 양이 되는 것입니다. 그러나 우리나라 사람들은 양이 되면 죽을 것 같아서 모두 맹수가 되었습니다. 그래서 서로 울부짖고 물어뜯고 짖어대면서 싸우고 있습니다. 그렇게 계속하면 주님은 우리 민족을 떠나실 것입니다. 때로는 무섭고 불안하고 두렵더라도 양이 되어야 주님이 우리를 지켜 주십니다. 또한 우리가 너무 똑똑하고 너무 완벽하고 너무 강해도 주님은 우리를 떠나실 것입니다.

하나님께서 이스라엘을 경영하고 계시는 두 번째 방법은, 독수리같이 돌보시는 것입니다.

신명기 32장 11-12절

마치 독수리가 그 보금자리를 어지럽게 하며 그 새끼 위에 너풀거리며 그 날개를 펴서 새끼를 받으며 그 날개 위에 그것을 업는 것같이 여호와께서 홀로 그들을 인도하셨고 함께 한 다른 신이 없었도다.

독수리는 절벽 끝 아주 높은 곳에 둥지를 만든다고 합니다. 그곳에 알을 낳고 그 알이 부화해서 나온 새끼들이 어느 정도 자라면 훈련을 시키기 시작합니다. 우선 어미는 둥지에 있는 나무들을 하나씩 모두 빼내서 새끼 독수리가 가지 하나에 서 있을 수밖에 없게 합니다. 그러다가 새끼 독수리가 바람에 흔들려서 아래로 떨어지면 살기 위해 허공에서 날개 짓을 하게 되는데, 위에서 어미 독수리가 즉시 받아 주지 않고 거의 땅에 부딪치기 직전에 쏜살같이 내려가서 새끼를 받아서 올라옵니다. 어미는 새끼를 등에 업고 절벽 꼭대기에 있는 둥지로 데려가지만 새끼가 절벽에서 떨어지는 훈련을 수없이 반복하게 합니다. 그러면 새끼 독수리는 자기 힘으로 공중 꼭대기까지 날아가는 힘을 얻게 되는 것입니다.

이것이 하나님께서 우리를 훈련시키시는 방법입니다. 하나님은 언제나 우리를 온실 안에 가두어서 과잉보호만 하시는 것이 아닙니다. 어느 정도 자란 후에는 나뭇가지들을 다 빼서 공중에서 떨어지는 훈련을 하게 하십니다. 이때 우리가 살 수 있는 것은 기도와 말씀밖에 없습니다. 죽으라고 날개 짓을 하다 보면 어느새 하나님의 등에 올라타 있게 됩니다. 그런데 이것이 귀찮다고 가만히 있으면 맨 땅에 떨어지는 아픔을 겪게 될 것입니다.

사실 우리는 이 세상에 불시착할 때가 많이 있습니다. 분명 하나님을 알고 신앙을 가졌지만 이 세상에서 할 수 있는 것이 아무것도 없습니다. 바로 이것이 아직 날개가 덜 자란 새끼 독수리의 슬픔입니다. 그러나 우리는 하나님의 훈련을 믿어야 하며 하나님의 능력을 믿어야만 멋진 독수리가 될 수 있습니다.

하나님께서는 결국 우리에게 두 가지 양식을 먹이십니다. 하나는 하늘의 양식이고 다른 하나는 세상의 양식입니다.

신명기 32장 13절

여호와께서 그로 땅의 높은 곳을 타고 다니게 하시며 밭의 소산을 먹게 하시며 반석에서 꿀을, 굳은 반석에서 기름을 빨게 하시며

하나님께서는 이스라엘 백성들을 세상 음식으로 먹이시기 전에 하늘의 음식을 먼저 먹게 하셨습니다. 그것은 하나님의 말씀으로 자라면서

하나님의 공급하시는 힘으로 사는 훈련입니다. 즉 반석의 꿀을 먹고 굳은 반석의 기름을 빠는 것입니다. 물론 이렇게 된다고 해서 잘사는 것은 아니지만 그렇다고 해서 굶어 죽지도 않습니다. 세상적인 모든 수단을 다 끊어지게 하고 오직 하나님만 붙잡고 살게 하시는 것입니다. 그 후에 세상의 음식도 먹게 하십니다.

신명기 32장 14절

소의 젖기름과 양의 젖과 어린 양의 기름과 바산 소산의 수양과 염소와 지극히 아름다운 밀을 먹이시며 또 포도즙의 붉은 술을 마시우셨도다.

하나님은 우리를 고생만 시키시는 분이 아니십니다. 하나님은 얼마든지 이 세상의 풍성한 것을 우리에게 계속적으로 공급해 주십니다. 왜냐하면 우리는 하나님의 사랑하시는 자녀들이기 때문입니다. 그럼에도 이 세상에 두 가지 음식이 있다는 것을 아는 사람이 있는가 보십시오. 오직 하나님의 백성들밖에 없습니다. "사람이 떡으로만 사는 것이 아니요 여호와의 입에서 나오는 모든 말씀으로 사는 줄을 너로 알게 하려 하심이니라"(신 8:3). 바로 이것이 두 가지 음식을 가르쳐 주시는 말씀입니다.

우리는 이 세상 것으로 살지 않습니다. 하나님의 말씀을 먹음으로 삽니다. 하나님의 말씀은 반석의 꿀이요 굳은 반석의 기름이어서 한 방울만 먹어도 눈이 뜨입니다. 하나님은 우리를 세상의 가장 좋은 것으로 먹이십니다. 그러나 이럴 때일수록 조심해야 합니다. 왜냐하면 우리가 세상의 복을 받으면 하나님에 대해 간절한 마음이 없어지고 세상의 것을 자꾸 즐기려고 하기 때문입니다.

이스라엘의 배반

하나님께서는 이스라엘 백성들이 광야의 어려움 가운데 있을 때에는 하나님을 의지하다가 가나안 땅의 풍족한 생활을 시작하면서 하나님을 버릴 줄 알고 계셨습니다.

신명기 32장 15절

그러한데 여수룬이 살찌매 발로 찾도다 네가 살찌고 부대하고 윤택하매 자기를 지으신 하나님을 버리며 자기를 구원하신 반석을 경홀히 여겼도다.

여기서 '여수룬' 이라는 것은 이스라엘에 대한 애칭입니다. 하나님께서 이스라엘을 너무 사랑하실 때 부르시는 말이 바로 이 '여수룬' 이라는 것인데 그 뜻은 분명치 않지만 '의로운 자' 혹은 '사랑받는 자' 라는 뜻으로 알려지고 있습니다. 그런데 하나님이 그렇게 사랑하신 여수룬이 살이 찌면서 달라지기 시작했습니다. 이제는 더 이상 순한 양이 아니고 발로 차는 소처럼 되어 버렸습니다. 하나님께서 만져 주시려고 가까이가면 '필요 없어!' 라고 하면서 발로 차버리는 것입니다.

그러면 왜 이렇게 될 수밖에 없습니까? 이것은 어떤 의미에서는 당연한 것입니다. 우리가 하나님 앞에 은혜를 받는 방법은 하나님 앞에서 지극히 낮은 자가 되는 수밖에 없습니다. 오직 눈앞에 하나님밖에 없어야 하고 하나님이 아니면 죽을 수밖에 없는 그 간절한 마음이 하나님 앞에서는 가장 복 받는 마음인 것입니다. 그러나 사람은 축복을 받고 난 후에는 그렇게 간절하고 싶어도 간절할 것이 없습니다. 이제는 하나님 말고도 너무나도 좋은 것이 많기 때문에 굳이 광야에 있을 때처럼 가난하고 주린 마음이 될 필요가 없는 것입니다.

예를 들어 고3 학생들이 입시를 앞두고 얼마나 열심히 공부합니까? 그러나 시험을 쳐서 대학에 합격한 후에 고3처럼 그렇게 공부하라고 한다면 할 이유도 없고 또 하지도 않을 것입니다. 이스라엘 백성들은 광야에서는 고3 학생들처럼 하나님을 믿었습니다. 그런데 가나안 땅에서는 그렇게 믿을 필요도 없고 그렇게 믿을 수도 없었습니다. 왜냐하면 원하는 것을 모두 다 가졌는데 무엇 때문에 그렇게 매달리겠습니까? 그래서 이스라엘 백성들이 광야 생활을 발로 차버렸던 것입니다. 그러면서 하나님까지 귀찮다고 발로 차버린 데 문제가 있었습니다. 결국 이스라엘이 하나님을 배반한 것입니다.

그렇다면 하나님께서 이스라엘 백성들에게 가나안 땅을 주시지 않으면 되지 않겠습니까? 그러나 이것은 옳은 것이 아닙니다. 왜냐하면 하나님께서 그들에게 가나안의 복을 주겠다고 맹세하셨기 때문입니다. 오늘 우리는 이미 가나안 땅에 들어와 살고 있습니다. 우리에게는 하나님의 말씀보다는 다른 것이 훨씬 더 좋은 결과를 가져오고 인정을 받는 가나안 땅에 살고 있습니다. 여기서 우리가 끝까지 복을 받는 비결은 다시 한 번 하나님 앞에 가난한 사람이 되는 것입니다. 예전에 가장 어려웠을 때처럼 은혜에 주리고 목마른 자가 되고, 이 세상에서 쉽게 인정을 받고 성공하는 법을 택할 것이 아니라 끝까지 하나님의 말씀만 잡고 늘어져야 합니다. 그렇다고 해서 이 세상의 모든 생활을 거부할 필요는 없습니다. 다만 이 세상의 편하고 화려한 생활이 우리 눈을 멀지 못하게 만들어야 합니다.

이스라엘은 결국 가나안에서 더 성공하려고 하다가 우상에 빠지고 말았습니다.

신명기 32장 16-18절

그들이 다른 신으로 그의 질투를 일으키며 가증한 것으로 그의 진노를 격발하였도다 그들은 하나님께 제사하지 아니하고 마귀에게 하였으니 곧 그들의 알지 못하던 신, 근래에 일어난 새 신, 너희 열조의 두려워하지 않던 것들이로다 너를 낳은 반석은 네가 상관치 아니하고 너를 내신 하나님은 네가 잊었도다.

이스라엘 백성들이 가나안 땅에서 좀 늦게 성공하고 따돌림 당할 각오를 했다면 우상을 섬길 이유가 없었습니다. 그러나 가나안 족속들이나 다른 나라의 도움으로 빨리 성공하려고 하니까 그들의 신도 받아들이고 그들과 연합할 수밖에 없었던 것입니다. 그런데 사람이 참으로 이상한 것은 처음에는 마지못해서 죄를 짓고 어쩔 수 없어서 말씀에 불순종하게 되는데 한번 죄에 빠지고 난 후에는 '될 대로 되라' 는 심정으로 더 뻔뻔스럽고 더 오기가 생겨서 더 적극적으로 죄에 빠지게 되는 것입니다.

여기서 우리가 기억해야 할 것은 반석이신 하나님이 이스라엘을 낳으셨다면 그들도 반석 같은 신앙이 되어야 하는데 반석이 되지 못하고 불에 타서 없어지는 지푸라기 신앙이 되고 말았다는 것입니다. 이스라엘은 하나님의 모든 것이었습니다. 하나님께서 이스라엘을 잃으시는 날에는 모든 것을 다 잃어버리시는 것입니다. 하나님께서 이스라엘을 가나안에 심으셨을 때에는 기회를 주신 것입니다. 그럼에도 불구하고 이스라엘이 하나님을 버렸을 때 하나님은 모든 것을 잃으셨습니다.

그래서 그들에게 얼굴을 가리고 은혜를 거두어 가셨습니다. 하나님께서 얼굴을 가리셨을 때 이스라엘은 아무것도 없었습니다. 그들이 그렇게 잘난 체하고 큰소리쳤던 것이 전부 하나님의 은혜 때문이었는데 하나님의 은혜가 사라지니 이스라엘은 이 세상에서 가장 불쌍하고 비참한 나라가 되고 말았습니다.

신명기 32장 20-21절

여호와의 말씀에 내가 내 얼굴을 숨겨 그들에게 보이지 않게 하고 그들의 종말의 어떠함을 보리니 그들은 심히 패역한 종류요 무신한 자녀임이로다 그들이 하나님이 아닌 자로 나의 질투심을 일으키며 그들의 허무한 것으로 나의 진노를 격발하였으니 나도 백성이 되지 아니한 자로 그들의 시기가 나게 하며 우준한 민족으로 그들의 분노를 격발하리로다.

하나님이 얼굴을 가리시는 것은 말씀을 거두어 가시는 것을 말합니다. 하나님께서 말씀을 거두어 가시면 기도의 응답이 없습니다. 처음에는 말씀도 없고 기도할 필요도 없으니 너무나도 좋을 것 같은데 결국 이것이 망하는 길입니다. 왜냐하면 결정적인 순간에 하나님께서 지켜주지 않으시면 이리떼들이 우글거리는 이 세상에서 살아날 수가 없기 때문입니다.

지금 이스라엘은 자꾸 힘이 없어집니다. 몸에 병이 생깁니다. 수많은 문제들이 터지기 시작합니다.

신명기 32장 23-24절

내가 재앙을 그들의 위에 쌓으며 나의 살을 다하여 그들을 쏘리로다 그들이 주리므로 파리하며 불같은 더위와 독한 파멸에게 삼키울 것이라 내가 들짐승의 이와 티끌에 기는 것의 독을 그들에게 보내리로다.

하나님께서 불화살을 쏘시는데 무슨 재주로 당하며 짐승의 기생충과 벌레를 보내어 병들게 하시는데 무슨 재주로 피할 수 있겠습니까? 결국 이스라엘은 하나님으로 만족하지 못하고 더 욕심을 내다가 모든 것을 잃어 버렸습니다. 무엇보다 우리는 이스라엘이 망한 전철을 밟지 말아야 합니다.

지금 우리는 가나안 땅에 살고 있습니다. 우상과 음란이 가득하며 성공하기 위해 인간적인 방법이 훨씬 빠른 세상에 우리가 살고 있습니다. 많은 믿는 자들과 교회가 하나님을 배신합니다. 즉 인간적인 방법으로 성공하고 출세하고 자기 스스로 영광을 거두려고 합니다.

이때 다시 가난한 마음이 되어서 오직 하나님만으로 만족하고 죽도록 하나님의 말씀만 붙잡기를 원합니다. 우리들은 하나님의 마음을 기쁘시게 하고 진정한 축복을 만들어 내는 성도들이 되어야 할 것입니다.

38

| 신 32:26-52 | 대적을 갚으심

세계 어느 나라도 중동 지방을 무시하지 못하는 이유는 세계에서 사용되는 상당량의 기름이 그곳에서 생산되기 때문입니다. 오랫동안 중동 지역은 세계에서 잊혀진 나라였습니다. 일부다처제가 유지되고 알라를 믿는 나라를 세계 사람들은 별로 신경 쓰지 않았습니다. 그러나 20세기에 들어오면서 엄청난 양의 기름이 바로 이 중동 지역에서 생산되면서 전 세계는 중동 지방에 관심을 가지게 되었습니다. 아랍인들은 이 검은 기름이 알라신이 자기들에게 준 선물이라고 믿고 있습니다. 기름이라고 하는 것은 아무리 땅 속에 오래 파묻혀 있어도 그 가치가 변하지 않습니다.

지금 세계는 자동차나 발전이나 생활필수품을 만드는 기계를 기름에 의존하고 있습니다. 그러나 이보다 더 중요한 기름이 있는데, 그것은 눈에 보이지 않는 성령의 기름입니다. 사실 인간이 인간답게 살 수 있는 모든 에너지가 바로 이 성령의 기름에서 나옵니다.

하나님께서는 이 성령의 원유를 이스라엘 백성들에게 주셨습니다. 그런데 이스라엘 백성들은 이 기름의 가치를 알지 못했습니다. 이스라엘 백성들은 이 성령의 기름 대신에 세상의 화려한 물질적인 축복을 원했습니다. 그 결과 이스라엘 백성들은 하나님의 축복과 세상의 축복을 모두 다 빼앗기게 되어 세상에서 가장 불쌍한 사람들이 되고 말았습니다.

신명기 32장은 모세가 이스라엘 백성들에게 가르쳐 준 불순종의 노래입니다. 즉 하나님께서는 이스라엘 백성들이 가나안 땅에 들어가서 많은 물질적인 복을 누릴 때 하나님께 대한 간절한 마음을 잃어버리고 세상의 호기심을 따라감으로 하나님의 복을 다 잃어버릴 줄 알고 계셨습니다. 그럼에도 하나님께서는 이스라엘 백성들이 하나님을 떠난 것을 깨닫고 바른 신앙으로 돌아오기만 하면 언제든지 다시 부흥의 불이 붙을 수 있도록 여지를 주셨습니다. 이것이 바로 본문에 나오는 대적을 갚으시는 노래입니다.

여기서 우리가 생각해 봐야 할 것은 왜 하나님의 백성들은 복을 받으면 이것을 놓치게 되는가 하는 것입니다. 그것은 우리가 하나님으로부터 가장 풍성한 복을 받을 때는 가장 낮은 위치에 있을 때입니다. 즉 망해서 인생 밑바닥에 있을 때 우리는 간절한 마음이 되고 하나님과 우리의 마음은 하나 되어서 가장 큰 축복을 받게 됩니다. 그러나 세상에서 성공하거나 유명하게 되면 굳이 그렇게 간절하지 않아도 얼마든지 복이 생기기 때문에 더 이상 하나님의 은혜에 목을 매달지 않게 되는 것입니다.

뿐만 아니라 그런 식으로 믿는 자들을 구질구질하고 천박하다고 생각합니다. 결국 우리가 끝까지 하나님의 축복을 받는 비결은 하나님이 아무리 축복하고 우리가 세상에서 아무리 유명해져도 그런 것을 다 물리치고 과거에 자신이 망했을 때나 가장 비참했을 때의 심정으로 끝까지 하나님의 은혜에 주리고 목마른 자가 되어야 합니다. 그렇게 하려면 다른 사람들의 눈에 거의 광적으로 믿는 수준이 되어야 하는 것입니다.

본문은 이스라엘 백성들이 하나님의 복을 잃고 망했을 때를 대비해서 주신 말씀입니다. 이스라엘 백성들은 가나안 땅에서 많은 복을 받고 난 후 하나님을 버리게 됩니다. 그 이유는 하나님이 없더라도 얼마든지 잘살 수 있었기 때문입니다. 그러나 이스라엘은 신앙을 버리면 복도 잃게 되어 있습니다. 그럼에도 불구하고 하나님은 이스라엘 자손들에게 어떤 여지를 남겨 놓으십니다. 그것은 그들이 언제든지 바로 깨닫고 하나님께 돌아오기만 하면 다시 이 부흥의 불이 붙도록 해 놓으신 것입니다.

그런데 이 복은 오늘 우리 신약 교회로 넘어왔습니다. 언제든지 하나님 앞에서 바른 신앙으로 부르짖기만 하면 우리는 부흥의 불길이 솟아오르고 하나님의 축복이 쏟아지는 경험을 할 수 있습니다. 만약 오늘날 전 세계가 눈에 보이는 기름에 목을 매달고 있다면 우리는 더 중요한 이 성령의 기름부음을 받기 위하여 더 많이 기도해야 하지 않겠습니까? 더 놀라운 것은 세상의 기름은 언젠가는 동이 나게 되어 있지만 성령의 기름은 파내면 파낼수록 더 많이 생산된다는 사실입니다.

하나님의 여지

하나님은 가난한 마음을 가진 자들에게는 은혜를 부어 주시며 교만한 자들에게서는 축복을 빼앗아 가십니다. 그래서 지속적으로 하나님의 축복을 받으려면 언제나 가난한 마음이 되어야 하는데 사람의 마음은 결코 그렇지가 않다는데 문제가 있습니다. 이스라엘 백성들은 가나안 땅에서 물질적인 복에 도취되어 하나님의 복을 빼앗겨 버리고 가나안 땅에서도 완전히 쫓겨나게 됩니다. 사실 그것으로 이스라엘 자손들은 끝장이 난 것입니다. 그럼에도 불구하고 하나님께서는 이스라엘 백성들이 완전히 망하게 하지는 않으십니다. 이것이 이스라엘 백성들에게는 아주 중요한 것입니다.

신명기 32장 26-27절

내가 그들을 흩어서 인간에서 그 기억이 끊어지게 하리라 하였다마는 대적을 격동할까 염려라 원수가 오해하고 말하기를 우리 수단이 높음이요 여호와의 행함이 아니라 할까 염려라 하시도다.

하나님은 불순종하는 이스라엘 백성들을 완전히 버리셔서 아예 이 세상에서 기억조차 할 필요가 없는 사람들로 만드실 수 있으십니다. 그럼에도 하나님께서 그렇게 하지 않으시고 이스라엘의 불씨를 남겨 놓으십니다. 하나님께서는 대적들이 자만에 빠지지 못하도록 하시기 위해서 이스라엘의 불씨를 남겨 놓으셨다고 말씀하십니다. 다시 말해 원수들이 이스라엘 백성들을 치고 난 후에 자기들이 잘나서 이스라엘을 이겼고 하나님은 아무것도 아니라고 자만에 빠질까 두렵다는 뜻입니다.

그러나 더 중요한 이유는 하나님께서 원수들이 자만에 빠지는 것이 겁이 나서 그러시는 것이 아니라, 주의 백성들에 대해 무한히 자비한 분이시기 때문에 그러시는 것입니다. 즉 하나님께서는 우리가 만일 조금이라도 하나님께 돌아올 가능성이 보일 때는 우리를 완전히 멸망시키지 않으십니다. 하나님은 우리가 언제든지 그분께로 돌아와서 부르짖으면서 회개하고 은혜를 간구하기만 하면 은혜를 부어 주십니다. 그래서 하나님께서 이스라엘을 완전히 망하게 하지 않으신다는 뜻은 하나님께서 이스라엘을 치시는 중에도 말씀은 남겨 놓으시는 것입니다. 아무리 이스라엘 백성들이 절망 가운데 있다 하더라도 하나님의 말씀을 붙들고 하나님을 의지할 때 하늘로부터 부어지는 축복도 남겨 놓으신 것입니다.

그러므로 우리가 기억해야 할 것은 지금 하나님의 징계를 받아서 궁핍한 가운데 있고 미래의 가능성이 전혀 보이지 않는다 하더라도 하나님 앞에는 우리에게 주실 복이 남아 있고 쌓여 있다는 사실입니다. 우리가 그것을 받지 못한 것은 목숨을 걸고 하나님을 붙잡고 늘어지지 않아서 그런 것입니다. 이스라엘 백성들은 기름밭이었습니다. 우리 눈에 보이는 시커먼 기름밭이 아니고 그것과 비교되지 않을 정도로 수천 배, 수만 배 가치가 있는 성령의 기름이 나오는 밭이었습니다. 그런데 이스라엘 백성들이 그 가치를 모르고 세상을 따라갔을 때 그 유전은 땅에 파묻혀 버렸습니다.

그러나 누구든지 하나님의 말씀의 가치를 알고 그것을 파내기만 한다면 다시 터져 나오게 되어 있습니다. 이러한 은혜가 이미 우리에게 주어져 있습니다. 우리는 기름 한 방울 나지 않는다고 불행하다고 생각하지 말아야 합니다. 우리가 하나님의 말씀에 목숨을 걸고 하나님의 은혜에 목숨을 걸면 무지무지하게 가치 있는 기름밭은 언제든지 터져 나온다는 사실을 알아야 합니다.

하나님께서는 먼저 이방인이나 이스라엘 백성들의 무지함에 대해 말씀하십니다.

신명기 32장 28-30절

그들은 모략이 없는 국민이라 그 중에 지식이 없도다 그들이 지혜가 있어서 이것을 깨닫고 자기의 종말을 생각하였으면 — 그들의 반석이 그들을 팔지 아니하였고 여호와께서 그들을 내어주지 아니하셨더면 어찌 한 사람이 천을 쫓으며 두 사람이 만을 도망케 하였을까.

우선 이 문맥을 보면 하나님께서 이방인들의 어리석음을 책망하는 것처럼 보입니다. 즉 이방인들이 이스라엘 백성들과 전쟁을 하는데 전쟁이 너무 쉬운 것입니다. 옛날에는 상당히 강하다고 들었는데 실제로 한번 붙어보니까 이방인 한 명이 이스라엘 사람 천 명을 쫓아내고 두 명이 만 명을 쫓아내게 된 것입니다. 이방인들은 거의 공짜로 줍다시피 이스라엘 백성들을 이겼고 그들을 쫓아낼 수 있었습니다.

이것에 대해 하나님께서는 '너희가 조금이라도 지각이 있으면 생각을 할 수 있었을 것이다' 라고 말씀하시는 것입니다. 이것은 이방인들이 강해서 이스라엘을 쫓아낸 것이 아니라 하나님께서 이방인들의 손을 빌어서 이스라엘을 쫓아내신 것입니다. 다시 말해 이방인들은 허수아비에 불과했고 이스라엘을 망하게 하시는 분은 하나님이었다는 뜻입니다. 즉 이스라엘의 반석이 그들을 팔지 않고 내어주지 않았다면 이런 일은 불가능했을 것입니다.

여기서 '판다' 는 말은 도매금으로 처분하는 것을 말합니다. 어떤 회사가 문을 닫게 되었을 때 조금이라도 자금을 회수하려고 재고품을 완전히 헐값으로 처분하듯이 하나님은 이스라엘을 그런 싸구려로 처분해 버린다는 뜻입니다. 그러나 정상적인 이스라엘이라면 하나님이 그런 방식으로 싸구려로 처분하실 리도 없고 아무리 강한 적이 와서 공격을 하더라도 절대로 이스라엘을 하나님의 손에서 빼앗아갈 수가 없다는 것입니다.

그런데 본문에서 모략이 없고 지식이 없는 백성은 이방인이 아니라 이스라엘 백성 자신들입니다. 이스라엘 백성들은 어떤 백성들입니까? 하나님께서 이 세상에서 물질적인 부나 세상 지식이나 군사적인 힘을 주지 않으시고 하나님을 아는 지식을 주신 백성들입니다. 하나님을 아는 지식이라고 하는 것은 이 세상에 있는 모든 돈이나 권세나 군사력을 다 합쳐 놓아도 도무지 비교할 수 없는 엄청난 가치입니다. 하나님은 이스라엘 백성들에게 세상의 기름을 주지 않으셨지만 성령의 기름을 주셨습니다. 이것은 죄를 씻고 인생을 치유하며 하나님의 능력을 무한정 받을 수 있는 은혜입니다. 그런데 이스라엘 백성들은 이것을 싸구려 지식과 돈과 군사력과 맞바꾸어 버렸습니다. 이것은 마치 어떤 아이가 집안에 대대로 내려오는 보물을 고물 장수에게 주고 엿으로 바꿔 먹은 것과 같은 것입니다.

그러면 이스라엘 백성들이 어떤 모략을 가져야 합니까? 이 세상에서 돈을 많이 벌거나 유명해지거나 높은 지위를 얻는 것이 아니라 하나님의 말씀을 펴내고 이 기름을 펴낼 것인가 하는 것입니다. 이것을 연구해야 하고 이것에 모든 시간과 열정을 바쳤더라면 이스라엘은 절대로 망하려고 해도 망할 수 없는 나라입니다.

물론 이스라엘 백성들이 하나님의 말씀과 성령의 기름을 퍼낸다고 해서 강대국이 되는 것은 결코 아닙니다. 오히려 주위의 강대국들의 위협을 받을 수도 있고 또 하나님이 주시는 연단 때문에 고난을 받을 수도 있습니다. 그러나 끝까지 하나님의 말씀을 붙들고 성령의 기름을 퍼내면 망하지 않습니다. 때로 고난을 겪지만 이런 식으로 비참하게 멸망당하는 일은 일어나지 않을 것입니다. 왜냐하면 이스라엘의 반석이신 하나님께서 절대로 그들을 싸구려로 처분하지 않으시기 때문입니다. 그리고 때가 되었을 때 하나님께서 모든 복을 부어 주실 것입니다.

그러므로 우리가 어떻게 해야 하는가 하면 하나님의 말씀을 더 풍성하게 연구하고 어떻게 하면 우리 안에 성령의 기름이 더 풍성해지며 우리가 계속적으로 하나님 앞에서 주리고 목마르고 겸손한 자들로 남아 있을 수 있을까 하는데 집중해야 한다는 것입니다.

하나님께서는 대적들에게 생각해 보라는 것이 아니라 이스라엘 백성들에게 생각해 보라고 하십니다. 한 사람이 천 명을 쫓아내고 두 명이 만 명을 쫓아내는 것은 이스라엘 백성들의 전매특허입니다. 그런데 왜 이것이 뒤바뀌게 되었을까요? 이것은 그들이 하나님을 놓치고 세상을 잡았기 때문입니다. 하나님이 우리와 함께하시면 이상하게 한 명이 천 명을 이기게 되고 두 명이 만 명을 이기게 되는 것입니다. 이것이 우리에게 정상적인 상태입니다.

무엇보다 우리가 정상적으로 하나님의 은혜를 붙잡고 있을 때 가난할 수도 있고 세상에서 유명하지 않을 수도 있지만 적어도 싸구려 물건 처분되듯이 처분될 수는 없는 것입니다. 우리는 정상적으로는 절대로 망하려고 해도 망할 수 없는 사람들입니다. 왜냐하면 우리의 모든 복은 이스라엘의 반석 안에 있기 때문에 반석이 무너져 내리 않는 이상 우리의 복은 안전하기 때문입니다.

하나님은 이스라엘 백성들을 망하게 하시면서도 그들이 돌아올 가능성의 여지를 남겨 놓으셨습니다. 그래서 그들이 다시 하나님의 말씀을 붙잡고 회개하기만 하면 살 수 있는 길을 열어 놓으셨습니다. 그러므로 우리는 아예 망하기 전에 아직 우리에게 시간이 있고 말씀이 있을 때 목숨을 걸고 모든 열정을 쏟아야만 합니다. 이것이 우리의 모략이요 지혜입니다. 물론 그렇게 하는 것을 끔찍하게 싫어하고 비천하게 생각하는 사람들도 있습니다. 그러나 그것은 그 사람들이 교만한 것이고 아직 정신을 못 차리고 있는 것뿐입니다. 우리는 이 비천한 길을 가야만 살 수 있습니다. 이것이 우리도 살고 다른 사람들도 살게 하는 유일한 길입니다.

세상의 열매

하나님께서는 왜 세상의 힘이 끝까지 가지 못하며 망할 수밖에 없는지를 말씀하십니다.

신명기 32장 31절

대적의 반석이 우리의 반석과 같지 못하니 대적도 스스로 판단하도다.

이 세상에는 힘 있는 것들이 있습니다. 돈이 많고 권력이 있고 사람의 수가 많으면 힘이 있습니다. 그럼에도 불구하고 하나님께서는 왜 이런 것들이 그분의 말씀보다 힘이 없는지를 설명합니다. 이것은 반석이 다르기 때문입니다. 하나님의 말씀은 그 힘이 영원한 반석이신 하나님으로부터 옵니다.

그러나 돈이나 권력이나 사람의 인기는 아무런 힘이 없는 사람으로부터 오는 것입니다. 우리가 보기에 바벨론의 느부갓네살이라든지 페르시아의 다리오 같은 왕은 힘이 있었습니다. 그들이 군사를 일으키면 수십만 명이 쳐들어왔습니다. 감히 누가 그 엄청난 군대를 막을 수 있으며 그들을 이길 수 있겠습니까? 거기에 비해서 하나님의 백성들은 무기도 없고 사람 수도 많지 못합니다. 그러나 하나님은 돈이나 권력이나 사람의 수로 가치를 매기시는 것이 아닙니다. 예컨대 보석 장사가 보석을 감정할 때 크기만 가지고 가치를 따지지 않습니다. 그 희귀성과 그 진정성을 가지고 가치를 매기는 것입니다. 하나님께서 이 세상을 멸망시키려고 마음만 먹으면 천사 한 사람이면 이 세상을 멸망시킬 수 있습니다.

하나님은 이 세상에서 보석을 찾는 분이십니다. 그 보석은 하나님의 말씀으로 변화된 사람이며 믿음으로 살아가는 사람들입니다. 이 세상의 많은 군대나 무기는 쓰레기를 청소하는 도구에 불과한 것입니다. 하나님의 진정한 능력은 어디에서 나타납니까? 수많은 군대를 일으켜서 정복하는 데서 나타나지 않습니다. 예전에는 아무 가치도 없는 사람을 하나님의 말씀과 은혜로 사는 사람으로 만드는데 하나님의 능력이 나타나는 것입니다.

하나님께서는 왜 세상이 망할 수밖에 없는지 그 이유를 설명하십니다.

신명기 32장 32-33절

그들의 포도나무는 소돔의 포도나무요 고모라의 밭의 소산이라 그들의 포도는 쓸개 포도니 그 송이는 쓰며 그들의 포도주는 뱀의 독이요 독사의 악독이라.

우선 이 세상의 열매는 두 가지 특징이 있습니다. 하나는 겉으로 보기에는 그렇게 좋아 보일 수가 없다는 것입니다. 그들의 포도 열매는 크고 탐스럽습니다. 그러나 그 맛은 보기와는 전혀 달랐습니다. 쓸개 맛과 독사의 독 맛이 가득 들어 있었습니다. 그래서 상표를 살펴보니 '소돔의 포도' 였습니다. 다시 말해 우리가 이 세상의 진액을 먹고 살 때 우리는 소돔의 포도를 맺을 수밖에 없습니다.

소돔의 포도의 특징도 두 가지입니다. 겉으로는 너무나도 탐스럽고 맛있어 보이는데 실제로 먹어 보면 그 안에 음란과 독사의 독이 가득 들어 있다는 것입니다. 사람들은 바로 이런 소돔의 포도를 극상품이라고 선전하고 자랑하고 있습니다. 그러나 그것을 먹는 사람들은 모두 음란해지고 분노가 폭발하고 정신병에 걸리게 됩니다.

우리에게 무서운 것은 이 소돔의 포도를 많이 먹고 살았기 때문에 우리의 살과 뇌 속에 이 소돔의 피가 흐르고 있고 고모라의 진액이 흐르고 있다는 사실입니다. 우리는 이것을 결코 축복이라고 생각해서는 안 됩니다. 왜냐하면 하나님께서는 이 소돔의 포도가 어느 정도 이상 쌓이면 자동적으로 심판받도록 만들어 놓으셨기 때문입니다.

신명기 32장 35절

보수는 내 것이라 그들의 실족할 그때에 갚으리로다 그들의 환란의 날이 가까우니 당할 그 일이 속히 임하리로다.

우리가 하나님 앞에서 가장 먼저 해야 할 것은 세상에서 복을 받고 더 출세하고 잘사는 것이 아닙니다. 먼저 우리는 우리 혈관을 흐르고 있고 우리의 뇌를 채우고 있는 소돔의 피와 고모라의 생각을 씻어내는 것입니다. 그런데 이 소돔의 피와 고모라의 진액은 너무 강해서 잘 씻기지 않지만, 하나님의 말씀으로 씻으면 깨끗하게 됩니다. 그렇게 강하던 욕망이나 음란한 생각들이나 죄의 습관들이 하나님의 말씀으로는 씻깁니다.

무엇보다 우리는 이 세상의 것들을 사용할 수는 있지만 그 진액을 먹으면 안 됩니다. 우리가 직장 생활을 할 수 있지만 직장 동료들과 어울려서 술을 마신다든지 그들의 욕망을 따라가면 안 됩니다. 우리는 다만 이 세상에 있는 것들을 사용할 뿐입니다. 대신 우리의 진액은 하나님으로부터 와야 합니다. 그래서 우리가 소돔의 포도 열매가 아니라 성령의 열매, 믿음의 열매를 맺어야 합니다.

세례 요한은 당시 사람들에게 "회개에 합당한 열매를 맺고"(마 3:8)라고 강조했습니다. 그는 이미 도끼가 나무뿌리에 놓였으니 회개치 않는 나무 마다 찍어서 불에 던져질 것이라고 했습니다. 결국 우리가 세상의 가치관이나 순간적인 충동에 따라서 하는 것은 모두 소돔의 열매를 맺게 되어 있습니다. 우리는 모든 일에 기도하면서 하나님이 맺게 해 주시는 열매만 맺어야 합니다. 요즘 우리 믿는 사람들도 얼마나 성공 신화나 자랑을 많이 떠들어 대는지 모릅니다. 그러나 그것은 성령의 열매가 아니고 독이 들어 있는 소돔의 열매입니다.

무엇보다 하나님의 열매는 농약을 치지 않습니다. 그 안에 성장을 촉

진시키는 유전자 변형도 시키지 않습니다. 하나님의 열매는 외형적으로 볼 때 멋이 없지만 그 안에 들어 있는 맛은 정말 기가 막힙니다. 우리는 이런 열매를 맺어야 망하지 않습니다. 그러면 세상은 독이 들어 있는 열매를 만들어 내고 우리는 하나님의 볼품없는 열매를 만들어 낸다면 과연 이 세상에서 경쟁이 될 수 있을까요? 그러나 진가라고 하는 것은 외모만 가지고 판단되지 않습니다. 그것은 맛으로 판단하기 때문에 우리가 더 이상 염려할 필요가 없습니다.

하나님의 판단

신명기 32장 36-38절

여호와께서 자기 백성을 판단하시고 그 종들을 인하여 후회하시리니 곧 그들의 무력함과 갇힌 자나 놓인 자가 없음을 보시는 때에로다 여호와의 말씀에 그들의 신들이 어디에 있으며 그들의 피하던 반석이 어디 있느냐 그들의 희생의 고기를 먹던 것들, 전제의 술을 마시던 것들로 일어나서 너희를 돕게 하라 너희의 보장이 되게 하라.

이 말씀은 우선적으로 하나님께서 고난 받는 이스라엘 백성들을 불쌍히 여기시며 또 자기 신들을 믿고 교만한 이방인들을 내리치시면서 '너희들이 제물을 바치고 술을 붓던 신들이 어디에 있느냐?' 고 조롱하시는 내용입니다.

그런데 여기에서 중요한 것은 이스라엘 백성들이 고난을 통해 다시 열매를 맺기 시작했다는 것입니다. 이스라엘 백성들이 가나안 땅에서 잘 먹고 잘 살고 호의호식할 때에는 소돔의 썩은 열매만 잔뜩 맺었는데 이상하게 이방에게 붙들려가서 실컷 고난을 받게 되자 다시 마음이 겸손해지고 하나님께 간절한 마음이 생기면서 오래 전에 잊어 버렸던 그 열매를 맺게 되는 것입니다. 이는 마치 하나님께서 이스라엘 백성들을 다시 불쌍히 여기시며 그들이 아무런 힘이 없고 자유롭지 못한 상태에 매여 있는 것을 도와주시려고 하시는 것입니다.

뿐만 아니라 하나님께서 사탄에게 큰소리로 말씀하십니다. "자, 봐라. 너희가 잘난 체해서 이스라엘 백성들을 압제하고 비참하게 만들었지만 이스라엘은 그런 중에도 아름다운 열매를 맺었다. 이제 너희들은 그런 열매가 어디에 있느냐? 너희들은 이제 완전히 가치 없는 자들이 되었다"고 책망하시는 것입니다. 하나님의 작품은 여기서 그치지 않았습니다. 우리는 원래 돌갈람나무에 붙어 있던 가지들이었습니다. 여기에는 기름이 나와야 돌기름이었습니다. 그런데 하나님께서는 우리 같은 돌감람나무를 이스라엘에 접붙이셔서 성령의 기름이 흐르게 하셨습니다. 그렇게 하시므로 원래 이스라엘보다 더 좋은 열매가 맺히게 하고 더 좋은 기름을 얻게 하셨습니다.

여기서 하나님의 백성들의 패러독스(Paradox)를 알아야 합니다. 이스라엘 백성들은 가나안의 복 받은 때보다 포로 되어 죽도록 고생할 때 더 좋은 열매를 맺고 참감람나무보다 돌감람나무를 접붙였을 때 더 좋은 열매를 얻게 된다는 것입니다. 이와 마찬가지로 우리나라도 하나님께서 가나안처럼 젖과 꿀이 흐르는 땅으로 만들어 주셨을 때 썩은 독 있는 포도를 많이 맺었습니다. 겉으로 보기에는 번지르르하지만 그 안에는 독사의 독이 가득 들어 있는 것입니다.

이제 우리가 해야 할 일은 이 세상에서 잘되느냐 못되느냐 하는 것이 아니라 이 돌감람나무로 성령의 엄청난 진액을 빨아 들여서 최고의 열매를 맺는 것입니다. 이것이 하나님이 하시는 최고의 심판입니다. 하나님께서는 이런 열매들만 얻을 수 있다면 이 세상을 심판하시는 것은 문제되지 않습니다.

신명기 32장 39-42절

이제는 나 곧 내가 그인 줄 알라 나와 함께하는 신이 없도다 내가 죽이기도 하며 살리기도 하며 상하게도 하며 낫게도 하나니 내 손에서 능히 건질 자 없도다 내가 하늘을 향하여 내 손을 들고 말하노라 나의 영원한 삶을 두고 맹세하노니 나의 번쩍이는 칼을 갈며 내 손에 심판을 잡고 나의 대적에게 보수하며 나를 미워하는 자에게 보응할 것이라 나의 화살로 피에 취하게 하고 나의 칼로 그 고기를 삼키게 하리니 곧 피살자와 포로 된 자의 피요 대적의 장관의 머리로다 하시도다.

하나님께서는 이 세상의 강한 자들을 하나님의 백성의 몽둥이로 사용하십니다. 하나님의 백성들이 스스로 겸손해서 열매를 맺기만 하면 이 몽둥이들은 더 이상 쓸모없게 되어 하나님께서는 이 몽둥이들을 모두 폐기 처분시키십니다. 더욱 중요한 것은 이런 몽둥이들이 아예 나올 필요가 없게 만드십니다. 그럼에도 참으로 불행한 것은 우리 민족에게는 이런 몽둥이들이 아주 많이 준비되어 있다는 것을 볼 수 있습니다.

매를 맞는 사람에게는 몽둥이가 하나만 준비되어 있어도 무지무지하게 두들겨 맞을 텐데 우리 민족에게는 큰 몽둥이가 여러 개 준비되어 있을 뿐만 아니라 킬킬 웃으면서 아예 맞으려고 기를 쓰고 있는 모습입니다. 이때 우리는 긴장해야 합니다. 각자의 마음에 비상 상태를 선포하고 어떻게 하든지 이 몽둥이들이 다 쓸데없는 것이 되도록 만들어야 합니다. 그렇게 하려면 우리는 밤낮 쉬지 말고 하나님이 원하시는 열매를 맺어야 하는 것입니다.

신명기 32장 43절

너희 열방은 주의 백성과 즐거워하라 주께서 그 종들의 피를 갚으사 그 대적에게 보수하시고 자기 땅과 백성을 위하여 속죄하시리로다.

이것은 하나님의 백성들이 열매 맺는데 성공했을 때 하나님께서 악한 몽둥이들을 다 폐기 처분하시는 것입니다. 그럴 때 열방들이 주의 백성들로 인하여 기뻐합니다. 왜냐하면 하나님의 백성들 때문에 자기들까지 살게 되었기 때문입니다. 하나님께서는 모세로 하여금 이 말씀을 이스라엘 백성들에게 아주 심각하게 전하게 하셨습니다.

신명기 32장 45-47절

모세가 이 모든 말씀을 온 이스라엘에게 말하기를 마치고 그들에게 이르되 내가 오늘날 너희에게 증거 한 모든 말을 너희 마음에 두고 너희 자녀에게 명하여 이 율법의 모든 말씀을 지켜 행하게 하라 이는 너희에게 허사가 아니라 너희의 생명이니 이 일로 인하여 너희가 요단을 건너 얻을 땅에서 너희의 날이 장구하리라.

지금 이 말씀은 허사가 아니라 생명이라고 했습니다. 하나님께서 이 말씀을 주시는 이유는 가나안에서 타락하기 전에 예방하면 더 좋기 때문입니다. 오늘 우리는 이 세상의 복에 취해서는 안 됩니다. 그러면 독사의 독이 가득 든 썩은 소돔의 포도를 맺을 것입니다. 무엇보다 우리 안에 성령의 진액이 흘러야 성령의 열매를 맺을 수 있습니다. 우리가 좋은 열매를 맺으려면 가지치기를 해야 합니다. 이제 우리가 어려움을 당하기 전에 미리 부흥을 일으키고 이 부흥의 열기를 계속 이어가야 합니다. 이것만이 우리가 살 수 있는 유일한 길입니다.

39

| 신 33:1-25 | 모세의 축복

크리스천들의 면면을 들여다보면 정말 다양한 직업을 갖고 있는 것을 알 수 있습니다. 예를 들면 장사하는 사람들도 있고 농사를 짓는 사람들도 있고 공장을 운영하는 사람들도 있고 건물을 지키는 사람들도 있습니다. 샐러리맨, 보험설계사, 환경미화원, 교사, 택시 운전사, 무역업 종사자들도 있습니다. 저는 이들이 하나님의 복을 받기를 진심으로 바라고 있습니다. 때로는 그들의 일이 다른 사람들의 눈에 하찮게 보이고 보잘 것 없는 일일지 몰라도 그 가족들의 생계가 달려 있고 이 세상에서 하나님의 사랑과 축복을 체험할 수 있는 아주 중요한 일입니다.

본문 말씀은 이스라엘 민족의 지도자인 모세가 백성들을 이끌고 광야를 통과한 후 가나안 입구에서 그들을 축복하는 내용입니다. 여기에서 우리가 주목해야 할 것은 이스라엘 백성들이 사람 수는 많지만 아직 땅도 없고 집도 없고 아무것도 가진 것이 없는 자라는 사실입니다. 그러나 지금 모세는 이스라엘의 미래를 축복하고 있습니다. 그 이유는 그들에게는 복의 근원자이신 하나님 아버지가 계시고 하나님의 율법의 말씀이 어마어마한 재산이기 때문입니다. 본문에서 모세의 축복 내용을 살펴보면 먼저 이스라엘 백성들의 복의 근원을 이야기합니다. 즉 많은 이스라엘 백성들이 모두 복을 받을 수 있는 근거가 어디에 있느냐 하는 것입니다. 그 후에는 이스라엘 열두 지파를 위해 하나님의 축복을 빌고 모세는 가나안 땅을 멀리 바라보며 최후를 맞이하게 됩니다.

우리는 이것을 통해 모세의 삶이 얼마나 멋진 삶인지 알 수 있습니다. 모세는 유아 시절 바로의 공주의 아들로 입양이 되었지만 거기서 뛰쳐나와서 노예 민족이 되었습니다. 모세는 자신의 힘으로 그들을 노예 생활로부터 건져 내려고 하다가 그만 사람을 죽이고 무려 40년 동안 도피 생활을 하게 됩니다. 그러나 그는 광야의 연단을 통해 하나님께 붙잡힌 후에는 단 한 번 외에는 하나님의 뜻에 어긋나지 않고 죽는 순간까지 하나님의 손에 붙들려 사용되었습니다. 우리가 잘 알고 있듯이 그의 지팡이에서 열 가지 기적이 나왔고, 홍해를 가르는 기적도 나왔고, 반석을 쳤을 때에는 생수가 터져 나왔습니다.

이제 모세는 자신의 죽음을 앞두고 모든 이스라엘 백성들을 힘껏 축복합니다. 이 모세의 축복은 창세기에 나오는 야곱의 축복과 견줄만한데 야곱의 축복의 내용은 가슴을 서늘하게 하는 저주의 내용들이 많이 들어 있습니다. 그러나 모세는 이스라엘 백성들이 광야를 거치면서 이미 그 악한 본성들이 순화되어서인지 그야말로 축복만 남기고 있습니다. 이 모든 축복이 오늘 우리의 축복이 되었으면 합니다.

이스라엘의 축복의 근거

모세가 이스라엘 백성들을 마음껏 축복할 수 있는 근거는 모든 축복의 근원이 되시는 하나님을 그가 붙들고 있었기 때문입니다. 그런데 모세가 지금 축복하고 있는 것은 모세가 하고 싶어서 하는 것이 아니라 하나님께서 이스라엘을 축복하시고 싶으셔서 모세에게 하라고 시키신 것이었습니다. 그러므로 이 축복이 얼마나 확실하고 분명한 것입니까?

여기에서 모세는 이스라엘 백성들의 축복의 근거를 두 가지로 제시하고 있습니다. 하나는 하나님이고, 다른 하나는 하나님께서 주신 율법의 말씀입니다.

신명기 33장 2-3절

일렀으되 여호와께서 시내에서 오시고 세일산에서 일어나시고 바란 산에서 비취시고 일만 성도 가운데 강림하셨고 그 오른손에는 불같은 율법이 있도다 여호와께서 백성을 사랑하시나니 모든 성도가 그 수중에 있으며 주의 발아래에 앉아서 주의 말씀을 받는도다.

모세는 하나님께서 이스라엘 백성들을 찾아오신 장소 세 곳 즉 시내산, 세일산, 바란산을 말하고 있습니다. 먼저 시내산은 하나님께서 율법을 주실 때 강림하신 곳이며 이스라엘 백성들이 광야를 돌아다닐 때 하나님께서 임하신 곳입니다. 하나님께서는 이스라엘 백성들에게 애굽의 풍요로운 땅을 주지 않으셨을 뿐만 아니라, 가나안 땅으로 빨리 갈 수 있는 길도 허락지 않으시고 아무것도 없는 광야로 인도하셨습니다. 어떻게 보면 하나님께서는 이스라엘 백성들에게 세상 것을 주지 않으시고 빈손으로 시내산에 데리고 오신 것입니다.

하나님께서 그렇게 하신 이유가 어디에 있을까요? 하나님 그분을 이스라엘 백성들에게 주시기 위해서입니다. 우리가 하나님만 가진다면 온 세상은 자동적으로 우리의 것이 될 수 있습니다. 무엇보다도 하나님께서 우리를 세상에서 실패하게 하시고 때로는 가난하게 하시고 때로는 무식하게 하셔서 은혜의 자리로 데리고 오셨을 때 우리는 사실 망한 것이 아니라 어마어마한 복을 받는 자리에 와 있는 것입니다.

그 다음으로 세일산과 바란산이 나옵니다. 이곳은 에돔에 있는 지명인데 이스라엘 백성들이 광야에서 여행을 할 때 동쪽에 해당되는 곳입니다. 주지하는 바와 같이 이스라엘 백성들은 낮에는 광야가 무더워 밤에 여행을 많이 했습니다. 그러나 광야의 밤은 추웠고 무서웠으며 아무것도 보이지 않았습니다. 그들은 계속 이런 식으로 캄캄한 밤을 걷다가 멸망할 수 있다는 두려움에 사로잡힐 때도 있었지만 어김없이 세일산과 바란산에서 태양이 떠오르면서 모든 어두움과 추위는 사라지고 찬란한 아침이 오는 것을 체험했습니다. 하나님께서 이스라엘을 사랑하시는 증거는 광야에서 이들이 죽지 않고 이 자리까지 온 것입니다.

우리가 하나님의 사랑이 의심될 때는 언제든지 내가 살아온 삶 가운데 하나님이 얼마나 많은 은혜를 주고 지켜 주셨는지를 생각해 봐야 합니다. 왜냐하면 우리 자신을 보면 사랑받을 만한 이유가 하나도 없기 때문입니다. 우리는 너무나도 자주 하나님의 사랑을 의심합니다. 세상에서 잘난 것도 아니고 교양이 많은 것도 아니고 똑똑한 것도 아닌데 무엇 때문에 하나님께서 나 같은 것까지 사랑을 하시겠습니까? 그러나 지금까지 되어져 온 일들을 생각해 보면 하나님이 얼마나 나를 깊이 사랑하시는지 깨닫게 됩니다. 만일 우리에게 하나님의 사랑이 확인된다면 지금 살아온 그대로 거침없이 미래를 향해 나아가면 되는 것입니다.

여기에 보면 "여호와께서 … 일만 성도 가운데서 강림하셨고 그 오른손에는 불같은 율법이 있도다"라고 했습니다. 원래 하나님은 소멸하는 불이시기 때문에 인간은 하나님의 복을 받을 수가 없습니다. 오히려 그 진노의 불 앞에 타버리고 말 것입니다. 이스라엘의 놀라운 점은 그 진노의 불을 축복으로 바꿀 수 있는 힘입니다. 무엇보다 하나님의 백성들은 자꾸만 모여야 합니다. 그냥 모이는 것이 아니라 그들 가운데 바로 이 불같은 하나님의 말씀을 꺼내어야 합니다.

때로는 우리가 하나님의 말씀을 들을 때 우리의 속이 다 타버리는 것 같고 어떤 때에는 너무나도 나의 죄로 인하고 고통스러울 때도 있습니다. 그러나 그렇게 할 때 하나님의 진노가 축복으로 변해서 우리도 살고 다른 사람도 살리게 되는 것입니다. 이 세상이 복을 받는 비결은 바로 이 두 가지에 있습니다. 하나는 이스라엘이 모이는 것이고 두 번째는 그 안에 불같은 말씀이 있는 것입니다.

하나님께서는 이스라엘이 복 받는 비결을 다른데 두지 않으시고 오직 이스라엘 백성들이 하나님의 말씀을 듣는데 두셨습니다.

신명기 33장 3절

여호와께서 백성을 사랑하시나니 모든 성도가 그 수중에 있으며 주의 발아래에 앉아서 주의 말씀을 받는도다.

우리가 하나님의 말씀을 듣는 것은 하나님의 손에 붙들려 있는 것입니다. 우리가 말씀에 붙들리기만 하면 그 어떤 대적도 우리를 하나님의 손에서 빼내지 못할 것입니다. 우리가 하나님의 말씀을 듣고 기도드릴 때 우리는 하나님 바로 앞에서 기도 드리는 것입니다. 하나님께서는 이스라엘 백성들이 계속적으로 복을 받는 비결은 하나님의 말씀을 듣는 것이라고 하셨습니다. 우리가 하나님의 복을 받기 위해서 하나님의 말씀을 듣는 것이 얼마나 쉽습니까? 그러나 이스라엘 백성들이 결국 이것을 하지 못했습니다. 그 이유가 어디에 있었을까요? 그것은 그들이 하나님의 말씀을 끝까지 믿지도, 인내하지도 못했기 때문입니다.

우리가 생각으로는 하나님의 말씀을 듣는 것은 너무나도 은혜롭고 또 말씀을 들으면 믿음이 생기고 축복을 받으니까 얼마나 좋을 것 같습니까? 그럼에도 이스라엘이 그렇게 생각하지 않은 이유가 무엇이었습니까? 우선적으로 그들은 하나님의 말씀만 듣는다는 것이 사람의 눈으로 보기에 아무것도 하지 않는 것 같아 보였습니다. 그들은 가만히 앉아서 하나님의 말씀만 듣는다는 것이 너무나도 소극적으로 보였습니다. 사실 그들은 가만히 앉아서 말씀을 듣는 것보다는 무엇인가를 하고 싶었습니다. 하나님 앞에 자신들의 감정도 표현하고 어떤 생산적인 일도 하고 무엇인가를 표현하고 싶었습니다. 또 그렇게 했을 때 훨씬 더 좋은 감동과 효과를 거둘 수 있다고 생각했습니다.

다른 하나는 하나님의 말씀은 축복의 내용보다는 죄를 지적하고 책망하는 내용이 훨씬 더 많기 때문입니다. 그래서 그런지 하나님의 말씀만 들으면 전부 하지 말라는 내용밖에 없는 것 같습니다. 마치 어른이 아이들을 믿지 못해서 이것도 하지 말고 저것도 하지 말라고 잔소리하는 것처럼 들리는 것입니다. 거기에다가 하나님의 말씀만 듣는 것은 미래에 대해 우리가 아무런 계획을 세우지 못하는 것처럼 보였습니다. 왜냐하면 하나님의 말씀 자체가 우리의 미래이기 때문입니다. 만약 우리가 세상적인 방법을 쓰면 훨씬 더 적극적일 수 있고 훨씬 더 좋은 결과를 얻을 수 있습니다. 그런데 이상한 것은 훨씬 더 적극적이고 결과도 좋은데 끝은 항상 망한다는 것입니다. 왜 그렇게 됩니까? 다른 것으로는 죄를 물리칠 수가 없고 성령의 능력을 끌어올 수가 없기 때문입니다.

결국 이것은 우리의 미래 이야기이기도 합니다. 하나님께서는 오늘까지 우리의 걸음을 통해서 하나님이 얼마나 우리를 사랑하고 축복하시는지 보여 주셨습니다. 그러기에 우리가 계속 살기 위해서는 끝까지 하나님의 말씀만 붙들고 가야 합니다. 여기서 하나님의 말씀만 붙들고 가야 한다는 것은 우리의 가장 중요한 목적이 하나님의 말씀을 전하고 듣고 기도하는 것입니다. 그 외에 다른 것들은 주님이 능력 주시는 범위 안에서 최선을 다해서 하면 됩니다. 다른 것들이 우리의 목표가 될 수 없습니다.

목적을 기억하면서 끝까지 가려면 너무나도 무식해 보이고 비합리적으로 보이고 효과적이지도 않아 보이는 이 말씀을 강하게 붙들어야 합니다. 이 일은 목숨을 걸고 해내야 합니다. 이것이 우리가 사는 길이고 우리와 우리 자녀가 복을 받는 길입니다. 그런데 이것이 너무 소극적이고 케케묵었고 비합리적이라고 버리게 되면 당장은 신나고 좋은 것 같은데 결국은 망하게 됩니다. 이것을 하나님께서는 구약 이스라엘 역사를 통해서 보여 주셨습니다.

가장 중요한 축복

모세는 이스라엘 열두 지파를 그 믿음의 분량에 따라 각기 다른 내용으로 축복했습니다. 이러한 사실은 하나님의 복이 얼마나 풍성하고 많은지 보여 주는 것입니다. 예컨대 어떤 아버지가 재산이 아주 많을 때에는 어떤 자식에게는 기업체를 주고 어떤 자식에게는 땅을 주고 어떤 자식에게는 큰 빌딩을 물려줄 것입니다. 하나님께서는 이스라엘 모든 지파에게 각기 다른 복을 주시고도 부족함이 없으셨습니다.

그런데 열두 지파 중에서 가장 중요한 복을 받은 지파가 두 지파가 있었습니다. 그 두 지파 가운데서 복이란 복은 다 받은 지파가 바로 요셉 지파였습니다.

신명기 33장 13-17절

요셉에 대하여는 일렀으되 원컨대 그 땅이 여호와께 복을 받아 하늘의 보물인 이슬과 땅 아래 저장한 물과 태양이 결실케 하는 보물과 태음이 자라게 하는 보물과 옛산의 상품물과 영원한 작은 산의 보물과 땅의 보물과 거기 충만한 것과 가시떨기나무 가운데 거하시던 자의 은혜로 인하여 복이 요셉의 머리에, 그 형제 중 구별한 자의 정수리에 임할지로다 그는 첫 수송아지같이 위엄이 있으니 그 뿔이 들소의 뿔 같도다 이것으로 열방을 받아 땅 끝까지 이르리니 곧 에브라임의 만만이요 므낫세의 천천이리로다.

여기 요셉 지파에 대한 복을 보면 보물이라는 말이 수도 없이 나오고 있습니다. 하늘의 보물과 땅의 보물과 태양의 보물과 달의 보물과 오래된 산의 극상품 보물과 작은 산의 보물 등 보물이라는 보물은 다 나오는데 이 모든 보물을 요셉 지파가 받게 됩니다. 예컨대 어떤 큰 대회에서 시상식을 하는데 한 사람이나 한 집에서 나와서 상을 다 받아갈 때 그 대회는 마치 그 사람이나 그 집을 위한 대회가 되어버리는 것입니다.

이와 마찬가지로 모세의 축복은 마치 요셉을 위한 축복으로 들릴 정도로 요셉 지파가 복이란 복을 다 받습니다. 그 이유가 어디에 있을까요? 그것은 요셉이 하나님의 복의 핵심을 바로 잡았기 때문입니다. 즉 요셉은 하나님의 말씀을 잡았습니다. 그는 한평생 그 말씀 때문에 고난을 겪었습니다. 그는 종으로 팔려가기도 하고 심지어는 성적인 유혹을 거절했다가 누명을 뒤집어쓰고 감옥에 들어가기도 했습니다. 그러나 하나님께서는 악을 선으로 바꾸셔서 그에게 수신 지혜로 그의 가족을 살리고 많은 사람들을 하나님의 심판에서 살리는 일을 감당하게 했습니다.

이처럼 하나님께서 주시는 엄청난 축복의 주인공이 될 사람들은 모두 말씀으로 고난을 받게 하십니다. 우리들 중에는 하나님의 말씀 때문에 연단을 받고 이유도 없이 고생하는 사람들이 많이 있습니다. 바로 그 사람들이 장차 복이란 복을 다 쓸어갈 사람들입니다. 그래서 내가 하나님의 말씀으로 은혜를 받았는데도 불구하고 세상 일이 잘 풀리지 않고 고난이 찾아올 때 오히려 기뻐하라고 하신 성경 말씀을 믿어야 합니다. 왜냐하면 이것이 바로 제대로 복을 받는 길이기 때문입니다.

요셉이 받는 복은 하늘의 보물 이슬과 땅 아래 저장한 물이라고 했습니다. 이 당시에는 물이 가장 중요했기 때문입니다. 요즘은 기업이 성공하려면 가장 중요한 것이 자본과 기술일 것입니다. 자본과 기술만 뛰어나면 얼마든지 성공할 수 있습니다. 또한 태양의 보물과 달의 보물을 주신다고 하셨습니다. 태양은 열을 받아서 힘차게 자라는 것이라면 밤의 달은 보호해주는 역할을 합니다. 낮에 실컷 자라지만 밤에 무엇인가가 와서 다 짓밟아버리면 소용이 없는 것입니다.

하나님께서는 요셉을 한편으로 키워 주시고 다른 한편으로 보호해 주실 것입니다. 요셉의 복은 사람의 노력으로 된 것이 아니라 가시떨기에 나타나셨던 분의 복이었습니다. 즉 전지전능하신 분의 능력이 그 머리 위에 있기 때문에 세상의 머리가 당할 수가 없는 것입니다. 그러므로 하나님의 사람들은 고난당하는 것을 두려워하지 말아야 합니다. 그렇게 할 때 전능자의 지혜가 그에게 임하고 온 세상에 내놓아도 뛰어난 사람이 됩니다.

그리고 두 번째로 큰 복을 받는 지파가 레위 지파입니다.

신명기 33장 8-11절

레위에 대하여는 일렀으되 주의 둠밈과 우림이 주의 경건한 자에게 있도다 주께서 그를 맛사에서 시험하시고 므리바 물가에서 그와 다투셨도다 그는 그 부모에 대하여 이르기를 내가 그들을 보지 못하였다 하며 그 형제들을 인정치 아니하며 그 자녀를 알지 아니한 것은 주의 말씀을 준행하고 주의 언약을 지킴을 임함이로다 주의 법도를 야곱에게, 주의 율법을 이스라엘에게 가르치며 주 앞에 분향하고 온전한 번제를 주의 단 위에 드리리로다 여호와여 그 재산을 풍족케 하시고 그 손의 일을 받으소서 그를 대적하여 일어나는 자와 미워하는 자의 허리를 꺾으사 다시 일어나지 못하게 하옵소서.

일단 다른 지파에 대한 모세의 축복은 모두 짤막한데 레위 지파에 대해서는 설명이 긴 것 자체가 무엇인가 복의 내용이 많은 것 같은 느낌을 줍니다. 우리가 잘 알고 있듯이 레위 지파는 하나님께 바쳐진 지파였습니다. 즉 레위 지파는 다른 용도로는 일체 쓸모가 없었습니다. 오직 하나님께 제사드리고 율법을 가르치는 일에만 쓰일 수 있지 이 세상의 생산적인 일에는 종사할 수가 없었습니다. 사실 이런 사람들은 사회적으로 보면 장애인들이나 마찬가지입니다.

예컨대 장애를 가지신 분들은 할 수 있는 일이 극히 제한되어 있습니다. 레위 지파는 세상을 위해서는 할 수 있는 것이 아무것도 없었습니다. 그들은 일체 돈벌이에는 재주가 없는 사람들이었습니다. 그들이 할 수 있는 것은 오직 영적인 일이었습니다. 그런데 하나님께서는 이 레위 지파에게 엄청난 복을 부어 주셨습니다. 그 복도 요셉 지파와는 조금 다르게 무슨 복인지도 알 수 없는 어려운 복을 주셨습니다.

그렇다면 그 이유가 무엇일까요? 레위 지파는 작은 이스라엘이기 때문입니다. 즉 이스라엘 전체가 하나님의 진노를 복으로 바꾸는 자라면 레위 지파나 제사장들은 이스라엘 안에서 그 일을 하는 사람들입니다. 그들은 이스라엘 중의 이스라엘이라고 볼 수 있는데 세상에서 보면 이들은 아무것도 하는 일이 없는 정체불명의 사람들로 보일 수 있습니다.

그런데 레위인들에게 가장 중요한 것은 우림과 둠밈이라는 보석이었습니다. 이 보석은 이스라엘 백성들의 구체적인 문제에 대해 하나님의 대답을 들을 수 있는 수단이었습니다. 다시 말해 전쟁에 출전하려고 할 때 적을 치러갈 것인지 말 것인지에 대하여 하나님은 우림과 둠밈으로 말씀하셨습니다.

요즘으로 말하면 교인들이 어려움을 당했을 때 말씀으로 상담을 하는 것과 같습니다. 결과적으로 이런 상담이 잘 되지 않기 때문에 많은 분들이 점쟁이를 찾아가고 무당을 찾아가는 것입니다. 우리는 모두가 레위인이기 때문에 어느 누구를 통해서도 하나님의 말씀을 들을 수가 있습니다. 왜냐하면 우리는 예언의 은사를 받았고 기도하는 사람들이기 때문입니다. 결국 이 한마디가 사람의 인생을 바꾸고 죽을 사람을 살리기도 합니다.

여기에 보면 시내산 밑에서 있었던 것과 므리바와 맛사에서 있었던 것이 섞여서 나오고 있습니다. 이스라엘 백성들이 모세가 시내산에 돌판을 받으러 간 사이 밑에서는 백성들이 금송아지를 만들어 놓고 먹고 마시고 뛰놀았을 때 레위인들은 그것에 동참하지 않고 모세를 기다렸습니다. 모세가 산에서 내려와서 그런 이스라엘의 모습을 보고서 돌 판을 던져 깨트리고 하나님 편에 속한 자는 칼을 차고 나오라고 명했을 때 레위인들이 나와서 자가 동족을 찔러 죽였습니다. 무엇보다 레위인들은 하나님의 거룩을 지키는 열정이 있는 사람들이었습니다.

이스라엘 백성들은 므리바와 맛사에서 하나님을 시험했습니다. 물론 이때 레위인들이 어떤 역할을 했는지 성경은 말하지 않지만 여전히 모세의 편에 섰던 것으로 추측이 됩니다. 나중에 이스라엘 역사를 보면 그래도 끝까지 하나님의 말씀에 충성했던 사람들이 바로 이 레위인들이었습니다. 그래서 하나님께서 그들에게 많은 재산을 주겠다고 하십니다. 왜냐하면 하나님의 은혜로 이스라엘이 복을 받는 것이 자기들의 복이기 때문입니다.

레위인들은 부자가 아니지만 다른 이스라엘을 복 받게 할 수 있었습니다. 왜냐하면 하나님의 말씀대로 살도록 가르치면 복을 받기 때문입니다. 이들은 아무 힘이 없었습니다. 그러나 대적하는 원수의 허리를 꺾을 것이라고 했습니다. 왜냐하면 사랑이 원수를 이기기 때문입니다. 우리 주위에는 레위인들이 아주 많습니다. 즉 이 세상의 다른 어떤 일보다 말씀 듣고 기도하는 일을 가장 중요하게 생각하고 헌신한 분들이 많습니다. 그들 중에는 아직 세상에서 뚜렷한 지위나 위치가 정해지지 않은 사람들도 있지만 그들은 모두 레위인들입니다. 무엇보다 이 복이 곧 요셉의 복이 될 것입니다. 요셉의 복과 레위의 복은 따로 떨어진 별개의 것이 아니라 레위 같은 믿음이 결국 요셉의 복을 받게 되는 것입니다. 레위의 복이 씨앗이라면 요셉의 복은 그 열매인 것입니다.

이스라엘 여러 지파들 중에서 하나님의 사랑을 가장 많이 받은 지파가 있는데, 그 지파는 베냐민 지파입니다.

신명기 33장 12절

베냐민에 대하여는 일렀으되 여호와의 사랑을 입은 자는 그 곁에 안전히 거하리로다 여호와께서 그를 날이 맞도록 보호하시고 그로 자기 어깨 사이에 처하게 하시리로다.

우리가 베냐민에게서 받는 이미지는 약한 이미지입니다. 그는 이스라엘 열두 아들 중에서 가장 어리고 약했습니다. 어떻게 보면 베냐민은 요셉의 축소판이라고 할 수 있었습니다. 왜냐하면 요셉과 같은 라헬의 소생이었기 때문입니다. 그런데 형인 요셉이 먼저 엄청나게 고난을 받는 바람에 사실 고난을 덜 받았지만 그럼에도 형제들 중에서는 가장 약한 자였습니다.

어느 집이든 여러 형제들 중에서 막내라고 하면 버릇이 없고 고집불통이라는 느낌도 들지만 사실 막내는 불쌍합니다. 왜냐하면 부모의 사랑을 많이 받는 것 같지만 그래도 어려서 부모가 돌아가시면 불쌍한 자식이 되는 것입니다. 형들 중에는 부모 같은 형도 있지만 그렇지 못한 형들도 많습니다. 여기서 베냐민은 우리 형제들 중에서 나중 된 자나 특히 약한 자를 나타낸다고 봅니다. 사람들이 보기에는 약하지만 하나님께서 밤새도록 지켜 주시고 어깨 사이에 올려놓고 사랑을 하신다고 말씀하셨습니다.

선한 목자는 새끼 양을 보면 너무 사랑스러워서 어깨 위에 올려놓습니다. 사실 양은 냄새가 워낙 고약해서 1m 앞에도 제대로 갈 수 없습니다. 그런데 선한 목자는 양을 어깨에 올려놓을 정도로 사랑합니다. 또 예수님께서 말씀하시길 "먼저 된 자로서 나중 되고 나중 된 자로서 먼저 될 자가 많으니라"(막 10: 31)고 하셨습니다. 이 말은 늦게 예수 믿고 아직 아무것도 잘 모르는 사람이 베냐민 지파인 것입니다. 하나님께서는 그들을 특별히 보호해 주셔서 길을 잃지 않게 하고 다치지 않게 하십니다.

그런데 여기에 보면 모세가 축복하지 않은 지파가 하나 있습니다. 그 지파는 시므온 지파입니다. 왜 시므온을 축복하지 않았을까요? 모세가 시므온 지파를 잊어버렸을까요? 아무튼 시므온 지파가 빠졌습니다. 사실 우리가 이해한다고 하더라도 당사자들은 매우 섭섭했을 것입니다.

또 아이러니하게도 가나안 땅에 들어가기 전에 인구 조사를 했을 때 가장 숫자가 줄어들었던 지파가 시므온 지파였습니다. 나중에 시므온 지파는 단독으로 자기 땅을 차지하지 못하고 유다 지파 속에 들어가서 유다 지파의 한 부분처럼 됩니다.

그러나 시므온 지파가 단독으로 복을 받지 못했다고 해서 크게 섭섭해 할 필요는 없습니다. 왜냐하면 자기 복이 없으면 오히려 다른 사람의 복을 전부 자기 것으로 삼으면 되기 때문입니다. 이럴 때에는 소속이 없는 것이 오히려 모든 소속에 다 들어갈 수 있다는 이점이 됩니다.

다른 여러 지파에 대한 축복

본문에서 르우벤 지파는 야곱의 그 날카로운 저주스러운 복은 나타나지 않고 유다의 복이 아주 줄어든 것을 볼 수 있습니다.

신명기 33장 6-7절

르우벤은 살고 죽지 아니하고 그 인수가 적지 않기를 원하도다 유다에 대한 축복은 이러하니라 일렀으되 여호와여 유다의 음성을 들으시고 그 백성에게로 인도하시오며 그 손으로 자기를 위하여 싸우게 하시고 주께서 도우사 그로 그 대적을 치게 하시기를 원하나이다.

르우벤과 유다는 하나님 앞에서 한 때 타락한 삶을 살았습니다. 그럼에도 그들이 하나님께 돌아올 때에는 확실하게 돌아왔기 때문에 하나님의 복을 받았다고 말씀합니다. 우리가 한평생을 살면서 한 번도 방황하지 않고 똑바로 산다는 것은 참으로 어렵습니다. 때로는 우리가 죄에 대한 호기심에 끌려 잘못된 길을 가기도 하고 때로는 죄의 구렁텅이에 빠지기도 합니다. 그러나 우리가 하나님께 돌아올 때에는 확실하게 돌아와야 합니다. 그러면 하나님께서 더 귀하게 받으시고 축복해 주십니다.

여기서 우리가 기억할 것은 육체적으로 큰 죄를 짓지 않아야 하나님 앞에 쓰임 받을 때 흠이 없게 되는 것입니다. 오늘 청소년이나 청년들이 세상의 많은 유혹을 받아 신앙적으로 휘청거리는 모습을 많이 보게 됩니다. 그러나 결정적으로 그들이 큰 죄에 빠지지 않는 것을 보게 되는데 이것은 너무나도 귀한 일입니다.

그런데 하나님께 돌아온 르우벤에 대해 생명의 약속을 주십니다. 즉 '르우벤은 살고 죽지 아니하고' 라고 했습니다. 이것은 죄가 다시는 그를 이기지 못하는 것입니다. 이것은 결국 "그리스도 예수 안에 있는 자에게는 결코 정죄함이 없기"(롬 8:1) 때문입니다. 거기서 유다는 한걸음 더 나아가서 많은 백성을 하나님께로 인도하는 일을 하게 됩니다. 왜냐하면 자기가 한번 죄에 빠져 보았기 때문에 죄에 빠진 자들의 심정을 누구보다 더 잘 이해하기 때문입니다. 그는 대적을 쳐서 이깁니다. 물론 그 대적은 마귀입니다. 철저하게 하나님 편에 섰기 때문에 마귀를 이기고 죄에 빠진 형제를 건져 내는 일을 합니다. 그리고 하나님께서는 그의 기도를 들으십니다.

다음으로 짐승에 비유된 두 지파가 있는데, 갓 지파와 단 지파입니다.

신명기 33장 20-22절

갓에 대하여는 일렀으되 갓을 광대케 하시는 자에게 찬송을 부를지어다 갓이 암사자같이 엎드리고 팔과 정수리를 찢는도다 그가 자기를 위하여 먼저 기업을 택하였으니 곧 법 세운 자의 분깃으로 예비된 것이로다 그가 백성의 두령들과 함께 와서 여호와의 공의와 이스라엘과 세우신 법도를 행하도다 단에 대하여는 일렀으되 단은 바산에서 뛰어 나오는 사자의 새끼로다.

갓 지파는 대단히 현실적인 지파였습니다. 그래서 요단 동편에 있는 땅을 기업으로 먼저 물려받았습니다. 암사자의 이미지는 수사자같이 화려하지는 않지만 실속이 있는 모습입니다. 우리는 때때로 이상적인 것도 필요하지만 너무 실속이 없으면 어려움을 많이 당하게 됩니다. 예를 들어 자신이 감당하지도 못하면서 너무 큰 사업을 벌이거나 혹은 실제로는 중요한데도 시시하다고 생각해서 포기하면 실속이 없는 것입니다. 그런 의미에서 갓 지파는 실속은 있으면서도 신앙적으로 책임질 것은 지는 모습이었습니다. 예수님께서도 "보라 내가 너희를 보냄이 양을 이리 가운데 보냄과 같도다 그러므로 너희는 뱀 같이 지혜롭고 비둘기 같이 순결하라"(마 10:16)고 하셨습니다. 믿음과 지혜가 같이 있어야 이 세상을 이길 수 있습니다.

서기에 비해서 단 지파는 바산에서 뛰어나오는 새끼 사자입니다. 새끼 사자는 힘은 있지만 실속은 없습니다. 물론 야곱은 단 지파를 말의 뒤꿈치를 무는 독사라고 했는데 독사에 비해서 새끼 사자는 많이 좋아진 것입니다. 아마도 광야에서 40년 동안 돌아다니면서 독사의 독이 많이 빠진 모양입니다. 그렇지만 여전히 철이 없고 실속이 없어서 시행착오를 많이 하는 모습입니다. 새끼 사자는 사냥을 할 때 멋있게 뛰어나오기는 하는데 경험 부족으로 먹이를 놓칠 때가 많습니다. 이것이 유다 지파와의 차이입니다. 야곱이 유다 지파를 축복한 것을 보면 한번 움키면 절대로 놓지 않는다고 하는데 단은 아직 미숙한 점이 많습니다. 그러나 많은 훈련을 쌓으면 좋은 사자가 될 수 있을 것입니다.

그 다음 네 지파는 스불론, 잇사갈, 납달리, 아셀 지파입니다. 이 지파들은 평범한 지파들임에도 불구하고 하나님의 상당한 축복을 받았습니다. 이것을 보면 하나님의 나라에서는 평범하다고 해서 결코 복을 적게 받는 것이 아님을 알 수 있습니다.

신명기 33장 18-19절

스불론에 대하여는 일렀으되 스불론이여 너는 나감을 기뻐하라 잇사갈이여 너는 장막에 있음을 즐거워하라 그들이 열국 백성을 불러 산에 이르게 하고 거기서 의로운 제사를 드릴 것이며 바다의 풍부한 것, 모래에 감추인 보배를 흡수하리로다.

이스라엘 백성들에게 있어서 들어오고 나가는 것은 가장 일상적인 일입니다. 나가는 것은 밭에 나가서 일을 하는 것이고 들어오는 것은 집안에 있는 것입니다. 그런데 스불론과 잇사갈은 사자도 아니고 전쟁도 하지 않고 거저 나가고 들어오는데 많은 열국이 하나님께 모이게 된다고 합니다. 이들은 아마도 묵묵하게 자기에게 주어진 일을 힘써하는 사람들인 것 같습니다. 하나님은 이들을 축복하셔서 바다의 보배도 가지고 모래의 보배도 가진다고 했습니다. 도대체 바다의 보배는 무엇이며 모래 속에 감춰진 보배는 무엇이겠습니까?

한번은 어느 바닷가로 여행을 갔는데 그곳은 굴 양식으로 유명했습니다. 그들은 굴을 바다의 보배라고 했습니다. 또 어떤 곳에서는 모래 안에 있는 조개 속에서 진주를 캐내는 사람도 있을 것입니다. 결국 스불론과 잇사갈 사람들은 남들의 눈에는 보이지 않는 보배들을 캐내는 사람들입니다. 다른 사람들은 쓸모없다고 생각하는 사람들을 주워서 말씀으로 갈고 닦으면 보배 같은 사람들이 되는 것입니다. 결국 사람을 줍는 것이 진주를 줍는 것이나 돈을 줍는 것보다 수백 배 수천 배 수지가 맞는 장사입니다.

마지막 지파는 납달리와 아셀입니다.

신명기 33장 23-25절

납달리에 대하여는 일렀으되 은혜가 족하고 여호와의 복이 가득한 납달리여 너는 서방과 남방을 얻을지로다 아셀에 대하여는 일렀으되 아셀은 다자한 복을 받으며 그 형제에게 기쁨이 되며 그 발이 기름에 잠길지로다 네 문빗장은 철과 놋이 될 것이니 네 사는 날을 따라서 능력이 있으리로다.

납달리는 그 은혜가 족하다고 했습니다. 즉 더 이상 바랄 것이 없다는 것입니다. 도대체 하나님께서 납달리 사람들에게 얼마나 복을 주셨기에 더 바랄 것이 없다는 소리가 나올까요? 이 세상 사람들의 복의 특징이 만족을 모르는 것입니다. 그런데 납달리는 더 이상 복이 필요 없다고 합니다. 그 이유는 그가 구하는 것을 하나님께서 모두 주시고 더 넘치게 주셨기 때문입니다. 나중에 우리가 하나님의 복을 제대로 받으면 더 이상 원하는 것이 없어지게 됩니다. 명예도 주시고 돈도 주시고 건강도 주시고 영적인 복도 부어 주시는데 더 원하는 것이 없습니다.

그러나 그 무엇보다 가장 중요한 것은 우리가 성령의 충만을 받는 것입니다. 우리가 성령의 충만을 받으면 다른 것들은 더 이상 필요가 없게 됩니다. 왜냐하면 우리 마음에 근본적으로 만족감이 있기 때문입니다.

아셀은 자식이 많고 형제에게 기쁨이 되고 발은 기름에 잠길 정도로 기름이 많아지게 됩니다. 여기서 자식은 꼭 자기 자식이어야 할 이유는 없습니다. 자기 자식보다 더 중요한 것이 영적인 자식입니다. 그리고 그 무엇보다 사랑이 많아야 형제에게 기쁨이 됩니다. 부요하지만 인색한 사람은 기쁨이 되지 않습니다. 하나님이 얼마나 많은 복을 부어 주셨는지 기름이 그릇에서 넘쳐서 발이 잠길 정도입니다. 그러니까 다른 사람에게 인색하거나 구두쇠 노릇을 할 필요가 없습니다. 특히 하나님께서 철과 놋 빗장을 주셔서 복이 빼앗기지 않게 하겠다고 하셨습니다. 그래서 납달리와 아셀은 그냥 오래 살면서 믿음으로 살기만 하면 능력이 나타난다고 하셨습니다. 왜냐하면 그들이 바른 복을 찾았기 때문입니다.

우리가 하나님의 말씀 속으로 들어가면 이런 복을 받습니다. 우리의 복이 넘쳐서 발이 기름에 잠기고 하나님이 쇠 빗장을 주셔서 복을 빼앗기지 않게 하십니다. 따라서 우리가 교만하지만 않고 죄만 짓지 않으면 모든 복을 받는 축복의 황금기가 오게 되는 것입니다. 우리가 이 모든 복을 받기 위해서는 끝까지 인내해야 합니다. 때로는 재미없고 자기를 나타내지 못해도 끝까지 하나님의 말씀을 붙들고 가는 인생만이 행복 가득한 인생(아쉐레이 하이쉬, 시 1:1)임을 믿으셔야 합니다.

40

| 신 33:26-34:12 | 모세의 비전

꿈을 가진 사람은 행복한 사람입니다. 꿈이라고 하는 것은 지금은 가난하고 비참하고 어렵지만 미래에는 더 행복하고 더 완전하고 더 풍성한 삶을 소망하는 것입니다. 꿈을 가진 사람이 행복할 수 있는 것은 이 꿈 때문에 현실의 어려움에 절망하지 않고 또한 꿈 때문에 눈앞에 있는 죄와 타협하지 않고 끝까지 이 꿈을 향하여 나아갈 수 있기 때문입니다.

사실 꿈에는 여러 종류가 있습니다. 우리가 가지고 있는 꿈 가운데 현실 도피적인 꿈이 있습니다. 특히 청소년 때에는 자기 자신이 가지고 있는 이상과 현실의 차이가 너무 크기 때문에 사람들은 자꾸 공상의 세계 속으로 도피하려고 합니다. 그러나 이런 꿈은 우리로 하여금 자꾸만 현실에서 도피하게 만들기 때문에 나중에는 현실에 적응하지 못하는 사람을 만들 수 있습니다. 가까운 일본의 경우에는 아예 집밖출입을 하지 않으려고 하는 청소년들이 많이 있다고 합니다.

또 다른 꿈은 이 세상에서 자기 욕망을 실현하려는 꿈입니다. 이런 사람들은 자기가 정치적으로 크게 성공해서 대통령이 된다든지 혹은 사업에 성공해서 억만 장자가 되는 꿈을 가진 사람들입니다. 이런 사람들 중에는 성공하는 사람도 있고 실패하는 사람도 있습니다. 대개 성공하는 사람은 그 사람의 욕망이나 재능이 시대적인 필요와 우연히 맞아떨어진 경우입니다. 이런 경우에는 크게 성공해서 아주 유명한 사람이 될 수 있지만 그렇지 않는 경우에는 돈키호테 유형이 되어 버립니다. 그런 면에서 한때 줄기 세포 연구로 온 세상을 떠들썩하게 했던 한 교수도 그의 욕망과 시대적인 필요가 맞아 떨어진 경우인데 결과적으로는 정말 어처구니없는 해프닝으로 끝나고 말았던 것을 우리 모두가 기억합니다.

마지막으로 또 다른 꿈이 있는데, 그것은 하나님의 손에 붙들려 하나님의 뜻을 이루어 드리고 많은 사람이 복을 받게 하는데 사용되는 꿈입니다. 이것이 진짜 꿈이고 꿈 중에서 최고의 꿈인 것입니다. 그러나 이 꿈을 이루는데 있어서 많은 어려움이 따르게 됩니다. 특히 하나님의 손에 붙들리는 것 자체가 너무나도 어렵고 많은 시간이 걸립니다.

저는 어렸을 때 많은 꿈을 가지고 살았습니다. 그런데 그 꿈은 주님이 주신 꿈이 아니라 대부분 현실 도피적인 꿈이었으며 때로는 이 세상에서 성공하려는 세속적인 꿈이었습니다. 그러나 주님을 만나고 난 후에 주님은 이 세 번째 꿈을 저에게 주셨습니다. 그럼에도 저는 이 꿈을 어떻게 실현해야 하는지 방법을 몰랐지만, 결국 하나님의 손에 붙들리는 것이 그 길이었습니다. 무엇보다 꿈은 저를 언제나 행복하게 해 주었습니다.

모세는 꿈을 가진 사람이었습니다. 모세는 아마도 여러 종류의 꿈을 가졌을 것입니다. 젊었을 때에는 애굽에서 공주의 아들로 정치적으로 성공하고픈 꿈을 가졌을 것입니다. 그러나 모세의 세상적인 꿈은 히브리 민족의 비밀 앞에서 휴지 조각처럼 되고 말았습니다. 모세가 언제 자기가 히브리인의 자식이라는 것을 알게 되었는지는 알 수 없지만 자신이 히브리인의 자식이라는 것을 알게 되었을 때 애굽의 성공은 그에게 아무런 의미를 갖지 못했습니다. 이것이 바로 하나님께서 모세를 부르시는 이유입니다.

이와 마찬가지로 하나님께서 우리를 부르실 때 세상의 성공이나 유명해지는 것은 아무런 의미를 갖지 못합니다. 모세의 꿈은 이스라엘 백성들을 애굽 바로의 손에서 건져 내어 젖과 꿀이 흐르는 축복의 땅으로 인도하는 것이었습니다. 모세는 40년 동안 이스라엘 백성들을 광야에서 인도한 후에 모압 땅 느보산에 올라가서 그들이 건너갈 가나안 땅을 바라보았습니다. 모세는 비록 그 땅에 들어가지 못하고 죽지만 행복했습니다. 왜냐하면 그에게는 꿈이 있었기 때문입니다. 즉 하나님께서 이스라엘 백성들을 인도하셔서 가나안 족속들을 다 몰아내시고 영원한 하나님의 나라를 세우실 꿈이 있었기 때문입니다.

예수 믿는 사람들은 모두 꿈을 가진 사람들입니다. 그 꿈은 현실 도피적인 꿈도 아니고 이 세상에서 기회를 잘 잡아서 성공하고 유명한 사람이 되는 세속적인 꿈도 아닙니다. 우리가 가진 꿈은 하나님께서 그 능력의 손으로 우리를 붙잡으셔서 나를 통하여 많은 사람들이 복을 얻고 영원한 천국으로 가는 것입니다. 우리가 이 꿈을 이루려면 완전히 '나' 라고 하는 존재가 없어져야 합니다. 나 자신을 완전히 부인하고 하나님과 온전히 하나 될 때, 다시 말해서 우리가 한평생 성령 충만해서 오직 하나님의 말씀에만 붙들려 갈 때 이 꿈이 이루어지게 됩니다.

복 받은 이스라엘 백성들

우리는 하나님의 백성이라는 자체가 엄청난 축복의 사람이 되는 것임을 알아야 합니다. 그 이유는 하나님 그분이 특별하시기 때문에 그렇습니다.

> 신명기 33장 26절
>
> 여수룬이여 하나님 같은 자 없도다 그가 너를 도우시려고 하늘을 타시고 궁창에서 위엄을 나타내시는도다.

이스라엘의 애칭 '여수룬'은 마치 부모가 자식의 정식 이름이 있지만 때로 사랑스럽게 부르는 별명과 같은 것이었습니다. 즉 이스라엘은 하나님이 너무나도 사랑하시는 사람들이라는 말씀입니다. 우리는 이런 사람을 눈에 넣어도 아프지 않다고 말합니다. 이스라엘이 바로 하나님 앞에서 그런 존재들이었습니다. 그런데 모세는 이스라엘 백성들에게 "하나님 같은 자가 없도다"라고 선언하고 있습니다. 그 이유가 무엇일까요? 이 세상의 다른 신들은 모두 인간의 상상력이 만든 작품에 불과하기 때문입니다.

예를 들면 유치원에 다니는 아이들에게 종이로 만든 호랑이나 그림으로 그린 호랑이가 얼마나 인기가 있는지 모릅니다. 그러나 하나님은 인간이 만든 그림 호랑이가 아니라 진짜 호랑이입니다. 그런데 좀처럼 자신을 드러내는 분이 아니시고 태양 뒤 또는 저 웅장한 자연 뒤에 숨어 계십니다. 왜냐하면 하나님은 너무 크고 웅장하시기 때문에 도저히 우리 인간들과는 상대가 되지 않기 때문입니다.

여기에서 이스라엘의 복이 무엇입니까? 하나님께서 이스라엘의 상대가 되셨고 이스라엘만 사랑하는 분이 되셨다는 것입니다. 하나님과 우리 인간의 관계는 사람과 개미의 관계도 되지 못합니다. 그런데 하나님이 우리를 얼마나 사랑하시는가 하면 우리를 질투하실 정도로 사랑하시며 우리에게 하나님의 모든 행복과 계획을 다 거실 정도로 사랑하십니다. 하나님은 그분의 모든 마음과 미래를 개미보다 못한 우리들에게 투자하셨습니다.

"여수룬이여 하나님 같은 자 없도다"라는 말은 우리가 하나님의 사랑을 받는 자가 된 것이 너무나도 엄청나고 놀라운 일이라는 뜻입니다. 우리는 큰 권력을 가진 자도 아니고 기업체를 몇 개씩 가진 대재벌도 아니고 공부를 많이 한 지식인도 아니지만 하나님을 가진 자가 되었기 때문에 최고로 복된 것입니다. 하나님은 종이호랑이가 아니고 진짜 호랑이라고 했습니다. 물어 죽일 수도 있고 살릴 수도 있는 진짜 호랑이입니다. 우리는 그 하나님의 사랑과 축복을 받는 사람들이 되었습니다. 이 세상에서 아무것도 가지지 못하고 너무 가난하고 배운 것 하나 없어도, 최고로 복 받은 자가 되는 것입니다. 왜냐하면 하나님이 우리 하나님이시기 때문입니다.

그 하나님께서 우리를 어떻게 도우십니까? "그가 너를 도우시려고 하늘을 타시고 궁창에서 위엄을 나타내시는도다." 하나님은 우리를 도우시려고 하늘을 타십니다. 여기서 '하늘을 탄다' 고 하는 것은 어떤 시

공간적이고 양적인 제한 없이 우리를 도우실 수 있다는 의미입니다. 만일 누군가가 이 세상에서 우리를 도우려면 우리가 있는 곳으로 장소를 이동해야 하고 또 오는 과정에서 누군가가 막으면 방해를 받을 수도 있습니다. 때로는 무엇을 가지고 오는데 양적인 제한이 있을 수 있습니다.

그러나 하늘을 타고 우리를 도우시면 언제 어디서나 무제한으로 우리를 도우실 수 있는 것입니다. 하늘에서 바로 퍼부으시는데 밤과 낮의 차이가 어디 있으며 누가 막을 수 있으며 누가 그 양을 제한할 수 있겠습니까? 그래서 우리가 알아야 할 것은 하나님의 백성들의 모임은 언제든지 기적을 일으킬 수 있다는 사실입니다. 우리가 여수룬으로 모였을 때 시간과 장소를 가리지 않고 하나님은 우리에게 찾아오실 수 있으며 기적을 행하실 수 있습니다.

그런데 "궁창에서 위엄을 나타내시는도다"라는 말씀에서 '궁창의 위엄'이 무엇일까요? 이것은 태양이나 달이나 별 같은 것을 말합니다. 태양이나 달이나 별은 하나님의 약속의 표시입니다. 즉 하나님께서 언제나 우리를 보고 계시며 우리를 축복해 주신다는 표시인 것입니다. 그래서 태양이 뜨고 달이 뜨고 별이 뜨는 이상 어느 누구도 우리의 복을 막을 수가 없습니다.

여기에서 우리도 각오해야 할 것이 있는데 그것은 하나님을 종이호랑이처럼 적당하게 속이고 넘어갈 생각을 해서는 안 된다는 것입니다. 무엇보다 하나님을 두려워해야 하며 세상 사람들처럼 적당하게 살 생각을 해서는 안 됩니다. 우리 인생이 다른 사람들처럼 평범할 수 없는 것은 바로 우리가 믿는 하나님이 평범한 분이 아니시기 때문입니다. 우리는 우리의 미래를 예측할 수가 없습니다. 마치 우리의 인생은 호랑이 등을 타고 있는 것과 같습니다.

그럼에도 불구하고 하나님은 우리를 결코 망하게 하지 않습니다. 오히려 능력의 두 팔로 우리를 붙잡고 지켜 주십니다.

신명기 33장 27절

영원하신 하나님이 너의 처소가 되시니 그 영원하신 팔이 네 아래 있도다 그가 네 앞에서 대적을 쫓으시며 멸하라 하시도다.

우리의 영원한 집은 하나님이십니다. 지금 우리는 하나님 안에서 이 방 저 방을 돌아다니며 구경하고 있는 아이들과 같습니다. 하나님의 방 안에는 신기한 것들로 가득합니다. 이스라엘 백성들이 여행했던 광야도 하나님의 방들 중 하나입니다. 그런데 이스라엘 백성들은 그 방을 싫어했습니다. 낮에는 뜨겁고 밤에는 춥고 양식도 없고 물도 없는 광야의 방을 싫어했습니다. 사실 광야에는 나쁜 것만 있었던 것은 아닙니다.

그리고 광야 다음 방이 젖과 꿀이 흐르는 가나안 땅입니다. 우리는 하나님의 방을 양탄자가 깔려 있고 고급 소파가 놓여 있는 곳으로 생각해서는 안 됩니다. 요셉은 애굽 종살이 하는 방도 구경을 했고 애굽의 감옥에서도 살았습니다. 요셉은 그 모든 방들을 잘 견디었기 때문에 애굽의 총리가 되는 방에도 들어갈 수가 있었습니다.

우리는 지금 하나님 안에서 살고 있습니다. 지금 우리가 겪고 있는 좋은 일이나 나쁜 일 모두 하나님 안에서 일어나고 있는 일들입니다. 요나는 다시스로 도망을 쳤지만 바다도 하나님의 손 안에 있었습니다. 요나는 하나님의 방 안에 큰 물고기가 있는 것을 보았습니다. 그 물고기 뱃속에서 요나는 진정한 하나님의 종으로 만들어졌습니다. 사람들이 요나에게 어느 신학교 출신이냐고 물어본다면 그는 '물고기 신학교 출신' 이라고 대답할 것입니다.

모세는 미디안 광야를 40년 동안 방황했지만 그 광야도 하나님의 방중 하나였습니다. 모세는 떨기나무 가운데서 하나님을 만나고 믿음의 비전을 가지게 되었습니다. 하나님은 두 팔을 가지고 계십니다. 그 한 팔이 우리 아래에 있어서 우리를 떠받치고 있습니다. 나머지 한 팔로는 대적을 쫓으시며 멸하십니다. 우리는 참으로 복 받은 백성들입니다. 왜냐하면 우리들 한 가운데 하나님의 축복의 샘이 있기 때문입니다. 우리는 하나님의 복을 받으려고 멀리까지 갈 필요가 없습니다. 우리가 있는 여기가 바로 축복의 샘이기 때문에 그렇습니다.

신명기 33장 28절

이스라엘이 안전히 거하며 야곱의 샘은 곡식과 포도주의 땅에 홀로 있나니 곧 그의 하늘이 이슬을 내리는 곳에로다.

우리 가운데 흘러넘치는 하나님의 은혜가 바로 야곱의 샘입니다. 이 복은 세상 어느 곳에서도 구할 수 없는 복 중의 복입니다. 하나님의 말씀이 있고 성령의 역사가 있는 곳이 바로 야곱의 샘이 있는 곳입니다. 거기에는 곡식이 있고 포도주가 있습니다. 무엇보다 하나님의 축복은 이론으로 끝나는 것이 아니라 눈에 보이는 구체적인 축복으로 나타나게 됩니다. 즉 야곱의 샘 옆으로 무성한 포도원과 곡식밭이 만들어지게 됩니다. 이곳은 하나님의 이슬이 내리며 하나님의 은혜가 덮고 있기 때문에 절대로 안전한 곳입니다.

신명기 33장 29절

이스라엘이여 너는 행복자로다 여호와의 구원을 너같이 얻은 백성이 누구뇨 그는 너를 돕는 방패시요 너의 영광의 칼이시로다 네 대적이 네게 복종하리니 네가 그들의 높은 곳을 밟으리로다.

이 세상에서 복을 받은 많은 민족들이 있지만 하나님의 구원을 이런 식으로 체험한 민족은 아무도 없었습니다. 하나님께서 이렇게 노골적으로 사랑을 표현하고 약속하신 민족이 없었습니다. 하나님은 이스라엘의 방패시고 영광의 칼이라고 했습니다. 이 방패는 누구도 뚫을 수 없고 이 칼은 단 한 번도 패한 적이 없는 영광의 칼입니다. 결국 이스라엘의 대적은 이스라엘에게 복종하게 되고 이스라엘은 대적의 가장 높은 곳을 밟게 될 것입니다. 이것은 완전히 이긴다는 뜻입니다. 이스라엘은 이런 복을 받았습니다.

그러면 이스라엘이 이 복을 계속 유지하려면 어떻게 해야 합니까? 하나님의 말씀에 목숨을 걸어야 하고 세상의 다른 모든 복이나 방법을 거부해야 합니다. 이스라엘은 이것에 실패했기 때문에 이 어마어마한 복을 놓치고 망했습니다. 그리고 오늘 이 복이 우리의 복이 되었습니다. 그러나 우리나라도 이스라엘처럼 그렇게 하고 있습니다. 하나님을 종이호랑이로 생각하고 세상적인 방법으로 성공한 것을 가지고 하나님의 복이라고 자랑하고 떠들고 있습니다. 이것은 자기 스스로 멸망의 길을 택하는 것입니다. 우리는 하나님 안에서 망할 때 성공할 수 있습니다. 우리가 하나님 안에서 진정 죽을 때 살 수 있습니다.

모세의 삶

모세의 최후에 대해서는 신명기 34장 5-8절에 기록되어 있습니다.

신명기 34장 5-8절

이에 여호와의 종 모세가 여호와의 말씀대로 모압 땅에서 죽어 벧브올 모압 땅에 있는 골짜기에 장사되었고 오늘까지 그 묘를 아는 자 없으니라 모세의 죽을 때 나이 일백 이십 세나 그 눈이 흐리지 아니하였고 기력이 쇠하지 아니하였더라 이스라엘 자손이 모압 평지에서 애곡하는 기한이 맞도록 모세를 위하여 삼십 일을 애곡하니라.

이스라엘 백성을 애굽에서 인도해 낸 후 40년 동안 이스라엘 백성들을 광야에서 말씀으로 가르쳤던 모세는 이제 가나안 땅을 보기만 하고 최후를 맞게 됩니다. 그런 모세의 삶에 대해서 10-12절은 이렇게 평가하고 있습니다.

신명기 34장 10-12절

그 후에는 이스라엘에 모세와 같은 선지자가 일어나지 못하였나니 모세는 여호와께서 대면하여 아시던 자요 여호와께서 그를 애굽 땅에 보내사 바로와 그 모든 신하와 그 온 땅에 모든 이적과 기사와 모든 큰 권능과 위엄을 행하게 하시매 온 이스라엘 목전에서 그것을 행한 자더라.

먼저 모세가 한 일은 대단한 일이었습니다. 모세는 지팡이 하나로 이스라엘 백성들을 애굽의 노예 상태에서 해방시켰습니다. 아마 누군가가 군사력으로 이스라엘 백성들을 애굽에서 해방시키려고 했다면 몇십 만 명의 군대를 동원해서 바로의 군대와 치열하게 싸워야 했을 것입니다. 그러나 모세는 단 한 사람의 군인도 없이 지팡이 하나로 기도와 말씀으로 열 가지 기적으로 바로를 굴복시켰습니다. 그런데 이 열 가지 기적 중 단 하나도 비슷한 것이 없고 모든 것이 새로운 것이었습니다. 무엇보다 하나님의 백성들은 오직 말씀과 기도로 모든 어려움들을 이겨 낼 수 있어야 합니다.

모세는 열 가지 기적을 행한 후 홍해 바다를 갈라서 이스라엘 백성들과 함께 그 바다를 통과함으로 바로의 지배를 끝내고 이스라엘 백성들과 자신이 하나 되게 했습니다. 이것이 바로 이스라엘 백성들이 홍해에서 모세의 세례를 받은 것입니다. 그래서 이제 이스라엘 백성들의 운명은 모세와 하나 되었습니다. 이스라엘 백성들은 이 홍해를 건넌 그 순간부터는 애굽으로 돌아갈 수가 없었습니다. 오직 모세가 하자는 대로 하면 살고 모세의 뜻을 거스르면 죽을 수밖에 없었습니다. 즉 이스라엘 백성들은 홍해를 건넘으로 하나님의 말씀에 자신들의 운명을 맡긴 것이었습니다. 이제 우리도 세례를 받음으로 예수님과 하나가 되었습니다. 우리의 모든 죄는 예수님이 다 가져가시고 예수님의 의와 능력이 모두 우리에게 넘어왔습니다. 이제 우리는 예수님을 떠나서는 아무것도 할 수 없게 되었습니다. 우리가 예수님의 말씀대로 하면 살고 예수님의 말씀을 거스르면 죽게 됩니다.

무엇보다 모세는 광야에서 이스라엘로 하나님의 말씀의 능력을 체험하게 했습니다. 모세는 시내산에서 하나님을 얼굴과 얼굴을 대하여 보았으며 그 음성을 직접 들었습니다. 하나님께서는 이스라엘 백성들에게 '사람이 떡으로만 살 것이 아니요 하나님의 입에서 나오는 말씀으로 살 것이니라' 고 하셨는데 이스라엘 백성들은 40년 동안 돈 한 푼 벌지 않고 하나님의 말씀으로 살았습니다. 돈 한 푼 벌지 않고 하나님의 말씀으로 산 사람들이 이 세상에서 무엇을 걱정하고 염려하겠습니까? 다른 모든 것도 하나님의 말씀대로만 하면 광야의 기적은 가나안 땅에서도 계속됩니다.

그런데 왜 하나님께서는 모세가 그렇게 가나안 땅을 밟아보기를 원했는데도 가나안 땅을 보기만 하고 들어가지 못하게 하셨을까? 그것은 모세의 사명이 율법의 사명이었기 때문입니다. 모세는 이스라엘 백성들이 죄짓지 못하도록 지키는 사명이었습니다. 그것만으로도 율법은 대단했습니다. 광야에서 기적이 있었고 시내산에서 불같은 말씀이 있었습니다. 모세의 얼굴에는 광채가 있었습니다. 그러나 하나님의 나라는 말씀만 듣고 하나님을 두려워하면서 죄짓지 않는 것만이 아닙니다.

산에 불이 없고 또 모세의 지팡이나 광채가 없어도 하나님의 말씀만 가지고 이 세상을 정복하는 적극적인 것이 있는데, 바로 진정한 하나님의 나라 운동입니다. 이것은 여호수아가 해야 할 일이었습니다. 여호수아는 광채도 없고 지팡이도 없고 기적도 없었지만 하나님의 말씀으로 가나안 족속들을 다 몰아내고 그 땅에 하나님의 나라를 세웠습니다. 그래서 지팡이 없이 광채 없이 하나님의 말씀만 가지고 사는 것이 더 위대한지도 모르겠습니다.

우리는 모세가 가나안에 들어갈 수 없게 된 것이 므리바에서 일어난 사건 때문임을 알고 있습니다. 므리바 반석에서 이스라엘 백성들이 물이 없다고 원망하고 화를 내자 그는 반석을 두 번이나 치면서 자신이 이 반석에서 물을 내야 하느냐고 했는데, 하나님께서는 이 일로 하나님의 영광을 가렸기 때문에 가나안 땅에 들어갈 수 없다고 하셨습니다. 어떤 의미에서 이것은 율법의 한계이기도 합니다. 모세는 이스라엘 사람들 중에서 가장 온유한 사람이었습니다. "이 사람 모세는 온유함이 지면의 모든 사람보다 승하더라"(민 12:3). 그럼에도 불구하고 이스라엘 백성의 대적과 원망 앞에서 폭발했습니다. 그 이유는 율법이 죄를 눌러 놓을 수는 있지만 사람의 깊은 내면을 변화시킬 수는 없기 때문입니다.

결과적으로 모세는 자기와 함께 홍해를 건넜던 사람들과 운명을 같이 할 수밖에 없었습니다. 사람의 깊은 내면을 변화시킬 수 있는 것은 오직 복음입니다. 사실 누구든지 진정으로 거듭나기 전 신앙생활은 자신의 힘으로 모든 욕망과 유혹을 눌러 놓는 것입니다. 여기가 터지려고 하면 여기를 눌러 놓고 저기가 터지려고 하면 저기를 눌러 놓지만 그러다가 결국 다 터져 버리게 되고, 그제야 하나님 앞에 두 손 두 발 다 들고 나오게 됩니다.

그러나 성경은 모세가 하나님의 집에서 사환으로 사용되었다고 말씀하고 있습니다. 사환은 주인의 심부름꾼인 것입니다. 즉 모세의 능력은 모세의 능력이 아니고 전부 하나님의 능력이었습니다. 다시 말해 모세는 하나님의 능력을 가지고 심부름만 했을 뿐입니다. 그럼에도 인류 역사상 가장 능력 있고 가장 위대한 삶을 살 수 있었습니다.

모세의 비전

이제 모세는 자기가 해야 할 사명을 다 마친 후 죽기 전에 이스라엘 백성들이 들어갈 가나안 땅을 큰 기쁨 가운데 바라보았습니다. 모세가 죽음을 앞두고 기뻐할 수 있었던 것은 그에게 꿈이 있었기 때문입니다. 그의 꿈은 단순히 개인적인 꿈이 아니라 이스라엘의 꿈이요 하나님의 꿈이었습니다.

신명기 34장 1-3절

모세가 모압 평지에서 느보산에 올라가 여리고 맞은편 비스가산 꼭대기에 이르매 여호와께서 길르앗 온 땅을 단까지 보이시고 또 온 납달리와 에브라임과 므낫세의 땅과 서해까지의 유다 온 땅과 남방과 종려의 성읍 여리고 골짜기 평지를 소알까지 보이시고

모세가 그 불가능했던 모든 일들을 다 감당하고 수많은 어려움 가운데서도 끝까지 포기하지 않았던 것은 이스라엘을 향한 하나님의 사랑과 열정을 믿었기 때문이었습니다. 모세가 이스라엘 백성들만 생각했더라면 그는 절대로 이 모든 일들을 감당할 수 없었을 것입니다. 모세는 처음 하나님께서 이스라엘 백성들에게 보내실 때 갈 수 없다고 분명히 말했고 또 절대로 가지 않으려고 마음먹었습니다.

그러나 하나님의 열정이 모세를 설득했고 이스라엘을 향한 하나님의 사랑이 모세로 하여금 불가능한 것을 가능하게 만드는 꿈을 가지게 했습니다. 그래서 모세는 홍해를 앞에 두고 애굽 군대가 추격해 오는데도 동요하는 이스라엘 백성들에게 "너희는 두려워 말고 가만히 서서 여호와께서 오늘날 너희를 위하여 행하시는 구원을 보라 너희가 오늘 본 애굽 사람을 또 다시는 영원히 보지 못하리라"(출 14:13)고 했습니다. 왜 이스라엘에게 소망이 있습니까? 그 이유는 하나님께서 그들을 사랑하시기 때문입니다. 그러므로 이스라엘은 영원토록 망하지 않습니다.

그렇다면 오늘 이스라엘이 누구이겠습니까? 바로 예수님을 믿는 우리들입니다. 그런 이스라엘이 기억해야 할 것은 어떤 환란이나 재앙이나 전쟁 같은 어려움이 올지 모르지만 이스라엘은 없어지지 않는다는 사실입니다.

무엇보다 모세는 하나님의 말씀을 믿었습니다.

신명기 34장 4절

여호와께서 그에게 이르시되 이는 내가 아브라함과 이삭과 야곱에게 맹세하여 그 후손에게 주리라 한 땅이라.

하나님께서 무려 450년 전에 아브라함에게 "너는 일어나 그 땅을 종과 횡으로 행하여 보라 내가 그것을 네게 주리라"(창 13:17)고 말씀하셨는데 이제 그 땅의 경계까지 왔습니다. 지금 450년 전에 하신 하나님의 약속의 말씀이 이루어지고 있는데 앞으로 무슨 말씀을 믿지 못하겠습니까? 하나님께서 한번 하신 말씀은 영원히 유효합니다. 마치 하나님의 말씀은 보물지도와 같습니다. 누구든지 그 말씀을 믿고 따라가면 보물을 찾게 되는 것입니다. 왜냐하면 우리가 하나님의 말씀만 붙들고 있으면 하나님은 우리에게 다른 말씀을 하실 수가 없기 때문입니다.

무엇보다도 모세는 하나님께서 이스라엘을 귀하게 사용하실 것을 믿었습니다. 이스라엘은 그냥 가나안 땅에 들어가는 것이 아닙니다. 그들은 가나안 땅을 가득 채우고 있는 우상과 음란을 몰아내고 의와 공평의 새로운 세상을 만들게 될 것입니다. 지구상에 한 번도 존재하지 않았던 가장 깨끗하고 사랑이 넘치는 사회를 그들이 만들 것입니다. 그 앞에서 마귀의 세력은 힘을 쓰지도 못하고 도망치게 될 것입니다. 모세는 이 모든 것을 믿음의 눈으로 내다보았습니다.

이처럼 꿈이 있는 사람은 참으로 행복한 사람입니다. 꿈이 있는 사람은 어려움에 절망하지 않습니다. 꿈이 있는 사람은 눈앞에 있는 이익 때문에 죄와 타협하지 않습니다. 꿈이 있는 사람은 죽음도 두려워하지 않습니다. 왜냐하면 하나님의 나라를 위해서 땀 흘리고 눈물 흘리고 봉사한 것은 영원히 없어지지 않는다는 것을 알고 있기 때문입니다.

모세는 죽었지만 죽을 때까지 기력이 쇠하여지지 않았다고 했습니다. 그 이유는 그가 끝까지 성령 충만했기 때문입니다. 그는 죽을 때까지 하나님의 손에 붙들렸고 사망의 세력이 그를 이기지 못했습니다. 모세는 죽었지만 아무도 그의 무덤을 알 수 없었습니다. 그 이유는 아무도 모세를 신격화하지 못하게 하기 위해서입니다. 모세도 한 인간이요 형제이지 절대자는 아니었습니다.

유다서 9절에 보면 모세의 시체를 두고 미가엘과 사탄이 다투었다는 내용이 나옵니다. 아마도 사탄은 모세가 살인자였다고 그의 시체를 내어놓으라고 했던 것 같습니다. 그런데 마가엘 천사가 사탄을 향해 주께서 너를 꾸짖으신다고 하면서 모세를 훼방하지 못하게 합니다. 이것은 모세의 그 많은 능력보다도 그가 예수의 보혈로 죄 씻음 받은 것이 더 중요함을 보여 줍니다. 이 세상에서 아무리 능력 있게 사용된 종이라 하더라도 정작 그의 죄가 예수님의 보혈로 씻음 받지 못했다면 사탄이 그를 그냥 가만 두지 않을 것입니다. 그래서 사도 바울도 가장 두려워했던 것은 자기가 다른 사람은 구원하고 자기는 죄를 회개치 않아서 지옥에 갈까봐 두려워했습니다.

오늘 여수룬은 예수 믿는 우리 자신입니다. 하나님의 모든 사랑은 우리에게 있고 하나님의 꿈이 우리를 통해서 이루어지게 됩니다. 그래서 예수님은 제자들에게 서로 사랑하라고 하셨습니다. 그 이유는 우리에게는 하나님의 놀라운 뜻이 있고 미래가 있고 비전이 있기 때문입니다. 우리가 이 사실을 안다면 절대로 하나님의 진리를 세상의 썩어질 것들과 바꾸거나 섞지 않을 것입니다. 우리는 하나님의 사랑으로 만족하고 하나님의 말씀으로 만족해야 합니다. 어떤 어려움이나 절망적인 일이 우리에게 닥친다 할지라도 나를 향한 하나님의 사랑을 기억해야 할 것입니다.

이 시간 서 있는 이 자리가 잠시 모세가 올라갔던 느보산이라고 생각하고 앞으로 우리가 건너갈 가나안 땅을 바라봅시다. 너무 앞에 있는 땅만 쳐다보지 말고 저 멀리 있는 서해와 헤브론 산과 남방 땅까지 멀리 바라봅시다. 마귀는 자꾸 정치인들을 충동질해서 우리나라를 망하게 하고 어려움에 빠트리려고 하지만 하나님께서 마귀를 책망하십니다. 마귀는 과거 우리의 허물들을 들추어내어 우리를 비참하게 하려고 하지만 주께서 마귀를 꾸짖으실 것입니다.

우리가 하나님의 말씀을 붙잡고 나가는 이상 하나님의 꿈은 반드시 이루어집니다. 마른 골짜기에 있는 모든 뼈들이 살아나는 에스겔의 환상(겔 37:10)처럼 성전 문지방에서 흘러내린 생수가 온 세상을 향하여 흘러가는 하나님의 꿈(겔 47:5)이 이 땅 가운데 분명하게 이루어짐을 믿으시길 바랍니다.